■ 国家社科基金项目（11XZX011）

文化建设的伦理审视

WENHUA JIANSHE DE LUNLI SHENSHI

◎ 孔润年 等著

中国社会科学出版社

图书在版编目（CIP）数据

文化建设的伦理审视/孔润年等著.—北京：中国社会科学出版社，2015.9
ISBN 978-7-5161-6491-4

Ⅰ.①文… Ⅱ.①孔… Ⅲ.①文化事业—建设—研究—中国 Ⅳ.①G12

中国版本图书馆 CIP 数据核字（2015）第 152622 号

出 版 人	赵剑英
责任编辑	孔继萍
责任校对	张依婧
责任印制	何　艳

出　　版	中国社会科学出版社	
社　　址	北京鼓楼西大街甲 158 号	
邮　　编	100720	
网　　址	http://www.csspw.cn	
发 行 部	010-84083685	
门 市 部	010-84029450	
经　　销	新华书店及其他书店	

印刷装订	北京市兴怀印刷厂	
版　　次	2015 年 9 月第 1 版	
印　　次	2015 年 9 月第 1 次印刷	
开　　本	710×1000　1/16	
印　　张	32.75	
插　　页	2	
字　　数	558 千字	
定　　价	118.00 元	

凡购买中国社会科学出版社图书，如有质量问题请与本社营销中心联系调换
电话：010-84083683
版权所有　侵权必究

目　　录

总论：文化建设的伦理审视 ……………………………………… (1)

第一章　文化建设的伦理之维 ……………………………………… (1)
　一　"文化"概念的内涵和伦理维度 ……………………………… (1)
　二　文化建设与其他建设的关系 ………………………………… (4)
　　（一）文化建设与经济建设的关系 ……………………………… (4)
　　（二）文化建设与政治建设的关系 ……………………………… (9)
　　（三）文化建设与社会建设的关系 ……………………………… (11)
　　（四）文化建设与生态建设的关系 ……………………………… (13)
　三　文化建设需要形神兼备 ……………………………………… (15)
　　（一）文化之"形"与文化之"神" ……………………………… (16)
　　（二）以马克思文化哲学思想为指导 …………………………… (17)
　　（三）抵制文化的"三俗"之风 ………………………………… (20)
　四　开辟文化伦理学的研究方向 ………………………………… (27)
　　（一）文化伦理学研究的背景、问题和意义 …………………… (27)
　　（二）文化伦理学的研究对象、任务和方法 …………………… (31)

第二章　文化建设的格局架构和价值自觉 ……………………… (35)
　一　文化建设的格局架构 ………………………………………… (36)
　　（一）构建"一体多样""一主多元"的和谐文化格局 ………… (36)
　　（二）形成核心、边缘、共享"三层组合"的文化架构 ………… (46)
　　（三）对待多元文化的态度：尊重、包容、和谐 ……………… (52)
　二　文化建设的价值自觉 ………………………………………… (58)

（一）从价值哲学角度认识文化建设……………………………（58）
　（二）从文化哲学高度认识文化建设……………………………（63）
　（三）文化价值的相对性与普世性………………………………（67）
　（四）文化价值的"义利之辨"……………………………………（71）

第三章　文化建设的价值标准……………………………………（76）
一　政治价值标准…………………………………………………（76）
　（一）坚持为人民服务、为社会主义服务的"双为"方向………（78）
　（二）坚持百花齐放、百家争鸣的"双百"方针…………………（78）
　（三）坚持贴近实际、贴近生活、贴近群众的"三贴近"原则…（79）
　（四）坚持正确的价值取向和路径遵循…………………………（80）
二　科学价值标准…………………………………………………（81）
　（一）尊重科学知识、科学精神和科学方法……………………（81）
　（二）用辩证思维处理好文化发展与经济发展的关系…………（82）
　（三）尊重规律，坚持文化的继承和创新………………………（83）
　（四）扩大开放，积极推进中外文化交流………………………（84）
　（五）以人兴文，营造爱才、聚才和用才之风…………………（85）
三　道德价值标准…………………………………………………（88）
　（一）把握以人为本和为人民服务的核心………………………（89）
　（二）坚持"合乎人道、有益社群、保护生态、尊重信仰"的
　　　　原则…………………………………………………………（92）
　（三）深化社会公德、职业道德、家庭美德和个人品德建设…（96）
四　审美价值标准…………………………………………………（100）
　（一）坚持人民本位的审美观念…………………………………（100）
　（二）提升文化建设的审美价值…………………………………（101）
　（三）把弘扬主旋律与提倡多样化统一起来……………………（103）
　（四）坚决抵制庸俗、低俗、媚俗之风…………………………（104）

第四章　文化建设中的核心价值体系……………………………（106）
一　社会主义核心价值体系的"两个方面"和"三个层次"……（107）
　（一）两个方面："价值存在体系"和"价值观念体系"…………（107）
　（二）三个层次：理想信念、行为规范和心理品格……………（108）

二　社会主义核心价值体系的基本内容和德性维度 …………（111）
　三　从社会主义核心价值体系看文化建设的现状 …………（118）
　四　从社会主义核心价值体系看文化建设的特性 …………（121）
　　（一）文化的自觉性 ……………………………………（121）
　　（二）文化的先进性 ……………………………………（123）
　　（三）文化的和谐性 ……………………………………（124）
　　（四）文化的凝聚性 ……………………………………（126）
　五　培育"社会主义核心价值观"的实践探索 ………………（128）

第五章　弘扬中国优秀传统文化的问题 ……………………（133）
　一　中国传统文化的内涵、意义和近代转型 ………………（133）
　　（一）中国传统文化的内涵和意义 ……………………（133）
　　（二）中国传统文化的近代转型 ………………………（136）
　　（三）评价中国传统文化的标准 ………………………（140）
　二　中国传统文化的当代定位和"雅俗之辨" ………………（143）
　　（一）中国传统文化的边缘化 …………………………（143）
　　（二）中国传统文化的"雅俗之辨" ……………………（144）
　三　关于儒学研究与儒教信仰的问题 ………………………（148）
　　（一）"儒学"与"儒教"的概念 …………………………（149）
　　（二）儒学是一个整体，可以从不同学科和层面解读 …（152）
　四　传统文化与当代文化的和谐共生 ………………………（155）
　　（一）尊重文化类型及价值信仰多元多样的客观事实 …（155）
　　（二）以科学态度对待中国传统文化 …………………（157）
　　（三）文化共生的时代呼唤哲学思维 …………………（160）

第六章　继承中国优良道德传统的问题 ……………………（163）
　一　对"三纲""五常"的再认识 ……………………………（164）
　二　"孝"德的发祥、演变和价值 ……………………………（166）
　　（一）"孝"德的起源和发祥地 …………………………（167）
　　（二）传统孝德的基本内涵 ……………………………（172）
　　（三）孝德的历史演变和现代价值 ……………………（176）
　三　传统女性伦理思想的演变 ………………………………（181）

（一）《周易》中的女性伦理思想 …………………………………（182）
　　（二）孟子的女性伦理思想 ………………………………………（183）
　　（三）《列女传》的女性伦理思想 …………………………………（184）
　　（四）隋唐时期的女性伦理氛围 …………………………………（185）
　　（五）宋明理学的女性伦理思想 …………………………………（187）
　　（六）近代女性伦理观念的演变 …………………………………（188）
　四　对传统角色伦理的再认识 ………………………………………（190）
　五　经济伦理与儒商人格 ……………………………………………（194）

第七章　公益性的文化事业建设 …………………………………（199）
　一　构建公共文化服务体系的基本要求 ……………………………（199）
　二　发展公益性文化事业的实践探索 ………………………………（202）
　三　发展公益性文化事业的伦理取向 ………………………………（208）
　　（一）认识公益性文化的伦理属性 ………………………………（208）
　　（二）发挥好政府和市场两个积极性 ……………………………（209）
　　（三）培养文化事业和文化市场管理人才 ………………………（210）
　四　弘扬伦理精神，促进网络文化健康发展 ………………………（211）
　　（一）以核心价值观为引领，把握网络文化发展的正确方向 …（212）
　　（二）以服务群众为宗旨，满足人民群众对网络文化的新期待 …（212）
　　（三）以阵地建设为依托，打造影响广泛的网络文化平台 ……（213）
　　（四）以技术创新为动力，提高网络文化的传播力和影响力 …（214）
　　（五）以人才建设为支撑，培养素质优秀的网络队伍 …………（214）
　　（六）以加大执法为途径，净化网络信息环境 …………………（215）
　五　培养良好职业精神，加强新闻队伍作风建设 …………………（217）
　　（一）开展"走基层、转作风、改文风"活动 …………………（217）
　　（二）开展"走、转、改"，要做到"六个解决好" ……………（219）

第八章　对大众文化和文化场馆的审视 …………………………（221）
　一　辩证认识大众传媒与大众文艺的关系 …………………………（221）
　　（一）大众传媒与大众文艺相互催生 ……………………………（221）
　　（二）大众传媒与大众文艺相互依存 ……………………………（223）
　　（三）大众传媒与大众文艺相互促进 ……………………………（225）

  二 图书馆建设中的伦理问题——以高校馆为例 …………… (228)
   （一）高校图书馆的文化功能 ……………………………… (228)
   （二）高校图书馆建设中的"12345" ……………………… (232)
   （三）图书馆工作的伦理意蕴 ……………………………… (242)
  三 文化馆、博物馆建设中的伦理问题 ………………………… (245)
   （一）文化馆建设中的伦理问题 …………………………… (245)
   （二）博物馆建设中的伦理问题 …………………………… (247)

第九章 经营性的文化产业建设 …………………………………… (254)
  一 发展"文化产业"的基本内涵和政策取向 ………………… (255)
   （一）"文化产业"概念的形成 ……………………………… (255)
   （二）支持发展文化产业的政策取向 ……………………… (257)
  二 明确文化产业的地位、意义和发展思路 …………………… (259)
   （一）文化产业的地位 ……………………………………… (259)
   （二）文化产业的意义 ……………………………………… (261)
   （三）文化产业的发展思路 ………………………………… (264)
  三 中国文化产业的发展状况 …………………………………… (266)
   （一）文化产业越来越受到重视，并与经济发展相融合 …… (266)
   （二）文化产业发展中的问题 ……………………………… (273)
  四 文化产业健康发展的伦理导向 ……………………………… (279)

第十章 对文化旅游和文化创意产业的审视 ……………………… (283)
  一 文化旅游产业发展的伦理审视 ……………………………… (283)
   （一）"旅游"概念与中国的旅游业发展 …………………… (283)
   （二）"旅游"与"文化"的关系 ……………………………… (285)
   （三）休闲旅游中的"文化旅游" …………………………… (286)
   （四）对旅游业失范现象的伦理审视 ……………………… (290)
   （五）加强旅游伦理建设，提升旅游行业整体水平 ……… (297)
  二 发展动漫产业的伦理审视 …………………………………… (301)
   （一）中国动漫业的发展现状 ……………………………… (301)
   （二）动漫产业与文化产业 ………………………………… (304)
   （三）动漫产业的伦理问题 ………………………………… (305)

（四）构建动漫产业的道德规范 …………………………… (309)
　三　古城重建的伦理审视 ……………………………………… (311)
　　（一）古城上演重建风 …………………………………………… (311)
　　（二）争相进行巨资"穿越" ……………………………………… (313)
　　（三）"文化搭台，经济唱戏"的误识 …………………………… (317)

第十一章　文化体制改革的伦理问题 …………………………… (321)
　一　深入认识文化体制改革的必要性 ………………………… (322)
　　（一）中国文化产业发展的制约因素 …………………………… (323)
　　（二）党和国家领导人对文化体制改革的重要论述 …………… (325)
　二　推动文化创新和建立文化市场新体系 …………………… (330)
　　（一）文化管理体制改革要有新突破 …………………………… (330)
　　（二）深化文化投融资体制改革 ………………………………… (331)
　　（三）文化法制建设要有新突破 ………………………………… (334)
　　（四）建立文化产业研发基地和产业集聚示范区 ……………… (335)
　　（五）依靠高新技术培育新兴产业和业态 ……………………… (336)
　　（六）扩大对外文化贸易，推动中华文化"走出去" …………… (337)
　　（七）加快文化领域的结构调整 ………………………………… (338)
　三　中国文化体制改革春潮涌动 ……………………………… (339)
　　（一）大型国有文化单位成功"转制"为新型市场主体 ………… (340)
　　（二）政府部门转变职能，提高了公共文化服务能力 ………… (342)
　　（三）文化体制改革推动了文化生产力的解放 ………………… (342)
　　（四）文化体制改革带动了地方文化"软实力"的提升 ………… (345)

第十二章　文化生产、传播和消费中的伦理问题 ……………… (350)
　一　文化生产的特点和规律 …………………………………… (350)
　　（一）文化生产的由来 …………………………………………… (350)
　　（二）文化生产的特点 …………………………………………… (352)
　　（三）文化生产的规律 …………………………………………… (354)
　二　文化传播中的伦理问题 …………………………………… (360)
　　（一）影响文化传播的因素 ……………………………………… (360)
　　（二）文化传播的作用 …………………………………………… (361)

（三）文化传播与科技发展的关系 …………………………（362）
　　（四）跨文化传播的历史和学科 …………………………（363）
　　（五）文化传播中的软实力 ………………………………（366）
　　（六）要发展现代传播体系 ………………………………（367）
　　（七）新闻出版业是文化传播的重要途径 ………………（370）
　三　文化消费中的伦理问题 …………………………………（371）
　　（一）消费文化和文化消费 ………………………………（371）
　　（二）文化消费的内容和价值实现 ………………………（377）
　　（三）中国文化消费的问题和原因 ………………………（382）
　　（四）发展文化消费的对策建议 …………………………（386）

第十三章　教育、科技和文艺中的伦理问题 …………………（390）
　一　教育事业中的伦理问题 …………………………………（390）
　　（一）教育遭遇经济——对教育精神的追问 ……………（391）
　　（二）对教育性质的拷问——公益性与产业性 …………（395）
　　（三）公平与效率——教育的价值追求 …………………（398）
　二　科技事业中的伦理问题 …………………………………（401）
　　（一）科技发展的伦理评价 ………………………………（402）
　　（二）科技活动的伦理规范 ………………………………（406）
　三　文艺事业中的伦理问题 …………………………………（412）
　　（一）文艺与道德的关系 …………………………………（413）
　　（二）文艺工作者的职业道德 ……………………………（421）
　　（三）民间文艺的审美、保护和创新 ……………………（425）

第十四章　人的文化自觉、文化自信和文化发展 ……………（434）
　一　文化压抑与人的文化自觉 ………………………………（435）
　　（一）马克思的现代性视野 ………………………………（435）
　　（二）现代化建设与人文精神 ……………………………（438）
　　（三）伦理建设与社会和谐 ………………………………（442）
　二　文化纠结与人的文化自信 ………………………………（445）
　　（一）存在于"文化自信"背后的"文化纠结" …………（445）
　　（二）伴随"文化纠结"的文化虚无、文化盲从和文化创新 ……（448）

（三）"文化自信"包括道路自信、理论自信和制度自信 ……（451）
　　（四）马克思主义的现代化、中国化和大众化…………（453）
　三　文化建设与人的文化发展 ………………………………（464）
　　（一）文化人的身份自觉与使命担当 ………………………（464）
　　（二）文化人的使命意识与书院教育 ………………………（470）
　　（三）文化人的精神追求与职业操守 ………………………（473）

参考资料 …………………………………………………………（480）

后记 ………………………………………………………………（493）

总论：文化建设的伦理审视

本书是国家社科基金西部项目《文化建设中的伦理问题研究》（批准号：11XZX011）的结项成果。全书结构为：一个总论和十四章分论。总论部分旨在概述本课题的研究背景和主要理论观点。

本课题以当代中国文化建设为国内背景，以多元文化在全球范围的冲突与融合为国际背景，从文化伦理学的视角，对我国的文化建设现象进行自觉、理性的审视和研究，以揭示文化建设与伦理精神的内在联系。其意义在于用先进伦理道德观念引导我国的文化事业、文化产业，以及文化体制改革的健康发展，让人们看到对文化建设进行伦理审视的必要性和重要性，从而增强文化建设的伦理价值意识；同时服务于青年学生的人文素质教育，也为党政领导、企事业单位和社会各界开展文化建设提供理论参考。其特点在于既具有引导人们深入认识文化建设现象，促进社会主义文化大发展、大繁荣的实践意义，又具有探讨文化建设与伦理道德之关系，以构建文化伦理学体系的学术价值。从伦理学视野和维度研究文化建设，对构建正确的文化建设观，创立科学的文化建设论，也能起到积极的促进作用。文化建设论所涉及的问题很多，比如，文化概念论、文化价值论、文化传统论、文化传播论、文化需要论、文化解放论、文化事业论、文化产业论、文化改革论、文化发展论、文化管理论、文化自觉论、文化载体论，等等。

无论在国内，还是在国外，对文化生活、文化建设和文化发展进行伦理审视的现象古今都有，中国传统文化的各个方面都渗透伦理色彩就能说明这一点。尤其是20世纪以来，西方国家的文化哲学、价值哲学和应用伦理学研究中，越来越渗透着关于文化现象的伦理思考。如马克斯·韦伯的《新教伦理与资本主义精神》、罗尔斯的《正义论》、哈贝马斯的《技术和科学作为意识形态》与《交往行为理论》、丹尼尔·贝尔的《资本主义文化矛盾》等，作为对"现代性"的反思和批判成果，把追求伦理、道德价值作为西方社会文化发展的基本目标。西方社会在第二次世界大战以后，随着生产力的迅猛发展和财富的急剧增加，使一个新的空间随之出现，这就是人的自由发展的空间，它的本质是"文化空间"。但是当这个空间逐渐扩展为人类社会的主导结构的时候，它却迎来了资本主义社会对人的控制、扭曲和压抑，在物质繁荣的表面，实际存在的文化异化现象，引起了很多学者对西方文化发展的伦理审视和研究。如西方的科技异化论、文明冲突论、生态危机论等，都与此有关。

在当代中国，对文化建设进行伦理审视的意义，是由文化建设在中国特色社会主义总体布局中的地位决定的。文化建设是中国特色社会主义事业"五大建设"（经济建设、政治建设、文化建设、社会建设、生态文明建设）和"四个全面"（全面建设小康社会、全面深化改革、全面依法治国、全面从严治党）总体布局的重要组成部分。搞好文化建设是提高全民族整体素质的重要途径，也是全面建设小康社会的奋斗目标之一。由于受国际、国内社会思潮和文化传统等多种复杂因素的影响，在文化建设的各个层次和方面，都有可能出现偏离正确价值导向，包括偏离正确道德价值导向的问题。因此，对文化建设进行伦理审视、反思和引导的必要性是客观存在的。对文化建设进行文化伦理学的审视和研究，要涉及文化主体、文化创造、文化传播、文化交流、文化批判、文化制度、文化体制、文化政策和文化活动中的伦理意蕴及其价值追求。这也是文化建设中伦理意识觉醒的标志。

文化是相对于政治、经济而言的社会现象，具有政治和经济双重价值，因而既属于上层建筑的重要内容，也具有经济基础的基本功能。它不仅是政治、经济的反映，而且是能为经济、社会全面、协调、可持续发展提供价值目标、精神动力和智力支持的国家软实力。文化产业还是伴随人类需求高级化而产生的新型产业形态，已经从国民经济的边缘向中心内聚，出现了产业结构向文化业态发展的趋势。文化也是千姿百态的精神花朵，是人类生产、生活的条件和方式的产物。没有人类社会固然不可能有文化，但没有文化也不可能有人类社会。过有文化的生活，是人类区别于动物的特征之一。文化以其坚韧的生命力、广泛的覆盖力和强劲的渗透力维系着人类的共同生活，也彰显着各民族及国家的凝聚力和软实力。一个民族或国家在世界上能不能留下足迹以及留下什么样的足迹,能不能对人类有所贡献以及有什么样的贡献,归根到底要看它的文化成就和文化特色。当今世界,文化与经济、政治相互交融,在综合国力竞争中的地位和作用越来越突出。谁占据了文化发展的制高点,谁就能够在激烈的国际竞争中掌握主动权。只有将经济、政治、文化、社会、生态等建设都搞好,使它们相互促进、协调发展,中国特色社会主义事业才能顺利推进,国家富强、民族振兴、人民幸福的"中国梦"才能实现。

"文化"概念内涵丰富、使用广泛,国内外研究者的定义不胜枚举,莫衷一是。我们认为,文化概念有广义、中义、狭义及深义之解。广义文化是指人化的一切,其内涵历史地看,有农业文化、游牧文化、海洋文化、工业文化、信息文化等;逻辑地看,有物质文化、制度文化、观念文化和行为文化。概括起来,就是人类所创造的一切物质文明、制度文明和精神文明的总和。中义文化,是指相对于经济、政治而言的社会意识形态和精神文明。大致相当于我国各级宣传部、文明办所管辖的范围。狭义文化,通常指文学艺术、广播电视、新闻出版和图书馆、博物馆等,大致相当于我国各级文化行政部门所管辖的范围。深义文化,是指人们的心理素质、思维方式、价值观念、理想信仰等精神文化。文化概念的广义、中义、狭义和深义之间是相互渗透的。由于"文化"概念的内涵复杂,在现实生活中使用得也很广泛,实际上在不同情况下,人们赋予这个概念的含义是很不相同的。就当代中国的文化建设而言,实际是在中义、狭义和深义的结合上来使用"文化"概念的,但有时也可以延伸到广义文化的层面。本课题所研究的"文化"及文化建设,是相对于经济、政治而言的社会意识形态和精神文明,也就是中义的"文化"概念。在此意义上的文化,既是经济、政治和社会生活的反映,又是为经济、政治和社会生活提供价值目标、精神动力和智力支持的国家软实力。它既从属和服务于上层建筑,又服务于经济基础、社会进步和人的发展。

文化建设作为国家战略,面对的一个重要问题是文化伦理意识的觉醒。文化自觉包括价值自觉,而价值自觉的一个方面是伦理自觉。文化建设的伦理自觉还要求创建文化伦理学体系。当今时代,人们文化价值观的进步和文化建设新高潮的到来,也为增强人们的文化伦理自觉性、开辟文化伦理学研究方向奠定了基础。我们在研究文化现象中,应该把问题意识与学科意识结合起来。笔者曾倡导构建文化伦理学体系,既有充分的理论和实践依据，又有非常重要的学术价值。随着人们文化伦理意识的觉醒，文化伦理学必将受到大家的广泛重视。① 当代伦理学研究可大致区分为基础伦理学研究和应用伦理学研究。其中，应用伦理学是以人们的生活实践和社会实践为基础而形成的。它既是基础伦理学研究向实践的延伸，又是直接面向实践或从实践出发提出问题、分析问题和解决问题的伦理学新范式。目前，学术界对应用伦理学的分类还比较混乱，表现在各种名称相互重叠，不成系统，缺乏统一的理论依据和方法指导，从而制约了学术发展，也弱化了伦理学对社会实践的指导作用。笔者认为，一切伦理问题和道德现象都是人们实践活动的产物，是实践主体对其道德责任的自觉，也是对实践活动所涉及的善恶、义利、知行、理欲、荣辱等伦理关系的调整。因此，只有依据人们进行实践活动的领域来给应用伦理学分类，才有科学性，也才能促进伦理研究与社会实践的结合，从而促进道德理论贴近实践、贴近生活、贴近群众。人们的实践活动包括满足生存、发展、享受之需要的生活实践和推动经济、政治、文化、社会、生态等建设的社会实践。既然伦理道德以实践为存在基础，研究伦理道德也要以实践为出发点和落脚点，那么应用伦理学就应该以社会实践的领域为基础来划分。当代中国的社会实践就是"五大建设"，即经济建设、政治建设、文化建设、社会建设和生态建设。"五大建设"是中央对中国特色社会主义建设实践及内容的高度概括，有很强的系统性和科学性。如果把应用伦理学的主要分支与经济、政治、文化、社会、生态等建设实践相对应，就可以看出，文化伦理学的产生不仅是必然的，而且是很必要、很重要的。也就是说，如果缺少了文化伦理学的视角，伦理学特别是应用伦理学对社会生活实践的覆盖和观照就会是不全面的。因此，笔者倡导增强文化建设的伦理自觉，进而建构文化伦理学体系的任务，具有充分的理论和实践依据，也具有非常重大的意义。如同经济伦理学、政治伦理学、生态伦理学、科技伦理学是应用伦理学的分支一样，文化伦理学作为应用伦理学的一个重要分支，也必将得到学术界的认可。"文化伦理"概念的本质含义就是从伦理道德的角度审视文化，一方面揭示文化现象的伦理意蕴，另一方面提出文化发展的伦理规范及其价值导向。文化伦理学既是应用伦理学的一个门类，也可以视为文化哲学的一个分支。因而，文化研究的伦理自觉是伦

---

① 参见孔润年《自觉开辟文化伦理学的研究方向》，《伦理学研究》2011年第5期。

学和文化哲学的共同问题，带有某种交叉性或边缘性。

文化建设作为国家战略，面对的另一个重要问题是文化与经济发展和人的发展的关系。我们已经进入到以人为本的时代。这是一个尊重人的价值与尊严、维护社会公平与正义的时代，一个追求人与人、人与社群、人与自然、人与信仰和谐相处的时代。这个时代的实质，就是要求我们将和谐有序的伦理精神和积极进取的道德导向，贯穿于经济、政治、文化、社会、生态这"五大建设"的全过程，也贯穿到全面建设小康社会、全面深化改革、全面依法治国、全面从严治党这"四个全面"的战略布局。文化精神能通过影响经济行为主体的选择，对微观经济运行和宏观经济发展产生重要影响。作为一种主观精神要素的文化，已经成为经济学家分析不同国家、区域经济发展存在差异原因的一个重要视角。文化精神对经济的作用主要表现为导向作用、激励作用和规约作用。在文化建设中要努力摆脱经济功利主义的消极影响。在市场经济背景下，经济价值霸权消解着文化的目的性价值，其典型表现便是诸如"文化搭台，经济唱戏"之类的口号。这种"明修栈道，暗度陈仓"式的文化"发展"，显然是缺乏诚意的。正是在这种策略和口号下，才出现了很多的伪文化，如伪民俗、伪名胜、伪历史！无疑，这不是文化发展，而是对文化的践踏和破坏。在文化发展中，我们还必须警惕"文化产业"沦为"文化工业"。文化产业的主体是传播文化精神和文化符号，应该把追求超越经济效益的文化价值、社会效益放在首位，而不能相反。文化工业则是完全屈从于市场规律和经济效益的简单复制，这与当年把文化当成单纯的政治工具如出一辙。我们在构建文化与经济"亲和"关系的同时，必须保持二者之间的必要张力和辩证互动，唯有如此，文化建设才能履行和完成自己独特的文明使命。一个民族的觉醒首先是文化的觉醒，一个国家的强盛离不开文化的支撑。当今时代，文化越来越成为民族凝聚力和创造力的重要源泉，越来越成为综合国力竞争的重要因素，越来越成为满足人民精神期待的重要保证。因此，我们要以更加自觉、更加清醒的伦理意识推动文化的大发展、大繁荣，实现文化发展与经济发展、人的发展的相互支撑。

对文化建设进行伦理审视的一个目的，就是要将人们对于文化建设的"见闻之知"提升为"德性之知"。北宋哲学家张载在其《礼记说》中对《大学》"致知在格物，物格而后知至"的注释中，将"致知"之"知"分为"见闻之知"和"德性所知"。这对我们今天从伦理精神维度审视文化建设颇有启迪价值。他说:"世人之心,止于闻见之狭。圣人尽性,不以见闻梏其心,其视天下无疑物非我,孟子谓尽心则知性知天以此。天大无外,故有外之心不足以合天心。见闻之知,乃物交而知,非德性所知;德性所知,不萌于见闻。"① 一般而言,张载说的"见闻之知",是指人的感性认识及其由此而获得的经验知识,但对"德性所知"的释解,在学术界却有多种观点。将哲学的认识论、价值论和境界(修养)论贯通来看,张载的"德性所知",应该包括三层含义:一是事实之知,也就是在对客体具有"见闻之知"(感性认识)基础上抽象而成的理性认识;二是价值之知,也就是对客体之于主体的效应、功能、意义的认识;三是道德(境界)之知,也就是对主客体合一之"穷神知化"的德性修养和境界超越,甚至是神秘的"天德良知"的认识。这三层含义的"知",不是对三个认识对象的"知",而是对同一认识对象从不同维度和层次的"知"。它们的区别大致表现为:事实之知以客体为出发点;价值之知以主体为出发点;道德之知以主客体的融合为出发点。在张载提出"见闻之知"与"德性所知"的概念并将其对分之后,程颢又谈到"闻见之知,非德性之知。……德性之知,不假闻见"②。细心的学者们注意到程颢将张载的"德性所知",改成了"德性之知"。至于这一字之差有无区别,尚存争议,但多数人将其视为同义,且以为"德性之知"与"见闻之知"在语气上更有对称性。由此来看,我们对当代中国文化建设的伦理审视,也就是要努力超越世俗功利、肤浅狭隘的"见闻之知",进而追求真理、正义和审美的"德性之知"。

对文化建设进行伦理审视的另一个目的,就是要在为我们赖以生存的文化世界诊治病患。人处在生活世界的最中心,社会是围绕人而产生并存在的,自然环境处在社会的外围,是社会和人赖以生存的条件。种种迹象表明,当代世界的人、社会、自然都是有病的,因而也是不和谐、不理想和充满危机的。由于自然、社会、人之间存在着交互、包容、转化的关系,其病灶也是互为根源、标本相连的。正如美国哈佛大学教授丹尼尔·贝尔在1976年出版的《资本主义文化矛盾》一书中指出,当代西方资本主义的根本矛盾不是经济矛盾,也不是政治矛盾,而是文化矛盾。文化矛

---

① 《正蒙·大心篇》,载《张载集》,中华书局1978年版,第24页。
② 程颢、程颐:《二程集》,中华书局2004年版,第317页。

盾的核心是宗教冲动力与经济冲动力的矛盾。矛盾的根源是以伦理为核心的宗教冲动力式微，资本主义的冲动力只剩下一个，这就是以"贪婪攫取性"为特征的经济冲动力。于是，"资本主义精神"的理想类型，即20世纪初，德国社会学家马克斯·韦伯在《新教伦理与资本主义精神》一书中所表述的"新教伦理+资本主义=资本主义精神"便发生裂变，导致"资本主义文化矛盾"，它是当代西方资本主义文明诸问题的病灶。他在分析资本主义文化矛盾时还发现，当代资本主义矛盾的根源，是"政治、技术、经济"文化三大领域相互冲突。政治领域遵循平等原则；技术、经济领域遵循效率原则；文化领域遵循自我表现、自我满足原则，三大领域的冲突将文明的机体撕裂，导致深刻的文化矛盾。① 其实，丹尼尔·贝尔所说的"文化矛盾"，随着市场经济和信息技术的发展，也可以说已经普世化了。因此，我们对当代中国文化建设进行伦理审视，也可以说是在为我们赖以生存的文化世界诊治疾病。重视伦理道德价值是中国传统文化的显著特色。中国传统的哲学、文学、史学、法学、政治学等，无不渗透着浓厚的伦理道德色彩。中国的封建社会秩序，也是建立在伦理秩序之上的。正如《周礼》所概括："有天地然后有万物，有万物然后有男女，有男女然后有夫妇，有夫妇然后有父子，有父子然后有君臣，有君臣然后有上下，有上下然后礼仪有所措。"宋元明清是中国传统道德文化走向成熟的时期，也是走向衰落的开始。特别是近现代以来，在西方文化和马克思主义思潮冲击下，中国社会的道德理论及规范体系走向危机乃至崩溃，这还不算最严重的，因为它还是可以被建设的，最严重的问题是人们内心深处道德价值信仰的失落和崩溃。它集中表现为视伟圣为神话，视经典为糟粕，视法度为桎梏，视礼教为迂腐，视道德为虚伪，视无耻为真实，视自私为人性。这些现象是最深刻、最难医治的病患，也是无形而广泛的破坏性力量，一切无耻、腐败、犯罪、屠杀、战乱，都可能由此而生。因此，我们亟须研治人的文化心理和道德人格的健康问题。

回顾中国古代尤其是宋元明清时期的文化观念和文化政策，有助于我们深刻地理解文化伦理问题的重要性。比如，历史上禁毁书籍的文化政策和社会行为，与统治阶级的政治思想和伦理道德观念就有至为密切的联

---

① 参见丹尼尔·贝尔《资本主义文化矛盾》，赵一凡、蒲隆、任晓晋译，生活·读书·新知三联书店1992年版，第25—30页。

系。作为禁书内容的一部分，中国有"禁毁小说"一说，指的是辛亥革命之前，曾被历代王朝中央和地方政权明令禁毁的小说作品。小说是叙事艺术发展到一定阶段的产物，是叙事文学的较高形式，也是用美学方法写成的历史，包括风俗史、心灵史等。如果将小说置于民族的全部文化中来看，小说既是文化的产物，又是文化的载体和组成部分。因此，从古到今，社会对待小说的观念和政策，同时也是对待整个文化的观念和政策。对中国禁毁小说及相关文化政策的评价，是一个复杂的问题。有些禁毁小说，如《水浒传》《金瓶梅》《红楼梦》，现在已经被誉为世界一流的古典小说杰作，但也有不少作品，不仅没有审美价值，而且因其张扬肉欲，铺陈丑态淫声，带有强烈性刺激、性挑逗意味的色情描写，或不适合青少年阅读，或不适合在社会上公开广泛传播，以免影响文明社会风气。对此，依据进步的伦理道德标准进行审视查禁，无疑是十分必要的。文化观念是文化政策的基础。审视文化的价值观念本质上是各种价值标准的综合，也是文化批判的依据。从历史和现实看，影响文化政策最直接、最突出的价值标准首先是政治标准和伦理道德标准，其次，还有审美标准、功用和利益等标准。今天，我们社会为了维护社会主义精神文明，对新闻出版行业实行特殊的管理政策，包括持续多年的"扫黄打非"活动，这与封建统治者为了维护礼教、名教的存在而禁毁小说和其他书籍是完全不同的，因为现代中国的政治和道德标准已经有别于古代。

一切文化都是在满足主体（个体和群体）的文化需要中产生和发展的，但是，由于主体的文化需要有自发与自觉、特殊与普遍、合理与不合理等区别，因而我们不能笼统地说能满足主体需要的文化都是有价值的文化，只能说文化价值是在满足主体自觉合理的文化需要中得到体现的。马克思主义文化，包括哲学、政治经济学和科学社会主义"三个组成部分"，基本上属于政治文化的范畴。它从20世纪20年代传到中国之后，在一定程度上满足了中国社会变革发展的政治需要，甚至一度成为高于一切、代替一切、主宰一切的文化。这就让人们误认为这就是文化概念的全部内涵，其实这只是一种政治文化，很难满足人们在经济、社会、生态、家庭、信仰、民俗等领域的全部需要。我们过去没有意识到这一点，忽略了文化建设中的非政治性需要。这就为中国传统文化（主要是儒、释、道文化）和近现代西方资本主义文化的存在和影响留下了空间。比如，中国传统文化至今满足着人们在社会生活领域，包括对信仰、道德、礼仪、家庭生活等的需要；近现代西方资本主义文化则更多满足着中国人对发展经济、科技、教育、法制等的需要。这就造成了马、中、西三类文化并存的现实。但是从文化性质上看，马克思主义作为政治文化，与中国传统文化和近现代西方资本主义文化的深刻矛盾是显而易见的。因此，我们应该在坚持马克思主义政治文化的同时，更加自觉地借鉴中国传统文化和西方资本主义文化中的积极因素，创造性地发展与马克思主义政治文化相协调的非政治文化，即能够满足人们在经济、科技、教育、法制、道德、信仰、家庭及日常交往等领域的文化需要。也就是说，我们的文化既要能满足党和国家的文化需要，也要能满足个人、家庭、企业及一切社会组织的文化需要。这应该是我们今后开展文化建设的任务和方向。

如果从价值哲学和文化哲学的高度统观当代中国的文化形势及其格局，就会发现存在着马克思主义文化、中国传统文化和近现代西方文化的三足鼎立局面。这三种文化都在影响着人们的世界观、价值观和人生观，都试图扩大自己的影响力。它们也在此消彼长的复杂关系中影响着中国的经济、政治、文化和社会发展，也深刻影响着个体人格的结构生成及变化。面对当代中国文化领域"马、中、西"三足鼎立、彼此矛盾而又互补的局势，人们无论是在马、中、西三种文化之间的选择，还是对其中某一种文化价值的自信，都存在着深刻的文化心理纠结。可以说，现实与理想、多元与一元、纠结与自信，既对立又统一，构成了我们时代的一大特点。因此，我们要树立文化建设的"三自"（自觉、自信、自强）意识，特别是树立文化自信意识，就必须解决对中、西、马文化价值的心理纠结问题。[①] 我们要建设中国特色社会主义文化，就必须与当代中国的政治和经济相适应，与社会主义核心价值体系的要求相符合。面对马、中、西三种文化，我们不能简单地肯定或否定任何一种文化，而应当从实际出发，采取"以马为主，融合中西，贯通古今，多元一体，整合创新"的方略。只有以开放的气度，广阔的视野，在多种文化的比较中，知己知彼，博采众长，才能形成科学、进步、实用的文化观。据此，我们必须强化和凸显中国特色社会主义核心价值体系建设。作为执政党指导思想的马克思主义不能"边缘化"，不能被"架空"，也不能被"解构"，而必须通过有效的宣传教育落实到广大党员、干部、群众和青年学生的心灵中去。马克思

---

① 参见孔润年《文化自信与文化纠结》，《甘肃理论学刊》2013年第6期。

主义是包括哲学、政治经济学和科学社会主义在内的严密而完整的科学思想体系，又是在社会主义革命、建设和改革实践中不断发展的先进思想体系。当代中国的马克思主义具有更加鲜明的实践特色、时代特色和民族特色，已经扎根于中国土壤，熔铸在民族的生命力、创造力、凝聚力之中，成为中国特色社会主义理论的核心内容。人类的一切创造活动，都是以一定的价值目标为理想和动力的，同时也是在一定价值体系的指导下进行的，文化建设也不例外。当代中国文化建设必须以社会主义核心价值观和核心价值体系为指导。核心价值是相对于非核心或一般价值而言的，它们都是构成一个整体的价值体系的组成部分。古代社会的价值体系是金字塔状态，也就是呈现为等级结构，而现代社会的价值体系则是扁平化的罗盘状态，也就是呈现为中心边缘结构。在一个整体的价值体系中，居于中心地位的价值就是核心价值，居于非中心或边缘地位的价值就是非中心或一般价值。核心价值体系与核心价值观是既有区别又有联系的概念。核心价值体系渗透和体现核心价值观，核心价值观能指导或扩展为核心价值体系。核心价值观比核心价值体系更抽象、更集中、更根本。笔者认为，"社会主义核心价值体系"应该包括"价值存在体系"与"价值观念体系"两个方面。作为价值存在的社会主义核心价值体系，反映了人类社会的发展规律、社会主义建设的基本规律以及中国共产党成立和执政以来的基本经验，包括人的价值、经济价值、政治价值、文化价值、生态价值；作为价值观念的社会主义核心价值体系，应该有"理想信念""行为规范"和"心理品格"三个层次的内涵，是全党、全军和全国人民都应该树立的理想信念，都应该遵守的行为规范和都应该形成的心理品格。把作为价值存在的社会主义核心价值体系转化为作为价值观念的社会主义核心价值体系，需要开展广泛深入的宣传教育、理论研讨、学习思考和凝聚共识。这是一个需要长期努力才能实现的复杂过程。[①] 文化建设需要政治提供宽松环境，同时也需要坚持正确的政治方向。马克思主义是社会主义核心价值观的旗帜和灵魂，是我们立党立国的根本指导思想。巩固马克思主义在意识形态领域的指导地位，巩固全党全国人民团结奋斗的共同思想基础，重中之重是树立马克思主义、共产主义信仰，坚定中国特色社会主

---

① 参见孔润年《伦理学视野中的社会主义核心价值体系建设》，《道德与文明》2012年第2期。

义信念，用中国梦激发和汇聚上下同心、团结奋斗的强大力量。当前，意识形态领域形势错综复杂，既有国内经济社会深刻转轨转型和对外开放带来的思想观念空前活跃，也有国外敌对势力的牵制遏制和以西方价值观为核心的思想文化渗透。因此，文化建设要增强政治伦理意识，在任何情况下，都要把握正确方向，不断传播好思想、传递好声音和传输正能量。

自鸦片战争之后，特别是五四新文化运动、新中国成立后的"文化大革命"期间，以及改革开放以来，围绕如何对待中国传统文化的问题，不断掀起论辩高潮。目前，否定一切的文化虚无主义和全盘继承的文化保守主义之间的对立依然存在。在这两种偏激（执）态度之间，也存在着实事求是、辩证分析、去糟取精，批判继承、古为今用的科学态度。为了不断统一认识，凝聚共识，我们不得不对弘扬中国优秀传统文化的问题再做论述。如果脱离时代背景和社会需要，不顾文化发展的一般规律，空洞抽象的讨论传统文化的优缺点，就争论不出什么结果。因为，传统文化延续几千年，内涵博大精深，性质和作用极为复杂，推崇它的人和批判它的人都能说出各自的道理和证据。孰是孰非，公说公有理，婆说婆有理，莫衷一是。理性看，我们应该依照文化发展的客观规律和文化满足实践需要的效果来评判传统文化。中国传统文化的内容极为丰富，要具体分析，区别对待。比如，中国传统文化中的宗教文化、哲学文化、伦理文化、政治文化，具有很强的意识形态性，应该以特别谨慎的态度来对待。也就是要对其中的唯心主义成分、封建主义成分和愚昧落后腐朽的成分，加以识别和剔除，以免与社会主义意识形态相冲突。中国传统文化中的文学艺术等审美文化、科技文化、医药文化、建筑文化、考古文化等，与封建社会的意识形态距离较远或没有关系，则可以大胆继承和弘扬。就中国传统道德而言，内容复杂，有值得继承的优秀成分，也有需要批判抛弃的糟粕成分，而且这两种成分交织在一起，不容易识别和区分，因此，要以特别谨慎、理智、科学的态度对待，而不能偏激化、简单化。评判中国传统道德要有科学理论的标准，也要有实践效果的标准。实践是检验真理的标准，也是检验道德的标准。比如，古代经典能不能读，《弟子规》能不能读，仁、义、礼、智、信、忠、孝、廉、耻、中、和等传统道德规范还能不能讲，仅从理论上争论很难判断，这就要用一些人读了经典、读了《弟子规》、奉行了以后所产生的实际效果来判断。

根据文化发展的一般规律，我们坚信不管遇到多少困难、阻力和曲折，文化总是要向前和向上发展的，因此，我们要正确对待中华传统文化和西方文化以及由这些文化所承载的价值观。首先，要全面理解中华传统文化的内涵，促进中华优秀传统文化和地域历史文化的现代化、公益化和产业化，努力走出一条符合自身实际和特点的文化发展道路。所谓传统文化的现代化，就是要把弘扬传统文化与发展现代文明统一起来，同时处理好中国文化与西方文化和人类文明的关系。具体说来，就是要将中华优秀传统文化与社会主义核心价值观相结合、相统一；与现代社会的政治文化、法制文化、科技文化、道德文化、文学艺术、新闻传媒等相结合、相统一；与工商社会、信息社会、市场经济、民主政治、多元文化、改革开放、全球视野相结合、相统一。所谓传统文化的公益化，就是要将弘扬优秀传统文化与开展各种文化公益活动结合起来。具体说来，就是要将弘扬优秀传统文化与构建公共文化服务体系和推动文化改革发展繁荣相结合；与思想道德教育和开展中华传统文化公益大讲堂相结合；与文学艺术创作和满足人民群众最基本的精神文化需要相结合。所谓传统文化的产业化，就是要将优秀传统文化与经济发展相融合。具体说来，就是要将弘扬优秀传统文化与文化体制改革和文化产业开发相结合；与旅游文化和文化旅游相结合；与各种精神文化产品的创作、生产、经营和消费相结合。我们的时代已经不是农牧自然经济时代，也不是计划经济时代，而是工业经济、城市经济、知识经济、市场经济占主导地位的社会。现代社会也已经不是文盲占多数和科技不发达的社会，而是人们科学文化知识水平普遍提高的社会。也不是国家性、民族性或地域性封闭的社会，而是交通、通信、传媒和信息交流极为发达的社会。现在国际环境也发生了巨大变化，全世界变成了一个地球村，每天在全球任何一个地方发生的事情，可以让每一个人都知道。在这样一个全新的时代和环境下，我们在文化建设上显然不能完全照搬传统的东西，否则就会被社会所淘汰、被历史所惩罚。当然，我们也要正确认识中国传统文化的当代地位和价值意义，既不能盲目复古，也不能简单否定，而要采取"批判继承、去糟取精、古为今用"的科学态度。其次，文化的"古今"问题与"中西"问题是交织在一起的。中西文化之争已经持续了一百多年，其间热潮迭起，但总的趋势是中西文化融合，"西学东渐"不断深入，甚至到了何者应该居于主导地位的时候。怎样处理文化的历史性、民族性、世界性之关系，已经成为一个大问题。

加之西方发达国家的文化本身处于强势地位，存在着主动向发展中国家传播的趋势，这就使西方文化对中国社会变革的影响不断走向深入。从哲学思想、伦理道德、文学艺术，到科学技术、政治经济等诸多领域，我国都在受西方文化的影响。尤其是改革开放以来，中国与西方发达国家的文化交流势不可当，留学访学人员、文艺人员、科技人员、政府官员、经贸人员、旅游人员、探亲人员的出入，都为西方文化向中国传播提供了渠道。其实，商品流通，特别是图书、影视等文化产品的国际流通，本身就是文化交流的载体和渠道。加之信息技术、网络技术、现代传媒和现代交通工具的迅猛发展，更让西方文化传入中国成为必然趋势。加之我们在文化上也实行对外开放政策，提出面向世界办教育的方向，在高校不仅大量引入外文教材和图书资料，还要求有国外留学或访学背景的教师才能进入重点高校，要求能在国外学术期刊发表论文的高校教师才能评高级职称，等等。人们的知识结构、思维方式、价值观念和生活方式中，都有西方文化的元素。中西文化的相互传播融合已经无处不在，很多方面已经难分彼此。其实，从老百姓的日常生活理念及其方式，直到依法治国、科教兴国、改革开放等治国理政的观念，都有西方文化的影响。马克思主义本是西方传入的，社会主义核心价值观也明显渗透着西方价值观念的合理成分。因此，要完全阻止西方价值观念传入中国是很难的，也是没有必要的。

"和谐"是社会主义核心价值观的内容之一。整合多元文化的价值是构建和谐社会及健康人格的必然要求。无论个人心理和谐、家庭和谐、社会组织和谐，还是整个社会乃至世界的和谐，都离不开和谐文化的支撑。实践证明，一些国家或地区的不和谐往往与文化信仰不统一有直接关系。这主要表现为两点：一是不同文化信仰的人们缺乏相互包容、相互尊重、相互学习的雅量。特别是宗教极端主义者，往往把自己信仰的文化说成唯一真理，把别人信仰的文化说成落后、愚昧、不科学，甚至攻击为反动或恶魔。由此而造成不同文化信仰者之间的激烈冲突，导致社会严重不和谐。二是一些文化多元的社会中，由于缺少一种相对强势的、主流的文化起主导作用，也就是缺乏居于统治地位的核心价值体系。这样的社会必然缺乏凝聚力，也无和谐可言。因此，在和谐社会建设中，必须把核心价值体系建设摆在首位，同时要反对文化信仰特别是宗教信仰的极端主义。就当前中国的实际情况来看，马克思主义文化居于统治地位，但也受到中国传统文化和西方文化的强力冲击。面对这三种文化，我们不能采取极端态度，也不能放任自流，无所作为，而应当采取温和而积极有为的态度。也就是要从实际出发，在整合创新中构建"一主多样"的和谐文化格局。"一主多样"，是指以社会主义意识形态和核心价值观为内容的主流文化；以中国传统文化和外来有益文化为主要元素，以精英高雅文化和大众通俗文化为主要层次，以书刊、报纸、广电、影视、网络等为主要传媒的多样文化。文化建设既要坚持科学主义以体现合规律性，又要坚持人文主义以体现合目的性。坚持这些标准和原则是文化建设中增强价值自觉和价值自信的基础，也是促进文化发展和繁荣的必然要求。我们要善于总结文化建设的历史经验，深刻把握文化发展的客观规律，尊重文化工作者的创造性劳动，弘扬主旋律，提倡多样化，促进学术研究和艺术创作的繁荣发展。要注意区分学术问题、思想认识问题与政治问题的界限。在学术问题上要提倡不同观点和学派的自由讨论；在艺术创作上要提倡不同艺术风格和流派的争鸣和切磋；在涉及政治原则问题上，必须旗帜鲜明、立场坚定、敢于亮剑，决不做骑墙派。

　　文化有精神属性，也有商品属性，因而可将文化发展区分为公益性的文化事业发展和经营性的文化产业发展，并实现二者的统筹、协调发展。公益性的文化事业是指关系到社会大众福利或者国家安全的公共文化产品和设施。具体指为满足人们娱乐、休闲、健身、求知、审美、交际等精神需要和求知需要而组织活动，并提供经费、场地、器材和各种服务的社会公益性而非营利性的工作。大致包括九年义务教育、党和国家重要的新闻媒体和社会科学研究机构、体现民族特色和国家水准的重大文化项目和艺术院团、重要文化遗产和优秀民间艺术、老少边穷地区和中西部地区的文化发展、面向大众的文化基础设施建设，如公共图书馆、博物馆、纪念馆的免费开放，等等。这些文化公益事业是公共服务产品，具有公益性，需要国家政策支持和政府财力的扶持保障，并鼓励它们增强自身发展活力。发展公益性的文化事业，重点是发挥文化事业单位的作用，构建保障人民群众基本文化权益的公共文化服务体系。也就是要在政府主导下，按照公益性、基本性、均等性、便利性的要求，加强文化基础设施建设，完善公共文化服务网络，让群众广泛享有免费或优惠的基本公共文化服务。要以全体人民为服务对象，以保障人民群众看电视、听广播、读书看报、进行公共文化鉴赏、参与公共文化活动等基本文化权益为主要内容，完善覆盖城乡、结构合理、功能健全、实用高效的公共文化服务体系。要把主要公共文化产品和服务项目，以及公益性文化活动纳入公共财政经常性支出预算。采取政府采购、项目补贴、定向资助、贷款贴息、税收减免等政策措施鼓励各类文化企业参与公共文化服务。鼓励国家投资、资助或拥有版权的文化产品无偿用于公共文化服务。加强文化馆、博物馆、图书馆、美术馆、科技馆、纪念馆、工人文化宫、青少年宫等公共文化服务设施和爱国主义教育示范基地建设并完善向社会免费开放服务，鼓励其他国有文化单位、教育机构等开展公益性文化活动，各类公共场所要为群众性文化活动提供便利。由于公益性文化事业具有文化惠民、文化低保、文化慈善的性质，因而具有天然的伦理价值和道德意义。

发展经营性的文化产业，主要是指发展文化科技、文化旅游、影视制作、出版发行、印刷复制、广告艺术、演艺娱乐、文化会展、数字内容、动漫游戏等，也包括发展文化创意企业，增强影响力和带动力，拉动相关服务业和制造业的发展。其中，影视、音乐制作业要提升影片、电视剧和电视节目的生产能力，扩大影视制作、发行、播映和后产品开发，满足多种媒体、多种终端对影视数字内容的需求。出版业要推动产业结构调整和升级，加快从主要依赖传统纸介质出版物向多种介质形态出版物的数字出版产业转型。出版物发行业要积极开展跨地区、跨行业、跨所有制经营，形成大型发行集团，提高整体实力和竞争力。印刷复制业要发展高新技术印刷、特色印刷，建成各具特色、技术先进的印刷复制基地。演艺业要加快形成一批大型演艺集团，加强演出网络建设。动漫业要着力打造深受观众喜爱的国际化动漫形象和品牌，成为文化产业的重要增长点。充分利用历史文化遗产，积极发展文化旅游业，这也是发展文化产业的重要组成部分。"文化事业"与"文化产业"的区分有相对性，其也只是国家制定文化政策、开展文化管理的理论依据，而不是评价文化建设的价值标准。对文化产品可以用艺术标准、道德标准、科学标准来评价，也可以用经济标准、政治标准来评价。比如，一张画，可以作为艺术品来评价其审美价值，也可以作为商品来评价其经济价值。一个东西有二重或多重价值属性，这种现象在文化产品中很普遍。例如，一本学术著作，对读者来说，有科学性、学术性、知识性、理论性，对出版、印刷和经销这本书的出版社、印刷厂和书店来说，也可以当作一个商品来看待。扩大到戏剧、电影、舞蹈、音乐等，也都可作如是观。既然一个东西可能有二重以上的价值属性，在价值评价时就应该使用多重标准和多个角度，而不能片面化、简单化。大力发展文化产业，根本出路在于体制改革。要深化文化体制改革，克服束缚文化生产力发展的体制性障碍。正如《中共中央关于全面深化改革若干重大问题的决定》所指出："建设社会主义文化强国，增强国家文化软实力，必须坚持社会主义先进文化前进方向，坚持中国特色社会主义文化发展道路，培育和践行社会主义核心价值观，巩固马克思主义在意识形态领域的指导地位，巩固全党全国各族人民团结奋斗的共同思想基础。坚持以人民为中心的工作导向，坚持把社会效益放在首位、社会效益和经济效益相统一，以激发全民族文化创造活力为中心环节，进一步深化文化体制改革。"除公益性文化事业单位需要在政府扶持下规范运作外，其他文化单位都应以建立现代企业制度为目标，创新体制、转换机制，真正成为自主经营、自负盈亏、自我发展、自我约束的文化市场主体，并在此基础上，以骨干文化企业为龙头，以资产为纽带，以完善社会保障制度为支撑，推进集团化建设。同时，应吸收外资和社会资本兴办文化产业，大力发展民营文化企业，形成以公有制为主体、多种所有制共同发展的文化产业格局。要坚持把社会效益放在首位，努力实现经济效益与社会效益的统一。要逐步建立有利于调动文化工作者积极性，推动文化创新，多出精品，多出人才的文化管理体制和运行机制。要坚持科学管理、依法管理，综合运用法律、行政、经济、行业自律等手段，推进文化领域管理工作的法制化、规范化、制度化建设。

　　人创造文化，同时为文化所塑造。因此，人特别是个体人格，是我们理解这个世界及其文化的出发点。没有了人，我们这个世界就没有了生命和灵魂。人是文化的主体和核心。离开对人的关注，一切文化建设和文化研究都会失去目的。在影响人格的诸多社会因素中，文化是最直接和最重要的因素。从某种意义上说，人的本质就是其人格，而人格的本质又是社会文化特别是伦理文化的聚焦及内化。反之，伦理文化乃至一切文化都是人化，即人格的外化或延展。伦理文化的核心是道德及其三个向度，即作为人类理想信仰的"信念伦理"、作为人类行为准则的"规范伦理"和作为个人品格的"美德伦理"。没有宏观的文化现象，就不会有中观的伦理现象，进而也就不会有微观的道德人格。归根到底，文化就是人化，是人格或人的本质的外化。正如我们能从现实人格的健康状况透视出伦理文化的先进与落后一样①，我们也能依据伦理道德标准审视、诊断出整个文化现象和文化建设的健康状况。人们的伦理观念既是文化的一部分，又是指导、评价和规约文化建设及文化生活的重要价值标准。人的解放是社会进步的标志，也是文化进步的目的。马克思主义的全部理论归结到一点，就是要实现社会进步与人的解放和发展的统一，即通过不断推动社会进步来促进人的全面解放和全面发展。人的全面解放是实现人的自由和全面发展的前提条件。马克思主义本身就是一种文化，而且是全新的、进步的文化。然而，传统意义上的马克思主义的重点是人的经济解放和政治解放，而不是人的文化解放。正是在传统意义的马克思主义指导和中国共产党的领导下，经过近百年来的革命、建设和改革开放历程，中国人民的经济解放和政治解放取得了巨大成绩，与此同时，文化解放和文化发展的成绩也不能否定。但是，与经济和政治层面的发展进步相比较，我们在文化层面的发展进步还相对滞后，还有很大的差距尚待追赶。这在很大程度上也制约着人的全面解放和全面发展。人的文化解放与文化发展是一个问题的两个方面，即文化解放是文化发展的前提，文化发展也是文化解放的标志和结果。相对于经济和政治而言的文化，其内核是精神形态的东西。它作为一个母系统的基本内容应该包括科学知识、思想观念和心灵素质三个子系统。科学知识，是指自然科学、社会科学和人文科学的知识。人缺乏科学知识就会陷入蒙昧。思想观念是指世界观、人生观、价值观和思维方法。没有正确的思维方式和思想观念做指导，人就会陷入迷茫。没有良好的心理素质，人就会陷入变态或病态。归结起来，人的文化解放和文化发展，就是指人在科学知识、思想观念和心灵素质方面的解放和发展。社会的全面进步应该包括经济、政治、文化等的进步，与此相统一，人的全面解放也应该包括经济、政治、文化等的解放。如果只有经济和政治上的解放和发展，而没有文化上的解放和发展，人的解放和发展就是不全面的。因此，把人的文化解放和文化发展作为一个崇高目标提出来，对于当代中国的文化建设具有非常重要的意义。也只有把实现人的文化解放和文化发展作为崇高目标的文化建设，才是真正体现了以人为本的文化建设。人对文化的压迫或压抑，对文化的反抗或解放的觉醒本身就是一种文化自觉。反之，文化自觉也是反抗文化压迫和实现文化解放的先导，更是开展文化建

---

① 参见孔润年《伦理文化的人格透视》，中国社会科学出版社 2010 年 10 月版。

设和人的文化发展的前提。传统社会,文化被少数人所垄断,大多数无文化的人不得不受文化和文化人的压迫,所谓"劳心者治人,劳力者治于人","唯上智与下愚不移",说的就是这种现象。近代中国,不仅深受帝国主义的军事侵略和政治压迫,也深受其文化侵略和压迫。当前,国际范围内的经济、文化发达国家,也凭借其文化、科技、教育的优势,对发展中国家进行压迫或渗透。随着社会发展和科学文化知识的普及,大部分人已经摆脱了文化上完全受压迫的境况,但是,人们在受教育程度、掌握科学文化知识的多少、在文化关系中的地位,还不能说完全平等,因此,改变文化压抑的现实和实现文化解放、文化发展的任务还会长期存在。

第一章

文化建设的伦理之维

我们对文化现象和文化建设的认识，可以是科学的，也可以是价值的。科学回答"是什么"的问题，价值回答"应该是什么"的问题。从价值哲学维度认识文化现象和文化建设，属于价值认识的范畴。真、善、美、利，都是价值认识的维度。通过对文化建设进行伦理审视，可以增强我们对文化建设之向善价值的自觉。伦理思想和道德规范本身也是文化的一部分，同时又可以作为我们认识文化现象和文化建设的一个价值维度。

一 "文化"概念的内涵和伦理维度

"文化"概念内涵丰富、使用广泛，国内外研究者的定义不胜枚举，莫衷一是。我们认为，文化概念有广义、中义、狭义及深义之解。广义文化是指人化的一切，其内涵可作历史或逻辑分析，历史地看，有农业文化、游牧文化、海洋文化、工业文化、信息文化等；逻辑地看，有物质文化、制度文化、观念文化和行为文化。概括起来，就是人类所创造的一切物质文明、制度文明和精神文明的总和。按照联合国世界文化发展委员会的定义，文化是独特的精神、物质、智力和情感特征的综合体。它不仅包括艺术文化，也包括生活方式、人的基本权利、价值系统、传统民俗和理想信念。它包括人类社会生活的一切方面，涵盖社会群体、社会制度、社会变迁等一切社会化的因素。中义文化，是指相对于经济、政治而言的社会意识形态和精神文明。大致相当于我国各级宣传部、文明办所管辖的范围。狭义文化，通常指文学艺术、广播电视、新闻出版和图书馆、博物馆等，大致相当于我国各级文化行政部门所管辖的范围。深义文化，是指人们的心理素质、思想认识、价值观念、理想信仰等精神文化。文化概念的广义、中义、狭义和深义之间是相互渗透的，在外延上是前者包含后者的。相对于当代中国的文化建设而言，实际是在中义、狭义和深义的结合上来使用"文化"概念的，但有时也可以延伸到广义文化的层面。本课题所研究的"文化"及文化建设，包括社会主义意识形态和精神文明，以及服务性的文化事业和消费性的文化产业。当然，这里是从国家指导文化建设和管理文化秩序的角度界定文化概念的，此外，也不排除有人从别的角度界定文化概念。比如，从哲学角度看，文化既是经济、政治和社会生活的反映，又是为经济、政治和社会生活提供价值目标、精神动力和智力支持的国家软实力。它既从属和服务于上层建筑，又服务于经济基础、社会进步和人的发展。

　　对文化概念的界定，涉及文化建设和文化体制改革的内容。就我国目前情况来说，分管文化工作的党政职能部门很多，如宣传部、文明办、文化旅游局、新闻出版和广播电视局、文物局、教育局、科技局、民政局、科协、社科联、文联，等等。由这些党政职能部门分管的文化事业单位、文化企业单位，以及学会、协会和研究会等社会团体，更是多如牛毛。因此，文化体制改革不能局限在一个很小的范围内来考虑，而应该把各方面、各层次的文化因素整合起来，尽可能由比较少的党政职能部门来开展文化管理和文化服务，这样才有可能调动各方面的积极性，也有利于促进社会主义文化的大繁荣和大发展。2011年10月18日，十七届六中全会通过的《中共中央关于深化文化体制改革推动社会主义文化大发展大繁荣若干重大问题的决定》，把"文化"分为公益性的"文化事业"和经营性的"文化产业"，其区别在于：文化事业有公益性、公共性和普惠性，由政府付费购买服务或由财政供养的文化事业单位负责提供服务，不向享受基本公共文化服务的消费者收费；而文化产业则是要立足于提供超出公民基本文化需要的更高层次的多样化文化服务，由文化企业和文化市场提供，是要向文化消费者收取费用的。这就把"文化"概念的内涵局限在了文化服务和文化消费的范围。其实，"文化"不仅仅是一种服务和消费品，它还包括思想理论、价值观念、宗教信仰、道德规范等，甚至在广义上包括人化的一切，如物质文化、制度文化、观念文化、行为文化等。比如，马克思主义理论（包括哲学、政治经济学及科学社会主义）和社会主义核心价值观，就不能简单地理解为文化服务和文化消费品。还有，目前社会上出现了由各类企业或社会爱心人士自愿赞助开展的"公益道德大讲堂",显然是一种文化活动。说它是公益性文化事业吧,又不是政府举办的文化事业单位搞的;说它是经营性文化产业吧,又不向听众收取任何费用,有时还提供免费的午餐、饮水和图书资料。很显然,"公益道德大讲堂"既不是文化事业,又不是文化产业。类似的文化现象,还有公益广告、公益演出、公益慈善、网络文化,等等。因此,我们对文化现象的分类应该包含文化事业和文化产业,但又不能简单化地局限于此。

就当代中国文化建设的主要内容而言,大致可概括为四个方面:一是要构建社会主义核心价值体系,重点是实施马克思主义理论研究和建设工程,以及培育和践行社会主义核心价值观。二是要发展公益性的文化事业,重点是发挥文化事业单位的作用,构建保障人民群众基本文化权益的公共文化服务体系。三是发展经营性的文化产业,重点是文化创意、影视制作、出版发行、印刷复制、广告、演艺娱乐、文化会展、数字出版和动漫等。四是深化文化体制改革,重点是对现有文化事业单位进行分类、重组与剥离,厘清其与行政权力和市场行为的关系,改革其人事和分配制度,引入竞争机制,激发内在活力。

世界历史表明大国崛起于文化和文明。广义的"文化"有时也称为"文明"。比如,有人也将农业文化、游牧文化、海洋文化,分别称为黄色文明、绿色文明、蓝色文明。英国学者汤因比在其名著《历史研究》中,研究了人类文明的起源、生长、衰落、解体等问题;日本学者福泽谕吉在其名著《文明论概略》中,研究了明治维新时期日本的"智德"文化;美国学者亨廷顿在其名著《文明冲突与世界秩序的重建》中,研究了西方文明与伊斯兰文明、儒教文明等诸种文明的冲突。这些学者所研究的"文明",其实就是我们在上面所说的广义文化。不过,仔细辨析的话,文化与文明虽然相联系,但又不能简单等同。因为,"文化"可以作为中性词,只用于描述客观事实,不含价值判断的意思。而"文明"这个词,除了描述事实,显然含有价值判断,特别是符合伦理价值标准的意思。也就是说,人类创造的一切文明成果都可以看成是文化,但可以称为文化的东西,不一定都是文明的东西,那些不符合人类关于文明的价值标准,特别是不符合伦理道德标准的文化就不能包括在文明概念之中。由此可见,文明概念的外延一定小于文化概念的外延。腐朽落后,甚至反动的文化,也是文化,但不是文明。有的学者也可能是出于对某种文化的推崇，才直接将那种文化统称为文明。这是值得注意的一个问题。

在准确把握文化概念之内涵的基础上，还要特别关注文化现象的伦理维度及其意蕴。也就是说，我们可以从文化哲学的高度、广度和深度上理解文化，也可以从文化伦理学的理论维度、价值取向和学科特色上理解文化。需要指出的是，"文化伦理"与"伦理文化"是有本质区别的两个概念。"文化伦理"是指文化的伦理维度。或者说，是从伦理维度透视一切文化现象之伦理价值或道德合法性的概念。它着眼于文化的伦理意蕴、伦理价值和健康发展，力图对社会的文化建设和个人的文化生活进行观察、描述、评价和指导。伦理文化则是指作为意识形态、行为规范和德性品质的道德现象。它是道德关系、道德意识、道德活动、道德行为、道德心理等的总和，也是人的道德思想、道德观念和道德实践的统一。伦理文化无疑是"文化"内涵的一部分，甚至是其核心部分，但又远远不是"文化"内涵的全部。因此，绝不能将"文化伦理"与"伦理文化"这两个概念混淆起来，更不能相互代替。作为人类精神生产之能力和产品的文化，它是一定社会经济和政治的反映，又能对一定社会的经济和政治产生巨大影响。因此，只有大力发展社会主义精神文明和先进文化，才能为我国的经济、政治、社会、生态等建设提供有力的思想保证、精神动力和智力支持。

二 文化建设与其他建设的关系

当今时代，文化越来越成为民族凝聚力和创造力的重要源泉，越来越成为综合国力竞争的重要因素，丰富精神文化生活越来越成为广大人民的热切愿望。党的十八大和十八届三中全会都明确了中国特色社会主义建设"五位一体"的总布局。我们要加强文化建设，就必须搞清楚文化建设与经济建设、政治建设、社会建设和生态建设的关系。

（一）文化建设与经济建设的关系

文化建设与经济建设如车之两轮，相辅而行。文化建设是中国特色社会主义建设的一个重要的方面。早在新中国成立初期，周恩来就明确提出，社会主义改造和社会主义建设是以经济的改造和建设为基础，包括经济、政治、文化等各个领域在内的整个社会、整个国家的全面改造和全面建设。1953年9月,他在人民政协第一届全国委员会第四十九次常委扩大会上所作的总结发言中指出:改造当然不限于经济方面,整个社会都在改造,政治、经济、文化各个方面都在改造。整个国家在建设中,在改造中,这就是新民主主义社会的特点。1959年12月,周恩来在一次谈话中又说:我们的国家不仅要有经济建设,还要有政治建设和精神建设。周恩来不仅十分重视文化建设,而且明确提出了经济建设与文化建设如车之两轮,相辅而行的重要思想。1952年10月,他在一次讲话中指出:我国经济建设的高潮就要来了,在这种情况下,正如毛泽东指出的,随着经济建设的高潮的到来,不可避免地将要出现一个文化建设的高潮。因此,我们不应该把文化建设看做是将来的事,不能等待,现在就应着手。经济建设和文化建设,好像一辆车子的两个轮子,相辅而行。中国共产党十八大报告指出:中国特色社会主义建设的总布局是五位一体,进一步体现了文化建设与经济建设同等重要。

文化建设需要经济建设提供坚实基础。经济是基础,文化属于上层建筑,马克思主义关于经济基础与上层建筑辩证关系的原理告诉我们,经济基础决定上层建筑,这种决定作用具体表现在:经济基础的需要决定上层建筑的产生;经济基础的性质决定上层建筑的性质。由于占统治地位的生产关系决定经济基础的性质,因而它必然在上层建筑领域也占统治地位,并决定上层建筑的性质;经济基础的变化发展决定上层建筑的变化发展及其方向。改革开放以来,我国文化建设取得了可喜的成绩,得益于经济建设的伟大成就。以公益性文化事业发展为例,据2012年的统计数据,广播电视村村通工程已覆盖全部通电行政村和20户以上自然村,文化信息资源共享工程已建成83万个服务点、覆盖全国90%的行政村,农家书屋已建成40万家、覆盖50%的行政村,乡镇综合文化站建设基本实现乡乡有综合文化站,农村电影放映工程年放映800万场电影,基本实现一村一月放映一场电影的公益服务目标,此外全国已有1743家公共博物馆、纪念馆、爱国主义教育示范基地向社会免费开放,广大群众看书难、看电影难、收听收看广播电视难的问题得到明显改善,覆盖城乡的公共文化服务体系框架基本建立,公共文化的阳光普照中华大地。这些成绩都和国家大量的资金投入分不开。"十一五"期间,各级财政对文化的投入大幅度增加,从2006年的685亿元增加到2010年的1528亿元,年均增长22.2%。国家发改委累计安排公共文化设施建设资金超过200亿元,其中用于基层文化设施建设的资金是"十五"时期的8倍，是改革开放以来增长速度最快的一个时期。中央财政通过转移支付方式，大力推进重大文化工程项目，支持各地文化建设。当然，我们还处于社会主义初级阶段，文化领域还有许许多多的事要办，这都得靠发展，靠国家实力的不断增强，靠经济建设的进一步发展。因此，我们要牢牢把握发展这个硬道理不动摇，不仅因为经济是基础，是我们党长期的中心工作，是我们解决一切问题的关键，更因为经济是政治、文化、社会生活的前提，离开了经济的支撑，文化建设寸步难行。只有在不断发展经济的基础之上，文化建设才有可靠保障。

文化建设是经济建设的迫切需要。唯物史观认为，上层建筑能反作用于经济基础，其集中表现就是为自己的经济基础服务。从服务的方向上看，一方面保护和促进经济基础的巩固和发展，另一方面排除反对自己的对立物；从服务的方式看，上层建筑通过政治、法律、思想等手段的调控来为经济基础服务；从服务的效果看，上层建筑对经济基础的反作用有促进、阻碍两种情况。我国是社会主义国家，因而，我国的文化建设必须为社会主义现代化建设服务，必须为人民服务，必须以社会主义核心价值体系为指导，只有这样，文化建设才能为经济建设提供正确的政治方向。经济建设也需要文化建设提供精神支柱和价值导向。在当今世界，文化与经济、政治相互交融，在综合国力竞争中的地位和作用越来越突出。在全面建设小康社会、实现中华民族伟大复兴的历史进程中，繁荣和发展社会主义先进文化具有全局性、战略性的地位和作用。文化建设必须加强，必须常抓不懈。我国改革开放30多年来，伴随经济社会的发展和民主法制的推进，文化建设有了很大的进步。同时也必须清醒地看到，当前经济建设中出现的问题，比如近年来相继发生"毒奶粉""瘦肉精""地沟油""彩色馒头"等事件，这些恶性的食品安全事件足以表明，诚信缺失、道德滑坡已经到了何等严重的地步。一个国家，如果没有国民素质的提高和道德的力量，绝不可能成为一个真正强大的国家、一个受人尊敬的国家。因而我们的文化建设除了生产更多健康有益、丰富多彩的精神文化产品，满足人民群众日益多样化的文化需求外，还要把加强同市场经济、民主法治、和谐社会建设相适应的道德文化建设放到更加突出、更加重要的位置上来，要在全社会大力加强道德文化建设，形成讲诚信、讲责任、讲良心的强大舆论氛围。这不仅是维护正常生产生活和社会秩序的需要，也有利于从根本上铲除滋生唯利是图、坑蒙拐骗、贪赃枉法等丑恶和腐败行为的土壤。为此，要引导人们正确处理竞争与协作、自主和监督、效率和公平、先富和后富、经济效益和社会效益等关系，反对唯利是图、见利忘义，逐步形成健康有序的经济和社会生活规范。

在科学技术迅猛发展的今天，任何国家和地区在封闭的状态中都无法实现现代化。而且，任何国家和地区，要想再过从前那种孤立、封闭的社会生活也是不可能的。现代世界信息系统每天跨越时空向不同的国度和地区传播林林总总的文化信息，不管你是否意识到，我们每天都面临的是整个世界。现代信息系统几乎网络了人们的一切视觉和听觉器官，从而把整个世界联系在一起，使人们都成为世界的一员。随着网络的普及和信息化的推进，互联网的迅速发展和普及使信息传播的结构和机制发生了重大变化，意识形态的渗透大大突破了传统国家的时空界限，消极影响也日趋严重。网络传播的"无中心"状况和"一人一媒体"的可能性，使互联网成为各种意识形态、生活哲学、处世准则、宗教信仰、道德规范的集散地。因此，随着信息技术的突飞猛进，在网上对别国进行意识形态、价值观念、政治制度、生活方式的宣传变得简便易行。以美国为首的西方国家一直注重对社会主义国家进行文化的渗透，企图通过文化渗透达到影响社会主义国家的意识形态，从而实现其"和平演变"的最终目的。从现实情况看，目前互联网上所充斥的大量信息是经过意识形态过滤的，带有浓烈的政治色彩和意识形态色彩，甚至西方一些颓废、有害的观念和思想会通过互联网这条渠道影响我国的民众，使我国民众的意识形态和价值观念产生变化，从而造成对我国主流意识形态的较大冲击和挑战。我们要减少计算机和互联网发展的负面影响，就要靠文化建设，靠理想信念教育，靠社会主义核心价值观的引领。如何在社会价值取向日趋多元多样多变的情况下坚持和巩固马克思主义指导地位，如何用社会主义核心价值体系有效引领和整合多样化社会思潮，如何针对部分社会成员信仰迷失现象进一步加强理想信念教育，如何有效防止和抵御西方意识形态的渗透特别是对当代青少年的渗透影响，如何在信息技术迅猛发展条件下有效引导社会舆论等，所有这些都要求我们进一步提高意识形态建设的主动性和紧迫感。要求我们必须以正确的舆论引导人，以高尚的作品鼓舞人，以科学的理论武装人，以先进的文化引领人。

目前，我国正在进行文化体制改革与经济结构调整，许多发达国家的文化经济发展经验告诉我们，两者之间有着密切的亲缘关系，可以借助"文化经济"实行经济结构调整。在调整过程中充分发挥"文化经济"的"三低一高"优势，即对自然资源的依赖度低，对生态环境的破坏程度低，对能源的消耗量低，产品附加值高的优势，推动我国经济由粗放型向集约型转变，走内涵式发展道路。调整、优化消费结构，提高消费水平需要发展文化产业。投资需求、出口需求和消费需求是经济发展的三大原动力。我国这些年投资需求拉动经济发展的作用很大，出口需求也是重要动力，但是国际金融危机使我们认识到，过分依赖出口的风险很大。我国13亿人口的大市场是发展经济最重要的动力和出路，所以"十二五"规划提出要建立促进消费的长效机制，提高居民的消费结构和消费水平。发达国家的"文化经济"占该国国内生产总值、出口比重及生活消费的比重都呈较高趋势。目前我国国民消费总额中，"文化消费"仍有巨大的开发空间。当前，在居民的消费支出结构中，文化消费支出的比例比较低，即使是城市居民，绝大部分家庭和人口的文化消费主要是看电视，其他的文化消费非常少。在农村，文化消费更是严重不足。我们要通过文化事业的发展去引导居民转变消费观念，推动多元的文化消费需求。比如"文化招待"，请朋友看戏、看电影、看展览、参加沙龙、参加文化聚会等，便是转变了接待方式。在日常生活中，花钱消费文化还没有成为常态。过去我们看戏、看电影，集体包场是作为福利安排的。剧团、电影院是事业单位，也不太讲究经济效益，票价不高，结果使人养成一个习惯：你送票我就看，你不送票我就不看。这种消费习惯和观念阻碍了文化产业的发展。此外，扶持、规范文化产业，打通消费渠道，让老百姓想消费、愿意消费、舍得消费，同时又能够方便地进行文化消费。无疑，文化消费是改善居民消费结构的必然选择，也必将推动文化产业的发展。企业寻找新的盈利模式是发展文化产业的重要动力。借鉴国外发展文化产业的成功经验，国内先期发展文化产业取得的可观成效，以及对文化产业前景的美好预期，都会引导、推动越来越多的企业家投资文化产业。

总之，文化建设与经济建设密不可分，相辅相成，经济建设是文化建设的基础，文化建设将为经济发展提供强大的精神动力、价值导向和智力支持，对发展经济具有积极的促进作用。所以，文化建设与经济建设之间要形成良性的互动关系，以经济发展促文化建设，以文化建设促经济发展。必须防止和克服因发展经济而忽视文化建设，因文化建设而放松经济发展的倾向。

（二）文化建设与政治建设的关系

文化建设为政治建设提供精神动力。首先，大力加强中国特色社会主义文化建设是加强执政党建设的需要。先进文化是健康、科学、向上的，是代表未来发展方向，推动社会前进的文化，是人类文明进步的结晶。它影响人的精神和灵魂，渗透于社会生活各个方面。是否拥有先进文化，是否代表先进文化的前进方向，决定一个政党、国家和民族的素质、能力和兴衰。中国共产党必须始终代表中国先进社会生产力的发展要求，始终代表中国先进文化的前进方向，始终代表中国最广大人民的根本利益。在当代中国，发展先进文化，就是发展面向世界、面向未来、面向现代化的民族的科学的大众的社会主义文化，以不断丰富人们的精神世界，增强人们的精神力量。要使中国共产党充满活力，永葆青春，就要不断推进理论创新，推动马克思主义中国化、时代化、大众化，坚持不懈地用中国特色社会主义理论体系武装全党，深入开展社会主义核心价值体系学习教育，用社会主义核心价值体系引领社会思潮，凝聚社会共识。其次，大力加强中国特色社会主义文化建设是坚定不移走中国特色社会主义道路的保证。我们要坚定不移地走中国特色社会主义道路，开创中国特色社会主义事业新局面，就需要大力加强中国特色社会主义文化建设。当今世界，随着世界多极化、经济全球化的深入发展，引起世界各种思想文化——历史的和现实的，外来的和本土的，进步的和落后的，积极的和颓废的——相互激荡，有吸纳又有排斥，有融合又有斗争，有渗透又有抵御。总体上处于弱势地位的广大发展中国家，不但在经济发展上面临严峻挑战，在文化发展上也面临严峻挑战。保持和发展本民族文化的优良传统，大力弘扬民族精神，积极吸取世界其他民族的优秀文化成果，实现文化的与时俱进，是关系广大发展中国家前途和命运的重大问题。因而，我们要坚定不移走中国特色社会主义文化建设道路，既要弘扬中华民族优秀的文化传统，又要弘扬以爱国主义为核心的民族精神，树立社会主义的荣辱观与义利观，以热爱祖国为荣，以危害祖国利益为耻。坚持文化为社会主义服务，文化为人民服务的双为方向。再次，大力加强中国特色社会主义文化建设是发展社会主义民主政治的必然要求。社会主义政治文明建设包含着丰富的内容，但其核心和精髓应当是高度的社会主义民主。在政治文明的主体地位上，社会主义否定了少数人对于多数人的统治，在人类历史上第一次推行广大劳动人民当家做主的理想，使人类政治文明的主体性扩展到了大多数民众。因此，当前进行社会主义政治文明建设，基本内容就是不断发展社会主义民主政治。同时，发展社会主义民主必须同健全社会主义法制紧密结合，实行依法治国。发展民主政治的关键在于制度建设、制度设计和制度安排，这也是现代政治文明的精髓所在。我们以往偏重于把民主当作一种作风来看待，例如把民主看做是让大家讲话，或者是领导者的开明等。实际上，民主如果缺乏具体的制度化内容，就难有保障，因为制度更带有根本性、全局性、稳定性和长期性意义。要制定根本性、全局性、稳定性和长期性的制度，就要提高执政者的理论水平，倡导建立学习型政党，这就得靠教育。而且我们要实现社会主义民主政治的制度化、规范化、程序化，就得通过制度设计和制度创新来保证人民充分行使民主选举、民主决策、民主管理、民主监督的权利，特别是要落实群众对干部选拔任用的知情权、参与权、选择权和监督权，并通过加强党内监督、法律监督和群众监督，建立健全依法行使权力的制约机制和监督机制。这也得通过教育，提高公民的民主意识、参与意识、监督意识。这也得靠社会主义的文化建设。最后，大力加强中国特色社会主义文化建设是全面建成小康社会的需要。党的十八大提出了全面建设小康社会的奋斗目标，即我们要在2020年，集中力量，全面建成惠及十几亿人口的更高水平的小康社会，使经济更加发展、民主更加健全、科教更加进步、文化更加繁荣、社会更加和谐，人民生活更加殷实。要实现这个目标，不仅要发展经济，完善民主法制，而且要使全民族的思想道德素质和科学文化素质明显提高，形成全民学习、终身学习的学习型社会，推动整个社会走上生产发展、生活富裕、生态良好的文明发展道路。所有这些，都离不开中国特色社会主义文化建设。

　　文化建设也需要政治建设提供保障。首先，文化建设需要政治建设提供宽松环境。"百花齐放，百家争鸣的方针，是促进艺术发展和科学进步的方针，是促进我国的社会主义文化繁荣的方针。艺术上的不同形式和风格可以自由发展，科学上的不同学派可以自由争论。利用行政力量，强行推行一种风格，一种学派，禁止另一种风格，另一种学派，我们认为都会不利于艺术和科学的发展。"① 因而，我们要推动文化的大发展、大繁荣，为文化建设创造一个宽松、和谐的政治环境至关重要。其次，文化建设也需要坚持正确的政治方向。马克思主义是社会主义核心价值观的灵魂，是我们立党立国的根本指导思想。巩固马克思主义在意识形态领域的指导地位，巩固全党全国人民团结奋斗的共同思想基础，重中之重是树立马克思主义、共产主义信仰，坚定中国特色社会主义信念，用中国梦激发和汇聚上下同心、团结奋斗的强大力量。当前，意识形态领域形势错综复杂，既有国内经济社会深刻转轨转型和对外开放带来的思想观念空前活跃，也有国外敌对势力的牵制遏制和以西方价值观为核心的思想文化渗透。因此，文化建设要增强政治伦理意识，在任何情况下，都要把握正确方向，不断传播好思想、传递好声音和传输正能量。毛泽东讲，"究竟什么是我们今天辨别香花和毒草的标准呢？大致如下：有利于团结全国各族人民，而不是分裂人民；有利于社会主义改造和社会主义建设，而不是不利于社会主义改造和社会主义建设；有利于巩固人民民主专政，而不是破坏和消灭这个专政；有利于巩固民主集中制，而不是破坏和削弱这个制度；有利于巩固中国共产党的领导，而不是摆脱或者削弱这种领导；有利于社会主义的国际团结和全世界爱好和平人民的国际团结，而不是有损于这些团结。这六条标准中，最重要的是社会主义道路和党的领导两条。这是一些政治标准，在我国这样的社会主义国家里，难道有什么有益的科学艺术活动会违反这几条政治标准吗？"② 在经济全球化的今天，我们要坚持文化自信和文化自觉，不断推动文化大发展，大繁荣，除了要坚持行业标准，还要坚持政治伦理标准，我们建设的文化，是社会主义的文化，我们繁荣的文化，是社会主义的文化，我们要走的道路也只能是中国特色社会主义文化发展道路。

（三）文化建设与社会建设的关系

文化建设是构建和谐社会的必然要求。社会建设的核心目标是和谐。无论家庭的和谐、社会组织的和谐，还是整个社会乃至世界的和谐，都离不开和谐文化的建设。实践证明，一些地方的社会不和谐，往往与文化信

---

① 《毛泽东选集》第5卷，人民出版社1977年版，第388页。
② 同上书，第393页。

仰的不统一有很大关系。这主要表现为两点：一是不同文化信仰的人们缺乏相互包容、相互尊重、相互学习的雅量。特别是宗教极端主义者，往往把自己信仰的文化说成唯一真理，把别人信仰的文化说成落后、愚昧、不科学，甚至攻击为反动或恶魔。由此而造成不同文化信仰者之间的激烈冲突，导致社会严重不和谐。二是一些文化多元的社会中，由于缺少一种相对强势的、主流的文化起主导作用，也就是缺乏居于统治地位的核心价值体系。这样的社会必然缺乏凝聚力，也无和谐可言。因此，在和谐社会建设中，必须把核心价值体系建设摆在首位，在此基础上，还要开展和谐文化建设，反对文化信仰特别是宗教信仰的极端主义。就当前中国的实际情况来看，马克思主义文化仍居于统治地位，但也受到中国传统文化和西方自由主义文化的强力冲击。面对这三种文化，我们不能采取极端态度，绝对地肯定或否定任何一种文化，而应当采取温和态度，从实际出发，采取"以马为主，融合中西，贯通古今，多元一体，整合创新"的方针，在整合创新中构建"一体多样""一主多元"的和谐文化格局。"一主多元"，是指以社会主义意识形态和核心价值体系为内容的主流文化；以中国传统文化和外来有益文化为主要内容的多元文化；"一体多样"，是指以精英高雅文化和大众通俗文化为主要表现的多样文化；以书刊、报纸、广电、影视、网络等为主要传播途径的媒体文化。也可以按照主流文化、精英文化、大众文化、传统文化的分类法来理解当代中国文化的多元性。

  文化建设也是解决民生问题的必然要求。现阶段，党和国家已经把以改善民生为主的社会建设摆在了非常重要的地位，这是对社会主义人文特性有了自觉认识的体现。基本民生建设、社会安全建设和现代社会管理模式建设等构成了社会建设的广阔领域。基本民生建设直接关系到老百姓的生存发展，涉及劳动就业、收入分配、住房与社会保障、教育和医疗卫生等内容。重点是要解决好老百姓的衣食住行、上学就业、医疗卫生、食品安全、休闲娱乐、体育等问题。优化社会结构、完善社会服务功能、促进社会组织发展也是社会建设的重要内容。还要处理好政府、市场和社会组织的关系，促进社会组织发展，加强政府与社会组织之间的分工、协作以及不同社会组织之间的相互配合，这也是有效配置社会资源、加强社会协调、化解社会矛盾的途径。在解决民生问题和构建和谐社会的过程中，必须坚持公平公正的原则，把解决上学、就业、住房、医疗、养老、救灾、慈善等问题，当作合人心、暖人心和稳人心的民心工程来做。要搞好民生建设，就必须树立为民、爱民的文化理念，也必须坚持公平、公正、公开、清廉的伦理原则。这些都与主流文化建设、核心价值观建设密切相关。反过来，民生建设搞好了，社会和谐了，人民幸福了，也能为文化建设提供坚实基础。由此可见，文化建设与社会建设是相互渗透、相互配合、相辅相成的关系。

（四）文化建设与生态建设的关系

党的十八大报告强调把生态文明建设放在更加突出的位置，融入经济建设、政治建设、文化建设、社会建设各方面和全过程，努力建设美丽中国，实现中华民族永续发展。生态文明是指人类遵循人、自然、社会和谐发展这一客观规律而取得的物质与精神成果的总和；是指以人与自然、人与人、人与社会和谐共生、良性循环、全面发展、持续繁荣为基本宗旨的文化伦理形态。它将使人类社会形态发生根本转变。生态文明是在农业文明、工业文明发展的基础上产生的更高发展阶段；生态文明提倡尊重自然、认知自然价值，建立人自身全面发展的文化与氛围，从而转移人们对物欲的过分强调与关注；生态文明是对现有文明的超越，它将引领人类放弃工业文明时期形成的重功利、重物欲的享乐主义，摆脱生态与人类两败俱伤的悲剧。

文化建设能为生态文明建设提供思想引导、精神动力和智力支持。社会主义先进文化建设必须反映生态文明的理念和要求。社会主义先进文化建设与生态文明关系密切。工业文明危机的一个重要表现就是生态危机，而生态危机本质上是一种文化危机，是人类对关于如何处理人与自然的关系的价值判断发生了失误。因此社会主义先进文化建设必须反映生态文明的理念和要求，实现从工业文明到生态文明的转变也离不开先进文化建设。人类所面临的生态危机也是人本身的危机，而要应对这一危机，关键是要加强教育，提高人的素质。除了要求日常生活的环保意识以外，在进行工业与农业生产等经济行为中不能过分急功近利，只顾眼前利益、本位利益，而不顾及社会整体利益和长远利益。另外，还要注重生态知识的教育普及，减少因认识不足而造成盲目破坏生态的现象。因此，我们必须把生态文明观融入精神文明建设的始终，使人人对此都有充分的认识、理性的思考、坚定的信心和坚决的行动，以形成强大的推进生态文明建设的社会氛围。为此，紧紧围绕弘扬生态文明观和文明发展观、提高人们的生态文明素养、促进人的全面发展这个重点，大力建设生态文明，努力在全社会形成科学、合理、安全、健康的生活方式；形成以资源节约型、科技先导型、质量效益型为基础的可持续的文明发展观，为生态文明建设和经济社会发展提供强大的精神动力和智力支持。要以生态文明促进精神文明，以精神文明带动生态文明。

　　生态文明是精神文明建设的重要条件和有效载体。人们在改造客观世界的同时，其主观世界也得到改造，社会的精神生产和精神生活得到发展，这方面的成果就是精神文明。生态文明对人们思维方式的变革、伦理道德观念的深刻变化和科学生活方式的形成都有重大影响。生态文明本身就是价值观的革命。在人类发展历史上，西方文化摆脱了中世纪的宗教迷信，对于人类思想的解放起着不可估量的巨大作用，但后来由于人类自身需要和欲望的急剧膨胀，人对自然的尊重被对自然的占有和征服所代替。资本主义社会的经济、社会制度又促使少数人以占有和剥削他人更多的物质财富为根本动力和目的，这一价值观进一步扩展到整个民族、国家和社会层面，更加剧了人对自然资源的掠夺和对生态环境的破坏。生态文明的提出，使人类开始意识到自己并不是自然的主宰，而是自然的一部分，人类的价值观并不能仅仅以人本身为最终目标，人类的功利和幸福不能逾越自然所允许的范围。人类只有在与自然协调和谐相处的前提下，才能获得真正持续、健康的功利和幸福。但是功利与幸福及其程度的界定又是由人的价值观所决定的。生态文明是人类价值观必然的选择。保护生态环境是伦理道德的原则之一。在我国传统思维中，一直将自然生态系统看成人类社会的附属物，忽视自然生态系统的内在规律，表现出人类中心主义的倾向。随着生态问题的日益突出，人们逐渐地认识到生态环境对人的重要性，强调人与自然和谐共生，协调发展，认识到生态环境的价值，承认他们生存的权利，并制订了新的道德原则和规范约束人们的行为。导致人们精神生活发生重大变化。一方面，生态文明观倡导横向的"代内平等"的道德原则，即强调发达国家或地区与发展中国家和地区之间占有自然资源的平等，强调在利用自然资源、满足自身利益上机会均等，在谋求生存与发展上权力均等；另一方面，生态文明观倡导纵向的"代际平等"的道德原则，即强调当代人与后代人之间占有自然资源的平等，要求当代人在开发自然资源和生态环境以满足自身需要的同时，应该考虑后代子孙的健康生存和发展的需要，使当代人与后代人之间在发展方面机会均等和实现代际之间的资源合理分配。由此可见，生态文明意味着人类自我意识的再次升华，标志着人类处理环境问题的一种新视角新思路，极大地丰富了精神文明的内容，扩充了精神文明的内涵。人类社会活动已在经济发展基础上逐步转向以文化活动为主，即科学、艺术、教育、信仰、伦理、道德、审美、健康、娱乐、智力开发等日益成为人类社会活动的主要内容。人的生活方式也将从着力追求物质利益、过度消费物质财富逐渐转向主要追求丰富多彩、简朴、清洁、健康、优美、舒适的"绿色生活"。生态文明强调构建以绿色消费为主要内容的科学的生活方式，它要求人们充分尊重生态环境，重视环境卫生，倡导绿色消费，反对奢侈浪费，以达到资源持续利用，这将有助于人们形成文明、健康、科学的生活方式和消费方式，以推动精神文明在各个领域和各个环节全面展开。生态文明把追求知识、智慧和环境质量看做是人生的目的，表现在物质消费上，生态文明并不是把高消费作为人生的目的，并不把物质消费水平看做是社会地位高低的象征，它完全摈弃"增加和消费更多的财富就是幸福"的观念，而把追求拥有更多知识、智慧，提高环境质量和生活质量看成是人类真正的幸福。在生态文明中，创造知识、智慧，使环境质量优化将成为经济增长和社会发展的主要动力。发明、制造和销售知识、智慧含量高，环境污染少的企业将大行其道，蓬勃发展，其商品最受欢迎，其生产者也受社会的尊敬。这也恰好是文化建设的基本内容。此外，生态文明建设有利于形成良好的生态环境，良好的生态环境能够陶冶人的情操，塑造人的品格，净化人的心灵，规范人的行动，推动人类的现代化和人类文明向更高层次跃进。

三　文化建设需要形神兼备

结合我国文化政策、文化建设和文化发展中存在的问题，我们要探讨物质文明和精神文明的失衡，文化的事业与产业的失衡，文化的国有与民营的失衡，文化的投入与产出的失衡，文化的资本与价值的失衡，文化的固守与创新的失衡，文化的自由与控制的失衡，文化的形式与内容的失衡，文化的实践与理论的失衡，文化的大众与精英的失衡，文化的问题与学科的失衡，等等。

(一) 文化之"形"与文化之"神"

文化有"形"与"神"两个层面。文化之"形"是指外表的形象、样态和载体；文化之"神"是指内在的灵魂、价值和思想。"形神统一"的文化才有生命的活力和结构。值得注意的是，当前文化建设中出现了一种重"形"而轻"神"，重"商"而轻"文"的倾向。消解了文化之"神"，文化之"形"也就成了没有灵魂的躯壳，或成为纯粹的商品符号。实现文化自觉，关键在于深刻体悟文化的本质和灵魂所在，并在实践中牢牢守护住文化之"神"。我们要通过多元、多样的文化载体，传播真善美的思想观念，构建中华民族的精神家园。缺少"神"的文化建设和文化生活，会让人有不知所云、不懂何为之感。例如，一台大型文艺晚会，如果只是各种娱乐节目杂乱无章的展示，不能给人以思想的启迪、情感的陶冶，没有文以载道、寓教于乐，凝聚人心的功能，也就是没有了灵魂。文化的各个具体种类都有形和神两个方面。比如，唱戏就讲究神形兼备。形是外在的，神是内在的。形容易识别，神不容易掌握。许多年轻演员往往是形正盛，但缺神。老先生们唱戏的精妙之处，往往不在于有形象，而在于有神韵。年轻的戏友容易见形不见神，所以对老先生的玩意儿不能马上欣赏。又比如，大家一直都在争论中国画的"形""神"问题。古今中外，大家的画也好，小家的画也好，都讲究形神兼备。不过西方绘画由于文化传统根源的不同，处理方法和技法以及材料工具都和中国画不同，画面效果也不一样。大家都在以形写神，只不过西方绘画是以形为主，以神为辅；中国绘画是形辅助神，以写神为目的。以形写神，用形态表现精神，形态正确，精神才能生动。有形才有神。形和神在这里是相辅相成的，就像"皮之不存，毛将焉附"的道理一样，形之不存，神安附焉。形是神的载体，有形在才能传出神来。而写形是手段，写神才是目的，神是通过形传出来的。早在战国时候《荀子·天论》中就说"形具而神生"。神从形生，无形，则神无所依托。再比如，企业文化建设也应注重内化与外显、神与形的聚合，具体体现在三个方面：一是把铸造企业之魂、企业精神作为企业的灵魂，其基本要素包括世界观、价值观、职业道德、行为方式等，它是企业在生产经营中形成的职工群体心理定式和价值取向，也是职工人生观和价值观在企业行为中的聚合。伴随企业文化理论与实践的成熟，企业精神鲜明地表现为：以企业共同利益为基础，培育员工以增强凝聚力为目的的团队精神;以企业中、长期发展规划为目标,培育职工脚踏实地艰苦奋斗的务实精神;以树立企业形象为追求,培育职工敬业爱岗的主人翁精神;以尊重知识尊重人才为根本,培育职工赶超先进争创一流的进取精神;以不断完善内部机制为动力,培育员工勇于创新和与时俱进的竞争精神,如此等等。谁锻造了这些企业之魂,谁就挖掘出了凝聚和激励员工的不竭动力之源。二是培育企业之本。企业文化说到底是一种以人为本的企业管理活动模式,一旦真正应用或渗透到具体的生产经营过程中,就会由潜在的生产经营状态转化为现实的生产力。企业文化的这种潜质,要求企业必须把人置于生产和经营管理的最高位置,视人才为企业的第一资源,把人的科技和文化素质的提高、人的积极性和创造性的发挥,视为企业发展的"第一要务"。如今制约企业发展的重要因素之一,是一些企业领导以人为本的意识淡化。忽视职工能力和素质的提高,或者只见物不见人,或者只见钱不见人,单靠报酬、奖金、福利刺激职工的积极性,而在培养职工综合能力上舍不得增加投入,担心学习培训影响生产和效益,其结果只能事与愿违。因此,企业领导应该确立和强化员工的主体意识,将企业文化建设的着眼点,始终放在对企业职工的学习、教育、培训上,可通过在职或脱产半脱产培训,走出去请进来进行就地人才培养,也可根据实际需要引进人才和技术,扩大企业的人才和能力优势,真正使员工具备坚定的理想信念、良好的职业道德、扎实的文化基础、丰富的专业知识和娴熟的劳动技能。三是树立企业之形。企业形象是企业文化的外在表现。一方面,企业文化是企业形象的内核和灵魂;另一方面,企业形象通过产品形象、品牌形象、营销形象和集团形象等展现出来。良好的企业形象,不仅对企业内部产生强大的凝聚力和向心力,还对外树立企业良好的信誉,扩大企业影响,提高企业竞争力。

(二) 以马克思文化哲学思想为指导

在对文化现象和文化建设的研究中,没有哲学理论及其方法的指导是不行的。相对于一切社会科学和人文科学而言,哲学具有超越平庸、超越现实、超越繁杂的形上性和简略性。它能使我们的文化认识更具有高度、广度和深度。在一切文化哲学中,马克思的文化哲学思想无疑是我们认识"文化之形"与"文化之魂"的根本指导。

西方的文化哲学思潮肇端于19世纪中叶,成熟于19世纪末期,而这期间正是马克思思想建树的黄金时期。就当时的文化背景而言,科学理性精神弥漫于整个19世纪,工业化大生产开始成为人类的主要实践活动方式,这种方式充分展开了人与自然的对立统一关系,也充分展示了人类工业化背景下的文化景观。如何直面这种日新月异的文化巨变,进而拥有一种文化自觉?在这种情形之下,反思康德式的启蒙与现代性便成为西方文化哲学思想发端的直接诱因。在最一般的意义上,"现代性是现代社会或工业文明的缩略语"[①],而这种崭新的时代视野,恰恰构成了马克思天才世界观形成的客观基础。马克思作为资本主义现代性的自觉批判者,其对文化问题的关注是以唯物史观作为价值旨归,通过对资本主义文明的历史分析这一独特视角展开的。所以我们说,在马克思的唯物史观中渗透着对19世纪文化精神的自觉反思,这是马克思思想发展的真实写照。

在马克思看来,哲学不能仅仅满足于用不同的方式去解释世界,而是要改变世界。马克思在界定自己的哲学与从前的思辨哲学的本质区别时,特别突出地强调了其哲学的实践本性,强调了哲学的理性思考要与现实的社会文化生活紧密联系。马克思在其相关著述中所使用的"文明""自然""精神生产""精神生活""现代社会""现代世界"以及"意识形态"等概念,标示了马克思文化哲学思想构建的基本轮廓。因此,正是在对社会生活与文化的深切关注中,马克思形成了自己独到的文化哲学观。对文化理论问题的关注实际上贯穿于马克思一生理论研究的全过程。从《1844年经济学—哲学手稿》到晚年的文化人类学研究笔记,马克思思想具有一种内在的逻辑一贯性,其基本主题就是人的现实解放、人的自由以及人的全面发展,进而建立一个"以每个人的全面而自由的发展为基本原则的社会形式"即共产主义社会。晚年马克思的文化人类学研究,是对自己过去的思想进行的概括和总结,他在关于文化人类学的诸篇笔记中,尤其对人类文化发展的价值尺度问题予以了特别的关注。通过这种研究,马克思极大地深化了对于人的社会历史内容的研究,进而使唯物史观具有更为普遍的指导意义。总之,紧紧围绕人、人的解放和人的价值实现这一主题展开文化哲学建构,这是马克思文化哲学观最鲜明的特色。我们不能把马克思的人学思想同马克思的政治经济学研究对立起来,同样也不

---

① [英]安东尼·吉登斯:《现代性——吉登斯访谈录》,尹宏毅译,新华出版社2001年版,第69页。

应该将马克思的文化哲学观同马克思的整个学说割裂开来。从马克思博大精深的思想体系中研究归纳其文化哲学思想，这既是深化马克思主义哲学研究的重要课题，同时也是深化当代文化哲学研究、建立马克思主义文化哲学的前提性工作。

在马克思看来，"文化上的每一个进步，都是迈向自由的一步"[①]。而"自由的有意识的活动恰恰就是人的类特性"[②]，唯有人才能创造文化并拥有文化，因为只有人才是自生存之始就有完善自身要求的存在，人作为主体所完成的文化价值上的成就，在其核心指向上，就是主体的解放与自由。马克思认为，人的主体方面（包括精神和肉体）只有在超越了自身的"自然"发展阶段而进入主体目的的阶段之后，才能显示出主体文化的诸多特性。由此来看，在马克思那里，主体文化是一种呈现和张扬人的自由精神的文化。人类走向主体文化之路的第一步就是对客体文化的扬弃和超越。在《1844 年经济学—哲学手稿》中，马克思对资本主义私有制产生的"异化劳动"现象进行了深刻的分析。他认为，物化的自然必然对应着物化的人，使得人与自己的类本质相异化。人的力量和人的主观能动性在人的社会关系受到扭曲、人的存在受到践踏的社会里，在自然面前就得不到充分的发挥，人本身的健全发展也会受到某种阻碍甚至破坏。所以马克思认为人的解放、人从自然和社会的束缚中真正解放出来，这在私有制社会中是不可能达到的，只有在扬弃了私有制的共产主义社会里才能建立人与自然的本质的统一，才能实现人的自然化和自然的人化。然而，近代西方理性主义时代的兴起是以剥夺自然的主体性和诗意为代价的，在"知识就是力量"的口号下，人的理性和科学被涂上了一层极为鲜明的功利色彩，理性天经地义地成了自然的解剖刀，"生产的不断变革，一切社会状况不停的动荡，永远的不安定和变动，这就是资产阶级时代不同于过去一切时代的地方。一切固定的僵化的关系以及与之相适应的都被尊崇的观念和见解消除了，一切新形成的关系等不到固定下来就陈旧了。一切等级的和固定的东西都烟消云散了，一切神圣的东西都被亵渎了。资本主义文明的这种进步把自然变成了纯粹的客体，而不再是人的家园和生命的源泉，人与自然的这种非统一关系不但导致了人与自然的疏远，人与人的关

---

① 《马克思恩格斯选集》第 3 卷，人民出版社 1995 年版，第 456 页。
② 马克思：《1844 年经济学—哲学手稿》，人民出版社 2000 年版，第 57 页。

系也被曲解为一种功利原则支配下的互为手段关系,人与人变得陌生了"。马克思这种分析的深刻性在于:当物化了的自然沦为纯功利的对象服务于人时,也必然使人沦为纯粹的物,人的欲望和追求失去了庄严的目的,必然使人日益为物所役,日益丧失主体性的价值追求。可见,科学技术作为人类认识和改造自然的工具具有双重性,既可以成为"主体延长了的肢体",从而增进主体的自由和文化,也可能使人丧失自身的主体性,导致人的物化。马克思告诫人们,只有在那种真正走出"自然之网",从自在的人变为自为的人,也即变为具有自我意识和能够进行自我选择的人那里,人才能充分展示出主体的自由特性。①

(三) 抵制文化的"三俗"之风

为了推动文化建设健康发展,我们必须自觉践行社会主义核心价值体系,坚持社会主义先进文化前进方向,坚决抵制庸俗、低俗、媚俗(简称"三俗")之风。今天,回顾一下中国古代尤其是宋元明清时期的文化观念和文化政策,可以帮助我们更加具体、更加深刻地理解审视文化建设,抵制庸俗、低俗、媚俗之风的重要性。

出台禁书的文化政策向来与统治阶级的政治思想和道德观念相联系。一般认为,公元前3世纪的秦始皇"焚书坑儒"拉开了中国禁书史的序幕。其实,在此之前已有商鞅"燔诗书"的预演。燔(fán),即焚烧。诗书,指儒家的书籍,以《诗经》、《尚书》为代表。商鞅"燔诗书而明法令",就是焚烧儒家的书籍,明确法令。时值战国初期,百家争鸣不绝于耳,并无一家思想独大,国君所采之思想,也经常是此一时彼一时,不利于国家统治思想的形成。当时商鞅配合孝公在秦国搞变法,放弃儒家以仁德教化治国的思想,采用依法治国的思想,在治国理政中强调建立体制机制的重要性,想在短期内把人民的思想统一到接受新法上。其实,这也可以通过教育教化完成,但时间太久,商鞅变法只争朝夕,因此就简单地烧诗书,这是他和当时社会的历史局限性导致的,历史和辩证地看,明法典的正面意义更多一些。商鞅变法为秦国起到了富国强兵的作用,尤其为秦国统一六国奠定了基础。汉代的文化政策趋于宽松,武帝"独尊儒

---

① 参见邹广文《马克思文化哲学思想的展开逻辑》,《求是学刊》2010年第1期,第29—32页。

术"，也没有采取禁止百家著作的做法。唐代律令只禁对现政权有直接危害作用的天文、谶书、兵书及"自造休咎及鬼神之言，妄说吉凶"，涉于不顺者的"妖书"，还未涉及色情书籍。汉唐帝国恢宏的气度，开放的文化政策，正是民族强盛、充满生命力的表现。五代十国以后，汉民族逐渐失去了锐意进取的精神，宋代号称"文治"，其实是小心翼翼地实行文化保守政策，一方面对外来的武力侵犯委曲求全，另一方面对内实行高度集中的文化专制政策。不仅大兴科举，而且规范儒学以改造读书士子。至南宋时毁弃各地刊行的"异说书籍"，直至孝宗七年诏令禁止书坊擅自刻书。禁书的目的，已由对直接危害现政权的防范，上升到强化思想的一统。明朝建国之初，即将强化程朱理学作为意识形态的基本国策。洪武规定科举考试采用"代圣贤立言"的八股文，永乐时又钦定以程朱学说为宗的《五经大全》和《四书全书》作为法定的课本。这种"一元化"的文化政策的推行，尤其是不重视自然科学的考试制度和教育政策，是导致明朝后中国文化和社会发展步伐落后于欧洲国家，并在鸦片战争及以后被列强欺侮宰割的深层原因。

作为禁书内容的一部分，中国有"禁毁小说"一说，指的是辛亥革命之前，曾被历代王朝中央和地方政权明令禁毁的小说作品。小说是叙事艺术发展到一定阶段的产物，是叙事文学的较高形式。唐人始作"传奇"小说，或记述传闻，或驰骋想象，或描摹男女情爱，或宣扬神道，或描写美人、才子、侠士、精怪，以及种种人生体验，这对后世思想僵化、只知道也只习惯以维护圣贤之道为标榜的士大夫来说，几乎是不可想象的。在文言小说衰微的同时，宋元以后，以民间"说话"为渊源的白话小说，已经崛起并逐渐成为小说创作的主流。至明中后期，由于社会经济生活的某些变化，社会心理的流变和社会思潮的激荡，白话小说的创作和传播达到高潮。与宋代的程朱理学相反，王阳明宣扬以人为本的"心学"，为明朝中晚期的社会新思潮提供了哲学基础。王学后学越走越远，至万历中叶，异说已经"共相推挽，靡然成风。谓传注为支离，谓经书为糟粕，谓躬行实践为迂腐，谓人伦物理为幻妄，谓纪纲法度为桎梏，谓礼仪廉耻为虚伪"[1]。王学发展到最后，已是"非名教所能羁络"（黄宗羲）了。明中晚期产生的很多小说，都深受当时这股思想解放社会思潮的影响。到

---

[1] 冯碕：《北海集》卷十八。

了崇祯时期，由于各地饥民起事，甚至正好有一位李青山聚众于梁山，攻城破邑，断绝漕运，因此，刑部上书认为是模仿《水浒》所为，于是开始了对《水浒》等有危害统治之嫌疑书籍的查禁。满族贵族以少数民族身份建立清朝后，只能接受和利用汉族文化作为统治工具，通过强化理学，以及实行文字狱和编修《四库全书》，清统治者成功完成了文化专制的重建和思想的大整肃，其中包括对通俗小说采取严禁方针。顺治九年（1652年）、康熙二年（1663年）开始禁止"琐语淫词"。康熙二十六年（1687年）九卿议定，皇帝下诏对"一切淫词小说……立毁旧版，永绝根株"。康熙四十年（1701年）、四十八年（1709年）重申禁令。至康熙五十三年（1714年），康熙帝又亲谕礼部"通行严禁"，并再经九卿会议议定对刻印小说者以及地方官禁毁不力者的处罚规定。这一规定，后来被收入《大清律例》，作为固定的法规。虽然如此，朝廷仍不断以敕令的形式加以强调。如雍正二年（1724年），乾隆三年（1738年）和十八年（1753年），嘉庆七年（1802年）、十五年（1810年）、十八年（1813年），道光十四年（1834年），都曾下达过对《水浒》等传奇小说的禁毁令。如道光十八年（1838年），江苏按察使设局查禁"淫词小说"，所开"计毁淫书目单"，列《昭阳趣史》等一百一十五种；道光二十四年（1844年），浙江巡抚、学政等设局收缴淫书及版片，所开"禁毁书目"列一百一十九种；同治七年（1868年），江苏巡抚丁日昌查禁淫词小说计开"应禁书目"一百二十一种，又开"续查应禁淫书"三十四种这些禁书单中，除小说外，也杂有弹词唱本或其他作品。禁毁小说作为既定政策，贯穿于清王朝始终。二百多年时间内，清中央和地方政府一共禁毁了多少种小说，现在已很难搞清楚了。

　　小说是用美学方法写成的历史，包括风俗史、心灵史。如果将小说置于民族的全部文化中来看，小说既是文化的产物，又是文化的载体和组成部分。因此，从古到今，社会对待小说的观念和政策，同时也是对待整个文化的观念和政策。对中国禁毁小说及相关文化政策的评价，是一个复杂的问题。有些禁毁小说，如《水浒传》《金瓶梅》《红楼梦》，现在已经被誉为世界一流的古典小说杰作，但也有不少作品，不仅没有审美价值，而且因其张扬肉欲，铺陈丑态淫声，带有强烈性刺激、性挑逗意味的色情描写，或不适合青少年阅读，或不适合在社会上公开广泛传播，以免影响文明社会风气。对此，依据进步道德标准进行查禁，无疑是十分必要的。

文化观念是文化政策的基础。审视文化的价值观念本质上是各种价值标准的综合，也是文化批判的依据。从历史和现实看，影响文化政策最直接、最突出的价值标准是政治标准和伦理道德标准，其次，还有审美标准、功用和利益等标准。今天，我们社会为了维护社会主义精神文明，对新闻出版行业实行特殊的管理政策，包括持续多年的"扫黄打非"运动，这与封建统治者为了维护礼教、名教的存在而禁毁小说和其他书籍是完全不同的，因为现代中国的政治和道德标准早已有别于古代。

雅文化和俗文化不是表达某种文化的进步性质或落后性质，而是指向文化形式或样态，表达的是社会文化形式或样态的成熟和完备程度。雅文化是指成熟、完备的文化形式，俗文化是指不成熟、不完备的文化形式。这里的雅文化和俗文化不仅是包括精神形态的文化，也包括技术形态和物质形态的文化。雅文化和俗文化之间是有区别的统一，它们共处于一定的社会文化系统中并相互联系、相互交流、相互作用。俗文化是雅文化的基础和源泉，雅文化是俗文化的飞跃与升华，雅文化对俗文化的发展和提高有重要的影响作用。

低俗文化是指文化品质低下、具有某种落后性质的文化。它与高尚文化、进步文化相对。判定一种文化对象的品质是属于文化精神层面的问题，即关于文化精神性质的判断。文化精神是指一种文化形式、文化模式或文化体系中所蕴含的知识观念、价值体系、审美意识、道德情操、生活情趣等各种精神要素的总和。正是从文化精神的层面，我们才能说文化是一个民族的精神和灵魂。

在一个社会的文化体系中，不同文化形式之间必然存在着使之相互贯通的共性的东西，这种东西就是文化精神。文化精神有正确与错误、高尚与低下、进步与落后之分，亦即"真善美"与"假恶丑"之分。高尚文化、进步文化就是弘扬真善美、贬斥假恶丑的文化；低俗文化、落后文化就是贬斥真善美、张扬假恶丑的文化。低俗文化的本质就在于其低俗精神。现实生活中的低俗文化不仅存在于广播电视、文学艺术、舆论宣传等显性文化领域，而且广泛存在于社会生活的各个领域；低俗文化精神说到底是现实的"低俗人"的低俗精神，"低俗人"的活动延伸到哪里，低俗文化就会展现在哪里。

人生是需要精神的，但有的人生精神是高尚的，有的则是低俗的。"吃喝玩乐"是人类享受自己劳动成果的基本方式，是"世俗人生"之必需,"世俗"不等于"低俗";在条件许可的情况下,适度的"享乐"亦无可厚非,但一味追求奢靡享乐就是不折不扣的低俗了。在奢靡享乐精神驱使下的奢靡之风表现为过度贪恋吃喝玩乐、声色犬马、灯红酒绿;胸无大志、及时享乐、得过且过;追求高档、迷恋豪华、过度消费;铺张浪费、相互攀比、炫富斗富,等等。当下,奢靡之风在行为风气方面主要盛行于公款消费者群体、新时期先富起来的富人群体特别是"暴发户"中、有一定工资收入的城市年轻人群体中,其在精神层面对青少年学生群体的影响也呈蔓延之势。在广告文化、娱乐文化方面,这些文化形式通过"豪华""帝王""至尊""高贵"之类的生活条件、生活方式和生活理念的展示,对奢靡享乐的文化精神大加张扬,从而不断激活和放大着人们的享乐欲望,诱导着人们的享乐观念。

以相对稳定的专业分工为特征的职业活动是当代人类劳动的基本形式,通过职业性劳动获得合法的物质利益,其本身是完全正当和必需的。然而,在职业利益群体多元化和市场经济的条件下,职业利益的合法性也为一些人以职业的名义赚取不合理乃至不合法的物质利益提供了可能。这种职业精神驱使人们把职业作为单纯的赚钱手段,形成了以唯利是图为主要特征的低俗职业文化。从整个社会的职业文化、职业风气来看,唯利是图表现为:从事职业活动的目的只是为了获取利益而别无追求;评价个人或单位工作成效大小的实质性标准是获取利益的多少;职业行为基本不顾及社会舆论和社会道德;在本职业活动范围内可以公开规避法律、纪律,甚至可以集体作弊、弄虚作假、边缘违法。在这样的职业理念和文化氛围下,合乎逻辑地产生了公共权力、公共资源行业化、私有化现象,形成了包括政治、经济、文化等各个领域在内的各行各业的"职业潜规则",这些潜规则无一不是为"职业利益"服务的。

娱乐通常有两层意思:静态上指人的愉悦、喜悦、高兴、快乐等精神状态或者心境;动态上是指能够引起自己或者他人愉悦、快乐的活动,即娱乐活动。"去思想化"的娱乐精神,把娱乐和思想对立起来,以娱乐来淡化、屏蔽或排斥人的思想、理性尤其是意识形态,其实质是反理性的、类似动物式的"愚乐观"。娱乐的形象化特征本身就具有屏蔽思想、排斥理性的内在趋势。人的娱乐能力——感受"形象美"的能力,是从高等动物的"感性能力"发展而来的;同理性思维活动相比,人的娱乐能力更趋向于接近高等动物的感性能力,更趋向于省"心";而越是接近于动物式的感性快乐，就越是使人思想懒惰，其情趣也越是向着色情、打斗、血腥、玩耍、嬉闹等方面聚焦。还有人借文化娱乐表演传播现代迷信，推崇鬼神之说及风水玄学，同时散布怀疑自然科学真理性的错误观点。有三类人特别容易成为迷信思想的信仰者：第一类是社会底层的人。他们搞不懂自己的命运为何那么悲催。第二类是社会顶层的人。他们害怕得到的财富突然失去。第三类是从事高风险职业的人。他们时常担心自己人身或财产的安全。这就使得本来应当具有理性思想的人的娱乐有了"去思想化"的可能，这种可能在一定的社会条件下可成为现实，并趋于"泛娱乐化"，即以娱乐的方式对待非娱乐性事物或活动的观念和姿态。比如，使电视娱乐化、网络娱乐化、知识娱乐化、学术娱乐化、新闻娱乐化、历史戏说化。

抵制低俗文化之风需要逆"风"而上。在现实社会中，低俗的人生精神、职业精神和娱乐精神相互渗透，构成一种低俗的生活方式和文化氛围，以至于悄然形成低俗文化之风，并呈积重难返之势。我们要正视低俗文化之风的存在及危害，激流勇进、逆"风"而上，更加自觉地抵制低俗文化之风。

第一，要从巩固社会主义文化阵地、保障社会主义意识形态安全的高度，大力推进社会主义核心价值观建设，不断提高社会主义意识形态建设的科学化水平；坚决扭转"低俗文化气势汹汹，高尚文化羞羞答答"的尴尬局面。社会主义核心价值体系是抵制低俗文化、建设先进文化的根本。要科学把握社会主义核心价值体系与文化建设的关系，广泛宣传文化的意识形态性；深入研究和科学阐述"民族的科学的大众的社会主义文化"的深刻内涵、重大意义和发展规律；科学把握抵制低俗文化与建设高尚文化的关系，坚决揭露低俗文化的深刻危害，形成抵制低俗文化的强大舆论。

第二，要把提高"职业文化人"的整体素质和提高全体国民的整体素质相结合，形成高尚文化生产与消费的良性互动，改变高尚文化"叫好不叫座"的局面。一方面，从低俗文化存在的人的因素看，一部分"职业文化人"或见利忘义，或情趣低俗，或文化境界不高，导致大量"文化供给"品质低下，甚至在某些领域近乎形成"文化垃圾场"；另一方面，社会上又的确存在某些人沉溺于低俗文化、追捧低俗文化的现象。这就使得低俗文化的"供需"双方情趣相投，互为条件、共生共存。同时，有相当多的民众虽然在思想上不赞同低俗之风并有所忧虑，但总体上采取无奈、容忍或者麻木不仁的态度，这在客观上也起到纵容低俗文化不断蔓延的作用。由此可见，低俗文化风气的存在有其深刻的政治、经济、文化背景，集中凸显了处在社会主义初级阶段和市场经济条件下的国民文化素养参差不齐的问题。解决这个问题，对于建设高尚文化、抵制低俗文化而言具有决定性意义。要改造这样的文化生态，最根本的办法就是坚持不懈地提高包括"职业文化人"在内的全民的文化素养，既要培养高尚文化的创作生产群体，又要培养高尚文化的消费群体，构建高尚文化的大众化基础，不断为社会主义文化大发展大繁荣增强大众需求的拉动力。

第三，要全面加强职业文化建设，深入开展职业精神、职业道德的研究和教育，有效抵制职业低俗之风，净化职业文化风气。在不同职业之间，其低俗之风的表现也各有特点，应突出重点、区别对待。如，对党和国家机关的职业人员来说，要重点抵制情趣低俗、阿谀奉承、吹吹拍拍、言行不一、弄虚作假、铺张浪费、奢靡享乐等低俗观念和作风；对出版、广播、电视、网络、文艺、娱乐、广告、旅游等领域的职业人员来说，要重点抵制那种放弃社会责任而刻意迎合低俗、肆意制造和传播低俗文化的职业观念和行为；对物质资料生产销售企业特别是食品药品生产销售企业来说，要重点抵制见利忘义、以次充好、制假售假、坑蒙拐骗等严重损害社会诚信、危及人民群众财产和生命安全的恶劣职业风气。只有使各种职业低俗之风得到有效抵制，整个社会的低俗之风才会真正被遏制。

第四，要充分发挥法律、纪律、政策等手段的强制性作用，强力遏制低俗文化风气的蔓延。要研究低俗文化问题产生和发展的历史轨迹，从文化自觉的高度深刻反思，认真总结历史教训，做好"亡羊补牢"的工作。尤其要加紧文化法律、文化纪律和文化政策方面的建设，改变在这些层面存在的重经济轻文化、"一手硬一手软"的问题。要围绕如何维护我国社会主义意识形态的安全，如何完善文化产品质量审查制度，如何加大对"治黄贩黄""制假售假"等犯罪行为的打击力度，如何把职业精神、职业道德建设落到实处等课题，深入研究，建立标本兼治、科学严谨的抵制低俗文化的法律、纪律、政策体系，并认真贯彻落实，形成抵制低俗文化、弘扬高尚文化的稳定体制机制。[①]

---

① 参见周玉清、王少安《论抵制低俗文化之风》，《光明日报》2012年3月22日理论版。

四 开辟文化伦理学的研究方向

我们研究文化和文化建设，要把问题意识与学科意识结合起来。自古以来，人类就有对文化生活、文化现象和文化发展的伦理评价及研究活动。当代中国文化建设的新高潮也推动、呼唤着文化伦理学的诞生！可是，在我国应用伦理学的分支性研究中，却缺少了文化伦理学的研究方向和自觉意识。

（一）文化伦理学研究的背景、问题和意义

1. 研究文化伦理学的背景。文化建设已经成为中国特色社会主义事业"五大建设"总体布局的重要组成部分。可以说，文化建设既是经济、政治、社会、生态等建设的反映和要求，又是经济、政治、社会、生态等建设的思想保证、精神动力和智力支持。只有兴起社会主义文化建设新高潮，提供多层次、多方面、多样性的精神文化产品，才能更好满足人民群众的精神文化需求。文化是人类文明的重要载体，文化发展推动人的全面发展。一个民族的觉醒首先是文化的觉醒，一个国家的强盛离不开文化的支撑。中华民族伟大复兴必然伴随着中国文化的繁荣兴盛。在当今时代，文化越来越成为民族凝聚力和创造力的重要源泉，越来越成为综合国力竞争的重要因素，越来越成为满足人民精神期待的重要保证。因此，我们必须更加自觉承担起弘扬优秀传统文化和繁荣现代先进文化的历史责任。

进入 21 世纪以来，我国文化建设进入到了一个新时代，即超越了纯粹的政治目标而与经济发展和人的发展紧密结合的时代，一个尊重人的价值与尊严、维护社会公平与正义的时代，一个追求人与人、人与自然关系和谐的时代。这个时代的特征，就是广大人民群众对待文化生活、文化建设和文化发展的价值尺度，已经由单纯政治标准转向了兼顾或突出伦理道德标准，甚至还把对文化建设的伦理审视，也扩展到对经济、政治、社会、生态等建设的伦理审视。因为伦理标准是比别的标准更加人性化或人文化的价值标准，也是合乎科学发展观的价值标准。人们价值观念的变迁和文化建设新高潮的兴起，都为开辟文化伦理学研究方向提供了深厚的时代背景和实践基础。以当代中国社会主义文化建设为时代背景，用伦理道德观念透视和引导我国文化事业和文化产业的健康发展。同时，引导文

创造、文化传播、文化交流和文化消费的主体，不断提高思想道德水平，为社会主义精神文明建设作出应有贡献。关注和研究文化体制改革等现实问题，其成果既能指导文化建设的实践，又能为尚待发展的应用伦理学分支——文化伦理学体系的形成作出贡献，为文化哲学和伦理学的学科建设奠定基础，也可以应用于大学生和研究生的人文素质教育。

无论国内，还是国外，对文化生活、文化建设和文化发展进行伦理关怀的现象自古就存在。尤其是20世纪以来，西方国家的文化哲学、价值哲学和伦理学研究中，越来越渗透着文化伦理的价值倾向。如马克斯·韦伯的《新教伦理与资本主义精神》、罗尔斯的《正义论》、哈贝马斯的《技术和科学作为意识形态》与《交往行为理论》等，作为对"现代性"的反思和批判成果，把追求伦理、道德价值作为西方社会文化发展的基本目标。西方社会在第二次世界大战以后生产力迅猛发展，财富急剧增加，一个新的空间随之出现，这就是人们自由发展的空间，它的本质是"文化空间"。但是当这个空间逐渐扩展为人类社会的主导结构的时候，它却迎来了资本主义社会对人的控制、扭曲和压抑，在物质繁荣的表面，实际存在的文化异化现象，引起了很多学者对西方文化发展的伦理审视和研究。如西方的科技异化论、文明冲突论、生态危机论等，都与此有关。

2. 研究文化伦理学的问题。这里的"问题"，不是指文化伦理学所要研究的内容性问题，而是指在我国的应用伦理学研究中尚未开辟出文化伦理学的研究方向，或者说从伦理道德视角研究文化现象和文化建设的自觉性还不够高。在我国，作为应用伦理学分支的经济伦理学、政治伦理学、生态伦理学等的研究，都已取得了丰硕成果，但是截至目前，以"文化伦理"为关键词的论文却寥寥无几，以"文化伦理学"为名称的著作更是尚未见到。当然，对"文化"概念能包含的科技、教育、文学、艺术、广播、电视、新闻、出版等具体领域伦理问题的研究还是不少的，只是还缺乏从文化伦理学高度进行的必要概括。为什么会存在这个问题？是不是文化现象、文化建设、文化发展中不存在伦理、道德问题？是不是"文化伦理"和"文化伦理学"的概念不能成立？显然都不是。这主要是从伦理学或道德观视角观察和研究文化建设的自觉性还不高，也是我国文化建设实践还处在初级发展阶段，应用伦理学分支还不够发达，整个伦理学理论及规范研究与社会实践的结合度还不高的表现。伦理学以道德现象和伦理文化为研究对象，其核心是伦理道德的价值观念和标准问题。伦理学所提供的一切理论和观念，都源于社会实践，反过来又指导社会实践。从这个意义上说，无论是基础伦理学，还是应用伦理学，都带有很强的价值性和实践性。其中道德价值观对社会实践领域和个人生活领域的覆盖是很全面也很深刻的。广阔的社会文化建设领域和人们的文化生活领域，无疑是很多伦理道德观念都要覆盖和关注的领域，更是方兴未艾的应用伦理学分支不可能忽略的领域。可是，目前文化伦理问题的关注度却很低，研究成果更是非常少见，这就是我们看到的现状和问题，也是需要我们加以努力的方向。

3. 研究文化伦理学的意义。（1）建构文化伦理学体系、推进文化伦理问题研究的意义，是由文化建设在中国特色社会主义事业总体布局中的地位决定的。在当代中国开展文化建设的重要意义，可以概括为三点：第一，文化建设是中国特色社会主义事业总体布局的重要组成部分。马克思主义认为，文化是指人类精神生产的能力和产品，它是一定社会经济和政治的反映，又给予一定社会的经济和政治以巨大的影响。因此，只有大力发展社会主义先进文化，才能为经济、政治、社会、生态建设提供有力的思想保证、精神动力和智力支持。第二，加强文化建设也是提高全民族整体素质的重要途径。当今世界，激烈的综合国力竞争，越来越表现为教育科学发展水平和民族综合素质的竞争。加强文化建设，有利于我们坚持马克思主义在意识形态领域的指导地位，牢牢把握社会主义先进文化的前进方向，加强和改进思想政治工作，提高人民群众的思想道德觉悟，进一步形成全社会共同的理想信念和道德规范，打牢全党全国各族人民团结奋斗的思想道德基础；有利于落实科教兴国战略，加快发展教育和科学事业，不断提高全民族的科学文化素质。第三，加强文化建设还是全面建设小康社会的重要奋斗目标。加强文化建设，满足人民群众日益增长的精神文化需求，是全面实施国家发展战略的需要，是加快提高国家文化软实力的需要。当今世界，文化的作用日益凸显，不仅经济社会发展越来越有赖于文化的支撑，文化产品和服务直接成为国际贸易和国际竞争的重要内容，而且文化领域已经成为国际政治斗争和意识形态较量的主战场，越来越多的国家把提高文化软实力作为重要发展战略。我国文化发展同经济快速发展相比相对滞后，同全面建设小康社会的要求不相适应，同人民日益增长的精神文化需求不相适应，同我国的国际地位不相适应，这就在客观上要求我国文化有一个大发展大繁荣。要顺利实现"十二五"时期奋斗目标、到 2020 年全面建成惠及十几亿人口的更高水平的小康社会，必须加快文化改革发展，推动文化建设与经济建设、政治建设、社会建设以及生态文明建设协调发展。(2) 建构文化伦理学体系，推进文化伦理问题研究的意义，也是由文化伦理学在应用伦理学体系中的地位决定的。当代伦理学研究可大致区分为基础伦理学研究和应用伦理学研究（也有人称为理论伦理学和实践伦理学）。其中，应用伦理学是以人们的生活实践和社会实践为基础而形成的。它既是基础（理论）伦理学研究向实践的延伸，又是直接面向实践或从实践出发提出问题、分析问题和解决问题的伦理学新范式。目前，学术界对应用伦理学的分类还比较混乱，表现在各种名称相互重叠，不成系统，缺乏统一的理论依据和方法指导，从而制约了学术发展，也弱化了伦理学对社会实践的指导作用。一切伦理问题和道德现象都是人们实践活动的产物，是实践主体对其道德责任的自觉，也是对实践活动所涉及的善恶、义利、知行、理欲、荣辱等伦理关系的调整。因此，只有依据人们进行实践活动的领域来给应用伦理学分类，才有科学性，也才能促进伦理研究与社会实践的结合，从而促进道德理论贴近实践、贴近生活、贴近群众。人们的实践活动包括满足生存、发展、享受之需要的生活实践和推动经济、政治、文化、社会、生态等建设的社会实践。划分应用伦理学分支的问题是个国际性问题，就当代中国应用伦理学的发展现状来看，经济伦理学、政治伦理学、环境伦理学、科技伦理学、教育伦理学、生命伦理学等分支都有，而且已经有了比较成熟的学科体系和研究成果。很多高校和社科研究机构还有以这些应用伦理学分支为方向的硕士点和博士点。可是，以"文化伦理学"为名称的应用伦理学分支还没有明确树立起来，与此相关的很多理论问题尚待研究。这与应用伦理学发展还不成熟有一定的关系。伦理、道德以实践为基础，实践是伦理学研究的出发点和落脚点，应用伦理学更要面向实践，其分支更应该以社会实践的领域为基础来划分。当代中国的社会实践就是中央按照科学发展观提出的"五大建设"，即经济建设、政治建设、文化建设、社会建设和生态建设。至于有时提到"党的建设"，尽管也可以与"五大建设"相并列，但从理论的严密逻辑来说，应该归于"政治建设"。"五大建设"是对中国特色社会主义建设实践及内容的高度概括，有很强的系统性和科学性。这为我们研究伦理道德问题提供了很好的前提。如果把应用伦理学的主要分支与经济、政治、文化、社会、环境等建设实践相对应，就可以看出，文化伦理学的产生不仅是必然的，而且是很必要、很重要的。也就是说，如果缺少了文化伦理学的视角，伦理学特别是应用伦理学对社会生活实践的覆盖和观照就会是不全面的。因此，提出建构文化伦理学体系的任务，就有充分的理论和实践依据，也具有非常重大的意义。

（二）文化伦理学的研究对象、任务和方法

从学科分类上说，文化伦理学是应用伦理学的重要分支。一切伦理问题和道德现象都是人们实践活动的产物，是实践主体对其道德责任的自觉，也是对实践活动所涉及的人与人、人与社群、人与自然、人与信仰的基本伦理关系和善与恶、义与利、知与行、荣与辱的基本伦理问题的展开。因此，只有依据经济、政治、文化、科技、生态等的实践领域来给应用伦理学分类，才有科学性，也才能促进伦理研究与社会实践的结合，从而促进道德理论贴近实践、贴近生活、贴近群众。文化建设是我国社会主义现代化建设总体布局的重要组成部分。文化伦理学作为应用伦理学的一个重要分支，也必将得到学术界的认可。"文化伦理"的本质含义就是从伦理道德的角度审视文化，一方面揭示文化现象的伦理意蕴，另一方面提出文化发展的伦理规范。文化现象作为客观事实，其中的伦理意蕴，即善与恶、积极与消极、先进与落后等的价值意义是"实有"的。文化发展的伦理规范，作为主体的理想追求是"应有"的。质而言之，"文化伦理"是从伦理价值角度反映文化"实有"与"应有"关系的概念。由此可以引申出一个专门研究文化伦理现象或问题的学科——文化伦理学，这是应用伦理学的一个门类，也是文化哲学的一个分支。由于文化伦理现象是伦理学和文化哲学共同面对的一类问题，因此也带有某种交叉性或边缘性。

1. 文化伦理学的研究对象。文化伦理学是以社会文化建设和个人文化生活领域中的伦理问题和道德现象为研究对象的。它属于应用伦理学的一个分支。文化伦理的内涵十分丰富，文化制度伦理、文化政策伦理、文化市场伦理、文化教育伦理、文化传播伦理、文化信息伦理以及文化部门、单位及其工作人员的职业道德等，都可以作为文化伦理学的问题来研究。文化伦理学应该以文化建设领域中的伦理问题和道德现象为研究对象。按照"文化"概念的一般含义，涉及科技、教育、文学、艺术、新闻、出版、广播、电视、图书馆、博物馆、文化旅游、体育健身、宗教信仰、民俗风尚等，与此领域相关的一切伦理问题和道德现象，都在文化伦理学的研究范围。文化与社会的意识形态和精神文明建设相联系，也与一个民族或国家的核心价值体系相联系。因此，文化伦理学要提出相关道德原则、规范、范畴，认识和调整文化关系，指导文化建设和文化生活中的道德选择、评价、教育和修养。

2. 文化伦理学的研究任务。文化伦理学的根本任务是促进文化建设和文化生活的健康发展和繁荣昌盛。作为一门学科的研究任务，就是要对文化发展、文化活动、文化生产、文化传播、文化交流、文化生活、文化人格、文化环境、文化管理等的伦理认识、评价、规范、导向等问题进行研究。在当代中国，研究文化伦理学的任务，与实现我国的文化建设目标是统一的。根据党的十七届六中全会《决定》，我国文化建设的奋斗目标就是要"以科学发展为主题，以建设社会主义核心价值体系为根本任务，以满足人民精神文化需求为出发点和落脚点，以改革创新为动力，发展面向现代化、面向世界、面向未来，面向民族的科学的大众的社会主义文化，培养高度的文化自觉和文化自信，提高全民族文明素质，增强国家文化软实力，弘扬中华文化，努力建设社会主义文化强国。建设社会主义文化强国，就是要着力推动社会主义先进文化更加深入人心，推动社会主义精神文明和物质文明全面发展，不断开创全民族文化创造活力持续迸发、社会文化生活更加丰富多彩、人民基本文化权益得到更好保障、人民思想道德素质和科学文化素质全面提高的新局面，建设中华民族共有精神家园，为人类文明进步作出更大贡献"。

为此，我们要充分发挥文化伦理的功能。首先，文化伦理有认识功能。它可以使人们从伦理角度认识文化的价值底蕴和发展趋向。其次，文化伦理有调节功能。它可以通过规范调节人们的行为和关系，从而使社会秩序文明化。再次，文化伦理有导向功能。它可以对文化活动和文化发展起到方向盘和指路灯的作用。最后，文化伦理有扬善抑恶的评价功能。它可以通过伦理评价，使优秀文化的发展受到鼓励，使落后、腐朽文化的发展受到贬抑。这些功能的综合运用，就使文化的继承、创新、教育、传播等活动有了一种伦理调控的机制，同时也使相关的伦理文化转换为文化伦理。发挥文化伦理的功能，不但要发挥其规范调节功能，还要发挥其价值导向和激励创造的功能。在当代中国进行文化创造，必须坚持社会主义先进文化的前进方向，这是由中国特色社会主义文化的特质决定的。只有坚持先进文化的前进方向，才能继承和发展中华优秀文化传统，吸收世界各国有益文化成果，有力抵御各种腐朽落后文化的侵蚀，正确引领各种文化思潮和文化追求，不断创造面向现代化、面向世界、面向未来、面向民族的科学的大众的先进文化。

文化伦理学还要为维护人民的文化权利服务。（1）要促进实施《国家中长期教育改革和发展规划纲要（2010—2020年）》。推进我国的义务教育均衡发展，发展学前教育和职业教育，普及高中教育，提高高等教育质量，促进教育公平，提高公民总体受教育水平。尤其要推进义务教育学校标准化建设，加强薄弱学校改造。推行教师在区域内流动，重点缩小区域内办学差距。资源配置向中西部、农村、边远、民族地区和城市薄弱学校倾斜。加快农村寄宿制学校建设，努力满足农村学龄儿童的寄宿需要。保持中等职业教育和普通高中招生规模大体相当。扶持建设紧贴产业需求、校企深度融合的专业，建设既有基础理论知识和教学能力，又有实践经验和技能的师资队伍。逐步实行免费中等职业教育，促进高等教育发展。结合经济社会发展和国家战略需要，提高教育质量和创新能力。实施中西部高等教育振兴计划，新增招生计划向中西部高等教育资源短缺地区倾斜，扩大东部高校在中西部地区招生规模，加大东部高校对西部高校对口支援力度。进一步健全家庭经济困难学生资助政策体系。健全普通高中家庭经济困难学生国家资助制度。完善国家奖助学金标准动态调整机制，确保学生不因家庭经济困难而失学。（2）要促进实施《国家"十二五"时期文化改革发展规划纲要》。要推动国家文化改革发展规划纲要的实施，加快公共文化设施建设，促进文化事业发展，丰富人民文化生活，保障公民文化权利。加强文化立法。健全公共文化设施和服务网络。加强文化馆、博物馆、图书馆、美术馆、科技馆、纪念馆、工人文化宫、青少年宫等公共文化设施建设，向社会免费开放。提升广播电视人口综合覆盖率和文化信息资源共享工程数字资源入户率。把农民工纳入城市公共文化服务体系，引导企业、社区积极开展面向农民工的文化活动。推动文化覆盖和科技普及。加快农家书屋、城乡阅报栏（屏）工程建设。实施科学技术进步法和科学技术普及法，制定公民科学素质基准，推进科普场馆建设，启动国家科普示范基地建设。加快互联网建设，建设宽带无线城市。逐步提高农村网络覆盖和应用普及水平。

3. 文化伦理学的研究方法。文化伦理学研究，既要涉及社会文化建设中的道德问题，又要涉及个人文化生活中的道德问题；既要研究文化体制机制和方针政策中的伦理导向问题，又要研究文化生产、文化消费和文化传播、交流中的道德原则、规范问题；既要运用观察、调查、描述、分析的方法，又要运用演绎、归纳、推理、比较的方法；既要挖掘、开发和利用中国传统文化资源，又要学习、借鉴和吸收外国优秀文化成果；既要坚持一手抓繁荣，又要坚持一手抓管理。要始终坚持中国特色社会主义的文化发展道路，把握正确的价值取向。文化伦理学既要研究文化建设中的问题，又要研究文化生活中的问题。既要研究与文化建设、文化管理、文化活动相关的体制机制和方针政策中的伦理问题，又要研究与文化生产、文化传播和文化消费相关中的道德规范问题；既要用观察的方法，又要用调查的方法；既要描述、归纳，又要分析、比较。还要运用理论与实践相联系、历史与现实相结合、中国与外国相比较的方法。要把中国特色社会主义伟大实践作为文化研究和文化创造的丰厚土壤和源头活水，感受实践的脉动，吮吸生活的醇香，倾听群众的心声，在人民群众的创造中进行文化创造，在历史的进步中实现文化进步。①

---

① 参见孔润年《开辟文化伦理学的研究方向》，《伦理学研究》2011 年第 5 期。

第二章

文化建设的格局架构和价值自觉

　　文化是人类物质和精神的生产及生活需要之产物，其价值表现为对人们合理、自觉的文化需要的满足。马克思主义文化，包括哲学、政治经济学和科学社会主义"三个组成部分"，基本上属于政治文化的范畴。虽然马克思也有文化哲学思想，但带有明显的政治色彩。马克思主义文化从20世纪20年代传入中国之后，在一定程度上满足了中国社会变革发展的政治需要，甚至一度成为高于一切、代替一切、主宰一切的文化。或者只强调政治文化而忽略非政治文化，或者用对非政治文化进行政治审视和批判，将非政治文化政治化、意识形态化。这就使人们误认为这就是文化概念的全部内涵，其实这只是一种政治文化，很难满足人们在经济、生态、社会，以及家庭、信仰、礼仪、节庆、饮食、服饰、民俗等非政治领域的文化需要。我们过去没有意识到这一点，忽略了文化建设中的非政治性需要。这就为中国传统文化（主要是儒、释、道文化）和近现代西方文化的存在和影响留下了空间。比如，中国传统文化至今仍在宗教信仰、伦理道德、文学艺术、礼仪习俗、家风家规等非政治的社会生活领域发挥着重要作用；近现代西方文化则更多满足着中国人在发展经济、科技、教育、法制等领域的文化需要。这就造成了马、中、西三种类型文化并存的现实格局。但是从文化性质上看，马克思主义作为政治文化，与中国传统文化和近现代西方文化的深刻矛盾是显而易见的。因此，为了建设先进而和谐的现代文化，我们必须在坚持马克思主义政治文化的同时，更加自觉地借鉴吸收中国传统文化和西方文化中的积极因素，创造性地发展与马克思主义政治文化相协调的非政治文化，以满足人们在经济、科技、教育、法制、道德、信仰、家庭及日常交往等领域的非政治文化需要。也就是说，我们的文化既要能够满足党和国家的政治性文化需要，也要能够满足个人、家庭、企业及一切社会群体的非政治性文化需要。这应该是我们今后开展文化建设中必须明确的任务和方向。

一　文化建设的格局架构

党的十八大报告指出:"我们一定要坚持社会主义先进文化前进方向,树立高度的文化自觉和文化自信,向着建设社会主义文化强国宏伟目标阔步前进。""要深入开展社会主义核心价值体系学习教育,用社会主义核心价值体系引领社会思潮、凝聚社会共识。推进马克思主义中国化时代化大众化,坚持不懈用中国特色社会主义理论体系武装全党、教育人民,深入实施马克思主义理论研究和建设工程,建设哲学社会科学创新体系,推动中国特色社会主义理论体系教材进课堂进头脑。""建设优秀传统文化传承体系,弘扬中华优秀传统文化。""繁荣发展少数民族文化事业。""造就一批名家大师和民族文化代表人物。""扩大文化领域对外开放,积极吸收借鉴国外优秀文化成果。"这些精神是我们提出文化建设格局架构的重要依据。

(一) 构建"一体多样""一主多元"的和谐文化格局

文化的本质是多元的。人类的历史,从来就是文化多元及其发展的历史,是多元文化相互接触的历史。这是因为,文化是人类的生活方式,民族文化是民族的生活方式。由于人是社会性动物,在社会的发展进程中,逐渐形成人类所特有的理性,形成不同的文化,不同文化必然发生接触。或因迁徙,或因种族的生存和延续,保护和争夺仅有的物质生活资源而与文化他者相遇。在前现代的久长时间里,人类对文化多元的感知和应对是不自觉的。人们只觉得他者和自己不一样,对非我族类者的文化好奇、警惕、防范、抗拒、冲突。在这段历史里,多元文化之间的接触是有限的,知道山外有山、天外有天的氏族很少。接触,不管什么样的接触,文明的或野蛮的,都促进了多元文化的各自发展,积累了大量关于多元文化相处、相离的经验和教训。中华民族是重视历史记录、善于以史为鉴的民族,一代一代的后来者不断享受着前人的经验和教训,这是中华民族延绵不绝而文化永远常新的重要原因。为了维护自己的生活方式和信仰,人们对他者的文化总抱着怀疑的态度。这是因为,人们习惯于已有的生活习惯、风俗、礼仪和信仰,而信仰是与生命及未来直接相关的,切断信仰以及由信仰派生或影响的礼仪、风俗几乎就等于断绝了自己和后代的未来,即使在同一宗教或同一系统的宗教内部也是如此。这是历史过往中世界上宗教战争不断的根本原因或借以号召民众的口实之一。

处理与不同文化接触的方式,也因文化的核心理念不同而显现出明显的差异。总括起来,对待异质文化不外乎以德相融和以力相抗两类。以德相融,避免了相抗所造成的苦难,各自的文化也因为有了异质文化的刺激和启示,有充裕的时间和空间去消化吸收他者文化中的营养而继续成长;以力相抗,其效果自然相反,除了死亡的灾难之外,遗留下来的恶果之一则是扩大了与异质文化的心理距离,不但自身的文化成果受损,而且一旦结仇,百世莫解,给后世的再一次相抗埋下可怕的种子。相抗双方有时有正义和非正义之分,有时则难判是非。如果姑且不着眼于对与错的划分,而从人类生存的历史长河看,对抗之不可取,是自不待言的。

文化多元是历史的和现实的存在,但是对于当代人类来说却是个新话题。自20世纪中叶以来,特别是进入21世纪后,世界文化的多元性越来越受到重视。世界各国越来越多的智者加入到呼吁不同文明对话、和谐相处的行列里来。这些智者的文化背景、学术积累、呼吁的对象、研究的方法、预想的目的不尽相同,但是主张不同文化应该对话,可以对话,应该通过对话相互了解、促进和平,是完全一致的。学界的声音在各国产生了不同程度的影响,下启民众,上达政要,起到了促使思考、增加选项的作用。当然,我们不能做盲目的乐观主义者。工业化、信息化和工具理性,正在以远远超过尊重文化多元化的力量在世界许多地方发威;武器的智能化正在准备着以越来越精巧的方式威胁着人民平静的生活和宝贵的生命。这些,也使得处理不同文化间关系的活动出现了许多不可预测的变数。因此,不同文化间的对话将是长期的、艰难的。对此人们都应该有充分的心理准备。[①]

在当代中国,实际上存在着马克思主义文化、中国传统文化和近现代西方文化三元并存的现象。面对这三种文化,我们在整体上不应绝对肯定或否定任何一种文化,而应当从实际出发,按照"以马为主,融合中西,

---

① 参见许嘉璐《文化的多元和中华文化特质》,《社会科学战线》2013年第7期,第22—25页。

贯通古今，多元一体，整合创新"的思路，构建"一体多样""一主多元"的和谐文化格局。"一体多样"，是指以中国特色社会主义文化为整体，内含精英高雅文化和大众通俗文化为主要表现的多样文化；以书刊、报纸、广电、影视、网络等为主要传播途径的媒体文化。也可以按照主流文化、精英文化、大众文化、传统文化的分类来理解当代中国文化的多元或多样性。"一主多元"，是指以社会主义意识形态和核心价值体系为内容的主流文化；以中国传统文化和外来有益文化为主要内容的多元文化。这样的文化格局是中国文化传统和当代世界文化格局及交流传播的必然结果。文化反映一定的经济和政治，同时也为一定的经济和政治服务。在经济和政治上居于主导地位的社会力量，其文化信仰也必然居于主导地位。因此，由当代中国的经济和政治所决定，整个文化建设都必须以马克思主义文化为主导，吸收中西方文化的优秀成果，使各有其位，各显其能，相互补充，相互促进，在竞争中扬长避短，在学习中整合创新。

1. 马克思主义在我国意识形态领域的主导作用是在历史实践中形成的。一方面是由马克思主义理论本身的真理性、发展性和价值性所决定的；另一方面是由中国革命、建设和改革的实践需要所决定的。尽管马克思主义在世界范围内不断受到各种政治和文化思潮的挑战，在国内也受到不少人的质疑，但是，只要我们的改革开放继续坚持社会主义方向，坚持共产党的执政地位，坚持人民当家做主的民主政治建设，马克思主义在中国政治和意识形态领域的主导作用就不会改变，也不可能改变。当然，这"四项基本原则"之间是相互依赖、彼此支持的关系，任何一个方面的坚持，必然有利于另外几个方面的坚持。思想文化阵地是国家的核心阵地，事关党、国家和民族的生死存亡。如果丢失，就会丢了老本，政亡人息。当今时代是社会大变革、思想大碰撞、文化大交融的时代，意识形态领域的争夺空前激烈。西方敌对势力对我们的渗透攻击无孔不入、步步紧逼。他们打着"自由""民主""人权"等旗号，攻击诋毁我们党的领导和社会主义制度，对我意识形态核心阵地构成严重威胁。冷战结束后，以美国为首的西方国家，发现直接以意识形态划界的手法进行渗透攻击，意图过于明显，再按原来的套路搞"和平演变"很难奏效，于是改变策略，变"直接攻击"为"文化软着陆"，通过文化传播与我争夺思想文化阵地。他们利用宣传媒体鼓吹西方文化思想；利用非政府组织，以公益、慈善、援助的面貌出现，每年邀请所谓的"明日之星"免费去国外参观访问、进修和学习；政府出资赞助学者到中国巡回讲学，传播美式文化，推销西方理念。资料显示，美国最大的出口产品，既不是其高新技术产品，也不是军火，而是流行文化，其每年出口额达 600 多亿美元，远远超过航空航天和电子产品的出口额。西方进行文化渗透的手法非常高明，有着很强的欺骗性、隐蔽性。这种"文化殖民"如同"温水煮青蛙"，很容易使青年一代在不知不觉中失去抵抗意志。当前意识形态领域斗争的激烈程度不亚于上甘岭战役，我们的一些阵地已经被蚕食，还有部分阵地摇摆不定，稍有不慎就会被敌占领。在激烈的意识形态斗争中，我们的当务之急，就是要加强社会主义核心价值体系建设，坚守中华民族共有的精神家园；同时要实施文化"走出去"战略，加强对外文化宣传和文化产品出口，在文化交流交锋中展示文化实力，争夺文化阵地。

有学者曾用"原生形态""次生形态""再生形态"和"当代形态"几个概念来描述马克思主义哲学的发展阶段和形态演变，这是富有启发意义的。其实，整个马克思主义理论体系的发展阶段和形态演变，都可以作如是观。也就是说，我们可以把马克思和恩格斯的全部思想称为"原生形态"的马克思主义；把列宁、斯大林为代表的苏联人理解、发展和实践过的马克思主义称为"次生形态"的马克思主义；把毛泽东为代表的中国共产党第一代革命家所理解、发展和实践过的马克思主义称为"再生形态"的马克思主义；把邓小平理论、"三个代表"重要思想、科学发展观和习近平系列重要讲话精神统称为"当代形态"的马克思主义。这样的区分是有意义的，反映了马克思主义的不同发展阶段。在我国政治和意识形态领域继续起主导作用的马克思主义，首先是指其"当代形态"，除此之外，也包括其他形态。集体主义道德观是贯穿于马克思主义产生和发展全过程的核心价值观。这种价值观早已渗透到无产阶级革命实践和社会主义建设和改革实践之中，成为凝聚亿万人民力量的精神源泉。尽管这种价值观不断受到理论和实践的挑战，但其科学性、价值性和主导性仍然不可动摇。众所周知，自由主义是集体主义的最大挑战者，但自由主义在西方也遭到社群主义的批判。虽然集体主义与社群主义不能简单等同，但是二者之间毕竟有不少相似之处。所以，社群主义者对自由主义的批判，无疑也能增加我们正确回应自由主义挑战和坚持集体主义道德观的信心。我们要在政治和意识形态领域发挥马克思主义的主导作用，具体到伦理文化方面，就是要发挥"当代形态"的集体主义道德观的主导作用。①

2. 在坚持集体主义道德观主导作用的前提下，也要让"自由—公正"精神在我国市场经济领域发挥激励作用。党的十八大报告指出："大力弘扬民族精神和时代精神，深入开展爱国主义、集体主义、社会主义教育，丰富人民精神世界，增强人民精神力量。倡导富强、民主、文明、和谐，倡导自由、平等、公正、法治，倡导爱国、敬业、诚信、友善，积极培育社会主义核心价值观。"用世界视野来看，自由主义和社群主义一样，首先是一种政治主张和思潮，但它们都有一定的伦理意蕴，其中自由主义的伦理意蕴就是凸显个人主体的功利主义。自由主义并不是铁板一块的理论主张，实际上有形形色色的自由主义理论。不过，所有的自由主义者都一致认同个人自由和机会公正的优先性，正是这一点把自由主义与社群主义、民族主义之类的观念区别了开来。各类自由主义者都通过高度抽象的推理来解释他们心目中的个人主义理想价值观。有些思想家坚持自由主义是"天赋的"或合乎人性的；有些思想家认为自由主义是合乎历史进步规律的，因而也是当前和未来的趋势；也有些思想家认为政府和社会的自由法则是靠社会正义原则和契约建立起来的；还有些思想家认为自由主义原则是通过个人对社会福利"最大化"的成本效益分析确立起来的。"应然"是以"必然"为基础的。自由是万物的本质，是天然的状态，是发展所需要的秩序。因此，自由就是自然，自由主义就是自然主义，自由主义的状态就是自然发展的状态。自由也是人性的必然要求，符合自由的就是符合人性的。人的本性包括了追求自由发展、自由表达、自由交往、自由行动、自由生活、自由放纵。由于人性、社会和万物都是渴望自由的，所以符合自由的原则，也就适应了它们发展的要求。马克思主义曾把共产主义的本质概括为："代替那存在着阶级和阶级对立的资产阶级旧社会的，将是这样一个联合体，在那里每个人的自由发展是一切人自由发展的条件。"马克思主义就是关于人类解放的学说，而自由则是人类解放的理论基点。自由是一种最自然、原始、合理的状态，自由是发展的条件。人类社会发展的总趋势也就是从必然王国向自由王国转化的过程。在我国现阶段，民主是政治的自由，市场是经济的自由，表达是思想的自由。在多

---

① 参见周和风《从科学发展观的确立看马克思主义中国化的机制》，《中共四川省委党校学报》2006年第4期。

元思想文化的背景下,非常需要加强文化领域的民主法治建设。

自由主义者所推崇的"自由—公正"原则,与"当代形态"的集体主义道德观有相通之处。它不仅是指导个人行为选择的伦理原则,也是一种指导政府执政和社会制度安排的原则。就中国的情况来说,改革开放以来建立起来的市场经济体制,实际上就是以承认个人对自身需要、利益的自由追求为人性基础的。换言之,市场经济体制是按照人性中的"自由—公正"要求建立的,反过来,市场经济体制的建立也为"自由—公正"伦理原则的存在奠定了社会基础。我们要建立与社会主义市场经济相适应的道德规范体系,就必须承认"自由—公正"原则也是社会主义道德原则的应有之义。毋庸讳言,在邓小平理论中就已经渗透了明显的"自由—公正"精神。当代马克思主义与自由主义的分歧已不在于承认不承认"自由—公正"精神的合法性,而在于是要无序的,还是要有序的自由和公正;是要极少数人要求的自由和公正,还是要广大人民群众所要求的自由和公正。

3. 在马克思主义与自由主义的冲突中,中国传统文化无疑能起到一种缓冲、调和的作用。特别是作为中国传统文化之精华的儒家哲学和道家哲学及其伦理精神,有其存在的历史惯性和现实基础。有中国传统文化作缓冲,本源于西方的马克思主义和自由主义,才不会在当代中国的历史舞台上发生正面冲突,从而实现文化及伦理精神的和谐发展。

中国传统伦理赖以存在的经济关系早已发生了变化,那么,现代人为什么还能认同传统伦理的一些内容?而且,传统伦理在国外也还有一定的影响?这个问题不能用"经济决定论"的观点来机械、简单地解释,而要用传统伦理的内在价值和人类生活的共性需要来解释。儒家伦理思想有"德性论"和"义务论"两种流派。儒家德性论以人性、人格、人生为立论依据,把道德范畴、规范和理想建立在人的社会角色或身份之上。比如回答的是为君、为臣、为父、为子、为夫、为妻、为长、为幼、为友、为师、为徒者应当如何的问题。人在社会关系中总要承担一定的身份或角色,这一点古今中外是有很大共同性的。在家庭生活中,古今中外都有夫妻关系和父母与子女的关系;在职业生活中,古今中外都有师徒关系、同事关系、服务与被服务的关系;在社会公共生活中,古今中外都有礼节性、秩序性的要求,等等。正是这些内在特点和共同性需要,才使儒家伦理具有了超时代、超国界的普适性价值。儒家义务论以外在于人的"天"

或"天理"为理论依据,把履行道德规范视为个人对神灵、对祖先、对自然、对国家、对家庭等应当承担的义务。由于这些理论依据带有很大的神秘性和非科学性,在近现代科学主义、理性主义的冲击下,已经走向衰落,或者被新的理论依据所代替。无论德性论还是义务论,都把建构道德规范体系的过程看成是建立理想社会秩序的过程。比如"内圣外王","修身、齐家、治国、平天下",实行"仁政、王道",等等。这些理想只是供政治家选择的理论构想,并不意味着真正能够实现。由于儒家伦理充满理想主义,就难免出现了重视"道义论",轻视"功利论"的倾向,因此也经常受到功利主义者的批判。加之,近现代社会转型的价值观表现,就是由重道义向重功利转变;由重等级、重身份向重自由、重平等转变。这些情况也决定了儒家伦理的现代地位和作用,都不可能是政治伦理和主流性的,而只能是非政治、非主流的习俗性、社会性和补充性的。[①]

在中国传统文化中,道家尤其是老庄道家思想的影响及其现代意义也不可忽视。老子以虚怀若谷、宽容谦虚的思想品格,恬淡素朴、助人为乐的高尚情操,以柔克刚、以弱胜强的积极进取精神,对中华民族的传统美德作出了积极贡献。老子哲学的最高成就在于以"道"为核心建构了独特的理论体系。"道法自然"是老子思想的核心内容,围绕这一核心思想,老子提出并阐发了一系列见解,诸如尊道贵德、返璞归真、自然和谐、无为不争、俭朴慈善、平等宽容等。这些思想和品德对于缓和、调节乃至化解当今世界所面临的诸如生态危机、资源枯竭、社会冲突、精神压力等问题,具有深刻的现实意义。从老子到庄子,"道"的本体论落实到人生观上,便是"自然",即打破生死、有无、彼此、是非的界限,一切顺归自然本性。庄子从"道"衍生出来的理想人格,是充满自由精神的逍遥人格。庄子所重视的是生命本身的自然本性,他认为生命的意义就在于保存生命的本然状态,一切人为的都是造作的,都将使人丧失原始的淳朴,为人生带来无穷的困惑。庄子的"我"是原始的、自然的"我",而且他认为只有原始的、自然的"我"才是真正的本质自我,只有回归到原始、自然的生命状态,才能祛除来自社会混浊对生命的污染,追寻到本真自我。庄子描述得最完整的是"真人"。从精神的角度来看,在精神上比较能够代表庄子理想人格的是《逍遥游》中对"神人"的描述。庄子

[①] 参见汤一介《儒学的现代意义》,《江汉论坛》2007年第1期。

对"神人"的描述,并非一种可以达到或者可能达到的实然状态,而是一种精神向度和精神超越的企求。总体说来,庄子的伦理观发展了老子贵柔守雌的思想,一方面主张"安时而处顺",完全顺从自然;另一方面又追求与天地并生,与万物为一的"至人"或"神人"境界。庄子和老子一脉相承,形成了道家内部的老庄学派。老子、庄子及其后学所传达的处世原则、方法和生活智慧,不仅是中华文明的根基之一,而且不断地推陈出新,以崭新的面貌影响着世界。

任何文化思潮的拥护者都可能有极端派和温和派之分。其极端派是相互冲突的;其温和派则是可以统一的。就当前中国的实际情况来看,马克思主义文化居于统治地位,但也受到中国传统文化和西方自由主义文化的强力冲击。伦理文化本身虽属于观念文化,但也蕴含于行为文化、制度文化和器物文化之中。在社会转型和文化整合的机遇期,深入探讨伦理文化的三元整合问题,能够为伦理文化的创新提供宏观性、战略性的指导方针和发展方向。出入马、中、西,整合马、中、西,是当代中国知识分子的历史使命。通过跨时空、跨文化、跨学科的研究整合,创造和谐伦理文化也是历史大趋势。整合马、中、西,首先要正确理解马克思主义文化的原创性和流变性,以及中国传统文化和西方传统文化的本质。从价值观上看,中国传统文化的本质特征是自然本位主义;西方传统文化的本质特征是个人本位主义;马克思主义文化的本质特征是社会本位主义。从思维方式上看,西方传统文化是由神本位到人本位;中国传统文化是由自然本位到社群本位。近代中西方文化论争的核心是个人本位与社群本位的冲突。所以,我们就是要用马克思主义的唯物辩证法整合中国的整体主义和西方的个体主义。辩证法要求认识事物时不割裂、不片面、不极端;要有联系、有分析、有取舍、有综合。坚持唯物论,就是要客观公正,实事求是地对待事物。简言之,所谓整合马、中、西,就是要以当代中国的马克思主义为出发点,唯物辩证地对待中西方的传统文化,积极吸取中西方传统文化的精华,努力推进马克思主义的丰富和发展。历史上的一些文化冲突和文化整合的经验,对我们很有启发和借鉴意义。比如,西方中世纪的实在论与唯名论之争,有维护基督教信仰的极端实在论,也有反对这种信仰的极端唯名论,还有介于这二者之间的温和派。最终被历史选择的成功者是温和派,而不是极端派。在中国历史上曾存在过儒、释、道之争,也有极端派与温和派之分,宋明时期的温和儒家最终成功整合了儒释道。这些经验告诉我们，当代中国的马克思主义者、自由主义者和推崇传统文化者，都必须以温和而不是极端的立场来对待其他流派。坚持文化温和主义，反对文化极端主义，这也是整合伦理文化的重要前提。

整合离不开中和。中是天下之大本，和是天下之达道。调和折中也是中国文化的精神内核。中西方的伦理学之鼻祖孔子和亚里士多德，都一致提倡中道原则。这条原则对文化的整合创新也很有指导价值。中和才能安泰。张岱年先生曾提出以马克思主义为主导的"综合创新"文化观，许多人对此甚为认同。费孝通先生主张"多元一体"的和合文化观，许多人亦很认同。如果对二先生的主张做一点整合，就是笔者所一贯主张的"多元一体，整合创新"。文化的一个重要功能是促进社会和谐。和谐的本质是规范；多元的本质是自由。所以，和谐与自由的关系问题，也可以转换为规范与自由的关系问题。有规范，才能达到有序、统一、和谐；有自由，才能有民主、人权和发展。和谐是自然界和人类社会的要求，自由是人性和人的信仰的要求。和谐与多元，或者规范与自由，是一对矛盾的组合，是对立统一的关系。有序的多元、规范的自由，是和谐的基础。我们不能否定多元，但也不能接受无序的多元。我们不能否定自由，但也不能允许排斥规范的自由。自然界的和谐是自发的，社会关系的和谐是自为的。规范，包括调整人与人、人与社群、人与自然、人与信仰关系的规范。规范是实践理性的产物。规范依次被道德化、法律化、政治化、宗教化、艺术化。先有规范，后有道德，而不是相反。人性、社会、自然、信仰，都是行为规范的根源。在社会由一元向多元、由冲突向和谐、由义务向权利的转型期，要求人们的思维方式、价值观念、行为准则和社会的制度安排，都要与时俱进，不断调整和转变。比如，共生共荣、商谈伦理、中和克让、自由自律、民主秩序。从道德的四维基础或根源中，可以引申出道德的四条基本原则，即合乎人性的原则；有益社会的原则；顺应自然的原则；尊重信仰的原则。

人们对社会和谐的不同理想和主张，反映着不同的社会和谐观。不同的社会和谐观又根源于不同的价值观立场和社会历史条件。古往今来，无论中国还是西方，人们一直在追求社会的平等、安定及和谐。一部人类社会史，就是人们追求美好社会理想的历史。因此，构建什么样的社会关系才算和谐，人们往往有不同的理解、主张和追求。这同人们的社会历史观和政治价值观密切相关，也同人们在社会经济、政治、文化领域中的地位及利益密切相关。人们的社会和谐观，既是关于理想社会的价值追求，又是评价现实社会的价值尺度。由于人们在社会关系中的地位及利益不同，对于和谐社会的理想也不同，因而对现实社会是否和谐或合理的评价也就不同。

人们的社会和谐观不仅是由个人或群体的社会地位决定的，而且是由社会发展的历史阶段决定的。人类已经历了农业社会、工业社会和信息社会。在不同的社会历史阶段上，人们的社会和谐观是很不相同的。当代中国社会，仍处在生产力发展水平在地域分布上很不平衡的社会主义初级阶段，农业经济、工业经济和知识经济并存。在不同生产方式和生活方式环境中生存的人们，对社会和谐必然会有很不相同的理解和主张。所以，我们要建构的和谐社会，就必须从实际出发，使其至少具有以下特征：第一，必须是社会主义性质的和谐社会，而不能是非社会主义的和谐社会。第二，必须是把不同阶段、不同层次、不同方面的社会和谐观融合在一起，包含着差异的和谐。第三，必须是以人为本，能将广大人民群众的眼前利益和长远利益结合起来的和谐社会。第四，必须是把经济、政治、文化、生态的内在和谐及相互和谐统一起来的和谐社会。

以人为本的价值观、道德观是构建社会主义和谐社会的思想基础。以人为本是马克思主义价值观的核心，也是中国共产党数代领导人一贯坚持的价值观立场、观点和方法。无论是狭义的马克思主义者，还是广义的马克思主义，都是以全人类的共同发展和共同幸福为最高理想的，因而按其价值观的核心来说都是以人为本的。在无产阶级革命时期的马克思主义者，曾经把民族解放和阶级平等作为实现全体人民共同发展和共同幸福的先决条件。进入社会主义建设时期以后，实现全体人民共同发展和共同幸福的先决条件，就是加快发展生产力。这就是采取一切有利于发展生产力的经济体制和政策具有了历史的必然性。由于社会是由经济、政治、文化、生态等要素构成的复杂系统，某一种要素的优先发展到了一定阶段，就必然会出现与其他要素的不和谐。为了保持社会系统的相对平衡与和谐，以促进社会公正和社会稳定，就必然要提出以人为本，全面、协调和可持续的科学发展观和构建和谐社会的价值目标。这也体现了执政党对人类社会发展规律和社会主义建设规律的深刻认识。改革开放以来的中国社会，正处在深刻的社会转型过程之中，这种转型在经济、政治、文化、社会等层面都有表现。但是，在最深刻、最本质的层面上则表现为由"以物为本"的社会转向"以人为本"的社会，使人被物役转向物为人役。在这个意义上，以人为本不仅是一种价值观，而且已上升为一种历史观，即科学地选择发展目标和发展道路的价值观和历史观。以人为本的价值观和历史观，不仅要求构建和谐社会，而且要求实现社会发展与人的发展相适应，并要以人的发展程度来衡量社会发展的程度。人的发展应该包括人的素质的全面发展和人的价值的不断提高。

构建社会主义和谐社会还应该坚持全面、公正和可持续的发展观。就是要调整单纯强调经济发展而忽视其他方面发展的思路，对以经济建设为中心的基本路线要做更加科学、准确地理解。经济发展是社会发展的中心，政治发展、文化发展、生态文明发展也要围绕中心配套发展。当代中国社会的不和谐，不仅表现为地区之间、城乡之间、不同社会阶层之间以及不同体制之间的不和谐，而且表现为相对超前的经济改革和经济发展同相对滞后发展的政治、文化、生态文明之间的不和谐。所以，构建社会主义的和谐社会，首先要对经济发展、政治发展、文化发展、生态文明发展之间的不平衡关系进行宏观调控，加大政治、文化、生态建设的力度。其次，就是要努力实现经济和谐、政治和谐、文化和谐和生态和谐。经济和谐的核心问题是要处理好效率与公平的关系，消除贫富两极分化的现象，要实行保护中产阶层、限制富人、帮扶穷人的经济政策。政治和谐的核心是要正确处理民主与法制的关系、自由与规范的关系，要把法制与德治结合起来，使党群关系、干群关系更加和谐起来。文化和谐要求教育、科学、新闻、出版、文艺等方面的协调一致，要加强党在文化方面的执政能力。生态和谐的核心是实现"天人合一"，要合理开发利用自然资源，建设生态工程，治理环境污染，倡导绿色消费，建设节约型社会，为当代人造福，也为子孙后代负责。

（二）形成核心、边缘、共享"三层组合"的文化架构

对一个社会文化构架的分析，可以有多种角度。很多人将文化现象分为表层的物质文化、浅层的行为文化、中层的制度文化、核心层的精神文化。其实，我们也可以将一个社会的文化构架分为核心部分、边缘部分和共享部分。

文化架构的核心部分就是与该社会核心价值体系相一致的部分。例如，马克思主义指导思想、中国特色社会主义共同理想、以爱国主义为核

心的民族精神和以改革创新为核心的时代精神以及社会主义荣辱观,是社会主义核心价值体系的基本内容。与此相一致的文化现象,也就是社会主义文化体系的核心部分。当然,官方提倡的核心价值体系是一回事,民间实际奉行的核心价值体系可能是另一回事。例如,有人以"生命"或"道德"等信仰作为核心价值,有人却把"钱"或"权"作为核心价值去追求。从人性的结构和需要来看,自然需要、社会需要、精神需要的任何一个维层,都有可能在一定条件下被凸显为价值观的核心部分。中国改革开放几十年来的大环境,凸显了人们的经济需要。在现实的物欲被强化的同时,崇高的精神需要被淡化。在这个过程中,那么多的社会腐败现象、违法背德现象、不公正现象、低俗媚俗现象、族群冲突现象等都出现了。为什么会这样?就是因为没有形成清晰的文化架构。美国人对国家的信仰、对生命的尊重等,就是文化架构。没有文化架构,人心就无所皈依,就有无数问题出现。

无论是微观的企业文化,还是宏观的国家文化,都是由中心、边缘和共享三部分构成的。在传统中国,以华夏文化,特别是儒家文化为中心,以道家、法家、墨家、阴阳家等杂家文化为边缘,以少数民族文化中能被汉民族认同吸收借鉴的部分为共享。其中,儒家文化又以"内仁外礼"和"内圣外王"为核心。学统、道统与政统相互利用或倚重,但道统高于学统和政统。五四新文化运动以来的现代中国,社会和文化都处在转型之中,逐步形成了新的文化架构,即政统高于学统和道统,后者服从和服务于前者。就当代中国来说,就是以马克思主义指导下的社会主义文化为中心,以儒、道、释等思想观念为依托的中国传统文化、民族和民俗文化为边缘,以欧美等西方文化中能被中华民族认同吸收借鉴的部分为共享。有学者提出,"中国文化应成世界文化'第三极',这有两层含义:一是在几千年中华文化发展过程中逐步形成、巩固、被人们认同遵守、代代相传的一种核心价值以及基于这种核心价值生成的民族精神;二是吸收借鉴欧美等其他文化中的优秀成果形成的有中国特色的制度、文化和生活方式等。我们必须有自觉的文化发展思维和战略。面对强势文化的包围,我们不能妄自菲薄,忽视中国文化的优良传统和自我更新能力,应有全球意识,加强文化自信,寻找中国文化自己的坐标。欧洲文化的崛起伴随着19世纪的殖民主义,美国文化的崛起伴随着20世纪的霸权主义,作为'第三极'的中国文化在21世纪的崛起不同于二者,不是为了排斥,而是为了包容，不是为了独占，而是为了共享，不是为了封闭，而是为了开放"①。

重建文化架构并不容易。有人认为如今的振兴文化产业，与重建文化架构南辕北辙。这种观点可能有点偏激，但不无启发意义。按照这种观点，振兴文化产业就不是振兴文化，实际上恰恰相反。因为产业的规则是市场、收入、利润，文化的标准则是精神、思想、理想和价值。越是强调利益，就与精神越远。现在我们的文化领域中，出版、影视、网络中，都是以出版量、码洋、收视率、点击率为标准的，这都是经济指标，而且是唯一的指标，如何能够承担重建文化架构的责任？甚至可以说，现在是一个审丑的时代，媒体上的新闻大部分都是写丑的，是揭露阴暗面的，不写丑的东西，就没有人看。就文学来看，揭露和歌颂对社会、对人同样都有感染力，对揭露来说，每个人可能都有窥私欲，都有挖掘隐秘的天性，所以揭露更容易引起共鸣，而歌颂要写好就不容易了。文学就是人学。真实生活中的人，往往很复杂，善和恶往往是相对的，而不是泾渭分明的，脸谱化的。怎么样写出一个真实的人，真实的生活，是创作者更需要考虑的。美丽纯真的爱情受人推崇，然而现实中的年轻人们，对爱情的追求却总是被物质所左右，金钱、房子、汽车都成为衡量爱情的必要条件。这显然是不合理的。爱情被物质所约束，这是文化生态、是制度的设定所造成的。可能有人觉得逐利是人的本性，其实不然，这只是人性的一面，而且是恶的一面。其实每个人都有情感的需要，这是和钱无关的。但是社会的文化环境不鼓励他追逐纯粹的情感。这是特殊时代的特殊状态。近200年来，中国的经济、百姓的生活水平无疑以现在最高，但不代表着就是幸福的，这还是因为文化架构没弄好。人们对于描写纯情的文学作品无非有两种态度：一种是不屑一顾，不相信现实中有这种爱情；另一种就是明知现实中不存在，还仍旧向往、羡慕。有第二种想法的人，肯定是一个好人，因为他有对美、对善的渴望，这和人的本性是吻合的。

将马、中、西的多元文化，按照中心、边缘、共享的架构整合起来，也是当代中国政治制度和经济制度的必然要求。经过新中国成立以来的长期努力，特别是经过改革开放以来的积极探索，我们已经开辟了中国特色社会主义道路，形成了中国特色社会主义理论体系，确立了中国特色社

---

① 黄会林：《中国文化应成世界文化"第三极"》，《光明日报》2011年12月16日理论版。

主义制度。中国特色社会主义制度符合我国国情，植根于中国社会，立足于世界多极化、经济全球化的发展趋势，顺应和平、发展、合作的时代潮流，吸收借鉴了人类文明的优秀成果，具有巨大的优越性和强大的生命力。中国特色社会主义的道路、理论和制度，是深深植根于中国大地、符合中国国情、具有强大生命力的。在当代中国，只有中国特色社会主义能够发展中国、造福人民、振兴中华。中国特色社会主义是承前启后、继往开来的事业，我们要以邓小平理论和"三个代表"重要思想为指导，深入贯彻落实科学发展观，坚定不移地继续解放思想，毫不动摇地推进改革开放，把社会主义经济建设、政治建设、文化建设、社会建设以及生态文明建设全面推向前进。

党的十七届六中全会提出了建设社会主义文化强国的奋斗目标。这是我们党把握时代和形势发展变化、积极回应各族人民精神文化需求作出的重大战略决策。我们要坚定不移地走中国特色社会主义文化发展道路，坚持为人民服务、为社会主义服务的方向，坚持百花齐放、百家争鸣的方针，坚持贴近实际、贴近生活、贴近群众的原则，树立高度的文化自觉和文化自信，推动社会主义精神文明和物质文明全面发展，建设面向现代化、面向世界、面向未来的，民族的科学的大众的社会主义文化。在目前形势下，特别要注意防止文化发展中的两种"迷信"：一是"市场迷信"。文化走向市场会产生巨大的经济效益和社会效益，但也有其弱点和潜在的危险性。单纯迷信市场，容易导致文化功利主义、消费主义和形式主义，会使整个社会的文化思想变得浮躁和浅薄，使"忽悠"成为时尚。这将造成整个社会文化发展低俗化、消费化、短期化、快餐化，压抑文化生产力的解放和发展，进而形成文化沙漠。二是"话语权迷信"。因为文化的实力和文化建设的核心是掌握话语权，以为占领了话语的时间和空间，就是占据了人们的思想和头脑，就是掌握了意识形态的阵地，这是一种非常有害的迷信观念。这种对话语权的迷信容易导致文化圈子化、精神割据、文化宗派主义、圈地运动和主流文化的边缘化。我们现在确实面临着文化"圈地运动"的危险。多元文化是本来就存在的，但是多元文化中的每一元都想凭借自己的实力占领公共文化空间，只谋取自己的精神权益，却不对国家民族的公共文化负责，这即是一种不好的"文化圈地"现象。

社会主义文化建设的一个重要任务，就是构建社会主义核心价值体系，即马克思主义指导思想，中国特色社会主义共同理想，以爱国主义为核心的民族精神和以改革创新为核心的时代精神，社会主义荣辱观和核心价值观。马克思主义是社会主义核心价值体系的旗帜与灵魂，它决定着社会主义核心价值体系的性质和取向。我们必须毫不动摇地坚持马克思主义在意识形态领域的指导地位。特别是要用马克思主义中国化的三大理论成果武装干部、党员和群众。中国特色社会主义的共同理想对于人民群众具有极大的吸引力和感召力。这一共同理想既是对中国社会发展规律的正确认识，也是全国人民根本利益和要求的集中体现，是动员全国各族人民团结奋斗的精神旗帜。面对当前各种思想文化的相互激荡，面对充满挑战和风险的重要战略机遇期，必须把弘扬和培育民族精神作为社会主义核心价值体系建设的重要任务。时代精神代表人们精神世界的主流，反映历史进步的方向。弘扬以改革创新为核心的时代精神理应是社会主义核心价值体系建设的题中应有之义。社会主义荣辱观鲜明地体现了当代中国社会最基本的价值取向和行为准则，是建设社会主义核心价值体系的必然要求。因此，要广泛开展社会主义荣辱观的宣传普及教育，营造浓厚的舆论氛围，使之成为全体公民的道德共识。建设社会主义核心价值体系所包含的四个方面的基本内容，既彼此区别，又相互联系，是一个有机的整体。它不仅为整合和引领全社会的价值观念指明了方向，而且顺应了我国社会转型期人们价值观念变化的特点和规律，因而具有历史的必然性。当代中国正处在社会转型期，人们的价值观也正在随着社会转型而变迁。社会转型是社会存在与社会意识相互作用、共同变迁转型的过程。价值观是社会意识的重要组成部分。无论个体的还是社群的价值观，都反映着社会存在的过去、现在和未来。对人们价值观的变迁进行理性审视和科学引导，是深入认识社会发展规律并促进整个社会转型健康发展的重要一环。从宏观上看，从一元到多元，再到主导性价值观的形成；从清晰到混浊，再到价值观念的清晰明确，这可能是当代中国人价值观变迁的基本特点和规律。

我国民族和民主革命的利益基础是全社会的。为了民族和阶级的整体利益而英勇献身，是一切具有革命觉悟和高尚道德的人们的必然价值选择。新中国成立后的计划经济体制和高度集权的政治体制，使人们把国家利益和集体利益看得高于一切。于是，以爱国主义和集体主义为核心的价值观居于统治地位，与此不同的价值观则一概受到遮蔽、压抑或批判。这就使得只有一种社会本位的价值观在流行，其根本特点是价值评价和价值选择的唯一依据是对社会有利。"社会"被解释为国家、集体、人民。这被人们称之为社会本位的一元价值观。由于这种价值观过分强调了复数的人，忽视了群体是由个体构成的事实，使作为实体存在的单数的人在一切价值理论话语中失去了地位。这种情况不只是当时理论工作者的偏颇，也是当时社会状况的反映。改革开放之后，随着经济和政治体制的改革，人们的价值观日趋多样化，呈现出个人本位、社会本位、自然本位、信仰本位等多元价值取向并存的局面。这是社会转型的必然结果，也是人性中的主体性、社会性、自然性、精神性要素的必然表现。主体的性质、地位和精神境界不同，其价值观中的主导性价值取向也不同。因此，个人本位、社会本位、自然本位、信仰本位的多元价值取向，可以是不同主体的价值观表现，也可能是同一主体在不同社会地位或不同精神境界层次上的价值观表现。在我国的社会转型期，不仅整个社会的价值观呈现为多元一体、合而不同的矛盾组合，而且许多个体的价值观也是亦新亦旧、亦中亦西、亦正亦邪的矛盾组合。

主体的多元价值观取向中，起主导作用的那种核心价值观是需要培育的。这既是主体自由选择的结果，也是社群培育和引导的结果。对社群来说，应该张扬和培育与社会发展方向相一致，与人们家庭生活、职业生活和社会公共生活的客观要求相一致的价值观。在我国现阶段，社会本位主义价值观总体上仍居主导地位，但人本主义价值观的地位正在上升。不过，在许多人的含混诠释中，依然存在着个人本位主义和人民（或社群）本位主义两种价值观取向的分歧。传统的民本主义价值观与现代的社会本位主义价值观有混同之处，而个人本位主义则与社会本位主义相对立。此外，较前卫的生态主义价值观和较传统的宗教信仰主义价值观也在一定范围内流行。

在社会转型期到来之前，人们的价值观念是清晰明确的；进入社会转型期以来变得混浊模糊。人们的价值观念是以经济、政治、文化等社会关系及秩序为客观基础的。随着我国各方面改革的深入发展，特别是构建和谐社会目标的实现，各方面制度和法规的健全，社会关系趋于稳定之后，人们就会形成与新型社会秩序相适应的价值观念和行为习惯。到那时，社会评价是非、善恶、美丑的价值标准才会明确起来，主流价值观也才会完全形成并占据统治地位。当前，人们仍处在价值观念的混沌时期，表现为许多人的价值观念是新与旧、中与西、正与邪的矛盾组合。同一种现象，不同的人们有不同甚至相反的看法。一些人看作是先进的东西，另一些人则认为是落后的东西。先进与落后、应当与不应当、合理与不合理、善与恶、美与丑、有价值与无价值，甚至还有成功、快乐、幸福、和谐，这一切的价值标准都变得难以确定。任何一种观点，都会受到反驳；任何一种理论，似乎都带上了主观主义和相对主义的色彩。之所以会出现这种现象，皆是由于社会价值标准赖以存在的客观基础发生了变化。在社会关系的转变时期，社会价值观念的主体部分也发生着变化，代表着过去、现在和未来的各种价值观念并存，反映着不同社会群体的利益和诉求的价值观念都登上了历史舞台，各种理论思潮竞相出现。加之，人们的社会流动频繁，交往空间扩大，不同文化及价值观念的传播手段先进，各种信息都直接或间接、有意或无意地影响着人们的价值观念。混沌的价值观念还使许多人的心态陷于迷茫和失衡，看不清时代特点，也不能正确定位和评估自我，迷失了前进方向和精神动力，导致不可理喻的怪异行为充斥社会。

（三）对待多元文化的态度：尊重、包容、和谐

一个社会的和谐，既要求经济、政治的和谐，又要求文化的和谐。文化和谐的核心是人们价值观念的和谐。我们要构建以社会主义制度为基础，以先进文化为指导，面向世界，面向未来，立足现实，与中华民族和谐传统相承接，与和谐社会要求相吻合的文化价值观体系。英国《金融时报》2013年8月28日发表评论文章指出，中国已经崛起并成为超级大国，并将在未来十年内取代美国成为世界最大的经济体，面对中国崛起给美国造成的压力，美国更应反思历史、接纳中国，适当做出调整和让步，若针锋相对则难免重蹈历史的覆辙。美国《赫芬顿邮报》子报《世界邮报》创刊号于2014年1月22日在达沃斯世界经济论坛会议上发布，创刊号刊登了对中国国家主席习近平的专访。针对中国迅速崛起后，必将与美国、日本等旧霸权国家发生冲突的担忧，习近平在专访中反驳说，我们都应该努力避免陷入"修昔底德陷阱"（Thucydides trap），强国只能追求霸权的主张不适用于中国，中国没有实施这种行动的基因。他指出中国不会陷入中等发达国家停滞不前的沼泽，强调"我们都应该努力避免陷入'修昔底德陷阱'"，既昭示了中国梦的光明前景，也指出了西方大国应抛弃二元对立观，避免在世界范围内制造冲突、隔阂与对抗，导致两败俱伤，而要走和平共荣的道路。西方大国更应反思历史、接纳中国，适当做出调整和让步，若针锋相对则难免重蹈历史的覆辙。所谓"修昔底德陷

阱",是指一个新崛起的大国必然要挑战现存大国,而现存大国也必然会回应这种威胁,这样战争将变得不可避免。此说法源自古希腊著名历史学家修昔底德的观点,这位历史学家认为,当一个崛起的大国与既有的统治霸主竞争时,双方面临的危险正如公元前5世纪希腊人和19世纪末德国人面临的情况一样。这种挑战多数以战争告终。公元前5世纪,雅典的急剧崛起震惊了陆地霸主斯巴达。双方之间的威胁和反威胁引发战争,长达30年的战争结束后,两国均遭毁灭。习近平强调"避免陷入'修昔底德陷阱'",对西方大国有如醍醐灌顶。中国自改革开放以来不断在经济、政治、军事等综合实力方面崛起,便不断从美国等西方国家传来所谓的"中国威胁论",表示出外国对于中国的崛起会影响和威胁到其本国的利益,即试图通过这种舆论减缓中国的发展速度或在国际舞台中孤立中国。这种自陷"修昔底德陷阱"的心态,是绝对荒谬的。习近平在接受专访中谈到,自鸦片战争以来,中国从未如此接近中国复兴之梦。"中国梦",就是从中国历史和世界历史的高度掌握了国际话语权。中国是世界上唯一拥有三重身份的国家:东方文明古国、发展中大国、新兴国家。中国的多重身份,折射出中国梦的多重内涵:东方文明复兴梦,发展中国家的发展梦,新兴大国梦。中国的多重属性,决定了中国梦不只是单纯的中国的国家梦、民族梦、人民梦,也是世界梦、文明梦。中国是一种文明。世界对中国的期待,就是对中华文明的期待。西方基督教文明在创造人类大量财富的同时,也以其二元对立观在世界制造了冲突、隔阂与对抗,陷入经济学家熊彼特所言的"创造性毁灭"怪圈。中国梦的实现过程,将是开创超越西方现代化模式、探索人类新文明的过程,这既是世界的期待,也是人类文明的期待。外部国家提出"中国威胁论",主要有两个原因:一是中国经济、军事崛起的速度之飞快、规模之宏大,令欧美国家和其他亚洲国家(特别是中国周边国家)目不暇接,深感意外,既无法阻止,也不可抗拒,又难以适应,因而产生国家危机感、民族心理受挫感;从经济、政治、安全到心理、自尊都感觉受到强大崛起的"中国威胁"。尤其美国举国上下都强烈意识到崛起的中国正在赶上,甚至在一些领域已经超越美国,严重威胁到美国的全球利益,时刻挑战着美国的世界领导地位,于是乎大造"中国威胁""中国恐惧"的国际舆论,借以孤立中国、遏制中国。二是虽然新时期崛起的中国其自身的历史文明、现实文明、发展文明,在本质和理念上都与历史上崛起的帝国例如英德美日帝国有根本的区别，但是中国对自身先进的文明理念、发展理念、崛起理念，在文明宣传上严重滞后，在传播上严重落后，而且作为世界第二大经济体的话语权缺位，运用更是乏力。因而面对"中国威胁论""中国恐惧症"，从理论到实际只是被动应对，破解无方，化解无力。针对上述两个原因，从中国政府到民间都应做审时度势的调整，采取积极、主动、冷静、理性且富于创意性的战略和战术行动来逐渐化解对中国崛起的恐惧。①

实现中国梦与世界梦的统一，本质上是创造中国文明与世界文明相统一的和谐价值观。我们所追求的和谐文明或和谐价值观，既要适用于国内，又要适用于国际。就国内而言，引导人们认同社会主义核心价值体系的基本内容，使其成为全社会的共同价值取向，对构建社会主义和谐社会具有十分重大的意义。中国特色社会主义文化必须与中国特色社会主义制度相适应。中国特色社会主义制度作为一整套制度体系，由根本层面的制度、基本层面的制度、具体层面的制度以及中国特色社会主义法律体系组成。不同层面的制度具有不同的地位和作用，共同构成一整套相互衔接、相互联系的制度体系。人民代表大会制度作为根本层面的制度，体现着国家的性质和中国特色社会主义制度的本质。根本层面的制度，就是在制度体系中起决定性作用的制度，反映了制度体系的本质内容和根本特征，体现了制度体系"质的规定性"，是一种制度体系区别于其他制度体系的主要标志。在中国特色社会主义制度体系中，作为根本政治制度的人民代表大会制度是根本层面的制度。人民代表大会制度是马克思主义国家学说和我国政治实践相结合的伟大创造，是近代以来中国政治发展的必然结果，也是中国人民当家做主的根本途径和最高实现形式，更是党在国家政权中充分发扬民主、贯彻群众路线的最好实现形式。之所以说人民代表大会制度是根本层面的制度，是因为它作为一种政体，提供了人民掌握国家权力的途径和方式，与我国工人阶级领导的、以工农联盟为基础的人民民主专政的国体相适应，决定了国家的一切权力属于人民，保证了人民当家做主的权利，体现了社会主义制度的本质。人民代表大会制度在中国特色社会主义制度体系中的这一根本地位，决定了我们必须始终坚持它、不断完善它。

基本政治制度和基本经济制度规定了政治生活、经济生活的基本原

---

① 参见香港《文汇报》2014年1月24日文章《习近平"避免陷入'修昔底德陷阱'"意义重大》。2014年1月24日环球网以《中国崛起应避免陷修昔底德陷阱》为题摘要转发。

则。在中国特色社会主义制度体系中，基本层面的制度主要包括基本政治制度和基本经济制度。基本政治制度包括中国共产党领导的多党合作制度和政治协商制度、民族区域自治制度以及基层群众自治制度等。其中，中国共产党领导的多党合作和政治协商制度，是具有鲜明中国特色的社会主义新型政党制度，体现了民主协商、肝胆相照的合作型政党关系；民族区域自治制度，就是在各少数民族聚居的地方实行区域自治、设立自治机关、行使自治权，是符合中国国情和各民族共同利益的解决民族问题的正确选择；基层群众自治制度，是我国民主政治建设的重要组成部分，也是扩大基层民主、发展中国特色社会主义民主政治的重要基础。基本经济制度是指以公有制为主体、多种所有制经济共同发展的基本经济制度，它是改革开放以来创造中国发展奇迹的重要保障。社会主义国家的根本性质，决定了我国必须始终坚持以公有制经济为主体，不断巩固社会主义的经济基础，不断巩固人民当家做主的物质基础。同时，我国社会主义初级阶段的生产力状况，客观上要求多种所有制经济共同发展。我国的基本政治制度、基本经济制度，反映着我们国家和社会的性质。我们必须在基本政治制度方面坚持中国共产党领导的多党合作和政治协商制度而不能采取西方的多党轮流执政，在基本经济制度方面划清社会主义公有制为主体、多种所有制经济共同发展同私有化和单一公有制的界限。

经济体制、政治体制、文化体制、社会体制作为具体层面的制度，推动着我国经济社会全面协调可持续发展。具体层面的制度由根本层面、基本层面的制度派生出来，是它们的具体表现形式和实现形式。实现根本层面、基本层面的制度所确定的基本原则，需要由具体层面的制度来确定具体的组织制度、管理权限、运转方式等。在中国特色社会主义制度体系中，具体层面的制度是指建立在根本政治制度、基本政治制度、基本经济制度基础上的经济体制、政治体制、文化体制、社会体制等。这些具体层面的制度，在我国经济建设、政治建设、文化建设、社会建设等各个方面发挥着举足轻重的作用，推动着我国经济社会全面协调可持续发展。同时，我们可以也应该随着实践的发展对具体层面的制度中某些不合时宜的部分进行改革创新。如果具体层面的制度不能随着实践的发展与时俱进，就有可能妨碍根本政治制度、基本政治制度和基本经济制度的贯彻落实。改革开放以来，我们锐意推进经济体制改革，使我国成功实现了从高度集中的计划经济体制到充满活力的社会主义市场经济体制的伟大历史转折。

同时，不断深化政治体制、文化体制、社会体制以及其他各方面体制改革，不断形成和发展符合当代中国国情、充满生机活力的新的体制机制，为经济社会全面协调可持续发展提供了有力保障。

中国特色社会主义法律体系以法律形式确立制度，并通过各种法律规范为不同层面制度的贯彻落实提供良好法制环境。经过长期不懈的努力，我国已经形成了一个立足中国国情和实际、适应改革开放和社会主义现代化建设需要、集中体现中国共产党和中国人民意志的中国特色社会主义法律体系。中国特色社会主义法律体系，以宪法为统帅，以法律为主干，以行政法规、地方性法规为重要组成部分，保证了国家经济建设、政治建设、文化建设、社会建设以及生态文明建设等各个方面有法可依。中国特色社会主义法律体系确立了中国共产党的领导地位，确立了工人阶级领导的、以工农联盟为基础的人民民主专政的国体，确立了人民代表大会制度的政体，确立了中国共产党领导的多党合作和政治协商制度、民族区域自治制度以及基层群众自治制度，确立了公有制为主体、多种所有制经济共同发展的基本经济制度和按劳分配为主体、多种分配方式并存的分配制度等。通过法律形式确立制度，使制度更具权威性、稳定性。同时，中国特色社会主义法律体系坚持从中国特色社会主义的本质要求出发，从人民群众的根本意志和长远利益出发，形成了各种法律规范，为不同层面制度的贯彻落实提供了良好的法制环境。

以经济建设为中心是兴国之要，发展仍是解决我国所有问题的关键。在当代中国，坚持发展是硬道理的本质要求就是坚持科学发展。以科学发展为主题、以加快转变经济发展方式为主线，是关系我国发展全局的战略抉择。全党同志一定要统一思想、提高认识，坚决执行中央加快转变经济发展方式的重大决策部署，把推动发展的立足点转到提高质量和效益上来，扎扎实实抓好实施创新驱动发展战略、推进经济结构战略性调整、推动城乡发展一体化、全面提高开放型经济水平等战略任务的贯彻落实，着力激发各类市场主体发展新活力，推动工业化、信息化、城镇化、农业现代化同步发展，全面深化经济体制改革，不断增强长期发展后劲。在经济发展基础上逐步提高人民物质文化生活水平，是改革开放和社会主义现代化建设的根本目的。我们必须继续加强工作，多谋民生之利，多解民生之忧，解决好人民最关心最直接最现实的利益问题，在学有所教、劳有所得、病有所医、老有所养、住有所居上持续取得新进展，使改革发展成果更多更公平惠及全体人民，保证人民过上更好的生活。推进生态文明建设，是涉及生产方式和生活方式根本性变革的战略任务，必须把生态文明建设的理念、原则、目标等深刻融入和全面贯穿到我国经济、政治、文化、社会建设的各方面和全过程，坚持节约资源和保护环境的基本国策，着力推进绿色发展、循环发展、低碳发展，为人民创造良好生产生活环境。

改革开放以来，我们党始终把政治体制改革摆在改革发展全局的重要位置，坚定不移加以推进，取得了重大进展，成功开辟和坚持了中国特色社会主义政治发展道路。推进政治体制改革，必须坚持党的领导、人民当家做主、依法治国有机统一，发展更加广泛、更加充分的人民民主，保证人民依法实行民主选举、民主决策、民主管理、民主监督，更加注重发挥法治在国家和社会治理中的重要作用，维护国家法治的统一、尊严、权威，保障社会公平正义，保证人民依法享有广泛权利和自由。推进中国特色社会主义经济、政治和文化建设，必须加强和改进党的领导。在改革开放的新形势下，我们党所处的历史方位和执政条件、党员队伍组成结构等都发生了重大变化，来自外部的风险前所未有，党的建设方面特别是党员、干部队伍出现了许多亟待解决的突出问题。全党要增强紧迫感和责任感，坚持党要管党、从严治党，全面加强党的思想建设、组织建设、作风建设、反腐倡廉建设、制度建设，确保党始终成为中国特色社会主义的坚强领导核心。要继续推进党的建设新的伟大工程，坚定理想信念，保持党同人民群众的血肉联系，积极发展党内民主，深化干部人事制度改革，夯实党执政的组织基础，坚定不移反对腐败，自觉维护党的集中统一。

加强和改进党的建设，结合新的实际把党在长期奋斗中形成的独特优势发挥好，这是我们全部事业能够战胜一切困难风险而继续前进的根本保证。中国共产党坚持推进马克思主义中国化并用中国化理论成果武装全党，坚持用科学理论和革命精神教育、团结、鼓舞广大党员和党的干部为实现共同目标而奋斗，这是巨大的理论优势。我们党坚持远大理想与具体历史阶段奋斗目标相统一，始终站在时代前列引领中国社会前进的正确方向，坚持独立自主、自力更生的奋斗精神，建立和执行铁的纪律，这是巨大的政治优势。我们党集中了中国工人阶级和中国人民、中华民族数量众多的先进分子，集中了全国各个领域德才兼备的优秀人才，建立了科学严密的组织体系，具有强大的组织动员力，这是巨大的组织优势。我们党坚持民主基础上的集中和集中指导下的民主相结合，形成并保持党的团结统一和蓬勃活力，这是巨大的制度优势。我们党坚持全心全意为人民服务的根本宗旨，坚持从群众中来、到群众中去的工作路线，坚持党的一切工作体现人民的意志、利益和要求，这是密切联系群众的优势，也是我们党最大的优势。这些优势是我们党的传家宝，也是我们党的宝贵资源。我们党靠这些优势起家，靠这些优势成就伟业，也一定能够发挥这些优势去开创更加美好的未来。

二　文化建设的价值自觉

（一）从价值哲学角度认识文化建设

价值问题是一个具有重大理论意义和现实意义的哲学问题。西方各国在20世纪初就开始了价值论研究，苏联、东欧、日本和其他一些国家的马克思主义者亦曾探索建立马克思主义价值学说，并取得了不少成果。改革开放以来，我们通过中外学术交流，把国外价值论研究的成果引入国内，也促进了国内对价值问题的研究和探讨。我国学术界关于价值问题的研讨，与新时期解放思想、改革开放和社会主义现代化建设的历程密切相关。1978年开展的实践是检验真理的唯一标准问题的讨论，破除了"语录标准""权力标准"，恢复了实践的权威；破除了教条主义的禁锢，极大地解放了人们的思想，为中共十一届三中全会实现党和国家工作重点转移，开启改革开放和社会主义现代化建设的伟大历史进程提供了重要理论基础。与我国的经济、社会转型相适应，人们的思想观念也发生了深刻变革。人们摒弃了离开生产力和人民利益而抽象谈论社会主义的历史唯心主义观念，日益关注物质价值、制度价值、文化价值、社会价值、人的价值、自然的价值等问题，开始思考与改革开放和社会主义现代化建设相适应的价值体系的建构问题。

从20世纪80年代兴起的价值论研究热潮，也是对我国过去极"左"思潮的理性反思和哲学批判，是对于长期以来漠视人的需要、利益和价值的思想迷误与实践偏差的纠正。随着我国改革开放和现代化建设的推进，人们逐步认识到了自己合理的需要、应有的权利和正当的利益，认识到了自身的自我价值和社会价值，明白了我们认识世界的目的是为了改造世界的道理，而改造世界的目的，是为了创造价值和满足生存与发展的需要。与这种思想观念的深刻变革相适应，价值问题研究必然成为80年代以来的显学之一。价值问题研究的兴起，亦与改革开放以来我国学术界与国外广泛的文化交流密切相关。

我国的价值论研究具有自己显著的特点：一是贯穿了马克思主义的基本立场、观点和方法。西方价值论已有百年历史，但因排斥唯物辩证法和唯物史观，其理论始终受思辨、唯心的范式的局限，或认为价值只是人们所挑选的意义，或认为价值只是从人的本性中派生出来的东西。我国价值论研究尽管起步较晚，但坚持了马克思主义的基本立场、观点和方法，大多数学者坚持客观性原则，反对纯主观价值论；坚持主体性原则，反对唯客体主义；坚持实践性原则，强调了作为主体的人在价值创造和选择中的作用。二是紧密结合我国改革开放和社会主义现代化建设的实际。理论联系实际是我国价值论研究遵循的基本原则。价值论研究不是空洞浮泛的，而是新时期改革与发展实践的反映；价值论研究不是无立场的，而是为了增加人民利益，为改革开放和现代化建设提供价值坐标和目标取向。理论工作者为此而积极探索适合中国情况和自身特点的价值范畴、价值评价机制和价值评价标准，致力于建构符合中国国情的价值理论体系。[①]

我国的哲学价值论研究，主要涉及价值本质、价值评价、价值选择、价值创造、价值类型等问题。这些问题都可以与文化建设挂起钩来。为了给文化价值问题的研究提供理论武器，就应该深入了解哲学价值论研究的前沿动态。

在价值哲学或哲学价值论研究中，最核心和争论最大的问题是价值本质问题。价值的本质是什么？不同学派、不同观点的人有不同的回答。纵观一百年来的世界价值哲学研究，特别是改革开放以来的中国价值哲学研究，各学派对价值本质主要有以下思路和观点：

一是主观主义的思路。它从人的主观心理出发，从是否使主体愉快、是否符合主体兴趣、是否满足主体欲望、是否满足主体需要等出发，以主体心理的适意、满足界定价值，或把价值视为情感的表达。中国一些学者强调需要是客观的，而西方学者则把需要与兴趣等联系起来，把它作为一个心理现象来理解。这种思路把价值视为主观偏好，从根本上否认价值的客观性，使价值概念失去了科学性，使西方价值哲学理论陷于混乱，并长

[①] 参见杨信礼《哲学价值论研究与当代价值观的建构》，《中国党政干部论坛》2008年第6期，第40页。

期停滞不前。

二是客观主义的思路。这种思路认为价值是实体或实体的属性，或价值是客体固有的属性。例如，英国哲学家摩尔认为："许多的不同的东西本身就是善的或者恶的"①，就是一种唯客体论的实体说。属性说把价值视为客体本身固有的属性。例如，美国学者罗尔斯顿说："进入人们视野的那些自然属性，是在人类出现之前就已客观地存在于大自然中的。"他认为人们知觉的价值是自然物的属性的反映。自然物的这种属性是客观的，价值也是客观的。属性说看到客体及其属性的作用，坚持价值的客观性，有其合理之处。但它未看到主体的作用，不能解释价值因人而异的特点，是一种片面的机械论的观点，同样难以成立。

三是人本主义的思路。它从人这个主体出发理解价值，把主体理解为价值原，认为价值是一种主体性，价值事实是主体性事实。我国的人学价值论或人道价值论与此种思路有一定联系。这种思路突出强调价值的主体性，能解释价值因人而异的现象，但忽视客体对价值的作用，显然是片面的。此种观点虽然坚持价值客观性，却又认为价值就是客体对主体需要的满足，对价值的这种界定与西方流行的主观主义价值论观点相同。有的学者甚至认为价值是人，或人既是价值的设定者又是价值本身。这是更为典型的唯主体论观点。唯主体论思路在价值界定上最后的结局都与当代西方的主观主义价值论观点相同，这就充分暴露了这种思路的局限性。

四是经验主义的思路。这可细分为"主客体关系说"和"实践说"。实际上都是强调价值是在以实践为基础的社会关系中产生的。主客体关系说认为价值是关系范畴，不是实体范畴，也不是事物固有的属性。价值既离不开客体，也离不开主体，离不开主体与客体的相互作用。价值是主体与客体相互作用的产物，是客体对主体的作用和影响，即客体对主体生存发展完善的积极效应。这种观点从价值存在出发，既肯定主体的作用，又肯定客体的作用，既坚持价值的客观性，又肯定价值的主体性，能较好地解释价值因人而异的现象，比之实体说和固有属性说更为合理。它能与马克思主义哲学的本体论、认识论、价值论和实践论相统一，也能为伦理学的研究提供前提。主客体关系说，不仅包括主体与客体的关系，也包括主体与主体、客体与客体的关系。只讲客体对主体的价值，能很好地解释人

---

① ［英］摩尔：《伦理学原理》，商务印书馆1983年版，第3页。

和物的效用价值、手段价值，但不能解释人的主体价值、目的价值、内在价值，忽视了人的人道价值或主体价值，即人的生命的存在，人的尊严、自由和权利的价值。主客体关系还包括主体与主体的关系。在主体与主体的关系中，相互联系相互作用的双方都是人，都是主体，或者说互为主客体。在主体与主体的关系即主体间关系中，价值是主体对主体的价值，也就是人的主体价值。人的主体价值包括两个方面：一是人的生命存在以及人的自由、尊严、权利、人格和发展的价值，这是一切人都具有的，是人的人道价值。人道价值特别是人的生命、自由、尊严、权利和人格的价值是人人平等的。二是人的劳动、创造及贡献等的价值。人的能力有大小，人的劳动创造也有多少之别，人的贡献是不相同的，从这一方面说人的价值又是不平等的。人对社会的贡献，表面上看是人作为客体的价值即人的客体价值，实际上是人作为主体劳动创造的价值，即人的主体价值。人的主体价值既是平等的，又是不平等的。人的主体价值是人的目的价值和手段价值的统一，主体价值与客体价值的统一，人道价值和奉献价值的统一。人生的本质就是追求主体价值和客体价值的历程。人生的意义就在于在为社会作贡献中实现自身的价值。正如李兰芬教授所言："人的生活过程就是一个不断发现意义、生成意义、实现意义的过程。意义问题就是生活的道德性问题。人不仅拥有感性生活，而且拥有意义生活。这种意义生活既产生于感性生活又为感性生活提供价值目标和意义参照，从而真正实现人有德性的幸福生活。生活的内在法则是生成的、开放的、超越的。从这个意义上说，生活不仅是实然的，更是应然的；不仅是惯常的、不证自明的，更是可供选择的，创新的与超越的。"① 由此可见，主客体价值关系论不仅能很好地揭示人的客体价值、手段价值，而且能更全面地揭示人的主体价值、目的价值。

主客体关系说还告诉我们，价值不仅来源于主体，也来源于客体，来源于主体与客体的相互作用。有的学者说价值是主体的本质力量现实化的表现，或是主体本质力量的对象化。这种观点肯定主体、主体对象性活动及主体本质力量对形成人化自然的价值的重要作用，有其合理之处。但价值是主客体相互作用的产物，只强调主体及主体本质力量对象化或现实化的作用，忽视客体的作用，显然是片面的。马克思在谈到使用价值的源泉

---

① 李兰芬：《论中国社会转型中的道德修养》，《道德与文明》2009年第1期。

时说:"劳动不是一切财富的源泉。自然界同劳动一样也是使用价值的源泉。"正像威廉·配第所说:"劳动是财富之父,土地是财富之母。"[①] 认为主体是价值原,价值是主体本质力量的对象化或现实化,实质上就是认为主体的劳动创造是价值的唯一源泉,忽视了自然界的作用,忽视了客体的作用,是不全面的。如果用这种观点来概括人化自然的价值的本质和源泉是片面的,那么以之来概括自然价值或天然物的价值的本质和源泉就更难以说通。天然物如日月星辰、阳光雨露、南极冰峰、高空臭氧层及未经人工改造的山川河流、湖泊海洋等,它们不是人化自然,更不是劳动加工产品。但未经改造的天然物或大自然对人类广施恩泽,有重要价值。这种价值当然要经过人的机体的内在机制的作用而造福于人类,而不是离开主体存在的。但这种价值主要来源于大自然与主体的相互作用,而不是仅仅来源于主体或主体本质力量对象化、现实化。如果硬要说天然物或大自然的价值也是主体本质力量对象化或现实化,主体是价值原,那就更加夸大了主体的作用,贬低了作为客体的天然物或大自然的作用。

关系说还能把人们探讨价值本质的思路引向实践和实践结果说。主客体关系包括实践关系、认识关系、价值关系三种形式。而实践又是认识的基础和价值的源泉。这种思路在西方学者中也曾有人提出过。如美国学者杜威就认为:"一个道德的法则,也像一个物理学上的法则一样,并不是无论如何都必须贸然加以信誓和固守……它的正确性和恰当性,是靠实行它以后的结果来加以验证的。"他主张把实验法运用于道德领域,即主张从实践的后果去把握价值。他的这一看法是有重要意义的。但是他在价值本质的理解上最后还是陷入了主观价值论的窠臼之中。杜威陷入主观价值论最根本的原因是其实用主义,即是由他的经验自然主义的哲学观决定的。他认为经验是融主体和客体于一身的兼收并蓄的整体。这样就可以消除主体与客体、物质和精神问题上的二元论。实质上是把客观世界完全纳入到人的主观世界中,客观世界失去了它本身应有的独立性,而沦为人的意识的附庸。所以,他的经验自然主义,实际上是主观唯心主义的哲学。在这种哲学观的指导下,杜威的价值理论最终陷入主观价值论是不足为奇的。

从实践、实践结果出发理解价值的思路方面,最有启发的是马克思关

[①] 马克思《资本论》第 1 卷,人民出版社 1975 年版,第 56—57 页。

于如何解决认识真理性问题的论述。马克思说："人的思维是否具有客观的真理性，这不是一个理论的问题，而是一个实践的问题。人应该在实践中证明自己思维的真理性，即自己思维的现实性和力量，自己思维的此岸性。关于思维——离开实践的思维——的现实性或非现实性的争论，是一个纯粹经院哲学的问题。"① 马克思的这段话，给我们以深刻的启发。他说离开实践去讨论思维的真理性和非真理性的问题，是一个纯粹经院哲学的问题。在价值问题上也是如此，离开实践单纯从理论上去讨论价值问题，是永远也讨论不清楚的。马克思说："人应该在实践中证明自己思维的真理性。"价值问题比真理问题复杂，同样，人也应该在实践中证明自己对价值本质问题的认识的正确性。实践对认识真理性的证明主要是通过实践结果来证明，对价值本质认识的正确性的证明也只能通过实践结果来证明。所以，只有从实践、实践结果出发，才能正确理解价值的本质。从实践、实践结果出发理解价值的本质，较之西方的主观主义价值论与客观主义价值论及我国的人学价值论或人道价值论，具有明显的优越性。西方的主观主义价值论与我国的人学价值论或人道价值论，只重视主观或主体的作用，而忽视客体的作用，是一种唯主体论的单极思维，在理论上陷于片面性，导致理论混乱。西方的客观主义价值论只重视价值客体的作用，忽视主体的作用，是一种唯客体论的单极思维，是一种机械论的观点，不能解释价值因人而异的现象，而失去其生命力，这种观点作为一个学派终于走向消亡。从实践、实践结果出发理解价值，就是从主客体相互作用及其结果出发去理解价值。这样就克服了西方主观主义价值论和客观主义价值论及我国人学价值论或人道价值论的单极思维的偏颇，科学地全面地理解价值。所以，从实践、实践结果理解价值，是揭示价值本质的一条科学思路。②

(二) 从文化哲学高度认识文化建设

从哲学的高度、广度和深度研究文化建设，不仅要有价值哲学的角度，还要有文化哲学的高度。当代哲学的主流就是要回归生活世界。基于同样的价值与意义诉求，卡西尔将康德的理性批判方法扩大了应用范围，即从反思（批判）理性延展到了反思（批判）文化。卡西尔强调，反思

---

① 《马克思恩格斯选集》第 1 卷，人民出版社 1995 年版，第 55 页。
② 王玉樑：《关于价值本质的几个问题》，《学术研究》2008 年第 8 期。

理性的中心目标就是将文化转换成为人的自我意识,达到人对自身的澄明,以便容纳更丰富、更广阔的人生经验,表达"文化人"在文化世界中的价值与意义。卡西尔在《人论》一书的结论部分重申,作为一个整体的人类文化,可以被称之为人不断自我创造、自我完善、自我发展的历程:"语言、艺术、宗教、科学,是这一过程中的不同阶段。在所有这些阶段中,人都发现并且证实了一种新力量——建设一个人自己的世界、一个理想世界的力量。哲学不可能放弃它对这个理想世界的基本统一性的探索,但并不把这种统一性与单一性混淆起来。"① 卡西尔所构筑的文化世界以"符号"为抓手,辐射了语言、神话、宗教、艺术、科学和历史等人类活动体系的重要领域,进而表明人在创造文化符号世界的同时,客观上也在生产和拓展着人自己的可能性空间,印证着人的进步与自我解放。他认为,"人与众不同的标志,既不是他的形而上学本性也不是他的物理本性,而是人的劳作(work),正是这种劳作,这种人类活动的体系,规定和决定了'人性'的圆周。语言、神话、宗教、艺术、科学、历史,都是这个圆的组成部分和各个扇面"②。卡西尔哲学所努力的重心就是从共时性的角度依次展开对人类文化诸形式,如神话、宗教、语言、艺术、历史、科学和哲学的研究,并以此揭示了它们在人类生活中的功能和地位,从而论证了卡西尔"文化是人性的圆周"的思想。

卡西尔的文化哲学代表作《人论》写于1944年,在之前的1925年,他写了《语言与神话》一书。该书试图把哲学研究视角引向语言神话之维,他强调神话思维是集抽象思维与形象思维的统一体,是一切思维模式的源头。以此为基础,卡西尔奠定了他的文化哲学观,进而开启了他的文化批判反省的初级阶段。他在此书中认为,神话产生的基础是人与自然的抗争,是远古时代生产力水平低下条件下人们为争取生存、提高生产能力而产生的认识自然、支配自然的积极要求,是原始人类的认识和愿望的理想化。因此,神话从根本上说来是人的社会生活的意识的凝结。在卡西尔看来,人类文化生存的基本形式起源于神话意识,各种象征都产生于原始神话思维的一些最初形式里。神话思维是一种具象性、情感性的思维,也是一种生命一体化的交感思维和象征性思维。仅仅靠人的理性并不足以把

---

① 卡西尔:《人论》,上海译文出版社1985年版,第288页。
② 同上书,第87页。

握住人类所有文化形态共同的本质特征。就神话而言，神话思维本身体现了一种理性能力，但又绝不能赋予神话结构以理性的特征。原因就在于神话的感知充满了感情的质，反映了人类原生态的真实生活。就文化起源看，神话比人的逻辑概念具有更悠久的历史，更涵盖了历史的最大纵深，在人类运用逻辑概念思维之前，他借助于清晰的、个别的神话来保存他的经验。一般而言，语词是语言的基本意义单位，语词的意义产生于人对生命经验世界的抽象。正因为如此，卡西尔认为这种抽象对于人来说，同样具有原初性意义。"如果我们不是从客观的而是从主观的角度去看，语词与其指称物之间的同一性就会变得更加明显。"[①] "一个人的存在和生命如此紧密地与其名称联系着，只要这一名称保持下来，只要还有人提及它，人们就会觉得该名称的负载者仍旧在场，还在直接地活动着。"[②] 卡西尔认为对语词的这种实体化理解并没有肢解其本质功能，相反，这恰恰是保持语词鲜活生命力、增值语词文化意义的重要方式。正是语词的这种向实体化的延伸中，语词真切地表达了文化与生命的整体性，或者说，语词固化着心灵与文化的同一性。这种同一性先要在语言和神话中得到体现，而后才能为逻辑反思过程重新获得。

卡西尔的文化哲学思考面向了人类的全部文化形式，在他的文化哲学建构中，形而上的人性本质思考与形而下的对具体文化形式的阐释被有机地统一起来。他强调对人的研究必须从人类文化的研究入手，因此一种人的哲学也就必然应该是一种文化哲学。人只有在文化创造中才能成为真正意义上的人，也只有在文化活动中，人才能获得真正的自由；文化在不断发展，人的本质也不断地处在制作之中，处在不断地创造文化的辛勤劳作之中。卡西尔等人文化哲学的研究视野作为一种重要的哲学范式转换，为哲学回归人的现实生活世界提供了一个重要思路，它启示人们现实哲学的发展将不再只是由某种抽象思辨的形式所标示的玄学体系，也不再刻意以科学的名义凌驾于现实生活世界之上，它本质上是昭示人生价值意义的对话，是融会于人的日常生活之中的一种时代感受和时代意识。只有以人类文化为深厚根基的哲学运思，才会使古老的哲学变得富有生机，才有可能获得真正的生命力。

---

① 卡西尔：《语言与神话》，生活·读书·新知三联书店1988年版，第73页。
② 同上书，第75页。

哲学范式转换也是马克思哲学革命的重要标志。马克思向来不主张将哲学从具体的、历史的、活生生的文化现实中分离出去，去追求所谓"彼岸世界的真理"。与之相反，马克思认为在"彼岸世界的真理消逝之后，历史的任务就是确立此岸世界的真理"①。哲学作为包括文化在内的整个客观世界和人类主观生活的观念体系，不应该将自身视为与人类无关的文化现象，反而应该将这些具体的文化现象作为自己的出发点和落脚点。马克思哲学将关注的焦点集中到人的生活世界，注目于现实人的实践及其发展。马克思认为人的实践活动是理解、解释和把握人类世界的根本依据，因为实践是人类存在、发展的根本基础，是整个人类世界的动态的、不断生成和发展着的本体。在《关于费尔巴哈的提纲》中，马克思认为"社会生活在本质上是实践的"②。社会的本质是实践。人的生产实践创造了人类社会，构成了社会生活的基本领域，是社会发展的决定力量；实践是理解人类社会历史的根本方法。正是实践展开了人的社会生活，也是实践创造了社会生活条件和社会生活方式。人类社会生活中的各种问题以及对社会问题产生的种种理论误解，"都能在人的实践中以及对这个实践的理解中得到合理的解决"③。只有从生产实践出发，才能把握人类社会的本质及其发展过程的规律。马克思主义哲学所实现的这种历史性变革，也为"文化"与"哲学"有机全面的结合奠定了坚实基础。因此可以说，"哲学"与"文化"的亲缘其最深厚的根基在于人类自我完善和自我发展的实践要求。"哲学"表达着人类自我完善的内在追求，"文化"则是人类发展自身拓展的外在文化表现方式；无论是"哲学"还是"文化"，都以关注人的存在为最高使命。人是沟通哲学与文化的主体，以人为根据，"哲学"对人的存在的反思与观照，归根到底是对人类"文化"的反思与观照，因为人是一种文化的存在，而"文化"作为对人的存在的一种外在确证和表述，其在自觉的意义上必然以人的自我意识——"哲学"为尺度和目标。哲学成为人类文化的内核，而文化则是哲学的载体和表征。④

---

① 《马克思恩格斯选集》第1卷，人民出版社1995年版，第2页。
② 同上书，第4页。
③ 同上书，第18页。
④ 邹广文：《在文化世界中延展哲学之思：卡西尔〈语言与神话〉阅读札记》，《学海》2010年第4期，第34—37页。

(三) 文化价值的相对性与普世性

在各类文化的比较研究和传播交流中，如何认识和处理文化价值的相对性与普遍性的关系，是一个非常重要的问题。文化普遍性是指文化作为超越特定主体、特定时空传播和延续的特性。世界文化整体是在多元文化间的交流、融合中不断生成的。在现实中，具体的文化总是从属于一定主体，处于特定时空中的历史的存在，因而有其相对性。但发展着的文化又是超越特定主体、特定时空传播和延续的存在，因而又有某种普遍性。科学的文化理论应该体现文化的这种辩证统一性。人类文化发展史早就证明不同文化间的相互理解、相互吸收和渗透不仅是完全可能的，而且是非常必要的。世界文化作为一个在多元文化相互交流中不断生成的整体，它是文化普遍性和相对性的辩证统一。将文化价值的相对性与普遍性对立起来，从而走向了对文化现实的背离，这是文化相对主义和文化普遍主义的共同错误。文化相对主义尊重文化差异性，提倡文化价值多元化，拒斥"文化普遍主义"，批判"西方文化中心主义"，从而消解了文化的绝对价值和评判标准，体现了后现代主义思潮中的解构主义观念。但是，如同解构主义所具有的弊病一样，文化相对主义将"解构"进行到底，把"相对"推向极端，就必然要批判一切理论包括其自身，从而也就不可避免地走向对自身的解构，那么它所建构的文化理论的真理性便值得怀疑了。因此，"构建一种整体主义的世界文化观，在其框架下实现文化普遍性和文化相对性的辩证统一，不失为一条走出文化相对主义的有效路径"[①]。

2008年以后，国内学术界一度围绕有无"普世价值"问题产生了激烈争论，争论的焦点和实质集中在政治文化上。即使政治思想、政治制度、政治文化的普世性问题可以暂时悬置，非政治的哲学、道德、艺术、科技等文化形态的普世问题，也是不能回避的。其实，马克思主义有自己的普世价值观，就是经济发展和人的全面自由发展价值论，以及对共产主义社会理想的价值追求。只有坚持马克思主义普世价值观的立场、观点和方法，既反"左"，又防右，才能排除"左"、右两派的干扰，坚持中国特色社会主义的理论、道路和制度，为中国人民造福和为全人类进步发展

---

① 王健、胡娟：《试论走出文化相对主义——一种生成整体主义的尝试》，《前沿》2010年第1期，第183页。

做出新贡献。因此，把普世价值简单混同于西方资产阶级的普世价值观，并对其一概拒斥的观点，是不科学的。

　　揭示普世价值概念的基本含义，是解答普世价值这一热点问题的理论前提。大多数学者认为，"普世价值"就是有益于全人类生存和发展的价值。普世价值也就是普遍价值，最大的普遍价值就是普世价值。普遍价值的基础是人类生活及人类利益。普世价值是一种不可否认的客观存在，是人类社会存在发展的基础，它不以某个人的个人意志为转移。否认普世价值，否认中国与世界的联系，就从根本上否认了改革开放。普世价值的载体是科学理论、人的实践行为和存在物，它只有通过这些价值物才能存在；普世价值的目的和本质是有益于全人类的生存和发展，那些对全人类的生存和发展没有促进作用的理论、实践方式和存在物，就不是普世价值；普世价值有一个推广和为全世界所普遍接受的过程；普世价值是在一定历史条件下发生并形成的，它由人类社会的个人和群体所创造，并随着历史条件的变化更新和发展，没有永恒不变的永久存在的普世价值。普世价值也有一个从潜在到现实的发展过程。系统把握马克思主义普世价值观，不仅对批判西方资产阶级普世价值观有重要意义，而且对构建社会主义和谐社会，推动当代世界共同发展，都具有重要的理论和实践意义。在人与自然关系层次，普世价值的存在非常明显；在社会领域则要作科学分析。当今一些人把普世价值与核心价值对立起来，把多元化思想并存与指导思想的一元化对立起来，形成了对立两极。有核心价值，就必有非核心价值；有思想的多元化，就必有指导思想的一元化。"和而不同"，才生动活泼；"同而不和"，就凝固僵化。普世价值本来是存在的，只是我们过去用对立的方法看问题，无法看到人类普世价值的存在，以致忽视了它的存在。今天我们注重用统一的方法看问题，所以提出普世价值的理念，这是思维方法的改变，而客观事实并没有什么改变。普世价值与特殊价值和个别价值是普遍性与特殊性、共性与个性、一般和个别的辩证统一。共性一般是不能独立存在的，但是并不等于不存在，它可以存在于现实的具体的独立存在的特殊的个别的事物之中，可以通过它们而存在。

　　当代西方思想家在价值理论上的一个重大贡献，就是肯定个体价值选择的独特性，反对把某种价值观念定为一尊。正是在价值观念的多元化、多样性的基础上，才使宽容成为一种人们的自觉意识，成为当今社会一种弥足珍贵的价值。因为必要的宽容，是缓解冲突的一种必要形式，把不可化解的矛盾留给时间和实践去解决，从而维护社会生机、保持生活丰富多彩日新月异。对多元价值的肯定，其实也是对人的平等的主体地位的充分肯定。每一种价值标准无论对别人来说是否合理，都有它自己主体的客观基础和原因。在这种基础和原因改变之前，这一主体的标准不能与其他标准互相代替。人人有根据自己的情况判断好坏得失、善恶美丑，确定自己追求，选择自己价值的权利和责任。然而在现实生活中，在价值的选择上，常常有一些人力图代替别人去思考，所谓"己欲立而立人，己欲达而达人"。不论这是否是出于善意，客观上都是对不同主体的不同需要的抹杀，最终使宽容成为不可能，甚至走向排除异己、党同伐异。一些个体、民族与国家往往是以之为借口，不顾其他个体、民族与国家的意愿，推行某种价值观念、生活方式。自从民族国家成为国际社会的主体以来，互相尊重主权和领土完整，互不干涉内政是最基本的国际关系准则。在国际社会中，强权国家打着推行民主、自由、人权的旗号，干涉别国内政，带来的恰恰是民主、自由、人权的践踏。这已是屡见不鲜之事。对此，我们可以理解卢梭曾发出的感叹："自由，自由！多少罪恶借汝名而行。"所以，在这些思想家那里，毋宁采取一种否定的表达形式："己所不欲，勿施于人。"其实，在多种不同的文化传统、价值取向、信仰选择的背景下，需要寻求一个最低限度的价值共识，来处理人己之间、种族之间、国家之间以及宗教之间的关系。"宽容"就应是这样的一个最低的要求。宽容也非在价值多元之中否定主导价值从而消解价值本身，宽容实际上是人们寻求这些价值的一个必要前提。如果没有宽容，那些新的价值往往就会被剥夺掉存在的权利。一元化的价值选择，正是多元化中的主导价值观点。至于这一主导价值观念是什么，恰恰需要身处不同文化之中的人们在相互交往过程中通过商讨来达成。

任何社会的稳定都必须确保主流价值观的相对稳定和强势地位。价值观的多元化必然导致行为选择的多样化，价值评价和行为的多元化必然导致社会内部各群体的矛盾和对立，从而形成各阶层之间的冲突，严重的甚至导致国家陷于内战，美国的南北战争就是一个实例。而战争胜利的一方则会将自身的价值观强加于其他群体，从多元到一元是必然趋势。社会主义价值观将给社会以正义的主流价值，从而确保社会的稳定与和谐。面对各种社会思潮，我们必须有自己的立场。对于各种观点、社会运动、人们的所作所为，不管出于什么动机，应该考虑他们对谁有利，谁获益最多。

因为思想分歧的背后，不仅有认识水平的差异，而且可能隐藏着利益的冲突。一元价值观指导思想的原则必须确立，同样也有必要重视这种一元价值观的实践操作。指导思想的一元并非代表内容的贫乏和单一，它将多姿多彩地体现在生动活泼、变化万千的现实生活里。

在当代中国，实现价值观念的转换与重建，首先，要破除重物轻人的价值观，确立以人为本的价值观。人是宇宙中最有价值的存在物，不仅创造价值，而且也应享有价值。人是发展的实践主体和核心动力，也是发展的根本目的和最高价值。坚持以人为本，一方面要把人作为发展的目的，坚持把人民利益作为谋发展、促发展的出发点和落脚点，尊重和保障广大人民群众的政治、经济、文化权利，满足人民群众的物质文化需要，提高人民群众的生活水平和健康水平。不仅要切实解决人民群众最直接、最现实、最关心的利益问题，满足人民群众当下的合理需要和利益诉求；同时还要深谋远虑、未雨绸缪，思考、筹划人民群众长远的、根本的、全局的利益问题。要致力于促进社会公平正义的实现，使全体人民共享改革和发展的成果。共享不是平均主义，不是劫富济贫，而是使各阶层人民的实际利益都能够随着改革和发展的进展而增加；共享也不是贫富悬殊、两极分化，少数人垄断大量社会资源、占有大量社会财富，大多数人占有少量资源和财富，而是全体人民公平占有和享用。另一方面，要把人作为发展的动力，实施科教兴国战略和人才强国战略，提高国民整体素质，使我国由人口大国转化为人才资源强国，把人口压力转化为人才优势。我们所有的改革和发展，都是为了实现、增益最广大人民的利益和福祉，而不是为了既得利益集团或某些政府部门的特殊利益。要始终坚持改革正确方向的坚定性、改革决策的科学性、改革举措的协调性以及改革利益的普惠性，要通过改革和发展，使最大多数人受益。其次，要破除片面发展的价值观，确立全面协调发展的价值观。确立全面协调发展的价值观，有助于促进人的全面发展。人作为总体性的社会存在物，其利益需要、价值追求都是多维的。在各种价值中，物质价值是最基本的价值，是其他一切价值得以创造和实现的基础。没有经济的发展，没有物质价值的创造，政治、文化以及教育、科技、卫生等各项社会事业的发展就失去了物质前提。而民主政治、先进文化以及各项社会事业的发展所创造的政治价值、精神价值、社会价值既促进了物质价值的创造，又满足了人的劳动、自主、安全、健康、求知、践行、审美的需要，造就了人的全面而丰富的个性。确立全面、协调的发展价值观,有助于实现社会主义价值理想。理想永远是人类生存发展、进取创造的不竭精神动力。社会主义作为一种理论、实践和制度,显示了人类超越私有制度、创造新型文明、建构理想社会的不懈努力。在当代中国,经济繁荣、民主法治、自由平等、公平正义以及人民福利、平民教育、充分就业、社会保障、社会稳定、个性发展等经济的、政治的、文化的、社会的、人性的价值理想,指引着我们为建设富强、民主、文明、和谐的社会主义现代化国家而奋斗。最后,要破除人类中心主义的价值观,确立人与自然和谐共生的价值观。自然界是人类产生、存在和发展的前提,是生养、承载、庇护人类的家园。人类不是超越于自然界之外,而是繁衍生息于自然界之中。为了消除人与自然环境之间的紧张关系,保护环境,维系生态平衡,就必须全面认识自然规律系统,既要关注人对自然的改造活动的现实效用,又要科学预测人的行为对于自然环境的长远影响,从而合理支配这种行为的影响;要避免科学技术急功近利的应用,反对只追求眼前利益、不顾长远影响的短期行为;要使经济社会发展同资源环境、生态系统的支持能力相适应,使不可再生资源的消耗速度同开发利用可替代资源的能力和速度相适应,使对于可再生资源的利用同其再生产能力相适应。我们不仅要实现社会公平正义,使全体人民公平享有经济社会发展成果,还要追求和实现环境公平正义,走生产发展、生活富裕、生态良好的文明发展道路,建设资源节约型、环境友好型社会,实现速度和结构质量效益相统一、经济发展与人口资源环境相协调,使人民在良好生态环境中生产生活,实现经济社会永续发展。[①]

(四) 文化价值的"义利之辨"

文化的价值是什么?对此问题,人们可能因所处社会地位不同或对文化的现实需要不同而给出不同的答案。大致说来,无非是"义"的价值和"利"的价值。例如,文化事业的发展侧重于彰显文化"义"的价值;而文化产业的发展则侧重彰显文化"利"的价值。很显然,作为表述文化价值的"义""利"概念,都是广义的。也就是说,文化"义"的价值,不只是指文化有陶冶人性以及提升人的知识、智慧和思想道德水平的

[①] 杨信礼:《哲学价值论研究与当代价值观的建构》,《中国党政干部论坛》2008年第6期,第43页。

价值，也有满足人民群众丰富的精神需要的价值。而文化"利"的价值，既包括类似于发展文化产业能带来巨大经济效益的价值，也包括文化发展给政治、法律、社会、生态等的正常发展所产生的功利或效用价值。但是，人们在认识和谈论文化的价值时，往往会走向某个片面：或者只肯定文化价值中"义"的方面，否定或拒绝文化价值中"利"的方面；或者只肯定文化价值中"利"的方面，否定或拒绝文化价值中"义"的方面。这就造成观点对立，引出了文化价值的"义利之辨"。

道义与功利或者说义与利的关系问题，是个重要的伦理学问题。它既是传统伦理学长期讨论的义利之辨，也是现实生活中物质生活与精神生活、个人利益与社会公共利益以及志向动机与功用效果等关系的反映。义利之辨，是中国伦理学的重要范畴，也是伦理价值观的核心问题。中国历史上许多思想家不管学术立场有何差异，均强调和推崇义利之辨。南宋时期的朱熹和陆九渊在为学之方上有严重分歧，但都认为"义利之说，乃儒者第一义"，"学无深浅，首在辨义利"。明清之际的王夫之更说，"尽人道以正人伦，其尤重者莫大于义利之分"（《宋论》卷十四），并认为无论是夷夏之辨抑或君子小人之辨其根本都可以归结为"义利之辨"。道义与功利关系的深刻内涵，从不同层面支撑起义利关系的精神架构并拓展出义利关系的生长空间，集人与人、人与社会、人与自身诸关系于一体，展现出既相对稳定又动态发展的矛盾特质，不断地作用、制约并引领着人类的道德生活。[①]

"义利之辨"之所以能够成为文化价值之问题，首先是因为人是文化的主体和载体，又是文化之义利价值的共同需要者。文化之义利价值对应的是人的存在的二重性。也就是说，人既是一个自然的和感性的存在物，又是一个社会的和精神的存在物。人作为一个自然的和感性的存在物，有其物质生活需要和感官需求，其满足方式不得不通过对物质利益的追求表现出来，否则，人就不能生存。人作为一个社会的和精神的存在物，又有其自身的社会生活特别是精神生活需要，必然也应当考虑行为方式的正确性与合理性，其行为必然受到社会的制约和他人的影响，从而使其自然需求和谋利行为纳入道义的宰制与规约之下。董仲舒曾将义与利同人的体养

[①] 王泽应：《论义利问题之为伦理学的基本问题》，《华中科技大学学报》2011年第4期，第17—18页。

和心养联系起来分析，指出："天之生人也，使人生义与利。利以养其体，义以养其心。心不得义不能乐，体不得利不能安。义者心之养也，利者体之养也。"（《春秋繁露·身之养莫重于义》）董仲舒从身心需要得出了义、利"两养"的结论，但在论及二者何为优先和重要的问题上，董仲舒受儒家义利观的影响，提出了"体莫贵于心，故养莫重于义"的观点，走向了"正其谊不谋其利，明其道不计其功"的道义论。

义利之辨也是中西伦理思维的核心和焦点。首先，义利之辨根源于华夏先民对共同生活的道德思考。它在以华夏集团为主干的民族大融合的过程中萌生孕育，至春秋战国时期掀起第一次高潮，继之有两汉、两宋、明清之际及近代和当代几个大的发展阶段。由义利之辨而提出和创设的各种伦理价值学说广泛地渗透和作用于中国社会生活的各个层面，贯穿于中国伦理思想史发展的全过程。中国伦理思想史上的理欲之辨、志功之辨、王霸之辨、才性之辨、文野之辨、君子小人之辨、仁富之辨、本末之辨都是在围绕义利之辨的基础上发展起来的。本质上是义利之辨的深化、扩展与补充。其次，义利之辨与西方伦理学史上的唯物主义与唯心主义、经验主义和理性主义、利己主义和利他主义、幸福主义和理想主义、享乐主义和禁欲主义等问题相联系。大略而言，道义论伦理学如神学义务论、康德义务论、柏拉图理论以及大陆唯理论均是在二者关系中更加强调道义的重要性；目的论伦理学如快乐主义、幸福主义、功利主义、利己主义在二者关系中尤为突出利益的重要性。无论是利己主义还是功利主义都强调道德责任的基础在于行为的后果，坚持判断行为正当与否的标准取决于行为结果的价值。义务论或道义论伦理学则强调道德义务和责任的神圣性以及履行义务和责任的重要性，以及人们的道德动机和义务心在道德评价中的地位和作用，认为判断人们行为的道德与否，不必看行为的结果，只要看行为是否符合道德规则，动机是否善良，是否出于义务心，等等。在西方，神诫论是一种典型的义务论。认为人只要信奉上帝或神，服从上帝或神颁布的一系列道德命令，其行为就是正义的。康德的义务论伦理学是一种典型的规则义务论。他反对功利主义的义务观，认为人必须为尽义务而尽义务，而不能考虑任何利益、快乐、成功等外在因素；只有出于善良意志即义务心，对道德规则即绝对命令无条件遵守的行为，才是真正道德的行为。

"义利之辨"之所以成为文化价值之问题，还在于它与当代中国发展公益性文化事业和经营性文化产业，以及开展文化体制改革的实践密切相关。人的文化生活是一种基于经济生活而又朝向精神生活发展的。事实也证明，只有金钱、没有文化的人，是难以享受到真正的幸福的。人的生活应该是在现有的层面上走向应有并以应有来推进现有并使现有向应有转化的生活。而义利关系则集中体现着现有和应有的要求并常常内化为现有与应有的要素。文化生活的矛盾和问题即是如何处理义利关系，人们在现实的文化生活中总是面临着大量道义与功利的冲突和选择。当今市场经济条件下，义利问题通过金钱与尊严、经济效益与社会效益、竞争与协作、先富与共富、效率与公平等集中地表现出来，迫使人们作出选择。市场经济条件下的道德滑坡与道德爬坡，以及道德文化建设，本质上都要通过义利关系的对峙和处理表现出来。要使社会主义文化建设取得比较理想的成就，就必须抓住义利观这一枢纽。

依据马克思主义的辩证唯物论，利既是事实亦是价值，义也兼具事实和价值两个方面，正可谓义中有利和利中有义一样。"与历史上截然把义利对立起来或等同起来的观点有别，马克思主义的义利学说则是一种辩证统一论。它既不在义利关系的对抗中来建构自己的义利观，也不在义利关系的混同中来提出自己的义利学说，因此马克思主义的义利学说既不是重义轻利论，也不是重利轻义论。它本质上既重义利之分，亦重义利之合，不因二者的互相区别而看不到它们的相互联系，不因二者的相互联系而看不到它们的相互区别。马克思主义的这种立场，使得自己所建构起来的义利学说重视道义却并不因此而陷入重义轻利、贵义贱利的道义论深渊，讲求功利却并不因此而滑入重利轻义、见利忘义的功利论泥潭。所以马克思主义在义利观的基本立场上是既不拿功利论去反对道义论，也不拿道义论去反对功利论，不简单地以为道义就是功利，也不武断地认定功利就是道义，而是主张对功利与道义进行具体的分析和科学的把握。"[①]

社会主义义利观本质上是以马克思主义的义利学说为指导，适应社会主义建设的实际需要特别是发展社会主义市场经济的要求而确立起来的。因此，社会主义义利观具有自己特有的理论渊源和现实条件，是马克思主义义利学说同社会主义现代化建设的具体实际相结合的产物，它荟萃着人

[①] 王泽应：《论义利问题之为伦理学的基本问题》，《华中科技大学学报》2011 年第 25 卷第 4 期，第 21 页。

类历史上义利学说的精华，同时也展现着时代精神和改革开放的价值选择和价值创造，集历史的继承性和当代的创造性于一身，体现着扎根历史、正视现在而又面向世界和未来的特点，成为社会主义价值观和文化建设的核心问题。

第三章

文化建设的价值标准

　　文化是民族的血脉，是人民的精神家园。文化是外形与灵魂的统一，其外形表现为多元和多样，其灵魂表现为文化之精神、文化之气象和文化之神韵，即构成其"精、气、神"。人类的一切创造活动，都是以一定的价值目标为理想和动力的，同时也是在一定价值体系的指导下进行的，文化建设也不例外。文化建设的价值体系，即文化之科学精神、人文气象和艺术神韵，就蕴涵在社会的核心价值体系之中。当前，我国文化建设的高潮已经到来，但是，对指导和评价文化建设的价值标准的研究还比较滞后。社会主义文化建设是一场伟大的社会实践活动，必须用正确的价值观和价值体系来指导和评价，这也是增强文化建设价值自觉的题中应有之义。因此，加强对我国文化建设价值标准体系的研究，无疑具有十分重要的理论和实践意义。我们认为，社会主义文化建设的价值标准体系，应该由政治价值标准、科学价值标准、道德价值标准和审美价值标准"四位一体"来构成。

一　政治价值标准

　　政治是文化的一部分，同时又以其特有的评判标准制约着文化建设。所谓政治标准，就是符合政治利益和政治要求的标准。文化与经济、政治既相互影响，又相互交融。毛泽东在《新民主主义论》中指出：一定的文化是一定社会的政治和经济在观念形态上的反映。总的来说，经济是基础，政治是经济的集中表现，文化是经济和政治的反映。一定的文化必然要反映一定的政治要求，并要服从和服务于一定的政治需要，这是一条客观规律和科学认识。按照这条规律的要求，社会主义文化建设就必须为社会主义政治服务。但是，有人不太赞成文化，包括文艺为政治服务的观点，企图疏远或摆脱政治对文化建设和文艺创作的干预。这是不懂得政治与文化、文艺之关系及其发展规律的表现。当年，毛泽东在《延安文艺座谈会上的讲话》中，曾经提出文艺发展的政治标准和艺术标准。要求无产阶级文艺要为无产阶级政治服务，至少不能与其相矛盾。应该说，这个观点本身是有科学根据的，只是在后来的实践中，由于受极"左"思潮的影响而出现了偏差，造成了一定的不良后果。特别是"文化大革命"运动的兴起，就是以开展对文艺作品的大批判为先导的，这个历史教训的确值得记取。但是，我们也不能因此而否定了文化，包括文艺要为一定政治服务，也能够为一定政治服务的客观规律和科学认识。政治思想、政治制度、政治统治都有鲜明的时代性和阶级性，封建政治、资本主义政治和社会主义政治有本质区别，但都要求有与之相适应的文化和文艺。在我国现时代，讲文化为政治服务，就是要为社会主义政治建设服务。由于经济和科技发展形势的变化，文化已经成为进行政治斗争、国际斗争的主要形式之一。一些西方国家总是企图把自己国家的信仰、价值观和生活方式强加给其他国家。对文化市场的争夺不仅仅是争夺票房价值、争夺经济效益，更主要的是对受众对象的争夺，对受众注意力这种特殊的稀缺资源的占有，以及在此基础上对舆论的控制与引导。因此，失去文化市场就意味着失去政治优势，意味着政治影响力的萎缩和丧失。

中国共产党在领导文化建设的长期实践中积累了丰富经验，遵照文化发展的一般规律，已经提出了一系列评价文化活动及其成果的政治和科学标准。例如，要把建设社会主义文化强国作为奋斗目标，坚持以人为本，全面、协调和可持续的文化发展观，正确处理文化建设与经济、政治、社会、生态等其他建设的关系；围绕满足人民群众精神文化需要这个中心，积极推进文化体制改革，大力开展公益性文化事业和经营性文化产业建设，积极回应各族人民的精神文化需求；坚持为人民服务、为社会主义服务的"二为"方向和百花齐放、百家争鸣的"双百"方针；坚持贴近实际、贴近生活、贴近群众的原则；树立高度的文化自觉和文化自信，建设面向现代化、面向世界、面向未来的民族的科学的大众的社会主义文化。我们在文化建设中要认真总结、深刻理解和自觉坚持这些政治价值标准。

（一）坚持为人民服务、为社会主义服务的"双为"方向

坚持以什么为指导、为什么人的问题，是文化建设的根本问题，这不仅决定着文化建设的目标和方向，而且决定着文化的社会性质。建设中国特色社会主义文化，必须坚持以马克思列宁主义、毛泽东思想、邓小平理论和"三个代表"重要思想为指导，全面落实科学发展观，牢牢把握中国特色社会主义先进文化的前进方向；坚持为人民服务、为社会主义服务，把满足人民群众的精神文化需求作为文化建设的出发点和落脚点，不断促进人们思想道德素质和科学文化素质的提高，努力实现最广大人民的文化利益，为全面建设小康社会提供强大的精神动力，创造良好的文化氛围。必须大力发展哲学社会科学，使之更好发挥认识世界、传承文明、创新理论、咨政育人、服务社会的重要功能。要巩固发展马克思主义理论学科，坚持基础研究和应用研究并重，传统学科和新兴学科、交叉学科并重，结合我国实际和时代特点，建设具有中国特色、中国风格、中国气派的哲学社会科学。坚持以重大现实问题为主攻方向，加强对全局性、战略性、前瞻性问题的研究，加快哲学社会科学成果转化，更好服务于经济社会发展。实施哲学社会科学创新工程，发挥国家哲学社会科学基金示范引导作用，推进学科体系、学术观点、科研方法创新，重点扶持立足中国特色社会主义实践的研究项目，着力推出代表国家水准、具有世界影响、经得起实践和历史检验的优秀成果。文化承接着过去又昭示着未来，既是民族的又是世界的。我们要立足当代又继承民族优秀文化传统，立足本国又充分吸收世界优秀文化成果，做到古为今用推陈出新，洋为中用博采众长。

（二）坚持百花齐放、百家争鸣的"双百"方针

"双百"方针是对文化建设经验的深刻总结，反映了文化发展的内在规律。坚持"双百"方针，就是要充分发扬学术民主和艺术民主，营造积极健康、宽松和谐的氛围，提倡不同观点和学派充分讨论，提倡体裁、题材、形式、手段充分发展，推动观念、内容、风格、流派积极创新。在学术问题上要提倡不同观点和学派的自由讨论，在艺术创作上要提倡不同艺术风格和流派的争鸣和切磋，提倡健康说理的批评和反批评。要尊重文化发展规律，尊重文化工作者的创造性劳动，弘扬主旋律，提倡多样化，充分调动广大文化工作者的积极性和创造性，促进学术研究和艺术创作的

繁荣发展。要注意区分学术问题、思想认识问题、政治问题的界限。对政治问题，要旗帜鲜明，立场坚定。对学术问题，要提倡学术民主、平等讨论、相互切磋。对思想认识问题，要加强有针对性的引导，努力析事明理、解疑释惑。要引导文化工作者牢记为人民服务、为社会主义服务的神圣职责，坚持正确文化立场，认真对待和积极追求文化产品的社会效果，弘扬真善美，贬斥假恶丑，把学术探索和艺术创作融入实现中华民族伟大复兴的梦想之中。要把创新精神贯穿文化创作和生产的全过程，兼收并蓄、博采众长，增强文化产品的时代感和吸引力。

（三）坚持贴近实际、贴近生活、贴近群众的"三贴近"原则

"三贴近"体现了实践第一的观点、人民群众是历史创造者的观点和以人为本的观点。因此，"三贴近"不仅是我们开展社会主义文化建设应该遵循的基本原则，也应该是一个科学的方法论。我们要坚持以人民主体的原则，把人民群众拥护不拥护、赞成不赞成、高兴不高兴、满意不满意作为检验文化建设成效的根本标准，不断增强中国特色社会主义文化的吸引力和感召力。要推出更多的优秀文艺作品。文学、戏剧、电影、电视、音乐、舞蹈、美术、摄影、书法、曲艺、杂技以及民间艺术、群众文艺等各领域文艺工作者都要积极投身到讴歌时代和人民的文艺创造活动之中，在社会生活中汲取素材、提炼主题，以充沛的激情、生动的笔触、优美的旋律、感人的形象，创作生产出思想性艺术性观赏性相统一、人民喜闻乐见的优秀文艺作品。实施精品战略，组织好"五个一工程"、重大革命和历史题材创作工程、重点文学艺术作品扶持工程、优秀少儿作品创作工程，鼓励原创和现实题材创作，不断推出文艺精品。扶持代表国家水准、具有民族特色和地方特色的优秀艺术品种，积极发展新的艺术样式。鼓励一切有利于陶冶情操、愉悦身心、寓教于乐的文艺创作，抵制低俗之风。要坚持团结稳定鼓劲、正面宣传为主，壮大主流舆论，提高舆论引导的及时性、权威性和公信力、影响力，发挥宣传党的主张、弘扬社会正气、通达社情民意、引导社会热点、疏导公众情绪、搞好舆论监督的重要作用，保障人民知情权、参与权、表达权、监督权。整合都市类媒体、网络媒体等宣传资源，构建统筹协调、责任明确、功能互补、覆盖广泛、富有效率的舆论引导格局。加强舆情分析研判，加强社会热点难点问题引导，从群众关注点入手，科学解疑释惑，有效凝聚共识。做好重大突发事件新闻报道，完善新闻发布制度，健全应急报道和舆论引导机制，提高时效性，增加透明度。加强和改进舆论监督，推动解决党和政府高度重视、群众反映强烈的实际问题，维护人民利益，密切党群关系，促进社会和谐。新闻媒体和新闻工作者要秉持社会责任和职业道德，真实准确传播新闻信息，自觉抵制错误观点，坚决杜绝虚假新闻。要发展健康向上的网络文化。要认真贯彻积极利用、科学发展、依法管理、确保安全的方针，加强和改进网络文化建设和管理，加强网上舆论引导，唱响网上思想文化主旋律。发展网络新技术新业态，占领网络信息传播制高点。广泛开展文明网站创建，推动文明办网、文明上网，督促网络运营服务企业履行法律义务和社会责任，不为有害信息提供传播渠道。加强网络法制建设，加快形成法律规范、行政监管、行业自律、技术保障、公众监督、社会教育相结合的互联网管理体系。规范网上信息传播秩序，培育文明理性的网络环境，深入推进整治网络淫秽色情和低俗信息专项行动，严厉打击网络违法犯罪。加大网上个人信息保护力度，建立网络安全评估机制，维护公共利益和国家信息安全。要完善文化产品评价体系和激励机制。把群众评价、专家评价和市场检验统一起来，形成科学的评价标准。要建立公开、公平、公正评奖机制，精简评奖种类，改进评奖办法，提高权威性和公信度。加强文艺理论建设，培养高素质文艺评论队伍，开展积极健康的文艺批评，褒优贬劣，激浊扬清。加大优秀文化产品推广力度，运用主流媒体、公共文化场所等资源，在资金、频道、版面、场地等方面为展演展映展播展览弘扬主流价值的精品力作提供条件。设立专项艺术基金，支持收藏和推介优秀文化作品。加大知识产权保护力度，依法惩处侵权行为，维护著作权人合法权益。

（四）坚持正确的价值取向和路径遵循

在发展文化事业上，要坚持公益性、基本性、均等性、便利性的方针，以政府为主导，以公共财政为支撑，以公益性文化事业单位为骨干，以基层特别是农村为重点，构建覆盖广泛的公共文化服务体系，着力满足人民群众基本文化需求。要优先安排涉及群众切身利益的文化建设项目，大力推进重点文化惠民工程，实行公共博物馆、纪念馆及爱国主义教育基地向社会免费开放。要积极探索适合基层特点、适应群众需要的新的文化服务方式，推广政府购买、集中配送、联网服务等新做法，把健康向上的文化产品和服务送到城乡基层。在发展文化产业上，要坚持以市场为主导，通过完善产业政策、调整产业结构、繁荣文化市场，着力满足人民群众多样化、多层次、多方面的文化需求。要以改革精神完善文化市场体系，培育各类自主经营、自我发展的合格市场主体，鼓励国有或国有控股文化企业积极开发市场、占有市场，发挥骨干作用，鼓励非公有制文化企业积极提供多样化的文化产品和服务，提高供给能力，努力满足不同地域、不同层次、不同群体、不同年龄群众丰富多彩、健康有益的文化需求。①

二 科学价值标准

所谓科学价值标准，就是符合科学认识和客观规律的标准。政治的、道德的、审美的价值标准，虽然是人文精神标准，但也不能违背科学认识和科学规律。在这个意义上，一切合理的价值标准都是科学标准，或者说应该，也能够与科学标准相统一。科学标准无疑要渗透到人文标准当中，但是科学标准也有自己的相对独立性，因而可以进行专门的研讨和概括。

（一）尊重科学知识、科学精神和科学方法

文化建设的价值标准是一个体系，应该包括一定的科学和技术标准。正如精通业务知识和技能也是职业道德的规范要求一样，符合一定的科学和技术标准也应该作为文化建设的价值标准来看待。因为，只有符合科学知识、科学精神、科学方法，以及一定的专业技术标准的文化建设，才是理想的文化建设。至于各行业的具体技术标准，可向相关行业的专家咨询，无需在此赘述。这里需要强调，科学是讲真理、讲规律、讲文明的。按科学标准发展文化，就是要体现政治、经济发展对文化发展的客观要求，推动物质文明、制度文明、精神文明和生态文明全面发展。要传播正确的世界观、价值观和人生观，反对违反科学、违背规律的复古倒退主义和主观唯心主义，同一切愚弄群众的歪理邪说和迷信思想作斗争。用"热爱科学、坚持真理、传承文明、追求进步"的思想文化教育人民，特

---

① 参见李长春《正确认识和处理文化建设发展中的若干重大关系，努力探索中国特色社会主义文化发展道路》，《求是》2010年第12期。

别是要教育引导好青少年一代，让他们在优秀传统文化和现代先进文化的影响下健康成长。

（二）用辩证思维处理好文化发展与经济发展的关系

文化与经济、政治的融合已经成为当今社会发展的一种趋势。这种融合，当然不是它们之间简单的相加，而是相互渗透、相互推动。当前，在世界经济、政治和文化发展中，出现了经济文化化、文化经济化、文化政治经济一体化的趋势。所谓经济文化化是指在现代经济的发展中，文化的、信息的乃至心理的因素占有越来越重要的地位。文化经济化是指文化越来越具有经济价值，文化已经开始作为产业进入市场。文化已经不是单纯的文化了，它已进入了社会生产领域，或者反过来说，经济活动渗透到了文化领域，出现了专门从事文化生产、文化经营的产业——文化产业，并且文化产业的产值在国内生产总值构成中占有越来越重要的位置。可见，文化已经成为社会生产力的重要组成部分。文化生产力是指具有一定智能和知识的劳动者，运用和掌握文化资源创造社会财富、生产文化产品、提供文化服务的能力。同时，文化和科技特别是高科技的互动与结合，使文化的载体、文化制作与传播的形式更加现代化、多样化。而文化的载体、文化制作与传播形式的现代化、多样化，也使文化的表现力、感召力得到了前所未有的发挥和提高。当今世界文化与经济相互交融，在综合国力竞争中地位和作用越来越突出。我们要深刻认识文化建设的战略意义，推动社会主义文化的发展与繁荣。要把文化建设放到战略的高度，要对积极发展文化事业和文化产业、深化文化体制改革提出新的要求，逐步建立有利于调动文化工作者积极性，推动文化创新，多出精品、多出人才的文化管理体制和运行体制。文化产业与地方经济发展之间应该是一个辩证的关系。文化产业固然能提升地方经济的发展水平，但离开本地区的经济发展水平去孤立追求文化产业的规模与档次，只会是舍本逐末，从而影响本地经济的可持续发展。在市场经济条件下，文化发展越来越离不开市场，但又不能完全依靠市场，更不能被市场牵着鼻子走、为市场所左右。经济发展是文化发展的基础，但这并不意味着文化发展必须与经济发展亦步亦趋。如同不能简单地把精神文明看做是物质文明的派生物和附属品一样，也不能简单地认为文化是经济、政治的派生物和附属品。文化有其自身的传承性和相对的独立性。那种认为我国当代主流道德观念应该完全从市场经济的内在规律中引申出来的观点是不正确的。在市场经济环境下，道德建设应该坚持"内引"与"外灌"相结合、并以外灌为主的方针。因此，推进我国文化建设，要把社会效益放在首位，促进社会效益和经济效益有机统一，努力做到两个效益双丰收。如果两者发生矛盾，就必须以社会效益为最高准则，坚持经济效益服从社会效益，决不能为了追求经济利益而放弃社会责任、损害社会效益。值得注意的是，当前还存在着用抓经济发展的方法抓文化建设的倾向，这是"文化搭台，经济唱戏"的翻版，也是抓经济建设的惯性思维在文化建设中的表现。把文化建设定位在转变经济发展方式和以文化产业带动经济发展上，用对 GDP 的贡献来评价文化发展，就可能忽视文化本身的价值，尤其是满足人们精神需要的价值。

（三）尊重规律，坚持文化的继承和创新

要继承弘扬本国优秀传统文化，使之不断发扬光大。任何一个国家和民族文化的传承、变革与发展，都是在既有文化传统基础上进行的。应当充分认识本国优秀传统文化的历史意义和现实价值，增强对本民族文化的自觉和自信，坚持古为今用、推陈出新，不断给传统文化赋予时代内涵，让传统文化焕发新的光彩。一部人类文化发展史，实际上就是一部文化创新史。美国算不上文化资源大国，却是一个文化强国，强就强在创新上。好莱坞的大片、麦当劳的薯条、英特尔的芯片，被称为影响世界的"三片"，实际上都包含着独一无二的文化创意。只有不断提高文化创新能力，才能在发展水平上胜人一筹。在当代中国，无论是适应建设创新型国家的战略需要，还是更好地满足人民群众多样化多层次多方面的精神文化需求；无论是在激烈的国际文化竞争中赢得主动，还是为人类文明进步作出新的贡献，都需要大力推进文化创新。应当对我国丰富的文化资源和各国优秀文化成果进行创造性的开发和利用，提高创意含量和竞争优势。要大力营造鼓励创新的社会环境，使一切创新举措得到支持、一切创新才能得到发挥、一切创新成果得到肯定，使创新成为文化领域的主旋律、最强音。当今世界，许多国家都把创新作为文化发展的制胜之道，创造、创意成为文化领域最鲜明的时代标识。对中国来说，无论是适应建设创新型国家的战略需要，还是满足人民群众精神文化需求；无论是保持中国文化的自身特色，还是参与全球化背景下的文化交流，都需要大力推进文化创新。推进文化创新，需要重视现代科技手段，用先进技术建设和传播先进

文化。应当密切关注现代科技发展趋势，注重用先进技术增强文化产品的吸引力、感染力，不断创新文化的传播方式、表现形式。要大力发展积极健康的网络文化，努力把互联网建设成为传播先进文化、丰富精神文化生活的新平台。我们还要注重建立文化创新的法制保障、激励机制，加强知识产权保护、打击侵权盗版行为，设立文化产业基金、鼓励文化创意创造，推动建立国家荣誉制度、表彰有杰出贡献的文化工作者。要建立市场经济条件下的文化创新体系，推动文化企业在文化与市场、科技和产业的结合中不断创新，使企业成为文化创新项目实施的主体，成为文化创新成果转化的主体。应当把文化人才工作摆在更加突出的位置，用战略思维、改革精神谋划和推动文化人才队伍建设，特别要加大对年轻人才、高层次人才、复合型人才的培养力度，造就一批世界级的文化代言人。要坚持尊重劳动、尊重知识、尊重人才、尊重创造，鼓励超越、宽容失败，营造有利于优秀人才健康成长、脱颖而出的良好环境，形成人尽其才、才尽其用、各类文化人才竞相涌现、创造活力充分发挥的生动局面。知识分子是文化领域最活跃、最有创造力的群体，肩负着精神文化生产、创造和传播的重要使命，搞好文化建设必须高度重视知识分子工作。要按照"尊重、包容、服务、引导"的要求，进一步完善党的知识分子政策，充分调动知识分子的积极性创造性，引导他们自觉自愿地为社会主义文化建设贡献聪明才智，最大限度地把知识分子团结在党的周围。

（四）扩大开放，积极推进中外文化交流

要积极吸收全人类创造的优秀文明成果，不断增进各国人民的理解和友谊。世界文化多元多样、各有所长，每个国家和民族都有引以为自豪的文化，这都是人类共同的精神财富。我们应当以开放的心态、开阔的视野，博采众长，兼纳精华，积极参与中外文化对话与交流，使文化发展顺应世界进步潮流。文化交流是心与心的沟通、思想与情感的交融，在国与国交往中具有不可替代的作用。当今世界，经济全球化步伐日益加快，各国之间的相互联系日益密切，中国同世界的关系也发生了历史性的变化，中国的前途命运同世界的前途命运紧密联系在一起，因此，我们必须把对外文化交流摆到重要位置，不断增进同各国人民的理解和友谊，积极推动持久和平、共同繁荣的和谐世界的建设。开展对外文化交流，需要把政府交流与民间交流结合起来，开展多层次、多形式的文化交流活动，多角度

展示中华文化,展示当代中国的文明进步。比如,要办好海外中国文化中心、孔子学院,推出中国艺术节、中国非物质文化遗产节,开展中国传统节日活动,让更多外国民众感受中华文化。我们还要积极拓展对外文化交流渠道,加强青少年之间的文化交流,使对外文化交流不断向广度深度扩展。开展对外文化交流,需要积极探索商业化的运作方式,注重依托文化企业发展对外文化贸易。要着眼于培育对外文化贸易主体,支持文化企业打造民族文化品牌,开发体现中国特色又适应国外受众需求的文化产品,不断探索我国文化产品和服务进入国际文化市场的新途径。我们在文化上实行对外开放政策,也提出面向世界办教育的方向。在高校不仅大量引入外文教材和图书资料,还要求有国外留学或访学背景的教师才能进入重点高校,要求能在国外学术期刊发表论文的高校教师才能评高级职称,等等。人们的知识结构、思维方式、价值观念和生活方式中,都有西方文化的元素。中西文化的相互传播融合已经无处不在,很多方面已经难分彼此。从老百姓的日常生活理念及其方式,到依法治国、科教兴国、改革开放等治国理政的观念,都有西方文化的元素。马克思主义本是西方传入的,社会主义核心价值观也明显渗透着西方价值观念的合理成分。因此,要完全阻止西方价值观念传入中国是很难的,也是没有必要的。需要指出的是,西方人习惯将文化称为文明,并把文明划分为不同类型。英国学者汤因比的《历史研究》一书和美国学者亨廷顿的《文明的冲突与世界秩序的重建》一书就有代表性。我们不赞成片面强调文明冲突的观点,因为那是为某些西方国家的文化霸权主义服务的。其实,文化与文明既有联系,又不能简单等同。文化是个描述性概念,不具有价值判断的性质。文明这个词,除了描述事实,显然还有价值判断的意思。人类创造的一切文明成果都可以看成是文化,但可以称为文化的东西,不一定都是文明的东西。因此,文明概念的外延一定小于文化概念的外延。世界文明是由各个国家、民族共同创造的,其多样性是不言而喻的。各种文明都有长处和短处,它们之间并不都是对立的关系。各文明之间应该相互尊重、相互理解和相互学习,只有这样才能构建和谐世界。

(五)以人兴文,营造爱才、聚才和用才之风

人才是文化赖以发展的核心要素,要加快文化发展的步伐,提高文化建设的水平,就必须把建设一支高素质的文化人才队伍放在突出位置。要加大高层次文化艺术人才引进力度。要以优势产业积聚人才，以重点项目吸引人才，以合作方式招揽人才，注重引进外向型、复合型、精业务、懂策划、善操作、会管理、熟悉国际惯例和国际运作的高层次人才。对高层次、高素质人才给予必要的优惠政策，为优秀文化人才提供优厚的生活待遇和优良的创业环境。加快人才培养步伐。大力培养复合型人才、文化产业经营管理人才和文化艺术各类专门人才。拨出专项经费，通过委托、定向培养、双向交流等多种途径，到国内外著名高校、研究机构和文化部门学习、进修，培养一批掌握现代化新技术的文化管理人才和高素质专业水平的文化创作人才。通过与高校联合办学、集中短期培训和举办文化产业论坛等方式，培养一批营销策划、文化生产和经营管理人才。加快建立优秀人才、特殊人才使用机制与激励机制。实行高薪聘请特殊人才政策。对艺术水平要求高、演艺生涯短的特殊岗位，在分配上给予较大的政策倾斜；部分特殊岗位可实行年薪制；对有重大贡献的人才实行重奖；有条件的单位可以在文化科技研发及营销、文艺创作成果转化、文化产业项目开发以及其他创意项目的收益中提取一定比例用于奖励有关骨干；在文化事业单位股份制改造过程中，鼓励经营管理层持股，允许技术入股。要着力营造一种鼓励支持创新创业，有利于吸纳和集聚人才进行文化生产服务的精神氛围，进一步在全社会形成尊重知识、尊重人才，有利于文化人才脱颖而出的社会环境。要不断完善人才激励政策，研究制定文化技术、创作成果等要素与分配的办法，充分调动各类文化人才的积极性。加快文化人才资源配置市场化步伐，鼓励专业人才创办文化企业，对有突出贡献的文化产业经营管理、艺术创作人才设立奖励基金。

培育创造型人才，要从西方和中国的优秀文化中吸取营养。美国心理学家斯滕伯格的《创造力手册》中，专章论述了"不同文化对创造性人才成长的影响"。他提出的一些观点就值得重视：首先，文化差异对创造性过程有影响。西方文化在创造性过程中强调对问题解决的认知取向；而东方文化在创造性过程中则强调情感、个人和内在心灵等因素。其次，文化对创造性的导向存在着差异。文化影响到创造性的形式和专业，会把创造性限制在一定的社会团体内，作为文化载体的语言也会直接对创造性产生影响。再次，不同文化的特征，影响一个群体的世界观和价值观，可能刺激或阻碍创造性的发展。所以在拔尖创新人才的培养上，应提倡信念和乐观主义，有这种信念的文化能使人们努力改进这个世界，这种信念意味着该文化接受从现状出发的变化、发展和运动，而那些没有坚持进步信念和对未来持悲观主义观点的文化一般窒息创造性。最后，文化创造性依赖于一定的情景，涉及创造性本质和创造性人才的成长机制。西方以产品为导向、以独特性为基础的创造力定义与东方人用一种新的或自我发展的方式来表达内在真理的创造力观点是不同的。西方重视个人主义，个人主义文化重视独立和自主，在与个体水平而非文化水平相关的工作中，个体和个性化的特征，表现为一个人区别自己与他人的意愿，这种意愿与创造性活动和行为密切相关，致使主体（个体）产生一种新的，与大多数的观点相对立的原创造性观点；而东方重视集体主义，集体主义文化则强调顺从、合作、义务和接受群体内的权威，顺从、合作、义务、尊重权威与创造性也会存在着联系。由此可见，不同文化从不同特点上引领创造或创新，促进创造性人才的成长。

中华民族的文化历来重视创新或创造。这主要表现在：崇尚独立自主的人格，这是创造型人才普遍具有的人格特征；从孔子的"述而不作"到"问孔""刺孔""难孔"，说明中国文化具有怀疑精神，这是创新的源泉之一；"和而不同"的思维方法为创新提供了思维基础；"崇尚理性"的文化，既能客观地认识自己的现实，又能公正地对待外来的文化。这为文化创新奠定了良好的基础。只有融东西方文化为一体，学贯中西、扬长避短，创造性人才才能大量涌现。在中国历史上，儒家和道家都创造性地提出了自己的人生价值观。作为儒家创始人的孔子和孟子生活在春秋战国时期，他们具有强烈的社会责任感，希望自己对社会、对人民有所担当，想通过自己的努力改变混乱的现实。在他们看来，人生的价值就在于对社会作出自己的积极贡献。为此，他们周游列国，劝说诸侯推行仁政、王道，没有成功，又聚徒办学，培养治国安邦的政治人才，力图通过自己的学生去实现平治天下的伟大理想。他们的理想虽然没有在生前实现，但其人生观、价值观和生命实践，给后人留下了宝贵的精神财富，对中国社会、中国文化和中国人的心理还是产生了积极而长久的影响。作为道家创始人的老子和庄子也生活在春秋战国时期。他们面对混乱的世道，不是采取积极入世、改变现实的态度，而是采取了退出社会、回归自然、隐居山林、独善其身的态度。他们主张韬光养晦、守柔守弱、知足无为、不为天下先。他们最看重生命的价值，轻视追求富贵、名利的价值观。在道家看来，儒家采取积极入世的态度，无非是为了博取个人的名利地位。可以说，道家是用个人主义的心态来理解儒家的。由于人的生命活动及其价值都离不开为社会和为自己两个方面，尽管有的人以社会为先，有的人以个人为先，也有的人尽力兼顾个人和社会两个方面，这就使得儒家和道家的人生哲学都显示出一定价值，也为人们的人生价值观选择提供了不同取向或互补的两个方面。但总的看来，无论在春秋战国时期，还是在后代的中国社会，儒家的人生价值观都是主流的，而道家的人生价值观则是非主流的。中国古代的知识分子，往往在人生顺达的时候信仰儒家，在人生逆穷的时候则信仰道家。这个规律，对不同的人是适用的，对同一个人的不同人生阶段也是适用的；对古代人是适用的，对现代人也是适用的。由于人生观不同，世界观也就不同。儒家更多关注人与社会的关系，对历史观、政治观、道德观、教育观多有研究；道家则更多关注人与自然的关系，对自然观、人生观、审美观多有研究。

三　道德价值标准

无论个体还是群体的文化活动，同其他的社会实践活动一样，都必须遵循一定的社会规范，其中包括伦理、道德规范。文化建设的基本价值取向应该是追求真、善、美，其中善是最具伦理特色的价值取向。"人在同外部世界发生并建立一种文化关系的时候，应该随时随地地考虑到善这个价值方面。因为只有善的行为和关系，才可以称得上是文化的。"[①] 然而，人们往往有一种价值定向上的错误，在某些时候，人总以为自己是在进行"文化"活动，但实际上却在做着"反文化"的事。这是因为人们经常把人的生命存在的优化同人与世界关系上的善的价值相割裂，过于目光短浅，过于急功近利，结果是"欲速则不达"，反而事与愿违、遗患无穷。有时甚至是用高度的智商做出不少蠢事来，比如，为了眼前或局部的利益而破坏生态环境，结果给更多人的可持续生存和发展带来危害。因此，为了使自己的行为确实符合善的价值准则，人应该对自己的行为可能引起的外部世界的各种变化作出确凿的预测，应该进行关于行为后果是否具有善的价值（或者恶的后果）的文化伦理评价。只有在作出这种评价之后，确认行为的价值性质为"善"之后，方可"开始"实行，不然就可能产

---

① 李鹏程：《当代文化哲学沉思》，人民出版社1994年版，第276页。

生一起恶行。尽管确定人的活动的后果是复杂艰难的事情，但是，只要以"善"的价值为取向，"善念在心"而谨慎从事，则可能使我们这个世界在人类自身清明的善的精神光辉的普照下，走出一条健康的文化发展之路。

我国文化建设的道德价值体系是也只能是我国社会主义道德价值体系之核心、原则、规范等的具体化。

（一）把握以人为本和为人民服务的核心

社会主义文化是人民大众的文化，人民群众共建共享是一个重要特征。发展社会主义文化，要始终坚持以人为本，把满足人民群众的精神文化需求作为文化发展的根本目的，把人民群众作为文化建设的重要依靠力量，做到文化发展为了人民、发展依靠人民、发展成果由人民共享。人民群众的文化需求可以分为两部分，一部分是体现人民群众文化权益的基本文化需求；另一部分是多样化、多层次、多方面的文化需求。现阶段，基本文化需求主要包括读书看报、听广播看电视、进行公共文化鉴赏、参加公共文化活动等。除此之外，就属于多样化、多层次、多方面的文化需求。正确区分这两种文化需求并处理好二者关系，有助于我们对文化建设中政府职责和市场功能进行科学定位，明确文化建设的基本思路，即一手抓公益性文化事业，一手抓经营性文化产业，做到两手抓、两加强，两轮驱动，两翼齐飞。

人民群众的基本文化需求，也是人民群众必须得到保障的基本文化权益。因此，要以政府为主导，以公共财政为支撑，以公益性文化事业单位为骨干，以全民为服务对象，以基层特别是农村为重点，构建覆盖城乡的公共文化服务体系。基本文化权益具有公益性、均等性、基本性、便民性等属性。公益性，就是政府提供的公共文化服务基本上是免费服务，或是低于成本、收费很少的服务；均等性，就是不分男女老少，不分富人穷人，不分城市农村，不分东中西部，都平等地享受公共文化服务；基本性，就是政府提供的是基本文化服务，而不是所有文化服务；便民性，就是要网点化，做到一定空间范围内必须有公共文化活动场所，方便群众就近参与。公共文化服务体系建设的重点和难点在农村、在基层，因此要向农村和基层倾斜。要优先安排涉及农村和基层群众切身利益的文化建设项目，积极推进广播电视村村通、文化信息资源共享、社区和乡镇综合文化站（室）、农家书屋、农村电影放映等重点文化惠民工程建设。要大力推动公共博物馆、纪念馆、美术馆、文化馆、图书馆、青少年宫、科技馆、群众艺术馆以及基层文化活动中心向全社会免费开放，提高公益性文化单位服务群众的能力和水平。要推动政府通过购买文化产品的方式在特定时段、以特定内容、向特定群体提供公共文化服务。

对于人民群众多样化、多层次、多方面的文化需求，主要靠市场来满足。在社会主义市场经济条件下，市场越来越成为人们进行个性化文化消费、满足多样化文化需求的主要途径。这就要求我们必须大力发展经营性文化产业，进一步繁荣文化市场。要大力发展文化创意、影视制作、出版发行、印刷复制、广告、演艺、娱乐、文化会展、数字内容和动漫九大文化产业，不断壮大我国文化产业的总体实力。要培育各类自主经营、自我发展的合格市场主体，这是文化产业的基础。要加快构建和培育统一开放竞争有序的现代文化市场体系，建立门类齐全的文化产品市场和文化要素市场，繁荣城乡文化市场，培育大众性文化消费市场，更好地满足人民群众的精神文化需求。要积极鼓励广大文化工作者创作更多群众喜闻乐见的精品力作，鼓励国有或国有控股文化企业积极开发市场、占有市场，发挥骨干作用，鼓励非公有制文化企业积极提供多样化的文化产品和服务，提高供给能力，努力满足不同地域、不同层次、不同群体、不同年龄群众丰富多彩、健康有益的文化需求。上述关于文化建设的基本思路和政策规定，都体现了以人为本和为人民服务的社会主义伦理精神，因而都可作为相关的道德规范来对待。

人民群众是历史的创造者，是文化发展的决定力量。2013年4月28日，习近平来到全国总工会机关，同全国劳动模范代表座谈并发表重要讲话时指出："人民创造历史，劳动开创未来。实现我们的奋斗目标，开创我们的美好未来，必须紧紧依靠人民、始终为了人民，必须依靠辛勤劳动、诚实劳动、创造性劳动，必须充分发挥我国工人阶级的重要作用，焕发他们的历史主动精神，调动劳动和创造的积极性。""工人阶级是我国的领导阶级，是我国先进生产力和生产关系的代表，是我们党最坚实最可靠的阶级基础，是全面建成小康社会、坚持和发展中国特色社会主义的主力军。坚持和发展中国特色社会主义，必须全心全意依靠工人阶级、巩固工人阶级的领导阶级地位，充分发挥工人阶级的主力军作用。中国特色社会主义是当代中国发展进步的根本方向，也是引领我国工人阶级走向更加光明未来的必由之路。我国工人阶级要牢固树立中国特色社会主义理想信念，发扬我国工人阶级的伟大品格，用先进思想、模范行动影响和带动全社会，坚持以振兴中华为己任，增强历史使命感和责任感，立足本职、胸怀全局，自觉把人生理想、家庭幸福融入国家富强、民族复兴的伟业之中，把个人梦与中国梦紧密联系在一起，始终做坚持中国道路的柱石、弘扬中国精神的楷模、凝聚中国力量的中坚，始终以国家主人翁姿态为坚持和发展中国特色社会主义作出贡献。""劳动是财富的源泉，也是幸福的源泉。人世间的美好梦想，只有通过诚实劳动才能实现；发展中的各种难题，只有通过诚实劳动才能破解；生命里的一切辉煌，只有通过诚实劳动才能铸就。必须牢固树立劳动最光荣、劳动最崇高、劳动最伟大、劳动最美丽的观念，崇尚劳动，造福劳动者，让全体人民进一步焕发劳动热情、释放创造潜能，通过劳动创造更加美好的生活。全社会都要贯彻尊重劳动、尊重知识、尊重人才、尊重创造的重大方针，维护和发展劳动者的利益，保障劳动者的权利。要坚持社会公平正义，努力让劳动者实现体面劳动、全面发展。"[①] 这些讲话，极为精辟深刻，是对我国工人阶级和劳动人民历史地位及其伟大贡献的充分肯定。建设社会主义文化离不开人民群众的自觉参与。社会主义文化发展的最深刻根源，蕴藏于广大人民群众的生活和实践之中。离开了人民群众的生活和实践，忽视了人民群众的主体地位，社会主义文化建设就会成为无源之水、无本之木。因此，应从思想上和实践上突出人民群众在建设社会主义文化中的主体地位，充分发挥人民群众的主体作用，调动人民群众的积极性、主动性和创造性，促使他们更加自觉、更加主动地推动社会主义文化建设。围绕以人为本和为人民服务的核心发展文化，就意味着要能促进经济和文化发展，能满足人民群众物质生活和精神生活的需要。提高人的综合素质，促进人的全面发展，是文化建设的根本目标。坚持满足人民群众日益增长的精神文化需求是推动社会主义文化大发展大繁荣的根本动力，也是兴起社会主义文化发展新高潮的最终目的。社会主义先进文化的本质属性要求我们不仅要尊重人民群众是文化的创造者的主体地位，也要求我们保障人民群众广泛享有社会主义文化发展文明成果的基本权益。

---

① 《习近平同全国劳动模范代表座谈》，人民网 2013 年 4 月 30 日。

（二）坚持"合乎人道、有益社群、保护生态、尊重信仰"的原则

这四条道德原则是针对非人道主义、极端利己主义、破坏生态环境以及缺乏信仰或不尊重其他信仰的宗教极端主义等错误倾向提出来的，也是笔者多年来研究归纳的结果。在中国特色社会主义经济、政治、文化、社会的建设实践中，始终存在着怎样正确处理人与人、人与社会、人与自然、人与信仰的关系问题。因此，从以人为本和为人民服务的核心价值观出发，坚持"合乎人道、有益社群、保护生态、尊重信仰"的道德原则具有必然性和合理性。

1. 在人与人的维度，要坚持"合乎人道"的原则。人道主义思想最早是由资产阶级思想家提出来的，在文艺复兴和资产阶级反封建、反宗教的革命时期，曾起过历史进步作用，后来被纳入资本主义国家的意识形态之后，其作用发生了不利于无产阶级革命的变化。因此，马克思主义者在批判资产阶级人道主义的同时，继承其合理和普世的因素，创立了无产阶级和社会主义的人道主义学说。所以，社会主义道德包括对人道主义的继承和发展。这主要表现在：把人道主义建立在科学的人性观和历史观之上；把尊重人、关心人和促进人的自由全面发展，作为社会主义人道主义的重要内容；把人道主义发展到爱人民和为人民服务的新境界。在我国现阶段，确立和实行人道主义原则具有非常重要的现实意义。一切社会的现代化过程，都要不断面临重建合理性的问题，正是在这方面，以人为本的道德体系和人道主义原则能显示出它的独特价值。现代化作为一个历史过程，既体现了社会进步与发展的历史趋势，又蕴含着负面的价值后果，这在西方发达国家早已显示出来，在包括我国在内的发展中国家也正在越来越明显地展示出来技术专制、人际关系商品化和大众传媒对人的控制等现代化带来的负面影响，不仅造成了人的主体性、人的存在意义和人文精神的危机，而且造成了健全人格的失落。压抑感、焦虑感、危机感、孤独感、矛盾感、失落感等不良心态弥漫在许多人的心间，由于人格的扭曲、分裂，使患心理疾病和精神分裂症的人与日俱增。针对这些情况，在伦理学中倡导人道主义价值取向，无疑有助于克服现代化过程中的负面效应。对人道主义者来说，人的价值是一切价值得以产生的前提。现代化的价值也要依据大多数人的幸福感来评判。离开对人的价值和命运的关怀，甚至以人的价值和幸福感的失落为条件的现代化是没有意义的。人道主义、人民功利主义和公平正义是人道主义价值取向的伦理表现，它们都应当成为我国社会主义现代化过程中必须坚持贯彻的道德价值原则。

2. 在人与社会的维度，要坚持"有益社群"的原则。以社会或群体为本位的道德价值观，也可以称为社群主义的道德价值观。社群主义与新自由主义形成了当代西方政治伦理平分秋色的局面。社群主义者认为，个人主义关于理性的个人可以自由地选择的前提是错误的或虚假的，理解人类行为的唯一正确方式是把个人放到其社会、文化和历史的背景中去考察。社群既是一种善，也是一种必需，人们应当努力追求而不应当放弃。正义优先的原则要求权利优先的政治学，而善优先的原则要求公益优先的政治学。因此，用公益政治学替代权利政治学，便成为社群主义的实质性主张。也有人认为，社群主义的意义正是在于它站在了自由主义的对立面，它依赖于自由主义的存在而存在，其结果更多的是促进了自由主义的发展，而不是它所标榜的那种对自由主义的颠覆。因为，社群主义与新自由主义是一对由当代西方发达国家的土壤所培育出来的"孪生子"，它们是互补的。自由主义的自由人士为私有经济辩护，而平等主义的自由人士为福利国家辩护；社群主义者则为与私有经济和福利国家相适应的公共生活辩护。我国改革开放以来，个人主义和自由主义思想获得了相当大的发展空间。现在看来需要社群主义原则来补充和超越。在我国一直以来所倡导的集体主义、爱国主义和民族精神中，就蕴含着社群主义的本质。我们面临的一个任务，就是要把社群主义思想统一于中国特色社会主义的价值取向和历史实践之中。以社会或群体为本位的社群主义也是历史本位主义。如果说人道主义的道德价值取向着眼于现代化、城市化、市场化和全球化过程中的人生价值关怀，那么社群主义的道德价值取向就是着眼于现代化、城市化、市场化和全球化过程中的社群文明关怀。人生价值与社群文明又是相互联系的两个方面：人生价值的实现要以社群文明为条件；社群文明要以人生价值的实现为表征。在这个意义上，人道主义的道德价值取向中也包含着社群关怀，而历史主义的道德价值取向中也包含着人文关怀。这就要求我们的道德价值取向，必须把人文主义与历史主义相结合，把人的标准与历史标准统一起来。作为历史主义道德价值取向之体现的集体主义、爱国主义和普世主义的道德原则，既是评价个人行为的道德原则，又是评价社群行为的道德原则。这些价值原则还应当通过社群的制度安排、政策导向和实践活动体现出来，而不能仅仅是社群宣言或个人的行为规范。总之，历史本位主义和社群本位主义总是相互认同的。

3. 在人与自然的维度，要坚持"保护生态"的原则。人与自然的关系，在广义上包括人与生命自然、生态自然和宇宙自然的关系；在狭义上主要指人与生态自然（包括生命自然）的关系。生态自然又叫生态系统，它是介于生命自然和宇宙自然之间的概念。就这三个概念的关系而言，生命自然从属于生态自然，而生态自然又从属于宇宙自然。我们要从坚持以人为本，树立和落实全面、协调、可持续科学发展观的高度出发，充分认识和深刻理解生态自然修复对改善生态环境的重要作用，正确处理好生态环境治理、保护与经济社会发展的关系，真正在思想认识和实际工作中实现这一历史性的转变，促进人与自然的和谐相处。保护生态的道德原则要求人们正确处理生产、消费与维护生态系统平衡的关系。在人与自然的关系上，近代以来文明发展的主流是征服、利用和控制自然，它要求打破人与自然的原始平衡和天然联系，不断实现对自然的支配。这种原则虽然拒斥了人对自然的宿命态度，为改造自然、化自在之物为为我之物的历史过程奠定了价值观的基础，然而，它同时也引发了对自然的片面占有，并产生了灾难性的后果。当人类企图用高技术手段对人的遗传基因进行任意组合，对生殖过程进行人工控制、对人体器官任意移植乃至将克隆技术等应用于人体繁衍之后，甚至用基因武器（生物武器）攻击人类时，已经或可能产生的不良伦理后果极令世人担忧。这时候，人们想到的是人类生命自然的规律还要不要尊重？如果不尊重生命自然的法则将带来什么后果？这些后果对人类生存究竟是有利还是不利？自然主义的道德价值取向要求人们在发展和应用生命科学技术的时候，必须考虑上述问题。当经济发展的需要和科技开发手段无限度发展的时候，人与自然环境之间的紧张也日益强化，无休止地掠夺自然资源的结果，带来了全球性的生态危机。这不仅威胁着当代人的生存，也威胁着经济可持续发展及子孙后代的生存。当然，提出保护生态或天人和谐的道德原则，并不是要求人类放弃现代科技文明，重新回归到原始的天人平衡中去，而是要在打破原始的天人和谐以后，重建现代文明基础上的天人和谐。特别重要的是，我们不能把经济建设与生态建设对立起来，而要把它们有机地统一起来，也就是要科学地处理好经济建设与生态环境保护的关系。

4. 在人与信仰的维度，要坚持"尊重信仰"的原则。信仰缺失和重建是我们时代的重要特征，也是影响人的文明素质的重要因素。无论宗教信仰还是非宗教的政治、道德等信仰,都同人的理想、信念和文明意识紧密相连。过有信仰或合乎信仰的生活是人类生活的一大特点。信仰既是信仰者所推崇和向往的价值目标,又是信仰者的一种心理状态,因而是客观性与主观性的辩证统一。信仰的表现或替代方式很多,如神灵崇拜、自然崇拜、领袖崇拜、英雄崇拜、明星崇拜,等等。信仰同理想、信念紧密相连。对人和社群来说,树立理想、信念和信仰的实质是寻找赖以生存的终极意义和精神动力。人们的生活方式与信仰是相互建构的。一定的生活方式要求建立与之相适应的价值观,一定的价值观也要求建立与之相适应的生活方式。由此可见,信仰与生活是不可分离的。信仰能赋予生活某种意义。如果说生活满足人的物质需要,那么意义就满足着人的精神需要。或者说,人的物质需要和精神需要也可以归结为生活需要和信仰需要。尊重信仰的道德原则正是立足于人的信仰需要,既要把生活提升为信仰,又要用信仰来规范生活。道德对信仰的关怀是一种形而上的终极价值关怀;道德对生活的关怀是一种形而下的现实价值关怀。这两种关怀也体现着价值追求的战略目标与战术目标相结合的智慧。20世纪以来的反基础主义、反中心主义和拒斥形而上信仰的思潮,严重冲击了人类道德生活的共同信念和根基。当人们在多元价值观带来的相对主义的漩流中无所适从时,他们需要寻找安身立命的根据。重建信仰主义道德,为当代社会提供可普遍化的价值取向和准则,是摆脱道德信念危机的必由之路,也为人们道德价值取向的选择提供了一种必要的可能。信仰缺失也是现代化过程中普遍存在的问题。在西方人看来,"上帝"具有传统文化和传统价值观的象征意义,上帝的死亡也就象征着传统文化和传统价值的终结。这就使人生缺少了具有终极意义的价值根据和意义支点,使人生变得迷茫和悲惨。东方人的信仰缺失感是在经济、政治和文化体制的转型中产生的。社会转型使原有的价值信仰逐渐失去物质基础,在新的社会秩序尚未完全形成之前,寻找新的人生皈依已成为人们必须面对的现实,因此,信仰主义道德价值取向就代表了这种历史趋向和社会思潮。随着历史变迁和社会结构的复杂化,无论在全世界,还是在每一个国家、民族的内部,人们的信仰都呈现出多元、多维和多层性。由于信仰或理想、信念和价值观的冲突(也包括利益冲突),不仅到处存在着激烈的矛盾,还存在着无穷的恐怖活动和战争。在这种情况下,为了构建和谐的社会和世界,只能提倡具有不同信仰的人们之间的相互尊重。尊重信仰也是尊重人权和主权的表现。每个国家、民族和个人，都有选择信仰的权利，也有尊重别的国家、民族和个人的信仰的义务。这不只是社会主义的道德原则，也应当成为一条普世的道德原则。当然，在构建核心价值体系的意义上，我们要大力提倡中国特色社会主义的理想、信念和信仰。

总之，合乎人道、有益社群、保护生态、尊重信仰的道德原则，既体现了以人为本和为人民服务的价值观核心，又反映着中国特色社会主义经济、政治、文化、社会之建设实践对正确处理人与人、人与社会、人与自然、人与信仰关系的必然要求，还照顾到当代人道德价值观的多元性、多维性和多层性。这些原则和核心，也是我们进一步构建道德文明体系的根本依据。①

（三）深化社会公德、职业道德、家庭美德和个人品德建设

2015年2月28日，习近平总书记在会见第四届全国文明城市、文明村镇、文明单位和未成年人思想道德建设工作先进代表时发表重要讲话。他指出，"要坚持'两手抓，两手都要硬'，以辩证的、全面的、平衡的观点正确处理物质文明和精神文明的关系，把精神文明建设贯穿改革开放和现代化全过程、渗透社会生活各方面，紧密结合培育和践行社会主义核心价值观，大力倡导共产党人的世界观、人生观、价值观，坚守共产党人的精神家园；大力加强社会公德、职业道德、家庭美德、个人品德建设，营造全社会崇德向善的浓厚氛围；大力弘扬中华民族优秀传统文化，大力加强党风政风、社会家风建设，特别是要让中华民族文化基因在广大青少年心中生根发芽。要充分发挥榜样的作用，领导干部、公众人物、先进模范都要为全社会做好表率、起好示范作用，引导和推动全体人民树立文明观念、争当文明公民、展示文明形象"。社会公德、职业道德、家庭美德和个人品德建设既是精神文明建设的内容，又是文化建设的内容。公民道德建设关系到全面建设小康社会宏伟目标的实现，关系到中国特色社会主义事业的成败。我们要从推动科学发展的高度，着力解决诚信缺失、公德失范等突出问题，推动道德建设与经济社会发展相互协调、相互促进，使精神文明不断进步、社会风尚不断改善。要从促进社会和谐的高度，坚持用社会主义核心价值体系引导人们的思想和行动，增强道德判断力和道德

---

① 孔润年：《伦理学基本问题新探》，陕西人民出版社2008年版，第289—299页。

荣誉感，倡导和谐理念、培育包容精神，维护公平正义、诚信友爱的社会环境。要从增进人民幸福的高度，褒扬真善美、贬抑假恶丑，激励全体社会成员从我做起，做一个有道德的人，形成知荣辱、讲正气、作奉献的文明风尚。要从增强道德自信的高度，大力弘扬优秀道德文化传统，牢固确立主流道德取向，以道德建设的实际成效推动形成良好社会风尚。开展道德领域突出问题专项教育和治理是推进社会主义核心价值体系建设的重要举措，是顺应人民群众意愿、深化精神文明建设的基础工程和德政工程。要始终坚持以立为本、重在建设，大力开展社会公德、职业道德、家庭美德、个人品德宣传教育，营造有德光荣、失德可耻的浓厚舆论氛围，不断增强全社会崇德向善的道德自觉。要积极发动群众参与评议、监督和纠正不道德现象，充分发挥职能部门的行业管理、行政管理和执法监管作用，完善健全相关法律法规和政策，对失德败德行为进行有力制约，形成扶正祛邪、扬善惩恶的社会风气。要大力弘扬时代楷模的感人事迹和崇高品德，培育崇尚先进、学习先进的文明新风，激励广大干部群众见贤思齐、择善而从，把美德善行融入日常工作生活中。要充分发挥我们的政治优势和组织优势，加强统筹协调和指导督促，有效凝聚各方面力量共同推进工作，确保教育和治理活动取得实效。加强社会公德和家庭美德教育，要着重抓好"三点"：一是抓好教育干部这个关键点；二是抓好青少年教育这个重点；三是抓好流动人口这个难点。通过扎实的思想道德教育工作，全面提高人民的道德水准和社会文明程度，同时加强和改进思想政治工作，广泛开展群众性精神文明创建活动，通过社区文化、企业文化、校园文化、家庭文化等群众喜闻乐见的方式，对不同层次、不同职业、不同年龄的人们提出不同的要求，因人施教，分层次推进，切实有效地提高广大市民的综合素质。

爱祖国、爱人民、爱劳动、爱科学、爱社会主义，是我国社会主义道德的基本规范，把它们应用于文化建设和文化活动之中，就是要建设中国特色社会主义文化，正确对待中国传统文化和现代西方文化。中华民族文化既包括汉民族的文化，也包括各少数民族的文化；既包括悠久的古代文化，也包括近代和现代文化。弘扬中华民族优秀文化，一定要正确评价它的价值和历史地位，不允许用民族虚无主义、历史虚无主义的态度来贬低和否定我国优秀的传统文化，也不允许把优秀的传统文化与现代化、全球化对立起来。中华民族传统文化中的优秀成分，是锻造民族性格和民族精神的大熔炉，是决定中华民族生存和进步的极为重要的因素。任何一个民族、国家的文化，都有它的长短优劣，有它的局限和不足。中国文化之所以曾经长期居于世界领先地位并绵延数千年而不绝，就是和不断吸收外来文化分不开的。今天，是中国实行改革开放的时代，也是经济全球化、政治多极化、信息网络化的时代。因此，在建设有中国特色社会主义文化的过程中，也必须吸收外来文化的有益成分。真正具有文明价值和善的价值的文化成果，既是民族的，又是世界的。外国的优秀文化成果可以走向世界，中国的优秀文化成果也可以走向世界。我们学习和吸收外国文化的目的，只能是为了丰富和发展中国文化，而不能是为了"全盘西化"。"全盘西化"就是要取代中国文化、消灭中国文化，让中国人走西方社会的发展道路，做西方人的附庸，这是任何一个爱国者都不可能接受的。我们必须采取分析批判的态度，充分吸收外来文化中一切积极有益的因素，抵制和批判外来文化中消极有害、腐朽反动的东西，必须保持我国文化的民族性，维护我们的民族独立和国家主权。保持文化的民族性也是保持世界文化多样性和发展动力的前提条件，是符合人类文化存在和发展的客观规律的。

爱祖国、爱人民、爱劳动、爱科学、爱社会主义，被简称为"五爱"。能不能做到这"五爱"，与能不能树立正确的"忠"德观相联系。因为这"五爱"，也可以说就是"五忠"。因此，有必要在此谈一下对传统"忠"德的看法。

"忠"有独立含义，也常与"诚"、"孝"相连并提，故有"忠诚"、"忠孝"之说，久矣！然今何以论之？说来话长。"忠"本为中国传统之美德，自产生流行三千年有余。"忠"在儒家所倡诸德目中地位崇高，视为立国之本、教之大端，即封建社会的核心价值观。"忠"的对象多义，如忠君、忠国、忠友、忠事，等等。当然，在封建旧时代，忠君为"忠"德之第一义，这是毫无疑问的。辛亥革命，推翻帝制，显然无需再讲忠君了，然"忠"德之其他含义本应继续存在，而不该以偏概全，更不该因人废言，因废君而废忠。可事实上却出现了"忠"德教育的停顿、避讳。由此，"忠"与"诚"分离，亦与"孝"分离。诚和孝尚有人讲，忠几乎无人再提，要提也是批判。由此，"忠"德地位一落千丈。五四新文化运动，批判传统道德，更将忠德与腐朽的封建制度和专制道德相提并论，视为民主社会和进步道德之大敌。可奇怪的是，在激烈反对传统文化和传统道德的十年"文化大革命"期间,"忠"德却受到了特别推崇,甚至在全国普遍出现了"忠"字上墙、上门、上胸,以及早请示、晚汇报、跳"忠"字舞之怪现象。"文化大革命"结束,推崇"忠"德之风自停。可"忠"还算不算美德,有无可取之处,能不能继承弘扬,作为一个重大伦理问题,至今没有结论。这正是笔者要旧德新说之缘由。

其实,20世纪60年代初,我国哲学、伦理学和历史文化学界曾就传统"忠"德要不要继承,如何继承的问题进行过讨论。比如,著名哲学史家冯友兰先生就提出过"抽象继承法"。按他的分析,像"忠"这样的传统道德规范,有具体含义,也有抽象含义。忠君是"忠"的具体含义;忠国、忠民、忠友、忠事是"忠"的抽象含义。在对传统道德的批判继承中,可以抛弃传统道德规范的具体含义,继承其抽象含义。比如"忠"作为美德,在封建时代主要指臣对君的无条件忠诚、顺从、拥护、支持,在社会主义新时代,虽然不需要强调臣对君忠了,但下级忠于上级、干部忠于党、忠于国家、忠于人民,普通人忠于朋友、忠于事业、忠于职守,这还是应该提倡的。冯友兰先生把这样的"抽象继承法",通俗地叫作"旧瓶装新酒"。应该说,冯先生的这个分析是很有道理的,符合辩证"扬弃"而不是简单"抛弃"的马克思主义哲学观点。但是,这在"文化大革命"中却受到一些人的批判,认为这是为恢复封建统治阶级的旧道德寻找理论根据,在政治上是反动的。好在"文化大革命"结束后,不再有人批判这个观点了,甚至还有人明确为其平反。近年来,北京大学何怀宏教授也提出过类似"抽象继承法"的观点。当然,他没有直接讲"忠"德的抽象继承问题,而是讲了"三纲"(君为臣纲、父为子纲、夫为妻纲)的抽象继承问题。与如何批判和继承传统道德的问题相联系,在"文化大革命"初期,对历史学家吴晗所创作的戏剧《海瑞罢官》的批判,也涉及封建士大夫,如岳飞的精忠报国,包拯的清廉、公正,海瑞的清廉、刚直的品德,要不要肯定、歌颂和继承弘扬的问题。从某种程度上说,20世纪60年代初,围绕传统道德批判继承的学术讨论,被极"左"思潮的急先锋所利用,成为"无产阶级文化大革命"的导火线。

今天看来,"忠"德无论如何都不能全盘否定。忠君之说,固然过时,但忠公、忠国、忠职、忠上、忠民、忠友、忠亲,总还是可以讲也应该讲的!我国宪法规定公民要"爱祖国、爱人民、爱科学、爱劳动、爱社会主义"(习惯上简称为"五爱"),这里的"爱"就有"忠"的蕴义。

在传统道德中，忠和孝紧密相连，是一存俱存、一失俱失、一兴俱兴、一损俱损的依赖关系，而且都是中国传统道德的核心规范，曾经产生过巨大的影响。现在讲"孝"德的人已经不少，很多地方还大力表彰孝亲敬老之模范，但是，讲"忠"德的人很少，原因是过去把这个问题搞乱了，很多人认识上很模糊，内心里也很纠结。如前所述，忠，在封建时代的具体含义是"君为臣纲""臣对君忠"，即要求臣民无条件忠于君主个人；抽象含义是信任、诚实、拥护、服从、服务等。随着时代进步和社会发展，对传统的"忠"德，应该进行批判地继承和发展。应该辩证地"扬弃"，而不是简单地"抛弃"。要抛弃其在旧时代的具体含义，继承其抽象含义，采用"旧瓶装新酒"的方法，赋予其符合社会主义新时代的美德内涵。"忠"德，无论在古代，还是在现代，虽然也包括同事、同学、朋友、亲人之间的"伦理之忠"，但更多是讲公私之间、公公之间的"政治之忠"。因此，"忠"德有显著的政治性，属于政治道德的原则、规范或范畴。就这一点说，"忠"与"诚"，"忠"与"孝"是既有联系，又有区别的。在当代中国，作为政治道德规范和干部品德的"忠"，应该抛弃"臣对君忠"的具体内涵，赋予忠于党、忠于祖国、忠于人民、忠于单位、忠于职守、忠于上级领导和组织的理性含义。这都是对"公权""公利"和"公事"的"忠"。简单说，是忠于公，而不是忠于私。因此，"忠"德仍是我们今天应该提倡的美德。

四　审美价值标准

（一）坚持人民本位的审美观念

审美观是人在社会实践，特别是审美实践活动中形成的对美、审美和美的创造发展等问题所持有的基本观点，是价值观的重要组织部分。审美观作为审美意识，其核心是审美标准和审美理想问题。进步的、健康的、科学的审美观，能指导人们正确地发现并深刻地感受美，并按照美的规律改造自身和世界。审美观的形成和确立，要受时代、民族、阶级的社会生活的影响和制约，同时，也受到社会文化条件、政治哲学和伦理道德观念、宗教信仰以及经历、年龄、职业、心理素质等各种要素的影响和制约。因此，由于时代、民族、阶级的不同，审美观会表现出巨大的差异性。又由于各个时代、民族、阶级的社会实践、审美实践具有延续性和共同性，他们的审美观也常常会表现出某些共同的特征。

帮助青少年学生走出审美误区，引导他们正确地认识美、理解美、追求美，树立正确的审美观，是文化建设不可忽视的重要方面。就青少年的审美观教育而言应该提倡：（1）崇尚自然美。美的现象具有极其丰富多变的具体表现。如自然美就包括了壮美、奇美、秀美、幽美、旷美、险峻美等具体表现。每个人在世界上的存在都是独一无二的。牡丹有牡丹的高贵与妖媚，荷花有荷花的雅洁与清爽，小草也有它的生机与活力。"清水出芙蓉，天然去雕饰"说的就是这个道理：自然就是美。青春本来就是一段如花的岁月，朴素大方是属于青年学生独有的健康向上的宝贵品质，而胭脂、口红、时装、首饰，只是成年人为了掩饰岁月带来的苍老，想留住青春的无奈做法。（2）珍惜青春美。当学校运动会时，激昂的《运动员进行曲》响起，青春的身影像离弦的箭一样朝前飞奔，那种为了理想与目标而奋勇拼搏的精神，不正是青春美的体现吗？当你一次次战胜困难，终于品尝成功的喜悦时，脸上的微笑又是多么持久永恒的美。青春是那么让人回味，让人心动，青春的朝气蓬勃是那么让人可望而不可即，青春的美在于健康向上。在这么美好的岁月里，只有认真学习，掌握更多的知识和本领，提高各方面的素质，拥有健康的心理品质，才无愧于青春。而由于不恰当或过分的追求外表美而浪费时间，便是挥霍青春，将来一定会深感遗憾。（3）注意形象美、心灵美。许多学生将"形象美"简单地理解为外表美、形体美，却没有意识到一个人高雅得体的言行，才会更让人欣赏，才会给人留下深刻甚至永不磨灭的印象。班上人缘好、受关注的人都是些心灵美的同学。有些学生经常无私地帮助别人，宿舍的工作尽职尽责、任劳任怨，干活从不拈轻怕重，同学生病了，主动照顾和关心。在班级，他们主动关门关窗，默默为班级作贡献。他们从来不和同学发生冲突，有事告诉老师协调帮助解决，和同学相处他们懂得谦让和宽容，结果大家都愿意与他交朋友，这就是"心灵美"的典范。心灵美所散发的光芒，反射到每个人的眼中，才会有更多的人注意你、喜欢你。

（二）提升文化建设的审美价值

我们要准确把握我国经济社会发展的新要求，准确把握当今时代文化发展的新趋势，准确把握各族人民精神文化生活的新期待，在全面建设小康社会的进程中、在科学发展的道路上奋力开创社会主义文化建设的新局面，努力建设社会主义文化强国。为了提升文化建设的审美价值，满足人民的精神需要，必须在文化之仁、文化之礼、文化之才、文化之艺、文化之力方面下功夫。

文化之仁。"仁"是中国传统伦理的核心理念，也是优秀传统伦理文化的精华。"仁"是人文精神的高度凝结，内含人之本、人之真、人之善、人之美、人之情、人之求。因此，符合仁的文化，就是体现伦理精神的文化。"仁"是"礼"的内在精神及其依据。以"仁"为本的德性伦理学和以"礼"为本的规范伦理学是对人类伦理思想的基本总结。德性伦理学旨在弘扬伦理精神，建构理想信念，故被称为信念伦理。规范伦理学旨在明确义务责任，确立价值导向和构建行为规范，故被称为义务伦理或责任伦理。

文化之礼。"礼"是"仁"的外在表现，是社会规范的总称，是人类文明的表征。它是随社会进步而丰富、发展和变化的。"礼"是一切文化生产、文化传播、文化评价、文化消费的伦理原则和规范。

文化之才。文化即人化，人化的基础是才能。所以，"才"是一切文化形式的知识基础和能力体现，也包括文化传媒的一切样式。文化靠媒体来传播，使其在时空中流动，在大众中消费。除了传统媒体文化的延续，新兴媒体文化勃然畅行。高新技术的广泛应用，创造了新兴传媒文化。新兴传媒文化为文化产业注入了新的元素和功能。网络广播电视，移动电视，数字化的图书、期刊、报纸，动画游戏、广告、播客和手机上网等，都成为文化消费的新宠。

文化之艺。"才"是"艺"的基础，"艺"是"才"的表现。古代有"六艺"之说，今有艺术之称。音乐、棋牌、书法、绘画、雕塑、舞蹈、戏剧、小说、散文、诗词，等等，都是人类创造的艺术形式。如我国文艺创作已出现繁荣发展态势，产品极大丰富，品质得到提升，体现出鲜明的时代特征。无论从文艺作品的数量、门类、规模，还是群众文化生活的参与程度上，以往历史时期都难以与之相比。文化产品的极大繁荣，不仅满足了人民群众多样性文化需求，而且在国际传播交流中，也提升和扩大了中华文化的国际影响力。有资料显示，目前我国已同世界上160多个国家和地区保持着良好文化交流关系，与145个国家签订政府间文化合作协定和年度文化交流执行计划。一批具有民族特色、自主知识产权的知名文化品牌引起世界关注，一批有实力的文化企业走向世界，开拓国际市场，在弘扬中华文化的同时，取得了良好的经济效益。[①]

文化之力。文化是一种软实力。它软在哪里？又力在哪里？文化软实力表现有三：一是文化感召力；二是文化传播力；三是文化竞争力。文化感召力能为国家、民族、团体提供凝聚力和战斗力，这主要通过意识形态的文化来体现。文化传播力表现为超越意识形态文化的普世认同性、共享性和可接受性。文化竞争力在现代社会主要表现为产业化的转化率和市场化的占有率。

（三）把弘扬主旋律与提倡多样化统一起来

文化总是以丰富多样的内容和形式来展现的，但其中总有一种居于主导地位、起着支配作用。当今世界，许多国家对建设自己的主流文化更加重视、更加自觉。培育和壮大主流文化，是古今中外的通行做法。历史和现实反复表明，如果没有最核心的价值观作指导，一种文化就立不起来、强不起来，一个民族就没有赖以维系的精神纽带，一个国家就没有统一的意志和共同的行动。因此，我们必须走在时代前列，坚持先进文化的前进方向，高扬自己的文化理想，把握文化发展的主动权，充分发挥文化引领社会、教育人民、推动发展的重要作用。在国际形势风云变幻的情况下，要把广大人民的思想意志凝聚好，使中华民族更好地屹立于世界民族之林，就必须铸就能够有效发挥统摄、引领和整合作用的核心价值观。核心价值体系是文化的内核，规定着文化的性质。有什么样的价值体系，就有什么样的文化立场、文化选择。中国是个多民族人口大国，要把人们的思想意志凝聚起来，就必须铸就能够发挥引领作用的核心价值体系。正是基于这样的认识，党中央鲜明提出了建设社会主义核心价值体系的战略任务，强调用马克思主义中国化最新成果武装全党教育人民，用中国特色社会主义共同理想凝聚力量，用以爱国主义为核心的民族精神和以改革创新为核心的时代精神鼓舞斗志，用社会主义荣辱观引领风尚，努力形成全民族奋发向上的精神力量和团结和睦的精神纽带。我们要坚持把弘扬主旋律与提倡多样化统一起来，大力弘扬一切有利于国家统一、民族团结、社会进步的思想和精神，一切有利于改革开放和社会主义现代化建设的思想和

[①] 参见袁元《中央将对文化领域发展和改革作出纲领性部署》，《瞭望》新闻周刊2011年10月2日。

精神，一切用诚实劳动争取美好生活的思想和精神，形成生动活泼、蓬勃向上的主流思想舆论。在社会主义市场经济条件下，文化发展越来越离不开市场，但又不能完全依靠市场，更不能被市场牵着鼻子走、为市场所左右。必须始终把社会效益放在首位，促进社会效益和经济效益有机统一，努力做到两个效益双丰收。如果两者发生矛盾，必须以社会效益为最高准则，坚持经济效益服从社会效益，决不能为追求经济利益而放弃社会责任、损害社会效益。要切实履行政府职能，一手抓繁荣、一手抓管理，加强改进宏观调控，加强对市场的日常监管，加强对市场秩序的规范，保证中国特色社会主义文化持续发展、快速发展、健康发展。

（四）坚决抵制庸俗、低俗、媚俗之风

就我国文化建设本身的问题来说，从五四新文化运动时期的"文化激进主义"到"文化大革命"时期的"文化虚无主义"，再到今天的"文化实用主义"，文化发展转型进入了一个更复杂的时期——庸俗、低俗、媚俗的文化乱象，正在混淆着社会大众的视听，引起文化审美价值取向的混乱。正如一些学者所指出：当前，存在着"文化活动表面的繁荣与'文化风骨'、'文化灵魂'（即核心价值观）的缺乏之间的矛盾"。"文化现状可用'泥沙俱下，鱼龙混杂'来形容，文化庸俗化现象严重，历史虚无主义大行其道，对社会主义的价值观形成了冲击。在这种情况下，我们要呼唤一种自觉的社会主义的主心骨、灵魂，即社会主义核心价值。""因此，我们迫切需要一个文化的道德底座，来满足中国人对'现代社会'的想象，遏制中国人精神的断裂和心灵的荒芜。"[1] 学界关于低俗文化概念的解读，散见于有关的文章中，还没有比较成熟的定义。总体上看，有三个相关的观点值得商榷：其一，认为文化可以分为高低不同的三个层次，其从高到低依次为雅文化、俗文化、低俗文化；雅文化或高雅文化不存在低俗问题，只有在俗文化中才存在低俗；甚至有意无意地把雅文化等同于芭蕾舞、交响乐、西式歌剧等"洋文化"。其二，对低俗文化概念的解释大多停留在关于宣扬色情、暴力、低级趣味等文化现象的描述上，没有关注到低俗文化的精神本质。其三，在探讨雅文化、俗文化或低

---

[1] 段素革：《"文化'三自'与社会主义核心价值体系"理论研讨会综述》，《哲学动态》2011年第9期，第107页。

俗文化的概念时，主要局限于对广播电视文化、文学艺术文化、舆论宣传文化等这些显性的精神性文化领域的考察，没有从"大文化"的视角界定低俗文化的外延。低俗文化是指文化品质低下、具有某种落后性质的文化；它与高尚文化、进步文化相对。判定一种文化对象的品质或性质是属于文化精神层面的问题，即关于文化精神性质的判断。文化精神是指一种文化形式、文化模式或文化体系中所蕴含的知识观念、价值体系、审美意识、道德情操、生活情趣等各种精神要素的总和。文化精神有"真善美"与"假恶丑"之分：高尚文化、进步文化就是"弘扬真善美、贬斥假恶丑"的文化，低俗文化、落后文化就是"贬斥真善美、张扬假恶丑"的文化。正是从文化精神的层面，我们才能说"文化是一个民族的精神和灵魂"。低俗文化的本质就在于其低俗的精神。现实生活中的低俗文化不仅存在于广播电视、文学艺术、舆论宣传等显性文化领域，而且广泛存在于社会生活的各个领域；低俗文化精神说到底是现实的"低俗人"的低俗精神，"低俗人"的活动延伸到哪里，低俗文化就会展现在哪里。改革开放30多年来，我国文化发展尽管成效显著，但是文化发展与政治、经济、社会发展之间的不协调、不匹配，以及文化在区域之间、城乡之间显现出的发展不均衡、不协调等问题仍然存在，文化建设与和谐社会建设、与社会主义核心价值体系建设的有机联系尚待加强。物质文明的提升和发展，对国人的精神文明、精神家园建设提出了更高要求，如何促动文化与经济的整合互动、和谐发展，如何高度重视和发挥精神文化的能动作用，都已成为我国社会主义文化发展的题中应有之义。经济在快速发展，生活在不断改善，然而，人们活得好像并不那么自在。内心深处，让人们眷恋、产生归属感的某些东西正在悄悄地远去；血液之中，让人们感到温馨和踏实的某些元素仿佛正在慢慢地流失。新奇的事物应接不暇，恍惚不安的情绪总是挥之不去，人们在眼花缭乱中感受到单调，在热闹和喧嚣中品尝寂寞。我们究竟追求一种怎样的生活？我们究竟期待一个怎样的世界？这个古老而永恒的话题再次萦绕在人们的心头，成为世界各种文化论坛的热门话题。由此可见，构建社会主义文化的真、善、美价值体系是构建精神家园和促进文化健康、有序发展的迫切需要。

第四章

文化建设中的核心价值体系

当代中国的文化建设必须以社会主义核心价值观和核心价值体系为指导。核心价值是相对于非核心或一般价值而言的，它们都是构成一个社会整体的价值体系的组成部分。我们知道，古代社会的价值体系是金字塔状态，也就是呈现为等级结构，而现代社会的价值体系则是扁平化的罗盘状态，也就是呈现为中心边缘结构。在一个整体的价值体系中，居于中心地位的价值就是核心价值，居于非中心或边缘地位的价值就是非中心或一般价值。核心价值的系统化就构成核心价值体系。核心价值体系与核心价值观也是既有区别又有联系的概念。核心价值体系渗透和体现核心价值观，核心价值观能指导或扩展为核心价值体系。核心价值观比核心价值体系更抽象、更集中、更根本。当代中国的社会主义核心价值体系，既是文化建设的内容，又是文化建设必须遵循的方向、原则和规范。建设社会主义核心价值体系，是中国共产党在思想文化建设上的一个重大理论创新，是在我国经济体制深刻变革、社会结构深刻变动、利益格局深刻调整、思想观念深刻变化的新形势下，凝聚和统一社会各阶层、各利益群体思想的有力武器，是社会主义制度的精神之魂，是社会主义先进文化的精髓，是社会主义意识形态大厦的基石，决定着中国特色社会主义的发展方向。因此，要强化教育引导，增进社会共识，创新方式方法，健全制度保障，把社会主义核心价值体系融入国民教育、精神文明建设和党的建设的全过程，贯穿到改革开放和社会主义现代化建设的各领域，体现到精神文化产品的创作、生产、传播的各个方面，坚持用社会主义核心价值体系引领社会思潮和文化建设，在全党全社会形成统一的指导思想、共同的理想信念、强大的精神力量和基本的道德规范。

一 社会主义核心价值体系的"两个方面"和"三个层次"

社会主义核心价值体系的基本内容是：以马克思主义最新发展成果为指导思想；以建设中国特色社会主义和实现中华民族伟大复兴为共同理想；以爱国主义为核心的民族精神和以改革创新为特征的时代精神；以"八荣八耻"为主要内容的社会主义荣辱观。对社会主义核心价值体系基本内容的准确把握十分重要，但是仅停留在这一点上又是很不够的。要将此问题的研究和学习深入下去，还要把握它的立体结构，从两个方面和三个层次去理解、诠释和建构。

（一）两个方面："价值存在体系"和"价值观念体系"

从价值哲学的维度来看，社会主义不仅是一种社会制度，还是一套完整的价值体系。社会主义价值体系的内容，既反映着社会主义经济、政治和文化的发展要求，又包含着对中国优秀传统文化和外国文化中合理因素的借鉴。它应该是"价值存在体系"和"价值观念体系"的辩证统一。正如"价值"和"价值观念"是有区别的一样，"价值存在体系"与"价值观念体系"也是有区别的。价值存在体系有客体性、对象性和效用性，包括人的价值、经济价值、政治价值、文化价值、生态价值等，其中居于核心地位的价值存在包括经济价值、政治价值和文化价值三个层次。经济价值主要表现为物质价值，政治价值主要表现为制度价值，文化价值主要表现为精神价值。价值观念体系应该是一定主体价值观念的系统化、理论化和自觉化。每个主体的价值观念体系相对独立，并可以划分为核心部分、环围部分、边缘部分，以及与其他主体价值观念的共享部分。一定的"价值观念体系"是以一定主体对"价值存在体系"的主观认识及其追求为基础而形成的。它主要包括"理想信念""行为规范"和"心理品格"三个层次的内涵。作为价值存在的中国特色社会主义核心价值体系，反映了人类社会的发展规律、社会主义建设的基本规律和中国共产党成立和执政以来的基本经验。作为价值观念的社会主义核心价值体系，是全党和全国人民都应该树立的理想信念，都应该遵守的行为规范和都应该形成的心理品格。

无论是"价值存在体系",还是"价值观念体系",都是相对于一定主体而言的。价值,作为客体对于主体的效应、意义,需要主体去认知和评价。价值评价既是对价值客体的理性认知,又是对主体需要的自我意识,同时也是对主客体价值关系的总体评判。价值评价只有反映了客体的客观属性、主体的合理需要以及主客体之间现实的效应关系,才是正确的。因此,没有无主体的价值存在和价值观念,也没有无价值存在和价值观念的价值主体。价值主体和价值观念主体,又有个体、群体、国家乃至人类之分。社会主义核心价值体系的主体应该是中国人民,其内涵应该是"价值存在体系"与"价值观念体系"的辩证统一。前者包括物质或经济价值、制度或政治价值、精神或文化价值三个层面;后者包括理想信念、行为规范和心理品格三个层面。任何主体开展价值认识和价值评价的目的都是为了进行价值选择或价值创造。价值选择包括对价值观念的选择和对价值创造实践的选择。价值选择应遵循合规律性与合目的性相统一、社会选择与个人选择相统一的原则。一般说来,个人的价值选择要服从和服务于社会整体的价值选择。

一定主体价值观念体系的核心部分,是对该主体所认同的"价值存在体系"之核心部分的反映。由于"价值存在体系"与"价值观念体系"既相区别,又相联系,因而通过认识"价值观念体系"也可以认识"价值存在体系"。价值是在改造主体和改造客体的过程中创造的。实践既能改造客体,使客体的形态、结构、功能发生变化,又能改造主体,改善主体的需求结构,提高主体的素质能力。从主体方面看,价值创造是人的本质力量的对象化,是人在实践活动过程及结果中所做的自我肯定和自我实现。从客体方面看,价值创造是客体在主体作用下所发生的形式变化,主体赋予客体以意义和价值。

(二) 三个层次:理想信念、行为规范和心理品格

从伦理学的视野来看,作为价值观念的社会主义核心价值体系有理想信念、行为规范和心理品格三个层面的内涵。认识到这一点,有助于把社会主义核心价值体系建设的理论认识和实践活动引向深入。

1. 建设理想信念层面的核心价值体系。这是涉及主体举什么旗,走什么路,以及具有什么样的前途命运的问题。主体有层次性,每个层次的主体都是在理想信念的引领下前进的。让每个层次的每个主体都树立起正

确的理想信念，并且把大家的理想信念整合为一个相对独立的价值体系，这是个繁重的历史任务。一个国家的理想信念，既是有关经济和政治的价值体系，也是有关文化、社会和生态的价值体系。它既是由历史规律决定的，又是由参与历史活动的各个主体共同选择或建构的。只有坚定理想信念才能为主体选择价值目标和开展实践活动指明方向。价值目标是在主体认识客观规律和主体需要的基础上建构起来的。它以观念的形式存在于人的主观世界之中，是对现实的、此在状态的批判和超越。

作为社会主义核心价值体系的理想信念，只能是坚持马克思主义指导思想和中国特色社会主义共同理想，为实现中华民族伟大复兴而努力奋斗！因为，马克思主义深刻揭示了人类社会发展规律，坚定维护和发展最广大人民的根本利益。是阶级性与科学性、价值性与真理性相统一的学说；是与时俱进、不断发展的科学；是正确的世界观和方法论，也能为建设社会主义核心价值体系提供正确的立场、观点和方法；是指引人民推动社会进步、创造美好生活的科学理论和先进文化。中国特色社会主义是当代中国发展进步的根本方向，体现了最广大人民的根本利益和共同愿望，符合中国社会发展的客观规律，是实现中华民族伟大复兴的必由之路。

我们提出的理想信念和价值取向，还必须统筹国内和国际两个方面。对内应该坚定马克思主义和共产主义理想信念，高举中国特色社会主义伟大旗帜，为建设富强、民主、文明、和谐、友善的社会主义现代化强国和实现中华民族伟大复兴而奋斗。对外应该提倡建立公正合理的国际政治、经济和文明新秩序，国际社会的成员，都要做和平、发展、合作、稳定、繁荣的维护者和促进者，相互尊重，平等相待，和谐相处，共同发展。

2. 建设行为规范层面的核心价值体系。一切个体和群体的行为规范，都是建立在一定的秩序基础之上的，也是为建立和维护一定秩序服务的。广义的秩序，应该包括自然秩序、社会秩序和人的心理秩序。狭义的秩序，主要指国际关系秩序和国内社会秩序，并且都包含经济秩序、政治秩序、文化秩序等具体方面。由于多种原因，自然界的生态环境秩序、国际和国内的经济、政治和文化秩序，以及人的心理秩序，都某种程度地处在转型、混乱和危机之中。重建自然秩序、社会秩序和人的心理秩序的任务异常繁重和紧迫。

无论社会秩序建构，还是行为规范的建构，都有文明与不文明甚至野蛮之分。社会秩序的性质决定着行为规范的性质。文明秩序的建立和维护，离不开对文明规范体系的建构。文明规范是群体自律和个体他律的统一。社会主义核心价值体系的建构，必须包括对文明秩序和文明规范体系的构建。文明进步的道德规范、纪律规范、法律规范、政治规范等，都是现代社会文明规范的体现。在文明先进的社会主义社会里，是非、善恶、义利、荣辱、美丑、正邪等价值标准不容混淆，坚持什么、反对什么，倡导什么、抵制什么，都必须旗帜鲜明。改革开放以来，党和国家与时俱进，提出了加强社会主义精神文明建设和公民道德建设的很多规范要求，如"爱国守法、明礼诚信、团结友善、勤俭自强、敬业奉献"等。还强调对中国优秀传统道德规范的继承和发扬，强调培育和弘扬以爱国主义为核心的民族精神和以改革创新为特征的时代精神。培育和弘扬以爱国主义为核心的民族精神，就是要发扬团结统一、爱好和平、勤劳勇敢、自强不息的精神，不断增强民族自尊心、自信心、自豪感。培育和弘扬以改革创新为特征的时代精神，就是要发扬解放思想、实事求是的精神；紧跟时代、勇于创新的精神；知难而进、勇往直前的精神；艰苦奋斗、务求实效的精神；淡泊名利、无私奉献的精神。作为行为规范层面的核心价值体系，还要涵盖政治、经济、文化、教育、科技、军事、外交等各个领域，并体现社会治理中德治、纪治和法治的统一。

3. 建设心理品格层面的核心价值体系。理想信念建设和行为规范建设，只有与人的心理品格建设相结合，才能真正落到实处。因此，建设作为心理品格的核心价值体系，并与作为理想信念和行为规范的核心价值体系建设相配合，是全面建设社会主义核心价值体系的必然要求。只有每个人的内心都建立起正确的核心价值体系，才能形成强大的精神力量和"软实力"。相对而言，行为规范建设要反映共同信仰、自然规律、社会规律等的外在根据和要求，而心理品格建设则必须反映人性、人的本质、人生价值、人生理想等的内在根据和要求。作为人的心理品格的核心价值体系有丰富的内涵，它包括积极向上的心态、有条不紊的思维、对价值存在体系和价值观念体系的正确认知；有丰富的道德情感、坚强的道德意志和昂扬的人文精神气质。按照唯物辩证法的观点，人的正确思想和良好心理品格，不是与生俱来的，也不是天赋的，而是在后天的教育和修养中形成的。

要把作为价值存在的社会主义核心价值体系转化为作为价值观念的社会主义核心价值体系，需要开展广泛深入的宣传教育、理论研讨、学习思考和凝聚共识。这是一个需要长期努力才能实现的复杂过程，是需要社会各界齐抓共管、相互配合的系统工程，也是需要从多学科的视野出发，担当起深化研究、丰富内涵、提高觉悟、推动实践的使命和责任。我国的精神文明建设、公民道德建设、思想文化建设和核心价值体系建设等，都要求人们践行社会公德、职业道德、家庭美德和个人品德，树立社会主义荣辱观。倡导爱国、敬业、诚信、友善的传统美德和男女平等、尊老爱幼、扶贫济困、扶弱助残、礼让宽容的人际关系。大力推进诚信和公信建设，加强人文关怀和心理疏导，培育自尊自信、理性平和、积极向上的社会心态。这些要求和理想，既有行为规范的意蕴，又有心理品格的意蕴。

二 社会主义核心价值体系的基本内容和德性维度

关于社会主义核心价值观的提出，最初见于2006年10月8—11日召开的中共十六届六中全会通过的《中共中央关于构建社会主义和谐社会若干重大问题的决定》（简称《决定》）明确提出："马克思主义指导思想，中国特色社会主义共同理想，以爱国主义为核心的民族精神和以改革创新为核心的时代精神，社会主义荣辱观，构成社会主义核心价值体系的基本内容。"2007年10月15日，胡锦涛在党的十七大报告中强调："社会主义核心价值体系是社会主义意识形态的本质体现。要巩固马克思主义指导地位，坚持不懈地用马克思主义中国化最新成果武装全党、教育人民，用中国特色社会主义共同理想凝聚力量，用以爱国主义为核心的民族精神和以改革创新为核心的时代精神鼓舞斗志，用社会主义荣辱观引领风尚，巩固全党全国各族人民团结奋斗的共同思想基础。"这些重要文献都明确了社会主义核心价值体系的基本内容包括马克思主义指导思想、中国特色社会主义共同理想，以爱国主义为核心的民族精神和以改革创新为核心的时代精神以及社会主义荣辱观。

坚持马克思主义的指导地位，抓住了社会主义核心价值体系的灵魂。马克思主义深刻揭示了人类社会的发展规律，坚定维护和发展最广大人民根本利益，是指引人民推动社会进步、创造美好生活的科学理论。因此，我们要毫不动摇地坚持马克思主义基本原理，紧密结合中国实际、时代特征、人民愿望，用发展着的马克思主义指导新的实践。马克思主义本身就是一种先进文化。它既是我国现代化建设的指导思想，又是中国先进文化的代表和灵魂。如果动摇马克思主义的指导地位，党和人民就会失去共同前进的思想基础，必然导致思想混乱和社会动乱。因此，要坚持和巩固马克思主义在意识形态领域的指导地位，坚持把马克思主义基本原理同中国具体实际相结合，不断作出符合我国社会发展进步要求和人民群众实践需要的新的理论概括，使当代中国的马克思主义具有更加鲜明的实践特色。

树立共同理想，突出了社会主义核心价值体系的主题。中国特色社会主义是当代中国发展进步的根本方向，集中体现了最广大人民的根本利益和共同愿望。因此，要深入开展理想信念教育，引导干部群众深刻认识中国特色社会主义道路既是实现社会主义现代化和中华民族伟大复兴的必由之路，也是创造人民美好生活的必由之路，自觉把个人理想及社会各界的政治理想，都融入中国特色社会主义共同理想之中，把人民群众最大限度地团结在中国特色社会主义伟大旗帜之下。

培育和弘扬以爱国主义为核心的民族精神，掌握了社会主义核心价值体系的精髓。民族精神是一个民族在长期社会实践中形成的民族意识、民族心理、民族品格、民族气质的总和，是民族文化中固有的并且延绵不断的一种历史文化传统，是民族文化最本质、最集中的体现。在五千多年的发展中，中华民族形成了以爱国主义为核心的团结统一、爱好和平、勤劳勇敢、自强不息的伟大的民族精神。这个民族精神，同党领导人民在长期革命、建设和改革中形成的优良传统和时代精神结合在一起，已经深深融入我们的民族意识、民族品格和民族气质之中，是全国各族人民团结一心、共同奋斗的价值取向，是中华民族生生不息、发展壮大的强大精神动力。要广泛开展民族精神教育，大力弘扬爱国主义、集体主义和社会主义思想，增强民族自尊心、自信心和自豪感，激励人民把爱国热情化作振兴中华的实际行动。

以改革创新为核心的时代精神是马克思主义与时俱进的理论品格，也是中华民族富于进取的思想品格与改革开放和社会主义现代化建设实践相结合的伟大成果。它已经深深融入我国经济、政治、文化、社会、生态等建设的各个方面，成为各族人民不断开创中国特色社会主义事业新局面的强大精神力量。这种时代精神反映了当代中国社会发展的方向和时代进步的潮流，是被全社会成员普遍认同和接受的思想观念、价值取向和行为方式，体现着当代中国社会崭新的精神风貌。我们要广泛开展时代精神教育，引导干部群众始终保持与时俱进、开拓创新的精神状态，永不自满、永不僵化、永不停滞，以思想不断解放推动事业持续发展。大力弘扬一切有利于国家富强、民族振兴、人民幸福、社会和谐的思想和精神，大力发扬艰苦奋斗、劳动光荣、勤俭节约的优良传统。

树立和践行社会主义荣辱观，夯实了社会主义核心价值体系的基础。它要求持续深入开展社会主义荣辱观的宣传教育，要以热爱祖国和贡献自己全部力量建设祖国为最大光荣、以损害祖国利益和尊严为最大耻辱；要求弘扬中华民族传统美德，推进公民道德建设工程。加强社会公德、职业道德、家庭美德和个人品德教育，评选表彰道德模范，学习宣传先进典型，引导人民增强道德判断力和道德荣誉感，自觉履行法定义务、遵守工作纪律，积极担当社会责任和家庭责任，在全社会形成知荣辱、讲正气、作奉献、促和谐的良好风尚；要求深化群众性精神文明创建活动，广泛开展志愿服务，拓展各类道德实践活动，倡导爱国、敬业、诚信、友善等道德规范，形成男女平等、尊老爱幼、扶贫济困、扶弱助残、礼让宽容的人际关系；要求全面加强学校德育体系建设，构建学校、家庭、社会紧密协作的教育网络，动员社会各方面共同做好青少年思想道德教育工作；要求深化政风、行风建设，开展道德领域突出问题专项教育和治理，坚决反对拜金主义、享乐主义、极端个人主义，坚决纠正以权谋私、造假欺诈、见利忘义、损人利己的歪风邪气；要求大力推进政务诚信、商务诚信、社会诚信和司法公信建设，抓紧建立健全覆盖全社会的征信系统，加大对失信行为惩戒力度，在全社会广泛形成守信光荣、失信可耻的氛围；要求加强法制宣传教育，弘扬社会主义法治精神，树立社会主义法治理念，提高全民法律素质，推动人人学法尊法守法用法，维护法律权威和社会公平正义；要求加强人文关怀和心理疏导，培育自尊自信、理性平和、积极向上的社会心态；要求弘扬科学精神，普及科学知识，倡导移风易俗、抵制封建迷信。要求深入开展反腐倡廉教育，推进廉政文化建设。

社会主义核心价值体系基本内容的各个方面，是相互联系、相互贯通、相互促进、有机统一的整体。从伦理学之价值论、规范论和德性论的视角来看，社会主义核心价值体系还有理想信念、行为规范和心理品格三个层次或维度。仅就作为个人品德的"社会主义核心价值体系"而言，应该体现善良人性的基本要求；继承中华文化的人文精神和优良传统；吸收全人类文明发展的先进成果；反映与时俱进的时代精神和实践要求。同时，要与作为理想信念和行为规范的社会主义核心价值体系紧密衔接。

在党的十七大对"社会主义核心价值体系"进行表述的基础上，党的十八大和十八届三中全会以来，以习近平为总书记的新一届党中央又提出了培育和践行社会主义核心价值观的任务，应该说，这是对社会主义核心价值体系的进一步提炼概括。党的十八大报告中提出："倡导富强、民主、文明、和谐，倡导自由、平等、公正、法治，倡导爱国、敬业、诚信、友善，积极培育社会主义核心价值观。"这"三个倡导"和"十二个"范畴，涵盖了国家层面的富强、民主、文明、和谐的价值；社会层面的自由、平等、公正、法治的价值；公民个人层面的爱国、敬业、诚信、友善的价值。这个最新概括把特殊价值、普遍价值和个别价值包容到了一起，应该说比较全面。其中既坚持了当代中国社会主义的理想追求和实践要求，又吸收了中国优秀传统文化和全人类文明的有益成果，符合社会文明进步的基本规律。

当然，围绕社会主义"核心价值观"的学术讨论还在继续，有很多学者的观点是值得重视的，至少有助于人们从更广的视野深化对社会主义核心价值观的理解。比如，有人认为：我们必须进一步凝练出指向更加明确、更加集中的价值观，这样才能凸显核心价值观的核心性。在当今世界，有许多值得人们珍视的重要价值，但不是所有重要的价值都能够确立为社会主义核心价值观。能否成为核心价值观，须从历史、现实和理论的角度加以体认。那些不被视为核心价值观的观念，并不是它们不重要，也不是它们不值得珍视，而是因为它们所体现的价值取向是另外层次的问题。核心价值必须是国家制度价值取向的体现，也是这种国家制度对人民的承诺、对人类前途命运的把握、对历史发展方向的定位。必须是真正目标性、理念性的价值，而不能是工具性、手段性价值。核心价值必须是基本的、持久的价值，而不能是次生性和短暂性的价值。必须是具有包容性的价值，而不能是单维性的价值。必须是具有一定的超越性的理念，可以凝聚人心、振作精神、引领方向，具有强大的精神感召力。必须是代表历史前进方向和具有世界意义的理念，可以吸引全人类的认同和向往。总之，指向明确、语言简洁的核心价值观是一个国家、一个民族能否代表先进文化的前进方向的标志，也是一个政党能否把握人类社会发展规律和趋势的标志，更是动员群众、凝聚人民的旗帜。有了这样的核心价值观，我们才能占领意识形态和道德力量竞争的制高点，才能提升中国特色社会主义的国家影响力和文化软实力。① 还有人指出,提炼"核心价值"要有开阔的视野,要从思维方式的高度加以反思,提炼时首先要明确价值主体,即是"谁的"价值、价值观念,是执政党的还是全体人民的。在我国,作为社会主义制度主体的无疑应该是全体人民。因此社会主义的价值体系,就应该是一切为了人民的价值体系。同时,作为主体的人民,是由多个民族、阶级、阶层和政党等所构成的。其中,中国共产党作为"领导我们事业的核心力量",又可以看作是"主体的核心"。在这种情况下,中国特色的"社会主义核心价值观"究竟表达谁的和什么样的价值内容,就必须做出明确的选择和规定。提炼社会主义核心价值观应当依据当代中国的社会主义实践。要以社会主义思想体系及中国社会主义事业的历史和经验、特别是改革开放以来在理论和实践上的主要成果和教训为根据,说明它所追求、所要实现的目标应该是什么,它所体现的标准是什么、如何体现,等等。② 核心价值观尽管离不开思想家的加工提炼,但从根本上说,它不是思想家们从头脑中想象出来的东西,也不是把美好的观念加以搜罗、综合的结果,它是这个民族国家的历史文化发展的结果,是这个国家各个民族的价值诉求的集中反映。因此,我们要从文化的层面审视当今中国社会的精神生活、道德困境。以高度的"文化自觉""文化自信""文化自强"意识,以全民性的道德自觉,实施文化的伦理救治,实现"大中华文化"的价值重建。

笔者认为,如果从伦理学的视野来看,社会主义核心价值体系最终要转化为"核心价值观"或德性范畴。在这个意义上,下列"十六个"德性范畴是值得重视的:

1. 文明、进步。文明,指包括举止文明、言语文明在内的一切精神文明;进步,指包括政治进步、文化进步在内的一切社会进步。追求精神文明和社会进步,应该是一切品德高尚者的自觉意识。追求文明,意味着反对野蛮和愚昧;追求进步,意味着相信科学,摆脱迷信,反对倒退,告别落后。2015 年 2 月 28 日,习近平总书记在会见第四届全国文明城市、文明村镇、文明单位和未成年人思想道德建设工作先进代表时发表重要讲

---

① 韩震:《中国文化上自强必须有引领世界潮流的先进的核心价值观——再论社会主义核心价值观念的内涵》,《道德与文明》2011 年第 3 期,第 5—8 页。

② 李德顺:《表述社会主义核心价值观的几点思考》,《决策与信息》2011 年第 12 期,第 18 页。

话。他指出:"人民有信仰,民族有希望,国家有力量。实现中华民族伟大复兴的中国梦,物质财富要极大丰富,精神财富也要极大丰富。我们要继续锲而不舍、一以贯之抓好社会主义精神文明建设,为全国各族人民不断前进提供坚强的思想保证、强大的精神力量、丰润的道德滋养。"他强调:"只有站在时代前沿,引领风气之先,精神文明建设才能发挥更大威力。当前,社会上思想活跃、观念碰撞,互联网等新技术新媒介日新月异,我们要审时度势、因势利导,创新内容和载体,改进方式和方法,使精神文明建设始终充满生机活力。"

2. 公平、正义。公平、正义,也可合称为"公正"。它既是社会规范,又是个人品德。作为个人品德,它要求公平做事,正义做人。公平做事,就要反对偏私。比如,作为领导,在选人用人或利益分配中,坚持正确价值取向,不让老实干事的人吃亏,也不让投机取巧和贪得无厌的人占便宜,这就是公平。正义做人,就是要坚持公正原则和立场,旗帜鲜明,反对邪恶,支持正确做法、反对错误做法,弘扬正气、压制邪气。

3. 正直、善良。正直,就是能坚持原则,秉公办事,光明磊落。善良,就是心地仁慈,与人为善,助人为乐。但也反对不讲原则、明哲保身的"老好人"。善良,是人性中最有光辉的因素。仁慈、怜悯、恻隐、恭敬、谦让之心,都是人性善的具体表现。

4. 诚信、中和。诚信,即诚实、守信的简称。诚信,作为社会规范,是外在要求;作为个人品德,是内在素质。诚信是立身之本,也是取得他人信任和尊重的前提。中和,是中国优秀传统道德的精华。中和之德,体现着事物发展变化的一般规律。中,作为美德,有做事无过无不及和把握分寸适度之意。这是指导个人道德生活的一种内在原则和精神境界。和,作为美德,既有"谦虚和蔼"的谦和之意,也有"和而不同"的包容之意。古人认为:"中也者,天下之达道;和也者,天下之达德。"故君子应该有中和之美和中和之善。

5. 勇敢、坚强。勇敢,就是勇于担当,敢于负责。不怕挑战、不怕困难,不怕风险,不怕牺牲。坚强,就是在困难面前,能做到立场坚定,顽强奋斗,毫不动摇。人们在经济、政治、文化、军事、科技等一切社会生活领域,都会遇到很多困难、阻力、风险和挑战,因此,要干出一番成绩,都需要具备勇敢、坚强的心理品质。如果遇到一点困难和阻力,就畏缩不前,甚至打退堂鼓,想着退缩,那就是懦弱的表现,也会一事无成。

要知道，为了正义的事业，勇往直前，即使付出生命的代价也是光荣的。而畏缩不前，即使苟活于世，也是可耻可悲的。

6. 自觉、自信。一个人应当明确知道：我是谁，我应当做什么，我能够做什么？马克思说："人的本质在其现实性上是一切社会关系的总和。"也就是说，每个人的社会身份、职责、观念等，都不是可以任意选择的，而是由社会关系规定的。社会分工把人分成了经济人、政治人、文化人，等等。不同行业的人必然有不同的核心价值观。一般说来，经济人必然以求"钱"为核心价值观；政治人必然以求"权"为核心价值观；文化人则应该以弘"道"为核心价值观。以文化人为例，自古以来的中国知识分子，也就是文化人，都以"道"为最高信仰及价值追求。他们纷纷托古而言"道"：老子托黄帝而言"道"；墨子托夏禹而言"道"；孔子托尧舜而言"道"。孔子有言"志于道，据于德，依于仁，游于艺"。老子有言："上士闻道，勤而行之；中士闻道，若存若亡；下士闻道，大笑之。不笑，不足以为道。""道"是文化人用以抗衡异类力量及价值观的精神武器，也是整合其思想学说的理论旗帜。维护"道"就是维护人文精神和价值理性，维护知识分子的文化地位和人格尊严。如果丢掉了"道"，也就丢掉了文化人的理想和灵魂，丢掉了文化人所赖以立足的根基，也将不再是有自由和独立思想的知识分子。文化和文化人当然也要为政治、经济和社会发展服务，但不能因此而忘记了自己的身份，丢失了自身的主体性和价值信仰。我们作为教育和学术工作者，无疑都属于文化人的范畴。我们只有明确自己的社会身份，增强文化自觉、文化自信和文化自强意识，才能在提升能力和水平方面由自在的人转变为自为的人。

7. 趋荣、避辱。趋乐避苦是人性的自然本能，顺之，对实现人的幸福有积极意义，对培养人吃苦耐劳的品质则有消极意义。趋荣避辱则表现为人的思想品德和自觉追求，只要树立了正确荣辱观，趋荣避辱就始终具有积极意义。有德者光荣，缺德者可耻，这是人类共同的心理取向。只是道德标准有一定的时代性、民族性、阶级性、信仰性。也就是不同的人对什么是有德，什么是缺德，可能有不同的理解。作为社会主义核心价值体系的荣辱观，当然要以是否符合社会主义道德体系的核心、原则、规范和范畴为判断荣辱的标准。引导人们树立社会主义荣辱观，养成趋荣避辱的心理品质，无疑具有重要意义。

8. 孝亲、忠公。孝和忠，都是中国传统道德的核心规范，曾经产生过巨大的影响。随着时代进步和社会发展，对传统的"孝"德和"忠"德，都应该进行批判地继承和发展。也就是要辩证地"扬弃"，而不能简单地"抛弃"。应该抛弃其具体含义，继承其抽象含义，用"旧瓶装新酒"的方法，赋予其符合社会主义时代精神的新内涵。孝，主要指子女对父母的感恩、回报、尊敬和赡养。这是传统"孝"德中反映社会和人生规律的合理成分，应该加以继承和发扬。古人认为，孝亲之德是"仁之本"，即百善孝为先。今天，我们同样认为，一个人要养成良好思想品德，特别是要培养对他人、对社会、对自然的仁爱之心，首先得有对双亲的孝敬之心。连自己的父母亲都不能孝敬的人，要指望其对他人、对社会、对自然（动、植物）也有仁爱之心，无异于痴人说梦。忠，在封建时代的具体含义是"臣对君忠"，即忠于君主个人；抽象含义是信任、诚实、服从、服务。在当代中国，作为政治道德规范和品德的"忠"，应该抛弃"臣对君忠"的传统内涵，赋予对执政党、对祖国、对人民、对单位、对事业、对上级组织的理性忠诚之含义。这是对"公权""公利"和"公事"的"忠"。简单说，是忠于公，而不是忠于私。因此，"忠公"仍是我们今天应该提倡的美德。

三 从社会主义核心价值体系看文化建设的现状

构建社会主义核心价值体系涉及社会生活的方方面面，是全社会的共同责任。我们要通过深入研究和大力宣传，使社会主义核心价值体系最大程度地被广大人民所接受、掌握和奉行。这既是一项长期任务，又是一个紧迫的现实课题。要通过深入研究和宣传，不断深化对社会主义核心价值体系的认识，把建设社会主义核心价值体系融入国民教育和精神文明建设的全过程，贯穿到现代化建设的各个方面，体现在各行各业的实际工作中去，特别是要落实到文化建设领域。

改革开放30多年来，我国文化生产力得到空前解放，文化建设取得显著成就，文化产品出现前所未有的繁荣景象，在引导社会、教育人民、推动发展中，增强了全民族凝聚力和创造力，提高了中华文化国际竞争力和影响力。特别是党的十六大以来，中央从战略高度深刻认识文化的重要地位和作用，推动文化领域的创新很多，其中最重要的一个理论创新是认识到了文化的双重属性,即文化既有精神属性也有商品属性,从而将文化区分为文化事业和文化产业,并提出了两者统筹发展、协调发展的思路,这从根本上促进了文化大发展大繁荣的局面。但是,在肯定成绩的同时,我们也要看到经济社会发展对文化建设的迫切要求以及文化建设本身存在的问题。

就经济社会发展对文化建设的迫切要求来说,尽管改革开放30年来文化发展成效显著,但是文化发展与政治、经济、社会发展之间的不协调、不匹配,文化在区域之间、城乡之间显现出的发展不均衡、不协调仍然存在,文化建设与和谐社会建设、与社会主义核心价值体系建设的有机联系尚待加强,而文化领域的改革也必将与其他领域的改革同步推进,这对社会主义文化大发展大繁荣提出了新要求。随着物质文明的发展和人民生活水平的提高,国人对精神文明、精神家园建设也提出了更高要求。如何促进文化与经济的整合互动、和谐发展,如何高度重视和发挥精神文化的能动作用,已成为我国社会主义文化发展的题中应有之义。经济在快速发展,生活在不断改善,然而,人们活得好像并不那么自在。内心深处,让我们眷恋、产生归属感的某些东西正在悄悄地远去;血液之中,让我们感到温馨和踏实的某些元素仿佛正在慢慢地流失。新奇的事物应接不暇,恍惚不安的情绪总是挥之不去,人们在眼花缭乱中感受到单调,在热闹和喧嚣中品尝寂寞。我们究竟要追求一种怎样的生活?我们究竟期待一个怎样的世界?这个古老而永恒的话题再次萦绕在人们的心头,成为世界各种文化论坛的热门话题。

就文化建设本身存在的问题来说,正如一些学者所指出:"文化活动表面的繁荣与'文化风骨''文化灵魂'(即核心价值观)的缺乏之间的矛盾。""我国的文化现状可用'泥沙俱下,鱼龙混杂'来形容,文化庸俗化现象严重,历史虚无主义大行其道,对社会主义的价值观形成了冲击。在这种情况下,我们要呼唤一种自觉的社会主义的主心骨、灵魂,即社会主义核心价值。""'庸俗、低俗、媚俗'的文化现象,正在混淆社会大众的视听,引起文化的审美伦理与价值取向的混乱,为道德迷失推波助澜。因此,我们迫切需要一个文化的道德底座,来满足中国人对'现代社会'的想象,遏制中国人精神的断裂和心灵的荒芜。""任何一种文化都凝结着一定的价值观,它是文化的灵魂,或曰文化之'神'。守护文化之'神',就是把握凝结在文化之中的精神本质——价值观。这是文化自觉的根本要求，也是自觉塑造社会主义核心价值观和建设包括传承、弘扬传统优秀文化的中国特色社会主义文化的根本要求。"①

构建社会主义核心价值体系既是促进经济社会科学发展的迫切需要，也是构建精神家园和促进文化建设健康、有序发展的迫切需要。文化是一种精神产品，要面向市场，满足广大人民群众的需求。但一定要防止文化的低俗化。并不是降低标准、一味迎合低品位的东西才能搞活市场；大量实践证明，真正高尚的、有人民性的、弘扬主旋律的文化很有市场；在实现社会效益的同时，也能取得丰厚的经济效益。建设"文化强国"，不只是指发展文化产业和建设公共文化服务体系，还包括构建社会主义核心价值体系、提高全民族科学文化和思想道德素质、增强文化的凝聚力、创造力、感召力和软实力等，是一个综合的文化建设体系。我们要认真学习领会中央关于文化建设的一系列理论观点和重大决策，理清文化建设与构建核心价值体系的关系，促进文化建设沿着正确方向健康、有序发展。

当代中国的文化建设，既应该包括对社会主义核心价值体系的构建，又应该接受社会主义核心价值体系的统领和规范。对文化建设来说，用自己创造的东西指导自己并不自相矛盾。这就像一个人用自己所树立和信仰的价值观念指导自己的行为一样。一个有文化自觉的人，必然会不断提高自己的知识水平、理论素养和道德境界，同时又能用自己的理论认识和价值观念去指导行动。一个政党、一个国家、一个城市、一个行业、一个单位也都一样，在推动文化体制改革和文化建设的过程中，都要处理好构建核心价值体系和遵守核心价值体系的关系。缺乏核心价值观统领和规范的文化建设，就会是没有灵魂和秩序的文化建设。只有始终用核心价值观统领和规范的文化建设，才能促进社会效益与经济效益的有机结合，也才能实现增强主体凝聚力、感召力和软实力的目标。对社会主义核心价值体系的构建，要有现实态度、本土情结、全球视野、服务人民的价值取向，即基于中国特色社会主义经济、政治、文化、社会、生态等建设实践，继承中华优秀传统文化，吸收全人类文明成果和代表人类历史发展大方向，超越资本主义核心价值观的视野和境界。同时，还要把国家、社群和个人的价值追求相结合；把对社会贡献与实现自身价值相结合；把物质鼓励和精

---

① 段素革：《"文化'三自'与社会主义核心价值体系"理论研讨会综述》，《哲学动态》2011 年第 9 期，第 107 页。

神鼓励相结合。基于对诸多条件和标准的考虑，应该把发展、富裕、民主、文明、公正、荣誉、幸福等，都看成是主体追求的核心价值或终极价值。社会对一切主体的多样价值追求活动，既要理解和鼓励，又要引导和规范，尤其要通过各方面、多层次的体制、机制和政策取向来加以引导。

四 从社会主义核心价值体系看文化建设的特性

要把社会主义核心价值体系的基本内容转化为指导文化建设的方向、方针和价值标准。从文化建设的整体或具体方面来看，其方向是不是正确？内容是不是健康？价值是不是积极？根据什么标准来评价非常重要。我们认为，文化建设要坚持"为人民服务，为社会主义服务"的"二为"方向和"百花齐放，百家争鸣"的"双百"方针；文化建设的内容是不是健康，要用社会主义精神文明和思想道德的标准来评价；文化建设是不是有积极价值，是通过对人们生活方式、行为方式、价值观念和人格特征的影响效应来体现的，可以从文化的自觉性、先进性、和谐性和凝聚性来考察和评价。

（一）文化的自觉性

对文化建设丰富内涵和重要作用的深刻认识，体现着一种文化自觉。我国文化发展的突出矛盾和问题是：一些地方和单位对文化建设重要性、必要性、紧迫性认识不够，文化在推动全民族文明素质提高中的作用亟待加强；一些领域道德失范、诚信缺失，一些社会成员人生观、价值观扭曲，用社会主义核心价值体系引领社会思潮更为紧迫，巩固全党全国各族人民团结奋斗的共同思想道德基础任务繁重；舆论引导能力需要提高，网络建设和管理亟待加强和改进；有影响的精品力作还不够多，文化产品创作生产引导力度需要加大；公共文化服务体系不健全，城乡、区域文化发展不平衡；文化产业规模不大、结构不合理，束缚文化生产力发展的体制机制问题尚未根本解决；文化走出去较为薄弱，中华文化国际影响力需要进一步增强；文化人才队伍建设急需加强。推进文化改革发展，必须抓紧解决这些矛盾和问题。在文化建设成为国家战略并兴起新高潮的背景下，有必要从多学科透视文化建设的重要意义、丰富内涵、价值取向和规范要求。从伦理学视野来看，文化是一个民族的血脉和灵魂，是一个民族的精神记忆和精神家园,体现了民族的认同感、归属感,反映了民族的生命力、凝聚力。失去了民族文化传统,就如同浮萍,没有了根,就如同人,失去了灵魂,就如同流浪者,失去了家园。当今世界正处在大发展大变革大调整时期,世界多极化、经济全球化深入发展,科学技术日新月异,各种思想文化交流交融交锋更加频繁,文化在综合国力竞争中的地位和作用更加凸显,维护国家文化安全任务更加艰巨,增强国家文化软实力、中华文化国际影响力要求更加紧迫。

如果说20世纪上半叶国际竞争的主流是军事,20世纪下半叶国际竞争的主流是经济,那么,21世纪国际竞争的主流则是文化。目前,社会上有一些人羡慕美国"开放自由"的文化政策,认为美国虽未强调文化安全却拥有强大的文化实力,美国文化产品畅销世界却未对他国安全构成威胁。这显然是一种严重的误解。引发国际外交博弈的"斯诺登事件",既暴露了美国文化安全政策的攻击性,也揭示出其背后扩张与渗透的本质。美国虽然没有设立文化部,没有进行单独的文化立法,美国政府文件也甚少出现"文化"字眼,连全球通用的"文化产业"一词在美国也换成"信息产业"或"娱乐产业",但这并不说明美国对"文化"或"文化安全"不予重视,恰恰相反,美国构建了世界上最独特的全方位文化安全管控模式。事实上,美国政府很早就形成了一套对文化、文化安全的管控模式。在这种体系中,美国国家安全委员会(National Security Council,简称 NSC)起着关键作用。这个由美国总统直接领导的高级幕僚机构,其成员包括副总统、国务卿、国防部长、中央情报局局长、参谋长联席会议主席、总统国家安全顾问、财政部长、国土安全部长等人,主要职责是统一协调美国国家内政、军事、外交和文化方面的安全政策,向总统提出战略建议。比如,美国利用自身拥有的国际规则制定主导权,在与别国签订文化贸易协定时往往保留一些霸王条款。在签订《教育、科学和文化物品进口协定》时就保留了不进口对本国文化企业有威胁的文化产品的权利;在签订《国际关税及贸易协定》时美国又制定了臭名昭著的"301条款"。这些条款保证了美国在国际自由贸易中采取单边行动的特权,以保证美国文化产品的单向输出优势。据美国全国艺术基金会统计,2009年,美国文化产业共创造2784亿美元的产值,其中,在从1987年起的22年间,表演艺术、体育和博物馆创造的产值几乎翻番。这样巨量的产值不少是来源于制定国际规则的主导权。因此,美国并非不讲文化安全，只不过美国文化安全政策渗透于它的国家整体战略和政治、外交、军事、经济和贸易政策之中。这恰恰说明，美国文化安全政策并非毫不重要，而是无处不在。在其文化产品大行其道的同时，美国政府还通过广播、电视、网络及文化活动等向他国进行单向的文化输出，传播美国式民主、价值观、文化及生活方式，这种对异质文化的打压和颠覆，凸显出美国文化安全政策的意识形态特征和攻击性倾向。美国不但重视文化的发展和输出，而且对国家文化安全极为关注，置于国家安全战略的核心地位。其手段是以文化扩张来保障自身文化实力，通过意识形态输出与价值颠覆来保障自身的文化安全。[①] 当代中国已进入到全面建设小康社会的关键时期和深化改革开放、加快转变经济发展方式的攻坚时期，文化越来越成为民族凝聚力和创造力的重要源泉，越来越成为综合国力竞争的重要因素，越来越成为经济社会发展的重要支撑，丰富精神文化生活越来越成为我国人民的热切愿望。

（二）文化的先进性

先进文化是健康的科学的向上的，是代表未来发展方向、推动社会前进的文化，是人类文明进步的结晶，影响人的精神和灵魂，渗透于社会生活各个方面。是否拥有先进文化，是否代表先进文化的前进方向，决定一个政党、国家和民族的素质、能力和兴衰。坚持中国特色社会主义文化发展道路，深化文化体制改革，推动社会主义文化大发展大繁荣，必须高举中国特色社会主义伟大旗帜，坚持社会主义先进文化前进方向，以科学发展为主题，以建设社会主义核心价值体系为根本任务，以满足人民精神文化需求为出发点和落脚点，以改革创新为动力，发展面向现代化、面向世界、面向未来的，民族的科学的大众的社会主义文化，培养高度的文化自觉和文化自信，提高全民族文明素质，增强国家文化软实力，弘扬中华文化，努力建设社会主义文化强国。在当代中国，发展先进文化，就是发展面向世界、面向未来、面向现代化的民族的科学的大众的社会主义文化，以不断丰富人们的精神世界，增强人们的精神力量。要实现我国社会主义现代化建设和中华民族伟大复兴的宏伟目标，必须牢牢把握社会主义先进文化的前进方向，努力建设中国特色社会主义文化。社会主义现代化应该

---

① 涂成林：《扩张和渗透：美国文化安全战略的本质》，《光明日报》2013年11月20日。

有繁荣的经济，也应该有繁荣的文化。物质贫穷不是社会主义，精神贫乏也不是社会主义。社会主义先进文化、社会主义精神文明在观念形态上反映着社会主义物质文明和政治文明的基本特征，同时又对物质文明和政治文明起着巨大的促进作用。只有经济、政治、文化和社会建设都搞好，使它们相互促进、协调发展，中国特色社会主义事业才能顺利推进，社会主义现代化建设的目标才能实现。建设中国特色社会主义文化，发展社会主义先进文化，能够提高劳动者的科学文化素质，为现代化建设提供强大的科学技术和智力支持；能够提高人们的思想道德素质，使人们在共同利益的基础上，形成共同理想和道德准则，为改革和建设提供精神动力；能够引导人们认同和接受社会主义基本经济制度和政治制度，以全面的、辩证的、发展的眼光看待发展中的社会主义，树立正确的世界观、人生观和价值观，坚定对社会主义的信念，增强民族自尊心、自信心、自豪感，从而为改革开放和现代化建设提供强有力的思想保证。

（三）文化的和谐性

和谐文化是以和谐为思想内涵、以文化为表现形式的一种文化系统。它融思想观念、理想信仰、社会风尚、行为规范、价值取向为一体，包含着对和谐社会的总体认识和评价。它以崇尚和谐、追求和谐为价值取向，融思想观念、思维方式、行为规范、社会风尚为一体，反映着人们对和谐社会的总体认识、基本理念和理想追求。和谐文化是和谐社会的基本条件和重要内容，也是实现社会和谐不可缺少的力量。胡锦涛指出："我们所要建设的社会主义和谐社会，应该是民主法治、公平正义、诚信友爱、充满活力、安定有序、人与自然和谐相处的社会。"[1] 2006年11月，中国文学艺术界联合会第八次全国代表大会、中国作家协会第七次全国代表大会举行。胡锦涛在会上指出："繁荣社会主义先进文化，建设和谐文化，为构建社会主义和谐社会作出贡献，是现阶段我国文化工作的主题。"[2] 无论是经济社会的协调发展、人与自然的和谐相处，还是人与人的团结和睦，乃至人自身的心理和谐，都离不开和谐文化的支撑。没有和谐文化，

---

[1] 胡锦涛：《在省部级主要领导干部提高构建社会主义和谐社会能力专题研讨班上的讲话》2005年2月19日新华网。

[2] 《2006年：中央作出构建社会主义和谐社会重大决定》，人民网2008年9月25日。

就没有社会和谐的思想根基,也不可能有建设和谐社会的实践追求。和谐社会与和谐文化有紧密联系。建设和谐社会,必须建设和谐文化。建设和谐文化,可以为构建社会主义和谐社会提供精神动力、思想保证、舆论支持和文化条件。和谐文化也是当今世界最先进的思想文化,是创建和谐社会与创建和谐世界的前提条件。只有在和谐文化的引导下,才能创造出和谐的政治与和谐的经济,只有用和谐文化培养出来的人,才能自觉地去创建和谐社会与和谐世界。"和谐文化就是先进文化。但是,文化的先进性并不仅仅表现在和谐一种性质上。无论是世界的先进性、社会的先进性、政党的先进性、文化的先进性,都还有其他一系列的特点和要求。所以,先进文化还不能直接对应于和谐文化。和谐文化只是先进文化中的一个特性、一项内容、一种类型。和谐文化属于先进文化,先进文化也必然具有和谐的性质,但不能简单地说先进文化就是并且只能是和谐文化。先进文化包含的内容比和谐文化更多一些、更广一些。先进文化包含和谐文化,但并不简单等于和谐文化。我们建设先进文化,必须努力建设和谐文化,但不能将先进文化、和谐文化两个名词概念简单换用。建设和谐文化是建设先进文化的一项重要内容和重要任务。建设和谐文化,有助于进一步建设和发展先进文化。正是在这个意义上说,要建设先进文化,就必须建设和谐文化。"[①] 建设富强、民主、和谐、文明的社会主义现代化国家,是和谐文化建设的社会目标;促进人的全面发展,培养有理想、有道德、有文化、有纪律的社会主义公民,是和谐文化建设的育人目标。这两个目标互为前提,相辅相成。坚持以人为本的科学发展观,就要把文化建设的社会目标与育人目标,科学地统一于构建社会主义和谐社会的实践之中。

构建社会主义和谐社会是一个不断化解矛盾的持续过程,要积极主动地正视矛盾,着力于用和谐的方式化解矛盾,最大限度地增加和谐因素,最大限度地减少不和谐因素,不断促进社会和谐,这是建设和谐文化的总体思路和哲学思考。建设和谐文化,还要落实到社会生活的方方面面,要从基本规范抓起,从具体事情做起。通过长期的不懈努力,使崇尚和谐、维护和谐内化为人们的思维方式和行为习惯。培育与人为善、乐于助人的道德情感,见利思义、顾全大局的行为准则,形成相互尊重、礼让宽容的

---

① 李忠杰:《论建设和谐文化》,《光明日报》2006 年 10 月 9 日。

人际关系，互谅互让、友好协商、人人为我、我为人人的社会风尚，创造关爱他人、团结互助、维护公平、伸张正义的社会氛围，这是和谐文化的具体操作和实践落实。中国传统文化中包含着许多关于融合、和谐、和睦、平和的思想和观念，内容十分丰富。以孔孟为代表的儒家学派提倡"仁义"，以墨子为代表的墨家学派提倡"兼爱"，以老庄为代表的道家学派提倡"无为"，都是为了实现"和"。庄周更有独到的发挥，针对人与自然的冲突提倡"天和"，针对人与人的冲突提倡"人和"，针对人自身的冲突提倡"心和"。故宫三大殿：太和殿、中和殿、保和殿，就是分别讲人与自然的和谐、人与人的和谐、人自身的宁静与和谐。其思想要点是：天人合一的宇宙观；合实生物的辩证法；和而不同的价值观；以和为贵的处世哲学。天人合一，贵和持中，刚柔相济的哲学睿智，弥合了自然与人、社会与人、理想与现实的矛盾，涵养了中国人温柔敦厚的情感世界。多少年来，中华文化中的和谐思想和谐精神，对人们的日常生活和社会心理产生了深远影响，也为我们今天构建社会主义和谐社会提供了丰富的思想文化资源。中国"和"文化的思想，强调世界万事万物都是由不同方面、不同要素构成的统一整体。在这个统一体中，不同方面、不同要素相互依存、相互影响，相异相合、相反相成。由于"和"的思想反映了事物的普遍规律，因而它能够随着时代的变化而不断变化，随着社会的发展而不断丰富其内容。适应时代发展和我国社会的深刻变化，吸收中国传统"和"文化的资源，对于建设和谐文化，构建当代中国的和谐社会，具有十分重要的意义。建设社会主义和谐文化，还要吸收借鉴世界优秀文明成果。在人类历史发展过程中，不同国家和不同民族的独特性文化的存在，使世界文化具有丰富多彩的内容。每一个国家和民族的文化千姿百态，其合理内核往往是相通的，总能为人类所传承。无论是东方国家还是西方国家，在文化发展上都有自己的独到之处，都有追求和谐社会境界的内容，都对人类文明进步作出了贡献，应该彼此尊重、相互学习和吸收。以宽广的眼界和博大的胸怀，积极借鉴世界各国的文明成果，博采众长，这是建设社会主义和谐文化的一个重要途径。

（四）文化的凝聚性

我们要创造修明的政治文化，以开诚布公的胸怀，尊重民权，扩大参与，以法治的精神，坚持廉洁，反对贪腐，增进民众的向心力。同时，要以中华文化的伦理道德为基础,厉行勤俭建国,实践民众新生活,消除奢靡,确保理性社会的祥和与秩序。这与集体主义和民主问题相联系。在过去很长时间,不仅是在中国,还是在国际上,都把资本主义社会与社会主义社会在价值观方面的根本区别表述为个人主义与集体主义的区别,认为集体主义文化能增强凝聚力,个人主义文化则损害凝聚力。这一认识影响深远,尤其被马克思主义伦理学的研究者所采纳,进而被说成是资产阶级道德体系与无产阶级道德体系的根本区别。这一观点和观念自中国改革开放和苏联、东欧剧变以来,虽然受到严峻挑战,但至今还没有一个明确的说法和态度,这对我们构建社会主义核心价值体系是很不利的。我们要构建社会主义的核心价值体系,就必须对传统价值观念进行反思和评估,只有在清理过去的基础上才能面向未来开始真正的新起点和新建设。实际上,自改革开放以来,围绕如何正确对待个人主义和集体主义的问题,一直存在着争论。经过多年的研究、思考和实践检验,现在看来,个人主义与利己主义是有区别的,集体主义与利他主义也是有区别的。总的来说,个人主义和集体主义是个政治学问题;利己主义和利他主义才是伦理学问题。我们过去没有把这一点辨别清楚,实际上是用政治原则来代替道德原则,把伦理道德过分政治化了。道德现象和政治现象不可能完全分开,但也不应该完全等同。我们应该把政治原则与道德原则区别开来,而不要将二者混为一谈。在政治哲学看来,个人主义是民主社会的理论基础,集体主义则是集权社会的理论基础。集体主义一旦演变为集权主义,就会成为民主改革和民主革命的障碍,同时也不利于个人对自由、权利和幸福的追求。客观地说,集体主义有利于增强凝聚力,有利于维护社会的稳定和秩序,有利于集中力量和资源办大事,但不利于实现自由、平等、公正和民主。在伦理学或道德哲学看来,利他主义比利己主义更有道德价值,但正确理解的利他主义并不意味着要牺牲道德主体的正当利益。

进入近代以来,资产阶级思想家和无产阶级思想家分别提出了人类社会的政治理想。这里面都包括了对民主、平等、自由、独立、人道等普世价值的追求。然而,这两个阶级在以后的社会实践中都没有完全实现自己的最初理想,而是根据不断变化的实际情况在修改自己的理想。比如,民主,应该是由人民当家做主的制度安排,在民主制度下,每个人都能平等地实现自己的政治意志和要求。但是,由于每个人的社会地位不同、利益不同,政治要求也就不同,相互之间存在差异甚至对立的情况是经常存在的，这就使任何一种公共意志及利益安排，都不可能让每个人满意。同任何民主制度安排都不可能让每个人满意一样，对每个阶级、阶层和行业的人来说，也不可能做到都满意。这就是民主的局限性，也是民主理想与民主现实之间永远存在差距的根源。不可否认，民主制度是西方最重要的政治制度安排，民主化也贯穿近代西方历史。正因为这样，西方民主也为很多发展中国家所学习。随着经济社会的快速发展和转型，中国也在加快民主化进程。一个开放的经济体和一个日益开放的社会，要求一个同样开放的政治体制，这就是中国民主化的动力。民主化必须推进，但民主化是有限度的，泛民主化并不可取。泛民主化是后发展中国家的通病，在这些国家，无论是社会精英还是政治人物，一旦遇到问题，首先总先想到民主，以为民主是解决所有问题的关键。人们往往把西方社会的政治发展史，理解成为一部民主化的历史，同时把一切美好的价值和民主联系起来，以为民主能够帮助实现各种期望的价值。其实从历史上看，人们所追求的很多价值，通过非民主的制度安排也是可以实现的。今天的中国，无论是学界还是政界，一个逐渐形成中的共识是：中国需要民主，而民主必须是渐进的。就是说，问题不再是要不要民主，而是如何实现民主的问题。就民主化的途径来说，一些人提出了增量民主的概念。经济上，中国的增量改革很成功，于是也想把此应用到政治民主化领域。民主还有一个体现的形式问题，例如选举、协商、参与，等等。人们还需要考量什么领域应当实行什么形式的民主这个问题。对很多人来说，民主只是选举或者票决，但并没有认真研究选举和票决对总体制度的影响。人类社会发展的理想和现实，都在经历着一个整合过程。把人类政治史简单地归纳为"民主"和"专制"不符合历史事实。很多制度安排是技术性和中性的，并不能用"民主"和"专制"这样具有高度意识形态的概念来解释。无论是民主政体还是非民主政体，都需要中性的制度安排，没有这些制度安排，就成不了现代国家。

五　培育"社会主义核心价值观"的实践探索

　　随着我国进入社会转型期、改革攻坚期、矛盾凸显期，社会思想空前活跃，大众的思想观念和利益诉求日益多样化、多元化，一定程度上存在"价值迷茫"现象，社会上暴露出一些道德失范、诚信缺失的问题。同时，基层也涌动一股构建核心价值观的热潮，对真善美的强烈渴望，对核心价值和共同理想的热切呼唤。近年来，无论是官方，还是民间，对于信仰、价值观的关注度都越来越高，呈现出官方稳步推进、民间高度关注的良好势头。各地各行业结合实际，都在积极地实践和探索。这可概括为三种类型：

一是高扬革命传统，弘扬红色经典文化，把抽象的核心价值理念转化为群众生动活泼的文艺实践。例如，有的城市开展"唱红歌、读经典、讲故事、传箴言"等系列活动，旗帜鲜明地弘扬主流价值观念，一方面精心遴选经久不衰、人民群众耳熟能详的红色文化经典，"唱"精品歌曲，"读"名篇佳作，"讲"感人故事，"传"短信箴言；另一方面也博采众长，广纳国外文艺复兴、启蒙运动等时期符合主流价值观的名篇佳作，不断创作富有时代精神的新作品，让内容提供常态化，增强活动的包容性和吸引力。在活动载体上，求新求变，紧跟时代。把主流价值观用彩铃、QQ、微博、微信等新手段"解码"，在潜移默化中深入人心。对广大群众的红色热情和伟大创造，不能简单否定。

二是从培育城市精神入手，增强凝聚力，塑造共同价值观。例如，通过292万名市民的投票参与，北京确定"爱国、创新、包容、厚德"的城市精神，体现了城市精神与核心价值的相互协调、城市共性与北京个性的相互兼容、历史底蕴与未来取向的相互统一、城市特色与市民气质的相互融合，反映了北京特有的文化品位和首善特质。天津市评选"天津精神"中，在综合专家研究成果和市民意见的基础上，提出了10条"天津精神"候选表述语，向广大市民征求意见。通过网络、短信、信函等多种方式接受市民的投票，使活动本身成为一个凝聚共识、鼓舞人心的过程。深圳近年来从"特区精神"到"大运精神"，到2011年票选出改革开放30年"深圳十大观念"，不断为城市精神注入新的内涵，成为市民的价值依归。以"赠人玫瑰，手有余香"为口号的深圳义工队伍已经突破25万人，无所不在的志愿者服务树立了深圳"爱心之城""志愿者之城"的良好形象。

三是以提炼关键词为切入点，推进核心价值观建设。上海市曾提出"公正、包容、责任、诚信"四大价值取向，为推进社会主义核心价值体系建设找到了一个有力抓手，既结合了上海历史文化的积淀，又符合现阶段上海的实际和未来方向。此外，一些行业价值观关键词也不断涌现，比如"公正、廉洁、为民"的司法核心价值观,"忠诚、为民、公正、奉献、廉洁"的人民警察核心价值观,"忠诚于党、热爱人民、报效国家、献身使命、崇尚荣誉"的当代革命军人核心价值观,等等。

构建社会主义核心价值体系和培育社会主义核心价值观的热潮,有深刻的时代背景和广泛的民意基础。经过30多年改革开放,中国经济总量已经跃居世界第二,物质文明快速发展的同时,如何"对内凝聚、对外塑造"的精神层面问题无法回避。从外部环境看,世界多极化、经济全球化深入发展,增强国家软实力建设的要求使价值观问题更加紧迫。经济全球化深入发展,各种思想文化交融交锋更加频繁,西方某些势力担忧中国崛起后的价值观取代他们的价值观。同时,中国综合国力的提高增强了人民的自尊心和自信心,民间也涌动一种渴望被世界尊重、接纳的民族情绪和爱国精神。从内部环境看,当前我国正经历社会转型时期,原有的一些规范、秩序悄然变更,而与社会主义市场经济相适应的社会伦理、秩序又未适时全面形成,出现了道德失范、信任缺失、拜金主义、享乐主义等问题,使社会成员感到了不安与焦虑,反过来形成了对信仰、价值观的强烈心理需求。广东佛山"小悦悦事件"发生后,网民在微博发起的"拒绝冷漠,温暖你我"行动,响应的微博达数十万条。在"老人摔倒扶不扶"争论中,北大教师提出"你是北大人,看到老人摔倒了你就去扶。他要是讹你,北大法律系给你提供法律援助,要是败诉了,北大替你赔偿!"的口号,倡议北大校友勇于做好事,为善行"撑腰"。这种被称为"撑腰体"的文体风行网络,各种地方、各种职业的版本纷纷出现,网民评论"这说明社会大多数人并非是冷漠无情的"。公众对于某种社会冷漠行为的强烈批判与深刻反思,说明大家知道善恶美丑的边界,呼唤良知。从经济发展看,继续深化改革需要提振精气神,凝聚人心,达成共识。上海市多位受访干部说,上海在改革开放中凝练了"海纳百川、追求卓越、开明睿智、大气谦和"的城市精神,曾经为城市发展提供了强大的精神支撑;当前上海要实现创新驱动、转型发展,相比以往任何时候,尤为需要精神文化的提振、支撑和引领,这已成为上海人的共识。深圳也面临同样的问题,改革开放30余年后,经济特区不再"特",经济领域该突破的都突破了,下一步改革如何走,如何继续解放思想"杀出一条血路",大家都希望形成思想共识。当前社会某种程度上处在一种"价值迷茫"状态,大家既希望有明确的价值规范,但又不清楚价值规范在哪里,面对社会实践中大行其道的庸俗价值观或者说潜规则，却又有些不甘心，不接受，这是当前价值观以及信仰问题成为社会热点的重要原因。

面对新的时代特点和信息传播特点，不少地方在推进社会主义核心价值体系和核心价值观的建设中，在方式上努力创新，在机制上既问过程又问效果，在制度设计中付诸实践，让价值观教育"润物无声"。当前公众思想自主意识增强，网络、手机等新兴传播方式普及，出现了"信息来源多样化、信息获取互动化、信息接受自主化"的倾向。社会主义核心价值的宣传教育，应该适应这种变化，创新理念，创新方法，做到"润物无声"。"现在搞价值观教育，不能用老办法'刻舟求剑'。""看电视、上网、用手机，成了人们接收信息的重要渠道，宣传教育要跟上形势。开大会、作报告、树典型这些老办法，也应该有创新，不然就可能成了形式。"如陕西移动公司与相关机构合作开发的"集团手机报"2011年上半年开通。这一平台根据客户群的不同分为地方"政务在线"、厅局"政务通"和行业手机报。用户开展这一业务后，可以将本单位的重要信息、国内外重大新闻、行业资讯等通过手机第一时间传达给内部职工。目前这一"手机机关报"业务已发展到陕西地方电力集团、延长集团、果业局等党政系统和大型企业，通过"点对点"的传播，成为价值观教育的新渠道。

推进社会主义核心价值观建设，应该注意避免"重传达学习轻效果评价、重宣传讲解轻载体建设、重工作安排轻物质保障"的倾向，将价值观的引导落到实处。推进核心价值观建设应该借鉴经济工作规律，用系统化的思维抓好落实。首先应该策划定位，接着制定规划、确立项目、抓好落实。不这样层层推进，就容易"悬在半空难落地"。文化建设，特别是社会主义核心价值体系建设，需要强有力的机制来推进，求过程更要问效果，对此，陕西省作为"一把手工程"来实施，要求党委统一领导、政府组织实施、宣传部门协调指导、文化行政主管部门具体落实、各有关部门密切配合。"战略化审视、全局性谋划、工程化实施、责任化落实"是陕西文化建设的方针。陕西启动实施了文化强省的"七大工程"，包括舆论引导、素质提升、文化繁荣、文化创新、文化共享、产业振兴、文化人才，以此推动文化发展，推动社会主义核心价值体系建设。

目前一些地区、行业、企业、单位正在提炼自身的"价值观""精神""价值取向"等。各地、各行业、企业、单位提炼出价值观后，需要体现在制度设计、政策法规制定和社会管理之中，方能有效践行。应该通过广泛的制度建设，使正向行为得到鼓励，逆向行为受到制约，从而让价值引领付之于行、内化于心。以"爱国、创新、包容、厚德"为内容的北京精神于2011年11月初公布，成为首都推进社会主义核心价值体系建设的载体。价值引领、典型示范、文化推动、制度升华是价值体系建设的四个环节，价值引领是起点，通过制度践行是落脚点。为此，北京市将把"北京精神"贯穿到经济社会发展和城市建设管理的各个层面，具象化到城市公共服务、公共管理的每一个细节当中。地铁、公交的低票价就是城市服务方面的创新，安排30多万名外来人口子女到公办学校就学便是包容精神的体现。

党的十八大以来，以习近平为总书记的党中央，深入贯彻党的十八大精神，高举中国特色社会主义伟大旗帜，以邓小平理论、"三个代表"重要思想、科学发展观为指导，以中国梦凝聚力量，以抓改革激发活力，以抓反腐改作风振奋人心，带领全党全国各族人民取得新成就、形成新风气、开创新局面，得到了广大干部群众的衷心拥护和国际社会的高度评价。在党的十八大以来，习近平总书记发表了一系列重要讲话。讲话围绕培育和践行社会主义核心价值观，围绕推进经济建设、政治建设、文化建设、社会建设和生态文明建设，围绕全面建成小康社会、全面深化改革、全面依法治国、全面从严治党的战略部署，提出了许多富有创见的新思想新观点新论断新要求，深刻回答了新形势下党和国家发展的一系列重大理论和现实问题，深入阐释了党的十八大精神和社会主义核心价值观，进一步升华了我们党对中国特色社会主义规律和执政党建设规律的认识。讲话内涵丰富、思想深邃、博大精深，为我们在新的历史起点上实现新的奋斗目标提供了科学指南。

第 五 章

弘扬中国优秀传统文化的问题

面对西方文化和马克思主义文化的强烈冲击，自鸦片战争之后，特别是五四新文化运动、新中国成立后的"文化大革命"期间，以及改革开放以来，围绕如何对待中国传统文化的问题，不断掀起辩论高潮，始终是文化转型发展中的重大问题。党的十八大以来，习近平总书记围绕弘扬优秀传统文化发表了一系列重要讲话，这让我们对做好传统文化的研究推广工作充满了信心。但是，也要全面、准确理解习总书记的讲话精神，把握好推广传统文化的正确方向。尤其是要准确把握传统文化在当代中国文化建设大格局中的地位，处理好传统文化与现代科技文化、法制文化和政治文化的关系；处理好中国文化与西方文化和人类文明的关系。不能走极端，不能搞复古，也不能把传统文化与体现现代文明的政治文化、法律文化、道德文化对立起来。目前，否定一切的历史虚无主义和全盘继承的文化保守主义之间的对立依然存在。在这两种极端和错误的态度之间，也存在着实事求是、辩证分析、去糟取精、批判继承、古为今用的科学态度。为了不断统一认识，凝聚共识，我们不得不对弘扬中国优秀传统文化的问题再作论述。

一 中国传统文化的内涵、意义和近代转型

（一）中国传统文化的内涵和意义

从 20 世纪 90 年代以来，在中国兴起了推崇传统文化的热潮。社会各界、各层次的人们都在谈论传统文化的价值。关于传统文化的学会、协会、促进会、研究会如雨后春笋般出现，与此相关的讲坛、讲座和研讨会连续不断。但是，仔细分辨，人们对传统文化的理解千差万别，推崇传

文化的动机也很不统一，甚至相互矛盾。如多数人把中国传统文化理解为古代文化，但也有少数人把中国传统文化理解为近现代的革命文化、红色文化。就古代传统文化而言，有的强调经典文化；有的强调启蒙文化；有的强调儒商文化；有的强调家族文化；有的强调古典的哲学和伦理文化；有的强调古典的文学、艺术、宗教、医药、文物、民俗等文化。有的是为了解读、传播传统文化；有的是为了保护传统的文物遗址和非物质文化遗产；有的是为了利用传统文化资源搞文化产业开发；有的是为了利用传统文化，维护社会、单位、家庭等的和谐稳定；还有的是为了在国际上进行文化交流、对话、传播，等等。面对上述现象，我们必须把对传统文化的感性认识上升为理性认识，也就是要从理论上理解"文化"概念的内涵。

中国是世界文明古国。有文字记载的历史，从炎黄算起，至少有五千年左右。因此，中国传统文化的积淀非常深厚，内涵博大精深，提起来千头万绪，是个很庞大的课题，只能选专业和专题来研究。

人们学习、了解或者研究中国传统文化的目的可能很不一样。带着不同的目的或目标来学习和研究传统文化，会看到不同的意义和价值。仅从宏观的层面说，我们要建设现代的新文化，就必须了解传统的旧文化；要对外开放，学习全人类的优秀文化，也要先了解自己国家和民族的本土文化。简单说，如何处理文化建设上的古今、中外之关系，是个常讲常新的永恒话题。现在讲全面、协调、可持续的科学发展，就是指要正确处理经济建设、政治建设、文化建设、社会建设以及生态文明建设之间的关系。改革开放以来，大家常说的一句话是："无农不稳，无工不富"，意思是，不发展农业，就人心不稳、社会不稳；不发展工商业，就富不起来。如果我们套用这句话的表达方式来表达经济建设、政治建设和文化建设的关系，就可以说："无经不富，无政不强，无文不明。""无经不富"，是指不搞好经济建设，国家和人民就富裕不起来；"无政不强"，是指不搞好政治建设，一盘散沙，政局动荡，缺少凝聚力，国家就强大不起来；"无文不明"，是指不搞好文化建设，就谈不到文明，也就没有软实力和久远的影响力。"文明"这个词，首先指人的内心亮堂或精神层面的光明。不亮堂、不光明，就是蒙昧、野蛮、黑暗。文化或文明的发展，就意味着让人走出蒙昧、野蛮和黑暗。宋代哲学家朱熹的《朱子语类》卷九十三记述：《唐子西文录》记载："蜀道馆舍壁间题一联云：'天不生仲尼，万古如长夜'，不知何人诗也。"也就是说，唐子西作为该诗句目击证人，尚不知何人所作，所以一般认为是宋朝佚名诗人所作。后人以为是朱熹自己的话，其实有误。不管谁最早说的，这都是从宋代流传至今的一句名言。"天不生仲尼，万古长如夜。"意思是，没有孔子创立的儒学思想，中国人就走不出蒙昧、野蛮和黑暗的时代。后来，邓小平也说过一句话："没有毛主席，至少我们中国人民还要在黑暗中摸索更长的时间。"这些话，字面上是强调伟大人物对社会文明进步的重要性，实质是讲文化发展对个人和社会的重要性。文化建设就是让人摆脱蒙昧、野蛮和黑暗，也增强主体的软实力和影响力，我们还可以从"无文不明"这句话引申出"无文不美""无文不响"。这里的"美"，是指美丽、美观、美好；这里的"响"，是指影响、名气、名声。也就是说，一切主体，有了文化，才能看起来美丽、美观、美好，也才能有很好的名气、名声和影响力。相反，要是不重视文化上的发展，也就不会有美丽、美观、美好，也不会有很好的名气、名声和影响力。毛泽东说过："没有文化的军队是愚蠢的军队。"愚蠢，是缺少聪明、智慧和才能的表现，有了文化，才会变得聪明、有智慧、有才能，进而为社会作出更大贡献并受人尊重。历史上只有上层社会的小众，才能享受到学习文化的权利。现代社会，文化越来越普及、越来越走向大众化了。现在的问题，不是有没有文化的问题，而是有多少文化的问题。不同文化层次的人，都能在传统文化中找到自己的兴趣点。从学习或研究中国传统文化的方法路径来看，可以从阅读启蒙书籍或经典著作入门，可以从熟悉民俗文化或非物质文化遗产入门，也可以从传统文化中的某个类别或派别入门，这都是一种比较微观的入门法。这种路径的优点是能打下扎实的基础，缺点是需要耗费大量的时间和精力，而且容易陷入盲目崇拜和复古倾向。因此，对中国传统文化的了解应该先从比较宏观的、理论的层面切入，比如，先了解中国传统文化的科学内涵、历史演变、发展趋势、现代定位、优点缺点以及与现代文化、外来文化的关系等问题。在这个基础上，再根据个人的具体情况去接触比较微观、具体的传统文化。这样走的好处是可以减少盲目性，也能在一定理论认识指导下辨别传统文化的精华与糟粕，懂得什么是有价值的，什么是没有价值的，在有选择的学习过程中，可以少走弯路，也能节省大量时间和精力。

（二）中国传统文化的近代转型

近代中国的社会转型本质上是中西文化交流及其转型。通过对这一段历史的回顾，也可以加深我们对"文化"内涵的理解。东西方文化的相互交流是自古就存在的。知识分子、学者、文化人是文化传播的主力军。商品交换是文化交流的载体和途径。这种交流在正常情况下对各方都有利。但是，值得注意的是自鸦片战争以后，中国被迫进入社会转型期，加快了西方文化向中国社会的传播，"西学东渐"成为总的趋势。

1. 洋务派是学习西方物质文化的代表。他们是在第二次鸦片战争以后特别是在镇压太平天国运动的过程中逐渐形成、壮大的统治阶级内部的一个政治派别。第二次鸦片战争以后，清朝政府内外交困。统治集团内部一些较为开明的官员主张利用西方先进的生产技术，强兵富国，摆脱困境，维护清朝统治，这些官员被称为"洋务派"。洋务派在中央以恭亲王奕䜣、文祥为代表；在地方以曾国藩、李鸿章、左宗棠、张之洞为代表。他们还提出了"中学为体，西学为用"的著名口号。从19世纪60年代到90年代，他们掀起了一场"师夷长技"的洋务运动。但以1894年甲午海战的失败而告结束。1894年甲午海战战败后，清政府于1895年向日本割让了台湾岛以及附属诸岛，当年，日本明治政府以清政府没有实际管辖钓鱼岛为借口，进一步非法把中国的领土钓鱼岛以及附属海岛强行划为日本管辖领土，这样台湾岛以及附属诸岛、钓鱼岛以及附属海岛都在1895年被日本占领。无论从历史还是法理角度看，钓鱼岛都是中国的固有领土。第二次世界大战结束后，根据《开罗宣言》和《波茨坦公告》，中国收回日本侵占的台湾等领土，这其中包括钓鱼岛。但是，1951年《旧金山和约》的第三条规定战后这些岛屿作为冲绳的一部分交由美国管治；在岛上建靶场和投弹区；美国在1971年的《冲绳归还协定》中明确指出，钓鱼岛包含在归还日本的领土当中。美日之间私相授受，将所谓的钓鱼岛管辖权交给日本，中方对此表示坚决反对，不予承认。

2. 以戊戌变法和辛亥革命为代表的民族资产阶级的改良派和革命派，是学习西方制度文化的代表。"戊戌变法"是指1898年（农历戊戌年）以康有为为首的改良主义者通过光绪皇帝所进行的资产阶级政治改革，是中国清朝光绪年间的一项政治改革运动。主要内容是：学习西方，提倡科学文化，改革政治、教育制度，发展农、工、商业等。这次运动遭到以慈禧太后为首的守旧派的强烈反对，1898年9月慈禧太后等发动政变，光绪被囚，维新派康有为、梁启超分别逃往法国和日本。谭嗣同等"戊戌六君子"被杀害，历时仅103天的变法终于失败。因此戊戌变法也叫百日维新。辛亥革命是指1911年中国爆发的资产阶级民主革命。它是在清王朝日益腐朽、帝国主义侵略进一步加深、中国民族资本主义初步成长的基础上发生的。其目的是推翻清朝的专制统治，挽救民族危亡，争取国家的独立、民主和富强。这次革命结束了中国长达两千年之久的君主专制制度，是一次伟大的革命运动。辛亥革命是近代中国比较完全意义上的资产阶级民主革命。它在政治上、思想上给中国人民带来了不可低估的解放作用。革命使民主共和的观念深入人心。反帝反封建斗争，以辛亥革命为新的起点，更加深入、更加大规模地开展起来。

民国初年的形势很复杂，在帝制思想和帝制余毒没有完全肃清的情况下，袁世凯觉得天下一片混乱，都不听指挥，只有专制好使，所以称帝。1916年，时任民国第一任总统的袁世凯病逝。当时主政的北洋政府经过两年多的时间，耗资70余万银圆，在河南安阳的洹水河畔，为袁世凯建起了占地近140亩的浩大茔宅，这实际是按皇帝的规格来安葬的，但没有直接称为皇陵，而是取名袁林。孙中山把议会民主这一套搬到中国来，在理论上是成立的，但实际上很难实行。因为当时的中国还没有经历启蒙，即民主文化不普及，群众基础不具备，而且在军阀混战的情况下也不具备实行共和民主的条件。袁世凯本是清朝官员，骨子里追求的是"普天之下莫非王土"，这种文化根基决定了他不可能跟华盛顿相比。袁世凯实际上想实行康有为、梁启超的政治理想，即建立君主立宪制。孙中山反对袁世凯的"二次革命"是清亡后中国的第一次内战，因为很难跟袁世凯这种人讲民主，民主宪政不过是被袁世凯玩弄于股掌之中的道具而已，他不可能真正遵守法律。加之当时枭雄很多，各不相让，是个只能用枪杆子说话的时代。当时中国的政党政治也不成熟，加入国民党的门槛非常低，三教九流都可加入，政权组织形式很涣散，因此它的战斗力也很涣散。

3. 以陈独秀、胡适、鲁迅、李大钊等人为代表发起的五四新文化运动开启了学习西方精神文化的历程。马克思主义也是那个时候开始传入中国的。鲁迅是大家都熟悉的文化人，也是最典型、最具积极意义的新型文化人。近20多年来，随着传统文化热的兴起，加上大家感到精神滑坡，学术界有一些人开始找原因，他们认为近百年来中国有两个"断裂"：一是"五四"断裂了;二是"文化大革命"断裂了。特别是鲁迅那一代人在反传统上的偏激,造成了中国文化的断裂,所以导致今天精神滑坡、信仰失落,也导致中国这一百年来的坎坷。其实,中国一百年来的文化转型是一个非常复杂的过程,不能那么简单化地认识。保留点历史感,放在特定的语境来讨论,就会发现鲁迅对传统的批判虽然很偏激、很尖锐,但还是有的放矢的。他对传统文化的封建性、落后性,批判得非常厉害,不留余地,大声呐喊,甚至是矫枉过正。那个时期,如果不用那种激烈的态度,很容易被社会的惰性所裹挟。现在我们都在谈传统文化的价值,但我们应该注意,中国传统文化里,有优秀的成分,也有糟粕的成分。我们应该保持一份清醒,要有分析和批判眼光。如果认同这一点,我们就能够理解"五四"那一代人的苦心。鲁迅对包括孝道在内的中国传统文化的利弊,有一种贴身体验和整体性的把握。加之受新文化运动时代精神的影响,鲁迅认为中国传统文化最大的弊病是对人性的压抑,对个性、对生命、对创造力的压抑,所以要猛烈地攻打,要冲破这种精神束缚。鲁迅毕生都在批判中国人的国民性。他写小说、杂文,都不忘批判中国人的劣根性,说得最多的是奴性,他最愤慨的就是中国人几千年形成的奴性。鲁迅骂"资本家的乏走狗""媚态的猫",还喜欢给人起个"奴隶总管"的外号。他批判中国人的面子观念、看客心态和马虎作风。鲁迅对中国人的概括是:麻木、卑怯、自私、狭隘、保守、愚昧。这实际是对中国传统文化的人格透视,是从传统文化所培养出来的人格的缺陷,来揭示传统文化的缺陷。有些人出于"爱国",对鲁迅这种批判方式表示反感,不能接受,甚至认为鲁迅伤害了民众的自尊。对凡事都讲面子、讲中庸的传统社会心理来说,鲁迅把中国人写得那么丑似乎有悖"家丑不可外扬"的常规。但也有人说,"作为一个深刻的文学家,一个以批判而为社会文明发展提供清醒思想参照的知识分子,鲁迅对国民性的批判,其实是我们民族改造的苦口良药。所以我们要理解鲁迅的用心,应该承认鲁迅的批评是有启蒙主义的目的,是中国进入现代化'凤凰涅槃'的一个需要"。鲁迅在策略层面上猛烈攻打传统,但操作层面又做了大量细致的工作。他除了写小说、写杂文,还花了很多工夫整理古籍,整理中国传统文化。他写过《唐宋传奇集》《中国小说史略》《汉文学史纲》。他的一些专著,像《中国小说史略》现在还是学术界的典范。不能轻易说鲁迅割断了传统,全盘否定传统,鲁迅不是虚无主义者,五四那一代人也不是。鲁迅攻打传统，又对传统文化进行研究，分析整理，往往有独到的目光，他其实是传统文化最有见地的继承者、价值重估者。那些笼统批评鲁迅偏激和割裂传统的人，其实并不真正了解鲁迅的独特价值。

4. 五四新文化运动也改变了中国人的行为文化。它使中国人的思想得到了解放，思维方式、价值观念等精神文化发生转变，也带动了生产方式、生活方式、交往方式和民间习俗等行为文化的明显变化。如废除女人裹小脚和男人留长发、穿长袍，以及用握手、鞠躬代替跪拜礼，提倡男女平等、婚姻自由，等等，使社会风气为之大变，文明水平显著提升。节俗也是重要的精神和行为文化，也在社会转型中加速变化。正如作家冯骥才在《我们的节日：中秋》一书中指出："传统节日是在漫长的农耕时代形成的。农耕时代生产与生活、人与自然的关系十分密切。人们或为了感恩于大自然的恩赐，或为了庆祝辛苦劳作换来的收获，或为了激发生命的活力，或为了加强人际的亲情，经过长期相互认同，最终约定俗成，渐渐把一年中某一天确定为节日，并创造了十分完整又严格的节俗，如仪式、庆典、规制、禁忌，乃至特定的游艺、装饰与食品，来把节日这天演化成一个独具内涵与情趣的迷人的日子。更重要的是，人们在每一个传统的节日里，还把共同的生活理想、人间愿望与审美追求融入节日的内涵与种种仪式中。因此，它是中华民族世间理想与生活愿望极致的表现。可以说我们的传统：精神文化传统，往往就是依靠这代代相传的一年一度的节日继承下来。"伴随西方文明在中国的深入传播，人们也开始了对中国传统文化的反思和批判。从五四新文化运动开始，近百年来，无论资产阶级西化派，还是无产阶级革命派，都对中国传统文化持批判态度，这就是其社会地位越来越边缘化，由原来的主流文化转变为非主流的亚文化。只是从20世纪90年代起，情况才有了转机。所谓国学热、传统文化热，以及一些人提出复兴传统文化特别是复兴儒学的理想还远远没有实现，恐怕也很难复兴到昔日的地位。总体看，它还只是可以被借鉴、被参考的边缘地位。当代中国文化构架的核心不是中国传统文化，也不是西方文化，而是中国特色社会主义理论和核心价值体系。通过回顾中国传统文化向近现代文化转型的过程，就不难理解传统文化的丰富内涵、发展趋势和客观规律。懂得这一点，对于我们保持清醒头脑，科学、理性地对待传统文化非常重要。

（三）评价中国传统文化的标准

人们往往只顾前行而忽视思考，虽然充满激情，但却也是盲目地做事情。自以为每天都在进步，岂不知若干年后，才发现在众人心理自己做了很多无用之事，走了很多弯路，还在当初的起点打转。在一个时期，大家都很热心、很真诚地去做一件事情，当时都没觉得没有什么不对，但是时过境迁以后，回过头来一看发现错了，甚至是集体无意识地错了。比如，"反右"和"文化大革命"的错误，就是这样出现的。历史经验值得记取，为了不再重犯过去的错误，我们就应该保持独立思考，而不要盲目跟风。要正确把握现在，就必须了解过去和展望未来，站在把握事物发展规律和发展战略的高度看问题。当前，传统道德公益大讲堂和国学班、读经班之类的文化活动遍及全国，甚至出现一票难求、座无虚席的盛况，其实，盲目跟风者不少，胡乱讲解者亦不少。对此，必须引起高度重视，用社会主义核心价值观引领社会思潮。为此，笔者提出对待传统文化的三条标准：

第一，适应新时代、充实新文化的标准。我们要立足现实社会，把握文化发展的客观规律，与时俱进，顺势而为，开展文化评价和文化建设。具体到对待传统文化的态度，既要反对轻视传统文化的历史虚无主义，也要反对脱离现实社会的文化复古主义。由于中国传统文化内涵丰富，涉及哲学、伦理、政治、教育等思想；也包括文学、艺术、文物、科技、建筑、医药、饮食、服饰、园林、民俗，等等。人们对传统文化的接触面不同，看问题的角度、广度和深度不同，对其价值的评价必然不同，存在意见分歧毫不奇怪。比如，中国传统文化中的小说、诗词、散文、戏剧等文学作品；绘画、音乐、书法、雕刻、泥塑、剪纸等艺术作品；中国的医学、药学和科技成果；以及大量文物；等等，其价值毋庸置疑具有超越时代、民族、阶级的永恒性和普世性。但是，传统文化中的哲学文化、伦理文化、政治文化、民俗文化、宗教文化等，就具有明显的时代性、民族性和流派性，其价值评价就不能简单化，而要具体分析、辩证认识、科学取舍。

当前，我们正在面对马克思主义文化、中国传统文化和西方文化，即马、中、西文化的"三足鼎立"之势，这同中国历史上面临"儒、佛、道"的"三足鼎立"之势极为相似。最后归宿，不可能是谁战胜谁，而只能是相互融合，创造出一种新型文化。问题是以谁为主进行文化整合？宋明理学是以儒为主，吸收佛、道，整合创新的结果。针对我们今天面临的马、中、西文化"三足鼎立"之势，笔者曾提出了"以马为主，融合中西，贯通古今，多元一体，整合创新"的20字方针。或者说，要以"马学"为主，以"中学"为体，以"西学"为用。因为，不以"马学"为主，执政党不答应，社会主义制度不答应；不以"中学"为体，中华民族不答应，"中国梦"不答应；不以"西学"为用，世界潮流不答应，改革开放不答应。做人做事要有大格局，对待文化也要有大格局、大视野。我们虽然做的事是局部的、微观的，但眼光要有全局性、宏观性。弘扬或传播中国优秀传统文化，是开展有中国特色社会主义文化建设的一部分。我们只有从文化建设的全局看问题，正确处理马、中、西文化之间的关系，才能理解我们所做工作的意义和价值，也才不会陷入盲目跟风和文化纠结。

意大利史学家克罗奇认为，一切历史都是当代史。这也就是说，传统文化并不都是过去的存在，也不仅仅表现为历史文献和考古文物，而是以思想观念的形式存在于现实当中，它或者渗透在现实的制度和习俗之中，或者以个体与集体无意识的方式存在于人们的思维之中、价值观念和行为习惯之中。历史对现实和未来的影响是客观存在的，但这种影响有积极与消极之分。因此，我们必须立足现实，面向未来，与时俱进，以批判继承的科学态度对待传统文化。我们既不能因为历史对现实和未来有消极影响而一概排斥传统文化，又不能因为历史对现实和未来有积极影响而一味崇尚传统。

从国内看，我们正在建设的中国特色社会主义，就是要把马克思主义普遍真理与中国实际，包括中国传统文化相结合。要形成能满足中国需要、解决中国问题、具有中国元素和中国特色的新文化和新理论，就必须从中国传统中寻找资源。从国际看，发达国家与发展中国家的较量，不仅表现在经济、政治、军事、科技领域，也表现在文化和价值观领域。有政治和军事上的霸权主义，也有经济、文化上的霸权主义。总的来说，西方发达国家在经济、文化上处于强势地位，加之现代传媒的发达，西方文化在全世界的传播无孔不入，由其文化所承载的价值观念也有很强的渗透性。发展中国家为了保持政治、文化独立和国家安全，必须抵制发达国家的文化传播和价值观渗透，这就形成了当代世界的文化矛盾。

第二，指导新实践，解决新问题的标准。实践是检验真理的标准，也是检验文化价值的标准。实践的主体是人民群众，实践的标准也是人的标准。无论评价传统文化，还是评价外来文化，是好的还是不好的，都可以从这些文化应用于实践的效果来证明。人民群众之所以崇尚某些文化，或者抵制某些文化，归根到底，都是从文化应用于实践的效果来判断的。

任何时代的文化建设，无非是三个来源：一是继承传统；二是借鉴吸收；三是整合创新。这三个理论来源，都必须服从于解决现实（实践）问题的需要才有意义。所谓文化建设的实践标准，说到底是要看一种文化应用于实践之后对实践主体带来的效果之好坏。实践主体有国家、社群、家庭、个人等层次之分。文化应用的实践效果，不但要对国家和社群有利，也要对家庭和个人有利。只有能同时满足国家、社群、家庭、个人正确需要的文化，才是优秀和先进的好文化。

我们国家现在正面临经济、政治、文化、社会、生态、外交、军事等诸多挑战。怎么应对这些挑战，怎么推动改革、发展和稳定，都是我们国家所面临的现实问题。我们的理论和文化建设，无论是学习与研究，继承与借鉴，整合与创新，都要服从和服务于解决现实问题，也就是为实践服务，这样才不会盲目和空洞，才有价值和意义。这是从国家层面，从中华民族大局来看的。如果从一个地区、一个行业、一个单位，乃至一个家庭和个人来看，同样要从挑战与应战的角度来认识学习、继承、借鉴和创新在文化建设中的价值。

第三，丰富新道德，促进新文明的标准。真善美利都是评判事物的价值标准。道德标准即"善"的标准，它是一切价值标准中最核心的标准，也是最有普世性和长效性的标准。道德标准通常是通过伦理原则和道德规范、范畴来表达的。伦理原则是根据最重要的伦理关系提出来的。中国历史上根据君臣、父子、夫妇、兄弟、朋友"五伦"关系，提出了"三纲五常"的伦理原则。这是与农业经济、等级政治和家族本位的传统社会相适应的。我们今天时代变了，最重要的伦理关系是什么？这不但要从国内考虑，也要从国际范围考虑，我认为现在是以个人的独立、自由和权利为本位的时代，也就是以人为本的时代，最重要的伦理关系就是如何处理人与人、人与社群、人与自然、人与信仰的关系，由此可以引出四条伦理原则，即"合乎人道、有益社群、保护生态、尊重信仰"。这既是调整人与世界关系的伦理原则，也是我们评价文化的价值标准。换句话说，一切有利于促进世界、国家、社群、家庭和谐，有利于社会进步和人的全面自由发展的文化，都是我们应该欢迎的文化！无论马克思主义的文化、中国传统文化，还是西方国家流行的文化，只要符合上述标准，就都是值得我们肯定、学习、传播、研究和信奉的文化。

二 中国传统文化的当代定位和"雅俗之辨"

（一）中国传统文化的边缘化

五四新文化运动以后，讨论中国文化的古今问题，其实可以归结为中西问题。今文化就是要不要学习西方文化以及怎样学习的问题；古文化就是要不要继承中国传统文化以及如何继承的问题。这两个问题相互交织、紧密联系在一起，涉及对中国传统文化和西方文化的价值评价问题。对西方文化评价高的人，往往对中国传统文化评价低；反之，对中国传统文化评价高的人，往往对西方文化评价低。怎样对待中国传统文化的问题，在很大程度上同怎样对待西方文化的问题联系在一起。中西文化之争论已经持续了一百多年，其间高潮迭起。但总的趋势是中西文化融合，"西学东渐"不断深入，甚至到了何者应该居于主导地位的时候。怎样处理文化的历史性、民族性、世界性之关系，已经成为一个大问题。西方文化的主导性是世界范围的。但放弃本国文化的主导地位还涉及民族感情和民族存亡问题。因此，企图用一种文化取代其他文化的文化霸权主义、文化殖民主义都是行不通的，文化或文明冲突论是有害的。我们应该承认文化多元性，肯定文化多样性，促进中外文化交流。

存在于我国的马、中、西文化的每一派，都可以分为极端派和温和派。其区别在于：极端派只坚持一种文化信仰，批判和排斥别的文化信仰；温和派在坚持自己所推崇的那种文化信仰的同时，也对别的文化类型持开放、分析和吸收的态度，区别只在于以谁（马、中、西）为主？应该说，在马、中、西三派文化信仰者中，持极端态度的人是极少数，持温和态度的人是大多数。这就为"相互学习，求同存异，构建和谐文化"奠定了基础。温和派也是开放派和发展派。我们既要做马克思主义文化的坚定信仰者，又要做马克思主义文化的温和派、开放派和发展派。也就是说，我们应该做一个坚定的、温和的、开放的、发展的马克思主义者。同时，对中国传统文化和西方文化，也应该持温和、开放和发展的立场和态度。因此，我们不能简单地肯定或否定任何一种文化，而应当从实际出发，采取"以马为主，融合中西，贯通古今，多元共存，整合创新"的方略。

（二）中国传统文化的"雅俗之辨"

在文化评价和选择中，除了对马、中、西等不同流派的立场、态度、原则的选择，还要处理好俗文化与雅文化、大众文化与精英文化、时尚文化与传统文化的关系。目前人们较多关注的一个问题是：进入市场的文化是否将变得低俗？传统文化、雅文化和精英文化是否将走向衰落？"文化产业"和与之相关的时尚文化、俗文化、大众文化的发展，将带来文化繁荣还是导致"文化沙漠化"？等等。这些问题涉及非常深刻的文化观念和基本理论，包括如何把握"大众文化"与"精英文化"区分的实质？

1."雅俗之辨"的由来。作为中国文学和美学一个重要命题的"雅俗之辨"，对中国文士人格的形成产生过重要影响。它贯穿整个宋代文学史，尤其是宋词的发展史。宋代统治者修文偃武，思想界理学兴盛，宗教界三教调和，文学界崇尚内敛、禅机和哲思。整个大潮流，就是从唐的奔放热烈中走出来，向着一种稳定的静雅的状态趋式演进的。而在这个大潮流中，作为所谓"一代之盛"的宋词，它的创作权又毕竟是掌握在主导和代表着时代性格的知识阶层手中，其主流写作队伍是接受过正统教育并具备完整士人人格的读书人，即便这拨人有相当一部分是来自庶族，即便这拨人中也相当不缺乏熟悉市井生活或热爱世俗娱乐的群体，但他们本身依旧是位于精英文化而非大众通俗文化的层次上，代表的依旧是主流社会的价值观与审美好恶。即便词为小道的观念再根深蒂固，词在这些人的创作序位里和日常活动里排在再末端的位置，也依旧要因这些创作主体身份上的阶级归属而受到高层精英文化的气息熏染，甚至在潜意识上也会不知不觉奔着"雅"的审美喜好去的。因此，宋词经历着来自俗与雅两个方面、两种诉求的对峙与分野。尽管这种对峙在流向上依旧表现为由俗入雅的一个理想演变模式，但这种演变模式早就成为解读中国大多数文体产生到发展的模板。当对峙形成并长期持续之后，雅俗之辨的范围就随之外扩了，从纯价值高下的判断，拓展到艺术风格，到文体种类，到技巧形式上面，什么是雅，什么是俗，已经不是绝对化和铁板一块的，更不是可以拿道德标尺来判断和取舍的了。雅在试图改造俗，但俗也在潜移默化中改造了雅，于是在宋人的词学观里，雅有时仅仅意味着一种风格，体现的仅仅是一种手法或体裁上的特色，不再是最高规范了。雅的道德意义和政治意义在这变种的新的概念里褪色了。这种雅的去神圣化过程尽管是渐进的、隐匿的、或者说是潜意识的，但仍带有相当的颠覆性，不能仅仅归结到雅的自我调整里来，而是要看到来自俗的冲击，看到正是这种冲击带来的雅俗的模糊。这样由冲击带来的模糊，也导致了后世评论者依据标准的模糊。正是这种对峙带来的概念模糊，以及由对峙而推动的相互改造，在雅与俗两个阵营、两个层级之间形成了巨大的"公共空间"，在这样混合了雅与俗两种性格的公共空间内部便安插或孵化出一种新的文化人格，一种雅俗混一的文化人格。

从俗入雅最典型的形态是发家致富的庶民向精英文化集团靠拢。这些致富者多半是商人，这种靠拢和文化生态基本是无关的。所以，雅俗文化真正的对流必须通过知识分子队伍中的人物来完成。当掌握高雅文化的精英阶层注重精神生活的品位，对物质抱有半超然的态度，看重理性价值的时候，高雅文化的统治地位就会拥有比较稳固的防线。但一旦自上而下的富贵奢侈以及享乐所带来的物欲，导致了精英文化主动地出让了阵地并下落到市井的流俗当中，那雅俗对峙的力量与布局就从根本上改变了。宋代稳定的国内环境，可观的官员待遇，以及庶族文化与娱乐文化所造就的一个显著性格就是物欲的性格，并促成了精英文化对防线和阵地的出让。一种来自统治阶级的奢侈的物欲的生活造成了文人中先进分子在道德上和社会责任上的惶惑和不满，这种惶惑和不满又往往造成了游戏人生的态度，进而亲自参与到这种奢侈的物欲的生活当中。这些文人在这样的生活中对于世俗文化的品格从熟悉到产生群体认同，而俗文化私欲性利己性的特征又承蒙这些文人的改造替换而进化成自由的平等的各得其所的价值观念，俗文化也获得了道德上的升华而有了登堂入室的资本。在雅俗对峙所带来的对流方式中，一部分文人，在文化背景教育背景和基本心理素质上是雅文化的，在出身家庭成长经历和生活际遇中又是俗文化的，他们最恰当地在这种对流中充当了媒介。他们可能生于儒学仕宦家庭，有才学有抱负，有家学渊源和正规的教育环境，有足够的写作和思考能力，但他们放荡任性，耽于声色，流连勾栏瓦舍，在思想上并不避讳下层场所的快乐。这样双面性的生活经历，造成了新价值新文化有意无意地向他们靠拢，或者说已经把他们默认为一个知识分子队伍中的理想培养对象。为了改造提升俗文化而参与俗文化的人与被俗文化完全招安的文人是有区别的。那些带着雅文化人格进入俗文化的人，已经改造了自己，但他们依旧习惯性地用着雅文化的细腻情感，来严肃地对待着很多时候本不必太认真的俗文化。主流社会要回应俗文化的宣战，但俗文化的宣战是暗流涌动的群体式的，任何一个以维护正统自居的文人，不可能也不屑于对整个市民阶层开炮。当俗文化实现提升推广并真正打入了知识分子精神生活内部的时候，雅文化也会将俗文化作为对手来重新看待和评估，并由此促成自身的调整甚至是借鉴。

2. 对文化之"雅"和"俗"的理解。社会上对文化之"雅"和"俗"有两种不同的理解：一种理解，是取它们的价值评价含义，就是"根据文化品质的高低优劣"来规定什么属于"雅文化"，什么属于"俗"文化。比如，我们把精美的艺术作品、深刻的学术著作、文化品位极高的行为和思想、崇高的社会人生理想等称为"高雅"和"优秀"，而把与之相反的东西则判断为"庸俗"和"低俗"。这里的"雅"和"俗"意味着评判一种文化现象品位的高低、情理的深浅、形式的文野、制作的精糙、走向的提高与普及等，总之一句话：是"好"还是"差"，意味着褒贬评价。另一种理解，则是取它们的主体性含义，就是"根据什么人来占有和享用"来规定什么属于"雅文化"，什么属于"俗文化"。这样，"雅文化"就可以和"精英文化""贵族文化""君子风度"等联系在一起，是指以社会上层人群为主体、满足有较高地位人群需要的文化；而"俗文化"自然也就与"大众文化"、"平民文化"乃至"市井文化"相联系，指以社会下层人群为主体、满足一般大众需要的文化。从逻辑上说，这种理解和划分只是反映文化有不同的主体类型和层次，如果不加进身份等级歧视和阶级偏见，应该说其中并不包含褒贬的含义，并不意味着"高低、优劣、贵贱"之分。上述两种含义是不应该混淆的。

3. 抵制低俗文化的问题。党的十七届六中全会作出的《关于深化文化体制改革、推动社会主义文化大发展大繁荣若干重大问题的决定》也提出了"抵制低俗之风"的命题，要求广大文化工作者和文化单位要自觉践行社会主义核心价值体系，坚持社会主义先进文化前进方向，坚决抵制庸俗、低俗、媚俗之风。学术界关于低俗文化概念的解读，散见于有关的文章中，还没有比较成熟的定义。总体上看，有三个相关的观点值得商榷：其一，认为文化可以分为高低不同的三个层次，其从高到低依次为雅文化、俗文化、低俗文化；雅文化或高雅文化不存在低俗问题，只有在俗文化中才存在低俗；甚至有意无意地把雅文化等同于芭蕾舞、交响乐、西式歌剧等"洋文化"。其二，对低俗文化概念的解释大多停留在关于宣扬色情、暴力、低级趣味等文化现象的描述上，没有关注到低俗文化的精神本质。其三，在探讨雅文化、俗文化或低俗文化的概念时，主要局限于对广播电视文化、文学艺术文化、舆论宣传文化等这些显性的精神性文化领域的考察，没有从"大文化"的视角界定低俗文化的外延。低俗文化是指文化品质低下、具有某种落后性质的文化；它与高尚文化、进步文化相对。[①] 例如，恐怖片是近年来日趋受追捧的一个电影类别，多涉及鬼怪、谋杀、精神疾病、生物灾难等。客观来说，恐怖题材文艺作品也不乏优秀之作，它们有的反映宗教禁忌，有的反思社会道德困境，有的映射社会矛盾，有的体现哲学思维，并非只有单纯的惊悚与感官刺激。另外，恐怖题材作品作为一种紧张刺激的娱乐方式，也在一定程度上满足了人们在高速运转的现代社会中释放压力的需求。然而，出于对人们心理需求的一味迎合，很大一部分恐怖片呈现出过度商业化的趋势，浅层次地追求恐怖效果，充满血腥、暴力、怨恨、诅咒，遮蔽了影片本该蕴涵的人文价值，在故事架构上也缺乏新意。这些恐怖故事不能清除压抑在人们心中烦闷的种子，除了能刺激观者尖声惊叫之外，就是让你看完心里犯堵。暂且抛却艺术角度的评判，在光影绚丽的文化盛宴中，"恐怖文化"这道菜终究只能是用来调节口味、满足小众需求的配菜。尤其对于纯粹追求感官刺激的片子，大可不必给予过多的关注，那种观后"犯堵"的感觉，只会给寻求心理疏解的人们带来饮鸩止渴的效果。而对于身心尚在成长中、对外部世界充满好奇的青少年来说，这种不良亚文化所带来的影响更是不可忽视。因而，我国相关部门目前对于此类境外影片的审核政策是值得肯定的，我们显然更需要温情、温馨，向上、向善的文化元素。[②]

4. 文化俗、雅与"大众""精英"之关系。文化之"俗"与"雅"的区别是相对的、转化的。不要以为大众文化只能是粗野简陋的，而精英文化则必然是高雅精致的。应该说，不论大众的还是精英的文化，都有自己的"俗"和"雅"。都有自己从低向高、从浅入深、从粗到精的发展提

---

① 参见周玉清、王少安《论抵制低俗文化之风》，《光明日报》2012年3月23日。
② 参见赵玛《警惕低俗恐怖片的不良影响》，《光明日报》2012年9月26日。

高问题。实际上，现在被认为是雅文化的东西，最初也是由俗人创造的。如芭蕾舞起源于意大利佛罗伦萨的饭店服务员；高尔夫球起源于苏格兰的牧羊人；喝咖啡起源于非洲埃塞俄比亚的放牧人，他们发现驴、牛、羊等吃了那种植物特别兴奋，于是发明了咖啡。可是，有些人不知道俗与雅的辩证和转化关系，在潜意识中将二者割裂开来，一味地视古为雅、视今为俗；以寡为雅、以众为俗；以远为雅、以近为俗；以静为雅、以动为俗；以庄为雅，以谐为俗；以虚为雅、以实为俗，等等。这些观念存在着一种片面化、表面化、简单化的倾向，实际上是以少数人的口味为准，把他们所欣赏的文化风格当作了唯一的标准，无形中已经蕴涵着脱离现实、轻视群众的危险。其实，大众文化才是民族文化最深厚的基础，是民族文化伟力的根源。千万不能忘记人民群众是物质文明和精神文明的创造者。自以为高雅、漂亮的人，也都要吃饭，不吃饭就不再高雅了、不再漂亮了。那么饭从哪里来的？只能从普通劳动者那里来。因此，"雅俗"应该是对文化品位的一种描述和判断，它以文化产品和文化行为的质量为中心，而不应该是对文化主体（精英或大众）的界定，不应该将二者轻易地等同或混淆。随着我国社会向市场经济转型，在文化领域出现了"重心下移"的趋势，普通大众的文化需求日渐成为市场的主导力量，而所谓的"精英文化"却在市场上受到某种程度的冷落。一些人称之为"文化世俗化"或"俗文化泛滥"。对此应有冷静清晰的思考。"文化重心下移"应该说是一种具有历史合理性的进步，是我们的文化"为人民服务"之必需，因此决不是什么坏事。①

三 关于儒学研究与儒教信仰的问题

儒家是我国春秋战国时代从百家争鸣中崛起的一大著名学派。儒家的学术思想源远流长，博大精深，中国古代政治、经济、文化、道德、天文以及宗教信仰等，都同儒家学术保持一定的渊源关系。后世学者、官方和民间在推崇儒家学说的过程中，有的人给它附加了很多功能，如政治的、宗教的功能。这就产生了"儒学"与"儒教"的区别和辩论。对这个问题，今天仍有讨论的意义。

---

① 参见李德顺《论文化生产与消费的良性互动》，《中国出版》2005 年第 1 期。

(一)"儒学"与"儒教"的概念

在现代意义上,所谓"儒学",就是把儒家思想理解为一种学术思想或文化流派,以此来研究、弘扬、传播。所谓"儒教",就是把儒家思想及代表人物宗教化、神圣化,甚至制度化,并以此来学习、研究、宣传和建设。儒学家和儒教家们的思想、观点和理念,不仅在自己拥有的区域和人群中传播,还以各种方式,如举办学术会议、建立网站等方式向外传播。由此也可能会引发一些文化矛盾。当然,儒学与儒教的区分是相对的,二者也可能存在你中有我、我中有你的交叉渗透关系。既可能有儒教外衣下的儒学传播,也可能有儒学外衣下的儒教传播。目前可以说,在对待儒家文化的态度上,存在着北"学"南"教"的差异,即中国大陆北方重"儒学",中国大陆南方的沿海地区、港澳台地区和印尼、马来西亚、泰国等东南亚国家(笔者曾去过这些国家)的华人重"儒教"。出现这种情况的背景是社会意识形态、民间信仰等地域文化的差异,导致对儒家文化的理解不同。

古代中国人也把儒教叫做"圣教"。中华民国成立后于1912年宣布废止读经,儒教失去了官方思想的地位。民国早年还曾有"打倒孔家店"的运动,到国民政府时期,又重新尊孔,把孔子祭祀列为国家祭祀。1949年后,中国大陆否定儒家思想,并曾有"批林批孔"运动,而在台湾则有相反的"中华文化复兴运动"。中国大陆在进入改革开放以后,儒教逐渐重新得到重视。儒教至今对很多中国人的思想依然有很重大的影响。儒教也是古代韩国和越南的官方正统思想,现在儒教对韩国、日本、越南、印尼、马来西亚等地区有深远的影响,这些地区又被称为儒教文化圈。中国大陆南方的沿海地区和港澳台地区也有将儒学宗教化的现象。比如,香港孔教学院是大陆孔教运动失败以后康有为弟子陈焕章博士于1930年在香港创办的。1992年,汤恩佳当选为孔教学院第五任院长,在宣誓就职典礼上提出要在全国各省市自治区重新点燃孔圣之火。从此,以孔教儒学为主轴的宗教文化复兴运动蓬勃展开。现在的香港孔教学院是集文化、宗教、教育、慈善为一体的多功能爱国爱港团体。经孔教学院历任院长的努力,孔教在香港与其他五大宗教并列。在孔教学院的推动之下,孔教在世界上的实际影响也越来越大。香港宗教界人士一向承认孔教为宗教,孔教学院与基督教、天主教、佛教、道教、伊斯兰教共同组设香港六大宗教领袖联席会议，香港六大宗教的合作精神，实为世界各地宗教树立了楷模。孔教是联合国确认的十三个传统宗教之一，孔教与世界各大宗教相互承认。瑞士世界宗教会也承认孔教为宗教，并邀请其参加1989年在澳洲墨尔本市举行的第五届世界宗教和平会议。孔教学院还以宗教社会团体的方式参与香港的政治和社会事务，《香港基本法》也定性孔教为宗教团体。现在，国内也有一些人企图以"复兴儒学"和用儒家道德来挽救当前的道德危机，有些人还主张将儒教改为国教，使儒教国家化，盲目提倡小孩要从小读经等，这些思想是一种变相的"复古"和倒退的思想，是极为有害的。一些人认为"西方文明盛极而衰，现在已经没落了"，要用儒家思想代替"西方文明"，这也是片面的。我们认为，代替"西方文明"的不可能是儒家思想，而只能是社会主义的新文化和新文明。

西方和海外一些学者，将儒学视为一种宗教，或从宗教的意义上看待和使用儒学，所谓"文明对话"，主要是从宗教文化的意义上说的。对此，我们需要进行深刻的反思。由于孔子创立的儒学本来就是从殷周时期天命神学和祖宗崇拜的宗教思想发展而来的，所以，本身就具有发展成为宗教的可能。但是在先秦它还不是宗教，只是作为一种政治伦理学说与其他各家进行争鸣。由儒学发展为儒教是伴随着封建大一统帝国的建立巩固逐渐进行的。由汉武帝支持，董仲舒推行的哲学思想把儒家学说宗教化，定儒教于一尊。"儒教"一词较早见于《史记·游侠列传》："鲁人皆以儒教，而朱家用侠闻。"魏晋时期，"儒教"这个概念逐渐流行开来。隋唐时期"佛""道""儒"并称为"三教"，此后，三教出现合一的趋势。韩愈推崇《大学》，用儒家的道统对抗佛教的法统。李翱用《中庸》来对抗佛教的宗教神秘主义。到宋代朱熹则把《论语》《孟子》《大学》《中庸》定为"四书"，用一生精力为它作注解。朱熹的《四书集注》被宋以后的历代封建统治者，定为全国通用的教科书。"四书"从十三经中突出出来，受到特殊的重视。在封建政权的支持下，儒教体系完成于宋代，它以孔子为至圣先师，而有神论者则把孔子神化为承受天命的教主。它以中国封建伦理"三纲""五常"为中心，吸收佛教、道教的宗教思想和修养方法。信奉"天地君亲师"，"君亲"是中国封建宗法制度的核心；"天地"是君权神授的神学依据；"师"相当于解释经典、代天地君亲之言的神职人员。《四书》《五经》是儒教的经典，祭天、祭孔、祭祖是规定的宗教仪式。童蒙入塾（学）读书，开始接受儒教的教育时，要对孔子的牌位行跪拜礼。从中央到地方各州府县建立孔庙（又称文庙、夫子庙、学宫），作为教徒（儒生）定期聚会朝拜的场所。

一个不容忽视的事实是，儒学在其历史发展中，因社会结构的关系而有不同的功能，出现了不同阶层的儒学。具体地说，有精英儒学、民间儒学、官方儒学。这三个层面之间，既有联系，又有区别，形成互动的张力，互相影响，互相作用，表现出儒学的多面性与复杂性。孔子开创的儒学，从本质上说是一种精英儒学，是代表一部分知识分子说话的。它是人文主义的，同时又有深刻的自然因素和宗教精神。特别是人与宇宙与自然界的关系问题，如人在自然界居于何种地位？有何作用？自然界有没有创造价值和神圣性？在这类根本问题上，儒学确有强烈的宗教精神。但它是不是西方意义上的宗教，则是另一个问题。儒学承担了宗教的功能，有终极性的人生追求，有一套供人们信仰的价值系统，但它并没有教权组织，也没有神职人员，更没有人格化的最高神，因此不同于西方宗教。有人将儒家的天说成是人格神，即上帝。如果说在儒家的某些原始经典中，有这方面的内容，那么，孔子正式创立儒学之后，除了汉代的董仲舒（也不能归结为纯粹的宗教家）之外，就没有人持这种主张了，包括孔子本人。天有超越性，但不是绝对超越的实体；天是神圣的，但只是自然界；天有创造生命的价值，且内在于人而存在，但不是"神授"说，这就是著名的"天人合一"说。对天的敬畏，表现了儒学的宗教精神，但这是对自然界的敬畏。儒家所倡导的这套精神价值，主要是由社会精英承担的，这就是精英儒学。人们普遍认为，儒家很关心政治，有强烈的入世精神。这是事实。但是，不能被归结为政治儒学。儒家的解决之道是"道统"说，而不是对现实政治的一味服从。从孟子开始，就有道统意识，唐朝的韩愈，正式提出"道统"说，宋代儒家，则视道统为儒学的生命所系，以继承道统而自任。历代儒家对"道统"的具体解释虽不尽相同，但都没有离开儒学的核心价值。"道统"说不仅支撑了儒学的价值系统，而且意在影响、作用于现实政治，以为政治实践的精神指导。后者称之为"政统"。按照儒家的设想，"政统"必须以"道统"为价值指导，而不是相反。①

---

① 参见蒙培元《儒学现代发展的几个问题》，《北京大学学报》（哲学社会科学版）2012年第1期。

（二）儒学是一个整体，可以从不同学科和层面解读

有人说，世界的动荡不安源于"文明的冲突"，而且这种冲突将越来越深刻地出现在我们的身边。面对这些严重的危机，东西方的一些有识之士在思考相互依存的思路。人类正站在 21 世纪多元文明发展新的十字路口。何去何从？理解不同文明之间的差异必须从文明对话开始。基于这种认识，1998 年，联合国将 2001 年确定为"文明对话年"，之后，不同文明之间的对话，包括不同信仰、不同宗教之间的平等对话，在全球广泛展开。2001 年 11 月，联合国教科文组织第 31 届会议通过了《世界文化多样性宣言》，主张将文化多样性作为一种有生命力因而能不断发展的财富加以保护，2002 年，联合国大会一致通过决议，宣布每年的 5 月 21 日为"世界文化多样性促进对话和发展日"。

孔子的诞生地在中国山东曲阜的尼山，这里有一个尼山世界文明论坛，简称"尼山论坛"。它是由全国人大常委会原副委员长、著名文化学者许嘉璐倡议发起，以开展世界不同文明对话为主题，以弘扬中华文化、促进中外文化交流、推动建设和谐世界为目的，以学术性与民间性、国际性与开放性相结合为特色的国际文化学术交流活动。首届尼山世界文明论坛于 2010 年 9 月举办，主题是"和而不同与和谐世界"。第二届尼山世界文明论坛于 2012 年 5 月举办，主题是"和而不同与和谐世界：信仰·道德·尊重·友爱"，有来自 20 多个国家的学者参会，举办《孔子与耶稣》《孔子与苏格拉底》等 52 场分论坛会议，万余名观众倾听会议发言。此前，尼山论坛还曾赴法国巴黎举办分论坛专题会议。尼山论坛得到了来自联合国文明联盟、联合国教科文组织的积极响应，也得到了世界各国政要、各社会团体及各方面知名学者的积极响应，论坛的影响力已经开始在国际社会显现。

2012 年 10 月 4 日至 8 日，第十届"罗德岛文明对话论坛"在欧洲与亚洲的交界海域希腊的罗德岛举行。包括中国在内的 20 多个国家的政府官员、民间组织和专家学者出席了论坛，共同研讨全球多样化以及各大文明之间的融合趋向。作为一个非政府、非商业的国际组织，文明对话这个论坛创建于 2002 年。这论坛的名字本来叫做"文明对话世界公众论坛"，由于每年都在罗德岛（它是地中海的希腊群岛，实际上距离土耳其比距离希腊本土要近得多）举行，现在干脆就叫做"罗德岛论坛"。2012 年正好是十周年。过去的十年当中主要是地中海沿岸与欧亚大陆国家代表参与每次的这个罗德岛论坛，这次凤凰卫视的董事局主席、行政总裁刘长乐应邀出席论坛，并且作了主旨发言，受到论坛的欢迎。罗德岛文明对话论坛的创办人及主席雅库宁（俄国人，原来是这个俄罗斯铁路的主席，据说他是普京的舅舅）认为，中国作为一个文明古国，参与全球的文明对话意义重大。

刘长乐在发言中指出："众所周知，在世界四大文化体系中，中国文化被认为是唯一一个没有中断的文化体系。中国文化之所以没有中断，原因当然很多，但其中最重要的原因之一，就是中国文化有很强的包容性。正是这种包容性，维系了中国文化脉络绵延不绝，它所哺育出来的民族精神维系了中华民族生生不息。中国的传统文化是以儒家文化为代表、为主体的文化。儒家的'君子和而不同'，《周易大传》的'天下一致而百虑，同归而殊途'，都是主张思想文化的多元开放。这种多元开放的文化理念，一方面，使儒学不断吸收和融合其他各家各派的思想，成为一种绵延不绝的思想体系。另一方面，这种多元开放的文化理念极大地影响了中国文化，使之形成了兼收并蓄的传统，并生生不息。儒家在初创之时，创始人孔子作为鲁文化的代表与齐文化的代表晏婴是有矛盾的，在齐鲁'夹谷之会'还曾发生过公开的争执，闹得不欢而散。但孔子并不因此而排斥齐文化，他在整理《五经》中，并不因为《诗经》中的齐文化内容而删掉齐诗，这正是他胸怀宽广的体现。""孔子被后世学者誉为'集大成'者，孔子的主张极大地丰富了中国传统文化中的包容思想。中国文化绵延不绝，正是中国传统文化本身包容、兼收并蓄的结果"，"中国文化在观念和价值上对 21 世纪人类所能提供的有意义的东西，也许就是'以仁为体，以和为用'。"①

面对当今世界战乱不断、冲突加剧、政治动荡、经济危机的复杂局面，世界各国加强沟通和开展文明对话，就显得尤为迫切和重要。儒学作为多元文化中的一元，越来越受到重视，成为文明对话中的重要内容。长久以来，由于西方文化处于强势地位并掌握了话语权，在当时的语境下，只有西学背景下的"东方学"或"汉学"，却没有真正意义上的儒学，更没有平等的对话和理解。要形成一种平等对话的"格局"，需要一定的历

---

① 刘长乐：《文化交融与文明对话中包容的智慧》，《凤凰卫视》2012 年 10 月 5 日。

史条件。现在，这种条件出现了。首先是，人们普遍承认，现代化有不同发展模式，其中，当然包括文化多元化的并存。东亚社会的现代转型，特别是中国的现代化，其发展模式有自己的独特性，并不同于西方模式，这就促使人们反思东方社会的文化，特别是儒家文化，与现代化究竟有何关系？由于长期以来，儒学是东亚社会的主导文化，为此，有人提出"儒家资本主义"之说。后因亚洲金融危机的出现，这种说法受到质疑，但是，改革开放的事实已经说明，儒学作为本土文化，至少与现代化并不完全冲突，正好相反，它能够成为现代文化的组成部分，发挥其重要作用。正如我们承认西方文化中有普世价值一样，儒学中也有普世价值，因此，中西文化的相互理解和对话才有可能。儒学之所以进入全球视野，成为世界关注的焦点之一，这是一个重要原因。

　　目前的儒学研究，已开始突破已有的知识框架，向不同层面发展，并出现多元化的趋势。在现代学术分类的情况下，从不同层面研究和发展儒学也是必要的。现在有所谓文化儒学、管理儒学、制度儒学、政治儒学、伦理儒学、美学儒学、生活儒学，当然还有哲学儒学甚至宗教儒学，等等。儒学从诞生之日起，就是在一定的历史条件下发展的，并且有不同的发展形态。大体而言，有先秦的诸子学，有两汉经学，有魏晋的名教儒学，有隋唐的制度化儒学（如文官制、科举制），有宋明理学，有清代考据学、实学与公羊学，等等。更重要的是，儒学在其历史的发展中，因社会结构的关系而有不同的功能，出现了不同阶层的儒学。具体说，有精英（文化）儒学、民间（伦理）儒学、官方（政治）儒学。这三个层面之间，既有联系，又有区别，形成互动的张力，互相影响，互相作用，表现出儒学的多面性与复杂性。值得重视的是，随着研究的深入，出现了生态儒学，这是儒学研究和发展的新突破，具有重要意义。所有这些，都是从现有学科分类的角度说的。不管从哪个层面研究儒学，都需要解决一个问题，儒学的核心价值及其现代意义究竟何在？儒学与现代社会的很多问题有密切关系，特别是与人类究竟如何生存与发展这一类的根本问题，关系更为密切。近年出现的"国学热"，则是试图打破学科划分，从整体上复兴儒学。"国学"概念就是这样产生的，它的内涵很广，不仅包括传统文化学术中的儒、道、佛（中国化的佛学），而且应当包括中国少数民族的文化及其"学"，有人称之为"大国学"。但是，应当承认，正如在汉民族的传统文化中，儒学居于主导地位一样，在各少数民族中，儒学和儒家文化的影响和渗透也是广泛的。这并不影响不同民族文化的多元性。正如中华民族是一个多元一体的大家庭一样，代表中国传统文化的"国学"，是否也是以儒学为主导的多元一体的结构？回答应该是肯定的。费孝通先生常讲"多元一体"的文化格局，就是指中国华夏文化与各少数民族文化的统一。这也是从传统中国文化的起源、融合和发展规律来说的。①

四 传统文化与当代文化的和谐共生

（一）尊重文化类型及价值信仰多元多样的客观事实

这不仅在国家之间、地区之间明显的存在，也在民族之间、阶层之间、党派之间、宗教团体之间明显的存在。就是同一种文化的传播过程中，在与不同地域、国家的民俗和意识形态结合以后，也会出现形态上的分歧。由于地域分割、历史演变、利益差别等的存在，出现文化及信仰的多元、多样及其矛盾是必然的。当今世界正处于大发展大变革大调整时期，国际形势正发生着极为深刻复杂的变化。世界多极化、经济全球化深入发展，科技革命孕育新的突破，社会信息化影响越来越大，国际社会相互联系、相互依存更加紧密，新兴市场国家和发展中国家不断发展壮大。所有这一切，已经和正在深刻影响和改变着世界格局，并给各国发展和国际关系带来深远影响。当前，和平与发展仍然是时代的主题，这集中表现为：国家交流、对话、合作不断深化，求和平、谋发展、促合作已成为各国人民的共同意志和不懈追求。与此同时，国际社会也面临更加复杂多样的政治、经济、文化和军事安全挑战：地区热点问题此起彼伏，恐怖主义猖獗，防扩散形势依然严峻，国际金融危机深层次影响不断显现，维护世界和平、促进共同安全依然任重而道远。应该看到，当今世界，不同制度、不同类型、不同发展阶段的国家利益交融、相互依存日益紧密。各国不仅利益与共，而且安危与共。在这样的新形势下，安全问题的内涵既远远超越了冷战时期对峙平衡的安全，也超越了传统意义上的军事安全，同时也超越了一国一域的安全。面对复杂多样的安全挑战，任何一个国家都难以置身事外而独善其身，也不可能靠单打独斗来实现所谓的绝对安全。

---

① 参见蒙培元《儒学现代发展的几个问题》，《北京大学学报》（哲学社会科学版）2012年第1期。

一个国家要谋求自身发展,必须也让别人发展;要谋求自身安全,必须也让别人安全;要谋求自身过得好,必须也让别人过得好。各国必须坚持以合作的胸怀、创新的精神、负责任的态度,同舟共济、合作共赢,共同应对各种问题和挑战,携手营造和谐稳定的国际和地区安全环境。对话合作是维护安全的根本途径。当前攸关人类生存和经济社会可持续发展的各种传统与非传统安全问题更加突出,各国只有通过坦诚深入的对话协商、全面持续的交流合作,才能有效应对。要坚持用和平方式解决国际争端,反对动辄使用武力或以武力相威胁。要超越"你输我赢、你兴我衰"的"零和"思维,坚持以合作谋和平、以合作保安全、以合作化干戈,努力寻求和扩大各方利益汇合点,致力于实现双赢和共赢。必须坚决摒弃落后于时代发展潮流的思想观念和陈旧的方式方法,与时俱进,锐意创新,牢固树立互信、互利、平等、协作的新安全观,树立综合安全、共同安全、合作安全新理念,努力为解决老问题寻找新答案,为应对新问题寻找好答案,不断破解人类面临的发展难题和安全困境。中国既要通过维护世界和平发展自己,又要通过自身发展维护世界和平。中华民族讲信修睦,中国始终奉行和平外交方针。中国拥有广阔领土和辽阔海洋,周边邻国众多。中国始终坚持睦邻友好,坚持与邻为善、以邻为伴的方针,努力营造和平稳定、平等互信、合作共赢的地区环境。中国将继续深入开展双边和区域合作,积极发展同周边国家和亚太地区其他国家的友好关系,以自身发展促进周边国家发展。同时,中国将继续妥善处理与有关国家的分歧、摩擦,在坚定捍卫国家主权、安全、领土完整的基础上,共同维护与周边国家关系和地区稳定大局。中国将继续建设性参与政治解决重大国际地区热点问题和应对全球性挑战,争取为维护世界和平、安全、稳定作出新的更大的贡献。我们要以高屋建瓴的境界和尊重差异、太和包容的气度和追求合作、和平和安全的崇高理念对待世界上的一切文化。全人类只有努力追求文化安全、文化和谐和文化创新,在相互尊重、共生共荣中包容多元文化,在相互学习、整合创新中借鉴多元文化,才能夯实政治、经济和军事安全的基础。

　　文化的多元、多样性,不仅表现为共时性的,而且表现为历时性的。特别是中国革命史上创造和保留下来的红色文化,也是值得永远珍视的宝贵资源。每当我们参观井冈山、延安等革命圣地时,或参观孙中山、毛泽东、刘少奇、周恩来、彭德怀等老一辈革命家的故居时,他们的光辉业绩、崇高精神和道德风范，都能使我们深受教育。革命传统资源是我们党的宝贵精神财富，每一个红色旅游景点都是一个常学常新的生动课堂，蕴涵着丰富的政治智慧和道德滋养。我们要把这些革命传统资源作为开展爱国主义和党性教育的生动教材，引导广大党员干部和青年学生学习党的历史，深刻理解历史和人民选择中国共产党的历史必然性，不断增强走中国特色社会主义道路、为党和人民事业不懈奋斗的自觉性和坚定性，永葆共产党人的政治本色。

（二）以科学态度对待中国传统文化

五四新文化运动作为中国的"文化启蒙运动"，功不可没。但是当时多数人忙于救亡图存的政治热情，缺乏对中国传统文化特别是儒家文化的深刻反思，因而无法揭示儒学的内在本质和现代意义。其实，当时的少数学者和思想家已经开始思考这类问题，并进行了新的探索。像梁漱溟先生于1920年出版的《中西文化及其哲学》就是这一探索的代表作。他从文化哲学入手，对中、西、印之间的不同文化特征进行了阐述，肯定了儒家文化的价值，开始了重新反思儒学的第一步。其后，1923年的"科玄论战"亦即"科学与人生观"的论战，则是两种文化观之间的一次直接交锋。张君劢试图从人生观的角度，回归中国传统思想特别是儒家思想，肯定其对人生的意义和价值。梁启超则从游欧的亲身经历证明科学并不能解决人生观的问题。但以丁文江为代表的科学派，却对他们进行了批判，称其为"玄学鬼"。双方争论的问题虽然很琐细、很幼稚，但是，问题本身却很有意义。这实际上是科学主义与人文主义之间的一次正式交锋，为后来的儒学发展埋下了伏笔。后来的许多哲学家、思想家，如熊十力等人，对科学主义都提出了批判。"人生观"固然是一个十分复杂的问题，已深入哲学层面，涉及人类精神生活的各个方面，如果只用科学方法去解决，那就未免太简单了，这已经成为共识。但是，儒学在其中有何作用？这是一个值得深思的问题。

对待中国传统文化的科学态度，毛泽东早在《新民主主义论》中就有明确的说明。他说："中国的长期封建社会中，创造了灿烂的古代文化。清理古代文化的发展过程，剔除其封建性的糟粕，吸收其民主性的精华，是发展民族新文化提高民族自信心的必要条件；但是绝不能无批评地兼收并蓄。必须将古代封建统治阶级的一切腐朽的东西和古代优秀的人民文化即多少带有民主性和革命性的东西区别开来。"① 正像毛泽东同志所指出的，"中国现时的新政治新经济是从古代的旧政治旧经济发展而来的，中国现时的新文化也是从古代的旧文化发展而来，因此，我们必须尊重自己的历史，决不能割断历史"②。我们对历史的"这种尊重，是给历史以一定的科学的地位，是尊重历史的辩证法的发展，而不是颂古非今，不是赞扬任何封建的毒素。对于人民群众和青年学生，主要地不是引导他们向后看，而是要引导他们向前看"③。毛泽东同志的这些话，在今天看来，不但有着极其重要的理论意义和现实意义，而且有着很强的针对性。

2014年9月24日，习近平总书记在纪念孔子诞辰2565周年国际学术研讨会暨国际儒学联合会第五届会员大会开幕会上的讲话中指出："对传统文化中适合于调理社会关系和鼓励人们向上向善的内容，我们要结合时代条件加以继承和发扬，赋予其新的含义。希望中国和各国学者相互交流、相互切磋，把这个课题研究好，让中国优秀传统文化同世界各国优秀文化一道造福人类。""正确对待不同国家和民族的文明，正确对待传统文化和现实文化，是我们必须把握好的一个重大课题。""每个国家、每个民族不分强弱、不分大小，其思想文化都应该得到承认和尊重。各国各民族都应该虚心学习、积极借鉴别国别民族思想文化的长处和精华，这是增强本国本民族思想文化自尊、自信、自立的重要条件。""文明因交流而多彩，文明因互鉴而丰富。任何一种文明，不管它产生于哪个国家、哪个民族的社会土壤之中，都是流动的、开放的。这是文明传播和发展的一条重要规律。在长期演化过程中，中华文明从与其他文明的交流中获得了丰富营养，也为人类文明进步作出了重要贡献。儒学本是中国的学问，但也早已走向世界，成为人类文明的一部分。"这就是说，对人类社会创造的各种文明，我们都应该采取学习借鉴的态度，都应该积极吸纳其中的有益成分，使人类创造的一切文明中的优秀文化基因与当代文化相适应、与现代社会相协调，把跨越时空、超越国度、富有永恒魅力、具有当代价值的优秀文化精神弘扬起来。

我们要全面理解传统文化的内涵，促进中华优秀传统文化和地域历史

---

① 《毛泽东选集》第2卷，人民出版社1991年版，第707—708页。
② 同上书，第708页。
③ 同上。

文化的现代化、公益化和产业化，努力走出一条符合自身实际和特点的文化发展道路。所谓传统文化的现代化，就是要把弘扬传统文化与发展现代文明统一起来，同时处理好中国文化与西方文化和人类文明的关系。具体说来，就是要将中华优秀传统文化与社会主义核心价值观相结合、相统一；与现代社会的政治文化、法制文化、科技文化、道德文化、文学艺术、新闻传媒等相结合、相统一；与工商社会、信息社会、市场经济、民主政治、多元文化、改革开放、全球视野相结合、相统一。所谓传统文化的公益化，就是要把弘扬优秀传统文化与开展各种文化公益活动结合起来。具体说来，就是要将弘扬优秀传统文化与构建公共文化服务体系和推动文化改革发展繁荣相结合；与思想道德教育和开展中华传统文化公益大讲堂相结合；与文学艺术创作和满足人民群众最基本的精神文化需要相结合。所谓传统文化的产业化，是指将优秀传统文化与经济发展相融合。具体说来，就是要将弘扬优秀传统文化与文化体制改革和文化产业开发相结合；与旅游文化和文化旅游相结合；与各种精神文化产品的创作、生产、经营和消费相结合。

我们今天弘扬和继承中华民族传统文化和传统道德的目的和旨归，不是要人们停留在钻研"古代典籍"和赞赏古代文化的"复古"境遇之中，而是要力求使我们的提倡和研究有利于当前的新经济、新政治、新文化和新道德的建设与发展。忽略了新的时代的要求，看不到社会主义社会现实的需要，如果仅仅停留在读、背"经书"而不能学以致用，如果仅仅只是"张扬儒学"和"赞赏"、"崇敬"中国古代的经典，是远远不够的。我们必须清醒而坚定地认识到，我们要建立的是社会主义文化、社会主义政治和社会主义经济，脱离社会主义的现实要求，脱离马克思主义的立场、观点和方法，无批判地强调"复兴儒学"，宣扬"儒学治国"，提倡"复古"和"倒退"，认为一切古代的道德传统都可以适用于今天，更是错误的。

在当前，一种值得注意的倾向是，对于中国古代的传统文化主张无批评地兼收并蓄，反对"批判地继承"，认为提出"批判地继承"就是要恢复"文化大革命"中所实施的"大批判"，就是要全盘否定中华民族的传统。还有些人认为，古代封建统治阶级的一切经典、一切礼仪、一切"古训"都是应当效法的。据媒体报道，2012年9月28日晚，一场由高校大学生组织的汉服中秋祭月及民俗文化体验活动在古城西安上演。现场除进行进位、上祭品、上香、读祭文、行礼等中秋祭月仪式外，还有投壶、中秋点灯等民俗游戏。据说此次活动旨在让"90后"大学生感受传统文化的魅力，在大学校园复兴传统节日。① 另据报道，苏州大学艺术学院大四某学生，被称为"汉服女孩"，从大一至大四，该女生坚持每天穿着汉服上课。汉服对她而言是平日里的便服，是生活起居不可或缺的部分。② 更有甚者，把古代的"尊孔读经"和"磕头跪拜"也视为应当继承的精华，妄图把"儒教"定位为"国教"，其目的就是要以儒家思想为指导，把儒家思想作为社会主义新中国的价值导向，最终目的是要把社会主义的中国改变为儒家思想统治的社会。诚然，中国现时的社会主义的新文化也是从古代的旧文化发展而来的，我们必须尊重自己的传统文化和传统道德。但是这种尊重，正像毛泽东同志所说，只能是给传统文化和传统道德以一定的科学的地位，是尊重历史的辩证法的发展，而不是颂古非今，不是赞扬任何封建的毒素；对于人民群众和青年学生，主要地不是引导他们面向古代的传统，而是要引导他们面向未来的崭新的社会主义的新的、有生命力的道德。③

（三）文化共生的时代呼唤哲学思维

共生作为一种思想潮流，在世界各地播撒、扎根，不断丰富成长。从生物学领域发轫，扩展到政治学、经济学、文化学、社会学等范畴，并提升为引领人类新精神的哲学和新生活方式的美学。联合国宪章、人权公约、国际生物多样性公约、文化多样性公约、保护非物质文化遗产公约，都是共生思想在现代人类社会的光辉折射和成功实践。2010 年，刘云山在《文化自觉文化自信文化自强》专文中指出："任何一个时期的文化都是多元一体、多样共生的。"2012 年 5 月，国务院副总理李克强在莫斯科大学发表《顺应世界发展大势，深化中俄战略合作》演讲时指出，全球化时代两个趋势日益突出：一是全球化与多极化并行发展；二是共同性与多样性相伴而生，他认为："这是一个开放、多元、共生的世界，既有共性又有特性，既应相互借鉴又应彼此包容。这个世界需要和平、需要合

---

① 《中国新闻网》2012 年 9 月 29 日。
② 《细说汉服》，《扬子晚报》2012 年 10 月 4 日。
③ 参见罗国杰《论中华民族传统道德的"精华"与"糟粕"》，《道德与文明》2012 年第 1 期，第 5—9 页。

作，使人们在共同发展中追求幸福生活。这个世界需要尊重、需要平等，在保障各国自身应有权利的同时，促进国际关系民主化，构建更加公正合理的国际政治经济新秩序。"2012年9月10日，温家宝总理到外交学院新校区出席周恩来同志和陈毅同志铜像揭幕仪式并向师生发表讲话。他强调："我们要积极、主动、客观地向世界介绍中国，吸收借鉴人类一切优秀文明成果，尊重和维护文明多样性，扩大同各国的友好交往，增进相互理解。"① 这些无不表明，共生思想作为从工商文明挺进生态文明的精神内核，正越来越受到重视，引领着中国现当代文明发展的进程。

"共生思想"旨在从哲学思想出发，努力解决人类生存和发展中的危机和矛盾，构建21世纪的新秩序。2012年7月14日，第一届全球共生论坛在京举行。论坛由清华大学政治学与国际关系学术共同体和全球共生研究院共同主办，论坛主题是：顺势而为，体行共生。来自中国、加拿大、日本、印度尼西亚的近百位"共生学人"，相聚清华大学西郊宾馆，共同探讨全球共生大趋势，交流共生思想在当代中国的研究成果和生动实践，是全国首次关于共生思想的小规模高端学术论坛。清华大学著名历史学家、社会学家、翻译家92岁高龄的何兆武教授，亲临共生论坛，以全球共生研究院荣誉顾问的名义，宣布"第一届全球共生论坛"开幕，并致开幕词。他说："共生思想，就是自己活，也让别人活的法则。独乐乐不如众乐乐。我想，在所有宗教、主义和哲学中，共生大概是具有最大公约数的思想，也是宇宙间最理性的大智慧。建设和谐社会，需要共生思想作价值底线指导。"

我们应该辩证看待文化类型和价值信仰的差异，既要看到这种差异有造成矛盾、冲突的不利一面，也要看到这种差异有引发相互学习、取长补短的有利一面。人类面对文化及价值观层面的多元、多样和冲突，要有追求和平、和睦、和谐的价值理想，更要树立"太和所谓道"（张载）的哲学本体论理念。要不断提高对文化事实和文化价值的认识水平。笔者认为，人们对文化价值的认识有三个阶段和境界：一是只知其一，不知其多的阶段和境界。就是只知道某一种文化类型和价值观信仰，不知道或不很了解更多异质、异型的文化和信仰。二是只知其多，不知其通的阶段和境界。就是对多种文化类型和价值观信仰有所了解，知道其差异和矛盾，但

---

① 中广网北京2012年9月10日报道，记者刘乐。

看不到其共性和相通之处。或坚持其一，排斥其他，或停留在价值相对主义阶段。三是既知其多，又知其通的阶段和境界。就是既了解多元文化及价值观的现状和历史演变，又懂得多元文化及价值观的共性，能以求同存异、取长补短、太和包容、多元一体、整合创新、共生共荣的心态对待一切文化和价值观。与此相联系，我们的文化研究也有三个阶段和境界：一是学习探索的阶段和境界。主要是按一定方向学习相关学派和学科的理论及历史知识，从而走进自己的研究领域，撰写学习笔记和心得体会，寻找归宿点。二是梳理综合的阶段和境界。就是要以某个学科或学派的立场为主，对相近学科或学派的学说进行比较，知其长短和利弊，取长补短，从而跳出已经进入的具体领域，站在超越局部高屋建瓴的境界，把握学科全貌，梳理整合，撰写论文和构建体系框架。三是创立新说的阶段和境界。就是将自己的新思想、新发现、新创造，以系统的理论、知识和方法表达出来，即著书立说。上述三个阶段，也可以简称为"学道"、"悟道"和"造道"的过程。这是同一个认识过程的三个阶段，也是三个境界。在每一阶段的停留时间有长有短，甚至还有曲折、反复和交叉的情况。

　　对转型期的中国而言，共生思想应运而生，既是雪中送炭，也是锦上添花。"雪中送炭"，是解决中国从农耕文明向工商文明转型，并向生态文明过渡提升，这一曲折艰难的历程中，所激化的历史文化沉疴，以及所产生的重重现实难题、尖锐矛盾。"锦上添花"，是为中央倡导包容性增长、构建和谐社会、建设和谐世界，提供更切合、更前瞻而富有感染力的大国崛起理论依据。同时，摆脱以对立、冲突和斗争解决问题的传统政治模式、思维模式和生活方式，用共生价值观为一切现行硬道理导航，修成中国民主与法治、市场与政府、善政与良治的正果，实现中国公民的精神重构，让社会成员无一例外地走向健康、简约、高尚、可持续幸福而富有尊严的共生生活方式。

第 六 章

继承中国优良道德传统的问题

伦理思想和道德规范是中国传统文化的重要组成部分，而且是最核心的部分。道德文化属于观念、精神和心理层面的文化。它既存在于社会群体的公共意识之中，也存在于每个人的个体意识之中。相对而言，道德现象比较抽象，不容易直观，这是探讨道德问题的一个特点和难点。人们对道德现象的理性把握，更依赖于一定的感性经验和内心体悟，因此，人生经历越长，生活经验越丰富的人，往往越懂得道德的含义、地位和价值。当然，通过学习前人的道德经验和伦理思想，也能加速自己的认识过程，更快提升自己的精神境界。

许多学者在对中国文化与西方文化进行比较研究之后认为，西方文化是"智性文化"，中国文化是"德性文化"。也就是说，西方传统文化的特点是突出智慧，强调的是积累知识、认识真理和把握规律。而中国传统文化的特点是突出道德，强调完善人性、人格和人生，追求天地君亲师之间，以及家庭生活、职业生活和社会公共生活中的伦理秩序及礼仪文明。因此，中国传统文化特别强调道德价值、道德修养、道德教育和道德境界。这不仅体现在伦理思想、哲学思想和宗教思想中，也体现在政治思想、经济思想、文艺思想甚至军事思想等广泛领域。以"道"为本，以"德"为用，以"仁"为魂，以"礼"为行，是中国传统道德文化的基本价值导向。从这个意义上说，不了解中国的传统道德，特别是儒家的伦理道德文化，也就不能深入理解中国的传统文化。

我们讨论中国传统道德时，必须联系现代社会的背景，也就是要承认三个前提：一是我们已处在科学技术知识高度普及的社会，科技知识广泛深入主宰着社会发展和个人生活；二是我们已进入了法制社会，法治的地位已经超越了道德的地位而更受国家的重视。因此，道德建设必须体现出民主、理性和法治精神；三是文化种类和价值观念呈现出多元化和多样性。这三种现象的存在，都有现代性和西方文化的背景。在此背景下，对中国传统道德的继承，只能是对其人文精神的继承。比如，对仁爱、礼乐、慈善等传统道德文化的继承，本质上是对其体现的人文精神的继承。这正是现代科学文化、法制文化所缺少的，也正是中国传统伦理文化的优势和现代价值之所在。

一 对"三纲""五常"的再认识

1919年五四运动前后兴起的新文化运动，是中国近代文化转型的一个里程碑，对以后的文化发展产生了巨大而深刻的影响。比如，当时提出了"提倡新道德，反对旧道德"的口号，把"三纲五常"作为旧道德的代表来批判。后来，在提倡社会主义新文化、反对封建主义旧文化的过程中，人们也都一直不加分析地批判"三纲五常"，以至于有的人以为这就是中国传统道德的全部内容。经过近一个世纪的风风雨雨，"三纲五常"的价值评价和文化地位，似乎仍是一个没有完全解决的问题，因此，值得我们今天再思考、再讨论。

所谓"三纲"，就是中国传统道德中所说的"君为臣纲""父为子纲"和"夫为妻纲"。有所谓"君叫臣死，臣不得不死"，"父叫子亡，子不能不亡"，"饿死事极小，失节事极大"的说法。从这些内涵和要求来看，"三纲"集中体现了中国封建社会的"君权""父权"和"夫权"的至高无上，反映了尊卑高低的等级思想和重男轻女的封建秩序的要求，严重束缚了人的道德独立性，压抑着人的道德自觉，束缚着人的道德自由，把大多数人都应享有的道德权利从根本上否定掉了。因此，我们可以说，"三纲"是适应家国同构的封建家族社会而产生的，是中国传统道德中的糟粕，在历史和现实中都不可能起到真正进步的作用，在今天应当彻底予以否定。有人认为"三纲"中包含一定的必然性规律，即使这样，也只能以新的形式融入到体现历史进步的新思想、新观念中去，而不能原封不动搬到现代社会中来。

"五常"，就是我们所说的"仁、义、礼、智、信"，可以说是中国历史上影响最大的道德规范。孔子在特别强调"仁"的同时，提出了"智、仁、勇"三达德和"恭、宽、信、敏、惠"等道德规范和范畴；孟子则进一步将其概括为"仁、义、礼、智、信"五种基本的道德规范。这里的"五",是指五个重要道德规范;这里的"常",是指常理、常规和恒常不变。"五常"的思想也就从此成为中国传统道德的正统模式而流行于世。总的来说,"仁、义、礼、智、信"作为富有"人民性"的道德信念和规范,体现了中华民族处理人与人之间关系的重要道德经验,至今保持着重要价值。继承这份宝贵遗产,对我们今天正确调整人和人之间的关系,有着重要意义。

"仁"是中国传统道德的核心。孔子曰:"克己复礼为仁",就是说,一个人的言行只有符合了社会的道德规范,才能做到仁。"仁"的最简明扼要的解释,就是"仁者爱人"。"仁"就是在社会生活和人与人的相处中,必须要有对"他人"的一种同情心,要时时处处想到别人的利益和要求,"己所不欲,勿施于人"(《论语·卫灵公》),"己欲立而立人,己欲达而达人"(《论语·雍也》)。这是一个"人之所以为人"的基本前提和最高要求。"仁者人也","仁"就是一个人之所以被称为人的起码要求。从"仁"的更广泛意义来看,在"仁民"的同时,还要求能从人类扩大到自然界的一切有生命的物体。因此,强调"仁民爱物""民胞物与",就成为中华民族优良道德传统的一个特点。

"义"是实施"仁"的重要支撑。什么是"义"?唐代韩愈在《原道》中说:"行而宜之之谓义。"义就是宜,合宜。做事合宜,即合理、合情、合于公德,都属于"义"。"义"作为一个道德概念,是指判断是非善恶的标准和人们行为的价值准则,具体指一切合宜合理合情合于公德的言行。孟子对"义"作过较多的说明:"敬长,义也。""非其有而取之,非义也。"(《尽心上》)"义"有讲"义气"和坚持"正义"的意义。有时也是整个道德规范的总称。它和"仁"几乎有同等重要的意义。人的一切行为,都要把是否合乎"义"视为最根本的要求。孔子认为"君子义以为上"(《论语·阳货》),又说"不义而富且贵,于我如浮云"(《论语·述而》)。也就是说,君子重义,小人重利。在今天,既不能重义轻利,也不能见利忘义,而要树立义利统一、以义为先的价值观。"义"的思想也包含着为了他人、集体和国家利益而不惜自我牺牲和英勇献身的精神。总之,中国传统道德中的"义"是判断人在对待"利"的问题上的一个重要标准,是判断一个人道德高尚还是道德低下的一个衡量尺度。在今天市场经济条件下,提倡正确的义利观,无疑具有十分重要的意义。

"礼"是对道德规范的概括。周公制礼作乐，孔子认为"礼"是"仁"的具体表现，是行为规范的总称。荀子以"礼"为其思想体系的核心，《荀子·劝学》说："学至于礼而止矣，夫是之谓道德之极。""礼"的思想还包含着"礼让""礼貌""礼节"及在人和人的相互关系中遵守公共生活准则的要求。

"智"的一般含义是指一个人所具有的智慧、知识和才智。但是在中国传统道德中，"智"并不仅仅是指一种"知识""技能"和"智慧"，它还指一个人具有判断"善恶是非"的能力，并将其贯彻到自己行动之中的智慧，是一种择善去恶、从善去恶的选择和行为能力。比如，它反对愚忠愚孝和机械教条，提倡道德义务的平等和道德行为的权变。中国古代的"智"，就是我们今天所说的"德智"，它主要是指识别善恶、扬善抑恶的能力。

"信"，包含"诚实守信""信守诺言""诚信不欺"等意思。在社会生活中，"信"是一个人的立身之本，如果没有诚信，也就失去了做人的基本条件。传统道德所强调的"信"，就是我们今天所需要、所呼唤的诚信、诚实、诚恳等优良品德。

总的来说，"仁、义、礼、智、信"作为富有"人民性"的道德信念和规范，体现了中华民族处理人与人之间关系的重要道德经验，至今保持着重要价值。继承这份宝贵遗产，对我们今天正确调整人和人之间的关系，改善人际关系，必将产生重要的作用。因此，"五常"可以视为中华民族传统道德中的精华，要持分析和"扬弃"的态度。"三纲"则基本上属于维护等级差别和束缚人性的"糟粕"，应当彻底予以否定。

二 "孝"德的发祥、演变和价值

儒家所提倡的道德原则和规范，除了上面讲到的"三纲""五常"之外，还有很多，如孝、悌、忠、勇、和、敬、宽、敏、惠、温、良、恭、俭、让，等等。这每一个"德目"都值得深入探讨。这里仅就"孝"的问题作些探讨。

(一)"孝"德的起源和发祥地

中国人自古就很重视"孝"的品德、规范和文化。那么，孝德文化最早产生在什么时候和地方，哪里是它的发祥地？对此，学者们争论不休，谁都很难说得清楚。一些人依据大舜行孝而感动尧帝并禅让其位的传说，或者根据孝德必与家庭起源相联系的推论，提出了孝德起源于父系氏族社会的观点；也有人从儒家一贯重视孝德，推论孔子就是"孝"德规范的初创者；还有人根据中华民族《二十四孝》中，有董永、黄香、孟宗三孝出自孝感的民间传说，把湖北孝感说成是孝文化的发源地。他们还提出把孝感建成中华孝文化名城的奋斗目标。这些观点和看法，虽然也有些根据，但都难以让人信服。因此，运用科学方法，进一步探讨中国"孝"德文化的发祥地很有必要。

根据笔者的研究，具有信史依据、自觉意识和"孝生"内涵的孝观念、孝行为和孝文化的起源，应该在西周时期。而陕西宝鸡是周文化的发祥地，当然也是孝德文化的发祥地。从时间上说，从西周初期到春秋末期，也就是从周公到孔子这个阶段，应该是中国孝德文化的一个重要形成期。因为从这个时候起，孝作为道德规范的产生，才有了政治、经济、文化的基础，如血缘宗法制、分封制、井田制、礼乐制。孝作为观念文化，正是这些制度文化的产物。而且，从那时起，孝德孝行不再是传说，而有了明确的文字记载，人们对其意义也有了自觉意识，国家也把孝作为意识形态当中的核心价值来提倡，从而使孝的道德观念真正在社会上普及开来了。当时孝的基本内涵也出现由原来敬奉、祭祀过世祖先向尊敬、赡养在世父母的转向。到了春秋战国时期，由于受人文和理性思潮的影响，"孝"的内涵更加由"孝死"向"孝生"转变，成为子女善事父母长辈的道德规范。

有人以为孔子就是孝德文化的创始人，说"孝是儒家文化的始源基石"[1]。其实，生活在春秋晚期的孔子，不可能是中国孝德观念的初创者，而是根据西周以来早就存在的孝德观念建构儒家孝德理论的第一人。他自己也说："郁郁乎文哉，吾从周。""甚矣吾衰也。久矣吾不复梦见周公。"(《论语·述而》)实际上，孔子只是以社会上已经流行的孝观念、孝行为

---

[1] 张硕平、王延安编著：《中国孝文化》，陕西人民教育出版社2007年版，第10页。

为基础，对"孝"德规范进行概括，才完成了对儒家孝道理论的初始构建。儒家无疑是孝文化的积极倡导者，但也不能因为儒家很重视提倡孝德，就认为孔子是孝德规范的创始人。《孝经》指出，孝是先王的"至德要道"。"夫孝，德之本也，教之所由生也。""身体发肤，受之父母，不敢毁伤，孝之始也。立身行道，扬名于后世，以显父母，孝之终也。夫孝，始于事亲，中于事君，终于立身。"这段话虽然也讲到"孝之始""孝之终"，但只是讲孝在个体行为中的体现，并没有指出孝德的历史源头在哪里？

从理论上说，孝德文化必然产生于家庭起源之后，因此，有学者和传说认为孝德观念产生于父系氏族社会时期，这种推论有一定道理。如康学伟在其《先秦孝道研究》[1] 一书中也认为："孝观念是父系氏族社会时代的产物"，即可上溯到传说的"五帝"时期。孝观念形成于原始社会的衰亡期，有两个条件：一是基于血缘关系而产生的亲亲之情；二是个体婚制的建立。李宝库在《一颗闪耀人伦之光的璀璨明珠》一书中也说："孝文化起源于原始社会父系氏族公社时期。"又说："孝文化在夏商时期'由礼入法，成为人人必须遵循的伦理规范。到了周朝，孝文化有重大发展，确立了'以孝治家'和'以孝治国'的双重职能。"[2] 但是，远古（原始社会末期和奴隶社会早期）即使有"孝行"，也是不可能有自觉意识和理论形态的，而只能是家庭生活需要和社会发展规律在人的行为中的本能反应。按照道德规范产生的一般规律，人们对"孝"德规范的理解应该有一个由无意识到有意识，由自发到自觉的演变过程。因此，作为一种具有自觉意识和理论形态的孝德规范，只能是在一定的历史阶段上，即在伦理思想和理论思维较为发达的西周时期产生。西周是中国仁政德治文化的源头，也是后起儒家思想的渊源。西周也奠定了家国同构的基础。以德治国的基础是以孝治家。孝德文化，在我国古代不仅是家庭道德的核心，也是国家政治意识形态和核心价值体系的一部分。

西周时期，孝德规范受到高度重视，并具有了理论自觉，且见诸很多文献和文字记载。《尚书》中提出"明德慎罚""元恶大憝（duì，坏），矧（shen，亦）惟不孝不友。"（《尚书·康诰》）《诗经》亦有"率见昭

---

[1] 参见康学伟《先秦孝道研究》，台湾文津出版社1992年出版。
[2] 李宝库：《一颗闪耀人伦之光的璀璨明珠》，世界知识出版社2010年版，第24页。

考，以孝以享"（《诗经·周颂·载见》）的记载。大家都知道，"崇德尚礼"是周人的核心价值观，也是周文化的精髓。这里面无疑包括了崇"孝德"和尚"孝礼"的内容。孔子就认为对父母长辈，应该"生，事之以礼；死，葬之以礼，祭之以礼"。《礼记·祭统》也说："祭者，所以追养继孝也。……是故孝子之事亲也，有三道焉：生则养，没则丧，丧毕则祭。养则观其顺也，丧则观其哀也，祭则观其敬而时也。尽此三道者，孝子之行也。"西周时期的伦理观念和政治、经济、文化等制度，即宗法制、分封制、井田制、礼乐制等，都是以血缘关系为基础的，而孝亲观念正是以宗法血缘关系为基础而产生的。王国维在《殷周制度考》中指出：殷周之兴亡，在于"有德无德之兴亡"，"周之制度典礼，实皆为道德而设也。周之制度典礼，乃道德之器械"。侯外庐也指出："周代的统治者在意识上作出能动性的道德规范，不像过去那样完全听命于祖先神的主宰。""殷人的祖先崇拜着重于自然血缘的意义，周人着重的是政治和道德的意义。周人所表彰的道德都是从宗法制度中派生出来的道德规范。"①季庆阳先生在《近十年中国大陆孝文化研究综述》中概括说："肖群忠认为孝在其产生之初的周代，是起源于政治上的传子制度，另一个起源是产生于尊祖敬宗的祭礼过程中。""朱岚指出，西周孝道观念的确立是与其祭祀祖先的制度和礼仪的发达密切相关的。孝既是西周道德规范体系以及道德教化的核心和基础，也是西周礼乐文化的重要组成部分。……陈筱芳认为西周春秋祖先崇拜超出了宗教范围而具有宗法和孝德意义，是中国古代从西周开始形成的独特的文化现象，标志着祖先崇拜世俗化。"② 这表明，学术界不少人都承认"孝"观念的形成与三千多年前的西周文化有密切关系。

西周文化发祥于今陕西省宝鸡市的周原地区。现存周原遗址位于宝鸡市辖区内的岐山县和扶风县北部交界处，这里是古公亶父至周文王时期周朝的都城岐邑所在地。遗址区包括现在 20 多个行政村，占地 50 多平方公里，地处宝鸡市与西安市之间。从 20 世纪 50 年代开始，经过国家级、省级和高校的多个考古单位几代人的辛勤发掘，出土了大量青铜器、玉器、

---

① 侯外庐：《中国思想通史》第 1 卷上编，第四章第三节。
② 参见季庆阳《近十年中国大陆孝文化研究综述》，《社会科学评论》2009 年第 3 期，第 121、123 页。

陶瓷器、甲骨文、建筑材料等珍贵文物。这些遗迹和文物从不同侧面展现了昔日周原的辉煌历史，也显示了宝鸡作为周文化发祥地的可靠根据。虽然周朝建立在殷商之后，但周族的历史更早，故讲周人的道德观念不必从殷商以后说起，也可追溯到更早。比如，商朝末年，周太王古公亶父的长子泰伯为成全其父有意传位于三弟季历的意图，携二弟仲雍远涉江南，定居于现在的江苏省无锡市梅村镇一带，建立了江南第一个文明古国——"句吴"。泰伯三让天下的义举，被孔子尊为"至德"。这个"义举"和"至德"，其实也是孝行和孝德。

宝鸡市被誉为"青铜器之乡"。自汉代以来，宝鸡出土的商周青铜器历代不绝。特别是从1820年到1949年，100多年间宝鸡出土了数百件西周青铜器，尤以毛公鼎、大盂鼎、散氏盘、虢季子白盘、大克鼎等国宝重器闻名于世。这些青铜器除现分别收藏于国内的国家博物馆、上海博物馆、天津博物馆、北京故宫博物院、台北故宫博物院、湖南省博物馆、陕西历史博物馆和宝鸡地区的博物馆，部分还流失到了国外。20世纪50年代起，大规模的考古调查和发掘工作在宝鸡地区展开，经科学发掘，周代近20000件青铜器问世。宝鸡全市现有馆藏青铜器15000余件，其中一级文物158件、二级文物401件、三级文物529件。宝鸡出土的西周青铜器铭文长，历史研究价值极高。据霍彦儒、辛怡华编著的《商周金文编——宝鸡出土青铜器铭文集成》载，宝鸡出土青铜器中，有铭文的多达693件，铭文总数近20000字。其中毛公鼎铭文497字，逨盘铭文372字，散氏盘铭文351字，大盂鼎铭文291字，大克鼎铭文290字，墙盘铭文284字。这些珍贵资料从不同角度记录了西周社会的方方面面，也验证了后世编纂历史文献的真伪。

从考古资料来看，"孝"字最早见于商代卜辞，由"老"与"子"上下结构会意而成，意思是青年人扶着老年人，引申为老少之间的和谐人际关系。许慎《说文解字》中，老与考可以互训。周代金文中"考"、"孝"往往通用。当时用于祭祀的青铜器铭文中也多有"孝"字。根据查昌国先生统计，《三代吉金文存》和《西周金文辞大系考释》两书中，除去重复的，涉及孝的铭文共112例，其中明确有"享孝""追孝"神祖考妣的43条，"享孝于宗室"，即在宗庙祭祀祖先的共10条，"追孝于前文人"的5条。另外，只有享孝追孝等简单用语，而省略了孝之对象的共

34条。① 周人对孝德规范的自觉意识和理论表达不可能是孤立产生的，应该是和那个时代的文化背景联系在一起的。"孝"德观念是周文化的组成部分，而且是其核心和灵魂。位于黄河重要支流渭河流域的宝鸡地区，是具有悠久历史和深厚文化底蕴的地区，中华文化中的姜炎文化、周秦文化都起源于宝鸡。以周公为代表的西周初期的政治家周公，以殷商灭亡为借鉴，认真总结历史教训，以礼的形式对国家制度作了梳理和规范。制礼作乐、崇德尚礼，是周文化的突出特点。

商代实行方国联盟制度。诸方国、部落虽然对商王朝有一定的贡纳，然而基本上是独立的，它们对于商王朝并没有多少的依附。周公制礼，不再因循旧制，而是开创了分封诸侯的新局面。所封诸侯大多为姬姓，与周王有血缘关系，也就是说是以血缘关系为纽带，而且"授土"、"授民"。使诸侯与周天子形成了主从关系。周公制定的宗法等级制度，力图将西周各宗贵族，通过等级阶梯来构成天子—诸侯—卿大夫—士的等级地位，形成以天子为核心的严密的四级政权，构建"普天之下，莫非王土"，"率土之滨，莫非王臣"的国家所有制。周公还制定了一套严格区分君臣、父子、亲疏、尊卑、贵贱的礼仪制度，运用这套制度确保天子之天下共主的世袭地位，并平衡诸侯以下封建贵族之间的权力分配。

周人还有"祭天祀祖"的习惯和礼制，这可能是忠孝思想的重要来源。因为"祭天"蕴涵"忠"于上天的思想，"祀祖"蕴涵"孝"敬祖先的思想。后来，宗教意识世俗化，与政治意识和伦理意识相结合，由忠天思想发展出"忠君"思想，由孝祖思想发展出"孝亲"思想。忠孝观念和思想，成为中国几千年传统文化的核心内容，产生了深远影响。在周人眼里，宗庙比社稷更为重要。周以前，实行五庙制，就是父、祖父、曾祖父、高祖父各设一庙，再加一个"太祖庙"，又称太庙，祀始祖至高祖父的所有祖先。后来又增加周文王、周武王二庙，成为七庙制。七庙的布局十分严格，随着世系下延，还要发生更迭。宗庙祭祀是天子、诸侯的特权，影响到民间，则形成了祭祖的礼俗。这种礼俗中，其实已经蕴涵着"孝"德文化。周礼重亲亲，而后及于尊尊，先强调"父慈子孝"，再及于"君仁臣忠"。由孝推及忠，由人伦推及君臣，周礼的这种本质应该说是由周公奠基而成的。

---

① 参见查昌国《西周"孝"义试探》，《中国史研究》1993年第1期。

正是在孝德文化广为流传背景下，东汉时期的孝子董永，勤劳善良，卖身葬父，感动七仙女与其成亲的故事，通过"二十四孝"的故事之一和《天仙配》的戏剧形式而在我国民间广为流传。唐宋以来全国各地关于董永的遗迹很多。据媒体报道，全国很多地方还用"董永传说"来申报国家级非物质文化遗产。如湖北孝感、江苏盐城、河南焦作、山西运城等地都已成功申报了"董永与七仙女传说"的国家级非物质文化遗产保护项目。此外，山东淄博、江苏金坛等地都称当地有与董永相关的文物、传说等。其实，在宝鸡市麟游县九成宫镇漆水河边的新庄塬村，也有一座董永墓，当地也流传着董永和七仙女的民间传说。[①] 这个传说，表明了民间、民俗文化中对美好爱情和孝德孝行的推崇，也以民间文化的形式间接佐证了孝德的起源。

（二）传统孝德的基本内涵

大约成书于战国末期至汉初的《孝经》，共有十八章内容，被认为是由孔子的再传弟子所著，它是宣传"孝"这个道德规范的一部最系统、最权威的著作。根据《孝经》的论述，综合起来，孝德的内涵和修养方法主要有五点要求：

第一，爱身。"身体发肤，受之父母，不敢毁伤，孝之始也。"人的身体四肢、毛发和皮肤，都是父母赋予的，不敢予以损毁和伤残，这是孝的开始。这是《孝经》开宗明义的话。就是说一个有孝德的人，要懂得自己在父母心中的地位，要对父母有强烈的责任感，要爱护自己的身体，包括毛发和皮肤都不能损伤，特别是要珍惜生命。不然，损伤了发肤，父母会感到心疼，要是遇到什么事想不开自寻短见，或因别的原因，毫无意义、毫无必要地损失了生命，父母会非常痛苦。为了不让父母心疼和痛苦，就要爱惜自己，这也是孝的要求。

第二，奉养。这主要是指普通老百姓的孝道。其内容就是给父母以饱食暖衣的满足，使他们没有衣食之忧。《孝经》对不同等级身份的人行孝的内容和方法作了区别，一方面反映了当时社会生活的不平等；另一方面也反映了道德要求的层次性。

第三，爱敬。《孝经》认为，孝不仅表现在衣食奉养上，而且表现在

[①] 参见朱百强《麟游为啥有董永墓？》，《宝鸡日报》2012 年 5 月 28 日第 2 版。

对父母的尊敬、安慰上。"孝子之事亲也,居则致其敬,养则致其乐,病则致其忧,丧则致其哀,察则致其严,五者备矣,然后能事亲。"这里强调事亲必须爱敬,给父母以精神上的安慰,或者说更重视精神上的孝。

第四,立身。"立身行道,扬名于后世,以显父母,孝之终也。"(《开宗明义章第一》)意思是,人在世上遵循仁义道德,有所建树,显扬名声于后世,从而使父母显赫荣耀,这是孝的终极目标。

第五,尽忠。《孝经》指出:"夫孝,始于事亲,中于事君,终于立身。"强调诸侯之孝是"在上不骄,高而不危,制节谨度,满而不溢";卿大夫之孝是"非先王之法服不敢服,非先王之法言不敢道,非先王之德行不敢行"。这里面也有"忠孝合一,移孝为忠"的意思。孝子必须忠于国家,安定国家,因为国家安定了,家庭才能安定,家庭安定了,孝子才能行孝!所以,古人认为求忠臣,必定是在孝子之门寻到!忠孝若能两全,就是做人的最高道德,若忠孝难以两全,就要舍小家,顾大家,将尽忠排在尽孝之先,因为国家兴亡,匹夫有责,国家、民族的利益要远远大于和高于家庭或个人的利益。

第六,祭祀。《孝经》说:"生事爱敬,死事哀戚……孝子之事亲终矣。""子曰:孝子之丧亲也,哭不哀,礼无容。言不文服美不安,闻乐不乐,食旨不甘,此哀戚之情也。"意思是,父母在世时要敬爱,父母去世以后要有哀戚之情。特别是办理丧事时,要怀着沉痛的心情。要哭得声嘶力竭,发不出悠长的哭腔;举止行为失去了平时的端正礼仪,言语没有了条理文采,穿上华美的衣服就心中不安,听到美妙的音乐也不快乐,吃美味的食物也不觉得好吃,这是做子女的因失去亲人而悲伤忧愁的表现。"擗踊哭泣,哀以送之,卜其宅兆,而安厝之。为之宗庙,以鬼享之。春秋祭祀,以时思之。生事爱敬,死事哀戚,生民之本尽矣,死生之义备矣,孝子之事亲终矣。"出殡的时候,捶胸顿足,号啕大哭地哀痛出送。占卜墓穴吉地以安葬。兴建起祭祀用的庙宇,使亡灵有所归依并享受生者的祭祀。在春秋两季举行祭祀,以表示生者无时不思念亡故的亲人。在父母亲在世时以爱和敬来侍奉他们,在他们去世后,则怀着悲哀之情料理丧事,如此尽到了人生在世应尽的本分和义务。养生送死的大义都做到了,才算是完成了作为孝子侍奉亲人的义务。提倡祭祀祖先,既与私有财产的遗传有关,也同古人迷信人死后灵魂不灭的观念相联系,是经济原因、亲缘关系和宗教迷信的结合。

在《孝经》的影响下，"孝"德成为中国传统伦理文化的基础，特别是家庭伦理的核心内容，能尽孝被认为是绝对的个人美德，故有"百善孝为先"之说。我国古代家庭教育中极其重要的内容就是对晚辈进行孝道教育。家训、家规、家书是父亲教育子女的重要形式，就其内容看，这些父辈对子女的教诲中，几乎毫无例外地都包括教育子女要孝悌爱长的内容。孔子非常重视孝悌，把孝悌作为实行"仁"的根本，提出"三年无改于父之道""父母在，不远游"等一系列孝悌主张。孔子在给弟子传授知识的同时，也将孝道作为他重要的教学内容之一。由他开创的儒家学派，以"仁"为核心，以"孝"为根本，重血亲人伦，重道德修养，其思想影响中国几千年，并渗透到我们的民族意识、民族性格、民族习惯之中。他还将孝与礼结合起来，认为对父母长辈，应该"生，事之以礼；死，葬之以礼，祭之以礼"。又说："今之孝子，是谓能养。天下犬马，皆能有所养，不敬，何以别乎？"春秋至战国时期，除孔子之外，先秦诸子都对孝道非常重视，并有诸多的论述。如战国中期的孟子把孝悌视为基本的道德规范。他说："孝子之至，莫大于尊亲。"他还提出了"老吾老以及人之老，幼吾幼以及人之幼"的著名观点。

可是从今天来看，无论是"孝"德的内涵还是"孝"德的历史影响都有消极和积极的两面性。

封建孝道的消极性表现在：（1）宣扬"忠孝合一，移孝为忠"的思想，使"孝"成为封建专制社会"忠君"思想的来源，也成为维护专制统治的精神力量，与近现代社会的民主法制思想相矛盾；（2）宣扬子女对于父母及祖宗绝对服从的思想，剥夺子女的独立人格，把父母权力和祖宗思想绝对化，具有不平等性和阻碍创新的保守性；（3）把孝德过分血缘化，宣扬父子相隐的思想，与现代社会的法制精神相违背；（4）宣扬"不孝有三，无后为大"的重男轻女思想，也与近现代社会提倡男女平权的思想不一致；（5）封建统治阶级宣扬"以孝治天下"的思想，树立了为尽孝而挖坑埋儿或卧冰求鱼等极端化或不真实的榜样，产生了道德异化和违背人道的消极影响。

传统孝德的合理性表现在：（1）提倡照顾、赡养父母的思想符合社会规律和人之常情。在中国古代，赡养父母被视为子女的社会义务和道德责任。在子女具备独立生活能力之前，父母应给予子女充分的关爱和照顾，使其健康成长；当父母年迈体弱、失去劳动能力时，子女应承担起照顾、赡养老人的义务。这是家庭伦理中基本的道德要求，它体现了代际之间相互关爱、相互照顾、共同满足其生存和发展需要的合理的人生态度。(2) 提倡尊敬、孝顺父母，关心其精神文化生活需要，也是家庭养老的必然要求。随着现代社会生活节奏的加快、竞争的日益激烈，人们往往借口忙于自己的事务而缺少与父母应有的沟通和交流，致使亲情淡漠。有相当一部分人把赡养父母仅仅看做是一种法律责任而不是伦理义务，缺少发自内心的尊敬、理解和关爱。(3) 由孝德而推广延伸出来的尊老精神有利于社会和谐。儒家提倡"老吾老以及人之老"的思想，主张人们由尊养家庭老者而扩大到尊养社会上所有长者和老人。由"小爱"推及"大爱"，这显然具有合理性，值得大力宣传和弘扬。由"忠孝合一，移孝为忠"而延伸出来的忠君思想中，也包含着古代爱国主义的宝贵情感。因为在封建社会，"君"是国的象征和代表，因此，人们的爱国精神与忠君思想往往交织在一起。(4) 提倡荣祖精神。孝不仅提倡在衣食住行娱等方面尽量满足老人的需要，还提倡努力实现个人的人生价值，在事业上有所建树，为家族、乡里、民族、国家争得荣誉。

从以上分析可见，传统"孝"德的内涵复杂，既有维护等级、特权、专制的封建糟粕，又有体现人道和社会发展规律的科学内核，因此，我们要批判地继承和发展"孝"德。对于作为传统家庭伦理规范的"孝"德，既不能简单肯定和宣扬，又不能全盘的否定，我们要对传统"孝"德规范中的等级思想、专制思想和男尊女卑思想等封建主义的因素予以剥离，对其中所包含的符合人道精神、体现社会发展规律和能够适应当代社会精神文明和道德建设的因素予以保留、继承和弘扬。

值得关注的是，在2012年8月，全国妇联老龄工作协调办、全国老龄办等共同发布了一个新版"二十四孝"行动标准。内容包括：(1) 经常带着爱人、子女回家；(2) 节假日尽量与父母共度；(3) 为父母举办生日宴会；(4) 亲自给父母做饭；(5) 每周给父母打个电话；(6) 父母的零花钱不能少；(7) 为父母建立"关爱卡"；(8) 仔细聆听父母的往事；(9) 教父母学会上网；(10) 经常为父母拍照；(11) 对父母的爱要说出口；(12) 打开父母的心结；(13) 支持父母的业余爱好；(14) 支持单身父母再婚；(15) 定期带父母做体检；(16) 为父母购买合适的保险；(17) 常跟父母做交心的沟通；(18) 带父母一起出席重要的活动；(19) 带父母参观你工作的地方；(20) 带父母去旅行或故地重游；

(21) 和父母一起锻炼身体；(22) 适当参与父母的活动；(23) 陪父母拜访他们的老朋友；(24) 陪父母看一场老电影。①

(三) 孝德的历史演变和现代价值

鉴于秦亡于苛政严法，汉朝统治者以《孝经》为依据，为孝道文化的昌盛创造了条件。汉代是"孝"德观念发展历程中极为重要的一个阶段。随着儒家思想体系独尊地位的确立，"孝"德在维护家庭、家族稳定和君主权威及社会等级秩序方面的价值更加凸显，甚至建立了以孝为核心的社会统治秩序，把孝作为治国安民的主要精神基础。统治者纷纷标榜"以孝治天下"，不但大肆宣扬"孝"德的重要性、神圣性，还建立了表彰孝子、举孝廉做官等制度，孝德不只是一种理论和宣教，而且被制度化、法律化了。汉代以降的统治阶级都把推行孝德作为贯彻全部封建道德的基础和起点，对它进行了广泛、深入、持久的宣传教育，真正做到了家喻户晓、妇孺皆知。这是因为家庭、家族是封建社会的细胞和缩影，封建国家就是家庭、家族的放大，反映父子关系的"孝"德也可以直接推广到君臣关系中去，即"移孝为忠"。能维护封建家庭秩序的孝德也具有维护封建国家制度的作用。从魏晋至隋唐，在佛道勃兴的同时，儒学及其文治精神走向衰落，也让社会付出了沉重代价。到唐代，统治者对儒教与道教、佛教一样看待，把孝的道德规范法律化，《唐律》将"不孝"列入"十恶"之中，严加惩罚。到了宋元明清时期，程朱理学成为社会的正统思想，统治者为了巩固封建统治，大肆宣扬"愚忠""愚孝"，使"孝"德的专一性、绝对性、约束性进一步强化，对父母无条件顺从成为孝德的基本要求。孝德进一步沦为强化父权专制和君主独裁的工具，在实践中走向了"异化"。传统的"孝"德规范也是服务于"父为子纲"的伦理原则的，它要求子女对父母绝对服从和尊敬，包括在选择婚恋对象方面也要遵从"父母之命，媒妁之言"。这虽然在维护历代封建王朝统治秩序和民间家庭和谐稳定方面发挥了巨大作用，但是它从维护家庭中不平等的尊卑关系出发，根本上否定了子女的独立人格和合法权利，与近现代以来追求独立、自由、平等、民主的时代精神很不适应。

从20世纪开始，伴随着中西文化冲突与融合的浪潮和中国社会转型

---

① 《"新二十四孝"标准出炉》，《天府早报》2012年8月16日。

的深入发展，中国传统文化及其孝德观念走向式微。特别是五四新文化运动以来，整个封建思想文化特别是以孝德为基础的整个封建伦理文化，受到鲁迅等众多进步思想家的猛烈抨击。陈独秀、李大钊、胡适、鲁迅、吴虞等新文化运动的主将们认为，传统孝道思想是维护封建专制制度的工具，压抑个性自由和独立人格，具有文化上的虚伪性、残酷性和落后性。这些批判振聋发聩，动摇了人们对传统孝道的盲目信仰，促进了理性思考和观念进步。连现代新儒家的代表人物徐复观也认为，忠孝合一是孝道思想在其演变过程中的最大流弊，因此五四知识分子对其批判和否定是完全必要和正确的。不过，他认为忠孝合一仅是《孝经》中的思想，与孔孟思想不符。他断定《孝经》是"西汉武帝末年，由浅陋妄人为了适应西汉的政治要求、社会要求，所伪造而成"①。新文化运动时期的思想家们对传统孝道思想的全方位深刻批判，动摇了其在中国文化中的地位，在近代社会转型中起到了解放思想的重大作用。但是，这一时期对传统孝道思想的批判也有值得反思的地方。比如，当时按照时间顺序把文化简单划分为旧与新的方法和对文化现象的纯政治批判就值得反思；还有对孝道思想的评价主要着眼于其与社会意识形态的关系方面，对其本身的学术理论层面则较少涉及；批判的同时没有冷静分析传统孝道思想中的有益成分，使孝反映人性本质和社会规律的合理性、向善性因素被遮蔽，缺乏继承孝文化之精华的理论自觉，致使一些思想家偏执一词，既倒掉了"洗澡水"又倒掉了水中的"婴儿"。胡适后来也反思说："我在三十多年以前，曾主张废止读经，经过三十多年以后，我又要提倡读经，尤其特别要提倡读《孝经》。"他又说："外国人说，我们中国没有宗教。我们中国是有宗教的，我们的宗教，就是儒教，儒教的宗教信仰，便是一孝字。"②可见，正确认识和分析新文化运动对传统孝道思想的批判及意义，对于当代中国的新型孝文化建设具有重要意义。在今天看来，我们对于传统孝道文化既不能全盘肯定，又不能全盘否定，而必须辩证分析，溯源辨流，去糟取精，实现由传统"孝道"文化向现代"孝德"文化的合理转换。

传统"孝"德观念的内涵、地位和作用是随社会背景的变化而演变的；其内涵复杂，既有维护等级、特权、专制的封建糟粕，又有体现人生

---

① 徐复观：《中国思想史论集》，上海书店 2004 年版，第 151 页。
② 严协和注释，于右任题写书名：《孝经白话注释》自序二，三秦出版社 1989 年版。

规律和社会规律的科学内涵，要在辩证分析评价的基础上扬弃、继承和创新；使其内容和形式与时俱进，以便与当代社会的民生建设、精神文明建设和思想道德建设相适应。也就是说，我们今天所讲的孝德观念或规范，应该是对传统"孝"德观念的否定之否定，是在一个更高的认识境界和社会阶段上来讲的，绝不是对传统"孝"道观念的简单回归，更不是家庭伦理文化上的复辟倒退。比如，一些地方强迫小学生给父母洗脚，一些名人通过给父母或师傅下跪来作秀，这都是违背时代精神的"迂腐之孝"。道德和礼俗都是随时代而变化，因国家、民族和地域而有区别的，不能简单照搬，机械模仿。行孝更不在形式，而在内容。如有的人对父母薄养厚葬。活着的时候没有好好敬养，死了却大操大办，给自己脸上贴金。这既不符合儒家和墨家对孝的理解，也不符合现代社会节约资源、从俭办一切事情的道德要求。

进入21世纪以来，世界文明、文化和价值观念全球化与多样化的趋势同时发展，各民族的文化自觉、文化自信和文化安全意识不断增强，在此大背景下，人们重新肯定中国传统文化的现代价值，也重新反思和肯定传统"孝"德观念的合理性。但是我们今天所讲的孝德观念或规范，应该是对传统"孝"德观念的否定之否定，是在一个更高的认识境界和社会阶段上来讲的，绝不是对传统"孝"德观念的简单回归，更不是家庭伦理文化上的复辟倒退。也就是说，我们要理性地对待传统孝德文化，剔除其封建性的糟粕，吸取其科学性的精华，使之为建设社会主义先进文化和构建新型家庭关系服务。

客观地说，现代年轻人的"孝"德意识、感恩意识、敬老意识日益弱化，由此而引发的家庭矛盾及社会不和谐现象相当普遍。出现这种现象的原因很多。比如，五四新文化运动以来对孝文化的冲击，市场经济对传统农业社会的摧毁，传统孝道失去了存在的社会条件。传统的家庭结构和职能发生深刻变化，核心家庭逐渐增加，每个家庭的人数和代数减少，家庭日益小型化，孝道在维系家庭稳定方面的作用日益弱化。当今社会，家庭中的孩子越来越少，社会竞争越来越激烈，"望子成龙、望女成凤"是父母对子女最大的期望，所以父母特别重视对子女知识技能的培养。在对孩子知识技能培养过度关注的同时，很多父母往往忽视了对子女的道德教育。小孩学习成绩好，考试名次高，父母就高兴；反之，就会受到父母的责骂。在广大农村，父母虽然还有"养儿防老"的思想，但在教育子女的方式上却缺少潜移默化的"感恩"教育。父母只操心孩子的升学、就业，导致家庭孝德教育缺位。子女长大并获取知识经验之后不再依赖父母，而且很多在知识和能力方面超过了父母，这就使父母的权威大大下降。孝德教育在现代学校教育中也几乎不占什么地位。从小学到大学，还存在着道德教育泛政治化的问题。在思维定式中，就把道德教育与政治问题紧密联系在一起，在考虑德育问题时，重政治而轻道德。这些都是导致年轻人孝德意识弱化、行孝动机不强的重要原因。

关于加强孝德研究和教育的意义，可以列出很多条。在此只想强调一条，就是要发挥传统"孝"德在养老敬老方面的积极作用。中国社会主要的养老模式是家庭养老，但随着第一代独生子女的父母进入老年，两个年轻人负担四个老人的养老重任，无力、无暇应对的问题日益凸显。我们已经进入到老龄化社会，以弘扬传统孝德中的合理因素为切入点，在全社会营造尊老敬老的良好风气，培育年轻人感恩父母、尊敬老人的优秀品德很有必要。有资料显示，截至2010年，我国60岁以上老年人达1.78亿人，占全球老年人口的23.6%。从2011年到2015年，全国60岁以上老年人将由1.78亿增加到2.21亿，老年人口比重将由13.26%增加到16%。到2020年，全国老年人口将达到2.55亿，占总人口的17.8%。到2035年，中国65岁以上的人口占比将超过日本，成为全球人口老龄化程度最高的国家。[①] 目前我国80岁以上高龄老人已经超过1900万人。预计到2050年，80岁以上高龄人口规模可能超过1亿。我国首次"全国城乡失能老年人状况研究"显示，2010年末全国城乡部分失能和完全失能老年人约有3300万人，其中完全失能老年人1080万人，占家庭居住老人的6.4%。许多失能老人的护理压力主要压在家庭成员身上，不少"护理员"就是自己的老伴。除卧床的失能老人外，一些高龄空巢老人尽管没有卧床，但已没法照顾自己的生活起居，实际上已半失能，他们往往靠自己苦撑着和社区、邻居的帮助而生活。他们生活自顾不暇生命不知所终。预计到2015年，我国部分失能和完全失能老年人将达4000万人，其中完全失能老年人口将超过1200万人。[②] 在我们这个老年人最多的国家，越

---

① 参见《传延迟退休纳政府议事日程，养老金供给压力加剧》，新华网2012年8月5日。
② 参见《中国3300万失能老人身处窘境多数养老院不愿接收》，《经济参考报》2012年7月25日。

来越多失去自理能力的空巢老人，正在考验养老体系的建设，也使得养老问题更加凸显。不少专家建议，应构建社会支持网络，确保"老有所养"。中国社科院劳动与社会保障研究中心主任王延中表示，中国必须在2020年人口老龄化高峰来临前建设成人人享有老年保障的养老金制度体系，确保"老有所养"落到实处。家庭负担过于沉重、养老机构又不愿接收。因此，给高龄老人发放津贴，不但能使广大高龄老人的基本生活得到保障，还能提高他们的生活质量，是推动社会福利向"普惠性"转变的一步，事关全社会的幸福指数，也能体现社会的"孝心"。截至2011年7月，我国已有14个省份全面建立高龄津贴制度，惠及800万高龄老人。这14个省分别是北京、天津、吉林、黑龙江、上海、浙江、江苏、广东、云南、西藏、陕西、青海、宁夏和新疆。① 人口年龄结构老化态势加剧的同时，我国有效劳动力数量在急剧减少。有预测报告显示，我国劳动年龄人口总量将从2010年的9.7亿人减少到2050年的8.7亿人，其中减少的拐点将发生在2015年，将从9.98亿的峰值开始逐年下滑，年均减少366万人。届时，我国劳动力供给严重不足状况即将显现。有数据显示，我国人均预期寿命延长，"十二五"末将达到75岁，2050年将达到85岁。在人均预期寿命持续延长的同时，人均受教育年限也在持续延长。目前国民人均受教育9年以上，预计到2050年达到17年左右，新增劳动力中受过高等教育者所占比重越来越大。

上述情况都告诉我们，当代社会的养老、敬老问题，不只是个人品德和家庭美德的问题，也是社会公德问题。应该把家庭养老与单位养老、社区养老、社会养老结合起来。要建立更加完善的养老制度。在养老问题上，既要强调家庭养老的必要性，也要看到家庭养老的局限性。在家庭之外，"既要强调政府应该承担的养老责任，又要警惕政府责任泛化，警惕社会和老年人对政府期待过高，防止出现福利冲动、福利依赖和福利过度的问题。由于人口结构变化的长期性和复杂性，应对人口老龄化不能靠应急，不能靠摸着石头过河，必须总体规划，超前设计，战略应对"②。要充分发挥政府、市场、社区、单位、家庭等各个方面应对老龄化的积极

---

① 参见《80岁以上老人已超1900万 14省建立高龄津贴制度》，《法制晚报》2011年9月12日。
② 吴玉韶：《养老责任不能全靠政府》，《新京报》2012年8月25日。

性。比如，有条件的企事业单位和社区，可以建立老年公寓，或类似于托儿所的"托老所"，提供饮食、保健、娱乐、洗澡等条件，统一配备管理人员、服务人员、医生、厨师等，也可以优惠的价格适当收费。这些新情况、新问题，也为我们思考孝德、实践孝德提供了全新的社会背景。

三 传统女性伦理思想的演变

中国传统道德的主体，可以按身份来区别，如君臣、父子、夫妇，各有自己的道德要求。还有按照士、农、工、商等区分的职业道德。除此之外，还有按性别区分的女性道德。如"三从""四德"，就是为适应父权制家庭需要、维护父权—夫权家庭（族）稳定，根据"内外有别""男尊女卑"的原则，由儒家礼教对妇女一生在道德、行为、修养方面进行的规范要求。"三从"是指：未嫁从父、既嫁从夫、夫死从子。"四德"是：妇德——含恭顺柔和、"去妒""教子""守节"。妇言——妇言不贵多，而贵恰当，各种场合需要用不同的恰如其分的言辞，如勉励丈夫、教训孩子、委婉劝谏、明志守礼、表现贤智、免于灾祸……都需要运用恰当的言辞来达到预期目的。所以，"妇言"又需要智慧和知识修养。妇容——对妇女容仪的要求是重质朴去修饰，有温顺柔和的神态表情，做到勤于洒扫、服饰整洁、按时沐浴、讲究卫生。不鼓励刻意修饰打扮以引诱男人性情之欲的化妆美容。还有怀孕之容要端庄，居丧之容要悲哀，避乱之容要镇定等具体规定。妇功——按性别分工是男主外事，女主内事，所以"妇功"几千年的标准没有大变化——维持生活衣食之需的采桑养蚕、纺绩织作。班昭认为，"妇功，不必工巧过人"，"专心纺绩，不好戏笑；洁齐酒食，以奉宾客，是谓妇功"。古有"一夫不耕天下为之饥，一妇不织天下为之寒"的成语。这些对妇女的要求规范是特定时代、出于某种需要产生的，并且随着社会的变化也有一些变化。"三从四德"在儒家整体文化框架下，本身充斥着矛盾，如强调"从父"时，也需要听从母亲；强调从夫，妻子也"与夫齐等"。特别是"孝文化"中提倡的儿子对母亲特别对寡母的尊孝，也是独具中国特色的。至于"四德"，重视妇女品德仪表言辞修养，今天如能代之以时代新内容，如"德"重在文明礼貌修养，"言""功"重在才能和创造性的培养，"容"适当注重修饰而不刻意化妆美容等，也颇有借鉴之处。

（一）《周易》中的女性伦理思想

中国女性伦理的源头文明应从《周易》开始，《易经》关于坤阴的意思最能代表女性伦理的最初形态，女性的阴柔是与男性的阳刚相对应的观念，属于品质上的应然性要求。《易传》云："有天地然后有万物，有万物然后有男女，有男女然后有夫妇，有夫妇然后有父子，有父子然后有君臣，有君臣然后有上下，有上下然后礼义有所错。"也就是说，一切社会道德都是家庭道德的逻辑展开。而家庭生活，始于婚姻，有夫妇然后才有父子，然后才有兄弟、君臣、上下。在传统的三纲中，君为臣纲规范着社会的基本秩序，父为子纲坚守着宗法的等级秩序，而夫为妻纲则维护着家庭的稳定。"男阳女阴"师法自然，在人的精神世界中就以对天、地、人的体验与想象，形成了一个整齐不乱的秩序。在《周易》阴阳乾坤的构成上，乾阳与坤阴各有所属。乾阳象征着天，类比着世间的男性；坤阴则代表着地，类比着世间的女性。与天相比，地则属于"处下"的位置。《周易》以坤卦取象，展现了女性"处下""阴柔"之道。《易传》在对《易经》的诠释中，附着了更多后来人的种种理解、猜想及想象，其中不乏时代性的意识、观念。其被引申发展或被引申曲解，引发了人们对女性阴柔情态的种种联想和阴柔内容的充实。

在古人看来，纷纭复杂、变化万端的宇宙间事物都可分为阴、阳两大类。《周易》的八卦及六十四卦都是由阴阳两爻组合而成的。卦之有德，犹人之有品。人生于天地间，秉受父母之胎气而有性有情。卦由爻成，亦具阴阳刚柔之义。德蓄于内，象形于外，以德观象，则象益显；以象而议德，则德斯明。这说明每卦必备象、德，卦德藏于内，卦象显于外，象、德互显互明。坤卦以"地势坤，君子以厚德载物"为卦象，以"情柔性柔、情顺性顺"为卦德，表明"柔顺"是坤阴女性伦理的核心内容。与"坤"相匹配的"柔、顺、温、安、正、厚"等特性，以其信息含量极大的内容充实和发展着女性伦理的阴柔内涵。

其实，《周易》对乾坤、阴阳的表述并没有单一的偏爱，阴阳、乾坤、男女之间并没有孰重孰轻的本义，阳化气为用，阴成形为体。在《易经》中，"处下"是从方位上来定量的，不能人为地拉到社会的"地位"方面来，《易经》的本义只是说明"坤"的"处下"之位置，而并不能臆断为"处下"之地位。乾坤的位置是与自然现实相符的，乾坤只是所处的位置不同，两者并没有地位上的不平等。男女之间不是强调高低贵贱，而是重在交融相通。男女的关系在设置之初是公正而平等的，其间品质上的要求是应性设置的。而《周易》中阴阳平等的本真的阴柔观，构成了中国女性伦理的最初形态。①

（二）孟子的女性伦理思想

"四端说"是孟子女性伦理思想的理论基础。孟子认为，凡人都有"四端"——恻隐之心、羞恶之心、辞让之心及是非之心，乃是仁义礼智的四个端由——就像人有四体一样，不分男女人人都有的，是人之为人的资质。这种人不学而能的良能、不虑而知的良知是人人生来就有的。在孟子看来，无论男女，无论圣贤、庶民都先天具有"仁义忠信"的思想。正是基于这种不带偏见的对人性的理解，孟子认为"人皆可以为尧舜"。这就充分肯定了女性同男性一样的潜在价值及实现其价值的可能性。"仁义"是孟子思想的核心与精髓。"亲亲"思想是孟子女性伦理思想的重要体现。孟子以为"亲亲，仁也；敬长，义也"②。孟子深知夫妇和谐、内外分治对齐家、治国、平天下的重要性。这也成为孟子"天下之本在国，国之本在家，家之本在身"的家国一体及家本思想的重要渊源。战国时期，宗法体系逐渐分化解体，夫妇男耕女织成为家之轴心。加上诸侯争霸、战事连年，无论男女均为国家重要人力资源，在这样的社会背景下，孟子即使认为男女有耕织分工之不同，也断然不会认同男重女轻、男尊女卑。孟子认为夫是夫，妻是妻，夫妻是人格各自独立的个体，他反对将妻子人身隶属于丈夫。他主张夫妇当有君臣之义。孟子认为："君之视臣如手足，则臣视君如腹心；君之视臣如犬马，则臣视君如国人；君之视臣如土芥，则臣视君如寇仇。"可见，孟子眼中的夫妇要像君臣，当讲"义"，似朋友，当讲"信"。义即宜，夫妇之间要各司其职，相敬如宾，夫妻是彼此爱重的。信即诚，夫妇之间要以诚相待，彼此信任。孟子视女子心灵美胜过容颜美。他说："西子蒙不洁，则人皆掩鼻而过之；虽有恶人，斋戒沐浴，则可以祀上帝。"③ 显然，孟子不是简单地将女子当作被观赏、

---

① 参见魏慧《〈周易〉女性伦理的阴柔内涵》，《道德与文明》2012年第2期，第97—100页。
② 杨伯峻：《孟子译注》，中华书局2008年版，第238页。
③ 同上书，第150页。

欣赏的客体，以为女子同男子无两样，只要以仁义为标准常常"斋戒沐浴"就可以侍上帝之祀。孟子还认为人的情感有对人与对物的不同：于物曰爱，对人曰仁。同样对人，随远近亲疏也有"仁"与"亲"之别：仁之在族类者为亲，其普施于民者通谓之仁。①

(三)《列女传》的女性伦理思想

《列女传》是西汉后期著名思想家刘向所编撰的一部妇女专史，也是我国最早的妇女专史。《列女传》原来八卷，现存七卷：《母仪》《贤明》《仁智》《贞顺》《节义》《辩通》《孽嬖》，载录了从传说时代到西汉中期各阶层105名女性的事迹，用以警戒天子、教化妇女，其中包含丰富的女性伦理思想。他说："妇人以色亲，以德固"（《列女传·周宣姜后》），对色美而德薄的女子深恶痛绝。一个女性在社会上同时扮演几个角色，首先她是一个"民"，然后是一个女儿、一个妻子、一个母亲、一个儿媳妇。对女性的每一个社会角色，刘向都提出了伦理要求。刘向认为，作为"母亲"的女性对子女有言传身教的责任。《母仪传》强调母亲对子女要言传身教，促使他们成材，并涉及"胎教"问题。刘向要求妇女怀孕时接触善的、正的东西，而不能接触恶的、邪的东西，这样孩子才能"形容端正，才德过人"，因为"感于善则善，感于恶则恶"。刘向提倡胎教，要求孕妇提高修养、端正品行，不但有利于孕妇的身心健康，对胎儿将来道德、智能的发育也大有裨益，这是很有意义的。刘向认为，作为女儿和媳妇的女性要有"孝"的品德。被刘向歌颂的女性大都有强烈的责任意识，都能自觉并努力承担起与自己的身份相符的责任和义务，为国家、为家庭、为他人奉献自己的心力，她们的形象至今仍闪烁着耀眼的光辉。《列女传》记载的是两千多年前的女性事迹，这些女性的言行举止与当时的社会状况相适应，在今天看来，其历史局限性是很明显的。如刘向对一女不嫁二夫的提倡，客观上促进了汉代贞节观念的加强，也加重了对广大妇女的精神压迫和道德约束，对后世产生了严重的负面影响。他过于看重"礼""义"的形式而不知变通。有一些年轻女子，夫死之后没有合理的理由不再嫁，她们守寡而终，这些女子也得到刘向的赞赏。有些女子动不

---

① 参见张雪红、景天时《〈孟子〉文本中的女性伦理思想》，《宁夏社会科学》2011年第1期，第130—133页。

动就以死守义，把生命看得过于轻贱，好像只有死才能体现自己的品德。这对人心的危害以及对社会的消极影响都是很大的。但是，《列女传》中有些女性的优秀品质值得我们继承发扬。例如，刘向强调女性的德重于貌。而女性的"德"又表现在对自己的责任和义务的高度自觉。《列女传》中大多数女性都能意识到自己的社会角色，对自己应承担的责任和义务有高度的自觉，并尽力履行自己作为臣民、妻子、母亲、女儿、儿媳的责任和义务，因此也就成就了她们高尚的品德。刘向笔下的不少女性，为了求得心安，求得问心无愧，而放弃财富、亲情甚至生命，坚守心中的道德准则，因而体现了人性的高贵和高尚。这种品德具有普遍意义和恒久价值，不仅在过去应该提倡，在现在和未来也都应该继承和发扬。[①]

（四）隋唐时期的女性伦理氛围

魏晋南北朝和盛唐时期，妇女表面上好像享受过一段相对宽松的社会道德氛围。儒学衰微，思想自由，社会风气较为开放，传统妇女道德观念对妇女的束缚也相应较宽松。在政治上，北魏文明太后，唐代的女皇武则天、上官婉儿等杰出女性参与政治活动，进而取得至高无上的政治权力。文学上女诗人、女词人等相继出现，使文坛的性别比例有所改变。隋唐是中国古代历史上的多元文化时期，是伦理文化比较开放的一个时期，也是对中国传统礼教有所冲击的时期。在这一特殊的历史时期，女性虽然仍是"夫为妻纲"基本原则下被主宰的群体，但是她们相对来说是比较幸运的一群。女性自由意识的苏醒、权利意识的凸显以及身体意识的萌动，都使得这一时期的两性关系发生了细微变化，体现了可贵的女性伦理进步的一面。然而，归根结底，这一时期的女性伦理还停留在封建伦理道德的范畴，对于"男尊女卑""三从四德"的礼法根基几乎没有任何撼动能力。反思这种状况产生的原因，我们发现，经济地位的确立和制度层面的保障，以及女性自身的道德修养，在本质上都与女性道德的进步有着重要关系。在中国历史上，隋唐时期特别是唐代的经济、政治、文化以及思想都达到了空前的繁荣和活跃，先后出现了"贞观之治"和"开元盛世"。国家统一，社会安定，在文化上也经过了前一朝代胡、汉文化持续不断的冲

---

① 参见吴全兰《论刘向〈列女传〉中的女性伦理思想》，《广西师范大学学报》2009 年第 1 期，第 65—69 页。

突在隋唐时期定位于多元文化并存的形式，这些因素都使得社会风气日益开放。在仍以"男尊女卑"为主导思想的隋唐时期，女性虽未取得完全独立的地位，但是宽松的社会环境已经让生活于这一时期的女性主体意识不断觉醒，她们的人生观、价值观以及生活方式也随之发生改变，女性生活状况和社会地位都得到了前所未有的提高：在婚姻生活中，她们可以嫉妒、挑剔、改嫁、再嫁，家庭生活中悍妇、妒妇层出不穷，在夫妻关系中还出现了"畏妻"现象；在社会交往中，她们有着较为自由、广阔的空间，和异性交往可以不避嫌，可以和男性一样从事商业活动；在文学领域中，她们尽情地挥洒自己的才华，表达自己的思想；在政治领域里，她们展现了毫不逊色于男性的领导才能。因此说这一时期的女性在两性交往及社会生活中的"角色意识"都有某种程度的变化，她们的个性也在这一时代得到了某种程度的张扬。这一时期的女性的自由意识已经开始觉醒，身体意识开始萌动，权利意识也不断凸显，而这些都是隋唐时期女性伦理进步的体现。[①]

唐律将一夫一妻制规定为不能改变和违背的婚姻制度，从法律上予以保障。但当时的一夫一妻制其实只是单方面对女人的规定，即一个女人在婚姻持续期间只能有一个性伴侣，而男性虽然只能有一个妻子，但却可以有妾与婢作为补充。唐律中有许多关于妻、妾、婢的条文规定，并且严格维护着她们在婚姻家庭中的身份等级秩序。妻子是按照礼法迎娶的正室，是一个家庭的主母，妾是不需经礼法的途径买回来的性伴侣，而婢更是随意收受的奴婢，三者的身份等级森然。但是，在一般情况下，妻为先娶，妾为后买，婢为再后收，就身份而言，妻为长，妾为次，婢为末；就年龄而言，则往往是妻为老，妾次之，婢为幼，故男人对三者的喜爱态度，容易颠倒她们尊卑的秩序。唐律规定的婚姻解除的条件主要有二，即"义绝"和"七出"。义绝是唐律首次规定的一种强制离婚条件，指夫妻间或夫妻双方亲属间或夫妻一方对他方亲属若有殴、骂、杀、伤、奸等行为，就视为夫妻恩断义绝，不论双方是否同意，均由官府审断，强制离异。所谓"七出"，就是男人可以直接休妻的七种条件：一无子，二淫，三不事舅姑，四口舌，五盗窃，六妒忌，七恶疾。这七种条件的规定均极不合

[①] 参见刘文文《隋唐时期的女性伦理状况及其现代反思》，《学术交流》2010年第4期，第36—39页。

理，强行压制妇女，维护着丈夫在家庭中的绝对权威。尤其是无子而出更是荒唐，因为无子不一定是女方的原因，要女人为因为男人的原因而无子承担责任，极其不合理。①

（五）宋明理学的女性伦理思想

宋明理学以"存天理，灭人欲"为核心，宣扬人的身心修养、自我省悟。在妇道观方面，则主要集中在妇女节操问题上，影响最大的有两个方面：一是再嫁问题；二是贞操问题。宋明理学所提出的守节、守贞观念，使"三纲五常""三从四德"更具体化与生活化了。夫死不许再嫁，这是所谓"夫死从子"之义的具体化，守贞观是所谓"出嫁从夫"这一纲常的具体化，对妇女生活的影响、对妇女身心的摧残，至为严重。至宋元时期，贞操观逐渐成为儒家道德观的重要内容，程颢提出的"饿死事极小，失节事极大"，使女性坠入万劫不复的悲惨境地。"女子无才便是德"是宋明理学的妇道观的另一个特点，也是历史上曾经颇有影响的妇道观。"女子无才便是德"的道德准则在我国封建社会初始已见端倪。南宋以后，理学兴起，提倡禁锢人性、存天理灭人欲，礼教束缚愈加严重，然而也未形成"女子无才便是德"的观念。至明代才明确提出"女子无才便是德"。认为女子的任务仅仅是嫁人生子、持家相夫，读书识字与女性无关，儒士们甚至认为"妇人识字多诲淫"。妇女也逐步被这种"无才是德"的妇道观所驯服。"女子无才便是德"的观念在清代更是变本加厉，就连身处上层社会的封建淑女、大家闺秀也全盘接受了。在这种封建礼教的束缚下，女性被剥夺了受教育的权利，被禁锢在无知、愚昧的状态之中。女性只能遵循"男主外，女主内""女不言外"的要求，不得与社会交往，特别是不得参与政治生活。这就使得妇女与外界全然隔绝。同时，男性还刻意用各种怪诞的审美标准要求妇女，如女子要懦弱纤细、轻声柔气、步履轻盈、举止舒缓、胆怯怕羞、不善言语、温柔驯服等。在五代和宋朝出现的为了欣赏妇女小脚而让妇女缠足的风气，此时也愈演愈烈，形成了华夏民族一种独特的陋习。缠足违背了人体自然发展规律，摧残了妇女的身心健康，给她们在沉重的精神枷锁上又加上了一道肉体的枷锁，使她们柔顺的性格变得更加怯懦，本来就狭小的生活天地

---

① 参见张怀承《唐代婚姻道德生活的概况》，《伦理学研究》2012 年第 3 期，第 1—5 页。

变得更加狭小。①

明清时期，还有"饿死事小，失节事大""嫁鸡随鸡，嫁狗随狗"等说法。社会上表彰烈女贞妇，导向是"好女不嫁二夫"，不许寡妇改嫁。在审美观上提倡妇女裹小脚。应该说这些道德观念和要求，已经走向了异化，是违背人性的，也是维护男女不平等的。笔者曾在马来西亚吉隆坡的一个历史博物馆看到，按照当地的宗教、习俗和道德要求，对男孩女孩长到一定年龄，都要实行"割礼"，就是要对生殖器做一次残酷的手术。泰国有很多"人妖"表演，就是男性变身为女性，然后进行歌舞等。据说人妖的寿命很短，活不到40岁。好像那个社会在接受和鼓励这种现象，至少是合法存在的。那里本来就男人比女人少，不得不实行多妻制，还鼓励很多男人或出家做和尚，或变身做人妖。这是一种什么文化、什么心理？笔者看到这些，就联想到中国历史上的太监文化和小脚文化。这算不算变态、落后和不健康的文化现象？这样的传统文化还需要继承吗？

（六）近代女性伦理观念的演变

辛亥革命开启了中国传统女性伦理转向的大幕。在这一时期，大批觉醒的新女性，纷纷对中国传统女性伦理进行了反思和批判。她们力图在批判旧道德和旧风俗的基础上，建立起新道德和新风尚。具体表现为：批判封建家族制度，呼吁"女子家庭革命"；抨击封建婚姻制度，主张婚姻自由；大兴女学，反对"女子无才便是德"；恢复女性"营业之权利"，摆脱经济附庸地位；发动女子实业运动和女子参政运动等，从而推动了中国传统女性伦理开始以反对封建纲常伦理的束缚、追求人格独立为主线的嬗变。她们冲破家庭的牢笼走向社会，在投身资产阶级革命的同时，建立妇女团体，创办妇女报纸杂志，有组织有计划地进行了争取妇女权利的宣传和斗争。这一时期中国女性已走到了妇女解放的前台，从男性领导的妇女解放运动的追随者开始成为争取妇女权利运动的主角。这表明中国女性由依附人格向独立人格的蜕变，宣告着中国女性人格独立意识的觉醒。辛亥革命时期，中国女性伦理已经向追求人格独立迈出了勇敢而坚定的第一步。尽管这一步走得蹒跚而艰难，但是它却为后来中国女性高扬主体意

---

① 参见乌尼日、张艳《中国女性道德观的演变》，《学术论坛》2006年第4期，第22页。

识，真正走向精神解放做了可贵的探索。① 中国传统女性伦理以剥夺女性独立人格，束缚和限制女性人身自由、意志自由、婚姻自由、社会活动自由为核心，严重摧残了女性的身心健康，压抑了女性的社会主动性和创造力，由此也在一定程度上阻滞了中国社会发展的正常进程。以改造世界、造福中国人民为己任的中国共产党人，在毛泽东的领导下，在从事新民主主义革命和社会主义革命与建设的过程中，积极运用马克思主义的基本立场、观点和方法，对中国传统伦理进行了全面的批判和改造，实现了中国传统女性伦理的历史性变革，初步构建了以新民主主义和社会主义思想文化为核心的新女性道德，实现了中国传统女性伦理的历史性变革。中国现当代妇女所获得的伟大解放和进步，在中华文明发展史上具有跨时代的意义。②

中国女性伦理思想及道德观的发展源远流长，经历了漫长的演变，呈现出一幅色彩斑斓的历史画卷。总的来说，中国传统的妇女道德观都是建立在男尊女卑观念基础之上，有着一整套严密规范。同时，我们也应当看到，封建社会的妇德妇教，作为统治者对女性的道德要求，在现实生活中并非全能贯彻执行，尤其在下层社会的广大劳动妇女中间，她们自然地形成和保持了一些纯朴的道德，如尊老爱幼、勤俭朴实、关心他人、热爱劳动等传统美德，这仍是今天女性应学习和发扬的。

近现代中国女性在民族民主革命运动中受到前所未有的洗礼，踏上了反对封建礼教的解放道路，由"女子无才便是德"到兴办女学，从女主内到参与社会事务为国家社会作贡献。在多元文化的影响下，当代中国女性道德观已呈现出多元化的趋势，但其主旋律仍是自信、自立、自重、自强的"四自"精神。传统的女性伦理特别强调"礼"的地位和要求，这对现代女性的公共礼仪修养很有启发借鉴意义。礼仪是人类社会为了维系社会正常的生活秩序，所需要共同遵循的那些符合"礼"的精神的行为规范、准则和仪式的总和。公民良好的礼仪水平不仅能反映一个国家的公共伦理水平，还有助于整个社会公共秩序的稳定有序。社会公德和礼仪二者相辅相成，任何一方的完善丰富都会促进另一方的健康发展。女性作为

---

① 参见李桂梅、黄爱英《辛亥革命时期中国女性伦理的嬗变》，《伦理学研究》2011年第5期，第23—29页。

② 参见张力红《毛泽东与中国传统女性伦理的历史性变革》，《河北学刊》2010年第1期，第181—184页。

社会群体的一员，担任着社会与家庭的双重角色，同时，在社会公共活动中已占据越来越广泛的空间，社会地位越来越高。因而，在社会交往活动中遵循礼仪准则、讲究文明礼貌，成为女性伦理的重要内涵。女性要在公共生活中获得社会的认同，必须加强自身的礼仪修养，全面提高个人的综合素质。比如，要讲究举止有礼、尊老爱幼、爱护公物、诚实正直、与人为善、相互尊重、相互体谅、不妨碍他人、不议论他人隐私，等等。

四 对传统角色伦理的再认识

"角色"原是戏剧中的一个专有名词，特指演员在舞台上所扮演的剧中人物。20世纪30年代美国著名社会心理学家、哲学家乔治·H. 米德将其首次引入社会学领域，使之成为社会学的重要范畴之一。"就角色理论和伦理学的逻辑延展而言，角色伦理是以社会学与伦理学的交叉为学理依据，以伦理学为视角，研究社会角色的权责关系、角色道德及其伦理行为模式的一种理论维度。就社会角色实践意义而言，它是与角色的身份地位相契合的权责伦理定位、道德规范和伦理行为模式。"[①] 社会角色是指与人们的某种社会地位和身份相一致的一套权利、义务规范和行为模式。社会上每个人都在扮演着特定的社会角色，也必然有着相应的伦理关系及其权利义务的规定。诸如父亲、子女、老师、学生等社会角色，而维护这些关系必然有父慈子孝、尊师爱生等伦理规定。现代社会职业高度分化，社会生活越来越向纵深发展，一个人所充当的社会角色越来越丰富，社会角色的权责关系和伦理要求要比古代的"名分"广义得多，更需要通过以名定责即社会角色的权责伦理定位规范角色行为，协调角色关系，维护社会秩序。年长的人常常教导年轻人说，"要学会做人"。这个"人"字不是空洞抽象的概念，而是具体的，就是指一个人要有对"社会角色"的自觉意识，并且要根据自己在学校、家庭、单位以及在社会公共生活领域中所处地位、身份，即不同角色的要求、承担社会责任、遵守行为规范、恰当处理人际关系等。

[①] 田秀云：《角色伦理的理论维度和实践基础》，《道德与文明》2012年第4期，第117页。

在中国传统社会将人的身份和地位称为"名",即社会角色,将与身份、地位相联系的责任和义务称为"分",即为分内之责。"名"和"分"是相互联系不可分割的。每个人只有有了"名"才有社会地位和身份,才被社会所承认,从而也才享有一定的权利;有"名"就有"分",只有履行了分内之责,才能与自己的地位和身份相符合,即名副其实。在现实社会中,无论是家庭责任,还是职业责任和公共责任等,都与所扮演的社会角色以及所享有的权利相联系,失去了社会角色也就失去了责任的载体和依据,失去了责任也就使角色有名无实。由此可见,角色与责任如影相随,两者有着天然的逻辑联系,责任是角色的派生物,责任依附于角色,角色象征着责任。[①] 早期儒家经典《礼记·礼运》中有十种"人义"之说,它标明十种与身份角色相适应的道德义务,即父慈、子孝、兄良、弟悌、夫义、妇听、长惠、幼顺、君仁、臣忠。《礼记·中庸》中归纳出社会生活中五种典型的伦理关系:"君臣也,父子也,夫妇也,昆弟也,朋友之交也。五者,天下之达道也。"天地之间自有其不可移易的伦理秩序,五种角色和谐相处,是天下通行不变之道。孟子首次提出了"五伦"之道:"人之有道也,饱食、煖衣、逸居而无教,则近于禽兽。圣人有忧之,使契为司徒,教以人伦,——父子有亲,君臣有义,夫妇有别,长幼有叙,朋友有信。"(《孟子·滕文公上》)"五伦"之中有三伦(父子、夫妇、兄弟)是家庭内部的伦理关系,其余两伦(君臣、朋友)虽是家庭之外的,但处理方式也是家庭血缘亲情的延伸,国君无异于一个大家长,朋友之间也可称兄道弟。荀子反复强调这几种伦理关系之重要:"若夫君臣之义,父子之亲,夫妇之别,则日切磋而不舍也。"(《荀子·天论》)"君臣、父子、兄弟、夫妇,始则终,终则始,与天地同理,与万物同久,夫是之谓大本。"(《荀子·王制》)在荀子看来,各种角色伦理是天经地义的,需要日夜切磋、时时自警,方能把握根本。可见,儒家学说始终把君臣、父子、夫妇作为社会伦理关系的重心,并为每种角色规定了相应的道德义务:在父子关系中,要父慈子孝;在君臣关系中,要君礼臣忠;在夫妇关系中,要相互敬爱且内外有别;在长幼关系中,要兄友弟恭且尊卑有序。在古代特定的社会结构中,不同的社会角色有高低贵贱之

---

① 参见田秀云《角色伦理的理论维度和实践基础》,《道德与文明》2012 年第 4 期,第 117 页。

分。君尊臣卑，父贵子贱，这种身份地位是不可变异的。政治安定、天下太平时期必然名实相符，即名分与其责权相一致；反之，则名实相悖、权责不清。孔子面对"礼崩乐坏"的世相，试图用"名"去规范现实中错位的"实"。"正名"和"复礼"，是孔子重建道德秩序的切入点和路径选择。齐景公向孔子求问治国之事，孔子对曰："君君，臣臣，父父，子子。"（《论语·颜渊》）意即为君尽君道，为臣尽臣道，为父尽父道，为子尽子道，只有这样，才能各归其位，民治邦安。天下混乱的根源就在于名分错位，导致名不副实。"名不正，则言不顺；言不顺，则事不成；事不成，则礼乐不兴；礼乐不兴，则刑罚不中；刑罚不中，则民无所措手足。"（《论语·子路》）意思是，名分、礼制上用词不当，言说就不能顺理成章，国家的礼乐制度就无法奉行，刑罚的威严也就难以保证，老百姓也就不知道该如何行事。"正名"是先秦儒家首要的为政之策，要拯救乱世，只有用伦常纲纪重新框定各种角色的权利和义务，使人们认同自身的社会角色，履行相应角色的责任。

根据角色名分确立相应的角色义务只是一种伦理的应然，要保障其在现实生活中得以实现，还必须有一套相应的礼制仪式。以礼正名，就是依靠礼的仪式来保障各种名分地位的人履行相应的角色义务。孔子主张通过恢复周礼来整合世道人心，周礼的根本宗旨就在于通过奉行繁缛、严谨的仪式使人们收敛身心，各安其位。作为角色伦理的规约力量，"礼"既表现为一套典章制度，同时也表现为体系完备的道德规范。可以说，"礼"是角色伦理的外在形式，是角色伦理实现的保障。"不学礼，无以立"，以礼来规范自身的行为，努力承担起各自的社会角色，履行相应的角色道德义务，通过不同名分的相应行为模式，才能调节人际关系，和谐社会秩序。荀子探讨了人类社会中"礼"的起源。他说："人之生，不能无群，群而无分则争，争则乱，乱则穷矣。故无分者，人之大害也，有分者，天下之利也。"（《荀子·富国》）人必须在社会中生活，而无分别、无等差只能造成社会的争乱，于是，先王制定"礼"来分别等级，避免争乱。"礼者，贵贱有等，长幼有差，贫富轻重皆有称者也。"（《荀子·富国》）礼可以使长幼贵贱认同自身的角色地位，遵守角色规范，避免社会争斗。礼以制度化的形式严格区分角色的等级秩序，规定了各种身份地位的人的行为规范，使社会角色安守于既定的社会位置，互不僭越。同时，礼的奉行还可以使各种角色获得情感关怀，"礼也者，贵者敬焉，老者孝焉，长者弟焉，幼者慈焉，贱者惠焉"（《荀子·大略》）。地位高的人受到尊敬，地位低的人得到关爱。在崇尚礼治的先秦社会中，"礼"承担了道德和法律的双重功能，家事国事离开了礼都无以能成。"道德仁义，非礼不成。教训正俗，非礼不备。分争辩讼，非礼不决。君臣上下，父子兄弟，非礼不定。宦学事师，非礼不亲。"（《礼记·曲礼上》）礼既可以助风化，又可以明诉讼，但其核心功能还是要定人伦。只要社会中各种身份地位的人严格按照"礼"的要求来立身处世，就能成功扮演自身承担的社会角色。

先秦儒家的角色道德没有流于绝对化，其道德要求具有相互责善的色彩。首先，它是一种双向的角色权利和义务，这种权利义务关系是对等的，但不是平等的。从角色道德的形式上看，角色双方都有相应的角色义务，任何一方都不能只享有权利而不尽义务，角色要求是对等的。从角色道德的内容来看，其具体要求又不是平等的，因为虽然义务是双向的，但角色双方客观上有高低贵贱之分，存在着地位上的不平等。其次，角色主体的权利和义务不是各自独立的，而是体现在相互之间的角色关系中。角色双方都有应尽的道德义务和应享的道德权利，但是先秦儒家角色伦理所规定的只是各自对对方应尽的道德义务，并没有直接规定其应享的道德权利。也可以说，角色双方的权利和义务互为因果，一方的角色道德权利就包含在另一方应尽的道德义务中，并通过对方履行角色义务实现出来。秦汉之后，统治者明确规定了"三纲"的伦理要求，较之于孟子的"五伦"，"三纲"表现出置政治伦理于家庭伦理之上，以政治伦理为统帅的历史趋势。同时，"三纲"还把"五伦"中的角色义务片面化、绝对化，角色伦理不再是对应角色间一种相互的权责归位，而成为位高者对位卑者单方面的绝对要求，森严的等级使原有的双向义务和血缘亲情逐渐淡化。儒家从人的血缘关系推而广之，来定位整个社会的伦理秩序乃至政治秩序，以夫妇、父子为核心，君臣、朋友关系都是这种自然人伦关系的延伸。这种角色归位的思路顺应了人伦秩序，很容易获得人们的心理认同。撇开儒家角色伦理中维护宗法等级制度的目的和具体内容，其所提倡的以名责实的普世性价值是显见的。任何社会秩序的维护都依赖于其个体成员的角色认同与角色担当。在一个常态社会中，每个社会成员承担相应的角色责任，履行相应的角色义务，是社会生活得以持续的必要条件。虽然西汉以后儒家学说借助政治的力量在思想领域占据统治地位，成为官方的意识形态，逐渐丧失了原典儒学的合理性成分，但先秦时期儒家角色伦理对当今角色伦理建设依然具有借鉴价值。①

五　经济伦理与儒商人格

早在20世纪初，德国社会哲学家马克斯·韦伯就提出了"经济伦理"的概念。60年代以后，随着一些国家企业伦理的发展，经济伦理学开始成为一门新兴的交叉学科。90年代以来，随着社会主义市场经济体制的建立，实践提出了大量经济伦理学问题，这就促使中国的经济伦理学研究渐成热点。学者们在讨论经济伦理学的研究对象时，主要提出了两种思路：一是主张从宏观、中观、微观三个层次去设定经济伦理学的研究对象。宏观层面上，主要研究和阐述经济制度、经济体制、经济政策的伦理评价以及整个社会经济活动的道德价值导向问题；中观层面上，主要研究和阐述企业伦理问题，当然也可以包括非企业性的群体伦理；微观层面上，主要研究个体经济伦理现象，如儒商人格或德商人格问题、经济领域中的职业伦理和消费伦理等问题。二是主张研究生产、分配、交换和消费领域中的道德现象。在生产领域，经济伦理学重点研究生产目的和生产手段的合道德性；在分配领域，经济伦理学重点研究分配公正问题，即根据什么原则进行分配才是合乎道德的；在交换领域，经济伦理学重点研究劳动产品的交换形式和交换尺度的合道德性问题；在消费领域，经济伦理学重点研究人的消费能力、消费方式和消费目的之合道德性问题。② 上述三个层次和四个领域的划分，都从整体上展现了经济伦理学的研究对象和主要内容，因而都有其合理性。只是具体到某个研究者来说，则可以在切入点和内容上有所选择与侧重。笔者这里想谈的是工商业职业道德和儒商人格问题（现在社会生产与销售结合，工业和商业一体），就是经济伦理学所研究的问题之一。

我国春秋时期的齐国政治家和思想家管仲，就已经按照士、农、工、商的顺序，把商人作为一个相对独立的社会阶层和群体来对待了。商人阶

---

① 参见张钦《先秦儒家角色伦理架构分析》，《道德与文明》2012年第4期，第126—129页。

② 参见刘云林《全国第一次经济伦理学术研讨会综述》，《高校理论战线》（京）2000年第7期。

层是随着商品经济的发展而产生的。他们虽以谋利为动机，但也在客观上促进了经济社会的发展，有很多商人受中国传统文化特别是儒家伦理思想的影响，也很重视谋利与谋义的结合。如有的把诚信经营作为原则，有的仗义疏财，积极参与慈善事业，为社会和谐发展和商业职业道德的发展都作出了突出贡献。当代社会市场经济高度发达，商业已是生产关系的重要环节，加强工商业职业道德规范教育和商人道德人格修养和评价，也成为整个社会道德建设的重要方面。我国有重视商业道德的优良传统，形成了一整套商德规范。对于传统商德规范应当有所分析，有些已经过时，但"童叟无欺""货真价实""公平交易""以诚待客"等优秀的传统商业道德，今天仍要继承和发扬。商业道德和其他职业道德一样都具有历史继承性。继承和发扬优秀的传统商德，对于我们建设社会主义市场经济很有意义。重视商业道德建设，培育商人人格，倡导把商业道德与商业效益有机地结合起来，端正经营理念，是维护正常社会秩序和建设精神文明的要求。

在中国传统商德中，最为核心的内容就是义利观念。经商当然是为求利，必须正视这一点才是实事求是的态度。但是，为人处世必须讲道德，经商也不例外。义利并重，是传统商德的精华，当义利不能两全时，则宁愿弃利取义，至少也不能在不义的前提下去牟利。见利忘义，自古以来就是受唾弃的。概括起来，传统商德讲究公平交易，合法致富；诚信不欺，重视声誉，崇尚勤俭，不事奢侈，热心公益，乐善好施，爱国济民等。在人们千百年口耳相传的成语谚语中，就有很多是宣传商德的，比如"人无笑脸莫开店""和气生财""童叟无欺""买卖不成仁义在""君子爱财，取之有道""诚信赚得字号久，谦和赢来顾客长"，等等。没有商德就没有商誉，而没有商誉，在一个竞争的市场里就无异于自取灭亡。坑蒙拐骗与假冒伪劣，并不能真正增加财富，因为一个健康正常的社会与市场，会对不道德的商业行为进行抵制与打击，不良商贩最终只得关门停业。事实上，用不道德的手段牟取暴利，也是无法长久的。一锤子买卖，没有回头客是商家大忌，道理不言自明。从经商的角度看，讲商德不仅是对消费者负责，也是对商家自己负责。

中国传统伦理认为，"诚、信、敬"；"智、仁、勇"是理想道德人格所必备的道德品质，也是商人立身处事、待人接物必须遵守的道德准则。诚，即诚实、真诚："诚者，天之道也，诚之者，人之道也。"信，即讲信誉，守信用："言必信，行必果"；"民无信，而不立"。敬，即敬事，敬业："主忠信，行笃敬"；"执事敬"，"敬事而信"。"智仁勇，天下之达德也。"这三道德中，仁是核心，智所以知仁，勇所以行仁。"智仁勇"表明理想道德人格在行仁赴义过程中，明断是非的智慧和见义勇为的胆略。传统道德所提倡的"诚、信、敬"，作为君子的人格品质，被移植成传统儒商的做人准则和行为规范；传统道德所主张的"智、仁、勇"，则作为理想道德人格的综合素质，被改造成儒商在仁义经商的前提下所具有的通权应变、把握时机、有胆有识、敢作敢为的经营技巧和勇气魄力。敬业乐群的职业道德传统是中国古代商德的重要组成部分。儒家名篇《学记》用"敬业乐群"对职业道德基本原则进行了概括。朱熹解释道："敬业者，专心以事其业也；乐群者，乐于取益以辅其仁也。"这种职业道德传统对中国古代商人产生了深刻和重要的影响，培养了他们矢志不渝、艰苦创业的职业理想以及不畏艰险、勤俭节约、坚韧不拔的奋斗精神。中国传统伦理从民本思想出发，反对个人本位，提倡群体本位；反对一己私利，提倡社会公利。"大道之行，天下为公"，要求人们"举公义，去私欲"，"博施于民而能济众"，形成了重公益、轻私利和重群体、轻个体的公私观及群己观。中国古代商德从传统的公私观、群己观中汲取了丰富的思想资料和营养精华，形成了奉献社会、爱国济民的优良传统，使古代商德不断升华，闪耀出理想主义的道德光辉。

　　在传统义利观、公私观和群己观的熏陶下，在理想道德人格的指引下，中国古代儒商形成了重义轻利、重公轻私、重群轻己的优良道德传统。研究"儒商"，孔子的得意弟子、"二十四孝"之一的子贡是一个无法绕过的人物。子贡生于公元前520年，卒于公元前456年，小孔子31岁。子贡17岁时拜孔子为师，深得孔子学说真谛和儒家思想精髓，成为孔门高徒。他极力推崇儒学，使孔子名扬天下，在传播儒家理论和政治主张方面贡献最大，正如司马迁所云："夫使孔子名布扬于天下者，子贡先后之也。"他经商致富成为儒商始祖，他的经商理念，有着精深的文化内涵，奠定了中华儒商文化的基础。他以孝为先，身示天下，堪称天下孝道懿范。研究儒商，将会使孝文化研究步入一个新的天地。目前，儒商研究已形成组织，其论坛在国内外有良好影响。① 中国传统儒商重视自己的人格形象，关注自己的道德名节，追求高尚的道德人格，希望达到理想的道德境界；他们乐善好施，爱国济民，造福乡里，恩泽一方，为家乡、为百姓、为社会、为国家做出了诸多义举善行。这种为天下兴利，以民生民瘼为怀的道德情怀，把传统商德推进到了很高境界。一些商人通过辛勤劳动而致富后，热心公益，财为义用，如：修桥、铺路、放赈、施药、救孤、助嫠、办学堂、修水利、建会馆、惠商旅、济灾贫、助丧葬等。更有一些商人关心国家社稷，忧国忧民，当外敌入侵时积极捐金捐物，支持国家抗击侵略者，表现了强烈的爱国热情，如，春秋时期的商人弦高"犒师救国"。汉代商人卜式，屡次捐金抗击匈奴。明清时期的晋商、徽商在国家抗击外敌中也多有义举。这种深明大义、尽其所能、抗击外侮的爱国主义精神，是传统商德的最高表现形式，它使传统商德在国家利益和民族利益中得到了升华，并对后世商人产生了重要和积极的影响。②

总之，要加强商业道德建设，培养儒商人格，就必须对从业人员进行商业道德原则、规范等基本知识教育，提高商业道德素养，树立高度的职业责任感、事业心和成就感。企业职工必须具备市场经济条件下的道德水准，在本职工作中遵循职业道德准则，养成良好作风，树立良好道德风尚。企业领导者也要有自立、自尊、自信、自强的民族精神，坚定社会主义理想和信念，诚实守信的公德意识，处理好当前利益与长远利益的关系，建立起现代企业制度。要开展企业文化建设，使企业明确自己的社会责任，塑造市场认同、社会赞誉、适应社会要求和形象良好的企业，促进企业持久地发展。要完善商业企业外部的监管机制。加强有关立法工作，完善市场营销法律规范体系。强化国家行政执法和司法执法，加强对市场的监管力度。要建立商业信用制度。要对市场参与者的信用状况进行调查登记，将记录资料输入电脑数据库，连续跟踪客户的信用变化情况，加大失信者的成本。要完善和发挥社会监督机制的作用。要通过消费者组织对企业的营销行为进行监督。当消费者的正当利益受到侵害时，消费者组织

---

① 参见田寿永《把孝感建成中华孝文化名城》，《学习月刊》2008年第1期，下半月·总第306期，第39页。

② 参见安云凤《中国传统商德及现代社会价值》，《江苏社会科学》2002年第5期。

要代表消费者利益维权到底，促使营销者遵守道德、法律规范。还要通过各种新闻媒体进行舆论监督和宣传，对从事违法营销活动，损害消费者利益、危害市场秩序的行为，要敢于大胆揭露，使其暴露在光天化日之下。营造有利于商业道德建设的社会氛围，使先进典型的人和事得到肯定和赞扬，形成正确的舆论导向。

第 七 章

公益性的文化事业建设

　　处于全球语境中的中国，在不断发展的进程中面临着越来越多的文化挑战，这些挑战不仅仅反映在"高端"的国家文化艺术和思想学术领域，同时也反映在"低端"的大众休闲生活即日常的文化消费领域。解决文化建设面临的突出问题，动力在深化改革，出路在加快发展。文化领域的改革和发展，大致包括公益性的文化事业和经营性的文化产业两个方面。

　　公益性的文化事业是指关系到社会大众福利或者国家安全的公共文化产品和设施。具体指为满足人们娱乐、休闲、健身、求知、审美、交际等精神需要和求知需要而组织的活动，以及为此而提供经费、场地、器材和各种服务的社会公益性而非营利性的工作。大致包括九年义务教育、党和国家重要的新闻媒体和社会科学研究机构、体现民族特色和国家水准的重大文化项目和艺术院团、重要文化遗产和优秀民间艺术、老少边穷地区和中西部地区的文化发展、面向大众的文化基础设施建设，等等。这些文化公益事业将得到国家政策的支持和国家财力的扶持保障，并鼓励它们增强自身发展活力。如公共图书馆、博物馆、纪念馆的建设、管理和免费开放。文化事业是公共服务产品，需要政府投入。政府要更好地履行发展公益性文化事业的责任，保障人民群众的基本需求和权益。文化基础设施建设和公共文化资源配置要向基层特别是农村和中西部地区倾斜，推进美术馆、图书馆、文化馆、博物馆免费开放，丰富人民群众的精神文化生活。公益性文化事业是各级政府主导下举办的惠民事业，具有天然的伦理价值和道德意义。

一　构建公共文化服务体系的基本要求

　　加强公共文化服务体系建设是实现人民基本文化权益和需求的主要途

径。人民基本文化权益和需求是指看电视、听广播、读书看报、公共文化鉴赏、参与公共文化活动等。政府的责任就是要建立公共文化服务体系，并要做到全覆盖，即按人的一生说，从出生、上学、就业、养老要全覆盖；按伴随人一生的需要说，吃、穿、住、医、防灾害等，要全覆盖；从空间距离说，也要全覆盖。大力发展公益性文化事业，必须坚持政府主导，按照公益性、基本性、均等性、便利性的要求，加强文化基础设施建设，完善公共文化服务网络，让群众广泛享有免费或优惠的基本公共文化服务。要以公共财政为支撑，以公益性文化单位为骨干，以全体人民为服务对象，以保障人民群众看电视、听广播、读书看报、进行公共文化鉴赏、参与公共文化活动等基本文化权益为主要内容，完善覆盖城乡、结构合理、功能健全、实用高效的公共文化服务体系。要把主要公共文化产品和服务项目、公益性文化活动纳入公共财政经常性支出预算。采取政府采购、项目补贴、定向资助、贷款贴息、税收减免等政策措施鼓励各类文化企业参与公共文化服务。鼓励国家投资、资助或拥有版权的文化产品无偿用于公共文化服务。加强文化馆、博物馆、图书馆、美术馆、科技馆、纪念馆、工人文化宫、青少年宫等公共文化服务设施和爱国主义教育示范基地建设并完善向社会免费开放服务，鼓励其他国有文化单位、教育机构等开展公益性文化活动，各类公共场所要为群众性文化活动提供便利。统筹规划和建设基层公共文化服务设施，坚持项目建设和运行管理并重，实现资源整合、共建共享。加强社区公共文化设施建设，把社区文化中心建设纳入城乡规划和设计，拓展投资渠道。完善面向妇女、未成年人、老年人、残疾人的公共文化服务设施。引导和鼓励社会力量通过兴办实体、资助项目、赞助活动、提供设施等形式参与公共文化服务。推进国家公共文化服务体系示范区创建。制定公共文化服务指标体系和绩效考核办法。

由文化部、财政部组织实施的全国文化信息资源共享工程，自2002年正式启动10多年来，已建成1个国家中心、33个省级分中心、2840个县级支中心、28595个乡镇基层服务点、60.2万个行政村基层服务点，服务惠及人次超过12亿人次。该工程利用现代高新技术手段，将优秀中华文化信息资源进行数字化整合，在全国范围内实现共建共享。截至2011年底，由文化部、财政部组织实施的全国文化信息资源共享工程由中央和地方财政累计投入资金63.87亿元，建成地方特色专题资源库207个、各类视频资源55670部,在全国范围内实现共建共享,受到了广大基层群众的普遍欢迎和好评。10年来,工程受到党和政府的高度重视,并被纳入国家"十一五""十二五"发展规划。目前,文化共享工程覆盖城乡的服务网络已基本建成,数字资源初具规模,传输模式不断完善,惠民服务扎实推进,成功开辟了一条符合国情、符合时代发展方向、符合广大基层群众需求的公共数字文化服务新途径。此外,文化共享工程还与"全国农村党员干部现代远程教育工作""全国农村中小学现代远程教育工程""广播电视村村通工程"等合作,实现共建共享。[①]

针对现实问题,开展公共文化服务体系建设必须达到四点要求:一是保障基本。公共文化设施、投入、服务能力很不平衡。现在要求公共服务设施免费开放。这一政策的核心要素是:增强服务能力,提高服务质量。存在的问题是:(1)分而不担,投入缩水,补助阻梗。省、市、县分担部分没落实。(2)免费泛化。基本的服务免费,非基本的不应该免费,如图书馆的复印费、刻录费。(3)服务量大增与人员不足的矛盾。可适当增加编制,政府购买岗位。为此,要建立激励机制,扩大免费范围,全面推开,逐步完善,把主要公共文化服务体系建设和运行费纳入公共财政经常性支出预算。二是构建体系。不成体系是中国公共文化服务与国外的最大差距。服务设施、活动、网络要体系化、经常化、全覆盖。要将固定设施、流动设施、数字传播体系结合起来。要有阵地服务、移动服务、延伸服务、推送服务。三是提升效益。比如,图书馆持证读者占人口比例以及年人均借书量、年人均到馆次数、年人均接受参考咨询次数,要有量化统计。要有提升服务能力的基础。资源规模要达到临界标准,如人均馆藏量。要突出体现效益的评价指标,馆长当得好不好,要看人气能不能搞旺。主要考察人群覆盖率、开馆时间、外借率、到馆率、点击率、活动参与率,公益活动所占比例。四是建设队伍,要解决三个问题。(1)建立职工队伍准入制度,强调专业化。(2)开展与岗位聘任制结合的在职培训。(3)要完善馆长的选拔制度。素质太低的人,或为了解决级别、待遇安排的馆长,要视为不合格。

---

① 参见《文化共享工程十年服务逾12亿人次》,《光明日报》2012年12月18日,第1版。

二 发展公益性文化事业的实践探索

　　文化事业与事业单位相联系。事业单位是一个中国独有的概念。我国最早使用事业单位称谓是在 1955 年 7 月全国人大的一份报告中，而一直到 1998 年国务院颁布《事业单位登记管理条例》时才给它规范了定义，即国家机关和其他社会组织，利用国有资产举办的，从事教育、科研、文化、卫生等公益性服务的社会组织。与文化相关的事业单位，是指在文化领域从事研究创作、精神产品生产和公共文化服务的组织机构。主要任务是为社会提供精神产品，满足人民对文化生活的多种需求；由政府主管部门审定资格，管理形式多样化；涵盖门类多，单位分布广。文化事业单位的主要类别是：演出事业单位，包括各类艺术表演团体等；艺术创作事业单位，包括艺术创作院所、艺术中心、音像影视中心等；图书文献事业单位，包括图书馆、档案馆、文献信息中心等；文物事业单位，包括文物保护站、文物考古队（所）、博物馆、纪念馆等；群众文化事业单位，包括群众艺术馆、文化馆（站、宫）、青少年宫、俱乐部等；广播电视事业单位，包括广播电台（站）、电视台、转播台（站）等；报纸杂志事业单位，包括各类报社、杂志社等；编辑事业单位，包括各类编辑部、党史编纂室、地方志编纂室等；新闻出版事业单位，包括各类出版社、新闻中心、新闻社等；其他文化事业单位。目前，我国事业单位的职工有 4000 多万人。为了让公益性文化事业单位的服务功能更健康、更有效率地发挥，厘清文化事业单位与行政权力、与市场行为的关系，改革其人事和分配制度，引入竞争机制势在必行。改革的重要步骤，就是要对现有的文化事业单位进行分类、重组与剥离。

　　有资料显示，截至 2011 年 8 月，北京市有事业单位 9800 多个，其尝试招聘制的改革从 2004 年就已启动，直到 2010 年才形成事业单位全员招聘局面。2011 年 8 月，北京市委常委会审核通过《关于北京分类推进事业单位改革的实施意见》。这个《意见》出台，意味着北京事业单位改革将全面推进。他们将秉承"分类指导、分业推进、分级组织、分步实施"的原则，把握节奏，不搞"一刀切"，即条件成熟的率先改革，暂不具备条件的允许过渡。按北京市委规划，事业单位改革将先从文化行业"破冰"，取得经验后再"辐射"。对人员安置这一改革中的最大难题，将同样采用"老人老办法、新人新制度、中人逐步过渡",务求通过改革增强事业单位活力。为此,北京市委特意提出三个"严禁",即事业单位改革期间,严禁突击提拔干部、严禁超职数配备干部、严禁违反规定提高干部职级待遇。事业单位清理规范期间,不再新增事业单位,不再新增事业编制。北京近万个事业单位大致可分为三类:参照公务员管理;实行劳动合同制;实行聘用合同制。专家认为,跟其他地区相同,北京事业单位改革的最大难点为"分类"问题。事业单位应该完全属于公益性质,但现在不少事业单位承担的是政府行政职能,乃至于执法职能。因此,事业单位改革首先是分类,职能剥离,把行政职能划归政府,把经营职能划归企业。由于事业单位职能错综复杂,不少事业单位还办有企业,因此,事业单位分类改革,需要相当一段时间。但分类仅是事业单位改革迈出的第一步,其后,还有评、聘任制度改革和绩效管理改革,"如同公务员,事业单位工作人员也要统一考试统一录取。绩效工资制,收入与付出、创造的价值挂钩"①。

山东省把公益性文化事业发展作为社会事业发展的重中之重,并着力推动公共文化资源向基层和农村倾斜。早在 2005 年山东省就出台了《进一步加强农村文化建设的实施意见》,到 2011 年 8 月,山东全省建成农家书屋 4.5 万多家,数量居全国第一;广播电视村村通工程已覆盖全部建制村和 20 户以上自然村,提前实现了"村村通"目标。据悉,山东全省共有国家一级图书馆 48 个,二级图书馆 38 个,三级图书馆 21 个;国家一级文化馆 41 个,二级文化馆 23 个,三级文化馆 17 个。其中,二级以上的图书馆、文化馆数量位居全国第一,创建了文化惠民、便民的新格局。不仅如此,"十一五"末,山东全省 70% 以上的行政村都建起了文化大院,基本实现了县有文化馆、图书馆和乡镇有文化站、村有文化大院的目标,公共文化资源正被分解成一个个小型文化阵地,在高效、快捷中保障着人民群众的基本文化权益。山东公益性文化事业的发展中,广大管理者、组织者和服务者一直如履薄冰,他们在"忧"中审视发展方向,在"忧"中破解发展瓶颈,在"忧"中寻找解决方法。在文化事业管理者"为了人民、依靠人民,诚心诚意为人民谋利益"的清醒认识和科学把握中,在组织者"从人民群众中汲取智慧和力量"的服务方式创新中,在

---

① 《北京推动 9800 家事业单位改革不再新增事业编制》,《新京报》2011 年 8 月 19 日。

服务者"把对群众的真挚情感转化为服务群众的内在动力"的服务精神中，山东公益性文化事业迎来了全面发展，也为其他地区文化的创新和发展积累了宝贵经验。山东的实践表明：公益性文化事业的发展只有问政于民、问需于民、问计于民，才能为民所乐；公共文化服务的内容、形式和手段只有来自人民、植根人民、服务人民，才能为民谋乐；公共文化服务工作者只有知民情、解民忧、暖民心，才能与民同乐。①

在 2006 年，青岛市以文化家园工程建设为重点，围绕构建公共文化服务体系和为建设社会主义和谐社会提供思想道德基础的发展主线，积极引导社会文化事业全面发展，在社区文化建设、新农村文化建设、"共享工程"建设、非物质文化遗产保护、广场文化建设、群众性文化活动等方面取得了新的成绩。2006 年，青岛市对 67 处社区文化中心、64 处镇综合文化站和 1200 个村文化活动室进行了改扩建工程建设，使社区文化中心平均面积达到 270 平方米、镇综合文化站平均面积达到 685 平方米、村文化活动室平均面积达到 178 平方米，为丰富人民群众的文化生活提供了有力的保障。除了市级相关组织给各社区文化中心配备标准化的图书架、图书、报刊、阅览桌椅、培训桌椅、宣传文化栏、共享工程电子阅览设备、电影放映和投影设备、数码钢琴、乐器和健身器材外，各区还根据社区开展文化活动和社区居民的需要，自行配置了游艺器材、少儿阅览桌椅等设备，规格超过了中央文明办、文化部制定的全国文化先进社区的标准。而镇综合文化站和村文化活动室的建设则在全国同类城市中走在前列，这对促进新农村的协调发展，构建农村公共文化服务体系具有积极的促进作用。同时，为促进基层文化设施的建设和发展，市委宣传部、市文明办和市文化局还在 2006 年 4 月出台了《关于创建市文化先进镇街道、文化先进社区村的意见》，并评出了首批市级文化先进镇街、文化先进社区村。该意见的出台，从机制上为镇村级文化设施的发展提供了保障。青岛市文化事业建设的快速发展不仅满足了市民的文化需求，同时也走在了全国前列。很多文化事业建设项目更是形成了品牌，成为全国典型。自 2002 年文化部、财政部实施全国文化信息资源共享工程以来，青岛市确立了多方协作、资源整合、多形式传播、全方位覆盖的工作思路，推出了

---

① 参见《山东：公益性文化事业服务者需要"忧民之忧"》，《光明日报》2011 年 9 月 6 日。

共享工程"五连线"模式,这一模式得到了中央领导和文化部领导的认可和高度评价。在2006年7月召开的全国文化信息资源共享工程经验交流会议上,青岛市作为仅有的市级城市和副省级城市代表在会上作了典型发言。同时,文化广场的建设也再创佳绩。继2004年该市在全国特色文化广场评选中获得佳绩后,在2006年举行的第二届全国特色文化广场评选中,该市胶州市秧歌城文化广场、平度市同和文化广场等四个广场榜上有名,"欢乐青岛"广场周周演等六个广场文化活动被评为全国特色广场文化活动,获奖总数在全国同类城市中居首位。群众文化活动精彩纷呈。2006年共有1700余项"青岛文化大拜年"系列文化活动遍布岛城大街小巷,让岛城市民过了一个热热闹闹的"文化年"。在精心组织文化大拜年系列文化活动的同时,市文化局创新工作思路,举办了首届青岛市外来务工人员艺术节。青岛拥有120余万名外来务工人员,为了尽可能地让他们享受到优质的文化生活,本届文化节设计了"青岛——我的第二故乡"有奖征文、"墨色飞舞"书法美术作品征集、外来务工人员电影周三大板块,各区市还根据本区市的实际情况开展丰富多彩的文化活动,满足外来务工人员的精神文化需求,使全市外来务工人员享受到节日的快乐和家的温暖。[①]

在2006年初,云南省就对"十一五"期间的公益性文化事业建设作出了具体安排部署,要求县县有达到国家规范建设标准的图书馆、文化馆、体育场馆和农村电影流动放映车;乡乡有文化站,城市社区有文化、体育服务设施,60%以上的行政村有文体活动室,全省所有行政村建立妇女之家;所有国家级重点文物保护单位得到全面维修和合理利用,85%以上的省级文物保护单位得到抢救性维护,50%以上的重点博物馆和无库房文管所的保管条件达到规范要求。初步构建起以省为中心,州市为枢纽,县、乡、村为基点的完整的公益性文化事业设施和服务体系。省委副书记、省文化体制改革和文化产业发展领导小组组长丹增指出,为确保全省公益性文化事业建设目标的顺利实现,要不断加快实施文化基础设施,"两馆一站"建设工程、"千里边疆文化长廊"建设工程、农村电影"2131工程"、文化信息资源共享工程、民族民间传统文化保护工程、非物质文化遗产保护工程、"兴边富民"文化建设工程和"广播电视西新工

---

① 参见《青岛文化事业建设06创新高》,《青岛财经日报》2007年1月5日。

程"等公益性文化建设重点工程,力争在"十一五"期间建成省博物馆、云南大剧院等省级重点项目和若干个州、市级公益性文化事业重点项目。他还强调,公益性文化事业是民族文化大省的群众性、标志性、形象性、基础性工作,要认真落实中央和我省有关的一系列扶持政策和要求,保证对公益性文化事业建设投入的资金增长幅度不低于当年财政收入增长幅度;要进一步放宽公益性文化事业的准入政策,鼓励和支持社会资本和外资参与国办公益性文化事业建设;要按照党委领导、政府管理、行业自律、单位自主的原则,赋予公益性文化事业单位充分的自主权;要培育和发展社区文化、村镇文化、企业文化、校园文化、家庭文化、节庆文化,让人民文化生活丰富多彩、长年不断;重视和关心少儿、老年人和残疾人以及弱势群体的文化生活;要制订发展规划,创造良好条件,大力培养造就优秀文化人才;各级人事、财政部门,要把培养、使用文化人才纳入财政预算,在住房、职称、待遇等方面采取优惠政策,使成千上万优秀人才参加到公益性文化事业建设中来。[1]

近年来,广西壮族自治区岑溪市把文化事业发展作为一项战略决策来抓,把文化事业工作纳入全市经济和社会发展的总体规划,提出创新文化事业发展的政策措施及实施方案,文化事业呈现出生机勃勃、欣欣向荣的发展景象。以广场文化活动为纽带,开展丰富多彩的文化活动,活跃城乡文化生活,是岑溪市文化事业发展的一个亮点。该市一直坚持以文化大厦及广场舞台为主阵地,以广场文化活动为纽带,组织开展丰富多彩的文化活动。截至 2011 年 9 月,该市有舞蹈协会、书画协会、摄影协会、文学协会、曲艺协会等近 20 个协会,共有会员 3000 多人,并在市区广场及有关场所,每天早晚组织开展各种文化活动。如市人民广场每晚开展的交谊舞、健身舞等活动,共有 6 个协会牵头组织,参与活动的市民每天数以千计,"早上有歌唱,晚上有舞跳,不定期有演出"成了市人民广场的特色,每年到广场参与活动或观看演出的市民达 80 万人次。坚持组织和引导开展文化下乡活动,是岑溪市发展文化事业的一种时尚活动和做法。每年,该市宣传、文化、教育、团委等部门都会联合或结合业务工作的开展,组织文化下乡活动,先后开展了"欢乐送万家""服务三农,真情邮政"系列巡回演出活动,以及以"廉政建设""计划生育"为主题的文化

---

[1] 参见《把公益性文化事业建设提上重要日程》,《云南日报》2006 年 2 月 9 日。

下乡活动，足迹遍及该市14个镇政府所在地及方便进大篷车的村。文化艺术和文化市场不断繁荣是岑溪市文化事业发展的又一个亮点。近年来，该市坚持广泛深入开展文艺创作和交流，促进了该市文化艺术的发展。该市粤剧团是国有专业文艺团体，每年都坚持在两广农村演出达200场以上，吸引群众超20万人次，成了广西县（市）级专业剧团长期不倒的一面旗帜。在岑溪市业余文艺团队中，被人称为"夫妻歌舞团"的岑溪市青年歌舞团，是由夫妻二人为首办起来的个体农民剧团，年均演出300场以上。此外，岑溪市还积极抓好文化遗产保护工作，牛娘戏、抢花炮项目分别被自治区及梧州市列为第一批非物质文化遗产名录。在保护好文化遗产的同时，该市还积极抓好文化信息资源共享工程和公共文化设施网络建设。如，完善公共图书馆设施设备，在所有乡镇建设文化站，在城镇社区设立相应的文化活动场地，为丰富群众的文化生活提供了广阔的平台。①

据媒体报道，从2012年起，陕西计划建设文化艺术中心、文学馆等一批标志性文化活动设施，以大力提高公共文化服务水平。陕西提出将实施文化强省"八大工程"，包括核心价值引领、宣传舆论导向、文化精品繁荣、文化遗产传承、公共文化服务等内容。其中，为满足人民基本的文化需求，陕西将以政府为主导，按照公益性、基本性、均等性、便利性的要求，加强文化基础设施建设，完善公共文化服务网络，让群众广泛享有优惠或免费的基本公共文化服务。其中，陕西将建设一批标志性文化设施以提高城市文化品位，重点实施陕西文化艺术中心、陕西秦腔博览馆、陕西文学馆、陕西考古博物馆、西部国际图书城等一批重大文化设施项目。此外，为提高公共文化服务水平，陕西还将对每年坚持开展惠民演出的演出团体实行"以奖代补"。②陕西省会西安市拟从2012年起，用5年至10年时间，建设和改造"八水九湖"，建成"水韵长安"，让西安成为"城在水中、水在城中"的现代化生态大都市。"长安八水"主要指在西安周边的渭、泾、沣、涝、潏、滈、浐、灞八条河流。按照"大水兴市，小水富民"的原则，西安市近年来大力实施"大水"工程，重构城市水系。

---

① 参见陈贻泽《岑溪市创新发展文化事业提升城乡百姓幸福感》，广西新闻网2011年10月8日。

② 参见《陕西将建一批标志文化设施提高城市文化品位》，新华网2012年1月28日。

先后建成了一大批生态基础设施项目,让一批"生态灾区变成生态新区"。将秦岭水系引至曲江遗址公园、大唐芙蓉园、兴庆湖、护城河、团结水库等,形成连续串联运行模式,使涓涓细流穿城而过;恢复再造了广运潭、曲江南湖、曲江流饮等历史文化景观;全面启动了渭河城市段22.2公里综合治理工程。今后10年内,西安市还将启动泾河、潏河、滈河、涝河综合治理工程,建设4处环山路水景观示范工程。同时,以秦岭北麓重点水库和沿山支流为水源,推进生态水进城工程;以昆明湖、汉城湖等九湖为重点,加快建设恢复一些城市水面,改造河湖体系;并因地制宜搞好城市小区和公共广场、绿地区水景建设。根据规划,西安市到2020年将再增加生态水面2万亩,全市生态水面达到6.5万亩,建成"八水绕长安、九湖映古城"的盛景,使得西安"华夏古都、山水之城"的旅游名片更为鲜亮。[①]

三 发展公益性文化事业的伦理取向

(一) 认识公益性文化的伦理属性

在我国,伦理道德的基本价值导向就是为人民服务,维护人民利益。文化公益性的实质就是维护人民群众的文化权益,满足人民群众的文化需求。人民群众的文化需求可以分为两部分,一部分是体现人民群众文化权益的基本文化需求,另一部分是多样化、多层次、多方面的文化需求。正确区分这两种文化需求并处理好两者关系,有助于我们对文化建设中政府职责和市场功能进行科学定位,明确文化建设的基本思路,即一手抓公益性文化事业,一手抓经营性文化产业,做到两手抓、两加强,两轮驱动,两翼齐飞,推动社会主义文化大发展大繁荣,最大限度地满足人民群众日益增长的精神文化需求。

人民群众的基本文化权益具有公益性、均等性、基本性、便民性等属性。公益性,就是政府提供的公共文化服务基本上是免费服务,或是低于成本、收费很少的服务;均等性,就是不分男女老少,不分富人穷人,不分城市农村,不分东中西部,都平等地享受公共文化服务;基本性,就是

---

① 参见梁娟、董璐《西安改建"八水九湖"扮靓"水韵长安"》,新华网2012年1月27日。

政府提供的是基本文化服务，而不是所有文化服务；便民性，就是要网点化，做到一定空间范围内必须有公共文化活动场所，方便群众就近参与。公共文化服务体系建设的重点和难点在农村、在基层，要向农村和基层倾斜。当前，要优先安排涉及农村和基层群众切身利益的文化建设项目，积极推进广播电视村村通、文化信息资源共享、社区和乡镇综合文化站（室）、农家书屋、农村电影放映等重点文化惠民工程建设。要大力推动公共博物馆、纪念馆、美术馆、文化馆、图书馆、青少年宫、科技馆、群众艺术馆以及基层文化活动中心向全社会免费开放，提高公益性文化单位服务群众的能力和水平。要推动政府通过购买文化产品的方式在特定时段、以特定内容、向特定群体提供公共文化服务，同时要继续开展"三下乡""四进社区""送欢乐下基层"等文化惠民活动并不断加以规范，丰富基层群众的文化生活。对于人民群众多样化、多层次、多方面的文化需求，主要靠市场来满足。在社会主义市场经济条件下，市场越来越成为人们进行个性化文化消费、满足多样化文化需求的主要途径。这就要求我们必须大力发展经营性文化产业，进一步繁荣文化市场。要大力发展文化创意、影视制作、出版发行、印刷复制、广告、演艺、娱乐、文化会展、数字内容和动漫九大文化产业，不断壮大我国文化产业的总体实力。要培育各类自主经营、自我发展的合格市场主体，这是文化产业的基础。

（二）发挥好政府和市场两个积极性

政府要支持和保障文化公益事业，并鼓励它们增强自身发展活力。要坚持和完善支持文化公益事业发展的政策措施，扶持党和国家重要的新闻媒体和社会科学研究机构，扶持体现民族特色和国家水准的重大文化项目和艺术院团，扶持对重要文化遗产和优秀民间艺术的保护工作，扶持老少边穷地区和中西部地区的文化发展。加强文化基础设施建设，发展各类群众文化。积极推进卫生体育事业的改革和发展，开展全民健身运动，提高全民健康水平，努力办好大型体育活动。要大力支持发展教育和科学事业。

在社会主义市场经济条件下，文化产品既有教育人民、引导社会的意识形态属性，也有通过市场交换获取经济利益、实现再生产的商品属性、产业属性、经济属性。在"两种属性"中，意识形态属性是文化产品的特殊性，商品、产业、经济属性是文化产品的普遍性。不能因为文化产品具有商品的一般属性，就忽视其意识形态的特殊属性；也不能因为文化产品具有意识形态的特殊属性，就排斥其商品的一般属性，而是要把两者统一起来。正确把握"两种属性"的关系，要求我们必须正确认识和处理"两个效益"即社会效益与经济效益的关系。不论是公益性文化事业，还是经营性文化产业，都要突出文化功能。要充分发挥文化陶冶情操、凝聚力量、提振信心、鼓舞士气的重要功能。公益性文化事业、经营性文化产业，只是文化形式的差别、载体的不同，而承载的精神即文化的灵魂应是一致的，那就是必须以传播社会主义先进文化为己任。因此，文化建设必须坚持社会主义先进文化前进方向，把社会效益摆在首位。发展公益性文化事业，就是要追求社会效益的最大化，不搞产业化，但也要在内部引入激励机制，改善服务。发展经营性文化产业，就是要在把社会效益放在首位的前提下，努力实现社会效益与经济效益的有机统一，当经济效益同社会效益发生冲突时，经济效益要服从社会效益。在社会主义市场经济条件下，检验经营性文化产业产品和服务"两个效益"相统一的一个重要标准，就是人民群众喜欢不喜欢、是否愿意花钱购买和消费。购买优秀文化产品的人越多，受教育的面就越大，经济效益越好，社会效益也就越广泛。从这个意义上说，没有经济效益，社会效益也是空的。但如果文化产品不讲社会效益，不符合人民群众健康有益的文化需求，在某些方面管理疏漏的情况下，即使暂时会谋些蝇头小利，但终会被边缘化直至被逐出市场，经济效益也无从谈起。因此，实现社会效益与经济效益相辅相成、相互促进、有机统一，是经营性文化产业可持续发展的重要条件。

（三）培养文化事业和文化市场管理人才

为了促进文化事业科学发展，很多高校还设置了文化事业管理专业，其目标是培养具有现代管理理念、技术与方法，能在政府与公共文化事业单位从事文化经营与管理工作的高级管理人才。专业核心能力是指具有较高的文化素养、较好的管理知识与能力。专业核心课程与主要实践环节包括：管理学基础、文化经营管理概论、文化活动创意、信息管理、秘书学概论、广告学概论、社会学概论、公共关系、文化市场营销、中外文化思潮、社会调查方法、综合实践、毕业实习等，以及各校的主要特色课程和实践环节。就业面向：政府和文化事业部门的经营与管理工作。学习文化事业管理专业，可以管理文化艺术事业、社会文化事业，编制并组织实施艺术事业、群众文化事业、少儿文化事业、少数民族文化事业等发展规划；研究拟定文化艺术工作、社会文化工作政策及规章；指导文艺创作与生产及各类艺术单位的业务建设；协调艺术事业发展的结构和布局；研究指导文化艺术事业的政策工作；制订并组织实施艺术教育、文化理论研究规划及年度执行计划。管理、指导文化艺术、社会文化的普及工作；研究、指导社区文化、村镇文化、企业文化、校园文化、家庭文化，促进其健康发展；指导、协调重大社会文化活动；协调文化艺术比赛、展览和非营业性演出；负责文化艺术工作的对外交流。研究拟定文物、博物和图书馆事业发展的政策、规划并监督执行；指导、监督、管理全市考古工作；指导管理博物馆、图书馆业务工作，推动图书馆网络化、现代化建设；研究、指导、组织文物保护、管理、发掘、整理与抢救工作；向国家、省推荐、申报国家级、省级重点文物保护单位，审批市级文物保护单位。研究拟定文化市场和以商品形式进入流通领域的文化产品以及文化娱乐经营活动的管理政策、法规并监督实施；管理文艺演出市场、文化娱乐市场、文化艺术品市场；管理音像制品的批发、零售、出租、放映；负责音像制品的准入管理和音像制品批发单位的审批、报批管理；负责法律、法规和规章规定的文化经营单位和文化经营活动的审批和管理工作；负责外来、外出的文艺表演团体和个人在辖区内和外地进行艺术表演比赛、节庆演出、娱乐比赛、艺术品展销会、博览会等经营活动的审核、审批、报批及监管工作。研究拟定电影发行放映工作的发展规划和执行计划及管理政策、法规并组织监督实施；负责电影发行放映市场行政管理工作；指导电影发行放映市场的稽查工作；指导电影发行放映单位的业务建设，承办、组织电影方面的重大活动及涉外工作。会同有关部门查处文物失盗、破坏、走私、倒卖等案件。指导、协调各级文化部门对文化市场的管理；指导文化市场稽查工作，查处文化市场非法经营和违章经营行为。

四　弘扬伦理精神，促进网络文化健康发展

网络文化是一种新型的公共文化及传播形态。它既具有文化产业的属性，也具有文化事业的属性。作为文化产业的网络文化是通过市场化方式经营和管理的。作为文化事业的网络文化具有满足大众多方面需要、影响

大众思想文化观念和接受党和政府依法管理的义务。互联网文化正处于一个快速扩张时期，互联网创新和普及应用的速度前所未有，网络技术更新周期越来越短，新业务新业态层出不穷。要推动网络文化健康繁荣发展，就必须贯彻落实中央指导互联网建设发展和管理的一系列文件精神，坚持"积极利用、科学发展、依法管理、确保安全"的方针，充分发挥互联网服务社会的积极作用，切实加强建设和管理，共同维护健康有序的网络传播秩序，为党和国家工作大局服务，为广大人民群众服务。

（一）以核心价值观为引领，把握网络文化发展的正确方向

网络媒体作为承载文化精神价值的物质基础和传播形态，必须保持崇高的精神价值和精神追求，始终坚持以社会主义核心价值体系为指导、为引领，始终坚持团结稳定鼓劲、正面宣传为主，始终坚持正确舆论导向，高扬主流舆论，唱响奋进凯歌，并使之成为网络时代最强音。要加强和改进舆论引导工作，提高舆论引导的及时性、权威性和公信力、影响力，努力在网上不同思想文化的交流交融交锋中形成共同的思想道德基础，在网络舆论的多元多变多样中增进社会共识，更好地把体现党的主张与反映人民心声统一起来，把坚持正确导向与通达社情民意统一起来。广大网络媒体工作者要自觉做社会主义核心价值体系的倡导者、传播者、推动者、实践者，充分利用网络优势，运用各种传播手段，大力宣传科学理论、传播和谐理念、传递美好情感、守护道德良知，真正使社会主义核心价值体系这一网络文化之"魂"广为传播、深入人心。

（二）以服务群众为宗旨，满足人民群众对网络文化的新期待

网络文化本质上是人民大众的文化。网络媒体必须始终坚持为人民服务、为社会主义服务的方向，把保障人民文化权益、满足人民精神文化需求作为一切工作的出发点和落脚点。要坚持贴近实际、贴近生活、贴近群众，充分认识我国发展的阶段性特征，自觉服务国家改革发展稳定大局。要准确把握社会文化生活的新特点，关注人民群众对网络文化的新期待，更多采用人民群众喜闻乐见的形式，更多反映和谐社会建设的积极进展，更多提供广大群众需要的文化产品，真正使网络文化建设与和谐社会建设相协调、与人民群众需求相一致，更好地满足人民群众求知求美求乐的文化追求。要大力开展面向基层、服务群众的宣传报道，把目光和镜头对准

群众，把版面和栏目留给群众，多组织经济、民生、文化、科技等群众关注关心的正面报道，多宣传广大群众中的平凡英雄和凡人善举，多提供网上政策咨询、信息资讯等与群众生产生活息息相关的便民利民为民服务信息。要大力加强网上内容建设，实施网络内容建设工程，科学规划网络文化产业结构和布局，推动优秀传统文化瑰宝和当代文化精品网络传播，把网络文化建设成为适合不同群体需求，丰富多彩、生动活泼的先进文化、精品文化、大众文化。要发挥好、引导好、保护好网民在网络文化共建共享中的积极性创造性，鼓励创作格调健康的网络文化作品，引导做文明网民、倡文明表达、创文明空间，坚决抵制攻击诋毁、传谣信谣、低俗恶搞等网络不文明行为，使网络文化真正成为健康向上、向真、向善、向美的文化。

（三）以阵地建设为依托，打造影响广泛的网络文化平台

发展健康向上的网络文化，需要一大批综合实力强、影响力大、覆盖广泛的网络文化平台。互联网设备制造、基础电信运营、信息内容服务等网络文化企业要加强资源整合和相互合作，延伸拓展产业链，进一步提高网络文化创作、生产、传播的专业化集约化水平。要完善网络媒体发展布局，根据经济社会发展需要和人民群众意愿，推动网络媒体进一步向新闻资讯、文化娱乐、电子商务、教育医疗等不同领域和行业细分，向专业化、地域化、个性化发展，打造一批在国内外有较强影响力的综合性网站和特色网站，构建定位清晰、功能互补、模式多样、特色鲜明的网络媒体群。新闻网站是网络文化建设的骨干力量，要加快推进转企改制，创新体制机制，增强内在活力，提升综合实力，在网络文化建设中更好地担当主力军的使命。商业网站是网络文化建设的重要力量，要正确处理经济效益和社会效益的关系，始终把社会效益放在首位，坚持依法办网、文明办网、诚信办网，健全管理制度，完善绩效考评体系，多提供健康向上的网络文化产品，在网络文化建设中发挥建设性作用。政府网站和专业类网站都要发挥自身优势，加快发展步伐，提高服务水平。有实力的重点新闻网站和有影响的商业网站要积极"走出去"，加强品牌建设和海外推介，增强对外传播能力，扩大国际知名度，提高国际舆论竞争力，努力打造具有全球影响的网络媒体，更好地展示中国的良好形象，更好地传播中华文化，更好地把中国声音传向世界。

（四）以技术创新为动力，提高网络文化的传播力和影响力

网络文化是基于互联网技术平台的全新文化形态，是充满活力、富于创新的领域。从互联网发展历程看，网络技术的每一项重大创新应用，都对网络文化的创作、生产、传播、消费产生深刻影响。技术能力决定传播能力，传播能力决定影响能力。要充分认清技术建设在网络文化建设中的重要地位和作用，把技术创新作为推动网络文化繁荣发展的战略基点和核心要素，作为网络文化建设的战略举措和基础工程来抓。要站在互联网科技发展最前沿，及时跟踪掌握互联网技术最新动态，加强顶层设计和长远规划，加快培育新兴业态和新的市场需求，抢占网络传播制高点。要整合互联网技术研发力量和资源，加大网络关键技术攻关力度，加快互联网核心装备技术国产化，提升互联网行业原始创新、集成创新和引进消化吸收再创新能力，努力在国际互联网技术领域实现更多的"中国创造"。要创新技术研发机制，加强政府部门、网络媒体、网络技术企业、高等院校和科研院所之间的交流合作，采取联合开发、成立技术创新联盟等形式，建立机制灵活、运转高效、实力雄厚、具有较强国际竞争力的网络技术创新研发中心。要切实维护知识产权，为网络技术创新提供良好的社会环境。要加强对网络新技术新应用的安全评估，切实维护网络信息安全、网络文化安全和国家安全。通过不断创新，扩大我国在国际互联网技术领域的话语权，不断增强我国互联网行业的整体实力和核心竞争力，在国际互联网格局中争取更大主动。

（五）以人才建设为支撑，培养素质优秀的网络队伍

发展健康向上的网络文化，需要一支规模宏大、德才兼备、结构合理、勇于创新的网络文化建设大军。要着眼中国特色网络文化的快速发展，加快培养具有战略眼光，视野开阔、善于谋划、锐意创新的高层次领军人才队伍，具有较强把握导向能力和策划能力、掌握网络文化创作生产传播规律的内容建设人才队伍，具有现代市场观念、懂经营、善管理的经营管理人才队伍，具有较强创新意识和技术研发能力的技术人才队伍等"四支队伍"，为中国特色网络文化的繁荣发展提供有力的人才支撑，并积蓄发展后劲。要健全和完善网络文化人才的发现培养、选拔使用、流动配置、激励保障机制，努力营造优秀人才脱颖而出、施展才干的良好环境，吸引更多优秀人才投身到网络文化建设事业。要加强从业人员培训，健全学习培训制度，强化责任意识，增强职业素养，提升职业追求。加快推进网络媒体从业人员资质认证体系建设，建立标准明确、规范有序的行业准入和退出机制，为网络文化从业人员成长成才营造公平公正的环境。加强网络文化人才队伍建设，既要善于发现培养高端人才，也要善于发现普通网民中在技术创新、文化创造等方面有专长的特殊人才，为他们参与网络文化建设创造条件、搭建舞台，努力形成各类人才共同参与网络文化建设的良好局面。

（六）以加大执法为途径，净化网络信息环境

今天，"人人都有麦克风"，"个个都是通讯社"，网络空前拓展了表达空间，让人们享受到了更多自由。但自由的合理边界在哪儿？应该有一个基本共识。网络世界依然是现实世界的一部分。网络发言，同样应该遵循法律和道德的底线。如果以"自由"之名诽谤、侮辱他人，损害别人的商业信誉、商品声誉，这实质上是违法甚至犯罪；如果持着"正义"的理由，只为目的不择手段，甚至搞所谓"谎言倒逼真相"，这同样是不负责任。网络给予了我们更多自由，也给予了我们更大责任。确立责任边界，厘定"法"与"非法"的标准，我们才能更好地享受自由、保护权利，才能更好地推动国家与社会的进步。网络的发达，客观上增加了个人信息泄露和个人权利受侵害的渠道、深度和广度。在网络注册、会员登记、办银行卡、发送快递等各个生活环节都可能出现个人信息流失。现在，有些人不但知道你是谁，多大，住哪儿，做什么，还知道你的上网浏览习惯、网购账号和消费水平。个人信息特别是生活隐私的泄露，越来越跟商业推销、经济诈骗、造谣生事、人身攻击搅和在一起，后果有多严重不言自明。那些色情网站、钓鱼网站、诈骗网站，仿佛如割韭菜似的，关掉一批，又冒出一批。特别是随着互联网和手机媒体新技术新业态不断涌现，淫秽色情信息传播方式越来越隐蔽，净化网络文化环境的任务十分繁重。整治网络淫秽色情信息、净化网络文化环境，关系千家万户切身利益，关系社会主义精神文明建设，关系国家和民族发展未来，必须以对党对国家对人民高度负责的精神把这项工作切实抓紧抓好。要认真落实抓源头、打基础、切断利益链要求，强化基础管理、强化日常监督、强化企业责任、强化行业自律，推动整治工作从源头入手、向常态化转变，进一步筑牢整治互联网和手机传播淫秽色情信息的基础防线。要大力推动技术创新，加强技术开发，形成更加有效、更加管用的技术防范体系，以技术的新突破实现管理工作水平的新提高，进一步提升对淫秽色情信息的发现和管控能力。改善网络环境，法律必须跟进。通过立法保护个人权利，守住安全底线，这是网络未来发展必须面对的大事。要适应形势发展要求，加快依法办网、依法管网、依法治网步伐，完善法律法规，加大执法力度，充分发挥法律保障作用，进一步展示法治的强大力量。要加强宣传报道和舆论监督，充分反映整治工作进展成效、先进典型和成功经验，展示党和政府整治互联网和手机传播淫秽色情信息的坚定决心，表达社会各界和广大群众的强烈呼声，营造有利于净化网络文化环境的舆论氛围。要广泛开展互联网法制教育和道德教育，充分调动社会各方面积极性，推动形成群众参与、群防群治的工作态势，形成文明办网、文明上网的良好风尚。

2012年12月28日，第十一届全国人民代表大会常务委员会第三十次会议通过了《加强网络信息保护的决定》。主要内容如下：（1）国家保护能够识别公民个人身份和涉及公民个人隐私的电子信息。（2）任何组织和个人不得窃取或者以其他非法方式获取公民个人电子信息，不得出售或者非法向他人提供公民个人电子信息。（3）网络服务提供者和其他企业事业单位在业务活动中收集、使用公民个人电子信息，应当遵循合法、正当、必要的原则，明示收集、使用信息的目的、方式和范围，并经被收集者同意，不得违反法律、法规的规定和双方的约定收集、使用信息。网络服务提供者和其他企业事业单位收集、使用公民个人电子信息，应当公开其收集、使用规则。（4）网络服务提供者和其他企业事业单位及其工作人员对在业务活动中收集的公民个人电子信息必须严格保密，不得泄露、篡改、毁损，不得出售或者非法向他人提供。网络服务提供者和其他企业事业单位应当采取技术措施和其他必要措施，确保信息安全，防止在业务活动中收集的公民个人电子信息泄露、毁损、丢失。在发生或者可能发生信息泄露、毁损、丢失的情况时，应当立即采取补救措施。（5）网络服务提供者应当加强对其用户发布的信息的管理，发现法律、法规禁止发布或者传输的信息的，应当立即停止传输该信息，采取消除等处置措施，保存有关记录，并向有关主管部门报告。（6）网络服务提供者为用户办理网站接入服务，办理固定电话、移动电话等入网手续，或者为用户提供信息发布服务，应当在与用户签订协议或者确认提供服务时，要求用户提供真实身份信息。(7) 任何组织和个人未经电子信息接收者同意或者请求，或者电子信息接收者明确表示拒绝的，不得向其固定电话、移动电话或者个人电子邮箱发送商业性电子信息。(8) 公民发现泄露个人身份、散布个人隐私等侵害其合法权益的网络信息，或者受到商业性电子信息侵扰的，有权要求网络服务提供者删除有关信息或者采取其他必要措施予以制止。(9) 任何组织和个人对窃取或者以其他非法方式获取、出售或者非法向他人提供公民个人电子信息的违法犯罪行为以及其他网络信息违法犯罪行为，有权向有关主管部门举报、控告；接到举报、控告的部门应当依法及时处理。被侵权人可以依法提起诉讼。(10) 有关主管部门应当在各自职权范围内依法履行职责，采取技术措施和其他必要措施，防范、制止和查处窃取或者以其他非法方式获取、出售或者非法向他人提供公民个人电子信息的违法犯罪行为以及其他网络信息违法犯罪行为。有关主管部门依法履行职责时，网络服务提供者应当予以配合，提供技术支持。国家机关及其工作人员对在履行职责中知悉的公民个人电子信息应当予以保密，不得泄露、篡改、毁损，不得出售或者非法向他人提供。(11) 对有违反本决定行为的，依法给予警告、罚款、没收违法所得、吊销许可证或者取消备案、关闭网站、禁止有关责任人员从事网络服务业务等处罚，记入社会信用档案并予以公布；构成违反治安管理行为的，依法给予治安管理处罚。构成犯罪的，依法追究刑事责任。侵害他人民事权益的，依法承担民事责任。这些规定表明，党和国家对互联网信息安全的管理是十分重视的，而且已经形成了一套管理方针、政策和法规，其中蕴涵的伦理精神和道德观念是很丰富深刻的，值得我们认真学习、宣传和贯彻。我们必须通过构建网络道德标准、完善法律规范、加强政府监管、强化舆论引导等多重途径，加强网络秩序建设，保障网络社会的健康发展。

五 培养良好职业精神，加强新闻队伍作风建设

(一) 开展"走基层、转作风、改文风"活动

广大文化工作者和理论工作者都应积极响应中央号召，深入实际、深入生活、深入群众，不断推进马克思主义中国化时代化大众化，努力创作出更多无愧于当今伟大时代的传世佳作。新闻事业是文化事业的重要组成部分，同时影响着一切文化形式的健康发展。因此，加强新闻队伍的作风

建设，也是一个重要的伦理道德问题。新闻战线开展"走基层、转作风、改文风"活动，是坚持党的新闻事业性质宗旨、履行新闻工作责任使命的必然要求，是落实"三贴近"要求、增强新闻宣传吸引力感染力的重要途径，是加强队伍建设、提高新闻工作综合素养的有效举措。来自人民、植根人民、服务人民是我们党永远立于不败之地的根本，新闻工作承担着宣传群众、动员群众、服务群众的重要职责，必须牢固树立群众观点，自觉践行群众路线。只有扎根基层，情系百姓，才能发现人民群众生活中孕育的无穷无尽的好题材，才能将这些题材中震撼人心、温暖人心的力量传递给广大受众。新闻工作者要在增进同人民群众感情、提高服务群众能力上下功夫见成效，解决好"为了谁、依靠谁、我是谁"的问题。要在培育良好职业精神、职业道德上下功夫见成效，继承弘扬新闻工作的优良作风，始终把社会责任放在首位，树立新闻工作者的良好形象。要在学习运用群众语言、提升吸引力感染力上下功夫见成效，倡导清新朴实、生动鲜活、言简意赅的文风，让人们爱读爱听爱看，实现最佳宣传效果。"走基层、转作风、改文风"是推动新闻事业健康发展的基础性工作，必须高度重视，强化领导责任、细化工作方案、精心组织实施。要改进创新方式方法，结合媒体格局的变化、队伍结构的实际、业务工作的需要，打造富有特色的活动载体，广泛吸引编辑记者参与。要建立完善有利于新闻工作者深入基层、深入群众的制度机制，推动走基层、转作风、改文风成为新闻战线的自觉行动和新闻工作者的职业追求。广大新闻工作者要以饱满的热情和高度的政治责任感，把握社会脉搏，回答时代命题，积极报道全国人民参与中国特色社会主义现代化建设的伟大实践，采写出鼓舞士气、激励斗志、反映火热生活、紧扣时代脉搏的精品力作。每个新闻采编人员都要做到不深入采访的不写、不到现场的不写、未经核实的不发，要真正把感情和立场转到群众一边，用群众的语言写群众身边的事，写出自己明白、群众也明白的报道，多写短小鲜活的新闻，让读者喜闻乐见。要通过深入矿井工地、高原哨所、城镇村庄等，切身体验群众的真实生活，倾听百姓的心声意见，把笔触、镜头、版面对准人民群众，说群众想说的话、办群众欢迎的事。新闻价值虽是新闻事实本身所固有的，但需要记者、编辑系统认识、不断发现和深入开掘。把握社会脉搏，回答时代命题，应该成为新闻工作者的崇高追求。正是思想的锤炼，才能有"难而不惧，富而不惑，自强不已，奋斗不息"的主题；才能发掘出众多人物身上的闪光点；才让一堆堆素材在文章中神气贯通。要带着真情走基层，走到群众心里去。用心采访，用爱交流，才能写出有真情实感的作品。要在不断创新中求精品。要洞察人物内心世界，触及人物精神层面，抓准其最典型细节和特点而不及其余，寥寥数语，生动的人物形象就能跃然纸上，过目难忘……一个个细节，让人物层次多起来，立起来，活起来。绘画中拙中藏巧、以拙显秀的办法，可以用到写作中。正是运用了文学中的穿越手法、诗化语言、绘画技巧等创新手法，产生了意想不到的美学效果。人们一直希冀一种境界，即松可跑马、密不容针型的写作方法，大气时文气直入云霄，细致时婉约动人，直指人心。达到这种写作境界依靠的不是灵光一闪，也不是持续的小聪明，而是老老实实的采访积累和认认真真的研究提炼。要做到脑中有思想、胸中有大局、心中有真情。要用鲜活的故事和思想的力量，使浴火重生的事件产生振聋发聩的效果。

（二）开展"走、转、改"，要做到"六个解决好"

开展"走基层、转作风、改文风"活动，是中央作出的重大决策部署，对于我们进一步树立群众观点、坚持群众立场，更好地贯彻党的群众路线，具有十分重要的意义。为了把"走基层、转作风、改文风"活动深入持久开展下去，一要解决好认识问题，深刻认识国内外意识形态领域的复杂斗争形势，践行党的事业宗旨、贯彻党的群众路线，建设高素质的工作队伍。要坚定马克思主义新闻观，用历史唯物主义观点反映客观实际，通过走基层加深对基本国情的了解，不断推出更多有思想深度的报道。二要解决好感情问题，深入了解普通百姓的生活状况、生存状况，同群众打成一片，讲述百姓心声，反映群众愿望。转作风不仅身要下去，更重要的是心要沉下去。心沉下去，首先要对人民群众怀有深厚感情，要把群众放在最高位置；心沉下去，才能克服浮躁，以极大的耐心和韧劲捕捉新闻；心沉下去，才会增强发现力，才能以新颖视角，展示重大主题。三要解决好行动问题，紧扣时代要求，紧扣中心工作，紧扣服务群众，推出更多优秀作品。通过走基层提高把握大局的能力，不断推出更多有时代高度的报道，更好地为人民立言、为时代放歌、为党和国家工作大局服务。四要解决好作风问题，用心采写新闻，潜心艺术创作和理论研究，靠内涵吸引人，靠思想的力量感染人。五要解决好文风问题，在贴近群众、生动鲜活、言简意赅、真挚朴实、不断从创新上下功夫。改文风，就是要力求做到思想性新闻性可读性有机统一。好的报道，既有宏大叙事又有感人细节；既有理性思辨，又有生动故事，不但震撼着读者的心灵，也启迪着执政者的心智。六要解决好机制问题，为实现"走基层、转作风、改文风"活动常态化提供有效保障。各新闻单位要对职业培训、考评奖励等制定具体措施，将基层驻点经历作为入职、晋升的条件，通过建立与完善相关体制机制，推动"走基层、转作风、改文风"活动的制度化、常态化。要加强对开展"走基层、转作风、改文风"活动的督导检查，确保取得实际成效。各媒体要结合自身特点增设基层联系点，鼓励督促编辑、记者尤其是年轻人深入基层、深入群众，采写生动感人、清新质朴的报道。

第 八 章

对大众文化和文化场馆的审视

在对公益性文化事业发展的伦理关注中,不仅要用比较宏观的视野关注理论和实践层面的伦理问题,而且要用相对微观的视野,关注大众传媒、大众文艺、图书馆、文化馆、博物馆等文化建设。文学艺术、新闻出版、广播电视、网络信息、图书馆、博物馆、文化馆、纪念馆、文化旅游等部门和单位,都应深入开展职业道德和精神文明建设,正确处理经济效益与社会效益的关系,自觉维护社会的道德、法律和文明秩序。

一 辩证认识大众传媒与大众文艺的关系

随着电子技术的飞速发展及其在传播领域中的广泛运用,传媒业发生了重大而深刻的变革——无论是传播速度,还是传播范围,抑或是传播方式和手段的多样性,都较之传统的印刷媒介有了突飞猛进的发展。这些根本性变革的出现,不仅使大众媒体步入了一个崭新的时代,而且为大众文艺的孕育发展提供了丰厚土壤和广阔空间。

(一) 大众传媒与大众文艺相互催生

所谓大众传媒,是指有组织的传播者为了实现一定的目的而向广大受众进行信息符号的复制和传播时所凭借的传播手段、工具、途径和渠道。在当代,大众传媒的形式主要有印刷媒介和电子媒介两种。前者包括纸质的图书、报纸和杂志,这种形式的媒介,早在20世纪初就已出现;后者包括电影、电视、国际互联网络等,特别是电视和互联网的迅速普及,使信息对于人类社会的意义发生了根本性的改变。其实,传统的纸质媒介也已经实现了电子版,如电子版的图书、期刊、报纸等,从而加入到电子传媒的行列。当代大众传媒不仅缩小了信息传递的时空距离，极大地提高了人类社会活动和经济运行的效率，而且扩展了文化时空，改变了人们的生活方式以及思维方式，甚至还在很大程度上加速了人类文明的进程。作为媒体文化的新闻出版、广播电视、网络信息等，都以宣传和传播为主要特征。它们构成了文化机体的神经系统，把各项文化事业联系为一个有机整体。我国的新闻出版、广播电视工作具有鲜明的思想性和政治性，因此，舆论宣传必须坚持党性原则，牢牢把握正确的舆论导向，坚持党的基本路线和基本方针，为全党全国大局服务，帮助人们树立正确的世界观、人生观和价值观，并密切党和政府同人民群众的联系，增强人民群众建设社会主义现代化的信心和热情。在社会主义市场经济条件下，文化发展既要适应市场经济的客观规律，又要尊重文化发展的内在规律，努力寻找经济规律和文化规律的结合点。随着互联网和新媒体技术的应用和发展，文化产品传播手段越来越多样化，加快构建传输快捷、覆盖广泛的文化传播体系已成当务之急。要把提升主流媒体影响力作为战略重点，运用新技术新手段改造提升图书报刊出版、广播影视等传统传播手段，丰富文化生产方式与表现形式，形成强大的引领力量。

所谓大众文艺，就是相对于传统的高雅（文人）文艺、主流（官员）文艺、精英（小众）文艺而言的文艺，它是面向广大普通民众的文艺。五四新文化运动所倡导的白话文以及这一时期现代印刷媒介的发展，使文化信息的大量复制和传播成为可能，文艺为少数人所垄断的局面被打破，那些曾经局限于少数人的狭窄圈子的文化，借助图书报刊走向寻常百姓，为广大民众所共享。在这一过程中，大众的文化趣味和需求也在无形中改造着文化的特性，传媒所承载的文化信息便在有意无意地迎合大众读者口味的过程中，逐渐趋向通俗化、大众化。当代电子媒介的发展，不仅更大幅度地提高了文艺复制和传播的速度，而且传播的范围也得到极大的延伸。这就使更为广泛的民众成为文化信息传播的受众群体。当代大众文艺正是在此基础上崛起的，并且将视觉文艺与视觉媒介结合。视觉媒介把一闪而过的画面强加给观众，容不得观众有更多的思考和回味的时间，而视觉文艺的制造者充分利用了这一特点，强化画面形象的视觉冲击力和情感的震撼性，这与纸介质媒体的读者拥有调节自身阅读速度和足够时间进行思考迥然相异。视觉媒介往往通过技术手段来达到视觉冲击力和感官刺激的传播效应，在审美上追求的是肤浅化的感性体验、欲望享受和轻松快乐的效果，从而摒弃形而上的超验思考、心灵净化的深度审美体验，迎合了大众的感官满足的需要。其结果便导致了当代大众文艺呈现出空间让位于时间、平面代替立体、零碎化取代整体性的内涵特征。以电视、电影、碟片等方式传播的大众文艺，既以世俗化、娱乐化的内容，满足并激发观众的消费欲望，又以其独特的观赏方式，彻底取消了传统文艺的高雅特征和神圣性——更换节目频道的便捷和自由、漫不经心的观赏姿态、随机捕捉画面所导致的形象的非逻辑化，以及对内容不求甚解只图即时性快感的心理需求——这一切都使视觉文艺成为一种融入日常生活之中的典型的消费文化。

（二）大众传媒与大众文艺相互依存

由于数字技术的广泛应用和互联网的迅速普及，当代大众传媒在许多方面拥有了与传统媒介不尽相同的特征，并对大众文艺的发展产生直接的影响。其一，传播速度更加快捷，传播范围更为广泛。当代大众传媒借助于网络技术，可以轻而易举地实现在同一时间里任何空间范围的信息传递。随着计算机的普及，人们在同一时间里实现信息的共享已成为可能。其二，信息承载的广泛性、丰富性和多层次性。当代大众传媒不仅在信息传播的空间，而且在传播的内容上，都呈现出极大的扩展。网络媒体普及之迅速，使世界所有地方都成为大众交流工具的观众、听众、读者。由于传播空间的不断扩展，使信息传播的受众面逐渐扩大为所有的社会成员，那种由少数人掌握信息的发布权并在有限的范围内传递的时代所建立起来的信息特权已被解除。其三，信息传递的交互性。网传媒的诞生，使信息交流，特别是作为个人与社会大众之间的信息交流不再受时空的限制。这就在很大程度上打破了知识垄断和话语霸权，使社会大众获得发言权，改变了既往单向性的传播方式，社会的每个成员均可参与到整个社会精神文化的建构中来。其四，信息传播的多媒体化。网络时代实现了信息传播的多媒体化，将文字、声音和图像同时呈现在人们面前。一个不通文字的人，只要拥有一台电视或计算机，就可以通过声音或图像获得必要的知识信息，而通晓文字的人，则可以借助声音和图像更深入地理解知识信息。大众传媒的上述特征，使其具有强大的信息组织能力，并掌握着信息发布权。可以轻而易举地依照自身的意志和需要，通过强有力的舆论攻势以及一系列精心策划的市场运作，塑造精神偶像、诱导文化消费、制造社会时尚，从而影响整个社会的精神走向，其影响面和对人精神所具有的渗透力是不可低估的。

　　大众传媒既是大众文艺的传播载体，又是大众文艺的创造主体之一。可以说，如果没有当代大众传媒，就没有大众文艺的繁荣和发展。然而，大众文艺并非总是处于被动地位。作为一种传播手段，现代大众传媒充其量只是一种先进的传播手段，如若没有相应的信息内容负载其中，大众传媒将无所作为。因而，在一定的技术条件下，决定大众传媒生命力的最根本的因素，还在于传播内容是否具有受众市场。事实上，大众传媒在推动大众文艺发展的同时，本身也获得了生存和发展的条件。大众文艺的创作水平和繁荣程度如何，不仅关系到自身的存在地位，而且对传媒业的发展构成不容忽视的影响。拥有市场卖点的大众文艺产品，能够在很大程度上吸引尽可能多的注意力，而这种注意力正是传媒赖以生存和发展的根本所在，传媒业所需的资金就是靠出售注意力而获得的。大众文艺的通俗性、大众化的特点，无疑能够在获取社会注意力方面一展身手。在这个意义上，如果说大众文艺离不开大众传媒的话，那么大众传媒也同样离不开大众文艺，因为传媒虽能以传播其他信息为生，但没有大众文艺的加盟，必将大为逊色。正因如此，在商业社会中，大众文艺格外受到传媒的青睐，大众传媒对大众文艺的传播是其获得经济利益的重要途径。随着网络技术和多媒体的迅速发展，将有更丰富、更多样化的大众文艺产品呈现在人们面前，这就使大众文艺自身的更新越来越重要。面对花样繁多、层出不穷的大众文艺产品，受众所拥有的选择性越来越大，胃口也越来越大，甚至变得难以捉摸。于是，大众文艺产品如何适应和满足受众的需要，如何保持一种对于受众的新鲜感和吸引力，无疑是参与大众文艺创造和生产的大众传媒业需要认真面对和探索的重要问题。如果传媒不能源源不断地提供为大众欢迎和接受的文化产品，其生存和发展势必受到极大的威胁与限制。当然，在制造时尚、诱导消费方面，大众传媒具有相当的行业优势。它可以通过连续不断地对某一时尚的倡导、宣扬，逐渐获得人们对这一时尚的亲近与认可，从而获取市场利益。但传媒的这种优势并非是随意就可以获得，而有一定前提，即必须建立在对文化消费市场诸多因素，如消费心理、大众心态、政治气候、社会文化氛围、市场规律等的准确把握和利用的基础之上。

（三）大众传媒与大众文艺相互促进

在西方，由于现代传媒技术的普及和发达完善的市场经济，使大众文化获得了前所未有的繁荣和发展，其消遣和娱乐功能也得到了淋漓尽致的发挥；大众文化也已发展到成熟阶段，开始逐渐丧失了创造功能，同时被作为一种手段成为统治阶级进行思想灌输、意识操纵的工具，因此在法兰克福学派眼里成为批判的对象。在我国特定的文化语境中，大众传媒与大众文艺在功能、作用和特色方面既具有一般性，又有其特殊性。我国的大众传媒具有双重属性：意识形态属性和文化产业属性。它一方面要依照我国意识形态的要求来确立舆论导向，实现社会效益的最大化；另一方面又必须在遵循宣传纪律的前提下，依照传媒的产业化运作规律，实现经济效益的最大化，而不可能像西方资本主义国家那样，将大众传媒作为一种单纯的文化工业以实现经济利益的最大化。目前，大众文化在中国尚处于启动阶段，尚没有必要像西方马克思主义者那样狂加批判。事实上，大众文化的兴起与发展，正可以抵制和消解社会生活中长期存在的一些弊端，这似乎已成为很多学者的共识。作为大众文化之组成部分的大众文艺，在中国文化语境中也有其特殊性：一方面，尚不发达的现代大众传媒使现代意义上的中国大众文艺仍处于起步阶段，并且由于中国城乡在物质、文化上存在的明显差异，导致目前的大众文艺更多的只是迎合城市市民的欣赏趣味；另一方面，中国尚有一批数量庞大的弱势群体，他们无论在文化水平、消费能力，还是在文化观念上，都处于弱势地位，这使寻求受众市场最大化的大众文艺陷于两难境地：既要关注都市大众的欣赏趣味和消费趋向，又不能失去广大乡村这一广阔的文化市场。而尚处于起步阶段的大众文艺，出于历史和体制等多方面的原因，本身还处于适应市场化运作的过程中，显然还无力应对这一局面。这就是中国大众文艺所面对的特殊现实。

在市场经济条件下，传媒借助技术和商业运作把所制造的信息和文化产品推向社会，在满足受众需要的同时，又制造着新的需求。而新的需求又成为推动传媒进行新的创造的动力。在这一过程中，传统媒介与当代电子媒介所扮演的角色不尽相同。传统纸介质媒介虽然也传播通俗文艺，但更多地承担着人类知识和高雅文化的传播任务。其受众也以知识阶层为主。而电子媒介则不同，电影、电视和广播虽然也传播一定的高雅文艺，但更多的是以大众化、通俗性的文艺作为传播内容，以满足大众普遍的文化消费需求。如果说大众传媒是制造欲望的技术手段，那么大众文艺则是制造欲望的催化剂。在大众传媒的支持下，大众文艺首先消除了社会的隔离状态，促进了文化的融合，并与传媒合谋，通过强调个体的重要性、掩饰或隐藏社会各阶级之间关系的真正性质、兼容并蓄各种或对立或有分歧的观点且缓和它们之间的差异、掩饰社会各阶层之间的真实关系以提供一种社会和谐的幻象等手段，赢得公众共识，创造了一个公共化的空间。事实上，大众文艺在把文艺大众化、通俗化之后，就把各阶层的庞大群体作为其消费者，从而抹去了社会差别、政治冲突、阶级对立、年龄性别差异，甚至抹去了个人空间与公共空间的隔阂。

依照市场利益原则运行的大众传媒在很大程度上是一把双刃剑，在发挥正面功能的同时，也对社会构成一定的负面影响，即把人变成丧失辨别力和顺从现状的单面人、导致审美情趣及文化素养的普遍平庸化、廉价占用人的自由与时间、使人处于虚幻的满足状态从而丧失行动能力。由于大众传媒的商业属性，决定了它必然要将一切可以利用的文化资源纳入商业化的运作，其中包括对传统的、经典的和民间的文艺遗产的利用。当然，这种利用是依照大众文艺世俗化、时尚化的原则进行的。也就是说，在大众文艺制作中，传统的、经典的和民间的文艺，其生命力往往遭到损害，思想、智性、审美、崇高和激情被抽离，代之以肤浅、游戏、感性、平庸和欲望。在这里，大众文艺对高雅文化和民间文化的吸收，是一种以对文艺大众的迎合与媚俗为根本准则的过滤性吸收，是一种模式固定、趣味雷同、缺乏创造的技术化改写和剪裁。其结果是导致高雅文化、传统文化独特个性的丧失，成为文艺大众所喜闻乐见的文化消费品。在大众传媒的倡导和推波助澜下，享乐主义的世界充斥着时装、摄影、广告、电视和旅行。大众传媒在倡导和创造享乐主义的过程中，无孔不入地将高雅文化也收编到自己的麾下，通过改编、缩写，将审美价值、人生意蕴和哲理内涵肢解和抽离，使之成为平庸化、普及化的大众读物和文化消费品，从而降低高雅文化的审美品位，其结果，必然导致大众审美趣味和文化素养的平庸化。这使社会既缺乏作为生命力之象征性表现的文化，又缺乏作为动机或聚合力量的道德因素。

以大众传媒为载体的大众文艺同样也是一把双刃剑，也参与了改造人们价值观念、生活方式，降低人们审美品位的文化传播活动。于是，如何最大限度地减少和消除这些负面影响，是人们需要认真面对的现实。作为消费文化的大众文艺，以制造感官快乐、满足感性欲望为旨归。大众文艺以面向文艺大众的内容和形式，赢得了最广阔的受众市场。广大受众在享受快乐的过程中，忘却了烦恼，但也失去了激情；满足了欲望，但也弱化了理性。然而，在市场原则的作用和驱动下，人们往往因为只看到大众文艺惠及受众并从中获得商业利益的一面，而一味强化其通俗、平庸的特性，这种强调理所当然要以产生更严重的负面效应为代价。这时，批评的介入就显得十分必要。尽管大众文艺的旨归是制造快乐、满足欲望，但不可否认的是，通俗化、大众化与粗制滥造、低级趣味、庸俗下流之间还是存在着区别和界限的。长期观赏具有一定审美价值的大众文艺作品，对于高文化素养的受众而言可能导致审美趣味的降低，而对于文化素养低于平均水平的受众而言，则可能提高其审美趣味。因此，对于大众文艺，批评的任务在于：积极倡导向高雅文化吸取艺术养分，以阻止其滑向低级趣味、庸俗下流。正如一位学者所指出的那样，经典在被大众文艺利用之后，其结果往往是理性被感性所代替、激情被欲望所置换、审美经验被感官经验所取代、形而上被形而下所消解……然而，这只看到了问题的一面，即大众文艺对经典的利用。问题还可以有另一面，即大众文艺在对经典的利用过程中，也难免会有意无意地保留或吸取经典的艺术养分。我们不能只看到《戏说乾隆》《宰相刘罗锅》《还珠格格》等一类的大众文艺作品，还应该看到电视剧《红楼梦》《三国演义》和《水浒传》这样一批有相当艺术品位的大众文艺作品。不难看出，后者的加盟，显然有利于大众文艺审美品格的提升。事实上，大众化的形式并非只能表现大众化的内容，深刻的哲理思考和高雅的审美趣味同样可以借助通俗化、大众化的形式来表现。我们固然要看到不同媒介形式自身的特殊性，但却不能将这种特殊性绝对化。媒介充其量只是一种传播手段，而艺术创造，无论是高雅文艺还是大众文艺，也无论是何种艺术形式，有其自身共通的创作法则和规律。重要的不是强调不同媒介和艺术形式的特殊性，而是要强调创作者的文化素养、创造精神和对艺术形式规范的把握和运用的熟练程度。[①]

[①] 参见管宁《当代大众传媒与大众文艺》，《江汉论坛》2003年第12期，第69—72页。

二　图书馆建设中的伦理问题——以高校馆为例

图书馆事业是文化建设和精神文明建设的重要组成部分，也是经济社会进步和人的全面发展不可缺少的条件。随着社会发展，图书馆事业也与时俱进，不断发展。图书馆事业的每一步发展变化，都反映着社会发展与知识进步的互动关系。20世纪以来兴起的中国图书馆事业，是在古代藏书楼基础上发展而来的，现已发展为不同类型和层次的图书馆。公共图书馆、学校（特别是高校）图书馆、科研院所图书馆、企业图书馆，以及一些专题性的图书馆，共同构成了我国的图书馆体系。高校图书馆是学校图书馆的主体部分，其建设、管理、服务等都比较规范、科学，成为现代社会图书馆体系和图书馆文化中的典型代表，因而是值得重点研究的。

（一）高校图书馆的文化功能

现代大学，即高等学校（简称"高校"）是以教学、科研、管理、服务为主要构成要素的文化实体，履行着教育教学、科学研究、人才培养和社会服务等功能。高校图书馆通常被定性为学术机构，定位为业务和服务部门，其不同于一般后勤管理和服务部门的地方，就是给师生乃至社会提供知识服务。"知识"的载体可以是书籍，也可以是数字化的多媒体等电子资源。因此，又不能把图书馆简单理解为"借还图书的地方"或后勤服务部门。合格的图书馆员也不是随便什么人都可以胜任的，而应该是具有能为读者提供高层次知识服务能力的人。

随着信息技术的迅猛发展，图书馆行业正在发生深刻变化，也面临着一定的危机和挑战。国际上公认图书馆有四大功能，即保存文化、开展教育、传递情报、交流知识。但是，文化的载体在发生变化，教育对象和教育方式也在发生变化，传递情报的方式已经网络化，传统的知识观也已发生变化。人们可以通过网络服务和电脑、多媒体、手机、电子阅读器等多种途径获取知识和信息。大量读者从实体图书馆流失，馆藏资源利用率锐减，面对危机和挑战，发达国家的很多图书馆已经开始合并或关门，存在的图书馆也开始减员。可以说，图书馆的产生、发展和问题，是人类文化产品和文化消费日益丰富的产物，也是现代信息技术迅猛发展的结果。图书馆的未来会怎么样？其存在方式、基本功能、服务方式还会发生哪些变化？社会、读者和图书馆本身对从业人员会提出哪些要求？这些问题正在引起很多人的深思。

未来社会仍将离不开经济、政治、文化的基本结构。无论图书馆发生什么变化，都将是文化实体和文化部门，其存在与活动的价值，就在于能发挥其文化功能。正是图书馆的文化功能支撑着人类社会的文明、进步和发展。高校图书馆的文化功能至少表现在以下七个方面：

1. 文化积累功能。图书馆收藏的图书、报刊、字画、图表、光盘、数据库等，都是人类所创造的精神文化和科技成果的载体。将这些纸质资源和电子资源收藏起来，不只是为了让读者使用，而且是为了积累和保存，以免造成损坏或流失。比如，越是历史悠久的古籍馆藏和人无我有的特色馆藏，其价值就越大。一座图书馆里最有价值的馆藏，往往被称为"镇馆之宝"，体现了人们对它的百般珍视和爱护。一些图书馆珍藏着许多宝贵的文化遗产，包括珍贵的文物古籍和尚未开发的非物质文化遗产。这些濒临失传的文化遗产的挖掘、整理、修复和珍藏，对文化遗产保护与传承有重要作用。

2. 文化传承功能。图书馆是积累和传承人类优秀文化成果的载体。如果没有从古代藏书楼到现代图书馆对人类传统文化的搜集、整理、存储、保护和传承，几千年优秀传统文化就会大量损毁和遗失，海量的现代知识信息资源也就得不到充分利用和有效传播，民族文化的传承力、影响力也会大大削弱。特别是一些公共图书馆、高校图书馆，珍藏着许多宝贵的地方优秀文化遗产，包括一些文物、善本、孤本等古籍书、字画，以及尚未开发的非物质文化遗产，图书馆对于这些文物古籍的搜集、整理和保护功能，对提升区域文化软实力也有着不可磨灭的贡献。图书馆对现代科技知识成果的保存、对社会进步和文化传承也意义重大。

3. 文化交流功能。图书馆作为科学文化知识交流与传播的平台，在对外文化交流中发挥着桥梁和纽带作用。一方面，图书馆通过引进国内外图书资料、先进技术和前沿信息，参与举办国内外文化交流合作项目，在图书馆主页设立信息窗等栏目，促进公民的文化自觉意识，实现文化多样性的融合、进步与创新。另一方面，积极利用图书馆这个平台，通过文献信息资源的互换互借和资源共享、开办国际文化节、为国内外企事业单位和学界研究机构提供文献信息咨询服务、互派学者到国内外图书馆讲学等方式介绍地方优秀文化出版物、文化名人、文化项目及科研成果等，宣传推广民族或地域文化，让其走向全国、走向世界，从而提高文化的竞争力、辐射力和影响力。

4. 文化资政功能。图书馆作为人类知识资源的重要载体，要为地方发展、政府决策和人民文化需求提供文献信息和咨询服务。它是党和政府进行决策的基础和支撑。要充分发挥图书馆文化资源在资政育人中的作用，必须加强图书馆资源建设和整合，提高图书馆资源的社会化程度，实现资源共享。要在引进国内外图书资料、先进技术和前沿信息，参与国内外文化交流合作项目，介绍本地有影响的文化出版物、文化名人、著名文化遗产，为科研机构提供文献咨询服务等方面发挥自己的优势。要成为区域文化走向全国及世界的桥梁，成为提升区域文化辐射力的引擎和助推器。

5. 文化育人功能。学校图书馆的文化育人功能十分明显。正如有人将高校比作一棵大树，人才好比树干，教学、科研成果好比树冠，而图书馆就好比树根。人们往往只注意树干的粗细和树冠的繁茂，而不太注意树根的需要。其实，只有给树根多施肥、多浇水，树干才能更粗壮，树冠也才能更长久地枝繁叶茂。这个比喻很形象地说明了图书馆在高校的地位和作用。高校图书馆能将学校素质教育融于文献流通、读者咨询、网络导航、科普讲座、专题报告等多种服务之中，还能通过知识导航、理论渗透、主题宣讲等多种方式对到馆读者进行思想道德、传统美德、社会公德和职业道德教育，将先进文化和社会主义核心价值体系内化为读者的价值观和人文素质，起到春风化雨、润物无声的教育效果。图书馆教育有随机性和灵活性，教育对象有广泛性和层次性，教育手段有多样性。图书馆的文化环境是影响文化育人诸多变量中最深刻、最重要的变量。它可以通过无所不在和各种各样的途径对人的价值观念、行为方式、道德规范、宗教信仰、风俗习惯等文化素质产生深刻影响。图书馆文化环境的营造可以从物质文化、精神文化和行为文化三大层面入手，用文明之风潜化读者，发散至整个社会，从而实现文化育人的功能。

6. 文化服务功能。图书馆作为公共文化服务体系的重要组成部分，是以文化积淀、传承和创新为基础，以向公民提供文化产品和文化服务为职责，以弥合社会信息鸿沟，实现信息平等和资源共享，满足公民的基本文化需求，提高公民科学文化素质为宗旨的文化机构。发挥图书馆文化功能是实现人民文化权利的重要保障，并与人民文化生活水平的提高息息相关。图书馆应积极推进文化服务的拓展延伸，更新服务理念、打开服务思路，创新服务模式、拓宽服务渠道、增强服务功能、延伸服务领域。要使服务理念从保守向创新延伸；服务模式从封闭向开放延伸；服务态度从被动服务向主动服务延伸；服务对象从固定人群向社会各领域延伸；服务方式从单一化服务向多样化服务延伸；服务内容从馆藏资源向网络资源延伸；追求公益服务和普遍均等服务；加强远程服务、休闲文化服务和向社会开放服务等，以提升群众的文化生活水平和满意度。

7. 文化创新功能。图书馆虽然是以人类文化的组织、创造、生产和服务为内容的文化事业机构，但是图书馆文献信息资源的社会化推广，也是文化产业增长的主要途径。它还可以通过为社会提供文献参考咨询，提供文化娱乐休闲服务设施及场所，举办社会公共文化活动，承揽素质教育和工作技能培训，经营阅览租赁书店等经营性文化服务，为社会提供文化设施、文化产品和文化服务。这激活了图书馆社会实践的扩张力，也促进了图书馆资源向文化产业转化。社会化推广是指将图书馆静态文化资源赋予创造性的当代精神，使之产品化。如：对馆藏文物古籍、历史人物、传说、民俗、小说、诗歌、戏曲以及学术论文等具有文化价值、历史价值和应用价值的文化资源进行加工整理，并将这些二次文献提供给出版社、文艺团体、影视制作、动漫研究基地等社会相关部门或文化生产商，使之成为符合人民群众文化需求的具有市场吸引力的文化产业项目和文化精品，促进文化产业的高速增长。图书馆对内能培养一批素质高、能力强，适应现代信息社会和文化建设需要的人才，对外能培养社会成员的政治、文化、道德、科学技能等综合素质，为文化强国作出贡献。

在当代中国，"图书馆工作还与发展先进生产力、建设先进文化和满足最广大人民的根本利益密切相关"[①]。它是促进社会科学发展、和谐进步、公平正义、实现小康的重要因素。随着知识经济的到来，图书馆的社会教育及文化传播职能不断增强，在提高劳动者的劳动技能和创造才能，提高人民的思想道德素质和科学文化素质方面，将发挥更大的作用。图书馆还能以积极为科学技术研究服务、为科技创新服务、为科技工作者服务的工作，努力满足先进生产力发展的需要，推动先进生产力的发展。图书

[①] 周和平：《以"三个代表"重要思想为指导，大力推进我国图书馆现代化建设》，《中国图书馆学报》2002 年第 1 期。

馆也是继承、传播和发展先进文化的重要阵地，通过对文献信息的收集、整理、开发、利用，延续和传承民族优秀文化，推动先进文化的传播。无论是公共图书馆，还是高校图书馆，都有为大家服务的社会公益性质，可以消除人们在获取知识、文化资源方面的不平等，让全体人民都享有图书馆的知识信息服务，促进学习型和福利性社会的发展。

（二）高校图书馆建设中的"12345"

高校图书馆是我国图书馆事业的重要组成部分，也是支撑教学、科研和人才培养的基本条件之一。我们认为，做好高校图书馆工作必须"明确一个目标；树立两个理念；提倡三个重视；弘扬四种精神；搞好五大建设"（可简称为"12345"）。这些问题集中到一点，就是要回答建设一个什么样的高校图书馆，以及怎样建设高校图书馆的问题。

1. 明确"一个目标"。图书馆要按其类型、规模、特点、要求等来进行科学规划和实施；或以集散纸质文献为主；或以集散数字化文献为主；或以建设纸质文献和数字化文献的合理搭配为特征的复合型图书馆为战略目标。任何类型和层次的图书馆建设，都不能没有目标。制定图书馆建设目标时，要符合几条原则：第一，要反映图书馆发展的客观规律和时代特征。比如，自动化、数字化或复合型就是当代图书馆的趋向和特征。第二，要体现图书馆的类型和层次定位。比如，高校图书馆就属于学校图书馆中的高校层次。它既不同于中小学校图书馆，也不同于公共图书馆、科研院所图书馆和企业图书馆。第三，要符合图书馆的发展现状和实际可能。也就是要从各个图书馆的具体历史、现状和条件出发，制定出经过努力可以达到的可行性目标。第四，要符合图书馆所属单位的区域或行业定位。比如，一个地方性高校图书馆的目标就要与全国性高校图书馆和地方性公共图书馆有所区别。地方性图书馆是相对于全国性或跨地区性的图书馆而言的，也是就其隶属地方、服务地方的办馆层次而言的。现代化图书馆是指馆舍建筑现代化、设备档次现代化、管理手段现代化和人的素质现代化。复合型图书馆是指在馆藏资源建设中实现纸质资源与电子资源的合理搭配。只有充分认识图书馆的社会职能和作用，才能制定出科学可行的发展目标，加快图书馆的现代化建设，努力使图书馆成为推动文化传承、经济发展、社会进步和人的发展的重要力量。为此，还要不断解放思想，转变观念，着力破除传统思维定式和不合时宜的旧观念、旧习惯，增强与时俱进和科学发展的意识。树立较高的目标追求，始终保持奋发有为的精神状态，大力推进理念创新、管理创新和服务创新。

2. 树立"两个理念"。图书馆工作者既是满足读者需要的服务者，又是文献信息资源的管理者。这就要树立"读者至上"的服务理念和"以人为本"的管理理念。

树立"读者至上"的服务理念，要求图书馆工作者视读者为亲人，以满腔热情的态度和周到细致的工作竭诚为读者做好服务工作。现代图书馆与读者是依存关系；失去读者，现代图书馆就失去了它的存在意义。因此，对一个图书馆工作者来说，读者越多，工作越忙，说明人气越旺、事业越发达，内心也应当越高兴。高校图书馆日常服务包括为学习、为教学、为科研、为管理提供信息和资料服务。如为学生基础课、专业课和公共课的学习提供图书资料和学习场地及设备的服务；为学生考研、考证提供信息和资料服务。为教师的教学和科研提供服务。如为教师提供课件、教材和参考书服务，为科研人员申报项目和完成科研任务提供信息和资料服务。也要为学生和教职工的其他需要提供服务，如为各方面的管理工作、健康、美容、休闲、娱乐等生活指导提供资料服务。在数字技术发展的今天，高校图书馆必须以创新精神改变传统的服务模式，积极扩展服务功能。不仅要热情接待读者，耐心回答读者的问题，妥善处理与读者的关系，还要为读者创造整洁、安静、有序的读书学习环境。要让读者到图书馆以后，能感受到温暖、亲切、方便和心旷神怡，而不能让读者感到冷漠、不便和怨气。服务工作的规范固然不少，技术性、技巧性的东西也要学习，但最根本的还是要树立正确的价值观。也就是说，要以为读者服好务为荣，从读者的满意中体会快乐、幸福和人生价值。

树立"以人为本"的管理理念，要求尊重读者和工作人员，实行人性化管理，又要尊重科学和知识、坚持按规章制度办事，以高度责任感维护资料、设备安全及工作、学习秩序。管理和服务是图书馆不可分割的两个方面。不仅图书馆的各级领导要把管理与服务统一起来，而且图书馆的每个工作人员都要善于把管理和服务统一起来。也就是要在管理中服务，在服务中管理。只有管理好图书馆的人财物等资源，才能做好服务工作。只有从一切为了读者、方便读者、让读者满意出发，才能使图书馆管理更有目的性和针对性。以人为本、科学管理和读者至上、规范服务，应该是两个有机统一的方面。图书馆管理者要自觉学习和运用图书学、情报学专业的科学知识，使管理符合科学知识、科学精神和科学方法。管理工作中的经验是重要的，但不能犯经验主义的错误。要把感性经验上升为理性认识，把实践经验与科学知识辩证地统一起来。图书馆的管理工作按层次可以分为宏观管理、中观管理和微观管理。如果说，馆领导着眼于宏观管理、部主任着眼于中观管理，那么，各工作点就要着眼于微观管理。图书馆的微观管理和中观管理主要包括对读者的管理、对图书资料和各种设备的管理，也包括对环境卫生和安全的管理。图书馆的宏观管理包括服务管理、资源管理、设备管理、人事管理、财务管理，以及对外关系的管理，等等。只有不断认识图书馆工作的规律性，才能做到有思想、有远见、有条理地开展工作，才能不断提高工作的水平和效果。每个图书馆员都有双重身份，既是服务者，又是管理者。别人往往只看到或只强调他们作为服务者的身份，而不太注意他们也是管理者的身份。所谓管理者，就是要对自己所分管的图书资料、物资设备的安全完好负责，要保证自己掌握的各种资源不损坏、不丢失。同时还要对读者进行管理，使之配合服务工作，做到有序利用图书馆资源，遵守有关规章制度，爱惜图书资料和各种设备。因此，图书馆工作者既要善于服务，也要善于管理。管理是服务的前提，只有管理好，才能服务好。不会管理的人，也就不会服务。管理水平提高了，服务水平也就会随之提高。管理和服务是平等的，也是相互渗透的。从馆领导、部室主任，到普通工作人员，都要乐于和善于做一名管理者，也要乐于和善于做一名服务者，尤其要以做好服务工作为荣、为乐！

3. 提倡"三个重视"。"三个重视"指重视学习、重视科研、重视自身素质的提高。认真学习政治理论和业务知识；积极开展科学研究及学术交流活动；不断提高工作人员的思想道德素质、业务素质和身体素质，这都是搞好图书馆工作的必然要求。在这三个重视中，重视学习和重视自身素质的提高是对图书馆的全体工作人员说的；重视科研是对领导人员和专业技术人员说的。图书馆人员都应加强自身的思想道德和业务技能修养。要树立科学的世界观、人生观和价值观，把为图书馆事业献身视为人生的崇高信仰和价值追求。要努力学习先进的图书馆管理知识和观念，紧跟时代发展的步伐和学科发展的前沿，做先进生产力、先进文化和最广大人民利益的代表。馆领导要正确处理局部与全局、眼前与长远、个人与集体、民主与集中、公平与效率、功利与道义、竞争与合作等关系。图书馆为读者服务的工作可分为两类：一类是直接服务读者的工作，如流通、阅览、咨询等；另一类是间接服务读者的工作，如文献的采购、加工、行政管理等。直接面对读者的图书馆工作者，应做到坚守岗位、精益求精、文明礼貌、主动热情、百问不倦、百拿不厌；间接服务读者的图书馆工作者，应做到一丝不苟、精益求精、高效率、高质量等。间接服务工作做好了，才能促进直接服务工作的质量和效率。如采编部购书质量、分类编目质量的高低，就直接影响到流通部和阅览部排架检索和服务工作的质量。图书馆的建设、管理和服务都是一门科学，需要不断开展科学研究和学术交流活动。有了科学理论和核心价值观作指导，头脑才会变得清楚，工作才不会陷入盲目被动。因此，图书馆的领导和专业技术人员，都必须重视科研。规模较大的图书馆都应该有关于科研的规划、措施、任务和激励机制。

4. 弘扬"四种精神"。人是要有一点精神的。图书馆精神是民族精神和时代精神的组成部分，是表现在图书馆人身上的可贵品质，是一种文化软实力，具有无形、持久和深刻的影响力，也是推进图书馆事业不断发展的内在动力。图书馆精神也就是图书馆人职业精神的表现，其具体内容应包含以下四个方面：

一是善于合作的团队精神。现代图书馆的功能和规模日益扩大，工作人员不断增加，知识水平和技能要求也迅速提高，工作人员之间的相互配合，协调一致，对于做好整个图书馆对读者的服务工作至关重要。因此，提倡和弘扬善于合作的团队精神，就显得非常必要。团队精神本质上是集体主义精神。它要求每个工作人员正确处理个人与集体、个人与组织的关系，摆正自己的位置，时刻胸怀全局，将集体利益置于个人利益之上、之先。同时，还要以平等、团结、友好的姿态处理与其他工作人员及读者的关系。要增强集体荣誉感和责任感，努力营造良好馆容馆风和朝气蓬勃的精神风貌。

二是甘为人梯的奉献精神。为师生的教学、科研和学习提供相关服务，这是高校图书馆工作的出发点和落脚点，有条件的高校图书馆还要为社会提供相关服务。图书馆工作的服务性决定了图书馆工作者一定要具备甘为人梯的奉献精神。这种精神要求图书馆工作者具有乐于助人、不计较个人得失的高尚情操，图书馆工作者的幸福感，就在于看到通过自己帮助而成才或成功的读者。图书馆工作者的人生价值观，就在于热爱读者、服务读者，让读者满意。人生的价值就在于对社会的贡献，并得到社会的承认和尊重。图书馆工作者对社会的贡献，就表现在为用户、为读者提供相关服务。服务工作做好了，自然会得到读者及社会的承认和尊重。如果缺乏甘为人梯的奉献精神，在工作中斤斤计较个人得失，抱着雇佣劳动观念，挣多少钱干多少事，不愿多出一把力，这样的人不可能干好图书馆工作，也难以得到读者和同事的肯定和尊重。

三是勇于探索的创新精神。图书馆事业是随着社会进步而不断向前发展的事业。它要求图书馆人必须具备勇于探索的创新精神。创新是一切事业不断发展的不竭动力和力量源泉，图书馆事业的发展也离不开创新。创新就不能墨守成规，因循守旧，而要解放思想，实事求是，保持思维方式和价值观念的先进性。图书馆工作的创新，主要表现为管理创新和服务创新。一切创新都要有新思路和新举措。要体现时代性，把握规律性、富有前瞻性。要有敢想、敢干的朝气、锐意和勇气。无论全馆的工作，还是各部室、各工作点的具体工作，在创新方面都是可以大有作为的。关键是要有勇于探索的创新精神。有了这种精神才能使人的内在潜能得到充分挖掘，使大家的积极性能够最大限度发挥，也使我们图书馆的管理工作和服务工作迈上新台阶。图书馆创新也要遵循图书馆学所揭示的科学规律。图书馆学的基本逻辑结构由"核心论域""基本规律"和"终极关怀"构成。就"核心论域"而言，已经由20世纪80年代的"文献中心论"和90年代的"信息中心论"转移到21世纪第一个十年的"知识中心论"和第二个十年的"智能中心论"，现在又提出了下一个十年的"智慧中心论"。人类所创造的客观知识之间的关联性、匹配性和转移性，构成了图书馆学的本体论。客观知识的基本运动规律和形态依次为：符号形态、数据形态、信息形态、知识形态、智能形态和智慧形态。与此相联系的主流知识服务层次和历史演进过程是：文献服务—信息服务—知识服务—智能服务—智慧服务。图书馆界已经在讨论公共智慧服务的问题。公共智慧是指人类社会各类公共主体（如国家、民族、阶层、党派、机构、企业、学校、医院等），在历史和现实中探索发现问题、系统解释问题和妥善解决问题的能力状态及其认知成果。智慧是人类合规律性与合目的性相统一的融会贯通能力，是理性自由活动以及理性与非理性协调发展的积极成果，是"智能"与"慧觉"的有机统一。"智能"的本质是针对特定问题和目的而有效获得信息和处理信息，形成求解复杂问题的结构和策略。通常表现为"方法"的选择。"慧觉"的本质是在大量事实判断和价值判断的基础上，发现问题之价值目标的模式和边界。通常表现为

"德性"的确定。

四是爱馆如家的主人翁精神。社会主义社会是人民当家做主的社会。人民的主人翁作用是通过具体活动来体现的。对图书馆工作者来说，其主人翁作用就是要通过爱馆如家的思想感情和实际行动来体现。发扬爱馆如家的主人翁精神，首先要做好自己的本职工作，把岗位当阵地，把职业当事业，爱岗敬业、忠于职守，在平凡的工作中努力做出不平凡的成绩。一个人能把平凡的事情做好就是不平凡，能把简单的事情做好就是不简单。其次还要胸怀全局，为全馆的安全运行和事业发展多操一份心，多尽一份责。图书馆的一切财产都是国家和人民的财产，图书馆的一切工作都是为国家和人民做贡献的工作。因此，我们以主人翁的态度对待图书馆的一切，本质上是为国家和人民尽职尽责，是具有崇高思想境界和优良品德的表现。如果缺乏主人翁精神，对工作马马虎虎，把图书馆的安全和发展看成是与己无关的事情，那就是对国家和人民极不负责的表现，也是个人思想道德觉悟不高的表现。家庭生活、职业生活和社会公共生活，都是人们最基本的生活领域。其中职业生活占据着人生的大部分时间和活动空间。职业也是实现人生理想和人生价值的主要途径和舞台。因此，职业也是人生的"第二个家"，人们在这里不仅满足着物质需要，也满足着精神需要。对图书馆工作者来说，图书馆就是自己的"第二个家"，只有爱馆如家或以馆为家的人，才有可能全身心地投入图书馆事业，并且在这里干出优异的成绩，从而实现人生的崇高理想和不朽价值。

总之，弘扬团队精神，才能增强工作人员的凝聚力并创造出更大的合作效益；弘扬创新精神，才能保持工作上的开拓进取和与时俱进；弘扬奉献精神，才能激励大家不计个人得失的努力工作；弘扬主人翁精神，才能使全体人员都增强工作的责任心。

5. 搞好"五大建设"。图书馆要履行好自己的职能，特别是要做好为读者服务的工作，就必须按照科学发展观的要求，坚持以人为本，全面、协调、可持续地搞好馆舍、设备、资源、队伍、制度等建设。

一是馆舍建设。进入21世纪以来，现代图书馆服务的理念正在发生深刻变化，已不再是一个仅仅满足读者阅读需求的场所，而是朝着文献信息中心和文化活动中心的方向发展。图书馆的新型功能在不断扩展，多媒体服务功能、文献信息数字化功能、光盘数据库网络服务功能、文化服务功能等得到蓬勃发展。收藏内容变得更加广泛，信息的载体日益呈现多样化，由原来以纸质为主，扩大到磁盘、光盘和数据库。教育功能也不断延伸，由原来的主要靠读者来馆阅览，发展到组织读书活动，举办各类专题讲座，开展学历教育、举办各门类知识培训。知识传播功能也由原来的简单的在馆内阅览和外借，发展到馆际互借、网络查询、网上预约、上网阅览等等。所以，现代化图书馆建设应具备文化典藏、教育培训、学术研究、展览、会议、文化交流、音乐欣赏、影视观摩、文化娱乐、审美、综合服务等功能，馆内可以设会议厅、多媒体演讲厅、书画、文物和校史展览厅、学术活动室、音乐厅、咖啡屋、多功能中心、书店等。相随而来的图书馆建筑设计理念也正在更新为以现代化、智能化、可变性、可扩性、开放性、实用性、经济性、安全性的设计要求为原则；内涵丰富、统一协调，有典雅的造型，有艺术文化品位，结构合理、功能齐全、营造健康空间；要按照统一层高、统一荷载、统一网柱的"三统一"原则进行设计，还要有环保性、前瞻性和建筑风格的新颖性。曾经有一种误解，认为图书馆的发展方向是数字化，有了数字化就不需要物理空间，或者说，可以减少物理空间，也就用不着盖新馆舍了。目前，国内外的先进图书馆已经向信息共享空间发展，就是将物理空间与虚拟空间结合在一起，这已经回答了这个问题。未来的图书馆将呈模块化结构体，由大气节能的绿色建筑、装修精致的空间、创意无限的富有美感和组合机动性的可移动家具、性能优越和极具设计感的数字设备、艺术展览馆、空间可伸缩的大中小型讨论室和海量的数字资源组成。读者在图书馆的任何地方，都能随手取阅书刊、操作屏幕，欣赏名画和艺术品，沉浸在信息、科技和艺术营造的文化空间中。读者到图书馆，不仅可以检索信息，还可以学习、办公、开会、交友、参观、体验、欣赏。未来图书馆还将通过整合移动技术、物联网技术、体感技术、虚拟现实技术、语义检索技术、数字挖掘和人文数字等技术在图书馆的应用，打造智慧图书馆。

  21世纪以来，我国东南沿海一带的公共图书馆开始了总分馆服务体系建设的探索，这种趋势在中西部地区也已经蔓延开来。这虽然是服务体系的创新和建设，但也对图书馆的馆舍建设提出了新的要求。也就是说，在一个城市或行政区内，既要建设较大规模和较高水平的图书馆总馆，又要按照行政管理级别和空间分布需要建设若干个较小规模的图书馆分馆。总馆对分馆的业务进行规范化管理或指导，制定统一的业务流程、规范和服务标准；总馆对分馆的人员进行专业化的培训、指导或管理；总馆对分馆的人、财、物进行比较集中统一的管理和分配。总分馆服务模式在国外已经实践多年，并积累了较成熟的经验。我国公共图书馆对总分馆服务模式的理论研究和实践探索开始于2000年以后，按其特点来分主要有三种分馆：一是全面管理型分馆。就是分馆的工作人员、经费、相关馆藏以及软硬件设施都由总馆负责，人、财、物完全归总馆所有，直接隶属于总馆，接受总馆的全面管理。二是业务指导型分馆。就是分馆的人、财、物均不由总馆管理，总馆仅对分馆进行业务指导。三是协议型分馆。就是由总馆和拟加入总分馆服务体系的图书馆（分馆）签订协议，在协议中列明各自的权利、义务和责任。这三种总分馆服务模式各有优点，目前在我国各地并存。这虽然是公共图书馆的服务体系建设模式，但对高校图书馆服务体系建设也很有借鉴价值。因为我国很多高校都有几个馆舍，加之二级院系或研究机构也有自己的资料室（类似分馆），如何协调各个馆舍及其与二级院系或研究机构资料室的关系，借鉴总分馆服务体系建设模式无疑是必要的。[①]

二是设备建设。在设备建设方面，应当力求营造一个自然、优美、富有文化艺术神韵、吸引读者的氛围，使图书馆具有浓郁的文化气息、地方特色和时代精神。新购的书架、报刊架、阅览桌椅、出纳台、存包柜、休息椅、会议室、办公室家具等硬件设备，都力求达到造型美观、尺度宜人、色调和谐、制作精良的要求。还要做好馆舍和设备维护工作，注意内外环境的美化绿化，从灯饰、字画、盆景等装饰品的添置上来丰富空间。落实防火、防水等各项安全防护措施，改善通风、防鼠、防虫等条件，为师生读者创造良好的学习和研究环境。有计划地为图书馆配备办公和服务所需的各种家具、用品和设备，尤其要重视自动化、网络化等现代信息基础设施的建设，并注意维护、维修和更新。

三是资源建设。根据馆藏基础和学科、专业布局以及经费投入状况，统筹制订图书资料和信息资源建设方案，努力构建具有本校特色的馆藏体系。按照专业性、学术性、实用性和长效性的原则采购纸质文献，同时以适度投入采购电子资源和其他载体文献。力求保持重要文献和特色资源的完整性及连续性，注意收藏具有地方特色的出版物。随着信息技术的发展

---

① 参见田武军《我国公共图书馆总分馆服务体系建设模式分析》，《当代图书馆》2012年第4期。

和应用，图书馆正在发生着革命性的变化，突出表现为数字化、网络化、自动化。基于这样的认识，我们应该把纸质资源与电子资源兼顾、传统服务方式与现代服务方式相结合的复合型图书馆确立为当前和今后的发展目标。随着电子期刊、电子图书、博硕论文、会议论文等数据库陆续落户图书馆，大家坐在家里或办公室，就可以非常方便、快捷地查阅到图书馆的资料，这样就可以使大家查阅资料的效率大幅度提高，从而节省大量的时间和精力。随着图书馆建设现代化水平的提高，资源管理自动化、资源保存数字化、资源传输网络化、资源使用共享化，已经成为图书馆资源建设的大趋势。图书馆资源从介质上看，有纸质资源和电子资源；从结构上看，有些可按学科分类保存，如社会科学、自然科学、工程技术、文学艺术等；有些可按用途分类保存，如专业书、科普书、工具书、古籍书、外文书等。现在的电子资源不仅提供图书、论文、报纸等资料，也提供服务，如教学课件、音像资料、视聘资料、博客资料、科研查新、科研成果被阅读、转载、引用、评价情况的调查，以及将各种资源进行整合的平台和知识导航工具。总之，图书馆建设和服务向信息化、数字化、个性化、远程化方向发展的步伐不断加快。

四是队伍建设。队伍建设的本质是人事或人力资源的管理。人事管理要坚持以人为本，尊重人才。事以人为本，人以心为本。管事先要管好人，管人先要管好心。"心"是什么？心就是一个人的思想、感情、观念和内在需求，等等。作为高校图书馆的工作人员，都应当忠诚于人民的教育事业，遵守职业道德，认真履行岗位职责，具有较高的政治思想觉悟和道德品质修养。缺乏这个条件的人，就不可能完满履行自己的岗位职责，也不可能正确处理与他人、与集体的感情关系和利益关系。由于思想道德素质偏低而不能正确处理各方面关系的人，也就不可能在高校图书馆的工作岗位上站稳脚跟。因此，要在党、政、工组织的配合下，加强思想政治工作和职业道德建设、不断提高全馆职工的政治思想觉悟和道德素质。要加强图书馆的专业队伍建设，按照年龄、性别、学历、专业、职称等合理的结构比例，有计划地引进和聘任多种学科的专业人员。在高校图书馆走向现代化的过程中，工作人员专业化是必须达到的要求。高校图书馆要积极引进人才，优化人员结构，努力提升图书馆在学校的整体地位；要建立竞争机制，强化竞争意识。要在改革管理模式，强化岗位管理，淡化身份管理，实施绩效工资，引入竞争机制，调动大家工作积极性等方面大胆探索。要扩大馆际交流和业务培训，促进队伍建设。数字环境下的图书馆员还应该具备信息素质；精通计算机和数字通信技术的操作，熟悉、了解有关应用软件、数据库结构，能为读者做好数据导航工作；在知识结构上做到"博"与"专"的有机结合并有创新能力。图书馆的专业人员应当同时掌握图书馆学和一门以上其他学科的知识，并要努力成为高层次的学科专家。要鼓励专业人员通过脱产进修或在职学习提高学历层次和学术水平，重视科学研究，对科研和工作成绩突出的工作人员要进行表彰奖励。还要搞好对工作人员的定期考核和职务、职称评聘工作。还要树立终身学习理念，鼓励现有职工通过自修、培训、考研等途径，学习图书馆学、情报学的专业知识，还要提高外语水平和人际沟通能力。要鼓励现有专业技术人员积极从事科学研究，并引导科研选题和科研成果与提高图书馆管理和服务水平等本职工作相结合。高校图书馆不仅要成为学校的知识库，而且应该成为学校的人才库。

五是制度建设。为了实行科学化、规范化管理，图书馆要建立健全一系列规章制度。2002年教育部颁布的《普通高等学校图书馆规程》（修订）第五章第二十二条要求"高等学校图书馆应不断更新管理思想，完善管理措施，建立健全各项规章制度，制定业务工作规范，明确岗位职责，规定考核办法，保证贯彻执行"。高校图书馆制度应当包括：高校图书馆职能；图书馆馆长、副馆长和各部室主任职责；图书馆办公室职能及工作人员职责；读者入馆须知及守则；图书馆借阅证办理制度；关于开展馆际互借服务的有关规定；图书馆工作人员纪律规定；图书馆读者服务人员行为规范；图书馆工作人员违章处理办法；图书馆人员津贴分配办法；图书馆固定资产（文献资料部分和非文献资料部分）管理办法；中外文图书典藏岗位职责；图书馆卫生管理制度；图书馆安全管理制度；图书馆门卫制度及门卫人员岗位职责；采编部工作职能；中外文图书采访岗位职责；中外文图书编目岗位职责；图书流通部职能；外文图书借阅室须知；读者进入书库须知；读者违章处理办法；图书外借制度；流通部工作人员岗位职责；报刊阅览部职能；报刊采访工作岗位职责；现刊报纸阅览室岗位职责；过刊阅览室岗位职责；社科文献室岗位职责；理工文献室岗位职责；阅览室服务须知；信息技术部职能；样本阅览室工作人员岗位职责；中心机房工作人员岗位职责及管理规范；图书馆局域网维护细则；图书馆主页建设和管理要求；图书馆参考咨询工作规范；图书馆安全监控室管理规定；读者检索台使用方法及管理规定；电子网络阅览室工作人员岗位职责；电子网络阅览室读者规则；电子文献检索室岗位职责；等等。有了这些规章制度，才能满足图书馆各方面的需要，使图书馆的管理工作走向科学化和规范化。

总之，搞好馆舍建设、设备建设、资源建设、队伍建设、制度建设，都是做好图书馆服务工作的基本条件，也体现着图书馆事业向前发展的客观规律。应该说，只有搞好这"五大建设"，才能支撑"一大服务"。①

（三）图书馆工作的伦理意蕴

深入认识图书馆工作的伦理意蕴，有助于全面理解图书馆工作的性质、特点和职能；加强图书馆的伦理文化建设，不但能为全面做好图书馆工作奠定思想道德基础，而且能对全社会精神文明建设起到积极推进作用。

图书馆作为人类精神文明成果的收藏者、传播者以及现代科技文献信息资源的聚散地，其地位、性质、职能等都决定了它与伦理文化、伦理精神和伦理价值等的关系极为密切。在传统图书馆环境下，人们利用图书馆读书、求知，通过读书产生丰富的想象和联想，在潜移默化中达到调整情绪、平静心境之目的。因为读书并不仅仅是文字符号的理解，读者在阅读的过程中还往往不由自主地随着故事情节的发展和主人公的悲欢离合而或喜或悲。阅读的过程实际上就是读者与作品的感情内涵引起程度不同的共鸣过程，从而或产生美的享受，或激起某种崇高的感情，或改变处世态度。而丰富的阅读心理体验可以使读者逐渐建立起健康平和的心态。书籍是对人类社会实践、科技发展和生活方式等的高度概括和总结。通过读书可以使读者间接了解历史、了解社会、了解生活，学到许多为人处世的道理，受到许多有益的启迪。读书还可以使人了解自己、了解他人，从而更好地与人相处。读书还能暂时消除个人与周围世界的联系，将内心的烦闷怨气导向外部，起到宣泄情绪、调适心理、促进人际和谐和社会稳定的积极作用。

---

① 参见孔润年《用"五大建设"支撑"一大服务"》，《当代图书馆》2007年第2期，第36—39页。

作为图书馆的工作人员，必须遵守职业道德。职业道德是人们在从业过程中所应该遵循的道德规范和应该具有的道德素质的总和。它既是社会一般性道德原则、规范在职业领域的特殊体现，又是一定职业实践内在规律对从业人员的必然要求。在人的一生中，职业生活占有很大的部分。人们从事职业活动时，是以职业身份出现的。因此，与人的职业生活和职业身份相适应的道德规范和道德素质的总和，就构成了职业道德的基本内容。爱岗敬业、诚实守信、办事公道、服务群众、奉献社会等职业道德规范，是能够通行于各个行业的职业道德规范，同样也适用于图书馆界。直接面对读者的图书馆工作者，还应做到坚守岗位、文明礼貌、主动热情、百问不倦、百拿不厌等；间接服务读者的图书馆工作者，也应做到一丝不苟、精益求精、讲究效率、提高质量等。相对于从业人员而言，职业道德规范是来自社会的外在要求，职业道德素质则是内在的思想品质。反映职业道德素质的基本范畴主要有八个，即职业理想、职业态度、职业责任、职业技能、职业纪律、职业良心、职业荣誉和职业作风。只有深入理解这些范畴的内涵并从这些方面加强修养，才能不断提高一个人的职业道德素质。图书馆工作者还必须具有勇于创新的伦理精神。创新是一个民族进步的灵魂，是一个国家兴旺发达的不竭动力。图书馆创新涉及科研、管理、服务等各个方面。图书馆工作者不仅要有科研创新的精神，在人、财、物的管理创新和读者服务创新方面也都是可以大有作为的。

作为图书馆的读者，必须遵守社会公德。所谓社会公德，就是指人们在公共生活领域所应该遵循的最简单、最起码的行为规则。它主要维护公共生活领域中的秩序、卫生、交往和文明。在广义上涵盖了人与人、人与社群、人与自然、人与信仰之间的关系，涉及人类社会公共生活的各个层面。图书馆无疑也是一种公共场所，广大读者在图书馆应当遵守的道德规范和应当具有的道德素质，无疑属于社会公德的范畴。读者到图书馆常见的公德问题主要有：（1）不讲礼貌，不尊重图书馆的工作人员。在借书、上机、上网、查阅报刊时，对工作人员不用敬称，随意呼唤，无端指责，甚至故意与工作人员争吵，不以平等态度待人。（2）不遵守图书馆的规章制度。如借书超期，又不愿意交超期费；或者是借了书长期不还，工作人员催还时还很不高兴或置之不理；有些书刊只供读者现场阅览，不许外借，但有的读者却偏要强行外借。（3）不爱护图书资料和阅览室设备。

如极少数读者偷书、撕页、开洞、涂画、损坏书籍、报刊。有的对阅览桌、凳，网络室耳机、鼠标、键盘等设备不爱惜，任意损坏。（4）不讲卫生。有的读者在阅览室（含图书馆自修室）学习时，乱扔果皮、纸屑、塑料袋、饮料瓶、瓜子皮等。有的在图书馆的楼道、楼梯、阳台等处也乱扔杂物。使用馆内厕所时不冲水或冲水后不关水闸。（5）不守秩序。有的读者在图书馆抢占、霸占座位；在阅览室或楼道内吸烟、打手机、高声交谈，影响他人正常学习和图书馆安全。上述现象虽然只发生在少数读者身上，但危害极大，如不引起重视去克服，还会蔓延开来，影响更多读者，乃至整个社会的文明素质。这些现象从反面告诉我们，在图书馆工作中加强对读者的公德教育，引导读者懂礼貌、守规则、爱公物、讲卫生、守秩序非常重要。

总之，伦理、道德同社会意识和个人的思想、观念、情感、意志、信念等都有密切关系，也能渗透到人类生活及社会实践的各个方面。在图书馆工作的很多方面中，也都充满了伦理文化、伦理精神和伦理价值的意蕴。

进入21世纪以来，图书馆面临着更加复杂的经济、文化和技术环境。这可以用各种"化"来描述，如信息化、个性化、自动化、网络化、智能化，等等。图书馆总的环境概括起来是两大环境，一是数字化，二是全球化。在图书馆工作和图书馆事业发展中，必须考虑和抓住这两个环境特征，包括图书馆服务与管理中的数字化与全球化问题，处理物理空间和数字空间之间的平衡等，要充分认识图书馆面临的两个环境以及产生的影响。不管图书馆有多大，即使数字化以后，所有的物理空间和虚拟空间都是为了用户而设置的。如果不研究用户的需求，就无法开展面向用户的针对性强的服务。无视用户的需求，图书馆就会失去用户，一旦失去用户，图书馆就失去了存在的必要性。如何处理传统图书馆形态与新型图书馆之间的关系，如何面对现实与虚拟空间，解决在有限的建筑设备、信息资源与人员的前提下发展服务，成为世界图书馆界需要正视和解决的问题。在思考未来发展问题的时候，不能把数字图书馆建设与实体图书馆馆舍建设对立起来。复合图书馆是图书馆的发展方向，也是未来图书馆的主要形态，其外在形态要在传统图书馆建筑与数字图书馆形态发生深刻变革的基础上实现融合，其内在形态要在资源、服务与管理等各个方面体现深层次的业务重组和业务升级。在未来的全球型图书馆建设中，中国能否占据主导地位或核心地位,我国图书馆界能否凝聚力量,建成最大的全球中文数字图书馆,这将是我国图书馆界的历史使命。[①]

三 文化馆、博物馆建设中的伦理问题

(一) 文化馆建设中的伦理问题

群众文化是当前整个文化艺术工作的一个重要组成部分。它作为以活跃群众文化生活为主要内容、以提高全民族思想道德和科学文化素质为主要目的的群众文化机构,要积极推进新时期群众文化建设,促进精神文明和物质文明协调发展,适应时代的需要、社会的需要、人民的需要。面对新形势和新任务,群众文化工作者要跟上时代的步伐,适应新的形势,做好群众文化辅导工作,引导群众文化健康地、朝气蓬勃地向前发展,为繁荣群众文化生活发挥应有的功能与作用。

第一,要以人为本,培训文艺骨干。目前,群众文化早已摆脱了仅限于节庆文化或单项活动,而是日益向深广和多元化方向发展,其活动范围之广,内涵之深,形式之不断创新,都是前所未有的。仅靠文化馆少数辅导干部是不能适应日新月异的群众文化工作需要的。经过多年来的实践证明,凡是群众文化活动开展得好的地区或单位,都有具有一定活动能力和擅长文艺的骨干分子带头。过去文化馆办的各种培训班都收到了良好的效果,经过培训的人员,除了少数继续深造成了国家尖端人才,大部分都成了单位文艺骨干。这些事实充分证明,办好各种培训班,培训业余文艺骨干是解决文化专业辅导干部不足的一个最好办法。所以采取办班、培训文艺骨干的做法,不但要坚持办下去,而且还要适应形势的发展,扩大骨干培训范围,如办文艺创作班、表演辅导班、音乐辅导班、美术班、书法班、舞蹈班等为解决培训师资不足问题,可以采取灵活的多种形式,邀请省市专业艺术团体专家或退休艺术人员进行讲座、授课,也可以走出去,组织文艺骨干参观交流,开阔眼界。一个地区的群众文化事业,离不开一支高标准、高水平的专业辅导队伍。因为对于在开展群众性文化活动方面,文化馆担负着重要的组织、辅导与指导的职能,所以,不断提高、培

---

① 参见柯平《数字化和全球化环境下的世界图书馆发展趋势》,《高校图书馆工作》2012年第2期。

养一批精干、高效的辅导干部队伍，是做好新世纪群众文化辅导工作的关键。因此，有关主管部门要重视和抓好文化馆专业人才队伍建设，也就是群众文化辅导干部的自身的培训提高问题。组织辅导干部搞好业务学习，进行学术研究，到专业院校进行短期进修，都是非常必要的。通过各种有效措施，建设一支优秀的完全适应和胜任辅导工作的文化干部队伍，才能使群众文化在新时代以崭新姿态大显身手，沿着正确方向健康有序地开展起来。

第二，要抓好组织，编织大文化网络。改革开放以来，群众文化工作和其他方面工作一样，摒除了传统思想和模式的束缚，活动的形式、内容、范围都发生了量与质的变化，而且发展之快令人振奋。就其内涵来说，由过去与计划经济相适应，转化为与发展社会主义市场经济相适应；由过去的封闭型转为开放型；由过去单方面国家办，转化为全社会多方面办；由过去单纯强调教育功能转化为教育与娱乐相结合。其活动范围外延之广泛也是前所未有的，再也不是单纯的节庆活动。近几年来出现了家庭文化、广场文化、校园文化、网络文化、民俗文化等，随着我国人口老龄化趋势的加快，一种以愉悦身心，延年益寿为目的的老年文化异军突起，成为一种不可忽视的文化现象。面对日趋新颖的群众文化活动，必须有一个正确的活动导向。所以，我们群众文化工作者，首先要从大处着眼，抓好组织工作，形成系统网络，将一些群众自发的活动，引导为有组织、有管理、有规律、有益于人民身心健康向上的活动。城市要以社区为中心，乡镇要以文化站为主阵地，村屯以文化室为基层阵地，此外还有企业文化、军队文化、幼儿文化，分门别类，丰富载体，形成网络。从大文化出发，做好导向和调控工作，建设一支遍地开花、坚持正确方向的浩浩荡荡的业余文化队伍。使群众文化活动的发展，既有广度，又有深度，更有高度。这样，群众文化才能面向世界，面向未来，走出群众文化发展的旧模式，形成群众文化建设的新格局，适应新形势的需要。

第三，要普及与提高相结合，大力开展创新各项文艺活动。群众文化工作者，是四有公民的培育者和优秀精神产品的生产者，而群众文化活动，完全不同于专业艺术团体。它参与面大、受众面广、影响面强，是显示时代精神风貌和国民整体精神文化素质的一个十分重要的标志。所以文化馆辅导工作，仅仅是深入基层、面向群众，单对群众文化活动进行辅导和指导是不够的，与此同时更重要的是，积极努力，千方百计，大力组织开展丰富多彩、千姿百态的文化艺术表演、展示、竞赛活动。只有把活动开展起来，才能真正发挥文化艺术的魅力陶冶人们的情操，培养人们的品格，提高人们的思想道德水平，也只有把群众性的文化艺术活动开展起来了，才能做到由普及到提高，把文化活动一步步推进到一个更高的水准。这是因为普及与提高是相辅相成的，辅导与开展活动亦是如此。因为通过辅导，把活动开展起来了，而这种活动，又为下一步举办更高水平的活动提供了样板，所以说，大力组织开展文化活动，是一种实践的辅导，也是普及与提高的过程。因此，群众文化工作者对群众文化活动，不仅是辅导与指导，大力组织与开展群众性的各种类型的表演、展示、竞赛活动是群众文化工作者的重要职责。所以必须坚持节庆活动与平时活动相结合，主题系列活动与单项活动相结合，广泛的参与型群众文化活动与高层次欣赏型精神展示活动相结合，做到常年有活动，常办常新，不断创新。提高活动层次、活动水平，充分显示我们国家广大人民群众逐步走向现代化、文明化、高素质的精神风貌。

第四，要坚持正确价值导向。建设社会主义先进文化，必须坚持以马克思列宁主义、毛泽东思想和中国特色社会主义理论为指导，坚持为人民服务、为社会主义服务的方向和百花齐放、百家争鸣的方针，解放思想、实事求是、与时俱进，贴近实际、贴近生活、贴近群众，充分发挥社会主义先进文化武装人、引导人、塑造人、鼓舞人的巨大作用。要以理想信念教育为核心，以弘扬民族精神为重点，以公民道德建设为基础，以满足人民群众日益增长的精神文化需求为目的，以深化文化体制改革为动力，努力做到在领导方式上有新转变，在发展思路上有新谋划，在实现途径上要有新手段，在破解难题上要有新举措。要不断解放和发展文化生产力，增强文化发展的活力和竞争力，最大限度地满足人民群众日益增长的精神文化需求。要坚持团结稳定鼓劲、正面引导为主，把体现党的主张与反映人民心声统一起来，不断巩固和发展万众一心全面建设小康社会的社会氛围。大力提倡一切有利于国家富强、民族振兴、社会和谐的思想和精神，使全体人民始终保持昂扬向上的精神状态。

（二）博物馆建设中的伦理问题

博物馆要为保护发展文化遗产，建设共有精神家园服好务。在我国

5000年文明史中，勤劳智慧的中华民族创造了光辉灿烂的历史文化，留下了灿若群星、独具特色的文化遗产。这些珍贵的文化遗产是我们民族悠久历史的见证，是民族智慧的结晶、民族精神的象征，是民族生命力和创造力的重要体现，也是人类文明的瑰宝。保护好、传承好、利用好、发展好这些文化遗产，对于继承和发扬中华民族优秀传统文化，弘扬以爱国主义为核心的民族精神和以改革创新为核心的时代精神，维护国家统一和民族团结，推动社会主义文化大发展大繁荣，促进国际文化交流和人类共同发展，具有十分重要的意义。

党和国家历来高度重视对文化遗产的保护、发展工作。2005年12月，国务院确定每年6月的第二个星期六为我国的"文化遗产日"。党的十七大提出了兴起社会主义文化建设新高潮、推动社会主义文化大发展大繁荣的战略任务，突出强调弘扬中华文化、建设中华民族共有精神家园的重要性，强调"加强对各民族文化的挖掘和保护，重视文物和非物质文化遗产保护"。近十多年来，党和国家制定出台了一系列关于文化遗产保护的重大政策措施，修正《中华人民共和国文物保护法》、公布施行《长城保护条例》、印发《关于加强文化遗产保护的通知》和《关于加强我国非物质文化遗产保护工作的意见》等一系列法律法规和重要文件，不断加大对文化遗产事业的投入。各地区各部门认真贯彻中央决策部署，采取有效措施，扎实推进各项工作，文化遗产事业呈现蓬勃发展的可喜局面。主要表现在：文化遗产事业的基础工作进一步夯实，文化遗产保护能力建设明显加强；基本建设中的文物保护工作扎实推进，一批重要文物得到有效保护；博物馆事业蓬勃发展，免费开放工作取得明显进展，公共文化服务水平不断提高；非物质文化遗产保护卓有成效，逐步推向深入；对外交流与合作成绩斐然，有力推动了中华文化走向世界；文化遗产保护理念逐步深入人心，全社会积极参与势头方兴未艾。总之，文化遗产事业在保护中传承、在开拓中前进，有效发挥了咨政育人、传承文明、普及知识、丰富生活的作用，为提高全民族思想道德素质和科学文化素质，扩大中外文化交流，增强中华文化国际影响力作出了重要贡献。

当前，我国社会主义文化建设面临着进一步繁荣发展的良好机遇。加快文化遗产保护和发展的步伐，是深入贯彻落实科学发展观、促进经济社会又好又快发展的迫切需要，是弘扬中华民族优秀传统文化、传播社会主义先进文化、推动社会主义文化大发展大繁荣的迫切需要,是满足人民群众日益增长的精神文化需求、提高全民族思想道德素质和科学文化素质的迫切需要,是增进民族团结、维护国家统一和社会稳定的迫切需要,是提高国家文化软实力、增强中华文化国际影响力的迫切需要,是维护世界文化多样性和创造性、促进人类共同发展的迫切需要。我们必须充分认识文化遗产事业面临的新形势新任务,自觉肩负起历史和时代赋予我们的神圣职责,坚持服务于党和国家工作大局,坚持"保护为主、抢救第一、合理利用、加强管理、传承发展"的文物工作和非物质文化遗产工作方针,坚持以人为本、服务群众,坚持与时俱进、开拓创新,加快推进文化遗产强国建设,在新的起点上推动文化遗产事业实现新的跨越。

第一,要围绕中心、服务大局,不断提高文化遗产事业对促进经济社会发展的贡献。经济社会发展是保护、发展文化遗产的基础和前提,保护、发展文化遗产是经济社会发展的重要内容和有力支撑。加强文化遗产的保护和发展,对于改善生态环境、优化城乡面貌、彰显地域魅力、促进经济社会发展,具有重要作用。特别是文化遗产作为文化产业和旅游产业的重要资源,在培育国民经济新的增长点、带动现代服务业发展等方面发挥着不可替代的作用,对促进经济增长、加快经济发展方式转变的贡献越来越大。要把保护、发展文化遗产与促进经济发展结合起来,合理利用文化遗产的宝贵资源,加快发展文化产业,积极开发旅游业,打造国内外知名的文化和旅游品牌,提高衍生产品和配套服务质量,使文化遗产成为促进经济发展的新亮点。要把保护、发展文化遗产与城乡建设结合起来,既加强对文化遗产的抢救保护,又充分展示城乡蕴藏的独特历史文化内涵,并在新的历史条件下不断丰富和发展,增强城乡的吸引力和影响力。要把保护、发展文化遗产与改善环境结合起来,不仅注重对文化遗产本体的保护,还要关注对文化遗产依存的生态环境的保护,通过国家考古遗址公园、文化生态保护区建设等模式,既实现对文化遗产的整体性保护,又为人民群众创造良好的生活环境。

第二,要突出思想内涵、强化教育功能,充分发挥文化遗产在开展爱国主义教育方面的重要作用。文化遗产承载着中华民族的辉煌历史,铭刻着中华民族的伟大创造,是弘扬优秀传统文化、开展爱国主义教育的重要载体。要把保护、发展文化遗产与开展群众性爱国主义教育相结合,充分利用文化遗产丰富的历史和革命文化资源，不断赋予其新的时代内涵，生动展示中华民族丰富的历史文化遗产和灿烂的文明进步成就，展示中国人民在中国共产党领导下创造美好生活、实现中华民族伟大复兴的艰辛历程和辉煌成就，弘扬以爱国主义为核心的民族精神和以改革创新为核心的时代精神，不断激发全社会的爱国热情和民族自尊心、自信心、自豪感。要把保护、发展文化遗产与开展民族团结宣传教育相结合，深入发掘自古以来各民族友好交往、相互融合的重要史实，充分反映中华民族大家庭血脉相连、血浓于水的深厚情感，反映新中国成立以来民族地区繁荣发展的生动实践，切实增强各民族的认同感和凝聚力、向心力，共同维护民族团结的大好局面。要把保护、发展文化遗产与弘扬传统文化、传播先进文化相结合，深入挖掘文化遗产的文化内涵，通过丰富的展品、高品位的展览，以及各种形式的群众性节日活动和文化遗产进校园、进社区等活动，使更多的群众增长知识、愉悦身心、陶冶情操、升华情怀。要把保护、发展文化遗产与加强青少年教育相结合，进一步密切文化遗产单位与学校的联系，建立文化遗产保护发展与学校教育、课外活动和社会实践的有机衔接，寓教于乐，寓教于游，使文化遗产成为提高青少年综合素质的重要渠道。要把保护、发展文化遗产与开展红色旅游相结合，深入挖掘文化遗产中的红色文物、红色文艺等资源，拓展红色旅游的内容，丰富红色旅游的思想内涵，创新展陈和服务方式，不断增强红色旅游的吸引力和感染力。

第三，要以人为本、关注民生，推动文化遗产保护成果最大限度惠及全体人民。人民群众是文化遗产的所有者、鉴赏者和传承者。文化遗产保护必须紧紧依靠人民群众，文化遗产保护成果必须惠及全体人民，这是实现文化遗产价值的现实需要，也是保护、发展文化遗产的根本目的。要把保障人民基本文化权益摆在文化遗产工作的首要位置，加大对公共博物馆、大遗址保护项目、重要文化遗产展览等的投入，实施重大文化遗产工程，向全社会提供更多优质便捷的公共文化鉴赏服务。要进一步深化博物馆免费开放工作，各类博物馆、纪念馆、展览馆、烈士陵园等爱国主义教育基地，对青少年学生集体参观一律实行免票，强化服务意识，完善服务设施，充实服务内容，改进服务方式，把专业性和知识性、学术性和趣味性、科学性和观赏性有机结合起来，不断提高服务群众的能力和水平。要始终关注民生、改善民生、保障民生，无论在文化遗产考古发掘和保护修缮中，还是在历史文化街区和村镇的保护建设中，都要实现好、维护好、发展好最广大人民的根本利益，着力改善群众居住和生活条件，激发人民群众参与文化遗产保护的积极性、主动性、创造性，使文化遗产保护事业为民造福。

第四，要深化改革、开拓创新，始终保持我国文化遗产事业的生机和活力。改革创新是加快我国文化遗产事业发展的强大动力。要大力推进观念创新，妥善处理文化遗产保护、传承、利用、发展的关系，既要保护、传承好文化遗产，又要利用、发展好文化遗产，在保护、传承的基础上充分利用、发展，通过利用、发展促进保护、传承。要大力推进科技创新，充分运用现代科学技术研究和修缮文化遗产，破解古代发明创造和工艺成果，提高文化遗产保护的科技水平。要大力推进展示方法创新，注重介绍文化遗产发掘过程、历史背景、相关历史人物故事等信息，注重再现传统生产技术和工艺流程，注重运用声光电等现代科技手段提高震撼力和视觉效果，注重增强参与性、互动性、体验性和趣味性，帮助人们深入了解和亲身体验中华文明的丰富内涵和独特魅力。要大力推进传播手段创新，积极推动文化遗产数字化，开设网上展览，特别是借助全国文化信息资源共享工程、校园网络和远程教育网络，使文化遗产辐射城镇、农村学校和边远地区，扩大文化遗产的影响力。要大力推进保护和传承方式创新，对具有重大历史价值的文化遗产，都要按照中央的要求，与经济建设、政治建设、文化建设、社会建设紧密地结合起来，对于有市场前景的，鼓励在国家政策支持下进入市场，特别是和发展旅游业紧密结合，开发文化产品，拓展服务项目，在与产业和市场的结合中实现传承和可持续发展，在参与创造物质财富和精神财富的实践中焕发新的生机和活力。这是最积极、最有效、最有利于文化遗产可持续发展的保护和传承方式。

第五，要促进交流、走向世界，不断提高中华文化的国际影响力。国与国之间文化遗产展览交流是传播历史文化的重要途径，是展示国家形象、提高文化软实力的有效手段。要积极配合国家外交大局，扩大和深化人文交流与合作，推动与更多国家签署政府间文化遗产保护双边协定，开展更有深度和实质性内容的合作。要坚持"走出去"与"请进来"相结合，加强与国外文化遗产部门的交流合作，扩大对外文化遗产展览交流，加大展览宣传推介力度，向世界人民展示我国辉煌灿烂的文明成就与和平和谐的文化理念，增进世界各国人民对中华文化的了解，真正使文化遗产展览成为"中国走向世界、世界了解中国"的重要窗口。要以更加开阔的视野，汲取世界文化遗产保护、发展的有益成果，更好地推动我国文化遗产事业繁荣发展。要巩固和发展我国与相关国际组织和民间机构的关系，积极参与国际文化遗产保护行动和相关国际公约的制定，增强我国在国际文化遗产保护领域的话语权。

第六，要加强领导、形成合力，努力营造全社会参与保护、发展文化遗产事业的良好环境。文化遗产事业作为文化建设的重要组成部分，是全社会的共同事业，必须充分调动各方面的积极性，努力形成文化遗产保护的强大合力和长效机制。各级党委政府要高度重视文化遗产事业的发展，充分认识文化遗产事业在经济社会发展中的重要地位和作用，切实把文化遗产保护、发展摆上更加突出的位置，纳入党委和政府的重要议事日程，纳入经济社会发展总体规划，纳入科学发展考核评价体系。要加大保护、发展文化遗产的投入力度，完善文化遗产保护经费增长机制，健全公共博物馆等文化设施免费开放的财政保障机制。宣传思想文化战线特别是各级文化、文物部门，要进一步增强加快文化遗产事业发展的责任感紧迫感，从本地区经济社会发展全局出发，理清发展思路，谋划发展战略，实施重大工程，更好地发挥文化遗产事业对推动经济社会发展的积极作用。要按照属地管理原则，落实文化遗产保护和管理责任，依法实施文化遗产保护和管理，切实加强文物安全防范设施建设、文物执法机构和队伍建设，确保文物安全和文化遗产事业有序发展。要加强文化遗产工作队伍建设，努力造就一批知识渊博、品质优秀、甘于奉献的专门型人才，一批敢于创新、善于创新的创新型人才，一批熟悉和掌握古代科技知识和传统工艺的专业型人才，一批善于运用现代科技手段保护和利用文化遗产的科技型人才，一批熟悉文化遗产工作、懂经营善管理的复合型人才，一批历史文化知识丰富、具有世界眼光、熟悉外语的外向型人才。要完善和落实社会力量捐赠公益性文化事业的政策措施，研究制定社会资金进入文化遗产保护领域的相关规定，鼓励引导更多社会资金投入文化遗产保护事业。要加强宣传普及工作，广泛介绍文化遗产知识，增强公民依法保护意识，积极培养文化遗产保护志愿者。营造保护文化遗产人人有责、文化遗产保护成果人人共享的社会环境，形成有利于文化遗产保护的舆论氛围。保护文化遗产工作责任重大，使命光荣。广大文化遗产工作者要珍惜大好机遇，开拓进取，奋发有为，努力开创文化遗产事业新局面，为推动社会主义文化大发展大繁荣，提高国家文化软实力，全面建设小康社会作出新的更大贡献。①

---

① 参见李长春《保护发展文化遗产建设共有精神家园》，《人民日报》2010 年 6 月 12 日。

第九章

经营性的文化产业建设

"文化产业"是相对于"文化事业"而言的概念。二者的区别在于："文化事业"是指公益性的文化服务，是由政府负责建立公共文化服务体系，纳入财政支持范围，开展具有基本性、公益性的文化服务，其作用在于保障人民群众的基本文化权益，满足最基本的文化需要；"文化产业"则是经营性的文化服务，是以市场化方式生产、交换和消费文化产品的活动，其作用在于满足超出人们基本文化需要之上、之外的多层次、多样化的精神文化需要。但也要看到，这种区分有相对性，也只是国家制定文化政策、推进文化改革、开展文化服务、发展文化产业的理论依据，而不是对全部文化现象的分类，更不是评价文化建设的价值标准。我们在对文化建设，尤其是对文化产业进行评价时，要分清评价的对象和角度。从对象上看，有对文化产品的评价，也有对文化产品生产和流通过程的评价。从角度上看，对文化产品可以作艺术标准、道德标准、科学标准的评价，也可以作经济标准、政治标准的评价。比如，一张画，可以作为艺术品来评价，也可以作为商品来评价。一个东西有二重或多重属性，这种现象在文化产品中很普遍。例如，一本学术著作，对使用者或读者来说，有科学性、学术性、知识性、理论性，对出版、印刷和经销这本书的出版社、印刷厂和书店来说，也可以当作一个商品来看待。扩大到戏剧、电影、舞蹈、音乐等，也都可作如是观。既然一个东西可能有二重以上的价值属性，在价值评价时就应该使用多重标准，而不能片面化、简单化。

一 发展"文化产业"的基本内涵和政策取向

（一）"文化产业"概念的形成

1947年，法兰克福学派著名学者霍克海默与阿多诺首次提出了文化产业概念，标志着文化产业理论的诞生。其定义是"大众文化的产品和过程"[①]。继法兰克福学派之后，西方文化产业理论基本形成了以伯明翰学派为代表的文化产业基础理论研究和20世纪80年代兴起的文化产业应用理论研究两个派别。学院派的理论工作者主要关注前者；而社会经济实践操作者和研究者更关注后者。具体而言，学院派倾向于对文化产业所产生出来的产品内容进行分析。西方有关文化产业的早期学术论著，除了极个别之外，大都把议题集中于文化商品的大众消费所带来的文化和社会的负面影响。而应用文化产业的理论和研究是直接从文化产业的实践中总结和生发出来的，倾向于对文化产业的生产、流通、传播过程的探讨。学院派理论侧重于意识形态，而后者则侧重于经济运作；前者所使用的概念多为哲学、政治学、文学的术语，而后者所用的概念多为经济学、社会学和管理学的名词。

随着社会、经济、文化的不断发展，文化产业也是一直被各界关注的议题，并被不断地深化。联合国教科文组织给文化产业的定义是："结合创造、生产与商品化等方式，运用本质是无形的文化内容而开展的产业。"[②] 还有学者认为："文化产业以文化资源为基础、以创新为发展动力、以科技文化和人才为主要生产要素，具有文化含量大、附加值高、创新性强、品牌效应显著的特征，因而有着很强的扩张能力和持续发展的能力，竞争优势明显。"[③] 虽然文化产业在世界上引起关注已有约半个世纪的历史，但是至今并没有统一的提法和定义，甚至没有形成统一的称谓：它在美国叫版权产业，在英国叫创意产业，在西班牙叫文化休闲产业，在中国、日本、德国、荷兰、韩国等许多国家叫文化产业，在我国台湾地区

[①] 霍克海默、阿道尔诺：《启蒙辩证法》，上海人民出版社2003年版，第36页。
[②] 转引自胡惠林《文化产业概论》，云南大学出版社2005年版，第65页。
[③] 钟阳胜：《深化体制改革，发展文化产业，壮大文化事业》，广东人民出版社2003年版，第1页。

被称为"创意文化产业"。① 虽然在我国官方的一些文件中多用"文化产业"的概念，如2004年国家统计局公布了我国首个《文化及相关产业分类》，其中将文化产业定义为：为社会公众提供文化、娱乐产品和服务的活动，以及与这些有关的活动的集合。可是在企业界、学术界，仍有不少人习惯称"文化创意产业"，以强调文化产业的创新性和精神性特点。

进入21世纪以来，文化创意产业迅速成为许多发达国家和重要城市的第一大产业，并且呈现出集群式发展的态势，深刻影响着产业结构优化升级和国际分工。文化创意产业集群是指在文化产业领域中，由众多独立又相互关联的文化企业以及相关支撑机构（包括研究机构），依据专业化分工和协作关系建立起来的，并在一定区域集聚而形成的产业组织体系。文化创意产业集群常常以核心、外围、边缘的层次性来进行空间分布：核心层主要包括广播电视电影业，广告会展业，软件、网络及计算机服务，艺术品交易，设计服务，休闲娱乐，其创意主体在核心文化产业中占据重要地位。核心的文化创意产业多集中在城市中心，依傍科研机构、交通便利的区域，其市场化程度相对较高，发展状况最能反映一国文化产业的核心竞争能力。因此，无论发达国家还是发展中国家，都将这些产业定义为最核心的文化创意产业。外围层主要包括文化旅游业、新闻出版业、网络、广告、娱乐、会展等新兴文化产业。这些产业的规模和产值在整个文化创意产业体系中占有重要地位，但产业的"创意"性较弱，创意制造属性较强，市场化程度有待提高。其中的文化旅游业往往依托当地自然及历史资源分散分布，通常位于郊区等工业发展较少的地区，其发展根植于当地历史古迹。边缘产业主要由传播、服务及延伸主体构成，包括为文化创意产业集群提供辅助服务的各种相关支撑机构及使文化创意产业集群可持续发展所需的各类基础设施和配套机构，包括提供文化用品、文化设备生产和销售业务的行业，主要指可以负载文化内容的硬件产品制作业和服务业。如图书馆业、文物业、群众文化业、博物馆业、咨询业、文化科技与科研、文化经纪与代理，还包括教育产业、资本市场、物流体系等。边缘产业主要为核心产业、外围产业提供相关服务支持及配套设施，需要分布在距离核心、外围产业较近和信息便捷的区域。文化创意产业集群的三层次之间是相互促进的关系：核心文化创意产业为外围产业提供创意源及

---

① 参见胡正梁《加快发展文化产业》，《山东经济战略研究》2006年第4期，第7页。

技术支持，外围文化创意产业有利于延长核心产业的价值，边缘层文化创意产业则为核心层及外围层的文化创意产业提供辅助服务。它们彼此依存发展，形成了相互交织的网络联动模式，共同构成了一个完整的产业集群。[①]

（二）支持发展文化产业的政策取向

早在2006年，《中共中央、国务院关于深化文化体制改革的若干意见》就为如何发展文化产业指出了明确的努力方向：要大力提高文化产业规模化、集约化、专业化水平。培育和建设一批出版、电子音像、影视和动漫制作、演艺、会展、文化产品分销等产业基地。重点培育发展一批实力雄厚、具有较强竞争力和影响力的大型文化企业和企业集团，支持和鼓励大型国有文化企业和企业集团实行跨地区、跨行业兼并重组，鼓励同一地区的媒体下属经营性公司之间互相参股。支持小型文化单位向"专、精、特、新"方向发展，形成富有活力的优势产业群。要大力推进文化领域所有制结构调整，坚持以公有制为主体，鼓励和支持非公有资本以多种形式进入政策许可的文化产业领域，逐步形成以公有制为主体、多种所有制共同发展的文化产业格局。大力推进文化产业升级，用先进科学技术促进文化产业发展。根据2009年国务院颁布的《文化产业振兴规划》，发展文化产业的重点是文化创意、影视制作、出版发行、印刷复制、广告、演艺娱乐、文化会展、数字内容和动漫等。其中，文化创意产业要着重发展文化科技、音乐制作、艺术创作、动漫游戏等企业，增强影响力和带动力，拉动相关服务业和制造业的发展。影视制作业要提升影片、电视剧和电视节目的生产能力，扩大影视制作、发行、播映和后产品开发，满足多种媒体、多种终端对影视数字内容的需求。出版业要推动产业结构调整和升级，加快从主要依赖传统纸介质出版物向多种介质形态出版物的数字出版产业转型。出版物发行业要积极开展跨地区、跨行业、跨所有制经营，形成若干大型发行集团，提高整体实力和竞争力。印刷复制业要发展高新技术印刷、特色印刷，建成若干各具特色、技术先进的印刷复制基地。演艺业要加快形成一批大型演艺集团，加强演出网络建设。动漫产业

---

① 参见王彤玲、吴强《文化创意产业集群的分层与分布》，《光明日报》2011年3月25日第11版。

要着力打造深受观众喜爱的国际化动漫形象和品牌,成为文化产业的重要增长点。2011 年 10 月,党的十七届六中全会通过的《中共中央关于深化文化体制改革、推动社会主义文化大发展大繁荣若干重大问题的决定》,进一步提出了加快发展文化产业、推动文化产业成为国民经济支柱性产业的要求。《决定》要求坚持社会主义先进文化前进方向,坚持把社会效益放在首位、社会效益和经济效益相统一,按照全面协调可持续的要求,推动文化产业跨越式发展,使之成为新的经济增长点、经济结构战略性调整的重要支点、转变经济发展方式的重要着力点,为推动科学发展提供重要支撑。《决定》认为,加快发展文化产业,必须构建结构合理、门类齐全、科技含量高、富有创意、竞争力强的现代文化产业体系。要在重点领域实施一批重大项目,推进文化产业结构调整,发展壮大出版发行、影视制作、印刷、广告、演艺、娱乐、会展等传统文化产业,加快发展文化创意、数字出版、移动多媒体、动漫游戏等新兴文化产业。鼓励有实力的文化企业跨地区、跨行业、跨所有制兼并重组,培育文化产业领域战略投资者。优化文化产业布局,发挥东中西部地区各自优势,加强文化产业基地规划和建设,发展文化产业集群,提高文化产业规模化、集约化、专业化水平。加大对拥有自主知识产权、弘扬民族优秀文化的产业支持力度,打造知名品牌。发掘城市文化资源,发展特色文化产业,建设特色文化城市。发挥首都全国文化中心示范作用。规划建设各具特色的文化产业创意园区,支持中小文化企业发展。推动文化产业与旅游、体育、信息、物流、建筑等产业融合发展,增加相关产业文化含量,延伸文化产业链,提高附加值。决议要求形成公有制为主体、多种所有制共同发展的文化产业格局。加快发展文化产业,必须毫不动摇地支持和壮大国有或国有控股文化企业,毫不动摇地鼓励和引导各种非公有制文化企业健康发展。要培育一批核心竞争力强的国有或国有控股大型文化企业或企业集团,在发展产业和繁荣市场方面发挥主导作用。在国家许可范围内,引导社会资本以多种形式投资文化产业,参与国有经营性文化单位转企改制,参与重大文化产业项目实施和文化产业园区建设,在投资核准、信用贷款、土地使用、税收优惠、上市融资、发行债券、对外贸易和申请专项资金等方面给予支持,营造公平参与市场竞争、同等受到法律保护的体制和法制环境。加强和改进对非公有制文化企业的服务和管理,引导他们自觉履行社会责任。决议要求推进文化科技创新。发挥文化和科技相互促进的作用,深入实施科技带动战略,增强自主创新能力。以先进技术支撑文化装备、软件、系统研制和自主发展,重视相关技术标准制定,加快科技创新成果转化,提高我国出版、印刷、传媒、影视、演艺、网络、动漫等领域技术装备水平,增强文化产业核心竞争力。依托国家高新技术园区、国家可持续发展实验区等建立国家级文化和科技融合示范基地,把重大文化科技项目纳入国家相关科技发展规划和计划。健全以企业为主体、市场为导向、产学研相结合的文化技术创新体系,培育一批特色鲜明、创新能力强的文化科技企业,支持产学研战略联盟和公共服务平台建设。决议要求扩大文化消费。要创新商业模式,拓展大众文化消费市场,开发特色文化消费,扩大文化服务消费,提供个性化、分众化的文化产品和服务,培育新的文化消费增长点。提高基层文化消费水平,引导文化企业投资兴建更多适合群众需求的文化消费场所,鼓励出版适应群众购买能力的图书报刊,鼓励在商业演出和电影放映中安排一定数量的低价场次或门票,鼓励网络文化运营商开发更多低收费业务,有条件的地方要为困难群众和农民工文化消费提供适当补贴。积极发展文化旅游,促进非物质文化遗产保护传承与旅游相结合,发挥旅游对文化消费的促进作用。

二 明确文化产业的地位、意义和发展思路

(一) 文化产业的地位

进入 21 世纪以来,文化的价值日益凸显,文化对经济社会发展的作用越来越重要,文化已经成为增强综合国力和提高国际竞争力的重要因素。特别是随着知识经济的发展和信息技术的兴起,文化和经济日益融合,已经并将进一步迸发出巨大的创造力。党的十七大就已经发出了推动社会主义文化大发展大繁荣的号召,把文化作为国家的软实力和综合国力竞争的主要内容,提升到民族凝聚力和创造力源泉的高度。2009 年 7 月 22 日,国务院常务会议讨论并原则通过的《文化产业振兴规划》(9 月 26 日新华社受权播发了全文),对文化产业发展的指导思想、基本原则、发展目标进行了全面系统的阐述,明确了文化产业发展的八项重点任务,提出了推动发展的五项政策措施。《规划》的出台和实施,标志着文化产业已经成为我国国民经济体系中的一个先导性、战略性的产业,也标志着我国文化产业将进入一个快速发展的新阶段。《规划》在谈到文化产业的社

会地位时指出:"文化产业是市场经济条件下繁荣发展社会主义文化的重要载体,是满足人民群众多样化、多层次、多方面精神文化需求的重要途径,也是推动经济结构调整、转变经济发展方式的重要着力点。当今世界,文化与经济、政治相互交融,与科技的结合日益紧密,在综合国力竞争中的地位和作用日益突出,越来越成为衡量一个国家综合实力强弱的重要尺度之一。在一个不断开放的时代,要实现经济社会的科学发展,要赢得激烈的国际竞争,文化产业的兴盛和文化实力的强大不可或缺。我们必须把握潮流,认清形势,在振兴文化产业、推动文化发展上,狠下功夫,有所作为。"温家宝总理在2011年政府工作报告中也强调指出:"文化对民族和国家的影响更深刻、更久远。要更好地满足人民群众多层次多样化文化需求,发挥文化引导社会、教育人民、推动发展的功能,增强民族凝聚力和创造力。加强公民道德建设,在全社会树立中国特色社会主义的共同理想和信念,加快构建传承中华传统美德、符合社会主义精神文明要求、适应社会主义市场经济的道德和行为规范。加强诚信体系建设,建立相关制度和法律法规。增强公共文化产品供给和服务能力,重点加强中西部地区和城乡基层的文化基础设施建设,继续实施文化惠民工程。扶持公益性文化事业,加强文化遗产保护、利用和传承。进一步繁荣哲学社会科学。发展新闻出版、广播影视、文学艺术、档案事业。加强对互联网的利用和管理。深化文化体制改革,积极推进经营性文化单位转企改制。大力发展文化产业,培育新型文化业态,推动文化产业成为国民经济支柱性产业。大力开展全民健身活动,促进群众体育和竞技体育协调发展。加强对外文化体育交流与合作,不断扩大中华文化国际影响力,让博大精深的中华文化再展辉煌。"实践也证明,文化产业具有能源消耗低、环境污染少、易于与新技术对接、产品技术含量高和吸收就业能力强等优势,有利于经济发展方式转变和经济结构调整。一方面,文化产业是高附加值、低资源消耗的产业,其发展不会对资源和环境造成压力,也不会随着资源的枯竭而萎缩,因而是最符合可持续发展要求的产业;另一方面,文化产业是创造精神财富的产业,其发展不仅可以满足人民群众多样化、多层次的精神文化需求,而且在消费过程中还可以提升道德情操和精神境界,缓解社会矛盾、促进社会和谐,因而是最符合和谐发展的产业。文化产业被称为21世纪最有发展前途的"朝阳产业",发展文化产业对于促进传统产业转型升级,提升综合国力和区域竞争力具有重要作用。与别的产业不同，文化产业是能产生多重效益的产业：发展文化产业，生产更多优秀的文化产品，可以启迪人的心智，提高人的素质，促进社会文明；文化产业带动力强、辐射面广，发展传媒、演艺、美术、会展、体育、旅游等文化产业，既有利于文化事业的不断繁荣，又可以带动信息、餐饮、房地产、服装、交通等十几个相关产业，为经济发展提供新的增长点。文化产业作为一个国家、一个地区综合实力的组成要素和国民经济的重要组成部分，正日益受到世界各国的广泛关注和重视。

(二) 文化产业的意义

我国发展文化产业的意义可概括为以下几点：

1. 发展文化产业是实行文化强国战略的必然要求。发展文化产业是完善社会主义文化制度的重要内容和物质载体。运用产业的模式来发展文化，可以调节和吸引更多的文化资源转化为文化产品和文化服务，从而进一步满足人民群众的精神文化需求，实现人民群众的文化利益。文化产业以其巨大的文化附加值及其相关产业的带动作用，以其强大的创造性激发和提高一个国家的创新能力，从而成为一个国家竞争力的主要来源。优秀的文化产品不仅能够为生产者带来可观的收益，同时也会对消费者的精神层面产生积极影响。就国内而言，文化产业的发展，意味着将有更多群众喜闻乐见的文化产品涌现，从而为人们提供了陶冶情操、愉悦身心的有效途径，更为传承弘扬优秀的民族文化提供了现实载体。从全球来看，文化产业的发展为中华文化"走出去"提供了有效的平台和渠道。只要大力发展文化产业，创作出更多更好的具有中国文化内涵、体现中华民族精神的优秀文化产品，并通过商业化包装、市场化运作，使其符合国际审美需求和欣赏习惯，就能使中国文化产品顺利、持续地进入国际主流市场，让境外受众在消费过程中客观公正地理解中国文化的内涵，认同中华民族的理想信念、价值追求，尊重中国和平发展、和谐发展的美好愿望。因此，《规划》中扩大对外文化贸易、加快中华文化"走出去"战略的实施，必将对增强国家文化软实力产生重要而深远的影响。

2. 发展文化产业是健全社会主义市场经济体制的必然要求。社会主义市场经济体制的建立，为文化发展的产业化途径开辟了道路。文化产业化的本质就是文化产品和文化服务的商品化、市场化。通过市场化运作，借助利益机制，为文化市场的繁荣发展提供动力，这就是文化产业化的本质所在。社会主义市场经济的内涵极为丰富，文化市场是其重要的组成部分。因此，没有文化的产业化、市场化，就没有完整的市场经济体制。文化产业作为新兴产业和朝阳产业，市场空间广阔、发展潜力巨大。国际经验表明，越发达的国家，文化消费比重越高、文化产业对 GDP 的贡献也越大。同时，文化产业对于整个服务业也具有重要的拉动作用。因此，大力发展文化产业有利于培育新的经济增长点、促进现代服务业的发展，是国民经济结构战略性调整的着力点和突破口。此外，文化产业的发展对于产业升级也具有很强的推动作用。一方面，当前文化经济化、经济文化化、文化经济一体化的趋势更加明显，文化产业与其他产业的相互渗透与融合日益加剧。文化产业中创意设计等领域与工业、农业和服务业的结合尤为密切，从而对传统产业文化内涵和内在品质的提升发挥了积极作用。另一方面，在文化与科技相互融合的过程中，新兴的产业门类和文化业态将不断涌现，进而对与之相关的电子制造业提出了新的需求，推动着该产业的不断升级换代。

3. 发展文化产业还是积极参与国际竞争的重要领域。随着经济、文化全球化进程的加快，各个国家之间的竞争已不仅仅是经济实力的竞争，同时也表现为文化实力的竞争。综合实力的构成，既包括具有物质形态的"硬实力"，如基本资源、经济力量、科技力量，也包括精神形态的"软实力"，如城市凝聚力、文化发展程度、国民教育水平等。文化产业对"硬实力"和"软实力"都会产生重大作用。就增强经济实力来说，只有发展文化经济和文化产业，经济增长才有潜力和后劲。在知识经济日益发展的今天，经济增长是与科技进步、教育水平以及劳动者的文化素质等"软实力"密不可分的，文化"软实力"越强，越有利于经济的增长和发展。深入研究文化产业的性质及特点。所谓文化产业，就是以盈利为目的，提供有形的文化产品和无形的文化服务，并通过生产、流通、分配和消费各个阶段创造并实现产品和服务价值的产业。可见，文化产业就是以盈利为目的的产业，首要目标是追求利润的最大化。文化产业既有精神属性，也有物质属性。这就决定了文化产业既有增加收入的经济效益，又有繁荣社会主义文化和满足广大人民群众精神文化需要的社会效益。①

---

① 参见王恩祥《大力发展文化产业》，《新长江》2005 年第 1 期。

4. 发展文化产业是实现文化大发展大繁荣的突破口，是满足人民群众多样化、多层次、多方面精神文化需求的重要途径，是推动经济结构调整、转变经济发展方式的重要着力点。国内外文化产业发展的经验证明，文化产业本身具有许多其他经济产业所不具备的重要特征。一是资源消耗低、环境污染小。文化产业以创意为动力、以内容为核心，其发展主要依靠精神成果和智力投入，而不是物质形态的资源。同时，文化产品无论在生产还是消费过程中，都不会对生态环境造成明显的负面影响，反而会提升人们的文化素质，是典型的绿色经济、低碳产业。二是需求潜力大、市场前景广。随着经济的发展、收入的增加和生活水平的提高，人们对文化的需求将呈现出快速增长的态势。国际经验表明，当人均 GDP 达到 3000 美元以上时，文化消费将会出现跳跃式的"井喷"，并且保持长期的增长势头。2008 年，我国人均 GDP 已经达到 3200 美元，进入中等收入国家行列，这就意味着城乡居民消费结构将不断升级，文化消费的比重将大幅增加，这就为文化产业发展提供了广阔的市场空间。三是进入门槛低、吸纳劳动力强。文化产业门类众多、产业链长，适合各种类型的企业、人群和资本的进入，既可以发展拥有高新技术装备的现代化大型企业集团，也可以接纳个体式的工作室或家庭式的生产作坊；既可以吸纳掌握高新科技的高端人才，也能满足具有一技之长的普通劳动者的就业要求。这就是说，文化产业在发展过程中具有很强的适应能力和应变能力。四是经济回报高、受益时间长。文化产业是艺术加技术的产业，其投入主要是智力和科技。文化产品一旦受到人们的认可和追捧，就会产生较高的经济回报。另外，文化产业具有一次投入、一次研发而成果却可以多次转化的特点。一个故事、一个人物形象，可以转化为出版物、影视作品、动漫游戏、舞台演出等系列衍生产品，使成本不断分摊，在经济收益上产生叠加效应。五是能对内增强凝聚力、对外扩大影响力。优秀的文化产品能够激发出巨大的文化认同感和民族自信心，从而增强民族的凝聚力；同时又能不断扩大和增强本国文化的传播力和影响力，逐渐树立起良好的国家形象，促进国家综合实力的提升。六是具有逆势而上的特点、反向调节的功能。文化产业是能够带给人希望和光明的产业，文化产品具有愉悦身心、提振信心、缓解压力的功能。因此，在经济下滑、社会动荡的时期，文化产业所具有的反向调节的功能表现得更加明显，文化消费往往不减反增，文化产业也会呈现出逆势而上的发展态势。①

(三) 文化产业的发展思路

根据我国《文化产业振兴规划》提出的思路,重点要做好以下工作:

1. 实施重大项目带动战略。以文化企业为主体,加大政策扶持力度,充分调动社会各方面的力量,加快建设一批具有重大示范效应和产业拉动作用的重大文化产业项目。继续推进国产动漫振兴工程、国家数字电影制作基地建设工程、多媒体数据库和经济信息平台、"中华字库"工程、国家"知识资源数据库"出版工程等重大文化建设项目。选择一批具备实施条件的重点项目给予支持。

2. 培育骨干文化企业。着力培育一批有实力、有竞争力的骨干文化企业,增强我国文化产业的整体实力和国际竞争力。坚持政府引导、市场运作、科学规划、合理布局,在重点文化产业中选择一批成长性好、竞争力强的文化企业或企业集团,加大政策扶持力度,推动跨地区、跨行业联合或重组,尽快壮大企业规模,提高集约化经营水平,促进文化领域资源整合和结构调整。鼓励和引导有条件的文化企业面向资本市场融资,培育一批文化领域战略投资者,实现低成本扩张,进一步做大做强。

3. 加快文化产业园区和基地建设。加强对文化产业园区和基地布局的统筹规划,坚持标准、突出特色、提高水平,促进各种资源合理配置和产业分工。对符合规划的产业园区和基地,在基础设施建设、土地使用、税收政策等方面给予支持。建设若干辐射全国的区域文化产品物流中心,建设一批文化创意、影视制作、出版发行、印刷复制、演艺娱乐和动漫等产业示范基地,支持和加快发展具有地域和民族特色的文化产业群。

4. 扩大文化消费。不断适应当前城乡居民消费结构的新变化和审美的新需求,创新文化产品和服务,提高文化消费意识,培育新的消费热点。加强原创性作品的创作,打造一批具有核心竞争力的知名文化品牌。努力降低成本,提供价格合理、丰富多样的精神文化产品和服务。加快建设具有自主知识产权、科技含量高、富有中国文化特色的主题公园。开发

---

① 参见欧阳坚《开启文化产业发展新纪元》,《求是》2009 年第 24 期,第 13 页。

与文化结合的教育培训、健身、旅游、休闲等服务性消费，带动相关产业发展。

5. 建设现代文化市场体系。建立健全门类齐全的文化产品市场和文化要素市场，促进文化产品和生产要素的合理流动。重点建设传输快捷、覆盖广泛的文化传播渠道。发展文艺演出院线，推动主要城市演出场所连锁经营。支持全国文化票务网络建设。推进有线电视网络整合，鼓励通过并购、重组等方式，进行广电网络的区域整合和跨地区经营。推进电影院线、数字电影院线的跨地区整合以及数字影院的建设和改造。支持国有出版发行企业以资本为纽带实行跨地区兼并重组。鼓励非公有资本进入文化创意、影视制作、演艺娱乐、动漫等领域。支持优先选用拥有自主知识产权、产品质量水平高的文化设备及产品。

6. 发展新兴文化业态。采用数字、网络等高新技术，大力推动文化产业升级。支持发展移动多媒体广播电视、网络广播影视、数字多媒体广播、手机广播电视，开发移动文化信息服务、数字娱乐产品等增值业务，为各种便携显示终端提供内容服务。加快广播电视传播和电影放映数字化进程。积极推进下一代广播电视网建设，发挥第三代移动通信网络、宽带光纤接入网络等网络基础设施的作用，制定和完善网络标准，促进互联互通和资源共享，推进三网融合。积极发展纸质有声读物、电子书、手机报和网络出版物等新兴出版发行业态。发展高新技术印刷。运用高新技术改造传统娱乐设施和舞台技术，鼓励文化设备提供商研发新型电影院、数字电影娱乐设备、便携式音响系统、流动演出系统及多功能集成化音响产品。加强数字技术、数字内容、网络技术等核心技术的研发，加快关键技术设备改造更新。

7. 扩大对外文化贸易。落实国家鼓励和支持文化产品和服务出口的优惠政策，在市场开拓、技术创新、海关通关等方面给予支持。制定《2009—2010年度国家文化出口重点企业和项目目录》，形成鼓励、支持文化产品和服务出口的长效机制。重点扶持具有民族特色的文化艺术、展览、电影、电视剧、动画片、网络游戏、出版物、民族音乐舞蹈和杂技等产品和服务的出口，抓好国际营销网络建设。支持动漫、网络游戏、电子出版物等文化产品进入国际市场。鼓励文化企业通过独资、合资、控股、参股等多种形式，在国外兴办文化实体，建立文化产品营销网点，实现落地经营。办好国家重点支持的文化会展，通过中国（深圳）国际文化产业博览会、中国国际广播影视博览会、北京国际图书博览会等推动文化产品和服务出口。支持文化企业参加境外图书展、影视展、艺术节等国际大型展会和文化活动。

三 中国文化产业的发展状况

（一）文化产业越来越受到重视，并与经济发展相融合

进入20世纪90年代以来，随着社会主义市场经济体制的建立和发展，文化领域面向市场改革步伐明显加快，我国文化产业加速发展。有资料显示，1990年到1998年全国文化系统文化产业的增加值增长了6倍，文化产业机构增长了35%，从业人员增长了46%。到1998年，仅文化部门管理的文化娱乐、音像、演出、艺术品等文化经营单位已达25.7万个，固定资产合计600多亿元，从业人员116万人，年实现利税47.9亿元，年创造增加值148.6亿元。包括文艺演出市场、电影电视市场、图书音像市场、文化娱乐市场、文化旅游市场、艺术培训市场、艺术品市场在内的文化市场体系初步建立，并成为20年来我国发展速度最快的产业之一。与此同时，中央和一些地方制定了相关文化产业发展规划。开展了文化产业理论研究和讨论，有关部门先后举办了国际文化产业研讨会、加入WTO与中国文化产业发展研讨会等多种会议。国家设立了相应的机构，管理有关事宜，1998年国务院机构改革方案中，文化部主要职责中有一条就是"拟定文化产业规划和政策，指导、协调文化产业发展"，在其内设机构中设立了"文化产业司"，其任务是研究拟定文化产业发展规划和文化产业发展政策、法规；扶持和促进文化产业的发展和建设；协调文化产业运行中的重大问题。进入新世纪后，改革开放的方针政策迅速在文化产业领域制定实施，渐成体系。①

在我国，深圳文化产业起步较早，尤其自20世纪90年代以来，深圳文化产业得到长足发展，在产业功能、产业主体、关联作用、社会效益等方面显示出重要实绩，被公认为全国文化产业发展最迅速的城市之一。有资料显示，早在2001—2002年，深圳的文化产业已经初步形成了以大众传媒、印刷制作、文艺演出和文化娱乐、文化旅游为重点的产业群体。改

---

① 参见胡正梁《加快发展文化产业》，《山东经济战略研究》2006年第4期，第8页。

革开放之初，深圳在文化硬件设施建设上尚处空白。但在逐渐雄厚起来的经济基础之上，一批批先进的文化设施迅速建成，为文化发展打下了基础。经济基础对深圳文化的贡献不仅仅局限于硬件建设，而且还有力地促进了深圳的文化创造。一个明显的例证就是，缺乏文化积淀的深圳已经初步创造出一批具有鲜明特色的文化品牌。深圳经济的高速发展，为文化产业的发展奠定了雄厚的基础。发育良好的市场经济模式也为文化艺术产品、文化娱乐项目、文化艺术服务逐步以商品形式进入流通领域提供了便捷。深圳的文化产业已成为国民经济中的一个重要行业。最近几年，深圳文化产业对全市经济增长的贡献率稳步上升。与此同时，深圳与国外的文化交流也日益增长，每年均有大量的文化互访。在互访中，深圳能不断地学习并借鉴国外及境外文化优势和管理水平。受香港文化的影响，深圳的文化形态从一开始就带有鲜明的"商业文化"和"娱乐文化"特征。一些早期的文化研究者还对此羞羞答答，似乎认为"商业文化"和"娱乐文化"这些标签会损害文化的某种精神层面。20年前，深圳遍布大街小巷的歌厅、茶座，曾经盛极一时，并为内地其他城市所仿效，但人们一直回避从理论上总结它。当深圳的"歌舞厅艺术"走进北京，直至走进中南海后，歌舞厅文化才被更多的人们接受。这种地域优势带来的文化影响是潜在而深远的。通过香港这个跳板，港台文化、海外文化大量进军深圳，并且借助深圳这个走廊向内地辐射。年轻的深圳被称为"移民城市"，短短的二十多年，在这个毫不起眼的边陲小镇，聚集了来自全国各地的人们，他们带着各自不同的文化背景与文化身份，在这块遥远而陌生的土地上耕耘自己的梦想。移民社会的许多特征在深圳表现得非常突出：朝气、活跃、流动、包容、多元等，造就了这座"一夜之城"独具魅力的气息。在这样的城市氛围包裹下，文化形态以一种相对自由和多元的方式形成并变化着。人是文化的主体，什么样的人产生什么样的文化，作为移民的"深圳人"也就造就出生机勃发的"移民文化"。在这里，旅游景点的功能已超出了旅游本身，成为深圳人调节新型社会关系的有效平台。他们把全世界的好东西成功地"挪移"过来，经过精心地集中、整合、改造，让它们成了自己的好东西。那些带来高额回报的文化元素，都不是深圳本土的，但它产生在一个"本土意识"并不十分强烈的移民城市，又显得那么自然、和谐。无论从文化硬件建设，还是文化软件营造，深圳的文化插上了科技翅膀，新兴的文化项目都具有极高的科技含量。从舞台的声光电,到剧院的内与外,都凝聚着高科技的成果。而作为新的经济增长点的深圳文化产业,也偏重于科技型的现代文化制造业。比如电子音像、光盘生产,深圳已占据了全国54%以上的半壁江山。现代印刷业,深圳在国内与北京、上海三足鼎立。此外,深圳成为境外三维动画影视片制作的最大基地。高科技给深圳文化带来的不仅是产品质量和效率的提高,而且是文化生产方式的更新与变革。深圳在国内首创的"读书月"活动,它的主题词就是"探求科学真理,弘扬人文精神",文化与科学在这里得到了高度的统一。[①]

2010年底,济南市获得了全球网民推荐的"中国十佳旅游城市"称号。济南市加快省会文化艺术中心、创意产业园、动漫产业基地等新城市文化空间的开发,同时改造提升芙蓉街、英雄山文化市场等历史文化街区的文化内涵,培育一批在海内外有影响力的文化发展平台和文化品牌。2013年第10届中国艺术节将在这里举行,两年一届的文化艺术节将大大提升济南的文化魅力。而2015年第22届国际历史科学大会也将在这里举行,届时,将有来自近百个国家和地区的2000余名历史学家与会,必将成为济南文化事业发展的"助推器"。目前,济南全市正在规划建设和提升的重点文化产业园区有49个,投资额400多亿元。总投资30亿元的济南文化中心正在建设之中,建筑面积15万平方米,2012年底建成。据悉,济南将形成东部的创意产业、南部的文化旅游产业、西部的文化艺术、北部的民俗文化不同特色的文化产业基地好园区。依托济南的资源特色,打造10个重点文化产业品牌。发挥泉水文化、名士文化、黄河文化、生态文化、"中华老字号"文化、特色饮食文化、温泉文化等本地资源优势,规划建设一批特色突出的历史文化老街区、休闲娱乐综合体、休憩旅游精品项目和线路,形成国内外著名的"泉水之都"文化休闲旅游区。济南将适时举办"泉水文化节",积极推进大明湖、趵突泉、黑虎泉、五龙潭、护城河等旅游综合体建设,打造"天下泉城"的城市品牌。济南还将发展一批满足不同需求的休闲娱乐设施,创作一批特色剧目和名牌剧目,打造一批有特色、有市场的演出品牌节目,增强市场竞争力。济南将依托老建筑改造,规划打造创意设计类产业聚集区,积极发展网络产业和

[①] 参见深圳市社会科学院课题组《2003年深圳文化发展蓝皮书总报告》,《南方论丛》2003年3月第1期。

新媒体产业,逐步建成区域性文化传播中心和传媒产业基地。建设区域性文化旅游中心,实施文化精品工程。力争到2015年,全市旅游总收入达到700亿元,年均增长20%。①

据媒体报道,贵州出台3万亿元生态旅游投资计划。根据规划,3万亿元的投资计划将在未来十年内完成。贵州省旅游发展和改革领导小组组长王富玉此前在听取《贵州生态文化旅游产业发展规划》阶段成果汇报时称,规划提出的"国家公园省"的战略定位既彰显了贵州的竞争优势,又凸显了贵州的特征,把握了贵州旅游的核心。②另据湖南省旅游局透露,《大湘西生态文化旅游圈旅游发展总体规划》已通过专家评审,提出未来十年计划投资2000亿元,把大湘西建设成为全国重要的旅游经济强区。大湘西生态文化旅游圈包括张家界、湘西土家族苗族自治州、怀化、邵阳、常德五市及永州市的江永县和江华瑶族自治县。《规划》提出"一个龙头、二个中心、五个支撑城市、一条廊道、四条精品带、六大功能区"。着力建设张家界旅游龙头、凤凰和崀山两大旅游中心,依托张家界、常德、吉首、怀化、邵阳五大区域中心城市,构建大湘西生态文化旅游黄金走廊,形成大湘西世界遗产旅游带、沅水山水民俗景观带、沪昆高速民俗生态旅游带、原生态自然风光旅游带四条精品旅游带,打造大桃花源山水田园休闲度假、张家界奇山异水遗产、湘西文化生态风情、怀化古城古镇古村、大崀山原生态文化、中华瑶乡民俗文化六大旅游功能区。③

商丘历史悠久、文化底蕴深厚,拥有5000年的文明史,是至圣先师孔子的祖籍、文哲大师庄子的故里、巾帼英雄花木兰的故乡,也是商文化、火文化的发源地。近几年,商丘市注重突出地方特色,着力打造商文化、火文化、汉梁文化、孔祖文化、庄子文化、木兰文化六大商丘地域文化名片,"三商之源""华商之都""华夏祖地"叫响华夏大地。2012年10月23日,恢宏大气的华商文化广场内,彩旗飘扬,鼓乐喧天,2000多名中外华商云集于"三商之源""华商之都"参加"2012中国商丘国际

---

① 参见《"文化济南":让文化古城济南充满魅力》,《中国日报》山东记者站网2011年5月9日。

② 参见顾鑫《地方政府新一轮投资计划密集出台50天已达7万亿》,中国证券报—中证网2012年8月23日。

③ 《湖南拟投2千亿打造大湘西旅游圈主打民俗生态》,《京华时报》2012年1月27日。

华商节"，拜谒经商始祖——王亥。节会当天，签约项目216个，总投资413亿元，项目涉及文化旅游、机械制造、纺织服装、农副产品深加工、物流园区、新能源、新材料等领域。为加大文化产业项目招商力度，商丘市先后组织参加了中原文化港澳行、中原文化天津行、深圳文博会等大型文化节会。几年来，全市投资数亿元建设了永城汉梁文化博物馆、华商文化广场、木兰文化广场，以及民权王公庄农民绘画广场、商丘古城南湖游乐场等项目。这些项目建成后，发挥出了巨大的"乘数效应"：通过项目招商，签约、引进资金40多亿元，使文化产业生产总值每年以30%以上的速率递增，2011年，全市文化产业生产总值超过了100亿元。王公庄靠画虎"叫"响全国，全村1366人，其中有700人从事绘画产业，形成了以王公庄为主的农民画家群，年创作绘画作品7万余幅，年收入达到了6000万元。夏邑县火店乡从事宫灯等特色文化产业的中小企业达到8000余户，从业人员达到3万余人，形成了以火店、李店、邵庄等12个村为中心的特色文化产业基地，同时，辐射带动周边十几个乡镇6万多群众从事工艺品生产、加工。2011年，全乡文化产业产值达8亿元，仅此一项全乡人均纯收入增加3000元以上，占全乡人均纯收入的70%。该乡相继被命名为"河南民间文化艺术之乡""特色文化产业之乡""中国民间文化艺术之乡"。近几年来，商丘市科学决策、部署，出台了一系列激励、扶持政策，促进经营性文化事业单位改革和文化市场综合机构改革圆满完成，也使公益性文化事业单位改革提升了服务水平，公共服务水平明显提高。永城茴村书法村、宁陵刘楼陀螺村、柘城大仵舞蹈村和李庄唢呐村等一大批农村特色文化专业村日益壮大，宁陵"刘腾龙"毛笔、睢阳区木雕、柘城"泥人李"泥塑、虞城刻瓷等一批特色文化品牌日益叫响。到2012年底，全市18个文化专业村从业人员近10万人，年产值14亿多元。2010年底，全市所辖各县（市、区）电影公司、电影院、影剧院等经营性文化事业单位全部转企改制，圆满完成了省定任务，受到省委宣传部的肯定和表扬。2012年8月，商丘市在全省率先完成县级有线广播电视网络整合，成为河南省首家全面完成文化体制改革任务的地市。商丘豫剧院实行了转企改制改革，促进了戏曲事业的发展。随后，商丘市豫剧院院长陈新琴一举摘取中国戏剧表演艺术最高奖"梅花奖"，实现了历史性突破。在完成省定任务的同时，商丘市还对全市文化行政管理部门进行整合改革。在强力推进文化体制改革工作的同时，商丘市以"五个一工程"

文艺创作为龙头，狠抓文艺精品创作生产，文艺精品层出不穷。联合北京星光国际传媒集团，投资拍摄了电影《花木兰》，并在虞城举行了首映。在河南省第五届优秀文艺成果奖评选中，商丘市报送的电影《草根英雄》、文艺类图书《女儿桥》、豫剧《钟鸣钟庄》等5件作品获奖，在河南省第八届精神文明建设"五个一工程"评奖中，商丘市有9件作品入选，位居全省第一。为繁荣群众文化生活，商丘市开展了广场文化百日百场演出活动、爱国电影百部万场放映活动、爱国主义歌曲百首"六进"活动等"五个百"活动，为群众奉献两万场次的文艺演出和电影放映。商丘演艺集团从2008年开始，就承担了全市"舞台艺术送农民"任务，每年为全市农民群众免费义演大戏数百场，并且开展了"建文化名市，送文艺下乡"双百场演出，受到了农民群众热烈欢迎。"十一五"期间，为切实保证文化惠民，提升文化服务水平，商丘市各级财政在文化与体育传媒方面投入达7.77亿元，年均增长25.7%，高于同期一般预算收入年均增长5.6个百分点。几年来，商丘市扎实推进基层文化设施建设，完成了35个文化站建设任务，实施了两个县级支中心和594个村级服务网点项目，全市共建农家书屋3471家，占全市行政村总数的75%以上，并且精心组建了农村数字电影放映队217个，覆盖全市4669个行政村。广播电视"村村通"工程顺利完成，目前全市农村有线电视入户率以每年20%以上的速度递增，农民群众不出家门就能享受高质量的视觉盛宴。郑州大学文化产业研究中心主任汪振军说：商丘以改革为龙头、以市场为导向、以品牌为突破口、以文化富民为目的，实现由资源优势向产业优势转变，文化事业与文化产业比翼齐飞，文化正在发挥着促进城市转型、提升城市品位、塑造城市个性的巨大作用。"商丘现象"说明：文化的"软实力"可以转化为发展的"硬实力"。[①]

陕西省近年来大力发展文化产业并取得初步成绩。陕西是我国文化资源最富集的省份之一，拥有秦始皇兵马俑、汉阳陵、大雁塔、碑林、西安南城门等为代表的"历史文化品牌"，延安革命圣地、西安事变旧址为代表的"革命文化品牌"，秦腔、农民画、泥塑、皮影等为代表的"民俗文化品牌"，法门寺、楼观台为代表的"宗教文化品牌"，黄陵祭典为代表的"祭祀文化品牌"，西部影视、陕西作家群、长安画派为代表的"现代

---

① 参见《商丘：文化软实力变"硬支撑"》，《光明日报》2012年12月2日第4版。

文化品牌"，以及华山、壶口瀑布等为代表的"自然风光文化品牌"。同时，陕西高等院校和各类研究机构众多，高新技术产业发展水平位居全国前列，各方面人才充足，为文化产业的发展提供了强有力的支撑。更重要的是，陕西省委、省政府高度重视文化产业的发展，近年来出台了《陕西省文化产业发展纲要》《关于金融支持陕西文化产业做大做强的指导意见》等文件，提出建设"八大文化产业园区"的目标，着力推动陕西文化产业实现跨越式发展。目前，以西安为中心，陕西省初步建成陕北红色经典和黄土风情文化、关中历史文化和现代文化、陕南汉水文化和绿色文化"三大特色板块"，形成以文化旅游、广播影视、新闻出版和艺术院团为重点，以陕西旅游等六大集团为支撑的陕西文化产业格局。值得一提的是"曲江模式"。曲江新区位于西安市城南的大雁塔附近，是陕西省和西安市以文化产业为主体推动经济发展的一个成功典型。曲江新区建设以来，围绕文化资源以大资本运作、大项目带动、大集团运营、大产业集聚等方式，在文化项目和文化企业领域投资105.7亿元，形成了旅游、会展、影视、演艺、出版传媒、文化商贸等六大产业门类，初步形成了以六大文化企业集团为依托的跨区域文化产业集群。其中，曲江文化产业（投资）集团开发建设了大雁塔北广场大唐芙蓉园、曲江池遗址公园、大唐不夜城、法门寺文化景区等一批重大文化产业项目，大大提升了陕西文化的影响力，大大推动了陕西文化体制机制改革，大大加快了陕西文化产业的市场化进程，被称为"曲江模式"。2009年6月成立的陕西文化产业投资控股有限公司，是全国投资类文化企业的大型航母，也是陕西文化产业发展的重大引擎。这家公司注册资本22亿元，打算3年使资产规模突破100亿元、年产值突破30亿元，整合、组建10家以上专业化集团公司，形成经营集群化产业规模化的西部文化产业"巨无霸"，将以西安为核心，辐射陕北、关中、陕南，依托陕西特色文化资源，对一系列投资风险低、成长性好的复合式发展的重大项目进行投资运营。为了加快文化产业发展，陕西省还提出了推进文化体制机制改革的思路：一是以西安文化产业的大发展为突破，形成多点联动发展新格局。二是发挥资源优势明显的特点，合理调整布局，加快发展重点文化产业，提高资源产出效率。三是充分发挥曲江国家级文化产业示范园区和5个国家级文化产业示范基地以及35个省级文化产业示范基地的示范作用。四是大力培植和发展非公有制文化企业。五是充分利用丰富独特的历史文化资源优势，积极参与实施文化"走出去"工程。六是深化文化体制改革。①陕西省2012年人代会上已提出了实施"陕西八大工程"建设文化强省的目标任务，即建设一批国家遗址公园；建立乡土文化能人补贴机制；建设陕西秦腔博物馆；实现3—5家文化企业上市；把西安建成全国文化产业中心城市；造就一批名家大师；非公单位评职称与国有单位同等对待；设立基层文化服务岗位。西安城墙南门区域综合提升改造工程是展示美丽西安对外形象、彰显历史文化特色的文化工程，是实施"八水润西安"的重点文化工程，是惠及广大市民的重要缓堵保畅工程，是落实党的十八大精神，建设"三个陕西"的重大利民工程，功在当代，利在千秋。南门区域综合提升改造工程涉及河、城、桥、路、园等多方面内容，项目完工后，水景、城墙、道路、公园、广场、演艺等因素立体组合，形成西安一处新的文化景区，市民游客在这里走进历史，感受人文，体验文化。南门区域综合提升改造工程涉及部门多，施工难度大，自2012年10月9日开工启动以来，市委、市政府全力推进，市财政局、市规划局、市建委、市政公用局、市水务局、市文物局、市城投公司和碑林区等相关部门区县鼎力支持，把对环城南路交通影响降到最低，同时又保证了国内外游客一如既往地游览西安城墙，实现了各项工程的优质、高效、安全。到2014年2月，项目已完成投资约15亿元，南门箭楼复建、护城河水上游览线等六大工程进展顺利。②

（二）文化产业发展中的问题

毋庸置疑，我国文化产业发展已经取得了可喜成绩，但是，也还存在着不少问题，尤其是文化旅游和文化娱乐中的问题值得重视。据《新京报》2012年1月14日报道：全国多景区遭开发式"破相"。山西恒山四周群山"遍体鳞伤"。恒山，人称北岳，主峰位于山西省浑源县，1982年，被国务院批准列入第一批国家级风景名胜区名单。然而，山西省浑源县的无序开采，正蚕食着恒山美景。由于缺乏监管、长期无序开采矿石，恒山风景区四周群山"遍体鳞伤"，多个山头被挖出大大的缺口，植被遭

---

① 参见汪洋《我国文化产业发展与投融资支持——陕西文化产业现状调查引发的思考》，《中国党政干部论坛》2010年第1期。

② 参见刘振《南门区域今年换新颜"五一"护城河上可泛舟》，《西安晚报》（微博）2014年2月12日。

到严重破坏。浑源县城往南10公里进入恒山风景区，道路上挖掘机、推土机、翻斗车以及大货车穿梭往来，带起阵阵粉尘。恒山之所以被破坏，根源在于利益驱动，地处山西东北部的浑源县矿产资源丰富，目前已探明的矿产有煤、膨润土、沸石、花岗岩、高岭土等20余种，且不少非金属矿床均适宜露天开采。

陕西延安房产开发"蚕食"景区。杨家岭革命旧址位于陕西省延安市区西北，是中共中央1938年11月到1947年3月的驻地，后群众俗称"中央花园"，地表无建筑遗存。现在，"中央花园"原址上竟然盖起了三栋高层楼房。据了解，这三栋楼中有两座是延安风景林场建设的"职工安置楼"，是以"旅游经济适用房"立项通过审批并开始动工建设的，而另外一座是杨家岭村擅自开发建设的。据延安市文物局介绍，由于管理体制原因，"中央花园"权属多次更迭，地块上形成许多建筑，"中央花园"原有风貌早已不复存在。

江西庐山老别墅变身"度假村"。地处鄱阳湖畔的庐山是久负盛名的风景名胜区和避暑游览胜地。19世纪下半叶，庐山兴建了一批别墅并保留至今，形成蔚为大观的别墅建筑群。一些老别墅被开发用于宾馆经营和机关单位的休闲度假，从别墅村的老别墅里不时走出三三两两的游客。庐山管理局规划局局长周伶玲说，对外开放改造成宾馆的别墅安装了相应的配套设施，比如空调，厨房伸出来的油烟管以及热水锅炉，因为要经营开发，人住在里面，这些配套也是难免的，但不会对别墅造成破坏。但是记者在庐山上看到，由于用于对外经营，一些别墅厨房后墙上黑黑的油渍一直从排气孔下流到地面。

低俗的实景表演到处都有。丛林深处冒出一队"日本兵"，三轮军用摩托车为首，队伍中有被押解着的中国"花姑娘"，"日本兵"脸上还露出魔鬼般的笑容……这幕在网上流传的场景并非电影画面，而是抗日革命根据地安徽黄山谭家桥镇一个旅游景区推出的娱乐项目。这种被网友谴责为"恶搞行为"，发生在黄山北麓的普仁滩景区。"做红色旅游"成了某些地方趋之若鹜的时髦。或官员"触电"拍电影，或为"日军"立碑，或偏执于打造红色景区。谭家桥镇另辟蹊径，将游戏搬进现实，让游客自演"鬼子进村"。1984年，粟裕将军病逝，根据他生前遗愿，其部分骨灰就葬在谭家桥。抗战爆发后，粟裕英名威震大江南北，日、伪、顽闻风丧胆。该旅游项目刚刚启动时，为了做好宣传，相关人员将其推介到了网上，并贴有图片，很快就遭到网友的谴责。网友都不赞成这个项目，说该旅游项目拿国耻来取乐有损国家形象，抢"花姑娘"也很俗气。不少网友还非常愤慨。有专家指出，谭家桥是一个缅怀先烈之地，如今游人扮日军寻乐，这根本不是旅游文化，而是污染了革命先烈的灵魂，这是不应该发生的喧闹。为了吸引客源，不惜忘记历史，这怎么了得！忘记历史就意味着背叛！① 很难想象，在脱离了艰涩的历史语境，一切都在游戏场演绎的情景下，它会庄重得起来吗？"鬼子进村"变成了娱乐狂欢，在"自演自娱"的嘉年华里，人性的残忍与良善，也都稀释在轻佻的嬉戏把玩中。拿"鬼子进村"来教人勿忘国耻、爱国恤民等，只是徒增笑料：于欢腾和尖叫声里，谁还能体味到，革命年代的人性、尊严和牺牲？"鬼子进村"，是种庸俗、恶俗的噱头营销。旅游经济可以追捧游乐，但历史的硬骨，却不能浸泡在娱乐至死的染缸里，任由腐蚀。因而，请恶俗的旅游项目别动辄跟"铭记历史"扯上边，别一边乱折腾唤起眼球效应，一边兜售消费主义价值观，制造出尊重历史的幻觉来。②

据中新网报道，2011 年 9 月 16 日，广电总局下发《关于对石家庄市广播电视台违规问题的通报》，决定自 9 月 17 日零时至 10 月 17 日零时，暂停石家庄市广播电视台影视频道播出 30 天。石家庄市广播电视台未经批准，擅自将影视频道更名为"第三频道"，并变更频道标识和节目设置范围。该频道于 2011 年初开办一档情感故事类栏目《情感密码》，委托河北九天传媒有限公司制作。6 月 29 日，该栏目播放了一期《我给儿子当孙子》节目，雇人表演了一个"不孝"儿子对父亲出言不逊、百般欺辱的故事，肆意渲染家庭矛盾，刻意放大扭曲的伦理道德观，误导了广大受众，造成严重不良影响，损害了广播电视媒体的社会形象。为严肃广播电视节目制作和播出纪律，广电总局根据相关法律、法规等规定，对石家庄市广播电视台影视频道给予暂停播出 30 日的严肃处理，并责成河北省广电局依法吊销河北九天传媒有限公司的《广播电视节目制作经营许可证》。广电总局要求，各级广播电视播出机构和节目制作机构要吸取教训，引以为戒，认真清查所有同类节目，主动纠正各类违规行为，坚决杜绝类似问题再次发生。

---

① 《官方叫停黄山游客扮鬼子抢"花姑娘"旅游项目》，《广州日报》2011 年 8 月 4 日。
② 《游客扮鬼子进村是恶俗营销历史》，《重庆晨报》2011 年 8 月 4 日。

色情娱乐现象禁而不绝，也是发展文化产业中时常存在的问题。一些地方以发展文化产业特别是以发展文化娱乐业、宾馆服务业、文化旅游业等为名，对多种形式的色情服务活动视而不见、任其发展，默许甚至纵容保护，导致其泛滥成灾。据媒体报道，2010年5月11日，北京朝阳警方突查天上人间等4家豪华夜总会，当场查获有偿陪侍小姐557人。2010年6月，重庆警方对希尔顿酒店及其旗下的钻石王朝俱乐部进行突查。次日，据重庆警方通报称，希尔顿酒店因股东涉黑，介绍、容留妇女卖淫，违法经营和故意扰乱社会秩序，造成恶劣社会影响，责令其停业整顿。2010年6月5日，号称南京"最安全"的名商宝丽金夜总会等3家洗浴夜场遭警方突查，被警车带走的男男女女超过百人。2010年6月6日凌晨3时至当天中午，广州出动荷枪实弹民警600多人清查越秀区长堤大马路歌哥KTV，近600人被警方带回调查。2013年10月22日，河南省公安厅开展当年第三次扫黄打赌"无声风暴"集中行动，有19家涉黄涉赌场所被查处，74人被刑事拘留。11月1日深夜，河南省公安厅又异地用警，查处了位于郑州市郑东新区的"皇家一号会所"。2014年2月9日央视报道，记者在广东东莞的多个乡镇进行了暗访，发现多个娱乐场所存在以所谓"选秀"为名的卖淫嫖娼等违法行为，一些被称作"城市名片"的四星级、五星级酒店中也存在招嫖卖淫活动，记者举报后也未发现警察前来调查，警方也无任何反馈。节目播出后，广东省委主要领导立即作出批示，要求组织专项行动，对东莞全市拉网式排查打击，先治标，再治本。当日下午，东莞市委、市政府召开紧急会议，传达省里领导指示，统一部署全市查处行动。据东莞警方公布的信息，在2月9日的统一清查行动中，东莞市公安局共出动6525名警力，对全市所有桑拿、沐足、卡拉OK歌舞厅进行清查。行动中，共检查各类娱乐场所1948家，其中，桑拿220家、沐足672家、卡拉OK歌舞厅362家、其他娱乐场所694家，发现存在问题场所39家，带回162人审查。12家涉黄娱乐场所已被查封，中堂镇公安分局局长和涉黄酒店所在地的派出所所长停职调查。2月10日，公安部也立即召开了专题会，要求迅速采取果断措施，严肃追究东莞当地公安机关领导责任，坚决打击卖淫嫖娼活动的组织者、经营者及幕后"保护伞"。公安部还派出由治安管理局局长带队、监察和督察等部门参加的督导组赶赴广东，对案件查处、问题整治和责任追究工作指导督办。同日，广东省公安厅也召开全省电视电话会议，部署了全省公安机关开展为期3个月的扫除娱乐场所涉黄问题专项行动。截至12日13时,全省公安机关共查处涉黄场所187家,抓获涉黄违法嫌疑人员920人,刑拘121人、行政拘留364人,停业整顿歌舞娱乐场所38家,桑拿按摩场所156间。行动中广东各地公安机关已清查各类娱乐场所18372间次,其中歌舞娱乐场所3592间次,桑拿按摩场所4201间次。东莞市公安局对央视曝光的11间涉黄娱乐场所的查处加大侦办力度。共抓获央视曝光的涉黄娱乐场所涉案人员144名,仍在追逃51人。[①]

央视暗访东莞色情业,广东省领导高度重视,东莞当地政府迅疾整治,拉开了又一次东莞扫黄的序幕。对于这一事件,官方的报道应该说占据了舆论和道德的高地。但在社交媒体上却引发了不小的舆论旋涡。当日晚上,某些微博大V就直呼"东莞挺住""东莞加油""东莞不哭""今夜我们都是东莞人"……有的甚至公开质疑央视将目光对准东莞的色情业。很快跟帖者数以万计,网络舆论上充斥着一片"吐槽",调侃、揶揄、讽刺、挖苦、笑骂,不一而足,对于央视的挞伐之声更是甚嚣尘上。比如有网友发帖说:"做小姐的是这个社会的弱势群体,哪怕要曝光此事,也只会找背后的原因,不会用猎奇的手法拍下她们跳艳舞的镜头哗众取宠。一个掌控着巨大媒体资源的机构,它的使命绝对不该是如此做新闻。在你们拍下她们的艳舞之时,难道不明白这是让自己的职业蒙羞、跳了一场精神上的脱衣舞么?一个国家媒体将涉黄人员的样貌公之于众,无疑是对人权的侵犯。卖淫嫖娼固然可耻,但曝光后行为者必将为此付出代价,而曝光她们的样貌,无疑是一种比拘留、罚款等更为致命的'道德处罚'——失去声誉、抬不起头。这让她们如何改过重新做人?"有人说,性产业在某些地方难以禁绝,和改革开放后第一批城镇化质量不高有关。当时珠三角等地区以加工贸易起步,靠劳动密集型产业带动城镇化,但低水平的城镇化中,外来务工人员一无夫妻同行,二是缺少健康文娱活动,旺盛的生理需求催生了色情行业的市场。广东东莞不但是中国工业重镇,还遭人谑称"性都",估计单妓女便超过了30万人,如果连带"靠妓女为生"的,如淫媒、夜场服务员等,以及周边的服务业,相信和妓女有关的人口超过100万人。有评论指出,东莞"性都"帽子久摘不掉,是地方经济发展模式出现了问题。在制造业及外贸行业不景气的情况下,

---

[①] 参见新华网2014年2月12日报道。

东莞部分城镇对经济发展的内需，已经完全从传统产业转向娱乐产业，并陷入深深的"发展依赖症"。这样的情况，在其他一些地方也或多或少地存在。在有些管理者心里，是有个"小算盘"的，公开场合不讲，私底下并不否认；嘴上不说，手里在做。似乎只要地方经济发展好了，色情赌博之类，好像算不上什么大事儿。东莞是一个典型。他们也多次进行过"运动式扫黄"，但每次高压打击后问题依然存在，甚至还有更大规模的反弹。从法律层面讲，色情业的是与非是明确的。卖淫嫖娼、组织卖淫嫖娼以及那些充当这一行业"保护伞"的行为，不仅在今天的中国不合法，在世界上许多国家同样非法。非法的就得打击，这没什么话可讲。冰冻三尺，非一日之寒。色情服务的出现、蔓延乃至蔚然成风，深深地拷问着地方政府部门的监管与执法作为。在不闻不问、纵容默许"涉黄"行为的背后，究竟交织着怎样的利益？到底谁在充当色情产业的"保护伞"？有人说，打击卖淫嫖娼就是打老鸨，老鸨后面是老板，老板后面有老虎。在一些地方"猫捉老鼠"般的明禁实纵中，侵蚀的是法律的尊严和政府的公信，玷污的是社会风气、公众心态、城市未来。亵渎了公序良俗，背弃了以人为本，践踏了法律红线，这样的所谓"繁荣"和"活力"，只不过是瘾君子式的饮鸩止渴。

  为何一个看上去既符合法律规定，又符合道德规范的"扫黄行动"会引发争议？卖淫嫖娼是一种社会现象，其存在与人性弱点和经济利益的驱动相关，也与人们的价值观念、人生态度、社会监管、文化氛围等有密切关系。只要"供需双方"依然大量存在，这种现象就不会绝迹。色情行业的存在，不仅影响婚姻稳定、社会风气和道德教育，也很容易滋生腐败并与涉毒等犯罪沾边。以英国为例，有8万人从事性交易行业，其中95%的女性吸毒。非法毒品和卖淫行为，二者关系密切。拉皮条的人往往同时提供妓女和毒品。中国的情况同样不容乐观。根除卖淫在现阶段虽然有很大难度，但在文明社会中，我们应该能将恶行的损害降至最低。目前各国对待卖淫主要有三种模式。第一，卖淫刑事化。这种模式认为卖淫以及所有与卖淫有关的活动构成犯罪。第二，卖淫合法化。德国、法国、奥地利、荷兰等国和美国内华达州的大部分地区采取这种模式。第三，卖淫非罪化。这种模式的特征是不禁止卖淫，但也不实行卖淫合法化，其实质是对普通的卖淫或者说卖淫行为本身不加干预。在中国，因为传统文化、意识形态等原因的影响，一直采取的是第一种模式。在改革开放和发展市场经济环境下，还要不要继续采取这一模式，应该说是一直存在争议的，这也是一些地方，特别是经济、文化开放和发达的地区，一直对色情行业管制不严的原因之一。正确的态度应该是尽快控制住卖淫嫖娼蔓延发展的势头，消灭与卖淫嫖娼相互滋生的违法犯罪行为，控制卖淫嫖娼造成的疾病传播以及对社会风气的不良影响。同时，也要将治标与治本并行，一方面对违法行为进行坚持不懈的治理和清扫，另一方面创造更人性化、更高质量的生活条件，解决好外来务工人员的实际生活困难。一些地方政府也应调整思路，逐渐改变单纯依靠娱乐服务业支撑地方经济的发展模式。

改革开放以来，我国文化体制改革不断深化和文化产业发展的成功实践，不仅为文化产业发展打下了坚实基础、营造了良好氛围，同时也使我们对文化产业的重要意义及发展规律有了更加深刻而全面的理解和把握。文化产业是地方经济发展到较高水平的产物，具体说，它是市场经济的必然产物，地方经济发展水平决定了文化产业能否得到充分发展。只有发展文化经济和文化产业，经济增长才有潜力和后劲。同样，如果不注重文化的传承、发展和创新，地方经济就会失去灵魂，没有灵魂的经济实体，是没有竞争力的，最终要在市场竞争中被淘汰。因此，"文化产业发展的关键是找到一条符合该地区实际情况和经济水平的发展道路，这样才能起到其对地方经济发展的积极推动作用。经济发展水平相对落后的地区却往往是非物质文化遗产的发祥地或流传基础较好的区域，发展一些传统文化产业难度小、见效快，而独具地方特色的传统文化一旦形成产业、形成规模，不仅能客观上实现对传统文化的继承和发扬，而且必定能对地方经济发展起到巨大的拉动作用"[1]。

四 文化产业健康发展的伦理导向

文化是人类文明的重要载体，文化发展推动人的全面发展。一个民族的觉醒首先是文化的觉醒，一个国家的强盛离不开文化的支撑。中华民族伟大复兴必然伴随着中国文化的繁荣兴盛。兴起社会主义文化建设

---

[1] 参见王国洪、李琳、刘立新《文化产业与经济发展关系之探讨——以衡水市为例》，《衡水学院学报》2010年第6期，第5页。

新高潮，也是经济社会发展到一定阶段的客观要求。历史上，每一个经济社会快速发展的时期，往往也都是文化繁荣兴盛的时期。在改革开放的进程中，我国经济建设取得了举世瞩目的成就。但与经济的快速发展相比，我国文化发展相对滞后，同全面建设小康社会的要求不相适应，同人民日益增长的精神文化需求不相适应，同我国的国际地位不相适应，这在客观上要求我国的文化有一个大发展大繁荣。因此，我们必须更加自觉承担起弘扬优秀传统文化和繁荣现代先进文化的历史责任。

由于受国际、国内政治、经济思潮和历史文化传统等多种复杂因素的影响，在文化建设的各个层次和方面，都有可能出现偏离正确道德价值导向的问题。这些问题包括体制、机制和政策的道德合理性问题；包括文化观念的中与西、古与今的价值协调问题；包括文化事业与文化产业的关系问题；包括文化建设的善恶观、义利观、知行观和荣辱观问题；包括文化建设与经济、政治、社会、生态建设的关系问题；包括理想、信念、信仰和价值观念的转变和构建问题；包括文化人或文化创造、传播、交流、消费中的道德评价和规范问题；等等。文化建设中的伦理问题，也就是涉及善恶评价、公平正义、荣辱观念、和谐进步等的道德问题。从伦理、道德的维度对文化建设中已经出现或可能出现的问题进行深入、系统地研究，很有必要。

文化产业作为 21 世纪的朝阳产业，目前已成为国民经济新的增长点，在推动结构调整、经济增长和社会主义精神文明建设中发挥着越来越重要的作用。在市场经济条件下发展文化产业也是满足人民群众精神文化需求的重要途径。它具有资源消耗低、环境污染小、发展潜力大、产品附加值高等特点和优势。但是，这一产业在各地的发展情况和取得的经济效益却有着天壤之别。尤其近年来，一些经济欠发达地区依靠文化产业的发展，有效地改善了当地的经济发展状况，取得了可喜的成绩，同时也有一些地区却由于大力发展文化产业而拖垮了当地经济，正所谓成败皆"文化"。于是随着文化产业在区域经济乃至全国经济发展中地位的逐步提升和影响的日益扩大，文化产业和区域经济发展之间的关系也逐渐被人们所重视。[1] 党的十七大以来，中央把我国社会主义现代化建设的内涵越来越清

---

[1] 参见王国洪、李琳、刘立新《文化产业与经济发展关系之探讨——以衡水市为例》，《衡水学院学报》2010 年第 6 期，第 4 页。

晰地概括为经济建设、政治建设、文化建设、社会建设和生态建设。就文化建设来说，要求着力发展面向现代化、面向世界、面向未来的，民族的科学的大众的社会主义文化，贴近实际、贴近生活、贴近群众，深化文化体制改革，大力推进文化创新，激发全民族文化创造活力，提高国家文化软实力，推动文化事业和文化产业不断发展、文化市场更加繁荣，使人民基本文化权益得到更好保障。要始终坚持社会主义先进文化前进方向，兴起社会主义文化建设新高潮，在中国特色社会主义的伟大实践中进行文化创造，让人民共享文化发展成果，使社会文化生活更加丰富多彩、人民精神风貌更加昂扬向上。

经过改革开放30多年的发展，我国在解决人的经济贫困和知识贫困方面，成绩巨大，有目共睹，但是在解决人的道德贫困方面，则问题不少，尤其是人文精神的失落，道德理想的淡化，人格沉沦、诚信缺失、信任危机。可以说，道德贫困问题不但没有很好解决，在某些领域和方面甚至还在恶化。人们提出这样的问题：经济发展的最终目的是什么？人是实现政治、经济等社会目标的手段，还是社会存在与发展的最终目的？这些问题最终关涉到人的存在方式与价值追问。对这些问题的回答，将直接影响到社会经济发展方式、政治制度安排以及精神文化创新和传播等一系列社会工程的谋划。当代道德正在由实现社会发展的手段，转变为社会发展的目的，成为人的发展的标志。价值理性与工具理性的关系开始逆转，价值理性统摄工具理性，道德价值和伦理关怀，摆脱了纯粹作为政治、经济生活附属品的工具意义，使自身显现为目的，呈现为一种内在于人的生命意义的价值追寻。目前，我国文化发展已经进入到一个新的时代，即超越了纯粹的政治目标而与经济发展和人的发展紧密结合的时代，一个尊重人的价值与尊严、维护社会公平与正义的时代，一个追求人与人、人与自然关系和谐的伦理时代。这个时代的实质，就是伦理道德合理性成为文化发展必须关注的重要问题。作为应用伦理学分支的"文化伦理学"，就是专门关注和研究文化建设中的伦理道德问题的新兴学科。以当代中国社会主义文化建设为时代背景，研究文化建设中的伦理问题，有助于用伦理价值观念引导我国文化事业和文化产业的健康发展。同时，也助于引导文化创造、文化传播、文化交流和文化消费的主体，不断提高思想道德水平，为社会主义精神文明建设作出应有贡献。关注和研究文化建设实践，既能为方兴未艾的文化伦理学体系的形成作出贡献，为文化哲学和伦理学的学科建设奠定基础，也可以应用于人文素质教育。20世纪以来，西方国家的文化哲学、价值哲学和伦理学研究中，已经渗透着文化伦理的思想。如马克斯·韦伯的《新教伦理与资本主义精神》、罗尔斯的《正义论》以及哈贝马斯的《技术和科学作为意识形态》《交往行为理论》等，作为对"现代性"的反思和批判成果，把追求伦理、道德价值作为西方社会文化发展的基本目标。西方社会在第二次世界大战以后生产力迅猛发展，财富急剧增加，一个新的空间随之出现，这就是人们自由发展的空间，它的本质是"文化空间"。但是当这个空间逐渐扩展为人类社会的主导结构的时候，它却迎来了资本主义社会对人的控制、扭曲和压抑，在物质繁荣的表面，实际存在的文化异化现象，引起了很多学者对西方文化发展的伦理审视和研究。如西方的科技异化论、文明冲突论、生态危机论等，都与此有关。

第十章

对文化旅游和文化创意产业的审视

如前所述,文化产业或文化创意产业的内涵丰富,涉及面很广。从研究的角度来说,一是需要对文化产业的内容有整体把握和宏观认识;二是需要对部分内容进行相对微观的重点审视。由于篇幅所限,我们在此很难面面俱到涉及文化产业的各个门类,仅想涉及一下文化旅游、动漫产业和古城重建中的相关问题。

一 文化旅游产业发展的伦理审视

随着"大旅游"格局的形成和"全民旅游"时代的到来,旅游和旅游业更是成为当下的一个热门话题,受到全社会的热捧。文化旅游产业因其关联度高、带动力强、辐射范围广而被冠以"朝阳产业""无烟产业""绿色产业"等名,它在推动经济发展、促进文化繁荣方面的突出贡献已得到了社会的公认。然而,在旅游业繁荣发展的背后,却也存在着许多伦理失范现象,不仅严重制约着旅游业的发展,也制约着我国建设世界旅游强国目标的实现。深入探讨旅游业发展中存在的伦理问题并对之进行规范,在加快发展旅游业的今天不仅十分紧迫,而且具有重要的现实价值。

(一)"旅游"概念与中国的旅游业发展

南朝梁沈约的《悲哉行》中有"旅游媚年春,年春媚游人"的诗句。他可能是我国历史上最早使用"旅游"概念的人。曾有人做过统计,在《全唐诗》中,以旅游为题的诗仅有6篇,它们是贾岛的《旅游》、李群玉的《旅游番禺献梁公》、李昌符的《旅游伤春》、高适的《东平旅游奉赠薛太守二十四韵》、王建的《初冬旅游》、刘沧的《春日旅游》。20世纪60年代以前,我国很少有人使用"旅游"一词,常见的是"观光""旅行"等词。直到1964年11月国务院召开了"第一次旅游工作会议"以后,"旅游"一词才慢慢在我国传用开来。1979年由商务印书馆出版的《现代汉语词典》以及后来的版本中,"旅游"一词均被解释为"旅行游览"。1982年,国务院正式将"中国旅行游览事业局"更名为"中华人民共和国国家旅游局",至此,"旅游"一词才被广泛使用。"旅游"一词的英文是"tourism"。据法国学者罗贝尔·朗加尔(Robert Lanquar)考证,"tourism"一词于1811年首先出现在《牛津词典》中,释义为"以消遣为动机的旅游理论与实践"。也就是说"tourism"一词不仅指旅游业,也有旅游学的意思。尽管"旅游"一词出现较早,但时至今日,国际旅游学界对于"旅游"仍无统一定义,较为流行和具有代表性的定义有30余种。[①] 1991年世界旅游组织(WTO)关于旅游的定义是:"一个人旅行到一个其惯常居住环境以外的地方并逗留不超过一定限度的时间的活动,这种旅行的主要目的是在到访地从事某种不获得报酬的活动。"

我国是世界上旅游业发展速度最快的国家之一。有资料显示,1978年,我国国际旅游接待人数为180万人,仅为世界的0.7%,居世界第41位;2002年接待海外旅游者达到9791万人次,跃居世界第五大旅游吸引国、亚洲首位旅游大国。1978年中国国际旅游创汇2.6亿美元,仅占全球的0.038%,居世界第47位;2002年增至204亿美元,占全球的4.4%,成为世界第五大旅游创汇国。2002年,中国公民出国(境)人数达1660.23万人次,比2001年增长36.84%,成为亚洲地区令人瞩目的新兴客源输出大国。2002年中国国内旅游人数达到8.78亿人次,中国成为世界上数量最大、增速最快、潜力最强的国内旅游市场。随着中国的旅游业的蓬勃发展,其综合性、关联性很强的特点表现得越来越充分,在带动相关行业的发展、扩大国内需求、增强经济活力、提高人民生活质量等方面发挥了日益重要的作用。2002年,我国旅游业全年实现旅游总收入5566亿元,旅游业总收入相当于当年国内生产总值的5.4%,占到第三产业的16%,旅游外汇收入已占国家服务贸易创汇额的半数以上。2011年,我国旅游业总收入达22500亿元,接待入境旅游者13500亿人次,旅游外

---

① 参见张凌云《国际上流行的旅游定义和概念综述》,《旅游学刊》2008年第1期。

汇收入 470 亿美元，新增旅游直接就业约 50 万人。[①] 可见，经过 30 余年的发展，旅游业及其连带产业对我国经济社会发展的积极作用已毋庸置疑，旅游业已成为我国经济社会发展的重要产业支柱之一。

（二）"旅游"与"文化"的关系

1. 文化是旅游的灵魂。旅游活动从本质上说是一种文化活动。这是因为，无论是人文景观的游览，还是自然景观的亲近，都离不开文化的存在，文化天然地融合、体现于旅游的全过程中。从一定意义上说，缺乏文化内涵的旅游是没有灵魂的旅游，缺乏文化品位的旅游产品是很难有吸引力和生命力的。一个没有文化内涵的景区，对游客的吸引力就不会很强，无非是"齐天大圣到此一游"拍张照片而已。相反，一个有文化内涵的景区，只要导游讲解好了，游客、老百姓就会流连忘返。中国有句古话："读万卷书，行万里路。"行万里路也是在读书，但读的是活书，知识是在旅游观光的过程中获得的。我们相信，随着文化素养和知识水平的提高，人们会越来越追求文化上的享受，富有文化内涵的旅游景点（区）将会成为人们竞相旅游的去处。

2. 旅游也是文化的载体。旅游作为当今世界最广泛、最大众的交流方式，必然是展示文化、传播文化、推动文化的重要载体。旅游所带来的人流、文化流等，不仅促进了不同文化间和不同文明间的交流，也能够使很多"地下的东西走上来、书本的东西走出来、死的东西活起来、静的东西动起来"。可见，旅游不仅是实现了文化的教化功能，让文化文物资源多年沉睡的价值展现在游客面前，"把文化之魂赋予山水间，让山水复原虚拟的舞台艺术"，也成为了我们挖掘文化、优化文化、丰富文化和保护文化的重要途径之一。

3. 旅游与文化相辅相成、相得益彰。将文化与旅游有机结缘，有利于旅游业的健康、持续发展。随着旅游业的迅猛发展，文化在旅游业中的地位和作用越来越重要，它正在成为整个旅游业的灵魂和支柱，决定着旅游业的发展方向和兴衰成败。文化旅游既能满足群众精神与物质的需求，又能满足发展需求。在旅游活动中，人们时刻都在触摸文化脉搏、感知文

[①] 参见邵琪伟《在 2012 年全国旅游工作会议上的讲话》，国家旅游局网站 2012 年 1 月 16 日。

化神韵、汲取文化营养。旅游如形，文化似魂，形与魂的有机结合才是最完美的。而以文化远见加艺术创意来经营旅游文化产业，方是文化、旅游的长远之路。

（三）休闲旅游中的"文化旅游"

国外关于休闲旅游产业的研究始于20世纪60年代，界定了关于休闲旅游的概念，阐述了休闲旅游的动机、旅游者类型划分、休闲旅游产品开发及游客忠诚与游客行为等方面的问题，并且分析了休闲旅游产业的涵盖范围，构建了休闲旅游产业研究的理论体系，并认识到休闲旅游产业发展对促进社会经济可持续发展的拉动作用。中国学者对休闲旅游产业的关注始于20世纪90年代。与国外相比，我国对休闲旅游产业的研究不仅起步较晚，而且研究涉及面较窄。除个别以休闲教育作为切入点之外，大多数学者都是从哲学、社会学、经济学、人类文化学以及市场营销学等角度研究休闲旅游产业问题的。如休闲旅游的政府作用、休闲旅游的产业定位与布局、休闲旅游的市场导向、产品结构与产业支持系统等。纵观中国休闲旅游产业的相关研究成果，理论上，深层次提炼不够，描述性文章居多，研究的整体层次有待提高；视角上，体现了多学科交叉研究的学科发展态势；在研究方法上，定理分析与实证分析不够，与欧美等发达国家差距较大；从研究成果应用上看，目前的研究在宏观指导层面略显空泛，在微观操作上难以实施，这是我国休闲旅游产业理论研究现状与实际发展过程相脱节而产生的现实问题。休闲旅游至今已经成为中国旅游消费的主流和旅游发展的重要方向，休闲旅游产业是文化产业的一个分支，在发展过程中遇到了许多障碍，需求的日益膨胀与有效供给严重不足之间的矛盾也是学术界亟待解决的问题。任何旅游区都存在着一个或多个旅游中心地，这是由现代空间经济的客观规律所决定的。旅游活动也是一种经济活动，因而也服从经济发展的空间规律，即首先在一些具有聚集经济效益的区位发展并相对集中，然后才逐渐向周边扩散。

休闲是一种精神状态，休闲旅游是从游客角度说的。自然风光旅游和文化旅游是从旅游产品的内容及分类角度说的。因此，休闲旅游也就包括了自然风光旅游和文化旅游。休闲旅游中的"文化旅游"强调旅游中的各种文化现象，是可供旅游者进行学习和体验的文化产品。文化旅游是社会经济发展、人们休闲游憩活动达到高层次的必然要求。伴随文化旅游时代的到来，风光旅游一枝独秀的景象不再，文化旅游将会与之长期并存。在文化旅游活动中，风光旅游的内容往往构成了文化旅游的背景。在气候宜人、风光秀丽的环境中体验异域文化，增长知识，获得精神的愉悦，成为旅游者的追求，这样，文化旅游就从一般休闲旅游中凸显出来。早在1987年，魏小安在《旅游文化与文化旅游》一书中就使用了"文化旅游"的概念。经过多年的研究，学者已给"文化旅游"总结了不少定义，有关于文化旅游的静态定义，也有将文化旅游作为旅游活动和内心体验的动态定义；有从旅游类型的角度将文化旅游缩小为民俗旅游的，也有扩大为"与一般旅游活动区别甚微"的旅游现象的……根据世界旅游组织以及欧洲旅游休闲教育协会对文化旅游的定义，"文化旅游是指人们为了满足自身的文化需求而前往日常生活以外的文化景观所在地进行的非营利性活动"。文化旅游所旅游的是具象、意象的文化，文化是人类创造的物质和精神财富的集合。其中包括历史文化、民族文化、民间文化和现代文化等，也因此构成文化旅游的类型。依据人们在文化旅游活动中认识的不同客体，可将文化旅游产品分为历史文化类、民族风情类、民间文化类和现代文化类等。历史文化类，主要指古代墓葬、有历史影响的各类庙宇，古代要塞及其遗留物和历史文化有关的博物馆、展览馆等构成的旅游产品；民族风情类，指满足旅游者对其他民族建筑、服饰、饮食、节庆等产生兴趣的旅游产品；民间文化，指不同地域在历史时期形成节庆、仪式、生活方式等民间习俗，能满足旅游者求异愿望的旅游产品；现代文化，指人类认识自然、利用自然的过程中，用智慧创造的改造自然、探索宇宙的事物构成的旅游产品。由于文化旅游仍是旅游的一种，是旅游主体离开日常居住环境前往文化景观所在地的旅行和逗留活动，具有旅游的结构性、地域性与民族性等共同特性，"求异"仍是其本质特征。但文化旅游又有其独特性，是一种典型跨文化交流活动，有特色鲜明的异域文化，具有神秘性和互动性。对于不熟悉的生活环境，环境中的人及其生活方式、行为习惯，人们有种天然的好奇心与探求欲望，文化旅游为满足旅游者的好奇心提供了可能。不同的人类群体由于赖以生存的自然条件的差异，以及由地缘因素带来的不同的文化共生关系的影响，常常会形成不同的价值体系、思维模式和行为倾向。在文化旅游中，民族文化差异越大，越会产生神秘感。不同服饰、不同的饮食及其习俗、不同的节庆活动、不同的审美观念都具有恒定的魅力。与此同时，文化旅游是资源所形成的景观产品与文化旅游者共同构成的,越是对相关资源有所认识者,互动意识越强烈,互动越充分,旅游者满足感越强。文化景观产品的地域特色、民族特色及别样的文化符号等都给旅游者以冲击,产生"文化震撼",激发出旅游者跨文化交流的体验。

文化旅游的核心在于将已有的文化旅游资源,经过有关专家的规划设计,工程技术人员施工,形成特色鲜明的文化景观,从而使旅游主体面对景观,在欣赏中,在服务中,在聆听中获得满足。文化旅游中,旅游者所关注的是人们生活的社会,而非自然。以生活原貌为基础,精心设计所形成的文化旅游产品体现着不同历史时期不同民族在不同地域环境中认识自然、适应自然,并以此为基础认识自我、创造性地构筑人文环境、构建组织体系、形成特定的文化观念与行为方式。这为旅游者提供了获得知识、开阔视野、丰富阅历、提高能力的机会和别样的生活体验。文化旅游资源的合理、系统、综合开发,将对发展经济、建设宜居宜游环境贡献巨大。文化旅游的开发,对特殊稀缺的文化资源起到了保护作用,但旅游者游走于社区居民的生活空间中,也会影响到当地居民的生活。因此,文化旅游中的利益分配就是开发商、管理者、服务者和当地居民要去调和与平衡的棘手问题。作为原驻地文化的创造者与传承者,当地居民最熟悉自己的文化,热爱自己的文化,他们能直接或间接参与文化旅游,将会成为当地文化最有力的保护者。他们的参与即可获得文化旅游带来的利益,否则,文化旅游的其他角色就会被看做利益的侵夺者,从而影响文化旅游的开发与保护。作为旅游者,需要欣赏真实的文化旅游产品,当地的原住居民是原生态文化可靠的宣传员。由此,文化旅游开发保护与社区居民的关系问题,文化旅游与经济发展的关系,在大力发展文化旅游的时代是值得研究的,文化旅游资源的开发与保护问题也将是学者研究的重点课题。[1]

文化旅游要凝练创意内核。多年来,全国各地的祭祀活动持续升温,尤其是每到清明节,一场场祭祀大典竞相登台。诚然,寻根祭祖热潮意味着中国人向传统文化的回归,有利于增强民族的凝聚力,但祭祀活动过多,也有违文化传承的初衷,而且内容程式大同小异,也丧失了旅游吸引力。从祭祀大典到旅游节庆,都是文化创意与旅游融合的典型代表,也是宝贵的旅游资源。纵观国际国内,各类旅游节庆活动风生水起,成为了一

---

[1] 参见刘晓玲《从"风光游"到"文化游"》,《光明日报》2012 年 4 月 12 日第 16 版。

种与人们日常生活息息相关的文化现象。改革开放以来，国内旅游节庆活动从无到有，比较有影响力的包括潍坊国际风筝节、曲阜国际孔子文化节、岳阳国际龙舟节等。目前，全国各类旅游节庆活动已达5000多个，旅游节庆活动进入一个激烈竞争与蓬勃发展的时期。然而，在大大小小的旅游节庆活动中，有的发展势头良好，有的日渐式微。与众多国际、国内享有盛誉的旅游节庆活动相比，不少旅游节庆活动定位雷同、特色不鲜明、缺乏创意，陷入进退维谷的困境。在创意经济背景下，各类旅游节庆活动亟待以文化创意为内核，打造旅游节庆活动品牌，从而增加地方经济收入，繁荣地方文化，提升区域旅游形象。同样，主题公园也面临与旅游节庆相同的问题，亟待提高创意，走出同质化竞争的发展模式。主题公园是一种人造旅游资源，更需要有创意和文化的内核，才能给游客一个来参观的理由。目前世界上最成功的主题公园当属诞生于1955年的迪斯尼乐园，其鲜明的主题风格和持续创新的经营理念吸引着来自全世界各地的游客。我国有代表性的主题公园主要有深圳的世界之窗、北京的世界公园、昆明的世界园艺博览园、江苏的苏州乐园以及杭州的宋城等。但绝大多数主题公园已呈现出"穷途末路"，给人内容雷同、审美疲劳的感觉，有的主题公园还只沦为"圈地"的借口，完全已偏离了发展的初衷。其实，主题公园的最大特点是赋予游乐形式以某种主题，并围绕既定主题创造一系列特别的环境和气氛来吸引游客。独特的文化和创意是主题公园的灵魂，其主题选择需要创新思维，其经营方式也需要不断推陈出新，主题公园也需凝练创意内核，打造核心竞争力，吸引更多的游客，成为扩大文化消费、发展文化产业、实现文化传承的重要平台。1996年开园的杭州宋城是中国最大的宋文化主题公园，以"建筑为形、文化为魂"作为立园之本，虽然诞生于中国主题公园不景气的大环境下，却取得了良好的市场口碑，主要经验在于不断地将文化创意元素植入旅游全过程，注重营造互动体验环境，从而吸引了大量游客去体验"给我一天，还你千年"的独特感受。从产业发展模式看，当前中国旅游业已进入大众旅游阶段，但由于旅游消费中对自然、环境等元素过于依赖，整个产业发展还处于较为粗放的阶段。旅游业发展推动力主要源于注重物质要素投入的"外延式"发展，而非注重非物质要素投入的"内涵式"发展，从而导致旅游产品文化含量不足、创新意识不够。因此，旅游行业要将"转型升级""转型增效"上升为国家层面的旅游发展战略，凝练创意内核，增加旅游业文化含量，延伸产业链，提高附加值，使旅游业成为经济转型发展的亮点。凝炼创意内核的"创意旅游"是国际上近十年来发展起来的新理念，对旅游产业的发展具有积极的推动意义。创意旅游不是"创意"与"旅游"的简单融合，而是以"创意"为核心，促进旅游业向纵深延伸。创意旅游不仅包含体验性的旅游形式，而且包含主动参与和双向互动的动态创意过程。近年来，创意旅游这一特殊的旅游形式引起了联合国教科文组织、世界旅游组织和欧盟旅行委员会等国际组织的关注。世界各国亦开始关注创意旅游的发展，美国、英国、法国、西班牙、新西兰等国家相继制定了创意旅游发展战略并付诸实践。国外创意旅游的迅速发展对我国旅游业的转型升级提出了巨大挑战。当旅游市场适应需求变化由"大众观光市场"发展到"大众休闲市场"和"个性体验市场"时，我国传统旅游产业的发展模式也面临巨大挑战。需要从创意的视角深入思考，去打造适应现代旅游市场发展趋势的全新旅游模式，引领旅游市场发展方向，提升旅游产品文化内涵。比如，旅游演艺是文化创意与旅游融合创造的新型业态，以表现地区历史文化或民俗风情为主要内容，以旅游者为主要欣赏者，创意的内核裂变出各类风情各异的旅游项目：从西安的《仿唐乐舞》、昆明的《云南印象》到北京的《金面王朝》、杭州的《宋城千古情》，国内旅游演艺产品的规模和影响力不断扩大，旅游演艺作为发展创意旅游的新业态逐渐赢得市场认同。随着文化创意与旅游融合步伐的加快，创意旅游必将拥有更加广阔的发展前景。[①]

（四）对旅游业失范现象的伦理审视

旅游业涉及大量自然资源、历史文物资源、资金资源和人力资源的开发和使用，涉及人与自然、人与人（含当代人与后代人）、人与社会的伦理关系，对人类精神生活与文明品质的伦理影响非常重大和深远。经过30多年的发展，中国的旅游业再次迎来了发展的春天。然而，在我国旅游业快速发展的同时，旅游市场频繁出现一些不和谐因素，如"宰客""零负团费""虚假旅游广告""强买强卖"等，而旅游者素质参差不齐、旅游企业利益短视行为等，也使部分旅游景点受到了不同程度的损害，严重的甚至影响了生态平衡。因此，从伦理价值角度对旅游业失范现象进行

---

① 参见张玉蓉《旅游要凝炼创意内核》，《光明日报》2012年4月12日第16版。

审视，不仅有利于旅游业的健康发展和不断繁荣，也有利于我国的生态文明建设。

任何一个行业的发展，都是需求方和供应方之间的观念和行为互相磨合的结果；任何一个行业的伦理水准，也都是顾客和商企道德水准相互影响的结果。旅游业的伦理状况也是旅游者、旅游企业和旅游管理部门伦理自觉的结果。

1. 旅游者的伦理准则。就旅游者的不文明行为看，通常表现为：第一，大声喧哗。随团旅游经常可以看到这样的情景，导游人员正用柔美的声音充满激情地为大家解释景点景区的历史文化和基本情况，突然会有人大喊："快看快看，这里好壮观哦"，开始无所顾忌地抒发起感受来。在此起彼伏的感叹声中，即使讲解员再提高声音，也无法胜出，景点介绍只能淹没在嘈杂之中。另外，在景区内的其他公共场合，有些游客根本不顾及其他游客的感受，眼中无人地嬉戏打闹和大声喧哗。第二，不遵守景点、景区的管理规定，不接受导游人员的告诫。2010年6月13日西安秦岭野生动物园一对父子就是因为没有遵守园区秩序，误闯虎区，导致父亲被4只老虎咬死，所幸的是儿子被园区工作人员救出。这样的惨案几乎每年都会发生，试想，如果游客能够严格遵守景点景区的秩序，这些惨案不就有可能避免吗？世博会期间，有些游客在参观中国馆时被"清明上河图"下逼真的"河水"所震撼，为了试试看"河水"究竟是不是真的，根本不顾馆内工作人员的劝阻和告诫，居然把矿泉水瓶、废纸团等扔进去测试。这种行为不仅破坏了中国馆的卫生环境，也在世界各国人民面前丢了中国人的脸。第三，随手乱扔垃圾、随意攀爬乱刻。不论是正在嚼的口香糖还是正在吃的其他食品或其他垃圾，即使垃圾桶就近在咫尺，但有些游客就是视而不见，走到哪里垃圾就随手丢到哪里，从不考虑这样的行为是否会给其他游客和景区管理人员带来不便，更不考虑他"随手"给景点景区的生态环境带来的压力和破坏。还有一些游客，为了在景点景区留下自己的一个"靓影"，或者留下自己所谓的"游迹"，或者随意攀爬，或者随手乱刻，不仅给景点景区的保护带来严重影响，更有甚者造成了文物的破坏。第四，非理性的炫耀式消费。何谓"炫耀性消费"？美国经济学家凡勃伦在其著名的《有闲阶级》中提出了"炫耀性消费"的概念。所谓"炫耀性消费"指的是富裕阶级购买那些并非实用的奢侈品的消费行为，其目的仅仅是为了显示财富和社会地位。随着人民收入和生活水平的逐渐提升，社会消费结构不可避免地由温饱型向发展型、享受型过渡。在这种趋势的引导下，炫耀性消费在我国已成为一种显性的社会、经济现象，并广泛渗透到经济消费的各个领域，尤其是能满足人们较高层次需求的旅游领域。受追求享受、炫耀和虚荣心等的驱使，在旅游活动中出现的超越自身经济能力的非理性消费行为的游客日益增多，不仅对社会风气（盲目攀比，竞相炫耀）有一定的影响，也对个人生活造成了障碍。第五，低俗、刺激的旅游目的。在日益增多的游客中，有不少人并不只是想游山玩水，还想在旅游活动中，寻求低俗、刺激的项目，以满足自己"独特""猎奇"的旅游目的。当前，在我国的旅游市场上，不仅存在着"陪游伴游"现象，更有在景点景区存在一些低俗、刺激甚至色情的表演项目。这种"猎奇"式旅游不仅破坏了旅游市场秩序，更严重违反了相关法律制度。旅游者的伦理问题，从根由上讲可以分为两个方面。一方面是由旅游者自身缺乏良好的公共道德修养而引起的伦理问题。如在旅游景点随意乱扔生活垃圾，随意攀爬、随性乱刻自己名字；缺乏法律契约意识和不尊重旅游企业，随意要求更改住宿酒店甚至修改旅游线路；环境保护意识欠缺，对旅游景点的生态保护措施不予配合等。另一方面是由旅游者个人私德欠缺引发的伦理问题。既缺乏节俭意识又爱慕虚荣和追求享受的炫耀式旅游，缺乏家庭责任意识和节欲意识的猎奇式旅游，是旅游市场中色情甚至吸毒等不文明行为存在的重要原因；缺乏理性的跟风游，不仅给旅游市场的管理增加了难度，事实上也是一种社会性的资源浪费。以上旅游者伦理问题的存在，不仅不利于我国旅游业的健康发展，也对我国旅游资源保护、开发和利用不利。

2. 旅游企业的诚信问题。旅游企业诚信是旅游业在社会活动中践行权利与义务的状态，表明其履行约定的程度，是社会组织、群众、媒体等对其行为表现的评价和判断，是其产生的信誉、形象在群众心目中的整体反映，所以它既涉及道德伦理问题，也涉及法制经济问题。根据我国旅游业现状，旅游企业诚信缺失现象归纳起来主要有两类：

第一类是旅游企业对旅游者的诚信缺失。主要表现在：（1）违反旅游合同。违反旅游合同是旅游投诉中的常见现象。违反旅游合同具有多种表现形式：任意改变旅游路线，任意增减旅游景点，增加购物次数，卖团、卖人，并团、合团等。（2）降低服务标准。降低服务标准在旅游旺季中常常发生。旅游企业在推销其旅游产品时，容易出现夸大其词，并有各种优质服务的许诺。但当旅游企业向旅游者提供服务时，却与许诺不相吻合，降低了服务标准且服务态度不能让旅游者满意。（3）出售假冒伪劣产品。出售假冒伪劣产品一般发生在旅游商品市场。在不同的旅游商品市场上，旅游企业诚信缺失的行为不尽相同。在古玩、书法、字画等商品市场上，一些旅游企业利用假货、赝品来冒充正品；在玉器、珠宝、瓷器等商品市场上，一些旅游企业把劣质产品伪装成优质产品。有的导游还强迫游客购买自己推销的物品，如果有游客质疑或拒绝，还出言不逊，甚至将游客半途赶下车。（4）价格欺诈。价格欺诈一般有两种不同的形式。一是在价格上大做文章，如将旅游商品虚高标价，并通过夸大其词和不负责任的介绍，让旅游者在不知情的情况下高价购买；二是一些旅行社以低价促销的名义，吸引旅游者购买旅游产品，但在旅游过程中，旅行社通过增加购物次数，增加自费旅游项目来获得利润，使旅游者以豪华团的价格参加经济游。所谓零团费、负团费现象中就带有价格欺诈性质。旅游企业对旅游者的诚信缺失损害了旅游者的消费权益，打击了旅游者再度购买旅游产品的积极性。

　　第二类是旅游企业间的诚信缺失。主要表现在：（1）违约。违约是指作为供应方的旅游企业由于一些主客观原因，既没有按事先约定的数量和质量向购买方提供产品或劳务，也没有采取任何积极有效的措施来弥补，导致购买方的利益受损。这种违约现象在旅游旺季时经常出现。违约行为造成旅游企业之间的合作效率下降，合作成本增加，阻碍旅游企业之间开展多种多样的合作活动。（2）拖欠款。拖欠款是指作为购买方的旅游企业不付款给供应方，拖欠应付账款。旅行社之间拖欠款现象比较严重，导致有些地接社以扣押游客为人质的形式，逼迫组团社支付账款。赊销本是企业产品促销的手段之一，但拖欠款现象使一些旅行社不敢采用赊销，只用现金销售——最原始的结算方式，增加了企业之间的交易成本，降低了交易效率。（3）不正当竞争。一些不法旅游企业采用价格竞赛，以贿赂手段拉拢导游，制造和散布有损于其他旅游企业形象和商业信誉的虚假信息，冒用知名旅游企业的名称、品牌等不正当竞争的手段，使规范经营的旅游企业利益受损，商誉被诋毁。旅游企业之间的诚信缺失，使市场竞争中的优胜劣汰规律失去作用。

　　在激烈竞争的市场经济中，信用是旅游企业的无形资产和生产力。信用度高，就能给旅游企业带来大量的旅游者，带来较高的效益。而信用缺失，不仅会给旅游企业带来消极的影响，而且从长远来看，也会阻碍我国旅游业的健康、持续发展，进而在国际旅游市场上缺少竞争力。那么，是什么导致了我国旅游企业的不诚信经营呢？从根本上讲存在三个原因：第一，产权制度不合理。对国有旅游企业而言，旅游企业经营者的利益与他所经营企业的信誉之间没有长远关系，即企业信誉所带来的长远利益他无法分享。因此，在短期利益和长期利益发生冲突时，国有旅游企业的经营者没有积极性以牺牲眼前利益、个人利益为代价去建立企业的信誉，追求长远利益。而对私营、民营旅游企业而言，由于意识形态和政府等多方面的原因，民营企业没有形成稳定的产权预期，缺乏安全感，因而在长期利益和短期利益发生冲突时，往往会追求短期利益的最大化，而放弃对长远利益的追求，进而出现不诚信经营行为。第二，法律体制不健全。产权制度不合理使旅游企业有动机欺诈旅游者，但如果法律体制健全完善，旅游者积极主动地运用法律武器来维护个人权益，旅游企业在法律的制约下也不敢轻易欺诈旅游者，不敢任意违约。但由于我国的法律体制不健全不完善，法律对企业的约束力不足，普法教育不足且成效有限，法治观念尚未深入人心，大部分消费者不会也不愿拿起法律武器来维护个人的合法权益。法律体制不健全还表现在法律盲点的存在和执法不严。如关于信赖利益赔偿问题，我国的法律中还未有明确的法律条文，仅在《合同法》中规定了诚实信用原则和缔约过失责任。执法不严削弱了法律对企业的约束力，容易使诚信经营的旅游企业对法律丧失信心。如旅游企业之间拖欠账款和三角债的问题，即使告上法院，赢得诉讼，法院判决亦难以执行，应收账款仍然无法收回，造成一些旅游企业更愿意以扣押旅游者的形式来解决问题。第三，政府监管作用有限。除了运用法律武器来惩罚不法旅游企业的欺诈行为，旅游者还可通过政府行政力量来处罚不法旅游企业，如旅游投诉热线、旅游质量监督管理所等。但政府的人、财、物有限，当起诉较多时，调查取证的时间就会延长，作为受害者的旅游者往往已返回客源地，调查取证难度增大，旅游质监所就无法进行惩罚。加之地方政府也并非都是大公无私的，地方保护主义时常会阻碍政府的监管力量，有些不法旅游企业对旅游监管部门公务员的贿赂也会产生弱化作用。因此，政府监管对旅游企业的约束力也是有限的。

  3. 旅游管理部门的伦理失范现象。由于旅游业本身所具有的特点以及旅游产业发展对一个国家及地区社会经济发展所具有的重要影响力，旅游行政管理部门非常重视对旅游业的监管和政策制定、调整。然而，正是在这些规划、监管的过程中，旅游行政管理部门也存在着一些失范现象：第一，地方保护主义严重。作为旅游市场的监管主体，旅游行政管理部门本应该深入合作、统筹资源、合理规划，使旅游资源得到充分利用和保护。但鉴于旅游业在社会经济发展中的重要作用，许多地方政府均将旅游产业列为了本地区的主导产业或新的经济增长点，在政绩考核等因素影响下，许多地方政府在发展旅游产业的过程中便自觉不自觉地推行了一系列的地方保护主义的政策及措施：或是通过制定带有地方色彩的旅游法规及制度限制外地旅游产品进入本地市场与控制本地旅游相关产品流入外地市场，或是通过种种手段强令区域内的旅游经营者经营本地的旅游产品，或是对本地旅游市场上出现的某些不正当的经营行为"睁一只眼闭一只眼"，或是在处理旅游纠纷、旅游投诉时，庇护本地旅游经营者，等等。这种地方保护主义实质上是只顾眼前利益和局部利益而损害长远利益和全局利益的做法。第二，旅游监管部门存在"权力寻租"。"权力寻租"是指政府各级官员或企业高层领导人利用手中的权力，避开各种监控、法规、审核，从而寻求并获取自身经济利益的一种非生产性互动。受利益驱动，一些旅游行政管理部门利用手中所掌握的权力，随意干扰旅游市场竞争秩序。据报道，某省旅游局就曾为了获利，擅自设立障碍，横加干涉该省国际社在出境旅游业务方面的正常经营活动；另有一些旅游行政管理部门则以行政或者其下属党委的名义向各旅游企业下发通知举办名目繁多的研讨会、学习班等，借机收取数目可观的报名费、学杂费以及书本资料费等，加重了旅游企业的负担。第三，一些监管行为违背市场经济的发展规律。市场存在"失灵"现象，需要政府的干预，尤其是处于转型期的我国旅游业，旅游市场秩序尚未真正形成，更需要政府按照市场经济发展的规律，引导、规范旅游业的发展。但是纵观我国旅游行政管理部门在监管旅游市场秩序过程中的行为，多少还都存在计划经济时期遗留下来的监管模式，如"整风式""运动式"等监管方式盛行。一些监管措施也存在"治标不治本"的现象。针对"零负团费"而采取的旅游组团最低限价的措施就很典型。这种违背市场经济规律的做法造成的后果是：一些不法的组团社表面上响应"最低限价"的号召向旅客提高了团队报价，但实质上却仍继续干着"零负团费"的勾当，最终致使游客多花了钱，服务质量却一点儿都没有得到提高。第四，旅游政策的制定还存在着相当程度的随意性与模糊性。这一点又突出地表现在政府旅游政策的不透明与主观随意性较大。例如在西部大开发的过程中，各地政府不顾自身的实际情况纷纷出台系列的优惠政策来引资进行旅游开发；然而受制于自身条件的制约，由于政府的许多承诺难以兑现，以至于不仅严重挫伤了投资者的信心，而且无形中也给政府的旅游信用造成了相当程度的损害。另外，有些政府官员为了自身的政绩需求，好大喜功，急功近利，热心于盲目地上马一些旅游项目，以至于不断涌现的"面子工程""政绩工程"与"首长工程"，不仅造成了资源破坏与浪费，而且也严重破坏了旅游业的持续稳定发展。

4. 旅游从业人员的职业道德问题。改革开放30多年来，虽然说我国旅游从业人员职业道德建设取得了很大的成就，但由于多方面原因的影响，当前我国旅游从业人员职业道德也普遍存在着不少问题。第一，服务能力低下。旅游工作是"面对面"的近距离服务，这就要求旅游从业人员在工作中既要做到"热情友好，宾客至上"，又要"耐心细致，无微不至"，用优质的服务尽量满足旅游者合理正当的要求，让旅游者乘兴而来，满意而归。然而，在现实中不少旅游从业人员对本职工作存在着片面的认识，认为旅游工作就是伺候人，没有什么出息。这就导致在旅游从业人接待工作之中，既没有热情好客，缺乏基本的礼貌礼节，服务态度低下，甚至恶劣；在游览过程之中又敷衍了事，照本宣科，甚至游而不导，对游客"赶鸭子""放鸽子"。第二，缺乏诚信意识。诚信原则是旅游业经营之本，也是旅游从业人员必须遵守的职业道德规范。然而目前，我国旅游从业人员的诚信意识十分令人担忧。据中国质量万里行公布的情况，旅游投诉的主要问题有：虚假承诺，低价引诱游客签合同；景点"缩水"，游程随意改；降低标准，吃住打折扣，等等。不难看出，游客投诉的主要问题都与旅游从业人员诚信意识缺失有关。第三，经济利益至上。旅游业从属于服务行业，要求旅游从业人员奉行"顾客第一、服务至上"的理念。但在经济利益的驱使下，一些旅游从业人员奉行的却是"老子第一，金钱至上"的理念。在他们眼中，游客已经不是"上帝"，而是一只只待宰的羔羊。游客在旅游过程中感受的不再是"民间大使"所传递的殷勤好客，而是"张一刀""刘一刀"们的"磨刀霍霍"。旅游业健康、持续快速发展，是每一位"旅游者及旅游利益相关者"应尽的责任。要合理解决旅游业存在的伦理失范现象，就必须努力加强旅游伦理建设，提升旅游者、旅游企业、旅游行政管理者、旅游从业人员的自身素养和道德自律意识。

（五）加强旅游伦理建设，提升旅游行业整体水平

"旅游伦理"最早见于1999年世界旅游组织制定的《全球旅游伦理规范》，涵盖了人们在旅游活动中应遵循的诸种规范，起到调节旅游活动中各种复杂关系、约束和指导人们的旅游及与旅游相关实践的作用。因此，加强旅游伦理建设是旅游业发展到一定阶段的必然要求，是解决当前旅游业伦理问题的重要途径之一，也是对旅游法律法规建设的必要补充。

1. 制定旅游者伦理准则，提高旅游者自身素质和道德自律意识。根据我国旅游者在国内外旅游活动中出现的问题，我们认为我国的旅游者在一般旅游过程中至少应该遵循五个底线伦理原则：第一，爱护旅游到达地和居住地的公共卫生和财物；第二，尊重旅游工作者和旅游供应商的劳动和尊严；第三，尊重其他旅游者的权利，履行旅行、居住、就餐和购物等过程中的共同约定，不得无视他人的时间和正当要求；第四，坚持旅游可持续发展原则，做到尊重自然，保护环境，尊重历史，保护文物古迹；第五，自尊自重，自爱自律，自省慎独，提升自我，实现身心的健康和谐。在跨国旅游活动中应当遵循三个国际性的旅游道德原则：其一，友善和平原则。"旅游者应该以自己的实际行动促进各国人民间和国与国之间的相互了解和友好关系，并以此促进和保卫世界和平。"其二，尊重差异原则。"旅游者应该尊重过境地和逗留地的政治、社会、道德和宗教，遵守当地的现行法律和规定"，"要充分理解东道国的风俗习惯、宗教信仰和行为活动，要特别尊重其自然和文化财富"；"不应强调自己与当地居民之间的经济、社会和文化差异"；"要以受教育者的身份去领略作为人类整个财富不可分割的一部分的当地文化"。其三，勿吸毒、勿贩毒、勿偷盗文物、勿嫖娼卖淫、勿杀食野生动物。

2. 加强旅游企业的伦理道德建设。应该说，旅游企业的伦理规范现象是阻碍旅游业健康、持续发展的最大瓶颈。我们应该借鉴发达国家的一些做法，在伦理规范法规化、伦理监督社会化、企业管理伦理化等方面多下功夫。

第一，促进旅游企业伦理规范的法规化。据了解，当代许多发达国家，如英、美、日等国是通过行业协会制定的伦理法规来加强对企业的监督和管理的。行业协会具有为本行业从业人员制定伦理规范的义务、对违反行业伦理规范的人进行惩处以及进行本行业企业伦理理论研究的义务，同时也有颁布行业法律的权利。行业协会所制定的伦理规范，对本行业的从业人员具有法律的性质和作用。据统计，目前全国省以上旅游协会的会员单位近 2 万个，会员涵盖了国内大型旅游企业集团、国际旅行社、星级饭店、世界自然文化遗产和著名旅游景区。从规模上来讲，我国的旅游行业协会已初具规模，当务之急就是要加强旅游行业协会的管理功能，树立协会的威信和权威，将旅游企业伦理道德建设引入到旅游行业协会的管理职能中来；由旅游行业协会根据旅游市场自身的特点，制定在旅游业内具有法律效力的旅游企业伦理规范，真正做到行业自律。

第二，促进旅游企业伦理监督的社会化。旅游企业伦理监督社会化，就是通过商业活动与社会、公众的接轨，使商业行为具有较高的透明度，从而使旅游企业伦理建设公开化、民主化、大众化。而要使旅游企业伦理建设公开化、民主化、大众化，很重要的一条，就在于使旅游企业伦理建立完善的监督机制系统。其一，完善旅游业内部的监督机制，使旅游企业伦理的自我监督机制与社会伦理的监督机制结合起来、使旅游企业伦理建设成为具备主动接受和自我吸引社会舆论监督的系统。旅游企业伦理监督的设置，必须纳入整个社会控制体系，做到内部监督与外部监督相结合。其二，完善旅游业外部监督机制，使以群众为主体的群众监督、以党政、人大和政协机构为主体的领导监督，以大众传播媒介为主体的舆论监督，有机地结合起来，成为引导、评判和督促旅游企业伦理建设健康发展的重要力量。

第三，促进旅游企业管理的伦理化。作为旅游市场主体的旅游企业要谋求健康、长远的发展，就必须要树立伦理管理的管理理念。而伦理管理的思想就是要通过激发道德规范的作用，在组织内部形成良好的人际关系和道德氛围，增强组织的适应能力和变革能力，提高组织绩效。为此，旅游企业可以从两个方面来推进伦理管理：一是要提高旅游企业管理层的伦理素养。这是因为旅游企业管理层自身的伦理道德观念在某种程度上会影响员工乃至整个企业的伦理观念及各种行为，他们的行为能够传递的信息比写在企业伦理声明中的信息要明确得多，因而是旅游企业伦理道德建设得以贯彻的重要因素。二是要提高旅游企业员工的伦理素养。旅游企业的员工是旅游企业伦理准则的实施者，也是企业反伦理行为的目睹者，因此对员工进行道德伦理培训极为必要。对旅游企业来讲，要重视教育和帮助广大员工牢记社会道德的核心，引导员工主动了解旅游消费者的需要和喜好，提供质量优良的服务，切忌不能只图牟利不讲道理，欺骗和坑害消费者，只有这样才能有利于帮助广大员工养成良好的职业道德品质，才能在旅游市场中为旅游企业塑造出良好的形象，赢得社会公众的肯定和赞扬，以利于旅游企业的生存和发展。

3. 规范旅游行政管理部门的伦理原则。世界旅游组织起草颁布的《旅游权利法案》写明："为了当前和造福于子孙后代，应该保护包括人文、自然、社会和文化在内的旅游环境，因为它们是人类的共同财富。"要保护和提高我国旅游资源的开发利用效率和效能，就必须为旅游行政管理部门制定伦理原则，以帮助旅游行政管理部门在更好地规划、开发旅游资源同时，保护旅游资源的可持续发展。

第一是公平原则。公平原则维护的是代内、代际公正，强调在保护自然和历史文化资源的同时，要尽最大可能兼顾和提高当地居民的生活传统和生活水平，至少不能因为保护旅游资源而使他们的生活境遇更糟；强调在保护当代人生活质量的同时，不能影响子孙后代对于资源的利用和开发，不开发属于不应当开发的属于代际的资源；强调各种民族文化之间的平等，不能一边利用少数民族的习俗传统开发旅游资源获取经济价值，一边却用某种"现代化"尺度使他们的文化传统无法得到尊重而被消解掉。

第二是和谐原则。和谐是指人类对旅游资源的开发和利用，无论是对自然景观资源还是历史文化遗产资源的开发和利用，无论是对历史传承的各类景观资源还是发明创造新的景观资源，都要追求人类与自然的和谐，都要尊重自然的权利和价值。自然即美，和谐即美。旅游应该是领略美、体会美的过程。

第三是慎介原则。审慎介入是兼顾环保和发展的行为调节原则。它强调，对于旅游资源来说，生态价值和历史文化价值是对其进行资源开发的基础和前提，鉴于自然风景、生态环境和历史文化资源的破坏往往具有不可逆性，因此，对旅游资源的开发和利用要优先考虑自然保护与生态安全，恢复性的措施必须先行或同步进行，并不断调整，从根本上杜绝"先污染，后治理"的悲剧重演。

第四是可持续发展原则。可持续发展原则是旅游伦理的基本要求。出于维护社会与自然生态环境以及促使旅游生态环境良性循环的目的，需要在进行旅游规划和开发时坚持可持续发展原则，以正确处理资源的开发与发展、人与自然、人与人（代际之间、同代之间）之间关系的。中国政府是提出旅游可持续发展伦理原则的国家之一。

4. 加强旅游从业人员的职业道德建设。人类社会在经历了农业革命和工业革命之后，正在进入服务业革命时代。旅游业正经历着一场涉及服务观念、服务艺术和生活方式的"旅游革命"。随着国家和社会对旅游业的期望和要求越来越高，必然对旅游从业者的职业道德素质提出更高的标准，因此，加强对旅游从业人员的职业道德教育是应对旅游革命的重要举措之一。

第一，加强旅游从业人员职业道德教育。一般而言，对从业人员进行规范化培训就是按照岗位规范要求进行的包括政治思想、职业道德、文化科学知识、专业知识和实际技能等内容的培养与训练。但在目前旅游行业的岗前培训、在岗培训以及提高培训中，无论是培训组织部门，还是接受培训的旅游从业人员都普遍注重业务技能和业务水平的提高，而忽视了职业道德这个岗位培训的一个重要内容。在他们看来，专业知识与职业技能培训是主要的，是硬任务，而职业道德教育是次要的，是软任务，可有可无。在培训时间与内容上，职业道德教育与专业知识和职业技能培训相比少得可怜，有的旅游部门的培训机构根本不安排职业道德教育时间。这无疑不利于旅游从业人员职业道德素质的提高。因此，为了切实提高旅游从业人员职业道德水平，必须要重视加强旅游从业人员的职业道德教育。

第二，帮助旅游从业人员树立职业道德理想。旅游职业道德理想是旅游从业人员在旅游职业活动中所追求和向往的理想品德。它鲜明地体现着一个旅游从业人员的人格追求。作为旅游从业人员只有树立了坚定的职业道德理想，才能形成自己的职业道德信念，并把它奉为职业行为的指南。旅游从业人员要确定自己在旅游服务职业岗位上为旅游者服务的目标，把为旅游者"主动、热情、耐心、周到服务"作为自己的职业道德理想，并在这一理想指导下努力提高服务质量和服务水平。同时，还要帮助旅游从业人员提高职业道德意识，培养职业道德情操，磨炼职业道德意志，养成职业道德习惯，从根本上提高旅游从业人员的道德自律和道德自觉。

第三，推进旅游从业人员职业道德建设的法制化。"在现代国家中，越来越多的道德规范被纳入社会法律规范体系之中，越是文明发达、法制健全的国家，其法律所体现的道德规则便越有效。"[①] 而在职业道德建设

---

① 参见王一多《道德建设的途径》，《伦理学》1997年第2期。

中，欧美一些西方资本主义国家则更是不断强化法律法规对职业道德的硬性保障。这是因为：由于道德的履行主要依靠行为主体的自觉性，因此，道德只能约束有道德的人，对缺德者则软弱无力。这必然造成谁守信谁吃亏，谁欺诈谁得益的极不公平的社会奇怪现象。此时，法律的介入不仅可以提高职业道德的权威性，加大惩恶的力度，对旅游职业活动中不道德的现象起到震慑和遏制作用，较快地扭转职业活动中的道德失范状况，给旅游从业人员以确定的价值导向，而且可以在法律的基础之上，为那些职业道德觉悟较低的旅游从业人员建立起道德的生长点。因此，推进职业道德建设法制化是提升旅游从业人员职业道德建设的重要途径之一。

二 发展动漫产业的伦理审视

在新兴的文化和产业价值链中，动漫及其衍生品的巨大产值及其迅猛发展，日益受到世界各国的普遍关注，而且已成为日本、韩国及欧美一些发达国家的文化支柱产业。据统计，美国、日本、韩国等国的动漫产业产值约占本国 GDP 的 12%，成为了国民经济发展的新增长点和"耀眼"的新产业门类。① 尽管我国的动漫产业起步较早，始于 1926 年，发展于 20 世纪五六十年代的水墨动画更是当时一绝，但遗憾的是未能一直保持优势，致使技术停滞不前从而慢慢落后。近些年来，在国家的大力扶持下，我国动漫产业蓬勃发展。然而，正如经济生活和政治生活离不开道德的规范一样，对于动漫产业的发展，也应该给予正确的道德规范，从而引导人们和谐、有序地发展、壮大动漫产业，更好地促进我国经济、文化的发展。

（一）中国动漫业的发展现状

什么是动漫业？关于"动漫"的具体论述，不见于"经传"。通过查阅一些有关动画概论的书籍和文章，均不见对"动漫"的解释和论述，倒是在一篇关于漫画的文章中看到对这个词的解释：1996 年以前在中国内地没有"动漫"这个词，两者分立但又有联系。此词的出处和推广，源于 1998 年中国第一本动漫杂志——《动漫时代》（ANIME COMIC TIME），因此，"动漫"一词才得以出现并渐渐深入人心，成为全中国动

---

① 参见殷俊编《动漫产业与国家软实力》，中国书籍出版社 2012 年版，第 1 页。

漫业常用的词汇和动画与漫画的总称。动漫的动画和漫画的合称与缩写，随着现代传媒技术的发展，动画（Animation）和漫画（Carton）之间联系日益紧密，两者常被合二为一，故称为"动漫"。而官方文件中的"动漫"往往泛指动画和漫画出版以及一切与动画相关的事物。

对于动漫，不同的人有不同的理解。对于孩子们来说，动漫也许是他们每天必看的电视节目动画片，在动漫作品中他们可以找到自己崇拜的偶像、英雄；对于家长们来说，动漫是典型的儿童娱乐项目，是印在文具、玩具、衣服、教科书上的卡通；在动漫绘画师心中，动漫则是一门高超的艺术，生活中的现实、梦想、激情都可以通过精美的画面来展现；对动漫产业投资者而言，动漫则是一种特殊的影视媒体产品，是取得市场利润的手段。……那么，到底动漫是什么呢？通常认为动漫是一门以漫画、动画、游戏（即通常所说的ACG）为核心，研究探讨三者起源、发展经过、融合历程以及未来发展走向等内容，包括人物形象设计、动画制作、故事情节创作、网络游戏、图书小说、动画电影、周边玩具、人物配音、音乐制作、服装设计、动漫产业链等的一门综合性学科。其中，动漫产业是指以"创意"为核心，以动画、漫画为表现形式，包含动漫图书、报刊、电影、音像制品、舞台剧和基于现代信息传播技术手段的动漫新品种等动漫直接产品的开发、生产、出版、播出、演出和销售，以及生产和经营与动漫形象有关的服装、玩具、电子游戏等衍生产品的产业。[①]

我国动漫业的发展经历了一条辉煌与艰辛并存的发展之路。1926年，中国第一部动画片《大闹画室》问世。1941年，世界第一部长篇动画电影《白雪公主》上映4年后，中国的第一部动画长片《铁扇公主》走上银幕，并开启了中国动画片走出国门的历程，发行到日本和东南亚后获得好评。1955年中国第一部彩色动画片《乌鸦为什么是黑的》在国外获奖。1961年与1964年拍摄的《大闹天宫》（上下集），将中国传统戏曲的表演艺术与动画电影结合起来，国外评论说："《大闹天宫》不但具有一般美国迪士尼作品的美感，而且造型艺术又是迪士尼式的美术片所做不到的，它完全表达了中国的传统艺术风格，是动画片的真正杰作。"1979年，中国第一部彩色宽银幕动画长片《哪吒闹海》诞生，民族风格也得到了很

---

① 参见国务院办公厅《关于推动我国动漫产业发展的若干意见》，国办发〔2006〕32号，2006年4月25日。

好的体现,"色彩鲜艳、风格雅致、想象丰富",在国际电影节上获得如此好评。20世纪80年代拍摄的水墨风格的剪纸片《鹬蚌相争》获第十三届柏林国际短片电影节银熊奖,南斯拉夫第六届萨格勒布国际动画电影节特别奖,加拿大多伦多国际动画电影节特别奖,文化部1984年度优秀美术片奖。上述经典作品,无论是故事情节还是造型、色彩,都达到了当时国际上动画作品的较高水平。除了制作出一批经典作品,中国动漫界还创造了水墨片、贴纸片、剪纸片、木偶片、拉毛片等动画片样式,形成了所谓的"中国学派"。进入20世纪80年代以后,由于我国的动漫领域长期处于有行业无产业、有行无市的尴尬状况,缺乏市场意识,由国家投入,不计产出,加之长期把动漫作品定位为"给小孩看的教育片",动漫产品在国内外缺乏竞争力,处于十分被动的局面。与日本、韩国和欧美等国相比,我国动漫市场急剧萎缩。

从2000年开始我国开始重视动漫产业。2000年党的十五届五中全会把动漫产业正式纳入国家战略层面进行大力发展;2001年的"十五"规划也把动漫产业列入其中;2002年党的十六大把文化建设纳入现代化建设的总体布局;2007年党的十七大明确提出要兴起社会主义文化建设新高潮,激发全民族文化创造活力,提高国家文化软实力;2009年国务院发布《文化产业振兴规划》,这是新中国成立以来第一次从国家高度对振兴文化产业做出整体规划,标志着文化产业上升为国家战略。在政府积极引导、国家政策扶持和一批优秀动漫企业的示范带动下,目前,我国动漫产业已经进入了快速发展的新阶段。动漫创作生产获得了大力发展,国产影视动画产量大幅增长、质量稳步提升;加强了播映平台建设,国产影视动画播映体系初步形成;积极培育了市场体系,市场交易日益活跃;强化了国家动画产业基地建设,区域发展布局初步形成;落实了政策,加强了管理,影视动画产业发展环境不断优化。当前,中国的动漫产业总产值稳步增长。2011年,我国动漫产业总产值已增加到470多亿元,动画电影批准备案数量增加到83部,年票房收入突破1.6亿元,动漫期刊年发行量增长到1亿多册,图书年发行量增长到6000万册,新媒体动漫产品也增长到十几万件。[1] 国产原创动画片产量提升。据国家广播电视总局的统计数据,从1993年到2003年,我国动画片总产量仅为4.6万分钟;而

---

[1] 参见杨状振、王甫《2011年国产动画片发展报告》,*CONTEMPORARY TV* 2012年第2期。

2008年达到13万分钟，跃居世界前列，并提前两年完成了"十一五"规划目标。动漫产业链逐渐完善。尽管中国动漫产业发展迅速，但衍生产品开发却相对不足。目前，我国动漫产业在衍生品开发领域的探索初见成效。动漫产业基地呈现良好的发展态势，已经形成了北京、上海、杭州、成都、长沙等动漫产业基地。

（二）动漫产业与文化产业

文化是一个民族的精神和灵魂，是一个民族真正有力量的决定性因素。国家的影响力，取决于经济、科技和军事实力，但归根结底取决于文化实力。如何从大国走向文化强国，使世界认识一个真实的中国，为现代化建设创造良好的外部环境，是当前和今后一段时间文化战线工作者面临的重要课题。动漫产业所包含的漫画、动画及衍生品覆盖了社会生活的各个层面，它以其视听直观、传播便捷、影响广泛等特点在国际文化贸易中占据着相当优势的地位，已成为构建国家文化软实力、造就高强度文化影响力的核心产业之一。

1. 动漫传播对文化发展起普及作用。动漫产业作为文化产业的重要组成部分和新知识型经济形态的代表，它的创作是基于民族传统文化和价值观念而进行的。动漫作品在传播过程中，不断进行民族传统文化和时代精神的积累和渗透，使受众得以感受民族文化发展的脉搏。动漫作品所宣扬和承载的尊老爱幼、从善行德等传统美德在受众心中打下烙印，并内化于受众的日常行为、生活中，这种柔性影响力不断扩大，为国家核心价值观的形成做了铺垫。当代"和谐社会"的理念和主张，就是在中华民族优秀传统文化的基础上，结合世界文化发展潮流进行的文化力再创造的结果，是对当代中华民族文化核心价值的追求。一般而言，4—14岁的儿童是动漫影视作品收视、衍生品消费的最忠诚群体，动漫文化一边给受众带来快乐，一边把文化叙述给受众，对普及知识、提高文化质量、提升民族素质具有深刻的意义和价值。如湖南宏梦动画公司出品的《蓝猫淘气3000问》，透过"蓝猫"和伙伴们的历险过程，分析其遇到的问题，提供了宇宙星空、生态环境、人文历史、生物百观等方面的知识，成为儿童观察世界的"显微镜""放大镜"，是社会文化的"百科全书"。

2. 动漫作品建构人对社会认知的桥梁。梁启超用充满激情的笔调描绘：少年智则国智，少年强则国强，少年进步则国进步。我国18周岁以下的未成年人已超过3.6亿人，这些青少年能否健康成长直接关系到国家发展的未来。2009年，北京师范大学艺术与传媒学院展开了"未成年人影视收视行为调研活动"，调查数据显示，未成年人对生活服务、新闻、文化教育等类型的节目喜爱程度较低，均不超过25%，而对娱乐及动漫节目喜爱程度超过了72.93%。通过丰富的想象力，动漫作品对文化要素、文化创意进行组合搭配，以巧妙构思将生动、形象的故事予以展示，进而给受众建构了一个充满童趣、快乐的美好世界。动漫影视作品大都在小孩成长时期开始导入，很多人得以在孩提时代感知蜡笔小新的可爱、白雪公主的善良、狼外婆的诡计、花仙子的美丽、威廉城堡的神秘、阿拉丁神灯的魔力……生动、鲜活的动漫形象给儿童留下了美好回忆，儿童开始区分善恶、美丑，并潜意识开始主动向真、善、美靠近，通过想象，儿童自觉、不自觉地开始构建自己美好的童话王国，这也是他们构建文化世界美好图景的一个小缩影。

3. 动漫产业对文化产业发展有引领作用。文化产业是国民经济的支柱性产业，近年来正呈现良好的发展态势，日益成为经济发展新的增长点，提高了国家文化软实力。2009年7月22日，温家宝总理主持召开国务院常务会议，讨论并原则通过了《文化产业振兴规划》。规划提到的加快发展的重点文化产业包括：文化创意、影视制作、出版发行、广告、文化会展、数字内容和动漫等。在这些文化产业类型中，动漫产业是创新性很强、对日常生活渗透很直接、对意识形态传播更深刻、对相关产业带动性很广、增长快、发展潜力大的产业类型之一。动漫产业包容性高，既有硬实体，如主题公园、旅游业、玩具、人文景观等，又兼"无形"而具影响力的软性文化传播，在构建国家文化"软实力"的诸多文化产业形态中，具有领跑者的姿态，对文化产业的良好发展起到引领和示范作用。

（三）动漫产业的伦理问题

动漫产业发展的过程并不仅仅是动画、漫画的创作，游戏产品、动漫图书的发行及动漫衍生品的开发等单纯的商业行为，更是一项复杂的社会活动，包含政治、经济、教育、伦理道德等方面的多种因素。如果没有伦理道德对动漫产业发展的引导和规范作用，就没有动漫产业真正意义上的健康、持续发展。

1. 动漫与道德的关系。不管是宣扬正义战胜邪恶还是宣扬暴力和色情，几乎任何动漫都与道德存在关系。首先，道德影响动漫。一般来说，动漫作品的创作基于民族传统文化和价值观念而形成。大部分动漫作品是通过将主人公设定为与受众年龄相仿，且处境相近的状态，并通过主人公不懈的努力而获得成功，这种自身情节发展和商业化的需要在潜移默化中将励志的世界观、主流文化、民族文化以深入浅出的方式传达出来，使受众在欣赏作品的同时，受到感染，并获得乐观向上的人生观，巩固、加强民族认同感。因此，一个民族的道德价值观念对动漫产业具有很大的影响和规定。尤其是社会的主要价值观对动漫所要宣扬的主旨有一定的指导性和制约性。其次，动漫也影响道德。动漫作品能塑造和反映当今的社会生活，也能作为道德教育的一种形式和手段，影响着人们的思想和生活。《喜羊羊与灰太狼》是国产动画近年来罕有的成功作品，其刻画的喜羊羊、美羊羊等形象深受小朋友的喜爱，而懒羊羊、灰太狼等形象则深受成年人的喜爱。这部动画片也带来了一定的社会影响，例如有的小朋友看过之后不愿吃羊肉了，而有的女青年发誓要找像灰太狼那样的男生做老公，更有一首名为《要嫁就嫁灰太狼》的歌曲风靡网络……足可见动漫作品体现出来的力量是具有直接现实性和具体可感性的，这也就是动漫特有的一种惊人的潜在艺术力量。同时，动漫作品的好坏，动漫及其衍生品的制作者、发行者本身的道德水平等，对社会成员的道德水平有着潜移默化的作用。最后，道德对动漫的规范。众所周知，大多数未成年人都是在观看和模仿那个时代的动画片中成长起来的，动漫对未成年人性格、价值观的形成起着重要作用。我们更应当深刻地认识到，像动漫这种特有的艺术方式需要有一系列规范去约束，仅靠政府等有关部门制定政策法规去引导和约束是远远不够的，因为动漫产业的主要消费群体是儿童、青少年等，所以应当极力倡导全社会用道德加以约束。只有这样，才能体现一种奋发向上、积极有为的艺术作用，营造健康的学习娱乐氛围。"伦理道德建设是艺术发展的驱动力，伦理道德是任何一项社会工作和每一位社会成员行为的动力源。"作为社会分工的一部分，动漫产业链也应当成为伦理道德动力源的对象。伦理道德是动漫产业发展的理性杠杆，动漫产业的健康、持续发展需要伦理道德作理性的支撑与引导。只有这样，才能在提高人们的生活质量，促进社会经济发展的同时进而推动社会的文明与进步。

2. 发展动漫产业中的伦理问题。进入 21 世纪以来，我国的动漫业显现出了生机勃勃的景象，但理智地看一下中国动漫市场的现状，我们会感到有些尴尬，在我国青少年最喜爱的动漫作品中，日本动漫占 60%，欧美动漫占 29%，而中国原创动漫，包括港台地区的比例只有 11%，明显落后于国外动漫产业的发展步伐。[①] 早在 60 年前我国就有了动画的制作和播出，时至今日也已有了不计其数的动漫产品，但和国外的同行业相比，我们还处在起步阶段，到底是什么阻碍了我国动画产业的发展？题材老套、内容缺乏创意，说教痕迹过重、娱乐性不足，形象塑造过于简单、缺乏童趣，知识产业保护不力等都是阻碍动漫产业发展的重要因素。

第一，动漫题材老套，内容缺乏创意。动漫作品或动漫衍生品不但可以满足人的求知、抒情、装饰、娱乐等需求，还可以起到加强某种观念的作用，这是其他产品所不能替代的。而国产动画片在内容上缺乏创意已成为一种普遍现象，严重制约了我国动漫产业的发展。长期以来，国产动漫大都改编于神话、民间传说、历史故事等，而这些故事内容更是家喻户晓，情节老套，缺少现代元素，故事结构缺乏力量，描写过于单薄，没有多少细节铺垫，从开头能想到结局，失去了动漫的新奇性。如当年耗巨资打造的《宝莲灯》，不仅剧情简单，人物的性格特点也不够鲜明。尽管它是宣扬中国传统文化中的真、善、美，但是由于题材老套、内容缺乏创意，没能博得广大观众的喜爱。而日美等国的动漫作品，选材内容广泛，主题亦深亦浅，有非常大的想象空间。如日本，既从自己的风俗习惯里寻找题材，又从亚洲邻国乃至世界各国的历史文化中寻求宝藏，他们经常把观众带入另一个虚幻的世界，那是与现实不同而又处处体现着现实的世界，这一点很能打动青少年的心。

第二，动漫形象过于简单化、脸谱化，没有童趣。其实，在动漫作品中，受欢迎的不一定是公正的主角或者完美的正面角色，有时可爱的配角甚至另类角色倒更受青睐。许多受欢迎的动漫形象都不是完美的，有的甚至是笨笨的，身上有不少缺点。但正是这种形象显得格外可亲可爱，充满人性，体现幽默感。

第三，说教痕迹过重，娱乐性不足。长期以来，中国动漫负载了思想

---

① 参见隋扬洋等《动漫产业：21 世纪最具发展潜力的产业》，《青岛行政学院学报》2005年第 5 期。

道德教育功能，主要目的是以生动直观的形象和故事对尚未具备文字阅读能力的低幼儿童进行教育。"动漫是给儿童看"的观念长期影响着中国人，导致"说教"痕迹过重。其实，动漫的功能首先是娱乐，其次是培养儿童的想象力，在愉悦身心的过程中，影响孩子观念的形成。过于重视教育意义的结果是趣味性变得很差。这样的作品，当关起国门的时候，还可以让孩子看进去，当国外引人入胜的动漫大量进入时，在说教和趣味之间，孩子们会毫不犹豫地选择趣味性。寓教于乐是儿童教育的重要内容，也是很成功的方法。但要掌握好"度"，我国动漫节目中过分的说教，使儿童失去了看动漫的兴趣。寓教于乐没有错，但说教的分量太重，娱乐和幽默不足，让孩子乐不起来，他们自然被外来动漫吸引了。

第四，知识产权保护不力。据调查显示，我国90%以上的动漫爱好者获取国外动漫的渠道是非法出版物，在动漫行业中，盗版物的市场占有率已经达到了80%。国内版权意识的淡漠和侵权事件的屡屡发生，成为中国动漫产业发展的硬伤。一个优秀的动漫作品问世，紧随其后的就是一轮盗版热潮，盗版者不需要制作，不需要宣传费用，因而产品价格低廉，消费者乐于购买。这使得正版产品的生产困难重重。除了对动画片本身的盗版外，对衍生产品或者动画人物形象使用权的盗版更是比比皆是。许多乡镇企业在生产儿童用品，如衣服、文具、玩具时，就常常盗用国内外知名的动画人物形象，从而损害了通过法律途径获得人物形象使用权的企业的利益。在知识产权保障不力的情况下，很有可能出现成本无法收回的局面。有研究者认为，知识产权保护不力是我国动漫产业发展迟缓的致命伤。

第五，受众定位不准确。研究者认为，将动漫受众单纯地局限于少儿，从思想上限制了我国动漫的发展。在一些动漫产业发达的国家，动漫的受众面较宽。日本把动画片分成三个等级，分别面向三个年龄层次的受众：3—12岁，12—18岁，18岁以上，以成年人为对象的动画以及衍生产品占到本国动漫产值的一半以上。美国许多好莱坞大片虽然是根据漫画改编的，如《蜘蛛侠》《超人》《绿巨人》等，但也受到大量成年人的欢迎。从日美等国成功的经验来看，他们的动漫作品受众十分广泛，有很多作品老幼皆宜，成年人是他们的一个很重要的受众群体，也是相关衍生产品的购买主力。由于我们把动漫定位为低幼教育辅助材料。我们的动漫作品一般都是面对低幼儿童的，动漫儿童化的创作观念使作品出现了幼稚化倾向，题材狭隘缺乏想象力，从而又直接导致了成年受众的流失。

第六，动漫专业人才短缺。动漫是一个庞大的系统产业，包括文字脚本、漫画、漫画杂志与书籍、动漫电视与电影、音像、游戏、玩具以及周边产品开发、版权交易等各个方面。动漫需要多元化人才，但我国长期不重视动漫专业人才的培养，不重视发展动漫高等教育，导致动漫专业人才非常缺乏。我们既缺少高水平的动漫制作人才，也缺少创造性的动漫编剧以及产业化运作与衍生产品开发人才。我国具有大专和本科学历的动画专业人才很少，具有动画专业、漫画原创、计算机技术、经营运作等综合能力的复合型人才更是少之又少。我国真正的动漫从业人员至今仅有一万人左右，而全国影视动漫人才缺口在 15 万人左右，游戏动漫人才缺口在 10 万人左右。应该说，自 20 世纪 80 年代以来，导致我国动漫产业的发展缓慢的因素是多方面的。除了需要克服政策、法律、文化等方面的不足外，我们还需要从伦理道德方面加以引导和约束，以早日实现动漫产业的快速、健康、持续发展，为传承和发扬中华民族传统文化，弘扬社会主义核心价值体系作出贡献。

（四）构建动漫产业的道德规范

动漫产业作为文化产业发展新的增长点，在促进社会主义文化大发展、大繁荣中起着重要的作用。然而，我国动漫产业的发展现状却不尽如人意，这不仅需要我们在政策上进行积极引导，在资金上给予大力扶持，在法律上进行保障，也需要从题材内容、形象塑造、产权保护、人才培养等方面进行规范和引导。

1. 题材内容上要宣扬中华民族优秀文化和社会主义核心价值体系。大部分动漫作品将主人公设定为与受众年龄相仿且处境相近的状态，主要情节是主人公通过不懈的努力而获得成功，这种自身情节发展和商业化的需要在潜移默化中将励志的世界观、主流文化、民族文化等以深入浅出的方式传达出来，使受众在欣赏作品的同时受到感染，并获得乐观向上的人生观。主流文化、民族文化是把广大人民群众凝聚在一起的无形的纽带，一脉相承的华夏文明是中华民族历经数千年仍然具有强大凝聚力的文化因素，文化认同推进着民族认同，文化身份成为民族身份的重要标志。孩子是祖国的未来。我们要抓住孩子，就应该在孩子喜爱的动漫作品中大力弘扬中华民族优秀文化和社会主义核心价值体系，让孩子们在快乐、轻松的氛围下了解和认识自己的民族文化和特征，进而巩固、加强孩子的民族认同感和民族自尊心、自信心，进一步塑造中华民族精神，推动国家文化不断发展。

2. 形象塑造上要结合本民族人物特征，塑造正面的、健康的动漫形象。深刻挖掘本民族文化的优势，强化本民族文化的属性，塑造适合本民族特征的动漫形象，也是动画创作中伦理道德的民族性规范。民族的，也是世界的。只有基于本民族传统文化和价值观念的动漫作品，才能乐于被本民族的孩子接受，进而才能影响孩子世界观、价值观的养成。中国上下五千年文明史为动画作品提供了丰富的素材，而且中国动画也曾经有过辉煌的历史。现阶段，要想使中国动漫产业在国际激烈的竞争中占据一份市场份额，国内民众对动画的需求是重要因素。因此，中国动画作品的形象设计要在选题、构思、设计时都注重民族文化性，保持本土文化优势，发扬中国优秀文化精神，进行适合中国国情的原创动画创作，是我国动漫业走出困境的一个重要方面。

3. 要加强对动漫产业的知识产权保护。建立具有中国特色的动漫知识产权保护体系，最大限度地给予动漫产业全方位的保护，也是动漫产业走出困境的重要措施。首先要健全相关法律，确立动画角色商品化权利的保护。应当在立法中明确规定动漫知识产权的侵权行为，如严禁他人仿冒、非法使用已形成一定品牌效应的动漫形象以及与该形象相关的产品；禁止他人非法演绎、商标淡化、非法抢注等情形。其次要完善动漫产业知识产权的司法保护。针对动漫产业知识产权案件专业性强、侵权种类繁复等特点，应提高法官的专业素质，重点加大对动漫产业知识产权违法犯罪行为的刑事审判工作力度；妥善审理该类知识产权民事案件，加强对关联案件的协调工作，建立健全案例指导制度。再次要加大对动漫商品尤其是衍生品市场的监管。执法部门要进一步加强对动漫商品尤其是衍生品市场的监管和惩罚力度，严厉查处生产印制假标识、假包装物，伪造、冒用国内外知名动漫品牌标识，利用定牌加工侵犯他人知识产权等违法行为，依法规范市场主办者和经营户的经营行为。最后要加强动漫企业与创作者自身的知识产权保护意识。增强知识产权的宣传普及和培训工作是该领域建立知识产权保护体系的重要环节。必须面向全社会、面向大众开展知识产权宣传教育工作，对知识产权方面的最新消息和疑难问题进行全方位、多层次、多角度地解读，提高动漫创作企业和个人的知识产权保护意识，使得企业和个人学会利用法律来保护自己。

4. 要提高动漫专业人才的道德素养。健康的动漫作品形象往往是由既有高超的专业技能又具有高尚的道德素养的人设计的。因此，提高动漫专业人才的道德素养，也是国产动漫走出困境的重要方面。首先，动漫专业人才要具有正确的价值观。只有当动漫设计师树立了正确的价值观，他所做的动漫形象设计才能更深层次地反映社会的主流价值和最大地满足社会的需要，进而才能成为广受青睐的好作品。其次，动漫专业人才要具有社会责任感。作为从事动漫设计创作的设计师，应明确自己的社会职责，在残酷的商业压力下保持一个冷静的头脑，履行他应尽的道德义务，自觉地为社会服务，为我们的子孙后代服务，多创造健康、阳光的作品。最后，动漫专业人才要有原创意识。目前世界范围内的动漫市场被美国和日本垄断着，我国的动漫产业重新刚刚起步，要想赶超这些动漫大国，就必须拿出自己有特色的东西来，这就要求动漫专业人才必须重视原创，不断地创新和提高，而不能一味地抄袭模仿。中国动漫与世界动漫的差异不在于我们的制作技术而在于我们的设计理念和作品的原创性。

三 古城重建的伦理审视

（一）古城上演重建风

一段时间以来，"拆旧"和"仿古"的大戏在中国城市中加速上演。一边是部分"中国历史文化名城"岌岌可危，历史文化街区频频告急；一边是再造凤凰、重塑汴京等仿制古城遍地开花。这一切正成为中国城市化进程中的独特风景。几年前，聊城开启浩大的古城保护与改造帷幕，生活于此的万余居民渐次离开了这座躺在水上的千年城池。他们的旧屋悉数被夷为平地，让位于那些漆色崭新的城墙、角楼、府衙和考院。随着这些旧屋及其周边道路的拆除，聊城古城的历史文化街区的原貌化作一地瓦砾。在当地政府的计划里，这些看似古色古香的"古城"制品，不仅替代了旧城脏乱差的面貌，而且寄予着地方"旅游业发展龙头"的期待。在这场激荡着中国城市的拆旧与仿古热潮中，聊城并非孤例，甚至不值一提。有资料显示，全国有不少于三十个城市已经、正在或谋划加入这一古城重建风潮。

大规模重建往往意味着大规模拆迁。以大同市为例，仅市内最核心的城区一个区，2008 年共拆迁 2352 户，面积 32 万平方米；2009 年涉拆迁户总数 6163 户，面积 82 万平方米。而目前正在实施"两改一建"（棚户区、城中村改造及保障性住房安居工程建设）的开封市，2012 年计划实施棚户区城中村改造项目 55 个，其中老城棚户区改造项目 35 个，计划改造面积计划约 110 万平方米，涉及群众约 1.5 万户。为了快速推进拆迁，开封市政府还采用公务员和事业单位员工"包干"的办法，全面动员拆迁。具体办法是，公职人员动员自己的亲戚朋友，如果拆迁户不愿意走，"包干"人员就会遭遇来自单位和领导的压力。拆迁给原地居民带来了巨大生活变动，利益纠葛加上对未来的不确定感使得他们多怀不满，继而成为政府造城举动中最难安置的部分。现在有一些建设者、决策者人文素质不高，重建是一种短期行为。复建古城常被诟病为修建假古董，无法复原传统的文化氛围。造城首先需要巨额资金投入。以大同为例，云冈大景区建设，总投资达 17 亿元；东城墙耗资 1.5 亿元，四面城墙全面恢复，投资将在 10 亿元左右；保障性住房建设，三年要投资 132 亿元。"开封举债千亿造新城"亦因其巨额投入而备受关注，质疑者认为一个财政收入不到 50 亿元的城市，搞大规模的拆迁建设，仅拆迁费用至少就要支付上千亿元，改造资金从何而来？面对质疑，开封市住房和城乡建设局的领导解释说，开封市的棚户区改造点多、量大、面广，肯定需要一大笔资金的支撑，单凭财政资金来做是不可能的，具体需要多少的资金量，政府尚没有做过这个测算，目前也无法进行测算，因为这个需要在一个一个项目的改造实施过程中才能清晰，可能是几百亿，也可能超过千亿。据说，开封将借鉴国内其他城市的经验，采取"政府指导、市场运作"的方式，准备通过采取财政补贴、银行贷款、企业支持和群众自筹等多种渠道来解决资金问题，在改造的实施过程中逐步募集。大同造城的资金中一部分就来自贷款。大同一家农业发展银行相关人士 2009 年曾告诉记者，仅他们一家就贷给政府 13 亿元用于修路。而另一部分钱来自土地经营，通过一系列方式拿到土地后，对土地价格进行严格的规定，"房地产开发每亩不低于 200 万元，商业用地每亩不低于 300 万元"。虽然理想中总有各种筹集资金渠道，但现实中却存在多个因资金不足而搁浅的案例。例如，"花果山孙大圣故里风景区"之所以成为烂尾工程，原因即在于资金问题。该景区开发负责人说，已陆续投入了 6000 多万元，如果要实现规划，估计得上亿元。而当地政府并没有继续予以资金支持的打算，即使景区建成，回报也不乐观。2010年，山西娄烦县开发建设"花果山孙大圣故里风景区"，拟规划修复老景区，新建南天门、御马监、玉皇庙和龙和晚照观景台等人文景观。当时舆论普遍认为为神话人物建故里过于荒唐。两年过去了，除了绿化的 5000 多亩荒山以及四层楼高的接待中心外，景区其他规划还停留于纸上。"梁祝故里"景区搁浅的原因，也是景区还未找到合适的投资方。2011 年底国家 4A 级旅游景区梁祝文化景区开建，计划投资 2 亿元，把该景区打造成全国知名的"体验式梁祝爱情圣地"。工程建设半途而废，在河南驻马店汝南县梁祝镇，曾经耗巨资打造的"梁祝故里"景区如今已成烂尾工程，一片荒凉，部分景观树已经枯死，梁山伯与祝英台的墓碑摇摇欲坠。

(二) 争相进行巨资"穿越"

自 1982 年首批国家历史文化名城公布，至今共有 119 个城市已荣膺这项桂冠，每个城市都不乏值得一说的历史与故事。现在，它们中的部分已不满足于单纯守卫祖上的零星遗产，力求重现千年的恢宏历史……以往这种复古表现为对个别建筑的整修，如北京琉璃厂、南京夫子庙、承德清代一条街、开封宋街等。而今，复古已变为一区乃至一城。2011 年 9 月，江苏金湖尧帝古城开建，项目占地千亩，总投资 30 亿元。2012 年初，山东肥城"春秋古城"项目开工奠基，计划总投资 60 亿元，占地 2200 亩。2012 年 8 月，河南开封爆出千亿元打造古城新闻，力争四年内重现北宋汴京繁华，回到"上古"。2012 年 9 月 30 日，投资 52 亿元、占地两千亩的河北滦州古城举行开城大典，辽国的"国王"和"皇后"率领身披铠甲的仪仗队出城迎客，俨然一场"穿越秀"。2012 年 10 月 26 日，滇池湖畔的昆明市晋宁县，投资 220 亿元的"七彩云南古滇王国文化旅游名城"破土动工。昆明市宣布，要"确保 3 年时间再造一个古滇国"。2012 年底，大同古城墙即将合龙，投资 500 亿元的古城再造正令这座城市再现明代风华。有人总结道，在较发达的东部沿海、偏远的西部地区少有这种现象，但在中部，经济上有一定潜力仍想大发展的地区，古城重建正扎堆出现。其中，仅河南一省，即有郑州、鹤壁浚县、开封、商丘、洛阳五地欲重建古城。在一些人眼中，回到过去是轻而易举的。其实，这是不现实的，也是一个方向性的错误。因为城市文化、城市生活是回不去的。重建古城，在某种意义上也是地方重视文化的一个反映。但我们希望是保护遗产，而不是一味恢复历史面貌。恢复一座古城既非易事，亦无必要。对于历史文化的保护，怎么保、保什么，是目前面临的一个大问题。

我国诸多历史文化名城的历史街区都在成片消失。所谓历史文化街区，是指保存文物特别丰富、历史建筑集中成片、能够较完整和真实地体现传统格局和历史风貌，并具有一定规模的区域。在2012年6月召开的"纪念国家历史文化名城设立三十周年论坛"上，住建部副部长仇保兴痛批"拆真名城、建假古董"的行为，直接点名聊城，"成片历史街区被拆掉，统一建仿古建筑，一个设计图纸、一个时间建出来的"。按照当年规划，应当对古城建筑原样原修，并留存部分民居，这是可持续发展的基本要求。然而，聊城地方政府却只是采取了该规划的壳，反以大拆大建的方式将古城的历史街区拆除，想完全恢复之前的古城格局和街巷已经很困难了。二十年前，正是凭借这些文物古迹和古城格局，聊城得以跻身第二批国家历史文化名城。推倒重来的聊城已经成为负面典型。2011年1月起，住建部与国家文物局联合开展了三十年来首次国家历史文化名城、名镇、名村保护工作检查。按照进度，检查于当年7月即宣告结束。但结果未对外公布。这注定是一份不容乐观的结果。参与检查的人员透露，在全国119个国家级历史文化名城中，有13个名城已无历史文化街区，还有18个名城只剩一个历史文化街区。按照规定，有两个以上历史文化街区的才能申报历史文化名城。目前，没有了历史街区的名城达20多个，此外还有一半以上的历史文化街区是不合格的。历史文化街区消失的原因，有的是在1982年国家划定第一批历史文化名城时尚未划定历史文化街区，但更多是划定之后却人为拆毁。2009年4月，南京市"危旧房改造计划"将历史街区列入改造范围，安品街、南捕厅等一大批老街区被拆除殆尽。大同的善化寺和上下华严寺周边，原来是一片历史街区，现在也全部建成仿古建筑了。

古城重建的动机很少是为了文物保护，大部分是为了搞旅游、搞地产开发。古城的改造开发被寄望成"旅游业发展的龙头，带动经济发展，带动老百姓发家致富"。事实上，诸多重建的古城并不隐讳打着"旅游"字样的别名，如尧帝古城又称金湖印象旅游城，银川西夏古城亦称西夏商业文化旅游博览园。聊城市政府的招商文件显示，恢复建设历史文化景点投资约为1.78亿元，建成后，年客流量约为30万人次，可收入1亿元左右。而大同市更是曾公开期许，未来旅游人数将达到每年300万人次，以

100元门票算,一年即是3亿元,这还不包括餐饮购物等。当下这股古城重建的风潮正是肇始于丽江、平遥、乌镇等古城古镇旅游业兴起之后。一些地方政府的领导认为,人家能够搞好,我们也一样能够搞好,完全能够实现后来居上。如果仅仅为了旅游或保护古城,完全可以通过丽江、平遥那样的新旧分离模式,抑或当下在北京等地推行的旨在避免大拆大建的微循环渐进式的整修,但这样的方案却被聊城等地弃之不理。拆了老房建新房,有GDP和房地产收入,修老房子,费钱、又没有收入。这才是地方政府推倒重来的动力。大拆大建对地方政府而言是一种最经济的做法。虽然老城中心地价高,拆迁花费的成本高,但是经济回报也会更高。如聊城市政府的公开效益预测称,古城内棚户区改造项目投资约为16.87亿元,可建民居约48万平方米,预计销售收入约28.8亿元,其利润之丰厚自不待言。然而,所有的算盘都能尽如人意吗?在当下轰轰烈烈的古城重建风中,山东枣庄的台儿庄古城是为数不多的已然开门迎客的一个。公开资料显示,自2010年开城以来,该古城共接待了400多万人次游客,2009—2011年,古城三产增加值占GDP比重提高了3.9%。更多正在加速度前进的古城项目尚未来得及接受考验。是假文物没关系,但要考虑业态。业态规划成功,古城会响亮转身;只是物质城墙,可能大量的钱投进去以后收不回来,留给下届政府,最后真正承担的还是老百姓。政府立项,老百姓埋单,直到一代代把债还清。[①] 2011年,江苏省金湖县在城南新区规划建设尧帝古城,总用地面积1050.3亩,预计2015年建成并投入使用;2010年2月,河南省南阳市宣布利用10年时间,打造文化卧龙岗"诸葛茅庐";2007年4月,江苏睢宁县宣布复建下邳古城,并打算通过10年左右的时间,将下邳古城打造成为国内最具特色的"汉城"。

在一系列复建古城、打造新城案例中最为著名的当属大同。山西大同曾有着2300余年的建城史,在计划经济时代因煤而兴,创造过夺目的辉煌,但近20年却日渐式微。2008年2月,以热衷古城建设闻名的耿彦波上任大同市长以后,很快出台了耗资上百亿元的"再造古城"规划。按照这个规划,老城内的所有现代建筑都将搬迁出去,以恢复传统的城市格局。但造城之路并不平顺。国家文物局调查组认为,云冈大景区建设项目

---

① 参见彭利国《三十古城上演重建风,"名城"称号骑虎难下(3)》,南方网2012年11月21日。

中，人工湖、仿古商业一条街、窟前道路和广场等项目，均在云冈石窟保护范围和建设控制地带，未依法履行审批程序，违反了文物保护法的相关规定，属于违法建设工程。尤其是人工湖项目，成为调查组质疑的重点。中国文物研究所研究员黄克忠认为云冈石窟的岩体极为脆弱，"最怕水，尤其怕干湿交替，一吸收一蒸发，岩体就容易剥落。著名文物专家谢辰生更直斥此项工程"简直是胡闹"。风波之下，工程很快被叫停，耿彦波随即赴北京做沟通解释工作，最终工程方案做出了一定的调整，云冈景区的人工湖停建。但此次波折并未让耿彦波打造一个新大同的宏大构想搁浅，云冈景区的改造仅是他构想中很小的一部分，当时古城城东处一面崭新的古城墙正在矗立中，而耿彦波设想的是，用三四年时间，把四面城墙全部恢复起来，每面1800米，总计7.2公里长。城墙外宽10米的护城河也将重现。这依然不是耿彦波构想的全部。在他所称的"名城复兴工程"中，古代文物的修复是另一个重点，需要修复的有代王府、华严寺、善化寺、文庙、帝君庙、法华寺、关帝庙等等。他要修复的不仅仅是单体建筑遗存，而是恢复当年的整个建筑群——其中的许多部分早已烟消云散，这也是国家文物局质疑的焦点。虽然饱受争议，但面对曾被人诟病为"世界上最丑陋的城市"的大同现状，耿彦波一心"与时间赛跑，向极限冲刺"。

正当大同复古造城运动的争议不绝于耳之时，一则"河南开封千亿豪赌：4年重造北宋汴京"的新闻又引起社会各界的密切关注。开封官方辟谣称并非要千亿打造汴京，而是为了改善棚户区，使居住在破旧民居中的老百姓有更舒适的环境，以这样的目的去改造当然是可以的，但开封有没有相应的资金实力和可行性规划，这是值得关心的。2012年2月9日，开封市棚户区城中村暨保障性安居工程建设动员大会举行，与会的开封各级干部倍感压力。开封市棚户区改造任务占到河南省的50%，棚户区人口密度平均达到每平方公里1.9万人，局部达到每平方公里3万人，人口密度为全省之最。老城区中的房子多半是建于20世纪五六十年代的民房，大部分面积都在50平方米以内，许多只有10多平方米，大批棚户区居民常年面临吃水难、排污难、取暖难、如厕难等问题。在此民生难题之下，当"千亿重造汴京"被广泛质疑时，市领导回应称开封"有敢教日月换新天的壮志"，"开先"和"复古"战略一定会快速推进。"开先"和"复古"分别指建设开封工业化新城和打造国际旅游文化名城。而此设想与大同的规划也有相似之处,理想中的新大同是"一轴双城"的格局——以东城墙外的御河为界,西边是旧城,东边是新城,旧的复旧,新的更新。2012年,开封新区已开工建设项目和新选址项目93个,预计总投资超800亿元。而对于老城发展规划,目前开封有清明上河园、开封府等较早建成的文化旅游产业项目,以及龙亭、铁塔等历史文化遗存旅游景点,正在建设的还有宋都水系工程、城摞城博物馆等项目,其中城摞城博物馆项目已招商引资3亿多元,"拟再现被黄沙深埋于地下的北宋东京城新郑门"。大同古城打造接近收尾,未来的经济效益尚无可期。开封造城刚刚迈步已招致各方争议,能走多远,暂不得而知。纵观全国,同样复建古城的例子不胜枚举,而其中多数已偃旗息鼓。

(三)"文化搭台,经济唱戏"的误识

"文化搭台,经济唱戏"是各地复古造城运动的一致理念和模式。有人在一篇文章中提及西安曲江新区的经验,"政府不花钱或少花钱,通过包装和运作引进外来投资,既发展了文化产业,又推进了城市建设"。文章还写道,开封在这方面也有探索,"如开封府景区的建设,政府运用这种方式没掏一分钱,景点建起来了,群众居住条件改善了,既推进了城市建设又改善了辖区民生,两全其美。城市发展有时缺的不是资金,缺的是合适的项目和独特的创意"。开封市委宣传部的一位领导认为,虽然开封市的财政收入相对薄弱,但这并不影响开封发展文化产业,发展文化产业和公共文化建设是两个概念。公共文化建设需要财政投入,而发展文化产业是利用文化企业的社会资本。一个地方文化产业有优势,文化资源有潜力,就有企业家愿意投资。他向媒体透露,开封签约的"大块头"文化产业项目有好几个,项目占地21平方公里,投资总额100多亿美元;东京梦华园项目占地2400亩,投资额35亿元人民币;朱仙镇国家文化生态旅游示范区总投资120亿元人民币,规划占地5000亩。在建的鼓楼复建项目也是文化企业投资建设,政府不出钱,但给予优惠的政策,投资企业建成后可以使用若干年,之后收归政府。

不过,2012年8月17日《长江商报》刊发评论指出,地方政府的"文化招商"模式已进入瓶颈,这种概念先行的模式的边际产出已到了临界点,地方政府想靠一些简单的文化概念吸引投资不再那么容易。开发模式所遭遇的瓶颈,致使政府在项目执行中难以实现理想规划。如今在开封

金明池公园的西、北、东三个方向，布满了开元旅业集团的房地产项目。金明池是北宋著名的皇家园林，位于宋代东京舜天门外，开封市政府原本筹划复建金明池公园，实践中却事与愿违。金明池园林水城工程最早由开封园林部门 2001 年时主持开工，最初的规划中包括一个面积大约为 2000 亩的公园，其中水面就达到 800 多亩，但之后三四年时间内，政府陆续投入约 8000 万元复建了宝津楼等几座古色古香的建筑。因无钱继续投入，在 2005 年开元旅业集团以约 1.4 亿元的成本购买地皮，接手此项目。对于正在进展中的开封古城改造规划，一份《开封古城控制性详细规划说明书》显示，开封老城区居住用地、混合用地、商住用地的规划比重分别为 30.37%、4.54%、7.57%，共占到规划面积的 42.48%；而文物古迹用地和绿化用地的规划比重为 2.62%、21.32%。复建项目变相沦为房地产项目，让开封古城复建行动再次遭遇主题不明确的舆论质疑。关键是根据城市需要和发展可能性进行科学规划，少付出生态成本、经济成本和社会成本。城市造景规划中必须要处理好政府决策、房地产开发商、投资商、历史文化和居民利益等之间的关系，而城市最终的发展还是要尊重自然环境和城市本身的需求。开封鼓楼曾在 1948 年 6 月毁于战火，只剩一座基台。1976 年 11 月，基台被拆除，改辟为广场，自此鼓楼在开封彻底消失。此次鼓楼复建工程是开封鼓楼历史上的第六次复建，设计理念之一是在尊重清光绪七年（1881 年）所修建鼓楼的基础上，适当将基台尺寸放大，重现当年鼓楼的宏伟气势。类似的古建筑复建案例近些年呈井喷之势，城市造景的花样也不断翻新，重造古城、挖地造湖以及古树进城等。在各种造景名目下，商业力量和行政力量合谋，理性的力量根本无法与其竞争，造出来的都是假古董、假景观，背后还有各种利益寻租。

在 2011 年 9 月建成开放的广州市内人工湖——海珠湖因未能达到预期功能而备受质疑的风波尚未消停之时，一场声势浩大的"造湖运动"在广州继续展开。据广州市水务局披露，根据规划，广州市新修的人工湖共有 6 个，包括花都湖、云岭湖、金山湖、天河智慧城湖、增城挂绿湖、知识城起步区人工湖等。公开提出并已制定"水城"建设规划的城市不胜枚举。河南洛阳规划中的水面面积为 10.6 平方公里，接近两个杭州西湖，预计在"十二五"期间实现"水在城中流，城在山水间；鱼在水中游，人在岸边行"的目标，成为名副其实的"北方水城"。广西南宁市正在建设"中国水城"，整个工程投资额将逾 300 亿元，计划耗时 11 年。

根据南宁市官方公布的规划，未来的南宁市将会变成一座"水畅、水清、岸绿、景美"的滨水生态城市。河北承德市则志在成为"东方的威尼斯"，打造"水在城中、城在水中的塞外美景"。除了巨资造水城、造古城之外，城市绿化作为一项最常见的市政规划项目也在"古树进城、景观速成"等观念下成为权力寻租的新领域，园林绿化腐败案频发。近年来，重庆、杭州、郴州、广西防城港市、云南省丽江市等地均曝出了园林领域的腐败案。城市疯狂造景的背后，一方面是政府太想跨越式发展，另一方面是某些案例带来的误导，似乎某些城市通过造城造景而一时获得了旅游业的大发展，实际上这些是需要深入剖析的。或复古造城，或崇洋求新，地方政府主要领导的审美趣味对一个城市的规划样式影响很大。

造城、造景都应该否定吗？也并非如此，城市毕竟要靠人建设。以巴西首都巴西利亚为例，这是一座于1956年至1960年间从一片荒野上建造起来的新城，城里不见古迹遗址，也没有大都市的繁华与喧闹，但却充满现代理念的城市格局、构思新颖别致的建筑以及寓意丰富的艺术雕塑，1987年12月7日，它被联合国教科文组织确定为"人类文化遗产"。杭州西湖之所以幸存至今，也是在自然形成的基础上多次人工疏浚的结果。从这个角度来说，城市造景未尝不可。但关键是根据城市需要和发展可能性进行科学规划，少付出生态成本、经济成本和社会成本。如果劳民伤财，没有水硬造水城，破坏良田去造所谓绿化景观，这都是极为错误的价值观。其实每一寸土地，农田、果园、麦田等农业活动形成的景观都是很美的，没有必要刻意去挖湖堆山。虽然大同有非常好的资源，有城墙、四合院等，但城墙也只剩一些土堆了。大同最后把城墙改成砖砌，还吊了城门，修了护城河，在原来基础上进行了很大程度的修复。城市造景应该是点缀性的，而我们现在进行的仍是推平头式的改造，这种城市规划是地方领导者想要大展宏图的产物。在一套规划出炉和执行的背后，常常伴随着多种力量的博弈。政府追求政绩，开发商看重效益，被推上规划一线的专家学者多扮演木偶角色，要么被边缘化，要么被各种利益裹挟和湮没。在敦煌古城复原项目中，敦煌当地政府表示要发挥国际国内知名专家和机构在规划建设中的参谋顾问作用，两年四度组织国内外专家召开研讨会。这些探讨会的结果，多是帮政府论证项目的可行性和实施后的好处。专家学者变相沦为地方政府推进城市造景工程的宣传工具。政府追求的是短期政绩，而城市规划追求长期的可持续发展，这两个东西有时候很难调和，规划院理应站在专业角度引导政府决策,毕竟某位领导个人的想法能不能落地,还需要通过上级政府组织专家进行审批。实力强的规划院可以通过沟通争取一些领导的退让,而小设计院极有可能沦为实现领导意图的画笔。参与博弈的几种力量中,商业力量和市场力量也无法回避,问题是商业利益和政府战略联合后,过于强大,现实中缺少一个能和它们抗衡的力量。制衡各方的公正力量只能来自公众,老百姓真正需要什么,需要有渠道表达。但目前公众参与状况很不乐观,尤其是大城市的宏观规划。公众参与的方式,在西方的城市规划过程中有很长的历史,也形成了理论。规划师是一个协调人的角色,让所有的利益相关方坐到一起去谈,这是需要时间成本的。我们现在的发展速度根本承受不起这个成本,但未来应该逐渐朝这个方向过渡。

第十一章

文化体制改革的伦理问题

我国文化领域的一个重要理论创新就是认识到了文化的双重属性，即文化既有精神属性也有商品属性，从而将文化区分为文化事业和文化产业，并提出了两者统筹发展、协调发展的思路，这从根本上促进了文化大发展大繁荣的局面，也为推进文化体制改革提供了较为清晰的思路。文化体制改革虽然已取得显著成效，使文化发展建设开创了新局面，但是，由于文化体制改革的特殊性和复杂性，一些深层次矛盾和问题尚待解决。为建设社会主义文化强国，增强国家文化软实力，坚持社会主义先进文化前进方向，坚持中国特色社会主义文化发展道路，党的十八届三中全会提出要"完善文化管理体制。按照政企分开、政事分开原则，推动政府部门由办文化向管文化转变，推动党政部门与其所属的文化企事业单位进一步理顺关系。建立党委和政府监管国有文化资产的管理机构，实行管人管事管资产管导向相统一"。"建立公共文化服务体系建设协调机制，统筹服务设施网络建设，促进基本公共文化服务标准化、均等化。建立群众评价和反馈机制，推动文化惠民项目与群众文化需求有效对接。整合基层宣传文化、党员教育、科学普及、体育健身等设施，建设综合性文化服务中心。明确不同文化事业单位功能定位，建立法人治理结构，完善绩效考核机制。推动公共图书馆、博物馆、文化馆、科技馆等组建理事会，吸纳有关方面代表、专业人士、各界群众参与管理。引入竞争机制，推动公共文化服务社会化发展。鼓励社会力量、社会资本参与公共文化服务体系建设，培育文化非营利组织。""坚持政府主导、企业主体、市场运作、社会参与，扩大对外文化交流，加强国际传播能力和对外话语体系建设，推动中华文化走向世界。"[1] 我国是文明古国，是文化资源大国，但还算不上文化强国，迫切需要加快建设与我国深厚文化底蕴和丰富文化资源相匹配、与中国特色社会主义事业总体布局相适应、与建设富强民主文明和谐的社会主义现代化国家的目标相承接的社会主义文化强国。因此，深化文化体制改革势在必行。

从伦理价值角度审视文化体制改革，就要看是不是有利于培育和践行社会主义核心价值观？是不是有利于落实全面、协调、可持续的科学发展观？是不是有利于解放和发展社会主义文化生产力？培育和践行社会主义核心价值观，解放和发展文化生产力，实现文化建设本身以及文化建设与经济、政治、社会、生态建设之间的科学发展，满足人民群众日益增长的物质和文化精神需要，同时促进我国文化软实力提高和文化强国战略的实现，这是我们研究文化伦理和文化建设的根本目的。因此，培育和践行社会主义核心价值观，落实全面、协调、可持续的科学发展观，解放和发展社会主义文化生产力，应该是我们对文化体制改革进行伦理审视的基本原则和价值标准。

一　深入认识文化体制改革的必要性

当今世界，文化对经济、政治和社会建设的推动作用越来越明显。在经济建设上，文化生产力已经成为社会生产力的重要方面，文化产业作为新兴产业，在国民经济中占有越来越重要的地位。大力发展文化产业，根本出路在于改革。要积极深化文化体制改革，努力克服束缚文化生产力发展的体制性障碍。加快重塑和培育文化市场主体。除公益性文化事业单位需要在政府扶持下规范运作外，其他文化单位都应以建立现代企业制度为目标创新体制、转换机制，真正成为自主经营、自负盈亏、自我发展、自我约束的文化市场主体，并在此基础上，以骨干文化企业为龙头，以资产为纽带，以完善社会保障制度为支撑，推进集团化建设。同时，应吸收外资和社会资本兴办文化产业，大力发展民营文化企业，形成以公有制为主体、多种所有制共同发展的文化产业格局。要以大文化的视野，摆脱就文化说文化的习惯思维，把着眼点放宽到文化同整个经济社会的结合上，进

---

[1]　《中共中央关于全面深化改革若干重大问题的决定》，2013年11月12日通过。

而以文化为切入点寻求一种新的发展途径。

（一）中国文化产业发展的制约因素

这主要表现在四个方面：（1）对文化产业认识不到位。一些地方和单位对文化建设的重要性、必要性、紧迫性认识不够，很多人并不必然地把文化认可为一种生产力，往往漠视文化的作用，没有把文化创意看做经济的组成部分。由于认识不清文化创意的产业性质，很多人尤其是一些文化企事业单位的领导和经营人员只有文化事业的概念，并没有文化创意产业的观念，过于强调文化的事业属性，忽视了文化的产业属性，也就看不到文化创意产业蕴涵的经济效益和社会效益。（2）管理体制不统一。现行文化管理体制政企不分、企事业相混的格局并未消除，文化企业难以成为真正的市场主体。而管理体制上的不健全，也严重束缚着文化发展。多头管理、令出多门，兼有文化行业管理、发展文化事业和促进文化产业的三重职能，是典型的政资、政事、政企不分。社会文化市场主体还没有完全纳入政府文化管理的视野。没有一个统一协调管理体制，只能导致文化企业的秩序混乱。政府文化管理部门还没有完全从办文化的管理模式中脱离出来，行业指导和管理比较薄弱，部门、行业垄断和地区封锁现象严重，文化市场零散分割，流通渠道不畅，难以形成统一的市场网络。文化资源没有得到充分有效的利用。投资主体单一，行业限制过多，市场对人才、资金、技术、信息、项目等文化资源配置没有起到基础性作用，造成文化资源大量闲置和浪费。（3）产业结构不合理。传统文化产业的比重较大，现代新兴文化产业发展不够。文化产品的科技含量低，竞争能力差。特别是现代信息技术的应用比较落后，不能适应人们对文化产品高科技化的要求。产业组织形式还处于小规模分散化状态。文化产业单位普遍缺乏活力，没有成为自主经营、自负盈亏、自担风险、自主创新的市场主体，创新能力不足，创新激励机制没有形成，现代化的文化产品生产和组织方式没能得到充分应用。导致我国文化产业发展相对滞后的一个根源是观念障碍。由于长期受计划经济体制的影响，人们对市场作用的认识不充分，对文化领域引入市场机制存在疑虑，习惯于把经营性的文化产业等同于公益性的文化事业，没有产业概念，不重视发展文化产业，把文化建设主要当做政府的事，文化单位"等、靠、要"思想严重。这些观念严重阻碍了文化的繁荣发展。（4）政策体系不完善。我国文化产业是新兴产业，需要政府在政策上大力扶持。认真研究文化创意促进产业转型发展的整体战略，并创造相关政策条件从资金、人才、设施上推动实施。从目前情况来看，各地文化创意产业发展政策缺乏系统性和完整性，要么对文化创意缺乏认识理解，文化产业在当地得不到重视，要么急功近利，一哄而起，更多变相为商业开发活动。特别是在投融资、高端人才引进和培养等方面明显不足，有些政策过于原则，缺乏实施细则，相关配套政策和措施保障也没有及时出台，没有形成全面系统的指导文化产业发展的产业政策体系。此外，现行的文化投融资体制严重滞后，仍未突破投资主体单一的政策桎梏，多元化、市场化、社会化的文化投融资渠道严重不畅，导致外资及民间资本难以进入，急需资本扶持的文化项目只能望梅止渴。文化创意产业作为经济、文化、技术等互相贯通和融合的产物，只能由既有文化又有创意的人才驾驭。中国高等教育虽取得很大成就，但是高文凭不一定等于高能力。很多高校缺乏文化创意理念的培育，也缺乏足够的实际锻炼机会，所以我国文化创意产业的发展受到缺乏高端复合人才的制约。

文化体制改革是解放和发展文化生产力的根本途径。只有完成文化体制改革，加快国有文化资源整合与重组，加快文化市场体系建设，进一步完善文化领域宏观管理体制，才能为文化建设提供动力源泉和体制支撑。文化发展在体制机制上的不灵活，就会使创新发展缺乏动力与压力，进而失去发展的主动权，因此要努力转变观念，参与市场竞争，积极构建与国际化相适应的开放式文化管理体系。在文化体制改革中，国有经营性文化单位转企改革是文化体制改革的中心环节，要用转制来培育文化市场主体，同时也要整合文化资源，培育骨干文化企业。要以资本为纽带，用行政和市场相结合的办法，大力推进国有文化资源跨地区、跨行业、跨媒体战略重组，组建综合性传媒集团、文化产业投资控股集团、出版文化集团、演艺集团和影视集团等。要实现电影发行放映单位和歌舞类院团转企改制、广电系统电视剧制作机构剥离转制的目标，加快启动重点新闻网站、非时政类报刊转企改制。文化产品既有意识形态属性，也具有商品形态属性。文化体制改革不能忽视市场作用，而是要运用市场手段，打破文化市场行政壁垒，鼓励文化产品服务和生产要素，参与全国统一开放竞争有序的文化市场体系建设。加快发展和规范文化产品市场、加快培育和繁荣大众性文化消费市场、农村文化市场，加快建立和拓展文化中介市场，逐步实现城乡文化市场一体化、文化旅游市场国际化目标，也是加快推进文化体制改革的目的。为此，要推进政府文化管理部门转变职能，由办文化向管文化转变，尽快实现政企分开、政事分开和管办分离，鼓励社会企业参与文化建设，指导推动转制文化企业建立现代企业制度，完善法人治理结构，在经营管理、人事分配等方面充分放权，减少行政干预，培育文化市场主体。政策扶持是顺利推进改革的有力保障，转企改制需要支付改革成本。对自筹资金不足的转企改制单位，政府应该支付一定的改革成本，还要从实际出发制定相应的扶持政策，妥善解决改革中出现的人员分流安置、职工社会保障等实际问题，最大限度的维护广大职工的切身利益。各级党委和政府要担负起推进文化体制改革的政治责任，在加强领导，健全机制，发挥人民群众文化创造积极性，提高推进文化改革发展科学化水平方面做出新的努力。

(二) 党和国家领导人对文化体制改革的重要论述

近年来，党和国家领导人对文化体制改革非常重视，以不同方式发表了重要观点，反映出现阶段我国文化体制改革的顶层设计和方针、政策，是进行文化体制改革的指导思想和行动纲领。学习领会这些思想观点，对搞好文化体制改革和促进文化发展繁荣意义重大，也是培育和践行社会主义核心价值观的要求。

2010年7月23日，中共中央政治局就深化我国文化体制改革研究问题进行第二十二次集体学习。胡锦涛在主持学习时发表了讲话。他指出，文化是民族凝聚力和创造力的重要源泉，是综合国力竞争的重要因素，是经济社会发展的重要支撑。深化文化体制改革，是党中央作出的关系我国经济社会发展全局的重大决策。深入推进文化体制改革，推动文化建设和经济建设、政治建设、社会建设协调发展，已成为实现科学发展的必然要求。深入推进文化体制改革，促进文化事业全面繁荣和文化产业快速发展，关系全面建设小康社会奋斗目标的实现，关系中国特色社会主义事业总体布局，关系中华民族伟大复兴。我们一定要从战略高度深刻认识文化的重要地位和作用，以高度的责任感和紧迫感，顺应时代发展要求，深入推进文化体制改革，推动社会主义文化大发展大繁荣。深入推进文化体制改革，必须坚持社会主义先进文化前进方向，坚持文化事业和文化产业协调发展，遵循社会主义精神文明建设的特点和规律，适应社会主义市场经济的发展要求，以发展为主题，以体制机制创新为重点，以满足人民群众精神文化需求为出发点和落脚点,着力构建充满活力、富有效率、更加开放、有利于文化科学发展的体制机制,繁荣发展社会主义文化,不断增强我国文化软实力和国际竞争力。他指出,当前和今后一个时期,要重点抓好以下几项工作。一是要加快文化体制机制改革创新,按照创新体制、转换机制、面向市场、增强活力的要求,加快经营性文化单位转企改制,稳步推进公益性文化事业单位改革,构建统一开放竞争有序的现代文化市场体系,加快推进文化管理体制改革。二是要加快构建公共文化服务体系,按照体现公益性、基本性、均等性、便利性的要求,坚持政府主导,加大投入力度,推进重点文化惠民工程,加强公共文化基础设施建设,促进基本公共文化服务均等化。三是要加快发展文化产业,认真落实文化产业振兴规划,精心实施重大文化产业项目带动战略,推进文化产业结构调整,培育新的文化业态,提高文化产业规模化、集约化、专业化水平。要精心打造中华民族文化品牌,提高我国文化产业国际竞争力,推动中华文化走向世界。四是要加强对文化产品创作生产的引导,真正从群众需要出发,继承和发扬中华文化优良传统,吸收借鉴世界有益文化成果,推出更多深受群众喜爱、思想性艺术性观赏性相统一的精品力作。要引导广大文化工作者和文化单位自觉践行社会主义核心价值体系,坚持社会主义先进文化前进方向,坚决抵制庸俗、低俗、媚俗之风。胡锦涛强调,各级党委和政府要把文化体制改革和文化建设摆在全局工作的重要位置,纳入经济社会发展总体规划,建立健全领导体制和工作机制,坚持一手抓繁荣、一手抓管理,牢牢把握文化发展主动权。要深入研究人民群众对文化建设的新要求新期待,深入研究文化发展的特点和规律,努力提高推动文化科学发展的能力。要加强文化战线领导班子建设,加强文化事业和文化产业人才培养,为深化文化体制改革和文化建设提供有力组织保证和人才保障。要充分调动广大文化工作者和各方面的积极性、主动性、创造性,确保文化体制改革和文化建设各项工作扎实推进、取得成效。

2011年7月1日,胡锦涛在纪念建党90周年大会上的讲话中又指出:"我国过去30多年的快速发展靠的是改革开放,我国未来发展也必须坚定不移依靠改革开放。新时期最鲜明的特点是改革开放。改革开放是党在新的历史条件下领导人民进行的新的伟大革命,是决定当代中国命运的关键抉择,是坚持和发展中国特色社会主义、实现中华民族伟大复兴的必由之路。""继续推进经济体制、政治体制、文化体制、社会体制改革创新，继续解放和发展社会生产力，继续推动我国社会主义制度自我完善和发展，坚决破除一切妨碍科学发展的思想观念和体制机制弊端，为推进中国特色社会主义事业注入强大动力。""要加快文化体制改革，加快构建公共文化服务体系，加快发展文化事业和文化产业。要着眼于推动中华文化走向世界，形成与我国国际地位相对称的文化软实力，提高中华文化国际影响力。中华民族创造了源远流长、博大精深的中华文化，中华民族也一定能够在弘扬中华优秀传统文化的基础上创造出中华文化新的辉煌。"2010年3月，温家宝同志在全国人大会议上所作的政府工作报告中，也强调要继续推进文化体制改革，扶持公益性文化事业，发展文化产业，鼓励文化创新，培育骨干文化企业，生产更多健康向上的文化产品，满足人民群众多样化的文化需求。文化建设在中国特色社会主义事业总体布局中有重要地位和作用，大力发展文化产业是加快经济发展方式转变的重要途径和重要方面。

2010年6月，李长春在《求是》杂志2010年第12期，以《正确认识和处理文化建设发展中的若干重大关系，努力探索中国特色社会主义文化发展道路》为题发表文章，就我国文化建设的一些重大问题进行了全面、系统的阐述。他强调指出：我们一定要从党和国家事业发展的全局和战略高度，不断增强改革创新的自觉性和坚定性，深化文化体制改革，推进观念创新、体制创新、机制创新、内容创新、形式创新、传播手段创新、业态创新、科技创新，进一步增强文化发展的生机和活力。他指出，坚持以改革创新为强大动力，推动文化科学发展，要以体制机制创新为重点，大力推进文化体制改革。要根据区别对待、分类指导、循序渐进、逐步推开的指导方针，对公益性文化事业和经营性文化产业采取不同的改革路径，从实际出发，分阶段、有区别地加以实施。对公益性文化单位，包括公共博物馆、纪念馆、美术馆、文化馆、图书馆、青少年宫、科技馆、群众艺术馆等提供公共文化服务的单位，改革的方针是"增加投入、转换机制、增强活力、改善服务"，政府要增加投入，足额保证经费，单位自己不搞创收，但也要转换内部机制，深化劳动人事制度、收入分配制度等改革，不断增强活力，切实提高服务群众的能力和水平，最大限度地发挥社会效益。对国有经营性文化单位，主要包括出版社、新华书店、电影制片厂、电视剧制作中心、电影放映单位、一般艺术院团、重点新闻网站、非时政类报刊社以及主流媒体中可剥离的经营部分等，改革的方针是

"创新体制、转换机制、面向市场、壮大实力",核心是紧紧抓住转企改制这个中心环节,重塑文化市场主体,推动国有经营性文化单位从行政附属物转变为自主经营、自我发展、自我创新、依法运营的文化产品生产经营者。在转企改制过程中,要严格按照建立现代企业制度的要求,完善法人治理结构,使国有经营性文化单位成为真正的企业法人,做到可核查、不可逆,坚决杜绝出现行政事业性质的"翻牌公司"。要在转企改制的基础上,进行股份制改造,建立现代产权制度,并把改革和改组结合起来,盘活国有文化资产,以资本为纽带,推动跨地区跨行业跨领域兼并重组,实现低成本扩张,打造一批有实力、有竞争力和影响力的国有或国有控股的文化企业和企业集团,使之成为文化市场的主导力量和文化产业的战略投资者。要在演艺娱乐业、动漫游戏业、传媒业、网络业、影视业、出版发行业等重点文化产业,选择一批改革到位、成长性好、竞争力强的大型国有或国有控股集团公司,推动上市融资,尽快做优做大做强。在有条件的地方,要鼓励以财政、金融资金为主体,吸收社会资本,组建企业化的文化产业投资公司,进一步拓宽文化产业发展的融资渠道。要进一步完善文化市场体系,建立文化资产评估体系、文化产权交易体系,发展以版权交易为核心的各类文化资产交易市场,以及文化经纪代理、评估鉴定、风险投资、保险、担保、拍卖等中介服务机构,为文化企业的成长壮大创造良好市场条件。另外,从目前国情出发,还要正确把握处于公益性文化单位和经营性文化单位之间少数文化单位的改革,这些文化单位主要指国家扶持的体现民族特色和国家水准的艺术院团,包括国家直属院团和一些重点保护剧种的重点院团如京剧院团、昆曲院团,使其代表国家的水平,并发挥示范、引导作用;还有一些需要逐步培育市场的高雅艺术团体如交响乐团、芭蕾舞团等。这些文化单位不同于普通的公益性文化单位,与文化市场有着密切的联系,具有一定的经营性质,但完全走向市场目前还不具备条件,因此暂时仍实行事业单位企业化管理。对它们的改革方针是"政府扶持、转换机制、面向市场、增强活力"。政府扶持的目的,是要支持这些文化单位更好地面向市场、增强活力。因此,这些文化单位要积极进行内部机制改革创新,建立起符合艺术发展规律、体现按劳分配原则的分配制度和能进能出的人员流动机制,建立起以观众为中心、以市场为导向、以社会效益与经济效益有机统一为目标的院团经营管理机制,形成自我发展的内生动力,在面向群众、面向市场的过程中不断发展壮大。他还指出，坚持以改革创新为强大动力，推动文化科学发展，要善于把继承与创新有机统一起来。要继承和弘扬中华民族的优秀文化传统，加强中华优秀文化传统教育，加强对文物和非物质文化遗产的保护，深入挖掘蕴藏其中的丰厚文化资源，并赋予新的时代内涵，使其与当代社会相适应、与现代文明相协调，在新的历史条件下继续发扬光大。对具有产业和市场潜力、具备经营条件的传统文化资源，要鼓励在国家政策支持下，运用市场和产业的手段进行保护、传承和发展，特别是和发展旅游业紧密结合，开发文化产品，拓展服务项目，在与产业和市场的结合中增强生机、焕发活力，实现可持续发展。要适应人民群众文化需求的新特点和审美情趣的新变化，推动不同传统艺术门类之间相互融合，推动传统艺术与现代艺术相互借鉴，积极运用声、光、电等手段提高传统文化表现力，实现题材体裁、风格流派和表现手法的创新发展。文化体制改革的深入推进，极大地解放和发展了文化生产力，有力促进了文化事业和文化产业的繁荣发展，有力促进了精品力作和优秀人才的竞相涌现，有力促进了全民族思想道德素质和科学文化素质的显著提高，有力促进了经济发展方式的加快转变，有力促进了中华文化国际影响力和竞争力的不断提升，发挥了引领风尚、教育人民、服务社会、推动发展的重要作用。通过改革，文化领域整体面貌和发展格局焕然一新，文化建设开创了新局面，初步走出了一条中国特色社会主义文化发展道路。李长春指出，在推进文化改革发展的进程中，我们不断深化对文化建设规律的认识，积累了一系列宝贵经验。概括起来就是：必须坚持党的领导，为坚持文化建设正确方向、有力推进文化改革发展提供坚强保证；必须坚持解放思想、实事求是、与时俱进，牢固树立符合科学发展观要求的新的文化发展理念；必须坚持一手抓公益性文化事业、一手抓经营性文化产业，把社会效益放在首位、社会效益和经济效益相统一，做到两加强、两促进；必须坚持从实际出发，区别对待、分类指导、循序渐进、逐步推开，积极稳妥推进各项改革；必须坚持以人为本，充分调动人民群众和广大文化工作者投身文化建设的积极性、主动性、创造性；必须坚持统筹兼顾，正确认识和处理好文化改革发展中的一系列重大关系，不断提高文化改革发展的科学化水平。

2014年2月7日，国家主席习近平在俄罗斯索契接受俄罗斯电视台专访时说：1978年，中共十一届三中全会开启了中国改革开放进程，至今已经35年多了，取得了举世瞩目的成就。但是，我们还要继续前进。

我们提出了"两个一百年"的奋斗目标。当前，经济全球化快速发展，综合国力竞争更加激烈，国际形势复杂多变，我们认为，中国要抓住机遇、迎接挑战，实现新的更大发展，从根本上还要靠改革开放。在激烈的国际竞争中前行，就如同逆水行舟，不进则退。现在，同过去相比，中国改革的广度和深度都大大拓展了。要把改革推向前进，必须加强顶层设计。中共十八届三中全会就全面深化改革作出了总体部署，提出了改革的路线图和时间表，涉及15个领域、330多项较大的改革举措，包括经济、政治、文化、社会、生态文明和党的建设等各个方面。改革的进军号已经吹响了。我们的总目标就是完善和发展中国特色社会主义制度，推进国家治理体系和治理能力现代化。在中国这样一个拥有13亿多人口的国家深化改革，绝非易事。中国改革经过30多年，已进入深水区，可以说，容易的、皆大欢喜的改革已经完成了，好吃的肉都吃掉了，剩下的都是难啃的硬骨头。这就要求我们胆子要大、步子要稳。胆子要大，就是改革再难也要向前推进，敢于担当，敢于啃硬骨头，敢于涉险滩。步子要稳，就是方向一定要准，行驶一定要稳，尤其是不能犯颠覆性错误。经过长期探索，我们已经找到一条适合中国国情的正确发展道路，只要我们紧紧依靠13亿多中国人民，坚定不移地走自己的路，我们就一定能战胜一切艰难险阻，不断取得新的成绩，最终实现我们确立的目标。

二　推动文化创新和建立文化市场新体系

为了解放和发展社会主义文化生产力，我们必须深化文化体制改革，在文化体制创新方面寻求新的突破。要顺应潮流，科学发展；立足本地，扬长避短；科学定位，合理规划。逐步建立有利于调动文化工作者积极性，推动文化创新，多出精品、多出人才的文化管理体制和运行机制。

（一）文化管理体制改革要有新突破

要加快政府职能转变，强化政策调节、市场监管、社会管理、公共服务职能，推动政企分开、政事分开，理顺政府和文化企事业单位关系。完善管人管事管资产管导向相结合的国有文化资产管理体制。健全文化市场综合行政执法机构，推动完善综合文化行政责任主体。加快文化立法，制定和完善公共文化服务保障、文化产业振兴、文化市场管理等方面法律法规，提高文化建设法制化水平。坚持主管主办制度，落实谁主管谁负责和属地管理原则，严格执行文化资本、文化企业、文化产品市场准入和退出政策，综合运用法律、行政、经济、科技等手段提高管理效能。要制订和实施文化体制改革的总体方案和相关的实施意见。研究制订贯彻落实的具体方案，并把方案纳入年度的经济计划、财政预算、工作议程和任务考核目标。体制改革要以转变政府文化管理职能，理顺政府和文化企事业单位的关系为中心。要把所有的经营性文化事业单位转制为规范的文化企业，为文化产业的发展奠定坚实的微观基础。进一步转变政府职能，尽快实现由管微观向管宏观、由办文化向管文化、由管直属单位为主向管全社会的转变，从以行政手段为主逐步向以经济和法律手段为主转变。通过职能转变，实行政事分开，管办分离，加强对文化宏观管理，努力构建公共文化服务体系。建立起适应文化产业发展要求的宏观管理体制。整合行政和执法资源，提高行业管理和市场监管的能力。逐步实现统一管理、统一执法，为文化事业和文化产业发展提供良好的体制环境。要建立门类齐全、在优化资源配置中日益发挥重要作用的中介组织体系；加强行业管理职能，发挥行业协会的桥梁纽带作用；建立广泛代表群众意愿、充分尊重和吸纳专家意见的科学合理的文化决策机制，成立市文化艺术专家委员会，发挥决策咨询作用。要深化文化事业单位改革。根据文化事业单位的性质和功能，建立分类管理制度；建立政事分开、事权清晰、职责明确、监管到位的文化事业管理体制；加快文化事业单位的社会化进程。继续推进艺术表演团体的改革，实行艺术表演团体的股份制改造。

（二）深化文化投融资体制改革

要完善政策保障机制，保证公共财政对文化建设投入的增长幅度高于财政经常性收入增长幅度，提高文化支出占财政支出比例。扩大公共财政覆盖范围，完善投入方式，加强资金管理，提高资金使用效益，保障公共文化服务体系建设和运行。落实和完善文化经济政策，支持社会组织、机构、个人捐赠和兴办公益性文化事业，引导文化非营利机构提供公共文化产品和服务。加大财政、税收、金融、用地等方面对文化产业的政策扶持力度，鼓励文化企业和社会资本对接，对文化内容创意生产、非物质文化遗产项目经营实行税收优惠。设立国家文化发展基金，扩大有关文化基金和专项资金规模，提高各级彩票公益金用于文化事业比重。要实行文化投资主体多元化、社会化,扩大文化市场准入,鼓励支持非国有经济和资本进入文化产业领域;鼓励社会力量以参股、购股、合伙经营乃至控股的方式投资兴办中小文化企业;鼓励建立为中小型文化产业服务的民间金融组织,拓展社会投资渠道;发行文化产业基金彩票,吸纳民间资金发展文化产业。同时积极引进外资,改善文化产业资本结构,提升文化产业资源配置的国际化程度。要改革资金投入方向和投入方式。对公益性文化事业单位,国家要继续给予经费保证,加大投入力度,同时要鼓励它们增强自身发展活力。对准公益性文化事业单位,国家区别情况给予一定的财政补贴。对经营性文化事业单位,国家要逐步停止投入,实行自主经营、自负盈亏,逐步向公司制过渡。政府投入方式要逐步从对文化事业单位及从业人员的一般投入,转变为以项目投入为主。

目前,金融机构支持文化产业面临以下难题:(1)金融支持文化产业的体制机制环境尚不具备。一方面,我国文化产业尚处于发展的初期阶段,文化体制改革尚未完全到位,中小文化企业居多,市场还处于培育期,尚未形成相对成熟的运营模式和持续盈利能力,市场风险较高;另一方面,服务文化产业发展的融资担保、项目评估、产权界定、权益转让等中介服务亟待完善,相关法律法规需要进一步明确和健全。特别是金融机构的行业要求是风险可控,但为文化企业或者项目贷款,面对的是全新的业务领域,缺乏可依据的经验和必需的风险评估体系,金融机构难免畏首畏尾。(2)社会诚信体系建设滞后和文化企业缺乏抵押影响金融支持文化产业的力度。由于我国尚未建立起全社会统一的企业与个人征信系统,金融法规和金融监管也相对滞后,银行、投资者与民营企业之间信息严重不对称,导致金融市场上形成了违约收益大于违约成本的心理预期,造成一些企业缺乏诚信的内动力和守信的经营行为。文化企业规模较小,通常没有大量的不动产和机器设备,很多是个人甚至是一个创意,即使有知识产权和品牌价值也难以估价,在缺乏应有的抵押品的情况下,金融机构在目前的社会信用环境下很难放手进行贷款支持。(3)文化产业规模小、不稳定、风险大、效益低的现状制约信贷投入的积极性。文化产业的企业不像工商企业那样有持续的生产能力和现金流,文化产品生产很多时候是项目性、一次性的,不能产生稳定和持续的经营效益和现金回报,加上文化产品生产过程完全亏损的特点,给依据财务报表判断资金回报情况进行决策的银行借贷带来很大问题。同时,与工商企业相比,文化企业的效益比较低，特别是动漫、数字媒体等新兴产业，在当前金融机构"垒大户"成风的形势下，资金需求很难得到满足。（4）金融机构在支持文化产业发展中存在诸多不适应的问题。首先是贷款审批手续多、程序复杂、周期长，很难满足文化企业对融资的时效性要求。其次是金融机构对新兴的文化产业不了解，对文化企业的业务开展不全面，信贷人员对文化企业业务不熟悉，影响了文化产业的信贷效率和效益。最后是金融机构针对文化产业的服务创新不够，仅仅提供一般的担保、有形资产抵押等传统信贷业务，缺乏专门针对文化产业、文化企业和文化项目的信贷管理办法和金融产品，如针对版权、著作权等无形资产的金融产品。

为了建立健全文化产业投融资体系，必须做到以下几点：（1）必须加强政府的投入和引导，包括出台税收优惠等优惠政策，扶持文化企业发展；设立文化产业发展专项基金，支持重大文化产业项目；通过贴息、补助、奖励等多种形式，鼓励引导社会资本兴办文化事业、发展文化产业；建立文化产业融资担保、财政贴息和风险补偿机制，为信贷资金介入提供保障。（2）必须加快金融创新的步伐。金融机构要抓住机会树立创新意识，根据文化产业发展的实际和文化产业、产品的特性，制定相应的信贷管理策略和授信审批机制，适当简化文化产业贷款授信审批手续。同时，创新信贷产品和服务方式，开发针对文化项目和企业的特色产品，探索知识产权、企业无形资产等质押方式，解决文化创意企业抵押难问题。还要扩展服务范围，对文化企业提供结算与现金管理、投资银行业务、理财、供应链融资、并购贷款、国际业务等综合性金融服务，不断提高金融服务水平，满足企业资金需求，促进企业资金流转。（3）必须拓展多元化融资渠道。金融支持文化产业发展，不仅要发挥间接融资的作用，还要发挥直接融资的作用；不仅要发挥正规金融体系的主导作用，还要发挥好民间资金的补充作用。在政策允许范围内鼓励利用企业债券、股票等融资工具和私募股权基金、保险、信托、融资租赁等融资方式发展文化产业。同时，积极吸引民间资金和外资投资文化产业，拓展利用民间资本和国际资本的方式和空间，积极发展民营和中外合资文化企业。还要继续争取世界银行、亚洲开发银行、联合国教科文组织等相关国际机构的大力支持，为文化产业发展提供多样化的融资渠道。（4）必须构建融资配套服务体系。金融支持文化产业的"瓶颈"之一是相互信息不对称，缺乏资信和信用等方面的配套服务体系。为此，应当大力建设文化产业投资信息服务平台，吸引有实力的企业和民间资本投资文化产业，具体可以通过定期或不定期组织文化产业项目推介会、信息发布会等，为实力雄厚的企业和社会资金进入文化产业领域提供必要服务。还要加快信用担保、产权交易、无形资产评价等中介服务体系建设，制定和完善规范专利权、版权等无形资产评估、质押、登记、流转和托管的管理办法，为文化企业利用无形资本融资创造条件。（5）必须培育合格融资主体。文化产业的发展最终取决于作为主体的文化企业本身，金融支持文化产业的效果最终也要看融资主体的状况。因此，必须进一步深化文化体制改革，着力培育一批实力雄厚、具有较强竞争力和影响力的大型骨干文化企业，在演艺、影视、出版发行、动漫游戏、网络文化、数字节目制作等领域发挥龙头作用，引领和带动文化产业整体发展。同时，促进文化企业改制，建立健全现代企业制度和财务制度，规范企业管理。（6）必须加大文化市场的开放性和文化产业的竞争性。放宽文化产业的准入条件，鼓励和支持民营资本参与进来。鼓励延伸文化产业链，加强文化产业与其他产业的互动融合，大力发展文化衍生产品。还要扶持建立一批示范性文化产业园区和产业基地，形成产业集群，发挥规模效应。①

（三）文化法制建设要有新突破

文化法制建设是文化建设的薄弱环节。完善文化法制建设，修订原来制定的地方性文化法规条例，是当前文化体制改革刻不容缓的任务。为此要加快文化立法进程，改变文化立法滞后的状况。对文化改革和发展中急需用法律规范调整的难点、重点问题进行立法，不断提高立法质量。要制定、完善保障和规范文化市场主体（文化企业和个体经营者）方面的法规；维护文化市场秩序方面的法规；政府对文化宏观调控方面的法规以及涉外文化经济的法规。同时，政府要推进依法行政，依法治文，为文化发展创造良好的文化法制环境。要依法推动国有文化单位改革。以建立现代企业制度为重点，加快推进经营性文化单位改革，培育合格市场主体。科学界定文化单位性质和功能，区别对待、分类指导、循序渐进、逐步推开，推进一般国有文艺院团、非时政类报刊社、新闻网站转企改制，拓展

---

① 参见汪洋《我国文化产业发展与投融资支持——陕西文化产业现状调查引发的思考》，《中国党政干部论坛》2010年第1期，第6—9页。

出版、发行、影视企业改革成果，加快公司制股份制改造，完善法人管理结构，形成符合现代企业制度要求、体现文化企业特点的资产组织形式和经营管理模式。创新投融资体制，支持国有文化企业面向资本市场融资，支持其吸引社会资本进行股份制改造。着眼于突出公益属性、强化服务功能、增强发展活力，全面推进文化事业单位人事、收入分配、社会保障制度改革，明确服务规范，加强绩效评估考核。创新公共文化服务设施运行机制，吸纳有代表性的社会人士、专业人士、基层群众参与管理。推动党报党刊、电台电视台进一步完善管理和运行机制。推动一般时政类报刊社、公益性出版社、代表民族特色和国家水准的文艺院团等事业单位实行企业化管理，增强面向市场、面向群众提供服务能力。要加快文化事业单位内部机制创新。在文化企业规范法人治理结构、转变经营机制的同时，文化事业单位应积极深化内部管理体制改革，创新运行机制。应全面实施以双向选择为基本特征的聘用制、签约制，实行艺术人才的自由流动和按需设岗、竞争上岗；应建立工效挂钩、多劳多得、优劳优酬的激励机制，彻底打破分配上的"大锅饭"；应按市场需求策划、生产、销售文化艺术产品和提供文化服务，进行投入产出的经济核算。加快文化中介机构的改革和发展。完善文化经纪人制度，强化行业自律机制，规范文化经营行为，使文化中介机构成为独立的市场活动主体和联结文化生产、文化服务、文化消费的中间环节，促进文化市场的繁荣。充分发挥演出、展览等文化中介机构开发、培育和活跃文化市场的作用，推进集约化、系统化、网络化的文化产品营销服务，扩大优秀民族文化产品在国内外市场的份额。

（四）建立文化产业研发基地和产业集聚示范区

按照产业发展规律，要科学规划，合理布局，坚持标准、突出特色、提高水平，有选择性地建立和完善若干个集技术研发、产业孵化、产品交易、人才培训为一体的示范园区，为文化企业提供技术、信息、交易、展示的平台，为文化产业的规模化、集约化、专业化发展创造条件、奠定基础，从而大幅度地提升产业集中度和创新能力。争取实施一批重大的先导性项目，为文化产品的生产和消费创造必要的条件。在继续抓好电子商务、物流配送、电影院线等项目建设的同时，尽快启动全国文化票务网络、文艺演出院线、中华文化主题公园、中国动漫游戏城、全国市场技术监管平台等项目，为加快文化产业发展、扩大文化需求、改善消费条件奠定必要的物质基础。要集中力量，打造本地精品文化产品。我国历史文化悠久，各地独特的文化资源非常丰厚，具备产生精品创意文化产品的天然条件。可以集中优势资源打造精品文化品牌，拉升当地的文化旅游产业，从而提高在国内和国际的知名度。要借助现代化技术，发展文化创意产业。只要坚持以科学发展观为指导，坚持先进文化的前进方向，立足中国丰富的文化资源，广泛吸收和借鉴其他国家和民族创造的一切先进文化、先进理念和科技成果，注重国际视野与民间特色的统一，传统和创新的统一，历史文化与现代科技的统一，加大改革力度，加快体制创新，开拓文化创意产业，就能为我国经济和社会发展注入新的文化推动力。在保护生态环境的前提下，开发旅游资源，完善旅游基础设施，规范旅游市场秩序，着力打造一流的休闲度假旅游胜地，努力实现经济繁荣、社会和谐、环境优美、人民幸福。

（五）依靠高新技术培育新兴产业和业态

高新技术在文化领域的推广应用，有利于形成新的业态、开辟新的领域，有利于增强文化产品的感染力和传播力，有利于大幅度降低生产成本，增加产品附加值。因此，要鼓励高新技术与文化产业相结合，不断催生新的业态。尤其要加强网络技术、数字技术的研发，推动在文化领域的广泛运用，以促进网络文化、手机娱乐、数字化制作、四维动画等新兴领域的发展。要建立健全文化产品市场和文化生产要素市场，让各种文化资源和生产要素能够在全国范围内流动，充分发挥市场在资源配置过程中的基础性作用。在演艺、影视、图书等领域，则应大力发展统一配送和连锁经营，减少流通环节、降低交易成本。要引导和发展各类文化中介机构，积极推广项目制、代理制和经纪人制。鼓励有条件的地区组建文化产业投资基金，为文化企业提供风险投资。加强知识产权和版权的保护，鼓励组建文化产权交易所，切实维护所有者的合法权益。进一步规范和完善文化市场的监管，为文化产业的发展营造良好、公平的市场环境。还要建立文化人才市场，促进人才流动。在市场经济条件下，绝大部分文化产品和服务已经成为商品，那么，文化创意人才也应该可以在新的文化管理体制下进行自由交流，也就是说现有的文化管理体制要和市场经济的发展保持一致性。遵循人才成长和发展规律，改革旧的、落后的人才管理模式，才能充分发挥市场在文化创意人才资源配置中的调节作用。建立专门人才中介机构，完善文化人才档案和信息库，促进人才合理流动。打破学历、资历和身份限制，不拘一格地发现和集聚人才。要积极借鉴国外发展文化创意产业的成功经验，建立相应的文化创意产业发展领导机构，对文化创意产业发展进行统一规划、指导和协调。成立文化创意产业发展研究机构。召集知名专家、学者组成专家咨询委员会，定期、不定期地对涉及文化创意产业发展的一些重大课题、项目进行深入调研，为政府提供科学的决策咨询建议。

（六）扩大对外文化贸易，推动中华文化"走出去"

要认真贯彻落实国家颁布的一系列扶持政策，切实加快文化企业"走出去"的步伐。一是鼓励有条件的文化企业创作生产出更多的有中国气派、民族风格、适应国际市场需求的文化产品；二是积极与境外的文化企业开展多种类型的经济合作，鼓励有实力的企业通过合资、合作、并购等形式，直接在海外建立自己的研发、生产、营销基地，并根据当地的审美情趣和消费习惯，量身创作具有中华文化内涵的文化产品，并力争使其销往当地主流市场；三是对在文化产品出口方面取得成绩的企业给予表彰和奖励，让其既得实惠又有荣誉，从而增强它们推动中华文化"走出去"的信心和动力。大力培育合格的市场主体，全面提升产业素质和竞争实力。要打破行业垄断和地区封锁，实现跨地区、跨行业的资源整合与生产经营，营造开放统一的市场环境。通过兼并重组、股份制改造和上市融资，尽快组建一批骨干文化企业，并通过制定优惠政策、加大扶持力度，培育出一批成长性好、竞争力强、资产和收入上百亿的大型文化集团公司，以此来提高研发、营销的能力，增强国际市场上的竞争实力，使其成为文化领域的战略投资者。鼓励多种类型、多种所有制文化企业的协调发展，逐步实现以股份制企业为主体、国有企业为骨干、民营企业为依托，互为补充、充满生机的文化产业格局。要推动中华文化走向世界。开展多渠道多形式多层次对外文化交流，广泛参与世界文明对话，促进文化相互借鉴，增强中华文化在世界上的感召力和影响力，共同维护文化多样性。创新对外宣传方式方法，增强国际话语权，妥善回应外部关切，增进国际社会对我国基本国情、价值观念、发展道路、内外政策的了解和认识，展现我国文明、民主、开放、进步的形象。实施文化走出去工程，完善支持文化产品和服务走出去政策措施，支持重点主流媒体在海外设立分支机构，培育一批具有国际竞争力的外向型文化企业和中介机构，完善译制、推介、咨询等方面扶持机制，开拓国际文化市场。加强海外中国文化中心和孔子学院建设，鼓励代表国家水平的各类学术团体、艺术机构在相应国际组织中发挥建设性作用，组织对外翻译优秀学术成果和文化精品。构建人文交流机制，把政府交流和民间交流结合起来，发挥非公有制文化企业、文化非营利机构在对外文化交流中的作用，支持海外侨胞积极开展中外人文交流。建立面向外国青年的文化交流机制，设立中华文化国际传播贡献奖和国际性文化奖项。要积极吸收借鉴国外优秀文化成果。坚持以我为主、为我所用，学习借鉴一切有利于加强我国社会主义文化建设的有益经验、一切有利于丰富我国人民文化生活的积极成果、一切有利于发展我国文化事业和文化产业的经营管理理念和机制。加强文化领域智力、人才、技术引进工作。吸收外资进入法律法规许可的文化产业领域，保障投资者合法权益。鼓励文化单位同国外有实力的文化机构进行项目合作，学习先进制作技术和管理经验。鼓励外资企业在华进行文化科技研发，发展服务外包。开展知识产权保护国际合作。

（七）加快文化领域的结构调整

文化产业涉及多层次、多领域，是个大的产业群。要着眼于满足人民群众多层次、多方面的文化需求，建立优质、高效的文化产业生产服务体系。关注文化消费需求的变化，调整文化产业与服务的品质和数量，形成比较合理的布局结构。建立健全统一、开放、竞争、有序的现代文化市场体系，促进文化商品和生产要素的合理流动。积极运用高科技改造、提升传统文化产业，开发新兴文化产业，推进文化产业的多层次开发和网络化服务。具体到实际操作层面上，要按市场经济规律办事，深入研究市场需求，准确把握人们的文化消费心理和习惯，运用市场经济的运作手段和经营模式，大力发展文化产业。应在面向市场中奋力开拓市场，适应不断发展变化的新形势，通过各种方式和途径推介我国的文化产业项目，使之尽可能多地打入国际市场。应在开拓市场中积极引导市场，立足自身优势，支持文化创新；搭建文化平台，活跃文化市场；积极发展文化中介机构，引导受众消费；着力打好建设牌、发展牌、规范牌、管理牌，做到管理有效、繁荣有方。要优化资源配置，把资源优势变为发展优势，以结构调整为带动，盘活存量资产，扩大增量资产，通过兼并、联合、重组、参股等形式，促进资本、人才、技术等要素的合理配置，提高产业集中度，推进集约化经营和规模化发展，形成一批龙头企业。要促进多元经营。发展文化产业，应重点发展主导产业，同时利用文化产业关联度高、覆盖面广、成长性强的特点，鼓励和支持跨媒体、跨行业、跨地区、跨所有制投资和经营，促进文化产业领域的内部联合，促进文化产业与其他产业间的相互渗透，促进社会办文化，不断调整经营结构，拓展发展空间。打造优势品牌。发展文化产业，必须以品牌扩大影响、吸引资金、拓展市场。应努力推出特色品牌，开发原创品牌，发展现代品牌。高度重视和大力开发拥有自主知识产权的文化产品，提高文化的创新能力，增强核心竞争力。[①]

经过十多年的不懈探索，我国文化体制改革已经取得了显著成效，有力促进了文化生产力的解放，有力促进了文化的发展繁荣，有力促进了经济发展方式的转变，有力促进了国家文化软实力的提升，有力促进了各类文化人才涌现。规范了文化产权交易，规范了文化产业园区建设，建立了统一的文化产业统计指标体系；公共文化服务体系建设持续推进，进一步扩大了免费开放的公共文化服务设施范围，形成了促进贫困地区文化建设跨越式发展的思路和意见；深入开展扫黄打非，查缴非法和盗版出版物，文化市场净化工作得到进一步加强；按照文化体制改革的新要求，各地各有关部门正以高度的文化自觉和文化自信，推动文化改革发展取得新进展。

三 中国文化体制改革春潮涌动

在党和国家方针政策的指引下，我国文化体制改革经过长期探索、尝试、积累，在迈进 21 世纪新阶段之后终于大力提速。从 2004 年起，北京、上海、重庆、广东、浙江、深圳、沈阳、西安、丽江 9 个省或城市，35 个新闻出版、广播影视和文艺院团等单位，承担起了文化体制改革试点的重任。各试点地区和试点单位以体制机制创新为重点，着力在培育市场主体、深化内部改革、转变政府职能、建立市场体系和推进综合执法等方面，大胆创新，稳步推进，在文化体制改革的道路上越走越精彩。经过

[①] 参见胡正梁《加快发展文化产业》，《山东经济战略研究》2006 年第 4 期，第 9—10 页。

两年多的试点，就取得了显著成效。可以概括说：在解放思想、转变观念上有新突破；在管理体制和运行机制创新上有新探索；在文化市场体系和政策法规体系建设上取得新进展；在文化事业和文化产业发展上迈出新步伐。

（一）大型国有文化单位成功"转制"为新型市场主体

改革试点工作中一个最引人关注的难点就是经营性文化事业单位转企改制。这也是在市场经济条件下能否大力发展文化产业，培育和重塑有竞争力的新型市场主体的关键环节。2004年4月，中国出版集团经国务院批准更名为中国出版集团公司，成为中国第一家具有企业身份的出版单位。几乎同时，由中国对外演出中心和中国对外艺术展览中心改制组建的中国对外文化集团公司挂牌成立。而此前，中影集团从2003年下半年起，就逐步开始以股份制改造实现投资主体多元化，对自己所属的5个制片分公司全面进行改制。2004年12月下旬，《北京青年报》的北青传媒股份有限公司在香港联交所挂牌上市，成为内地传媒企业海外首发上市"第一股"。一个又一个这样的"第一"，让观察家们将2004年称为文化体制改革的"破题之年"。目前，一批国有大型文化事业单位，如上海、辽宁、吉林、广东、重庆、云南等出版集团，四川、浙江、江苏等发行集团，上影、珠影、长影等电影集团，已经整体转制为企业；北京歌舞剧院、丽江民族歌舞团等直接转为股份制公司。实现这样的突破，需要转变观念，重新梳理我们发展文化事业、文化产业的思路，更需要严格按照产权清晰、权责分明、政企分开、管理科学的要求建立现代企业制度和法人治理结构。各试点地区和试点单位，在实践中因地制宜，务求实效，积极探索，积累了不少成功的经验。

上海于2004年已系统制定了《上海文化发展规划纲要》和《上海市文化设施建设总体规划》等指导性政策文件，以求把文化事业和文化产业发展全面推向深入。五年以后，国内学者的相关研究表明，上海文化体制改革在取得一定成绩的同时，亦存在着一些不足。持肯定态度的认为，上海的文化体制改革经历了探索、试点和全面推进三个阶段，建立起了完善的公共文化服务体系，打造出了新的文化服务平台，塑造了新的文化市场主体，实现了上海文化生产的增产、增效。深圳市文化体制改革调研组的研究认为，上海的文化产业发展在吸纳社会资本方面有五个值得借鉴的地方，一是借助土地批租和房屋置换，二是借助银行贷款，三是上市融资，四是合作合资经营，五是市区联动。持批判接受态度的人认为，上海文化产业的自身活力不足，并在一定程度上正经受着外资进入的困扰，提出应尽快减少行政审批的环节及费用，落实审批制向备案制的转变。

文化体制改革的一项重要原则，就是将公益性文化事业和经营性文化产业区别开来。而公益性文化事业单位确定的改革方向，就是"增加投入、转换机制、增强活力、改善服务"，以更好地承担起政府为人民群众提供"公共文化服务"的责任。浙江等省提出"转出一批、改出一批、放出一批、扶出一批"的思路，推进国有经营性文化事业单位转企改制；四川新华发行集团公司则提出"从上到下，企业到底"，全省 112 个市县书店全面改制，新上岗员工全部告别国有身份，领导干部一律取消行政级别。体制机制的变革，激发了这些单位的内在活力，市场竞争力大大提升。上影集团公司 2004 年底完成了整体转制，改革使其效益不断增长，利润由 2003 年的 209 万元跃升到 2005 年的 8548 万元。其所属的上海联合院线公司，2005 年观众达到 2028 万人次，实现票房 2.46 亿元，在全国院线排名第一。北京市儿童艺术剧院转制后，在整合文化资源以及艺术生产策划、市场营销运作等方面进行了一系列探索，先后创排了《迷宫》《Hi，可爱》和《魔山》等不同题材儿童剧，演一部火一部。改制当年，剧院共创收 2163 万元，其中营业收入 1568 万元，是改制前的 18 倍。2005 年，他们又创下总收入 5000 万元的业绩。公益性文化事业单位深化内部管理改革，以服务大众促进公益性文化事业繁荣发展。住在北京市地安门附近民工宿舍的上百名打工者，隔不了多久就能在宿舍门口看上"专场电影"——为丰富农民工的文化生活，朝阳区文化馆成立了一个流动电影放映队。放映队深入民工宿舍、打工子弟小学等场所免费放映电影，被农民工亲切地称为"民工影院"。这是他们在深化体制改革中，努力实现由群众文化向公共文化转变的举措之一。他们根据不同人群的多层次文化需求提供有针对性的文化服务，拓宽服务对象、开辟服务领域。与北京朝阳区文化馆一样，改革试点以来，国家图书馆、国家话剧院、中国文物研究所、上海中国画院等公益性文化事业单位正逐步树立公共文化服务观念，引入竞争和激励机制，深化内部改革，采用全员聘用、岗位工资、业绩考核、项目负责等办法，增强单位活力，提高服务质量。观念的转变带来服务的改善：国家图书馆将"服务"列为自己三大发展战略之一，采取各种办法强化服务意识。简化办证、借阅手续；开设特种需求委托服务、开通24小时读者还书服务；开通国家图书馆数字资源门户网站；为农民工送书到工地；等等，受到读者欢迎。

（二）政府部门转变职能，提高了公共文化服务能力

进一步理顺政府与文化企事业单位的关系，转变政府职能，真正做到政企分开、政事分开，依法管理，是文化体制改革试点的重要内容之一。曾在很长一段时期里，我国文化主管部门既主管又主办，既当"裁判员"又当"运动员"，结果可想而知。"转变政府职能，就是要从经办文化事业的具体事务中解脱出来，把主要精力放到定政策、做规划、抓监管上来，转到依法行政、社会管理和公共事务上来。"广东省新闻出版局形象地将这种转变称作"瘦身运动"：他们将原来直属的出版社、杂志社和有关企业，全部划转出版集团公司主管主办，彻底结束了政企不分、管办合一的管理模式。与广东一样，目前，上述9个试点地区的新闻出版系统已实现"局社分开"，广电系统完成了"局台分开"，初步实现了由"办"向"管"、由管微观向管宏观、由主要管理直属单位向管理全社会的三个转变。政府部门职责更加明确，"越位""缺位"问题得到有效解决，政策调节、市场监管、社会管理和公共服务能力明显提高。上海、广东、深圳等地采取下放、取消、合并、转移等措施，实行政务公开，改进审批方式，简化办事程序，大大提高了行政效率。相对于我国的经济体制改革，文化体制改革有着自己的特殊性、复杂性和艰巨性。要确保文化建设和文化体制改革沿着正确的方向健康发展，必须完善配套政策，提供有力保障。改革试点过程中，国家和有关部门针对反映强烈的关键性问题，出台了一批相关配套政策。国务院为支持文化产业发展和经营性文化事业单位转制为企业下发的文件，包括了财政税收、投融资、资产处置、工商管理、收入分配、社会保障、人员分流安置等各个方面，为改革的顺利推进，提供政策性保障。同时，各地以政府为主导，充分调动社会力量，加大对文化事业的投入，也取得了明显效果。

（三）文化体制改革推动了文化生产力的解放

与任何一项改革一样，改革本身永远不是目的。根据中央确定的精神，深化文化体制改革就是要通过体制机制创新，解放和发展文化生产

力，建设社会主义先进文化，最大限度地满足人民群众日益增长的精神文化需求。在这次改革试点中，各地区、各单位坚持把深化改革与结构调整、促进发展相结合，整合文化资源，调整所有制结构，推进文化产业的规模化、集约化和专业化发展，文化企事业单位的活力、竞争力明显增强。目前，在影视制作、出版、发行、印刷、广告、娱乐、演艺、会展等重点产业，一批产业基地和大型文化产业集团开始崭露头角；数字电视、数字电影、网络出版、网络游戏和动漫等新兴产业得到迅速发展。

在部分综合性试点地区，文化产业发展迅速。有资料显示，2004年，北京市文化产业实现增加值290亿元，占GDP的6.8%；上海445.7亿元，占6%；浙江669.7亿元，占6%；广东1123亿元，占7%。试点单位经营业绩明显提高。其中中国出版集团2004年累计实现销售收入比上年同期增长9.29%，辽宁出版集团经济效益的各项主要指标都比集团成立前以两位数快速增长，四川发行集团完善市场化业务占总销售的比例已达50%以上。丽江民族歌舞团转制前每年演出不到20场，转制两年来，与旅游业相结合，演出已达1700多场，观众突破70万人次，总收入7000多万元。2013年5月落下帷幕的第九届中国（深圳）国际文化产业博览交易会，总成交额1665亿元、出口成交额123.82亿元、总参观人数达479.17万人次，分别比上届增长15.98%、7.46%和36.45%。这个"成绩单"，也是我国10年文化体制改革取得成效的一个缩影。

社会资本积极投资文化产业。2004年，我国电影产量达到212部，比2002年的100部翻了一倍多，全年国产影片的票房达到55%，首次超过进口片票房。这其中80%的投资来源于民营企业和外资。在文化体制改革试点工作的带动下，各地兴起文化建设的热潮，河北、山西、江苏、安徽、山东、河南、湖北、四川、云南、陕西等省都提出了建设文化大省、文化强省的发展目标，出台配套政策，进行改革探索。江苏省演艺集团虽然并非试点单位，但2004年他们也将所属文艺院团全部改制为企业，积极进行演艺开发推广。仅2005年集团公司就新创和排演了剧目22台，各院团演出3398场，观众达102万人次。由江苏省演艺集团出品、江苏省昆剧院演出的昆曲《1699·桃花扇》火爆京城。令人惊讶的是，这出3小时的大戏，女主角竟然只有16岁，而导演这部昆曲名剧的是国家话剧院的著名导演。"如此制作和演出方式，在改革前是很难想象的。"江苏演艺集团总经理顾欣说。两年多时间，对于一场足以影响到整个文化界乃至整个中国发展的改革来说，可能还很短暂，许多深层次问题仍有待解决。但文化体制改革试点地区和单位的文化事业和文化产业呈现出的良好发展态势，完全有理由让人们为之兴奋，为之欣喜。2005年底，中共中央、国务院颁布了《关于深化文化体制改革的若干意见》，文化体制改革将按照"区别对待、分类指导、循序渐进、逐步推开"的原则，在全国积极稳妥地推进。①

据媒体报道，2010年7月25日，天津市集中推出文化体制改革项目、公共文化服务体系建设项目和文化产业发展项目共计40个，希望借此提升城市软实力。在天津市打好文化大发展大繁荣攻坚战推动会上，时任中共中央政治局委员、天津市委书记的张高丽同志说，当今时代，文化作为综合实力的重要组成部分，与经济、政治的交融不断加深，广泛渗透到社会生活的各个领域。文化的地位越来重要，作用越来越突出，影响越来越深刻。在新的起点上实现天津更好发展，既要有强大的经济实力，也要有强大的文化实力；既要构筑经济发展的新优势，也要构筑文化发展的新优势。天津市文化建设总体发展目标是：到2015年，文化发展主要指标位居全国前列，文化产业增加值占该市生产总值比重超过5%，文化综合实力和竞争力显著提升，初步建成富有独特魅力和创新活力的文化强市。该市首批"促进文化发展繁荣"重点项目包括：组建天津北方演艺集团有限公司和天津文化产业总公司等5个文化体制改革项目；建成数字电视大厦一期工程、建设环渤海传媒中心等11个公共文化服务体系建设项目；建设中国动漫产业综合示范园、国际文物艺术交易中心等24个文化产业发展项目。为加强指挥和协调，天津市打好文化大发展大繁荣攻坚战指挥部亦于即日成立。②

长沙是全国第二批文化体制改革试点城市之一。2010年，长沙市委、市政府在科学分析当今世界城市发展走势的基础上，提出了将长沙建设成为国际文化名城的战略目标。湖南省委常委、长沙市委书记陈润儿认为，"文化产业是长沙的优势产业，要继续保持竞争优势，必须科学分析形势，深入查找差距，把握发展机遇，推动产业升级，打造国际文化名城，

---

① 参见新华网记者周玮、曲志红《春潮涌动——我国文化体制改革不断推进成效显著》，新华网2006年3月27日。

② 参见《天津推出40个文化重点项目提升软实力》，中国新闻网2010年8月10日。

全面提升竞争软实力"。为此，他提出要从四个方面推进文化产业发展。（1）要推进文化体制改革。文化事业的繁荣、文化产业的发展，都离不开文化体制的改革，都要把文化体制改革放在首位。要注重市场主体的塑造，这样才能获得丰富的资源，才能注入强大的活力；要注重市场体系的重构，建立开放、高效、有序的文化市场体系，给文化赋予市场的属性、商品的属性。（2）要注重文化载体建设。作为一座历史文化名城，长沙拥有灿烂、深厚的文化元素，这不是抽象的概念，而是具体的实感，要通过文化载体建设来彰显历史文化特色，使其穿透力、影响力、渗透力不断增强。（3）要促进文化艺术繁荣。文化的价值、文化的元素、文化的影响要通过艺术作品来反映。要善于捕捉灵感、植根生活，通过源于生活、高于生活的文化艺术来丰富我们的生活、挖掘城市的价值，为我们这座城市注入文化的元素，赋予文化的内涵，提升文化的品位。要把传统文化与现代文化、精英文化与大众文化、本土文化与国际文化融合起来，在唱响主旋律、发展主流文化的同时，善于吸引外来先进文化成果，做到既给人以雅的享受，又给人以俗的美感。（4）要加快文化产业发展。要围绕壮大优势产业、打造龙头产业，抢占制高点，大力发展文化创意产业，这既是现代文化与传统文化的结合，也是传统形式和现代手段的交流；找准支撑点，扶持一批成长型好的企业，形成一批美誉度高的品牌，培养一批策划力强的人才；培育增长点，坚持文化与经济相结合，使文化要素成推动经济增长的主导要素，培育文化市场主体，激活文化发展动力，增强文化主体活力，切实提高文化产业竞争力。争取用10到15年时间，将长沙建设成国际文化名城，提升长沙竞争软实力。[①]

（四）文化体制改革带动了地方文化"软实力"的提升

一个地区的发展，不仅要追求以经济速度提升、经济规模扩大为主要指标的"硬实力"，全面提升以文化为内核的"软实力"也必不可少。文化是决定特色、塑造未来的重要力量，是城市"软实力"的核心要素。2010年5月，承德市组建了承德避暑山庄及周围寺庙景区管理委员会，筹备组建旅游发展集团，推进旅游资源与产业管理一体化，初步建立起文

---

① 参见冯志伟、戴勇、龙佳《"以国际文化名城建设"提升城市竞争软实力》，《中国日报》湖南记者站网2010年12月15日。

化、文物、宗教、林业与旅游管理部门协调统一、富有活力、符合市场经济规律的文化旅游管理体制和运行机制。改革激发活力，促进了文化事业、文化产业的快速发展。承德市在突出文化内涵中实施文化旅游产业大项目，在放大文化符号中发挥文化旅游品牌优势，坚持打破传统的、结构单一的旅游产品体系，增加文化产品的参与性、表演性、娱乐性。目前，该市发挥"清宫廷文化""佛教文化""生态文化"等品牌优势，已规划建设了清文化博览园、外八庙佛教文化园、坝上生态旅游园等十大特色文化旅游产业园区，谋划实施242个项目，总投资532亿元，131个项目已开工建设。长期以来，承德旅游一直在低端的"观光游"阶段徘徊，游客晚上无处可去，被戏称为"白天逛庙，晚上睡觉"。加快由"观光游基地"向"休闲游高地"转变，成为承德的主动追求。近年来，承德积极挖掘、提炼文化资源中最具民族特色和地域特色的文化内涵，在继承传统文化精髓的同时，融入时代特点，形成了独具特色的文化品牌，铸就了城市新形象。历史文化名城、世界文化遗产……这些桂冠使承德成为蜚声世界的特色魅力城市。近年来，承德充分发挥城市的文化效应，每年定期举办中国承德佛文化艺术节、中国承德旅游文化节、中国（承德）国际旅游贸易洽谈会、中国承德避暑山庄国际旅游文化博览会等诸多大型节庆活动。这些文化活动已经成为承德一张张耀眼的名片，不仅为承德原本沉闷的文化市场增添了生机，形成了文化旅游、节庆会展、影视制作和演艺娱乐四大产业，更为建设国际旅游城市增添了活力。文化融入产业提升了"承德创造"的文化含量和市场竞争力。2009年，承德获得"中国十大休闲旅游城市"桂冠。2010年，全市接待中外游客1307万人次、旅游收入91亿元，同比分别增长20%以上。目前，全市规划建设中的重点文化产业项目73项，总投资323.47亿元。"文化魅力"的效应，让人们对承德这座历史文化名城更加充满了期待。[①]

另据报道，2010年底，拥有4000年历史文化的济南市获得了全球网民推荐的"中国十佳旅游城市"称号。济南有深厚的文化底蕴和积淀。济南市加快省会文化艺术中心、创意产业园、动漫产业基地等新城市文化空间的开发，同时改造提升芙蓉街、英雄山文化市场等历史文化街区的文化内涵，培育一批在海内外有影响力的文化发展平台和文化品牌。2013

---

① 参见《承德：文化软实力硬起来了》，《光明日报》2011年7月7日第1版。

年第10届中国艺术节将在这里举行,两年一届的文化艺术节将大大提升济南的文化魅力。而2015年第22届国际历史科学大会也将在这里举行,届时,将有来自近百个国家和地区的2000余名历史学家与会,必将成为济南文化事业发展的"助推器"。目前,济南全市正在规划建设和提升的重点文化产业园区有49个,投资额400多亿元。总投资30亿元的济南文化中心正在建设之中,建筑面积15万平方米,2012年底建成。据悉,济南将形成东部的创意产业、南部的文化旅游产业、西部的文化艺术、北部的民俗文化不同特色的文化产业基地好园区。依托济南的资源特色,打造10个重点文化产业品牌。发挥泉水文化、名士文化、黄河文化、生态文化、"中华老字号"文化、特色饮食文化、温泉文化等本地资源优势,规划建设一批特色突出的历史文化老街区、休闲娱乐综合体、休憩旅游精品项目和线路,形成国内外著名的"泉水之都"文化休闲旅游区。济南将适时举办"泉水文化节",积极推进大明湖、趵突泉、黑虎泉、五龙潭、护城河等旅游综合体建设,打造"天下泉城"的城市品牌。济南还将发展一批满足不同需求的休闲娱乐设施,创作一批特色剧目和名牌剧目,打造一批有特色、有市场的演出品牌节目,增强市场竞争力。济南将依托老建筑改造,规划打造创意设计类产业聚集区,积极发展网络产业和新媒体产业,逐步建成区域性文化传播中心和传媒产业基地。建设区域性文化旅游中心,实施文化精品工程。力争到2015年,全市旅游总收入达到700亿元,年均增长20%。①

拉萨是一座具有1300年历史的古城,文化资源十分丰富。值得欣喜的是,拉萨市在加快发展的进程中,高度重视培育具有地方特色的文化理念,大力发展文化产业,从艺术创作到丰富群众文化生活,从弘扬传统文化到发展文化产业,文化事业发展呈现出一片艳阳天。目前,拉萨市正在如火如荼地开展"六城同创"工作,这就更需要不断提升"软实力"。城市记忆由文化来保存,城市既是物质的果实,也是文化的结晶。每一座城市的发展,都或多或少,或隐或现地保留着历史遗存。这些历史遗存,具有丰富的文化内涵和巨大的文化价值,或融入居民的日常生活,或成为城市的文化标志,甚至浸透于人们的精神世界。文化遗存就如一部部史书、

---

① 《"文化济南":让文化古城济南充满魅力》,《中国日报》山东记者站网2011年5月9日。

一卷卷档案，记录着城市的沧桑变迁。城市风貌由文化来展示。城市文化是城市居民生存状况、精神特征以及城市风貌的总体形态。城市文化体现在城市的方方面面，造就了扑面而来、清晰可感的城市印象。比如古都西安、旧邑洛阳、圣地延安、春城昆明，等等。城市品质由文化来决定。在经济全球化、市场一体化、科技现代化的背景下，城市的外在形态、制度规范、市民行为等日趋雷同，只有文化的创新使城市具有一种富有特色的能力和品格。人们在浓郁的文化氛围中耳濡目染，就会形成对城市文化的向往、追求和眷恋，并在丰富的城市生活实践中不断创造新的城市文化。城市发展由文化来支撑。城市文化与城市经济、城市管理，成为决定城市发展的三大要素。文化作为一种不可复制的稀缺资源，不仅使城市能够享誉全球，也为其发展提供了永不枯竭的艺术营养。文化兴业，最终受惠的是人民群众。拉萨人民也将在经济社会发展的过程中感受到文化的力量、文化的魅力、文化的喜悦。①

2011年2月18日，社会科学文献出版社在北京发布了《文化软实力蓝皮书：中国文化软实力研究报告（2010）》。其中指出，改革开放30多年来，中国的硬实力发展很快，但文化软实力与硬实力相比，两者之间的落差还比较大。从国际对比来看，中国文化产业在国内生产总值中所占的比例，大大低于西方发达国家已经达到的10%以上的水平。蓝皮书认为，中国文化软实力建设出现的种种问题，是由于文化体制、国民素质等深层次原因造成的，这些原因是中国文化软实力发展的瓶颈。中国在与世界文化强国竞争的过程中，既缺乏代表性的世界级文化产业集团，又缺乏以高新技术为基础的文化产业整体性结构竞争力。蓝皮书认为，发展中国的文化软实力，必须确立社会主义核心价值体系，建设和谐社会，并在此基础上弘扬和发掘优秀的传统文化，推动文化创新，大力发展文化产业。要坚持古为今用、推陈出新，培育中国文化魅力；要增强凝聚力、吸引力，创造中国文化价值；要倡导共赢、责任、和谐的理念，提高中国文化的国际贡献度。此外，还要发展良好的国际关系，加大文化传播力度，努力掌握国际话语权。蓝皮书认为，在当下，世界对中国文化形象的感知仍然主要停留在中华民族悠久恢宏的传统文化上。在当下激烈的文化竞争中，我们不能仅靠既存的传统，而必须靠传统的新生，否则，只会引来世人以

---

① 参见《努力打造拉萨的文化"软实力"》，《西藏日报》2011年5月9日。

"窥奇式的心态"看待我们的文化和我们的发展。为此,蓝皮书指出,中国要加强与世界的沟通与了解,多谈谈国家的创新、不断涌现的新思想以及应对诸多问题的新举措,效果都要比古老传统好得多。蓝皮书指出,应当更加深层次地思考和推进优秀文化传统的现代转化,更加深层次地思考和推进基于辉煌传统的新的文化创造,更加深层次地思考和推进优秀文化成果与现代传播技术的结合,以具有时代气息和民族特色的文化成果,确立中国文化的现代形象,在崭新的现代境遇中彰显不断创新发展着的中国文化的实力和魅力。①

---

① 参见王茜《中国文化产业占世界文化市场比重不足4%》,新华网2011年2月18日。

第十二章

文化生产、传播和消费中的伦理问题

文化的本质是人化,即文化产品是由人加工和生产出来的,要通过人并在人群中传播的,最终还要由人来欣赏、消费或对人产生影响的。文化伦理问题正是在文化生产、文化传播、交流和文化消费的过程中不断产生和解决的。因此,我们可以按照文化的生产、传播和消费环节来探讨其中的相关伦理问题。能不能促进文化产品的大量生产、广泛传播和充分消费?能不能生产、传播和消费内容健康的文化产品,起到培育和践行社会主义核心价值观的作用,是文化生产、文化传播和文化消费领域中最根本的伦理问题。

一 文化生产的特点和规律

(一)文化生产的由来

"文化生产"的概念,脱胎于西方法兰克福学派提出的"文化工业"概念。"文化工业"这一概念是由霍克海默和阿多诺首先在《启蒙的辩证法》一书中提出的,其含义是指第二次世界大战后资本主义使得娱乐和大众传媒变成了工业,在推销文化商品的同时操纵了大众的意识。因此文化工业同任何其他资本主义工业一样,它们为了竞争同样是在使用"异化"劳动,同样在追求利润,同样在依赖技术。这种批判的文化生产观在当代西方理论界仍有很大市场,学者们指控文化资本家控制媒体,引导不良文化趣味,文化歧视,文化偏见,制造赝品,从而腐蚀文化。我们要促进文化健康发展,也需警惕庸俗文化及生产。在中国,习惯于用"文化建设"来代替"文化生产",主要指政府对文化生产的影响和监管。在西方,则主要通过法律的制度供给、检查制度、条件资助等控制和影响文化生产。

文化是生产出来的，其生产过程要受一系列外在和内在因素的影响。影响文化生产的不仅是社会现实，还有创作者的动机、背景以及接受者的意愿。生产文化产品、提供文化服务的能力叫文化生产力。文化生产力在当代已经成为综合国力的构成要素之一。在市场经济条件下，文化产业和文化事业构成文化生产的两个方面。没有高度发达的文化事业为基础，没有原创性的文化成果和大量的知识产权，文化产业不可能发展。如果没有发达的文化产业，文化事业的发展也会缺乏动力、缺乏资金，民族文化的竞争力、影响力也会遭到削弱。文化生产力的发展会对政治、经济、文化、社会、生态等产生影响。例如，先进政治文化观念的传播对政治民主进程的影响；先进管理理念、最新知识的传播对经济发展的促进；传统文化、非物质文化遗产、外国先进文化的传播对文化发展的促进；公益文化传播对社会发展的促进；生态文化、节约观念的传播对资源和生态环境保护的促进，等等。1998年，联合国教科文组织在《文化政策促进发展行动计划》中指出，"发展可以最终以文化概念来定义，文化的繁荣是发展的最高目标。""文化的创造性是人类进步的源泉。文化多样性是人类最宝贵的财富，对发展是至关重要的。"因此，生产必须与文化结合。但是，一旦文化生产化，它又会带来不可克服的内在矛盾，即文化生产与表现形式多样化的对立。一个艺术家必须具有熟练的技巧，才能驾驭外在的材料。但是，在艺术家群体中，并非所有的人都能称心如意实现其生产意图，一旦进入市场程序，资源必须由生产者控制，艺术家及其应该的表现形式并非是随心所欲的，即对于文化生产者来说，他要考虑传播与效益，以及产品进入市场化运作的问题。

从马克思的精神生产力的观点来说，文化在资本主义社会是一种有组织的生产。作为一种大规模的社会生产，它具有生产、流通、交换、消费四个基本环节，具有市场条件下经济运作的全部特征，而不仅仅是某个艺术家的内在的苦闷精神的心理活动。在30多年前，如果有人说唱歌、跳舞、音乐、体育是经济的一个组成部分，那简直是天方夜谭；如果有人提出以文化旅游业为地方经济的龙头产业或支柱产业，也无异于痴人说梦。但在今天，以音乐磁带、激光唱盘、MTV、电影、电视、录像、奥林匹克运动会、世界拳王争霸赛、世界杯足球赛为代表的娱乐文化已堂而皇之地成为当代世界经济中的新兴产业。文化产业已是一种相当普遍的实践。文化产业在国民经济中的地位越来越重要，它已成为世界经济中的支柱产业之一。从20世纪90年代起,国际旅游已同汽车工业、石油工业一样,成为当代世界经济的三大支柱性产业。而且,国际旅游正以迅猛发展的势态成长为全球效益最大的行业。以信息技术等高科技及其相关产业的迅猛发展为标志的科技革命已经宣告了知识经济、文化经济时代的到来。资料显示,近年世界超大企业500强中,科技、文化、信息产业越来越多,娱乐产业迪士尼,其产业规模及赢利已进入世界前十强。曾一度风靡世界的好莱坞电影《泰坦尼克号》创下十几亿美元的票房价值,仅一部影片即可与我国几大产业的利润相敌。2000年以来文化旅游业已成为全球最大的产业之一。文化产业被视为21世纪的"朝阳工业"。毫无疑问,文化产业将成为未来世界经济新的增长点,而文化产业也将成为国民经济的重要支柱产业之一。

(二) 文化生产的特点

现代文化生产本质上是知识转移和智力开发,是较高水平的智力活动。无论是艺术表演、激光唱片的生产,还是影视制作、图书出版,没有知识、技术和智能的综合效应就没有现代文化和现代文化的生产。这种综合性越强,文化的社会有效性就越明显。许多文化产品往往是不同行业、不同学科的劳动者利用各自的劳动技能工具、设备和文化材料,通过跨学科、跨领域的协作联系,才能达到有效的发明和创造。当前许多科学技术门类越分越细,而现代文化生产各学科与部门间的综合性联系却越来越紧密。随着现代科学技术不断地渗透到文化和艺术的生产过程和生产手段,文化产品与科技的界限正在日益淡化,有不少文化产品如音像制品,既是文化产品,又是现代高科技的产物。多学科交叉、边缘学科和新兴学科不断形成的相互渗透状况的不断涌现,使得文化的生产和传递日益综合化。

文化生产是一种高度的创造性和探索性的生产。文化生产的目的,不是为了满足社会日益增长的物质需要,不是为了满足人们的生存需要,而是为了满足人们和社会的精神需要和发展需要。无论是有形的生产还是无形的生产,现代文化生产的目的,都是为了通过自己的成果,满足人们和社会发展所提出来的多种文化消费层次的需要。其中既包括休闲时的审美娱乐,也包括对人生和宇宙的深刻思索。它要靠文化生产者发挥最大限度的创造性思维和丰富的想象力,在前人已有的探索、创造和发现的基础上，作出自己的回答，把人类关于这一系列问题的探寻和研究推向更深广的空间领域，并以此促进文明的承传和积累。特别是关于人类和社会发展的一些带根本性的文化命题的提出和回答，对于创作新作品、拓展新学科都具有根本性的突破作用。从这个意义讲，现代文化生产不论是哪一种形式，本质上都是前所未有的创造性和探索性的劳动。

与一般的物质再生产相比，现代文化生产的投入和产出主要是人类的智力和精神的成果，它的扩大再生产使整个社会接受和消费文化的能力不断扩大，文化的传播更加广泛，使人的智力不断提高。一般劳动力的再生产时间与社会生产力的发展水平成正比，与劳动时间成反比，而文化劳动力的再生产时间与知识接受能力成反比，与文化生产劳动时间成正比，即从事文化加工、处理和反馈的劳动时间越多，文化生产能力越强。在某种程度上，可以超越社会生产力的一般发展水平。这就是艺术生产和物质生产的不平衡规律。因此，一定时期内，文化和知识扩大再生产的规模如何，不仅一般地反映了一定社会生产力的发展水平，而且还反映出一定社会所达到的文明程度。现代文化生产是人们发明、创造和转化各种文化和知识的运动过程，它通过文化和知识流的运动和反馈，使社会原有的文化和知识结构处在不断的积累、创造的运动中。现代文化生产之所以区别于传统的文化生产，就在于它的整个生产都是文化和知识的扩大再生产，而不是传统意义上的简单再生产。特别是在新技术革命的冲击下，文化生产力中的文化劳动力再生产已经快速而有效地成为内涵型扩大再生产。现代社会的日新月异，也使得文化生产者的智力不断扩张，文化生产手段不断现代化，接受知识和文化的容量不断膨胀。特别是社会文化人格的整体塑造和文化决策，就是原有的文化和知识经过脑力劳动的加工综合，运用现代生产手段产生巨大智慧效益的过程。因此，文化生产也创造价值，它所从事的是知识和文化的扩大再生产。

文化生产的过程和结果同时并存。在文化生产中，甚至当这种生产纯粹是为交换而进行，因而纯粹生产商品的时候，也可能有两种情况：一是生产的结果是商品，是使用价值，它们具有离开生产者和消费者而独立的形式。因而能在生产和消费之间的一段时间内存在，并能在这段时间内作为可以出卖的商品而流通，如书、画以及一切脱离艺术家的艺术活动而单独存在的艺术品。二是产品同生产行为不能分离，如一切表演艺术家、演说家、演员、教员、医生、教师等的情况。一个歌唱家为我提供的服务，满足了我的审美需要；但是，我所享受的，只是同歌唱家本身分不开的活动，他的劳动即歌唱一停止，我的享受也就结束；我所享受的是活动本身，因而我们所用的交换的文化消费行为也结束。诚然，现代科学技术的发展已使现代文化生产采用录像和录音复制的方式，将艺术家们的表演和歌唱所提供的服务与艺术家、文化人分离开来，但是，人们之所以仍愿意现场聆听歌唱，现场欣赏舞蹈，就是因为现代文化消费作为传统文化消费的一种延展，文化消费者的文化参与和审美投入依然是满足最佳文化消费的重要途径。在这种过程中，消费者所获得的是他在录像或录音等一切先进的音像视盘中所无法带来的满足。因此，无论是作为生产方式，还是交换方式，文化生产的过程和结果同时并存，都将作为它的独特性而展现生产行为的特殊品质。

总之，现代文化生产是一种特殊的人类劳动行为。它以脑力劳动为支柱，以创造性生产为核心，以现代科学技术为手段，以高科技产品为物质外壳，并兼有精神和物质的双重性。作为一种特殊的商品生产，它受制于这两个不同领域的运动规律的作用，兼有这两种规律的双重性，并由此构成它全部的运动。[①]

（三）文化生产的规律

现代文化生产的内容和形式，都兼有精神和物质的双重性。精神生产与物质生产的关系，经历了从依附从属阶段到二者相互依存的发展历程。在精神生产依附于物质生产的时代，物质生产决定精神生产，精神生产的目的，在于维护和保障人类自身的生存、安全和基本的道德尊严。在精神生产与物质生产相互依存的时代，物质生产和精神生产相互促进，精神生产的主要功能是引导和推动物质生产的科技含量，努力满足消费环节对产品的文明要求。到了文化产业时代，文化生产成为一种全新的生产方式。

创意、策划、实施构成了文化生产的"三部曲"或三个环节：（1）创意启动文化生产。资源有限，创意无限。创意经济时代的一个显著特征是：创意启动文化生产，创意贯穿文化生产的始终。因此，创意必然成为文化生产的灵魂。文化想象是创意得以孕育的母体。在整个文化生产过程

[①] 参见胡惠林《文化经济学》，上海文艺出版社2003年版。

中，文化想象好比繁星闪烁的天空，创意的萌生，必定是其中耀眼的一颗。没有或者缺乏创造性想象，创意难以"无中生有"。（2）策划定向文化生产。和物质生产的前期阶段不同，文化生产的启动不能在任何形式的实验室状态或者标准数据条件下进行。创意的星火，先行点燃策划的火炬。策划通常体现为建议案、策划案、实施案的形式。策划不仅对创意进行诊断和评估，裁决创意的价值和命运，而且定位文化生产或文化服务的市场坐标，确定产品市场的品位和层次，引导着文化生产的方向以及运作的深度和广度。如果把一个文化生产过程比作一次舰队航行，那么策划就是舵手。（3）产品实现文化生产。20世纪90年代初的深圳"世界之窗"，就是个很好的文化实施范例。从园区规划到游览布局，从微缩景观创制再到辅助的歌舞表演配置，一张一张图纸变成一所一所景观造型，一场一场研究论证变成一处一处的景点设施和服务场所。精神活动向物质形态转化着，在实施环节组合成一个系统的产业链。随着一组一组微缩景点创制出来规划到位，一个旅游文化产业就诞生了。倘若缺乏强有力的文化实施，没有文化实施过程所创制出来的一个个栩栩如生的微缩造型产品，"世界之窗"有再好的创意和策划，也很难取得最后的成效。实施是文化产品最终实现的阶段。文化生产活动，完成着并且可能不断循环着从创意到策划再到实施的文化生产过程。创意是受孕，策划是怀胎，实施就是文化产品的分娩了。产业的宗旨是效益，文化实施的使命在于创造价值。所以，以市场为导向，完善文化产品的市场要素，就成为生产实施环节的重中之重。总之，创意、策划、实施合奏出一个文化生产过程的"三部曲"。清醒认知并解决好这三个环节的问题，就能确保文化生产的顺利有效进行。[①]

理解文化生产，重在理解文化生产力的发展规律。人类的物质生产、精神生产、个人生命的生产和再生产，是人类生存和发展的基本形式、普遍形式。文化生产渗透于人类三大生产之中，是它们的共同内容和共同成果。我们通常所说的文化生产，是狭义的文化生产，主要是指精神生产。人类的精神生产既包括关于自然和社会一切知识、理论等思想形式的生产，也包括价值观念即表现在某一民族的政治、法律、道德、宗教、形而上和语言之中的精神生产。最初的精神生产并不具有独立形式，而是作为

---

① 参见王平《文化生产的三部曲》，《财经日报》2008年2月22日。

"隐形"或辅助因素，与人们的物质活动直接交织在一起。随着人类社会文明的形成和发展，精神生产的形式和内容变得日益丰富多样，其功能也越来越强大。到了今天，不仅人类的全部物质生产和经济生活都已经渗透着精神文化生产的成果，而且随着文化产业的兴起，精神文化生产日益走上社会经济生活的前台，在思想文化和经济生活两个方面都构成国家和社会的"核心竞争力"。所以，进入21世纪以来，文化因素越来越多地渗透进经济活动，使经济获得了新的发展形态和动力。人文精神越来越多地融入经济社会发展中，形成了人与人、人与社会、人与自然共生和谐的全面发展观和可持续发展观。

理解文化生产和文化生产力的发展规律，必须深化对文化经济属性的认识。过去，我们比较注重文化的政治属性而忽视其经济属性。一般来说，除了公益性文化，文化的生产和经营主要应以市场为主，在服务于人们精神需求的过程中体现经济效益，实现产品的价值补偿和资产增值。因此，文化产业应摆脱与市场割裂的状况，在管理体制、经营机制和效益评价等方面遵循市场经济规律，充分发挥文化资源的经济价值。文化的内涵涉及许多方面，其中，有的方面可以也必须市场化，有的方面不应也不能市场化，有的方面则不能完全市场化。有些文化能形成产业，有些则形不成产业。能够形成产业的文化才是文化产业，才谈得上文化产业市场化问题。文化产业市场化，主要是从经营和运营方式来讲的，它要求文化产业进入市场领域，遵循市场规律。但文化的内容特别是涉及意识形态和精神世界的文化内容，不能简单地交给市场来定夺。文化精神产品应是健康向上的，融知识性、娱乐性与思想性于一体。凡属颓废的、封建迷信的、反动没落的东西，就不能靠市场选择取舍，而应加以宏观调控。应将文化产业的经济效益与社会效益统一起来，而不应把文化经营市场化与文化内容市场化混同起来。与意识形态相关的文化领域，必须坚持马克思主义的指导地位不动摇。

从整体上讲，经济是基础，经济的发展决定或影响着文化的发展。但对此又不能加以绝对化、简单化的理解，应区分几种不同的情况：其一，文化的某些方面可以超越经济的发展而发展，如诗词歌赋的发展、书画的发展，并非与资本投入、与经济发展呈正相关关系。从古到今，文化的发展都有超越经济制约而相对独立发展的事例。如，我国古代的生产力发展水平远远落后于现代，但却出了许多至今罕有其匹的大诗人、大书法家、大画家。又如,春秋战国时期,经济发展水平根本不可能与现在同日而语,但诸子百家群星璀璨,是我国文化史上少有的黄金时代。其二,文化的某些方面不能超越经济而发展,只能随着经济的发展而发展,如教育事业。新中国成立以来,随着经济的发展,教育事业取得了长足进步,但与发达国家相比还很落后,大、中学校的入学率较低,特别是在农村,有些贫困家庭的孩子甚至还上不起学。其三,文化的发展可能滞后于经济的发展,但到一定程度时则需要有文化的发展与经济发展相适应,最终形成经济与文化发展的相互促进。这种情况表现在某些新兴城市,如深圳市,经济发展速度领先于其他地区,但文化事业的发展则相对滞后。近些年来,深圳市注重文化建设,把文化的发展放到城市整体发展战略的突出位置,努力使文化发展跟上经济发展的步伐,已取得显著成效。其四,文化发展与经济发展并非必然均衡协调地推进。从历史上看,不同地区文化与经济的发展不是直线式的、均衡的,有时会出现此消彼长的变化。例如,西晋以前,长江流域的文化和经济远远落后于黄河流域,而在南北朝时期,南方文化又超过北方,经济也逐渐发展起来。唐宋以后,黄河流域的经济和文化都落后于长江流域。可见,文化的内容是多层次的,有的受经济的制约大,有的受经济的制约小。发展文化事业和文化产业,不能仅仅停留在文化层面,而应通过加强文化建设,促进精神文明与物质文明共同发展。文化对经济具有拉动作用,可以优化产业结构,提高企业和产品的竞争力,提升经济增长的质量和层次。文化产业是具有巨大发展潜力和较高产业关联度的新兴产业,而且文化产业作为联系经济和文化的纽带,其发展有助于二者相互促进、协调发展。①

从文化哲学的意义上说,人类为生存、发展和享受而发生的一切行为都具有文化的意蕴,因而也都是文化行为。文化在经济中的存在,不仅存在于人的行为过程中,而且存在于人以劳动将自己对象化了的物质财富之中。正是这种浸透于物质对象之中,又通过物质对象的存在形式的深刻变动而表现出来的意义世界和形态系统的存在,把人与动物世界本质地区别开来了。这就决定了人类社会在生长过程中,文化和经济的演进的同步性,文化结构与经济结构在质的规定性上呈现出一种力的同构关系:农耕

---

① 参见卫兴华《文化产业市场化及文化与经济的关系》,《人民日报》2005年2月25日第9版。

文化与自然经济相适应，工业文化只能是市场经济的产物。而每一次经济结构的革命性变动，必然伴随着一次巨大的文化革命。同样，人类历史上任何一次思想解放运动，又必然给经济结构的革命以历史趋势的指引。这种同构关系，决定了文化发展和经济发展之间的互动性，并随着经济结构的运动变化而发生与之既相适应又相矛盾的辩证运动。这就是文化与经济的发展的全部历史动力学依据，也是文化与经济在历史运动过程中所表现出来的基本规律。

　　从"文化市场"到"文化产业"，再从"文化产业"到"文化生产力""文化软实力"等概念的提出，反映了我们对人类社会发展规律、社会主义文化建设规律的认识越来越深入。改革开放前，文化按照整个社会主义意识形态严格的管理规定，根本不是商品，根本不允许交易，根本不存在市场价值的检验。20世纪80年代初，出现了一系列"文化市场"的现象。如歌舞厅本是单位工会搞的，职工在此自娱自乐，后来要维持下去，就开门卖票，一卖票就变成经营了。还有广州的几家宾馆的音乐茶座，它是最早和国外接轨的，搞了些音乐什么的，然后有几个人在那里进行有偿演奏，这是严重违反当时的文化管理规定的。正是在这种情况下，1987年文化部、公安部、国家工商行政管理局联合发布一个《关于改进舞会管理的通知》，正式认可营业性舞会等文化娱乐经营活动。1988年，文化部、国家工商行政管理局又发布了《关于加强文化市场管理工作的通知》，正式提出了"文化市场"的概念，同时明确了文化市场的管理范围、任务、原则和方针。这两个通知标志着中国对"文化市场"的承认。随后，在1989年中华人民共和国文化部设立了市场管理局，标志着国家文化管理部门不仅理论上承认"文化市场"，而且开始在实践中发展文化市场、管理文化市场。在1998年的政府机构改革中，文化部在很多司局都被取消的情况下，设立了文化产业司。文化产业司的任务是研究拟定文化产业发展规划和文化产业发展政策、法规；扶持和促进文化产业的发展和建设；协调文化产业运行中的重大问题。这为"文化产业"概念的提出提供了实践基础。2000年10月，中共十五届五中全会通过的《中共中央关于制定国民经济和社会发展第十个五年计划的建议》，正式提出"文化产业"的概念，提出要完善文化政策，加强文化市场建设和管理，推动有关文化产业发展的任务和要求。这是新中国成立以来首次在中央正式文件中使用"文化产业"这个概念。业界人士认为，这标志着文化产业在中国取得了"合法地位",具有里程碑式的意义与价值。2004年党的十六届四中全会在《中共中央关于加强党的执政能力建设的决定》中提出"文化生产力",2006年提出"文化软实力",反映出我们党对人类社会发展规律、社会主义文化建设规律和党领导建设社会主义先进文化规律的认识越来越深刻、越来越全面了。这也表明我们由过去只看到文化所具有的意识形态性质,是阵地,是喉舌,是教育、宣传的工具和手段以外,还看到文化竟然还有产业那一面,还有与市场联系的一面,它还能和挣钱联系起来。艺术家、艺术品和钱有了关系,这是由文化产业化推动而成的。2000年10月在党的十五届五中全会通过的《中共中央关于制定国民经济和社会发展第十个五年计划的建议》中,正式提出"文化产业"的概念,提出要完善文化政策,加强文化市场建设和管理,推动有关文化产业发展的任务和要求。这是新中国成立以来第一次在中央正式文件中使用"文化产业"这个概念,标志着文化产业在中国取得了"合法地位"。正是在文化产业迅猛发展的过程中,党对文化及文化产业的发展有了更为清晰的认识。这决不仅仅是提出一个新名词、一个新概念,而是建立社会主义市场经济体制对文化的必然要求,是中国特色社会主义文化发展的必然选择,是文化产业自身实践和理论研究的必然结果。文化产业对社会主义、对我们这种国家毕竟是一种新的东西,借鉴、接受、为我所用是需要时间的。当时很多人一方面觉得国际国内发展文化产业的趋势越来越明显,但是另一方面又觉得发展文化产业和中国的国情不太相符,也怕结合不好。比如,怎么处理好文化的意识形态的特性?市场经济怎么和先进文化结合?艺术如何和市场结合?这些问题,都不是十分清楚。2004年党的十六届四中全会作出的《中共中央关于加强党的执政能力建设的决定》中出现了一句话:"深化文化体制改革、解放和发展文化生产力。""文化生产力"出现在中央的文件中,这还是第一次。2006年11月,胡锦涛总书记在中国文联第八次全国代表大会中国作协第七次全国代表大会上的讲话中又提出了"提升国家软实力"。我们国家的发展理念已经从改革开放初期的两位一体,即"社会主义物质文明和精神文明",到后来的三大文明"物质文明、政治文明、精神文明",现在又到了"五位一体"的阶段,即"社会主义经济建设、政治建设、文化建设、社会建设和生态建设"五位一体。从这个角度来看,文化及文化产业在国家发展中的地位与作用已经讲得很清楚了,关键是要把这些理念落到实处。① "随着中国加入世界贸易组织和进一步融入现代世界体系,在更深入地参与经济全球化的同时,也受到来自全球化的巨大挑战。国际服务贸易领域市场准入原则在中国的实行,以及进一步扩大对外开放,使得中国的文化产业和文化市场面临着来自世界文化市场竞争空前巨大的压力。国内文化市场历史性地成为国际文化市场。它不仅意味着中国在文化领域里的'游戏规则'将发生许多重大变化,而且同时也要求在这一领域里的经营者和管理者的知识结构和队伍结构进行战略性调整和重组。由于长期以来我国严重忽视了对文化经济、文化产业和文化市场高级专门人才的培养,从而使得在这方面的压力变得比其他任何领域里的压力都要大。因此,大规模地培养这方面的高级专门人才也就历史性地提到了中国文化发展和文化管理者的面前。"②

二 文化传播中的伦理问题

文化传播又称文化扩散,指人类文化由文化源地向外辐射传播或由一个社会群体向另一群体的散布过程。文化传播的方式有两种:一种是直接的采借,把外来的文化元素或文化丛直接接纳过来;另一种是间接传播,即一种文化元素或文化丛传入一个地区,引起那里人们的思考,由此引发传入地的人创造一种新的文化。这种现象也被称为"刺激性传播",实际是指某一社会群体借用外来文化特征中的原理,进行文明创造活动的一种学习性、借鉴性的传播。

(一)影响文化传播的因素

文化传播过程取决于文化的实用价值、难易程度,文明声望、时代适应性和抗逆性等多种因素。文化人类学把文化传播过程分为三个阶段:一是接触与显现阶段。一种或几种外来的文化元素在一个社会中显现出来,被人注意。二是选择阶段。对于显现出来的文化元素进行批评、选择、决定采纳或拒绝。三是采纳融合阶段。把决定采纳的文化元素融合于本民族

---

① 参见浦树柔、唐春辉《文化发展史三个里程碑与发展"文化生产力"》,《瞭望》新闻周刊,新华网 2009 年 10 月 29 日转引。
② 胡惠林:《文化经济学》序,上海文艺出版社 2003 年版。

文化之中。从文化地理学看，文化传播是由文化中心区向四周扩散，根据传播途中信息递减的一般规律，离文化中心区越远的地方，越不能保持文化元素的原形。当一种文化元素传播到另一个地区以后，它已不是原来的形态和含义，在传播和采纳过程中已被修改过。因此，两地文化只有相似处，完全相同的文化十分少见。由于文化源地、文化传播方式和路径以及影响扩散因素的复杂性，探讨某种文化特征的起源是文化地理研究的一个难点。从历史上看，文化传播的媒介主要是人的迁移和流动，尤以人群的迁移更为重要。移民、战争、入侵和占领等是文化传播的重要途径。移民带来异族文化，战胜国总是要把本国文化强加给战败国。此外，通商、旅游以及其他人员的流动，也是传播文化的重要媒介。在当代，由于交通和网络信息技术手段的发达，文化传播的媒介增多，不一定依赖于人的迁移和流动。如一些文化传播公司的成立和运作，就是现代文化传播的新方式。我们生活于其中的这个"地球村"，信息传播技术飞速发展，日新月异，传媒在人们的社会生活中已经并将继续占据极其重要的地位。中国新闻与传播业在技术层面上用极短的时间走完了西方新闻传播界上百年走过的路程。世界范围内的文化传播正通过各种途径，以前所未有的规模和速度进行着，由此必然导致世界文化的同质性日益增强。现在，微博已成为日益重要的信息表达和传播通道，并具有"秒互动"的传播优势，短短的"微信息"却能产生意想不到的传播力和影响力，微博在一定程度上改变了信息传播方式，这使它除了作为网民自娱自乐的一个工具外，也承担着更深层的社会责任。

（二）文化传播的作用

文化传播是引起社会变迁的重要原因之一，采借和吸入外来文化是实行社会改革、推动社会进步的必要条件。因此，我们要正确认识和处理民族文化与外来文化的关系，坚持对外开放，努力形成以民族文化为主体、积极吸收外来有益文化的文化市场格局，推动中华文化"走出去"，不断扩大中华文化的国际影响力和竞争力。随着世界多极化、经济全球化加快发展和我国对外开放不断扩大，中外思想文化交流交融交锋更加频繁，这既为我们学习借鉴世界有益文化、推动中华文化"走出去"、扩大中华文化在国际上的影响力和竞争力提供了极好机遇，同时也使我们面临更加直接、更加激烈的国际文化竞争。这就要求我们必须统筹国内国际两个市场、利用两种资源,既大力弘扬民族优秀文化,又坚持对外开放,积极借鉴吸收各国优秀文明成果,加快发展文化产业,把丰富的民族文化资源转化为文化产业优势,提高我国文化产品的市场竞争力,努力形成以民族文化为主体、积极吸收外来有益文化的文化市场格局,同时大力推动文化"走出去",不断扩大中华文化的国际影响力和竞争力。要不断创新文化"走出去"的渠道、途径和方式方法,坚持"两条腿"走路,在继续推动政府主导的文化交流的同时,积极探索市场化、商业化、产业化的运作方式,着力打造一批具有国际竞争力的外向型文化企业,打造具有重要影响力的国际文化交易平台,以企业为主体、以市场化运作为主要方式推动我国文化产品和服务出口,扩大我国文化产品在国际市场上的份额。要着力打造具有自主知识产权和核心竞争力的知名文化品牌,提高我国文化产品的附加值。要鼓励文化企业通过投资、合资、参股等多种方式,在境外兴办文化实体,使我国文化产品更直接地参与国际文化市场竞争。要加强国际传播能力建设,加快建设语种多、受众广、信息量大、影响力强、覆盖全球的国际一流媒体,使我们的图像、声音、文字、信息、影视节目更广泛地传播到世界各地,不断扩大中华文化的国际影响力。

(三) 文化传播与科技发展的关系

为了促进中国文化的传播,必须正确认识文化与科技的关系,把运用高新技术作为推动文化建设、提高文化创新能力和传播能力的新引擎。在信息技术高度发展的当今时代,谁的传播手段先进、传播能力强大,谁的思想文化和价值观念就能更广泛地流传,谁的文化产品就能更有力地影响世界。数字技术、网络技术的迅猛发展和广泛应用,极大地增强了文化的创造力和传播力,催生了一系列新兴文化业态和新的表现形式。这些新兴文化业态和新的表现形式,是文化产业中最具活力和潜力的部分,反映了文化产业未来发展的方向。可以说,科技进步与体制机制创新一样,是加快文化发展的强大动力。要充分认识科技进步对文化发展的重要作用,敏锐把握世界文化发展的新趋势,紧紧抓住信息化深入发展的历史机遇,加快文化与科技的融合,努力掌握文化发展和文化传播的主动权。要积极利用高新技术改造传统文化产业,大力发展文化创意、手机电视、网络电视、数字出版、动漫游戏等战略性新兴文化产业,催生新的文化业态,拓展文化发展的新领域。要建立健全以企业为主体、市场为导向、产学研相结合的文化创新体系，努力掌握一批具有自主知识产权的核心技术和关键共性技术，为我国文化产业的发展提供有力的技术支撑和创新动力。要充分运用高新技术特别是数字技术、网络技术发展的最新成果，加快构建覆盖广泛、技术先进的文化传播体系和创新体系，切实增强文化传播力和文化感染力。要适应现代信息技术发展的趋势，加快媒体资源特别是音视频媒体资源的整合和融合，积极推动地方广播电台电视台合并。传统媒体要积极创办新兴媒体，实现传统媒体与新兴媒体相互促进、共同发展。要积极推进"三网融合"，在确保内容服务有效管理和文化安全的基础上，有序推动广电和电信业务双向进入，促进文化产业、信息产业和相关服务业健康发展。

（四）跨文化传播的历史和学科

作为人类传播活动的重要组成部分，跨文化传播与各种文化信息在时间和空间中的流动、共享和互动过程相关联，涉及不同文化背景的人们之间发生的信息传播与人际交往，以及人类各个文化要素的扩散、渗透和迁移。人类的生活始终离不开跨文化传播，它总是和人类生活的各个方面交织在一起，是人与人之间、民族与民族之间、国家与国家之间必不可少的活动。人类进行跨文化传播活动的历史可谓源远流长。公元前18世纪古巴比伦王国的《汉谟拉比法典》中，就有了针对在国外购买奴婢的规定。公元前1750年，古埃及就有了埃及人与亚洲人交往的记载。中国历史上的周穆王西征、徐福东渡、张骞通西域、甘英出使大秦等等，亦是跨文化传播活动的具体表现，繁盛一时的丝绸之路，川流不息的遣隋使、遣唐使，更堪称人类历史中跨文化传播的典型范例。距今600年前，郑和船队7次跨越南中国海和印度洋，远达阿拉伯半岛和非洲东海岸。接下来的一个世纪里，西方探险家哥伦布等人的足迹从欧洲延伸到世界各地，开启了地理大发现的伟大时代，伴随而来的海外贸易与殖民活动促进了世界范围的交往，人类的跨文化传播活动也开始了新的篇章。[①] 在交通和通信工具日新月异、世界经济一体化趋势日益明显的今天，跨文化传播对于我们来说不再是稀罕的事情。而互联网的快速发展以及普及，人们足不出户，便可以进行跨文化传播了。在互联网上，人们完全可以通过文字、声音、图

---

① 参见孙英春《跨文化传播学导论》，北京大学出版社2008年版。

像等形式与来自境内外不同文化背景的人聊天、游戏。如果说传播是一种生活方式，跨文化传播则是"地球村"中人们的一种生活方式。

正是经由跨文化传播，维系了社会结构和社会系统的动态平衡，促进了整个社会的整合、协调与发展。跨文化传播渗透于人类社会的一切活动之中，推动了社会的变迁和发展，没有跨越文化的传播，就没有人类社会的生存和发展，更没有人类的进化和文明。正如英国哲学家罗素指出的，"不同文明之间的交流是人类文明发展的里程碑。希腊学习埃及，阿拉伯参照罗马帝国。中世纪的欧洲模仿阿拉伯，而文艺复兴时期的欧洲又仿效拜占庭帝国"。人类社会由原始社会、奴隶社会、封建社会走到今天，正是跨文化传播把不同地区、不同种族、不同国籍的人群"联结"在一起，促进了整个人类文化的发展和社会变迁。一个民族的文化鼎盛并非让人一劳永逸。古希腊的艺术可谓精妙无双，影响了西方后世许多艺术家，但是当代希腊艺术却难以企及曾有的辉煌。同样，意大利文艺复兴也一度夺目无比，但当代意大利的文化艺术却呈现出不小的落差。虽然中国因为伟大而又悠久的传统而堪称文化大国，历史上有过彪炳史册的世界性影响，但是，清醒地看，我们今天的文化艺术尚未获得让世界为之瞩目的成就与高度，实现走向文化强国的目标尚需努力。在一个收入上升、高端消费开始渐渐占据一定地位的国家中，文化的意义将凸显出来，从文化认同到世界性眼光等问题，都将在中国社会中引起关注。这其中一定有雀跃的兴奋，也有不可回避的阵痛，有更为清醒的视野，也有尤为迷茫的困惑。但是，不管怎么样，当经济的发展已成为一种卓然的现实成果，那么，文化本身的建树与传播就必然成为题中应有之义，而且，还必须是一种相得益彰的呼应甚至引领，而不是被动的附和与跟进。

20世纪50年代，美国人类学家、跨文化研究学者爱德华·霍尔建立了跨文化传播学。他于1914年5月16日出生于美国的密苏里州，先后获得人类学学士、硕士和博士学位并从事过社会学、文化人类学博士后研究。20世纪50年代，爱德华·霍尔在美国政府部门的外派人员培训学院任教，对外派出国人员进行跨文化技能培训。期间，他提出了"高语境"和"低语境"文化，并撰写了几部非常畅销的有关跨文化传播的著作。跨文化传播学作为传播学的一个分支学科，旨在研究来自不同文化背景的人们是如何进行交流以及研究如何提高跨文化交流技巧，跨越跨文化交流障碍的方法和途径。跨文化传播学是一门跨领域的学科，融合了人类学、文化学、心理学以及传播学等领域的研究成果。目前，这方面的研究成果已经广泛地运用到商务、管理和市场营销之中。跨文化传播学始创于美国并不是偶然的。在发现新大陆之前，美国的土著居民是印第安人，后来各大洲的移民都相继涌入美国，于是美国便逐渐成为一个移民大国，一个文化多元社会。在这个宗教、文化多元的社会中，白人占统治地位，印第安人、非洲、亚洲、拉丁美洲以及东欧的移民便自然处于被支配地位。于是，种族矛盾和文化冲突开始蔓延。第二次世界大战使得不少欧洲的美国同盟变成了废墟，为了冷战的需要，为了跟苏联抗衡，美国推行马歇尔计划，大力扶植欧洲经济发展，于是大量的专家、学者、企业员工被派往欧洲；同时，美国经济并未受到第二次世界大战的太大影响，美国在政治和经济上成为了一个超级大国，吸引着世界各地的留学生和移民。美国政府发现，许多由美国政府和企业外派的工作人员都因文化差异，无法适应派往国生活，最终无功而返。美国的外来移民及留学生中经历着这种"文化震撼"的也大有人在。可以说美国20世纪50年代的外来移民、留学生、旅游者剧增，外派工作人员不断，多元文化社会的形成，客观上需要一门崭新的学科——跨文化传播学来研究相关的跨文化冲突问题。爱德华·霍尔正好处于这个时代，他的生活经历和专业背景使他成为了承担这一使命的人。20世纪80年代，跨文化传播学传入中国，受到外语界、传播学界等多学科的关注，跨文化传播的研究较快地发展起来。[①] 到20世纪90年代，才出现了中国大陆学者撰写的跨文化传播著作。与同文化内的传播相比，跨文化传播的特点是：编码是在甲文化中依据甲文化的码本进行，而解码是在乙文化中依据乙文化的码本进行。甲乙两种文化的码本不一样，文化中的方方面面（例如，语言、思维方法、世界观、宗教观、人生观、价值观、道德标准、风俗习惯、法律规范、非语言符号等）都对甲方的编码和乙方的解码产生影响。对乙方来讲文化直接影响解读效果。解读的效果体现在两个方面。一是接受质量。它有多种情况：等值解读、增值解读、减值解读、异值解读。与同文化传播语境相比，在跨文化传播的语境中，等值解读的概率低；而增值解读、减值解读、异值解读的概率要高。例如，"杨白劳"在中国文化中是值得同情的人物，而在美国文化中却是个不值得同情的人物，这在跨文化传播中就是异质解读。二是

[①] 参见关世杰《中国跨文化传播研究十年回顾与反思》，人民网2008年4月23日。

接受的层面。它主要有三种层面：信息层面、态度层面、行为层面。它是逐步发展的一个过程，首先是接收到信息，然后由信息层面可以发展到（也可以不发展到）态度的转变，再就是由态度层面发展到（也可能不发展到）行为的转变。与同文化传播语境相比，在跨文化传播的语境中，由于文化的因素，从信息层面发展到态度层面，要比从态度层面发展到行为层面困难得多。例如，中国国民党士兵得到了《白毛女》的信息，促进了情感和态度的变化，美国兵也得到了《白毛女》的信息，但是没有促进感情和态度的变化。因而，这就需要甲文化的传播者熟悉乙文化的"码本"，提高乙方接收自己要传递的信息的质量，力争做到等值解读，尽量减少减值解读、异值解读，以利接收层面上，能够较容易地从信息层面发展到态度层面和行为层面，达到甲方预期的传播效果。

（五）文化传播中的软实力

国际传播中的软实力，大致由传播力和影响力两者构成。传播力是指大众传媒将信息向全球扩散的能力。传播力展示的是一国的信息可以抵达的范围，它并不表明信息所及的范围内是否接收该信息的情况。以卫星电视为例，传播力是指有多少频道可以上星、落地（覆盖地球表面）的能力。影响力则指落地的信息是否能被当地的受众接收（入眼），并对其认知（入脑）、情感和态度（入心）、行为（入行）产生影响的能力。人们只有接触到信息，才可能有感情和态度的转变，只有有了感情和态度的转变，才能有行为的转变。以卫星电视为例，你的电视节目是落地美国了，但是，在可收看的本国和外国的100多套电视节目中，观众是否接受你的节目，还不一定；看了你的电视节目（入眼）一般就得到了相应的信息（入脑）了，但是否造成其思想感情发生变化，那还不一定；有了感情上发生的变化（入心），是否在行为上发生变化（入行），还不一定。所以影响力的大小要看对感情和行为的影响能力。最后一个环节是效果，追求预期有效传播是任何传播者的最终目标。产生正效果，传播才是有效的；产生零效果，任何传播都是徒劳的；产生负效果，任何传播都是有害的。因而，在对外宣传中，达到了预期的传播效果，才能产生影响力。有了影响力，由传播力和影响力构成的软实力才最终得以实现，软实力才落到了实处。只有传播力没有影响力，再强的传播力也是枉然。以美国为首的西方价值观与我国的传统价值观相差甚远。中国古代讲求"天人合一"和谐共处，因此坚守中庸的理念，更多注重集体主义和他人利益。而且中国人表达感情的方式往往比较含蓄，而美国价值观的核心点为个人主义、崇尚竞争和金钱至上，坚持每个人均可根据自己的意愿和能力主宰自己的命运，因此美国人的表达方式都较为直接，认为每个人拥有同样的机会通过竞争去取得成功。美国社会物质财富是对努力工作的奖赏或回报，是评判人生成功、划分社会阶层的标志。美国人对金钱的崇拜是一个基本价值观。作为文化载体的电视剧，往往融入很多本国的价值观和文化理念。因此跨文化的影视剧本在二次传播中，效果也会面临不同程度的"文化折扣"，即某些作品，根植于一种文化，因而在那种环境里具有吸引力，但在其他地方可能吸引力减弱了，因为观众发现很难认同其所论及的事物的风格、价值观念、信仰、制度和行为方式。不管是翻拍的境外电视剧还是原版的中国电视剧，都有待于将原剧中境外的文化因素转变为本国的民族文化元素，推广出去，成为中国的名片。真实源于中国社会现实、具有中国本土特色的电视剧才是受众所喜闻乐见的。迎合市场的同时，严格把握文化产品的质量，真正贴近现实生活才是长久之计。中国电视剧如何增强自主创新，真正起到文化推广平台作用，还需要我们不断探寻。①

（六）要发展现代传播体系

党的十七届六中全会提出："要发展现代传播体系。提高社会主义先进文化辐射力和影响力，必须加快构建技术先进、传输快捷、覆盖广泛的现代传播体系。要加强党报党刊、通讯社、电台电视台和重要出版社建设，进一步完善采编、发行、播发系统，加快数字化转型，扩大有效覆盖面。加强国际传播能力建设，打造国际一流媒体，提高新闻信息原创率首发率、落地率。建立统一联动、安全可靠的国家应急广播体系。完善国家数字图书馆建设。整合有线电视网络，组建国家级广播电视网络公司。推进电信网、广电网、互联网三网融合，建设国家新媒体集成播控平台，创新业务形态，发挥各类信息网络设施的文化传播作用，实现互联互通、有序运行。"

当今的传媒业特别是传统媒体，可以说处在发展的十字路口、转折的

---

① 参见吕萌、王晶晶《困扰跨文化传播的几个问题》，人民网2011年8月17日。

节点上。在这一时期,有三大矛盾现象值得注意:其一,传播业在急剧扩大而传统媒体却在快速缩小,一些媒体发行量、收视收听率和广告收入下降,有一些虽然仍在增长,但在整个传播界所占份额呈减小趋势已成不争事实;其二,非职业、非专业的传播者、传播体或者机构的影响力在急剧扩大,而受过专门训练的职业化、专业化的传播者、传播体或机构的影响力却在相对缩小;其三,在传播界,传统媒体仍然很赚钱,多数传统媒体都是赢利的,而绝大多数新媒体都在烧钱,都是赔钱赚吆喝。但赚钱者对未来忧心忡忡,不赚钱的却信心满满,赔钱的却有人投资。根本原因是时代发生了大变,传播的介质、传播的载体、传播的渠道、传播的模式已经发生了巨变。

新技术已经开启了一个"泛在"的时代:信息传播者"泛在"——任何人都是信息传播者,任何时间、任何地点都会有信息传播者;信息传播活动"泛在"——没有什么时间、什么场所不能进行信息传播活动。曾经是单向的、由少数人掌控的、周期性的信息传播发布,已经发展到双向甚至多向的、人人都能掌握的、从不间断的信息传播发布阶段。这是对原有传播模式的颠覆。传播模式的改变是最具根本性的,它所带来的影响远未完全显现。前述三大矛盾现象正是新传播模式所带来的,但它们并不是传播模式之变的最终结果。广播、电视的出现,曾经对报刊产生过巨大的冲击,但那是传播介质、载体、渠道的改变,不是传播模式之变,报刊、广播和电视同属一种传播模式。新的传播模式完全不同,它是数字化、网络化的产物,是众一众传播,传播权共享,传者即受者,受者亦传者,人人、随时、随地都可传播,信息消费的感受可以随时分享……这种传播模式是以往从未有过的,而且现在并未完全成型。它对整个传播业将带来何种影响,导致传播业走向何方,将使传播格局和传播业态发生怎样的改变,目前还是未知大于已知。

我们已经进入大数据时代,其特点是数据量巨大,数据形式多种多样。英特尔、微软等都在为大数据时代布局,研究如何抢占大数据时代的先机,占据有利地位。所谓的大数据主要有三大来源:巨型公司的数据、网页数据和物联网数据。在数据量爆炸性增长的大数据时代,人们面临的主要问题是如何管理好、用好大数据,如何智取、智用这些数据,如何在数据与数据、数据与人、数据与业务的关联性中发现价值,这些都是前沿性的课题。那么,在大数据时代,传统媒体包括大部分新媒体,如何生存下去并占有一席之地，如何获得发展的优势？恐怕一方面要想方设法增加自身的信息量、数据量，不要在大数据时代变得那么渺小，那么微不足道，这需要适应、借助新的传播模式，依靠受众贡献信息、提供数据，仅靠传统的传播模式不可能提供足够大量的数据；另一方面，要依靠自身的核心竞争力生产独特的、在海量信息中人们最需要的、不可或缺的信息。核心竞争力是信息的采集、加工、发布，是职业化的、专业化的信息采集传播人员与管理机制、体制。捕捞业虽然存在，捕鱼的工具方法早就改变了；运输业还在，运载工具与运载方式早就改变了。毫无疑问，传播业将继续存在，但传统媒体的一些方式方法也将改革。在大数据时代，传统媒体要在新的传播模式中发挥自身独特的优势，在纷繁杂乱的信息海洋中竖起令人景仰的桅杆，在众声喧哗的闹市中发出让人愿意侧耳倾听的声音，才能体现其真正价值。传统媒体无论刊载、播报（发行）都是有边界的，刊载的量有限，播报时段有限，发行和传播的范围有限，是一定地域范围的媒体。在文化体制改革之前，我们的传统媒体及部分新媒体是事业编制，有主管单位，有婆婆，有相对稳固的传播（发行）范围和受众，几乎没有破产、消亡之忧。深化文化体制改革后，原来在体制内的多数媒体和所有新媒体都将陆续转企改制、走向市场，这给媒体的重组重建重构、赢者通吃创造了条件。市场化的媒体，强者恒强，弱者更弱不可避免；传播技术的快速发展，使单一媒体更显势单力薄，媒体整合，多媒体、全媒体的趋势不可阻挡。鉴于此，中国媒体业态将发生改变。已经走向市场的媒体将出现重组重建重构趋势，一些资金雄厚的媒体将领风气之先。收购、并购、重组等，外延的扩张是建造媒体航母的题中应有之义，资源整合、人才聚合，由单一媒体向全媒体延伸，内涵的扩大更是一流媒体的必要条件。在文化产业之中，应有媒体的重要席位。我国的媒体一直是事业单位，真正的媒体产业不可能在事业体制中形成。深化文化体制改革是媒体走向产业化的前提。媒体具有意识形态属性，其发展难免受政策、政治影响，拥有政治优势、得到政策呵护的媒体具有天然优势，但最有可能成为媒体产业龙头的，仍会是那些进入市场早、适应市场能力强、市场化程度高、善于按市场规律办事的媒体。[1]

---

[1] 参见官建文《中国媒体业态的困境及格局变化》，《新闻》2012年第2期。

（七）新闻出版业是文化传播的重要途径

有资料显示，"十一五"期间，我国累计生产图书 138.8 万种、339.7 亿册，是"十五"时期的 2 倍。数量大幅提升的同时，精品力作不断涌现，古籍整理、精品翻译取得丰硕成果，文化创新和传播能力不断增强。"十二五"时期，新闻出版业将大力推动内容创新，组织出版更多具有时代精神与特点的精品力作，推出更多代表中华民族永久记忆的各类出版物，创造出影响世界文明的中国故事、中国形象、中国风格和中国精神。为此，我国将推进新闻出版精品生产工程、国家重大出版工程、国家古籍整理出版工程和国家重点学术期刊建设工程。重点抓好马列经典等领域 100 种国家重大出版项目；推出 300 种国家重点古籍整理出版项目，系统整理散失海外的中华古籍珍本；培育 20 种国际一流学术水平的国家重点学术期刊，推动我国学术期刊整体学术水平和国际影响力迈上新台阶。截至 2010 年，我国经营性图书、音像出版单位基本完成转企改制，1251 家非时政类报刊出版单位转制或登记为企业法人，3000 多家国有新华书店完成转制，100 多家新闻出版企业集团组建，45 家新闻出版企业上市。未来几年是新闻出版业深化改革、加快发展和产业格局调整与升级的关键时期。我国将以内容创新和数字化转型为重点，加快资源整合，继续发展图书、报纸、期刊等纸介质传统出版产业；以业态创新和服务创新为重点，加快新技术应用，大力发展数字出版等战略性新兴出版产业；以原创创意为重点，快速提高国产动漫出版产品的数量和质量，加速发展动漫游戏出版产业；以技术升级和绿色环保为重点，加快数字化技术推广，坚持发展印刷复制产业；以区域整合为重点，创新出版物传播手段和渠道，积极发展新闻出版流通和物流产业。我国还将打造一批大型出版传媒"航空母舰"、重组一批大型印刷复制企业、组建一批大型发行物流集团。作为"十一五"期间的一项重点工程，我国累计为农家书屋建设投入 60 多亿元，建成各类农家书屋 39 万家，惠及几亿群众。"十二五"时期，除完成建设任务，还要把农家书屋管好、用好，创造图书更新机制，把农家书屋变成图书等文化产品的代销点、代邮点。逐步扩大农家书屋工程实施范围，建设社区书屋、寺庙书屋、部队书屋等，并逐步向自然村和家庭延伸。为了让更多公众沐浴文化惠民的和煦阳光，未来几年，我国将充分发挥公益性新闻出版单位的骨干作用，提高新闻出版产品和服务的生产能力与传播能力，完善新闻出版公共服务生产供给体系，重点支持民族语言文字出版、"三农"出版、盲文出版和面向未成年人、进城务工人员等特殊群体的出版，构建新闻出版公共服务产品体系。与此同时，推行多年的全民阅读活动继续走向深入，将在未来几年采取推动全民阅读示范基地建设，建立健全全民阅读活动组织机构，设立国家读书节等一系列举措。我国图书出版品种和总印数、日报总发行量均居世界第一位；我国出版物已进入190多个国家和地区的公共图书馆，报刊发行覆盖80多个国家和地区。在新的起点上实现"走出去"，是我国新闻出版业"十二五"发展的一个目标。按照规划，到2015年版权输出数量要突破7000项，引进与输出比降至2∶1。鼓励企业生产更多的外向型新闻出版产品，到2015年实现出版物出口金额4200万美元。重点支持企业以动漫、游戏软件、电子书等数字出版产品和服务开拓海外市场，到2015年数字出版产品和服务出口金额超过10亿美元。大力推动印刷服务出口，鼓励企业承接国际高端印刷加工业务，到2015年实现印刷服务出口规模总量达到1000万元人民币。"走出去"还需"借船出海"。未来几年，我国将通过加强与全球性和区域性大型连锁书店的合作，整合和巩固现有海外华文出版物营销渠道等举措，构建国际立体营销网络，推动更多优秀出版物走向世界。①

三 文化消费中的伦理问题

（一）消费文化和文化消费

消费文化是和消费社会同时出现和形成的，消费社会是消费文化依存的现实基础和社会形态，消费文化又构成了消费社会的本质，它们相互构成、相互依存和相互影响。消费社会产生的条件和机制也就是消费文化形成的条件和机制。一般认为，消费文化是20世纪60年代以后随着资本主义生产方式和生活方式新变化而形成和发展起来的，消费文化连同后工业社会、信息社会和后现代社会一道揭示了当代人类社会的新本质和新形态。消费社会产生于生产相对过剩时期，即由短缺经济发展到经济过热或通胀时期，生产过剩过热必然导致消费的过剩过热，政府也鼓励和刺激民

---

① 参见黄小希《"十二五"向出版强国出发——未来5年我国新闻出版业发展展望》，《光明日报》2011年4月22日第2版。

众消费、扩大内需以推动生产的发展或预防经济下滑。当代社会的生产过剩是消费社会和消费文化形成的根本条件和内在动力。当代大众传媒的发展为消费社会和消费文化的形成起到了推波助澜的作用。他们借助互联网的快捷和多媒体的刺激，搭建了商品咨询、购买和售后服务的立体平台，向民众进行超负荷的信息传输，民众最终屈服于媒体的广告宣传，懵懵懂懂地购买了商品，并进行着过度的甚至是浪费式的消费。消费社会和消费文化的产生和形成还依赖于资本权力的强制推行。消费社会和消费文化实质是资本的化身或是资本的存在形态，作为无形之手的资本法则虽然不露声色，但隐藏在消费社会和消费文化的背后，并支配消费社会和消费文化的运作逻辑和规则，它虽然不像政治权力和军事力量那样露骨和咄咄逼人，但它的统摄力和支配力却一点不亚于政治权力和军事力量，它在和颜悦色和各种诱惑中实现了资本权力的控制和支配。可以说，在当今社会，消费无时不有、无处不在，消费所表征的文化符号和文化意义也是前所未有的，当代社会无疑已进入到消费社会和消费文化时代。其实，为了满足人的需求而消耗物质财富的消费过程，是随人类的产生而产生，随人类发展而发展的，物质消费中总是包含着文化因素，只不过在人类早期，特别是在原始先民那里，文化消费同物质消费是未分化的，没有相对独立的表现形式，并且是微乎其微的。随着人类文明时代的到来，物质消费和文化消费开始分化，文化消费不仅渗透在物质消费中，而且也成为一种相对独立的表现形式，到了当代消费社会，物质消费中的文化含量越来越凸显，其意义和符号程度也越来越高，形成了具有特定内涵和社会形态的消费文化。可见，文化消费是人类所固有的，具有同物质消费一样的漫长历史，文化消费是文化产品满足人的精神需求的过程，而消费文化是当代消费社会特有的文化形态和文化现象。

文化消费是指用文化产品或服务来满足人们的精神需求，是人们对精神文化类产品及精神文化性劳务的占有、欣赏、享受和使用，主要包括文化教育、文学艺术欣赏、休闲娱乐、体育健身、旅游观光等。或者说，文化消费是人们根据自己的主观意愿，选择文化产品和服务来满足精神需要的消费活动。它的基本特征体现在两个方面：一方面，它所满足的是消费主体的精神需要，使主体感到愉悦、满足；另一方面，满足主体需要的对象主要是精神文化产品或精神文化活动，如美丽的风景和感人的艺术品。通过接受教育、培训使自身文化素质提升和人力资本增值，也是文化消费的体现。现代文化消费还呈现出多样化、高科技化、大众化、全球化、共享化等特征。文化消费活动作为一种典型的非物质追求活动，其发展、成熟、规模的扩大决定于生产力的发展、剩余产品规模的大小以及居民收入水平的提高。改革开放以来，我国社会生产力得到极大的提高和释放，剩余产品的充足为文化消费提供了坚实的物质基础，而经济越是发展，人们就越需要文化消费，精神产品在经济总量中所占的比重也将越大。随着收入水平的提高，人民群众的温饱问题已基本解决，对文化消费数量及质量的要求日益增加。加之我国市场经济的发展，文化消费需求日益多样化，文化产品和服务的生产方式和文化资源的配置方式也有了很大变化，为人们的多样化选择提供了基本保障。

从文化消费与物质消费的关系看，前消费社会中的物质消费虽包含着文化因素，但这种文化消费从属于实用价值的消费，离开了对实用价值的消费就无所谓文化消费，如饮食文化包含在饮食的制作工艺和消费行为中，离开了饮食制作、饮食物品和饮食消费行为就不存在相对独立的饮食文化。另外，前消费社会的消费对生产的依赖性很强，生产决定消费，消费什么、怎样消费等都是由生产决定的，在我国的计划经济时代，这一点表现得非常明显。当代消费社会中的物质消费所包含的文化因素虽然也离不开对实用价值的消费，但其依存度远没有前消费社会那样高，这就是说，当代消费文化远远抽离出具体的实用价值，演变成相对纯粹的符号和象征意义，如人们看重名牌服装并不是由于它的质地，而是它的款式和符号意义，也即它的文化内涵，决定服装的名牌与否不在于布料本身，而在于符号意义和文化内涵。另外，在消费文化时代，生产和消费已相对脱节和剥离，消费时尚和名牌产品的产生不是由生产决定，而是由人们的需求和消费本身所决定。

从文化消费的规模和范围看，前消费社会的文化消费是具体的和分门别类的，还没有形成整体的、规模巨大的消费文化态势，如饮食文化只存在于人们的饮食中，建筑文化只存在于人们的居住环境中，交通文化只存在于人们的出行中，人们的日常消费都存在着各种具体的文化样态，这些具体的文化消费还没有形成合力，还没有形成一个规模宏大和力量强大的整体，也没有形成当代的消费文化形态。当代的消费文化有所不同，市场资本和大众传媒相对消融了前消费社会的各个别和各门类的文化消费的界限，把它们整合在一起，形成了大规模、强力量的当代消费文化。在当代消费文化中，每一消费场所能提供全方位的消费服务，能满足消费者各种消费需求，也即消费者的每一消费活动在同一消费场所就能得到衣食住行玩等各种需求和享受，当代消费文化是一体的、全方位、多层次、规模巨大和力量强劲的文化样态和文化形态，"橱窗、广告、生产的商号和商标在这里起着主要作用，并强加着一种一致的集体观念，好似一条链子，一个几乎无法分离的整体，它们不再是一串简单的商品，而是一串意义，因为它们相互暗示着更复杂的高档商品，并使消费者产生一系列更为复杂的动机"[1]。当代消费文化不仅把传统的物质财富作为消费对象，而且把精神产品也当作像消费物质财富一样纳入消费对象之中，如把文化产品的创造和制作当作物质产品的生产来看待，称之为文化产业，把艺术欣赏和知识学习当作物质消费一样，称之为文化消费或休闲。甚至连人的身体也被当作消费产品和消费对象，如人体艺术、选秀、特殊服务等美女经济，就是把人的身体作为消费对象的。因此，当代消费文化的规模和范围远远超过前消费社会各种文化消费，已形成了消费文化的形态化、集约化和系统化。

　　从文化消费的特征看，前消费社会的文化消费内蕴和搭载于物质产品的使用和消费过程，并从属于物质产品的消费，但这种文化消费却表现出不同物质消费的情形，即是说，物质消费是有偿消费和付费消费，而其中的文化消费则是无偿的和免费的，即使纯粹的文化消费也是非资本和非市场的过程。正是文化消费的这种无偿性和非资本性，表现出这种文化消费主要是对人的文化熏陶、心灵净化和境界提升，显示了这种文化消费过程的安逸、宁静、致远和协调，展现出田园牧歌、小桥流水、花前月下、垂柳小溪、荷池蛙声的静谧情景。而当代消费社会的文化消费相对游离于物质产品的使用和消费，更凸显了其符号和象征意义，表现出相对独立的文化消费过程。由于消费文化的形成是物质消费大举向文化领域扩张和殖民的结果，而物质消费本来就是有偿和付费的，在市场社会条件下，物质消费的这种有偿性和付费性就表现得更为明显甚至疯狂，也就是资本的最大增值和利润的最大化。一方面，物质消费凭借其不断提升的符号意义和文化内涵而不断抬高其销售价格，进而获取更大的利润；另一方面，纯粹的

---

[1] ［法］让·波德里亚：《消费社会》，刘成富、全志钢译，南京大学出版社2006年版，第3页。

文化消费也借用物质消费的营销方式，获取像物质消费一样的最大利润。由于消费文化采用的物质消费的逻辑和运作方式，从而消费文化就具有了物质消费和文化消费的双重性质，即一方面它有文化的外观和精神内质，另一方面它又有物质消费固有的资本逻辑和运作方式，也即从目的价值看。消费文化一方面要取得社会效益即提高全社会人民大众的思想文化水平，另一方面要取得经济效益即利润，并且是追求利润的最大化。于是，消费社会的文化消费同前消费社会的文化消费相比，虽然仍保留着那种安谧的特点和文化熏陶的功能，同时又在不断打破这个特点和消解这种功能，增进了竞争、功利和资本的特点和功能。正由于此，消费社会的文化消费在不断远离经典、精英、崇高，不断走进急功近利、感官愉悦和资本赢利，这既是市场社会发展的必然结果和内在特质，又给人带来许多忧虑。

从文化消费和人的需求看，物质消费基于人的物质和生理需求，同理，文化消费基于人的精神文化需求。人的需求有合理和不合理之分，合理的需求同社会制度、道德规范和生产状况相适应，合理的需求总是有限的，这种有限性不仅在于社会财富只能有限地满足人的需求，而且也在于人的需求本身也是有限的。既然人的需求是有限度的，那么人的消费也是有限度的，人一生的消费品总是有数量的，即使是极端的享乐主义者，一生所消费的社会财富也是有限的。在前消费社会，由于生产的短缺或还没有大量过剩，从而消费也处于不足或适中状态，这种消费不能完全满足人的需求或刚好或勉强满足人的需求。虽然有少数人的需求能得到满足或过剩满足，进而产生远远大于和高于需求的欲望，并通过各种手段来满足自己的欲望甚至是贪欲，但这种欲望和贪欲还没有形成社会的消费形态和消费文化。当代消费社会则不同，由于市场和资本的推动，生产的过剩和人的需求的全方位或过剩满足，使人的需求试图突破合理的界限，演变成欲望甚至是贪欲，从而人的需求和欲望出现了分化和分离。欲望是对需求的无限扩散和放大，人的欲望加入了许多不切实际、不合情理的想象空间，已突破了人的本真和实际需求的合理界限，这主要在于人的本性中有想象与欲望的成分，一旦具备了外界条件，人的欲望本性就会付诸实际行动。在资本所驱动的市场社会，又强化了人的这种欲望本性，都想在占有财富和资本上跃跃欲试和大显身手，加之财富、资本可以货币化，而货币又可以虚拟化和数字化，对货币占有量的大小就是对财富占有的多少。货币的符号价值和功能远远超过了货币本身，它能购买和交换任何财富和产品，甚至连人的感情、良知、亲情和社会关系也同货币相互纠缠在一起。人类在创造货币时不可能想到它会产生这么巨大的威力，成为人追逐、向往和崇拜的对象，正是货币的这种无比诱惑力和魔力，有人为它铤而走险甚至付出生命的代价。因此，在消费社会，对货币和财富的占有不只具有经济学意义，而且也具有社会学和文化学意义，即是说，货币和财富占有量的大小，标志着社会地位和社会阶层的不同，加之大众传媒对富豪的追捧，定期公布富豪排名，这又加速了人对财富的追求和攫取。无怪乎，已是身价数亿的超级富豪还在不断拼命地积累财富，这是不能用经济学来解释的，只能用社会学和文化学来解释。如果只从人的本真需求和有限消费来说，身价达数亿的超级富豪无论如何也消费不完的，就是其子孙后代和近亲也是消费不完的，只能从人的无限欲望、社会地位和文化符号上，才能理解超级富豪对财富的占有以及还在不断膨胀其财富。这就是消费社会和前消费社会对人的需求和欲望的不同驱动以及驱动的不同结果。

在消费社会和消费文化环境下，出现的文化消费具有历史必然性和社会进步性，在形成文化消费整合力、产生新的文化消费模式、促进文化产业发展以及普及与提高全社会文化水准等方面具有历史进步意义。但我们也应看到，消费文化过分强调文化同经济和产业的联合，过分抬高文化的经济价值，过多强调文化的日常实用、感官愉悦和时髦走秀，而对文化消费的深度阅读、境界提升、信念确立、崇高向往、形上关怀、人生启迪、心性陶冶等方面则有所淡漠和忽视。另外，在当代，消费文化在文化消费量上无限膨胀，使得文化产品数量过剩而质量欠优，人们面对琳琅满目的文化产品无所适从，丧失了自己的选择能力和欣赏个性，从而，消费文化不仅浪费了不必要的物质资源，也埋没和曲解了优秀的文化资源，同时还造成了没有个性特点和均质化的文化消费模式。因此，在消费社会，逃避或抵制消费文化是无济于事的，我们只有勇敢地面对消费文化，引导消费文化，使消费文化朝科学的、可持续的、全面健康的，有利于提高社会整体文化水准和人的全面文化素质的方向发展。[①]

---

① 参见胡敏中《消费文化与文化消费》，《北京师范大学学报》2011年第1期，第88—91页。

(二) 文化消费的内容和价值实现

文化消费的内容十分广泛。它既包括对文化产品的直接消费，比如电影电视节目、电子游戏软件、书籍、杂志的消费，也包括为了消费文化产品而消费各种物质消费品，如电视机、照相机、影碟机、计算机等，此外也需要各种各样的文化设施，如图书馆、展览馆、影剧院等。人们在文化消费中，也在创造文化。因为在文化消费的过程中，进行消费的个体，并不是抽象的单一的个体，他们有着不同的文化背景、消费经验和不同的理解能力，正像马克斯·韦伯所说："每个人所看到的都是他自己的心中之物。"因此文化消费决不是文化创造的终结，而仅仅是刚刚开始。从这个角度去理解，文化并不是先制作好，然后被我们"消费"；文化是我们在日常生活的各种实践中创制出来的，消费也是其中之一。文化消费就是文化的创制。文化消费是国民实现幸福的精神源泉。人是生理存在、社会存在和精神存在的统一。人的这三种状态始终处于匮乏与充实之间的交替循环中。当人的这三种状态处于被感觉到的匮乏状态时，便构成了人的需要。因此，需要是满足人的生理、社会和精神存在的再生产所必不可少的要素和动力。人的需要层次建立在满足上升的基础之上，表现为一个从低层次到高层次的渐进过程，消费需求发展的这一梯度递进或上升的规律是经济社会生产力发展的自然历史过程。当人们的基本需要得到满足后，必然追求身心健康、精神充实、自我完善等高层次的精神需要。因此，在生产力水平迅速提高、经济高度发达、产品丰富的现代经济社会，人们的消费已超出了满足基本生存需要的功能层次阶段，而更多地进入具有满足精神消费、享受和发展消费的高层次功能阶段，文化消费正是这样一种消费形态。文化消费具有滞后效应，影响个人日后的生活机遇和生活质量。如教育消费投入的结果要经过漫长的时间才能显现。因为，人的能力的培养必须通过精神文化消费，特别是通过接受教育和技术培训等高层次精神文化消费，才能使他们变成各方面都有能力的人。同样，人的价值观的构建、思想品质的塑造、科学文化水平的提高、艺术修养的培育等都有赖于高品位的精神文化消费。如读一本好书、看一场好的电影、听一首优美的音乐、欣赏一幅美的图画都会使人与之产生感情共鸣，使人的思想受到良好的熏陶，人的素质就会发生潜移默化的变化。在现代工业文明社会，物质产品堆积如山，但如果只注重物质享受而忽视健康的高质量的精神文化消费，就无法实现人的身心健康和全面发展，只能导致人性异化，使人变成物的奴隶。因此，在物质财富以惊人的速度增长的同时，必须十分重视健康的精神文化消费，使物质消费与精神消费达到有机统一，才能避免人性异化，才能提高消费质量，使人以一种全面的方式，也就是说作为一个完整的人占有自己全面的本质。文化产品的消费以全面提高主体素质为最终目标，而物质产品是以其有用性来满足人们的衣食住行等生存、生活需要的，依赖性和必需性是物质产品价值的基本特征。物质产品的价值实现为精神产品的价值实现提供了必要的条件和环境。精神产品价值的最终实现是在与主体的相互作用过程中，对主体产生积极的效应，为主体服务，促进主体发展、完善，使主体更美好，从而不断满足人们对真、善、美价值追求的需要，提升文化消费主体的幸福感和满足感。

随着我国全面建设小康社会步伐的加快，城乡居民用于娱乐、休闲等方面的文化消费越来越大。图书出版、影视娱乐、游戏动漫、网络新媒体、体育休闲旅游这五大板块，已成为文化消费市场的"五朵金花"。它们一起绽放，促成了一股文化消费的热流，使文化消费成为拉动居民消费和扩大内需的新亮点。中国图书出版产业经历了超常规增长、调整与徘徊时期之后，进入了新的增长阶段。有资料显示，我国有图书出版单位500多家，出版业总资产达700亿元。中国图书出版（含数字出版）产业正面临重要的发展机遇，国民经济较快较平稳发展，人民生活水平不断提高将为中国图书出版产业的进一步发展提供重要的物质基础和更加广阔的消费市场空间。同时，网络通信和数字信息技术的迅猛发展，将给图书出版产业带来新的机遇，有力地促进图书出版产业增长方式的转变和产业升级。有研究表明，电影消费在今后将重新成为一种时尚，也将是新的消费热点，成为大众的消费，而不是现在看来有些奢侈的东西。电影延伸产品的价值是电影本身的2—3倍，要最大限度开掘电影的价值不仅仅是指票房，还有延伸产品的开发。目前，中国对影视延伸产品的开发尚在起步阶段。中国每年的电影票房在10亿—15亿元之间，占整个电影产业的50%左右。目前文化市场中并没有根据不同消费人群对所提供产品进行质量分级，如电影放映、文艺演出等票价的制定过于死板。对于少数经济承受能力较高的消费者，付出了高价却没有享受到相应的服务。而对于大多数经济承受能力较低的消费者，高昂的票价令他们难以承受。因此，中国的影视娱乐业要提升自身在国内外的竞争力，必须解决延伸产品开发问题。在发展趋势上，未来几年，电影延伸产品有望成为消费热点。如今，在城市里的大街小巷，随处可以看到带有动漫形象的广告牌；购物的过程中，你会发现无论是饮料、服装、玩具、文具、家居用品还是其他，常常带有可爱而独特的卡通设计。无论是手机动漫、网络动漫还是网络游戏都成为文化领域新的拉动力量，成为文化创意产业迅速激活生长的亮点。中国是一个拥有约5亿动漫影视产品消费群体的国家，然而目前，我国动漫产业的现状与其巨大的市场需求不相适应，市场供给远远满足不了需求。同时，处于发展期的中国动漫产业在高速成长的同时也面临诸多问题，产业政策配套体系、原创力量薄弱、产业链不完整及人才不足等也都限制了中国动漫产业的发展。伴随着城市受众生活方式、日常生活形态的变化，受众对诸如手机电视、数字广播等新的媒体形式存在接触的需求与意愿。电子消费终端发展迅猛，网络等新媒体促进了数字化新时代的到来。播客作为一种新兴文化消费品，表现出了相当的吸引力，它实现了年轻网民强烈自我表达的愿望，满足了多元化的需求。

随着生活水平的提高，人们的健康意识逐渐增强，越来越多的人参与到体育运动、健身的大潮中来，"花今天的钱，买明天的健康"已成为如今的消费新时尚，一些体育健身项目如攀岩、仿真滑雪、蹦极等都深受人们喜爱，室内健身也成为年轻白领重要的生活方式。统计显示，人均GDP达到1000美元时就会产生休闲需求，2005年中国人均GDP已达到1700美元，这意味着中国已经踏入休闲经济高速发展的门槛，而一年中多达110多天的休息日进一步刺激了有消费能力和欲望的中国人进行休闲消费。近年来，双休日和黄金周制度的实施使城市居民拥有较多的闲暇时间，旅游逐渐流行并成为城市居民休闲消费中的亮点。据专家预测，到2030年，旅游业将成为全世界80%以上人的生活必需，而休闲旅游则更具有广阔的国际市场。专家指出，目前我国旅游产品和市场开发仍处于供给水平不高的初级阶段：旅游产品以观光型的为主，旅游产品粗糙的多、精品的少，资源型的多、文化提升型的少，产品供给只能满足初级化、大众化市场，个性化、舒适性明显不足，成为影响我国旅游产业提升的重要制约因素。据权威部门数据调查，亚洲人平均每年花费在体育休闲和锻炼上的费用目前是12美元，而我国平均每人每年的体育消费尚不足3美元，远低于北美的人均85美元以及全世界的人均36美元的水准。因此，我国的体育产业和体育消费仍有较大的上升空间。

人的社会消费增长一般要经历三个阶段：第一是解决温饱阶段；第二是追求健康素质阶段；第三是追求精神消费阶段。随着我国全面进入小康社会，广大城乡居民的消费需求也步入第三阶段。过去数十年来，文化几乎一直由政府"包办"。作为一个文化大国，普通老百姓很难有真正意义上的文化消费。以往强调较多的是文化与政治的关系，在新形势下必须找到文化与经济的关系。文化产业高度发达的美国和西欧一些国家，文化消费（包括旅游）已占家庭消费的30%左右，对其他行业和整个经济产生了显著的拉动作用。我国社会消费结构发生的重大变化，对当前的精神文化产品生产提出了更多更高的要求，同时也为文化事业与文化产业的发展提供了前所未有的机遇和良好的发展空间。当前国民精神文化需求的主要指向，一是为满足发展的需要，二是为满足小康的享受需要。虽然这些地区居民的精神文化消费在日常生活开支中占据了重要部分，但目前的享受基本上还处在适当改善生活环境、休闲减压的初级阶段。不少专家认为，自2000年我国开始实行"长假政策"以来，文化消费的强劲势头已初露端倪。长假期间，居民消费潜能得到很大释放，假日经济作为新的经济增长点效果渐显。以旅游为龙头，交通、商业、餐饮、金融、通信、文化、娱乐、租赁、房地产以及相关服务业全面增长，扩大内需的关键是开发新的消费热点，文化消费将是今后社会消费的重要组成部分。文化消费是一种弹性消费，它不同于汽车、住房产业等刚性消费，会暂时甚至长时间地抑制其他领域的消费。文化消费的特点是细水长流，弹性很大，并能不断刺激消费者的消费欲望。这些都是其他类型的消费所无法比拟的。文化产业是第三产业的重要组成部分，其中的许多行业都是需求弹性大、吸纳就业人数多的产业，对解决就业意义重大。如旅游业、娱乐服务业、会展业、健康休闲等领域，都需要大量的劳动力。目前，各地政府大都意识到文化消费与文化产业在国民经济中所占的重要地位，纷纷制订文化产业发展规划，力争使文化产业成为当地经济发展的支柱产业。[1]

我国文化消费异军突起，成为颇具特色的个性化消费热点。据报道，2011年8月5日晚，南京金陵饭店有一场婚礼，场面非常壮观。饭店门口豪车扎堆，引来酒店客人的驻足观望。酒店里身着盛装的礼仪小姐整齐地站立在台阶上，迎接赴宴的客人。主宴会场内更是金碧辉煌，整个墙面

---

[1] 参见陈芳、任忆《迎接"文化消费"时代》，《浙江日报》2004年2月24日。

都被包上绚丽的背景图。除用了饭店的桌子外,所有用具从筷、碗、勺、杯到椅子、椅套,以及所有的音响设施和婚宴装饰品全从上海运来。1000 平方米的主宴会场、专门定制的"迈巴赫"主婚车、乐队现场伴奏、包下饭店所有的套房。多位明星大腕露面献唱,据称其出场费分别是 15 万元到 20 万元不等。据介绍,这场婚礼的新郎家里做酒水生意,同时也做些煤矿生意,新娘是一名文艺工作者,家里也是做生意的。婚礼由男方的父母出钱操办,聘请了北京和南京两家专业婚庆公司策划、举办。婚宴包下了能容下 700 人的钟山厅和扬子厅,当天来了很多宾客。同时,男方家还在酒店包下了 200 多间客房,以方便来婚宴的客人居住。据知情者透露,因为新郎老家是宿迁的,这次婚礼在南京、宿迁同时举行。设在南京金陵饭店的、由新郎新娘参加的婚礼现场为"主会场",设在男方宿迁老家的为"分会场"。为了让老家"分会场"里的亲朋好友也能看到南京婚礼的现场情况,婚礼租来了标着"CCTV"字样的转播车,对婚礼进行实时转播。据说"分会场"也布置得十分气派,有七八十桌客人,宴请的主要是新郎家的亲朋好友以及老家的一些领导。婚宴过程中,两个会场之间通过转播进行互动。明星大腕在南京婚礼上的献唱,宿迁会场上的来宾也能欣赏到。知情人士介绍,这次转播的价格不菲,花费金额近 80 万元。知情者还称,婚礼当天停放在现场的一些豪车,是由两家婚庆公司分别从上海、北京等地租用过来的。据称这场婚礼花费的金额达 520 多万元。具体到每桌酒席的价格应该是在 4000 元到 5000 元左右。① 婚礼消费也是一种民俗文化消费,这里无疑有值得思考的伦理问题。

  文化消费作为在文学、艺术、教育、科学等方面的支出和消费活动,已越来越为人们所关注。在消费结构上也出现了一些新变化,娱乐性、享受性、消遣性的精神文化消费占的比例日益增大。而发展性、智能性文化消费却表现不足。文化消费结构的这种变化及其背后深层次的原因,值得我们分析和研究。文化消费尤其是教育性消费的投入,目的是为了换取知识,赢得不断进取有为的智力支撑。对一个民族来说,民族精神是一个民族文化的主体精神,是整个民族文化的灵魂和升华。而这种民族精神的形成和铸就,并不是一味地凭借人的主体意识觉醒就能实现的,还得需要通

---

① 参见付瑞利《曝五百万豪华婚礼毛阿敏献唱设分会场直播》,《现代快报》2011 年 8 月 7 日。

过勤奋学习、兼收并蓄，才能演化为国人的文化性格。文化消费与物质消费不同，主要是在生理需求以外寻求精神依托，它是一种心理需求，而这种心理上的需求，并不是出于人的生物性本能，而是受文化环境和社会文化意识的影响而产生的。它既是一种有形的习惯，更是一种无形的信仰。古代虽然没有"文化消费"一词，但在我国几千年的文化历史中，同样有着许多关于读书与进取的论述，也流传着很多这方面的故事。这些宝贵的传统，至今仍有顽强的生命力，对一个人自强不息进取精神的形成，对一个民族发愤图强精神的支撑，以至于对我们民族社会政治的影响，可谓深远而巨大。

文化消费直接影响到了人们的观念，改变着人们的消费生活方式。有识之士认为，中国文化正在向娱乐文化转型，从文化欣赏向文化工业转型，从精英文化向大众文化转型，从阶层文化向泛大众文化转型。现代商业社会产生并流行的文化类型，以现代信息传播和复制技术为手段，以工业化、模式化为生产方式，以大众传媒为主要载体，以都市消费大众为对象，是一种娱乐性、休闲性的消费文化。如娱乐影视、流行音乐、通俗文艺、时尚报刊、商品广告、时装表演、电脑游戏，等等。它是一种经济型的消费文化，它的生产、流通、传播、消费都受市场规律的支配。例如，"国家舞台艺术精品工程"十大精品剧目、汇聚众多明星的话剧、歌剧、舞剧、音乐剧，场场座无虚席，火爆异常。随着人民群众生活水平日益提高，居民消费结构开始由物质产品向服务类产品特别是精神文化的消费服务类产品转移，某些地区、行业的文化消费呈现出节节攀高、红火异常的形势。

（三）中国文化消费的问题和原因

1. 文化消费的总量偏低。有研究显示，当人均 GDP 为 1000 美元、恩格尔系数 44％时，城乡文化消费应占个人消费的 18％，总量应该是 10900 亿元。根据国家统计局的修正数据，2001 年我国就已达到人均 GDP1000 美元的水平，但 2004 年的实际文化消费总量只有 3740.5 亿元；当人均 GDP 达到 1600 美元，恩格尔系数为 33％，文化消费应占个人消费的 20％，消费总量应为 20100 亿元。据国家统计局发布的数据，2005 年我国人均 GDP 达到 1700 美元，而实际文化消费总量却只有 4186 亿元。所以，2007 年《中国文化产业发展报告》称，中国居民的文化消费总量过低，居民文化需求的满足程度不足 1/4。虽然近年来我国精神文化消费发展较快，但直到 2009 年，居民家庭平均每人用于娱乐教育文化服务的支出在消费结构中的比重，城镇居民仅为 12% 左右，农村居民还不到 9%，与发达国家相比差距很大。这表明我国居民整体精神文化消费还处在比较贫乏的阶段。精神文化消费在消费结构中的比重不高。

2. 文化消费的格局不平衡。精神文化产品的质量总体上不高。从事精神文化产品生产的企业大多是中小企业，科技文化水平不高，创新能力不强，生产的产品大多一般化，高层次、高质量的文化艺术产品还不多，缺乏有较强经济实力和竞争力的文化产业、企业和产品。有些精神文化消费格调不高。艺术享受型、高层次的文化娱乐活动还不多，能够较好满足人们精神文化需求、社会效益和经济效益相统一的文化活动还不丰富。在娱乐方面，不少人热衷于低层次的娱乐活动，精神文化层次不高。在旅游方面，大多是一般性的景区景点游览，生态含量、文化含量、科技含量都不高。从文化消费支出看，城市居民的学杂费、保育费支出占绝大比重，比例为 82.88%，农村的比例为 77.48%，文化消费支出较低。从文化消费结构看，城市消费书报杂志的比例为 16.03%，文娱消费中耐用机电消费品的比例为 61.73%，而农村消费书报杂志的比例仅为 3.72%，其余的都用来消费耐用机电消费品。从文化消费热点看，非教育性知识文化消费较少，热衷于休闲消遣性、娱乐性、低俗、炫耀摆阔、封建迷信、黄色、暴力、盗版等消费。有人大搞奢侈消费，炫富摆阔；有些生产经营者缺乏职业道德，大搞反人性的"三化"即一切物化、商品化、追求利润最大化，甚至不惜危害消费者身心健康和生命安全；有人片面宣扬精神文化产品商品化，宣扬精神文化享乐主义，甚至把一些乌七八糟的东西美化为文化并加以大肆宣扬。这些不良现象虽然不是主流，但污染精神文化环境，破坏精神消费力，危害很大，必须大力排除。只有维护和发展崇高的精神文化，净化精神文化消费环境，才能切实提高精神消费力。

3. 文化消费的观念和结构存在问题。目前我国文化消费市场刚刚形成，整个社会对文化的需求水平较低，更主要因素是收入逐渐增多的市民，以文化作为休闲方式的观念还没有形成，缺乏社会和舆论的必要引导及自身文化品位的审美需求调整。很多人提到文化消费就是一个字"贵"，因价格上望而生畏而对其敬而远之。每当临近"五一黄金周"，全国各地演出盛行，一些剧院、音乐厅每晚座无虚席，演出过程中掌声不断。然而，剧团的负责人和演员就是笑不出来，因为座无虚席对票房来说，不过是"虚假繁荣"。大部分观众是通过不同途径拿到赠票的，只有小部分观众是自己掏钱买票进场。很多人看过演出赞不绝口，可是叫好的却不叫座。要票现象积重难返，主动掏钱去看演出远未形成气候。除了北京、上海等少数城市，我国大多数的城市家庭可能会一个月去吃几次大餐，去唱一次卡拉OK，但恐怕没有多少人会每月去图书馆看看书、去剧院看一场大戏这样的计划。有人可以为了一顿饭一掷千金，却舍不得花几十元去看演出。一些人振振有词，"卡拉OK、酒吧也是文化消费"。但与之相比，含金量更高的艺术表演、文博场馆却无人问津，特别是传统艺术、本土艺术等我国特有的艺术种类，因经济潜力不大很多艺人纷纷转行，大量艺术门类面临失传危险。有不少人认为，单位计算机能上网，看书、看电影什么的，根本不用花钱买书和碟片。的确，随着科技的发展，人们观赏电影有了多种方式，许多人更愿意在网上下载电影或者在电影频道看电影，专门到电影院看大片的人自然大大减少。大部分人不光顾电影院的一个重要原因是由于票价过高。一部普通电影的票价在几十元，再加上路费确实是一笔不小的开支。一部分观众被"炒作"牵引，盲目消费，比如芭蕾舞只认俄罗斯的团，只看《天鹅湖》；严肃音乐只听交响乐等。在文化消费上唯孩子是从，也是一种认识上的偏颇。还有一些单位将发给职工演出票作为福利，一些人以要票为荣耀，这些都成为文化消费的阻碍力量。

4. 文化消费品的数量、质量与需要、期待之间存在脱节。人们在文化市场上普遍感到，东西多，精品少，可消费的东西多，值得消费的对象少。演出院团的供给不够创新，服务不够多样。票价的制定过于死板，没有对消费群和所提供产品进行质量分级，高昂的票价普通百姓自然承受不起，一些消费者虽然付出了金钱，也没有享受到相应的服务。目前文化消费市场发展尚不规范、文化产业发展尚未形成规模，产品缺乏创新，模仿、盗版现象猖獗，文化消费尚未形成可持续发展的模式。生活压力增大也是制约我国文化消费的因素之一。多数成年人除了养家糊口还要买房、买车，成年人随着年龄增长，几乎全部的时间都用来工作或照顾老人及孩子，很少能抽出时间来参与文化消费。《2005年中国文化产业蓝皮书》通过对全国21个大城市，2万余人的调查结果显示，中国城市居民的休闲活动集中在去公园、看休闲消遣类书籍、打羽毛球、登山、打麻将、种植盆栽、打游戏机七项活动上，既简便易行又花费低廉，这说明，提升我国整体的文化消费数量和质量还任重道远。

5. 影响文化消费的深层原因。当今之世界，科技日新月异，信息、技术、知识不断发展。在这种形势下，偏低水平的文化消费，结构失衡的文化消费，就意味着可能在国际竞争中落后，甚至被淘汰。文化消费如同一把尺子，能衡量出一个民族的进取精神和状态。因此，大力提倡健康的结构合理的文化消费，提高居民的文化消费水平，是实施文化战略的关键一环。这就要求我们充分开发和利用市场优势，发展壮大文化产业和文化事业，加大对文化馆、图书馆、少年宫、纪念馆等设施的人力和财力投入，丰富居民文化消费的场所与资源，建设品位高雅、风格鲜明、科技含量高的现代文化设施，把广大人民群众的文化消费真正提高到一个新水平。影响文化消费的主要原因有心理、经济、社会和国际化等层面。(1) 文化消费的心理层面。文化消费作为一种文化体验、情感享受和对自身发展、社会关系、地位的追求，受文化观念、消费观念、价值取向支配，文化认同将激起消费，文化偏爱将执着并扩大对其消费，文化抵抗将拒绝对其消费并增加文化偏爱的消费。而我国有些人对文化消费与文化产业发展的意义认识不够，消费心理不成熟，文化消费观不正确以及观念、素质差异，忽视了消费的全面性和科学性。(2) 文化消费的经济能力层面。文化消费活动受市场经济价值规律作用，文化消费总量和结构受消费大众的收入水平及其收入分配制约，我国市场机制尚未成熟，人均 GDP 水平不高，最终消费占 GDP 的比重仅为 51.1%，居民消费率占 38.2%，恩格尔系数还较高，地区经济发展、人们收入水平不平衡，社会保障不健全，教育支出过大，价格结构不合理，加上消费惯性以及边际效用递减约束着消费量的扩大和消费结构的变化，文化市场、文化消费还处于发育初期。(3) 文化消费的社会环境层面。文化产业存在商品性与艺术性及意识形态性的矛盾，经济效益与社会效益、政治利益的矛盾；文化管理存在市场机制作用与政府规制、管理和调节的矛盾；文化消费存在社会价值取向、民族风俗习惯、消费空间时间与个人需求的矛盾。而我国目前文化消费经济政策不到位，消费法制体系不健全，消费管理体制没有理顺，消费管理不善，文化市场秩序不规范，文化基础设施、文化消费权益、消费信息安全等宏观消费环境还有待提升。(4) 文化消费的国际化层面。文化是一种软实力，而且有助于硬实力的提升，发展文化产业已成为国家战略，开放和反开放文化产业和文化市场的斗争在 WTO 内外一直进行着。我国文化资金实力、科技水平、创新能力有限，国际贸易竞争能力较低，出口文化硬件商品占大部分，文化软件出口相当薄弱。根据新闻出版总署《2005 年全国新闻出版业基本情况》，除了录音带完全出口、数码激光视盘出口大于进口外，其他都处于逆差，版权贸易中的软件和电视节目只有进口，没有出口，期刊的版权进口量是出口量的 374.5 倍。一方面，存在着外来文化与本民族文化的冲突，部分消费者对外来文化不认同，抗拒消费；另一方面，外来文化产品对我国部分消费者的文化认同、思想观念产生影响，使其热衷于外来文化产品消费，减少本国文化消费，削弱了本国文化产业的发展基础，引起恶性循环。

（四）发展文化消费的对策建议

1. 不断提高精神消费力，促进人的全面发展。精神消费力，是指消费者消费精神文化产品和服务的能力。人的精神消费能力得到提高，就能够消费高层次的精神文化产品和服务，就会像马克思所说的放射出崇高的精神之光。在物质消费力、精神消费力、生态消费力三大消费力中，精神消费力居于核心和枢纽地位，并对其他两种消费力具有很强的渗透性。提高精神消费力，对于促进科学消费、社会和谐和调整经济结构、加快转变经济发展方式具有重要意义。提高精神消费力，有利于提高消费质量，促进消费结构、产业结构优化升级，并使消费结构与产业结构形成良性循环；有利于实现低投入、低消耗、低污染的经济增长，加快经济发展方式转变；有利于物质文明建设、精神文明建设、生态文明建设协调发展，促进社会文明进步和人的全面发展。要坚持社会主义先进文化前进方向，防止和遏制腐朽思想和丑恶现象的滋长蔓延，反对制售假冒伪劣产品和欺诈行为，坚决扫除黄赌毒等社会丑恶现象，净化精神文化环境。要构建传承中华传统美德、符合社会主义精神文明要求、适应社会主义市场经济的道德和行为规范，努力提高全民族的思想道德素质和科学文化素质，使人们的精神世界更加充实、文化生活更加丰富多彩，努力实现科学消费、文明消费，提高消费中的精神文化含量，不断提高发展性、智力性消费的比重，特别是提高高层次精神文化消费的比重。加快发展高质量的文化、教育事业和产业，发展高层次的现代服务业、信息产业，发展高质量的、有特色的休闲产业和公共文化设施、场所等。支持高质量的精神文化产品的生产和传播。用高文化来引导高科技的发展，使之放射出崇高的精神之光，避免其被不当利用。

2. 树立正确的文化消费观念，强化对文化消费的经济调控。要引导人们树立先进的文化观。要建立积极、健康、科学、向上的适应历史潮流、反映时代要求、代表未来发展方向、推动社会前进的先进文化，引导人民参加文化实践与建设，积极体验先进文化。要引导树立有意义的文化价值观。文化消费不仅是占有文化产品和享受文化服务，把它当作心理享受、地位、社会关系实现的途径，更主要的是使其文化意义和价值得到实现。把握好价值取向，通过加强家庭培养、学校教育、传播媒介宣传，重点引导建立科学合理的消费观，逐步形成观念先进、消费自律、结构合理、方向正确的消费风尚和社会氛围，引导物质消费向文化消费转变，娱乐休闲消费为主向知识文化消费为主转变。现代家庭消费的重点正在由物质消费向文化消费转变，这是和家庭由温饱向小康转变相关联的。随着温饱问题的解决，向全面小康迈进，人们用于文化方面的消费也逐年增多。比如，从城乡居民家庭文化消费中的电视机、影碟机的拥有率，电话、照相机、电脑、汽车和购买书籍、订阅报刊的比例看，中国家庭中文化用品和设施的拥有比例正在迅速向发达国家靠拢。今天中国家庭的文化消费还表现在迅速增长的旅游、学习和教育投资上，其中包括向本代人和下一代人的投资，特别是向下一代人投资。由于各种原因，家庭用于子女教育和旅游方面的投资都在迅速增加。

发展精神文化消费，需要生产和提供相应的产品和服务，需要在优化消费结构的同时优化产业结构，特别是需要加快发展文化、教育、科技、信息等高层次精神文化事业和产业。而这些事业和产业大多是知识密集型、劳动密集型的，消耗的物质资源少，对生态环境的污染小，附加价值高，因而其发展有利于加快转变经济发展方式，建设资源节约型、环境友好型社会，促进人与自然和谐发展。因此，要强化对文化消费的经济政策和经济杠杆调控。文化产业化、市场化使文化产品和服务供给、分配发生转变，必须重新定位消费主体，形成居民消费为主、出口为辅、单位或社区消费为补充、政府消费为引导的文化消费主体格局。由于文化产品和服务的特殊性、层次性，甚至还可能有非文化、反文化的东西，因此，应对文化消费政策做合理调整，有区别地采取鼓励或限制政策。鼓励高层次、高质量的知识文化、精神文化消费和文化产品出口、文化企业"走出去"，限制低俗、劣质的文化产品和服务消费以及外国文化产品进口规模、市场份额，形成本国文化消费为主、引进外来有益文化消费为补充的文化消费结构。在财政、收入分配、税收价格和利率汇率政策上，对需要鼓励的消费和出口，可以降低税率、利率和提高外汇汇率，否则，进行相反的调节；规范价格形成机制，使价值得到真实反映；应逐步提高居民收入水平，提高消费者的消费能力，在保证基本文化消费的基础上，逐步增加享受性文化消费，特别是扩大发展文化消费；政府财政应资助传统文化、先进文化消费、对外文化宣传，向基层、低收入和特殊群体提供免费文化服务，完善农村图书、通讯、电视、培训等网络，释放农民潜在的文化消费需求。

3. 加强文化消费的法律建设，合理进行文化消费的行政管理。文化消费也离不开法律的支持与规范，要健全相应的法律法规体系。严格劳动法，以保障和增加劳动者自由支配的时间。按照消费者权益法制定文化产品和服务的消费法规，使消费者文化消费权益得到法律保护。制定相关的消费法律、道德规范、行为标准和守则，加强对不科学、不合理和反文明的低俗、迷信、色情等消费的法律和行为约束，防止非理性、非文明消费引致文化产业结构畸变。参照 WTO 规则要求，健全文化产品进口、外资进入文化产业的法规，对文化产品和服务进口贸易、利用外资实行总量控制和结构调整，维护国家文化安全，提供文化出口便利，促进文化出口贸易。对文化产业市场行为应随着文化产业市场准入的进一步开放加强规范化和法制化，制定反垄断、反不正当竞争的具体措施和文化产业守则，防止文化企业肆意践踏、改变消费者的需要，强迫消费者选择，防止价格过高和消费者信息外流滥用，以营造良好的消费环境。

文化的特殊性决定了文化消费管理政治性、政策性很强，既不要使消费背离社会主义精神文明根本要求，也不能打击消费者的合理消费，管理要以发展科学合理的文化消费作为出发点和落脚点。要从体制、制度、职能、程序、方法、手段上进行合理管理，改变管理者众多而管理不善的状况。实行集中监控与分级管理相结合，整合政府管理职能和行为，加强宏观指导和管理。实行行政监督、司法监督、社会监督、舆论监督相结合，加强对文化产品和服务的政治性、社会公德和市场流通秩序、价格、公平竞争的监督管理。实行行政手段与法律手段、经济手段相结合，防止文化产品和服务粗制滥造、质量低劣、格调低下、结构失衡，加强对文化产品和服务的投诉处理。开展文化市场调查和预测,掌握文化市场、文化消费规模和结构的变化信息,有效组织、调控文化供给,为引导文化消费和文化产业正确发展提供依据。2013年11月,中共中央公布《党政机关厉行节约反对浪费条例》,适用于党的机关、人大机关、行政机关、政协机关、审判机关、检察机关,以及工会、共青团、妇联等人民团体和参照公务员法管理的事业单位。条例所称浪费,是指党政机关及其工作人员违反规定进行不必要的公务活动,或者在履行公务中超出规定范围、标准和要求,不当使用公共资金、资产和资源,给国家和社会造成损失的行为。条例要求坚持从严从简,勤俭办一切事务,降低公务活动成本;坚持依法依规,遵守国家法律法规和党内法规制度的相关规定,严格按程序办事;坚持总量控制,科学设定相关标准,严格控制经费支出总额,加强厉行节约绩效考评;坚持实事求是,从实际出发安排公务活动,取消不必要的公务活动,保证正常公务活动;坚持公开透明,除涉及国家秘密事项外,公务活动中的资金、资产、资源使用等情况应予公开,接受各方面监督;坚持深化改革,通过改革创新破解体制机制障碍,建立健全厉行节约反对浪费工作长效机制。条例规定,中共中央办公厅、国务院办公厅负责统筹协调、指导检查全国党政机关厉行节约反对浪费工作,建立协调联络机制承办具体事务。地方各级党委办公厅(室)、政府办公厅(室)负责指导检查本地区党政机关厉行节约反对浪费工作。纪检监察机关和组织人事、宣传、外事、发展改革、财政、审计、机关事务管理等部门根据职责分工,依法依规履行对厉行节约反对浪费相关工作的管理、监督等职责。各级党委和政府应当加强对厉行节约反对浪费工作的组织领导。党政机关领导班子主要负责人对本地区、本部门、本单位的厉行节约反对浪费工作负总责,其他成员根据工作分工,对职责范围内的厉行节约反对浪费工作负主要领导责任。这些规定下发后,在全国迅速产生了很大影响力,在一定程度上改变了公款消费中的不良风气,也直接或间接地改变了文化消费的大环境。希望这个势头能长期保持下去。

第十三章

教育、科技和文艺中的伦理问题

社会主义文化事业,在广义上也包括教育、科技和文艺事业。深入认识教育、科技和文艺事业中的伦理问题,对于促进整个文化事业的健康发展,具有十分重要的意义。

一 教育事业中的伦理问题

教育是文化建设的基础工程,是培养人的社会实践活动。教育水平的高低,能够体现和代表一个国家或地区文化水平的高低,要提高文化水平,加强教育是唯一途径。学校的活动(包括校内外联系)尽管也需要物质设施和物质生产,但就其文化属性而言则是以精神活动为主的。学校的全部精神活动构成了学校文化。教育在传播知识、培养人才的过程中,使文化不仅得到传承,而且得到不断的更新和发展。人类文化的继承者和创新者,都是通过教育活动培养出来的。教育作为上层建筑的组成部分,必然要在传播科学文化知识和培养人才的过程中,同时传播统治阶级或国家需要的思想道德和价值观念。我国是社会主义国家,需要培养有理想、有道德、有文化、有纪律的社会主义新人,使其成长为社会主义事业的建设者和接班人。我们的各级各类学校都是建设社会主义文化的重要阵地,都要传播社会主义精神文明,开展社会主义道德教育。我国正处在从教育大国迈向教育强国的进程中,当前教育还不能适应时代发展和人民群众新的要求,还有一些新的矛盾和问题,包括伦理性问题,需要我们探索和解决。教育伦理涉及教育工作的职业道德问题,也涉及教育制度和教育管理中的伦理问题。在此,我们不求面面俱到,仅就同我国教育体制改革相关的几个问题予以涉及。

(一) 教育遭遇经济——对教育精神的追问

教育精神包括人文精神和科学精神。人文精神是一种以人为中心，以人自身的自由与完善为终极目的的价值信念和思想态度。它既表现为对人的价值、人的生存意义和生存质量的关注，又表现为对他人、社会和人类进步事业的投入与奉献，还包括对个人发展和人类命运的殷殷思索和终极关怀。[①] 人文精神体现在教育中，主要是要培养人的独立价值与自由精神，培养人的理性能力和人文情怀。而我们现阶段的教育追求标准化、统一化，不是从人本身出发，而是从经济发展、社会进步的需求出发，把每个不同个性、不同背景、不同爱好的受教育者按照设计好的模式进行培养。这一点从普通学校教育中标准化的课程设计、考试制度、人才培育的模式以及社会人才评价的标准等都能看出来。这种模式教育出来的学生思维、语言、知识包括行动都模式化、标准化、单面化，而人之为人的情感的丰富性、知识的层次性、创造力的独特性、精神的饱满性、人格的独立性与自由性等都无从体现。人文精神的缺乏，给功利主义和实用主义思想的泛滥提供了可乘之机。从教育的社会价值看，"教育就是教育，它不是什么别的东西，我们曾经把教育说成是上层建筑，说成是生产力……教育本不是经济，却把它搞成经济那样，教育本不是政治，却把它当成政治看待，教育本不是军事，却要模仿军事管理……这些观念都偏离了教育'育人'的本质精神，所以，教育一直被当做工具，一会儿为政治服务，一会儿为建设服务，一会儿为经济服务"[②]。于是，老师、家长和学生在教育中不知所措，不知道为什么进行教育和接受教育，不懂在教育中该追求什么？能追求什么？最后，只能让教育的功利性价值、实用性价值来指引人们的行为。学校要的是升学率，家长、学生看重的是成绩。人们对智育及其功利价值的重视远远超过了教育本身对"人"的成长的意义。有知识而无智慧的人越来越多，有学历而无德性、无素养的人也并不少见。难怪有人说，人文素质差，掌握知识越多，社会危害越大，是有一定理论依据的。从受教育者个体的生存来看，并没有从在受教育的过程中获得一种自由——心灵上、精神上的自由，反而处处受压抑、受限制，甚至被折

---

① 参见钱焕琦《教育伦理学》，南京师范大学出版社2008年版，第83页。
② 张楚廷：《教育就是教育》，《高等教育研究》2009年第11期。

磨。学前教育小学化、义务教育高压化、高等教育技能化、职业化，几乎每个阶段的教育都偏离"人自身"，又压抑着"人自身"，教育成为受教育者和教育者的负担、压力。这其中，既有近几年学术界探讨的教育决策中的非理性问题、教育过程中的非人道问题、教育机会的不公平问题；也有在社会上引起轰动的类似"马加爵案"、"药家鑫案"、"中南大学杀人案"，几乎每隔几年就要刺激一下国人的神经；更有牵动广大家长和学生的"择校热""择师热""负担重"等问题，无疑这些都从不同方面、不同角度暴露出当下教育某些方面的严重缺失。正如易中天先生所尖锐指出：中国教育的目标是"望子成龙"；标准是"成王败寇"；方法是"死记硬背"；手段是"不断施压"，还美其名曰"压力即动力"。至于孩子们是否真实，是否善良，是否健康，是否快乐，没人去想。最需要"以人为本"的领域，却最不拿人当人，这真是一个奇迹！

现在的很多高校里，书卷气越来越少，江湖气越来越重。正如复旦大学校长杨玉良认为，一个世界一流强国，不可能没有世界一流的大学。一所世界一流的大学，应该是全世界优秀青年学者们的聚集地；凡是在这里学习的人，都会把这里当做他一辈子的精神家园。要达到这些目标非常不容易，大学的精神、品位必须非常高。所以，我反对任何形式的在学校中莫名其妙地闹哄哄，鼓乐齐鸣，因为这会降低学校的高雅性。高雅不是培养精神贵族，而是要培养精神境界高的学生和教职员工，心中不仅装着民族，而且装着全人类的问题，如气候问题、环境问题、核武器问题，等等。现在大学精神有点迷失，出现了一种相对来说比较广泛的精神虚脱。作为全社会来讲，包括大学，功利主义盛行。具体到老百姓，就是嫌贫爱富。他认为，大学应率先回归到大学本身的高尚上去，尤其是在精神层面上。老说改革，坚持和回归与改革的差别在哪里？现在的改革和国际接轨比较多，虽然这也重要，但对大学来说，任何一个国家、民族的大学都是这个国家、民族的精神脊梁。大学的精神不能虚脱。大学教师必须真正崇尚学术崇尚真理，对国家、民族包括整个人类要有非常强烈的责任。大学一虚脱，这些就都没了。他认为，功利主义体现在教师身上，就是教学上教会你考试，人才培养上只要你能找到工作就可以；学生也是这样，选择的专业不是根据自己的兴趣，而是根据自己出来能否当大官，赚大钱；教授的功利主义，就是奔着 SCI 和课题项目，忘了做学问才是他们一切的出发点。鲁迅对"才子加流氓"和"才子加帝王气"的批判，很值得今天反思。高等教育的急功近利尤其会贻害科学、贻害社会。办大学最重要的就是办一个氛围，让社会看起来，你真的是一个纯洁的学术殿堂。如果连大学里都有贪污受贿、权色交易，那社会还有什么信任可言？现在我们学术至上的精神坚持得不够。当年西南联大，那时学者也有理想和现实的矛盾，但当时为什么就能培养出很多优秀人才？所以说，现在缺的是精神。作为教育来讲，就业是一个结果，但不能把就业作为目的，本末不能倒置。就业不是一个学校能包揽的，就业和社会经济发展情况有关系。经济不好了，岗位就少，就业可能就有问题。就业还和学生自己的选择有关系，如果不一哄而上，我们有一个科学合理的高等教育架构，就业也会得到改善。当精神虚脱后，大学就开始过分地赶时髦，成为服务站。大学一定要注重自己的传统。世界一流的大学表面上看起来都显得很保守，剑桥、牛津、耶鲁都是以保守著称的。所以，大学教育不能纯粹为了就业。学校教得好不好，学科布局合理不合理，招生太多或太少，社会经济情况如何，企业的用人理念，学生的选择和就业观念……一系列的因素决定了就业的情况。社会上现在有种不良倾向，把就业都怪罪于学校，这是不对的，学校只是负责各环节中的一部分。高校不能像农民，今年大蒜好卖就种大蒜。现在学术也被异化了，学术直接成为了赢利手段。有一个表现就是办些低层次的班。应该有一批人为了学术而学术，但现在这样的人很少。如果大学里的教师也没有这样的人，就有问题了。知识分子的特点，应该是有强烈的社会责任感，所以说，学术是有使命的，每一个从事学科基础研究的人都是在为这个学科的发展尽自己的力量。所谓的"钱学森之问"，不出大师，实际上就是缺少为学术而学术的人。他认为，社会责任是大学存在的相当重要的价值。当社会出现失范的时候，大学的学者应当站出来，写文章说话，发警世之言，告诉你为什么会这样，解决之道在哪里。大学的学者不应做破坏性的讲话，而是做建设性的讲话。当社会出现各种问题，国家处在转型时期时，学者们应当研究清楚，我们该往哪里走。中国历史上，包括"五四""两弹一星"，都是学者在关键时刻作的贡献。我们的肩上承担着民族文化的积淀、传承和发展，对世界优秀文化吸收的责任。只有大学有如此综合的功能。大学如果有所失范的话，那么对国家的毒害性就非常大。所以过分功利化的倾向会把大学引向歧途。当前来讲，回归和坚守，比改革更重要，回到大学应该担负的使命，回到大学应有的状态。大学担负着培养一代代精英的责任，培养的人素养怎么样,决定着国家的走向。对中国这样一个大国来讲,这批人的素养甚至决定着世界的安宁。第二次世界大战前,英国的哲学家罗素表示担心,发现德国、日本的法西斯教育特别危险,果然这代人出来以后世界不能安宁。回归到大学应该担负的使命,首先要废除荒唐地对一个人、一个学校进行评价的所谓的定量指标,比如 SCI。哈佛大学罗尔斯教授,15 年不发表任何文章,一直琢磨他的《正义论》,现在这本书成为了经典著作。但他讲课非常认真,当他讲完一学期的课后向大家告别,学生们不约而同地起立鼓掌。他已经离开教室很远,学生还在鼓掌,为他的学术精神而鼓掌。有在场的中国学生问,你们要鼓到什么时候?他们回答,要这个教授在很远的地方仍然能听到掌声。我们有没有这种精神?我们的这种评价指标就有点像改革开放初期分房子一样,算分,一篇 SCI 多少分,这样的评价怎么能培养出真正的学术大家来?不要以为科学家就不需要人文素养,那只是一个科学工匠,成不了学术界的领袖。学术领袖必须是一个人格上非常完整的人。一流的科学家都有深厚的哲学素养,甚至连哲学家都为之惊叹。[①]

教育中的科学精神,不只是在科学文化的教育过程中才能体现,从宏观方面看,这种精神要求教育发展应遵循客观规律,这是实现教育活动有效性和科学性的前提。例如,教育政策的制定、教育目标的确立、学校课程的设置、教育方法的选择等都不能与教育规律相违背。但是,事实上教育政策、教育目标制定中的非理性、随意性、盲目性依然存在,不合理的教育政策一旦制定影响的不是一代人,而是几代人,不容易改变。例如 90 年代以来,为了解决农村教育发展资金不足的问题,提倡"人民教育人民办"。这种方式尽快地解决了国家教育经费不足的问题,一时间农民集资办学搞得轰轰烈烈,教学楼、实验楼建起来了,学生、教师宿舍楼也有了,但是短短十年左右的时间,这种繁荣已经成为历史,学生人数减少、学校撤并,大量教育资源被闲置浪费,甚至有人借此机会收购、买卖学校,把当年"人民"集资的公共资源转变为自己的私人财富,使学校声誉、政府地位受到人们质疑,在社会上造成极大负面影响。从受教育者个体而言,教育中的科学精神应该在实践中注重培养受教育者的求真求实

---

① 参见《复旦校长称:大学精神虚脱才子加流氓将贻害社会》,《中国青年报》2010 年 6 月 22 日。

的科学精神、精确的理性精神、独立的批判精神、探索开拓的创新精神。然而我们要面对的事实是,当前我国教育中的科学精神和人文精神一样,也面临被功利化、物质化的境遇,即家庭、学校、社会只注重教育对人的生存技能、"有用知识"的获得,用教育的经济效果代替教育的"育人"功能,忽视了"人"的更高层次精神方面的需要。在这种教育观念下,一个人只要学习好、成绩好,就代表了成功,甚至可以遮蔽其他方面的不足和缺陷。获得了专业的或固定知识,但是没有将知识转化为自身的知识结构和思维能力,即教育不能活化受教育者的思维,反而禁锢了受教育者的思想。学生不会独立提问,不懂理性思考,更不会科学分析与批判创新,体会不到学习、教育带给人的乐趣,只是倍感身体的超负荷折磨和精神的压抑。所以,小学生厌学,中学生弃学、逃学,大学生、研究生在获得知识和学历后人格分裂、精神分裂,甚至为了所谓的"利益"出卖人格、践踏尊严、挑战法律、放弃生命的事已经屡见不鲜。我们不得不去重新思考钱学森的提问"为什么我们的学校总是培养不出杰出人才"。事实上,决定一个人最终"胜负"的,不仅仅是知识的多少,还有人生的境界与视野、责任与抱负、理想与信仰。人格缺失,创造力匮乏,独立生存能力差,这些不仅是现代教育带给我们的伤痛,也是今后教育走出困境的突破口所在。

(二) 对教育性质的拷问——公益性与产业性

从宏观上看,教育主要是为国家社会的可持续发展培养后备人才。正是从这个层面,通常认为教育是一种公共服务、公益事业。从教育发展形势看,从早期的"学在官府"到"私学"的出现与繁荣,再到今天义务教育实施,再也不是特权阶层才能享受的"专利",成为普通公民基本权利的重要组成部分,并且随着教育的普及与发展,特别是高等教育从精英化向大众化的转变,我国的人才数量和质量有了大幅度提高,这一变化不仅给广大青年学生自我价值的实现带来了更多机会,也为我国经济、社会的发展提供了重要的人力资源。

改革开放及其经济体制的转型,给我们这个民族和国家带来了前所未有的生机与活力,同时也产生了很多新的问题:市场经济的价值观念在整个社会中开始蔓延,并越来越发挥主导作用。"市场经济并非仅仅是一种资源配置方式，而是一种人的存在方式。"① 马克思曾将人类历史发展明确地划分为"人的依赖关系""物的依赖关系"和"人的自由全面发展"三个阶段。市场经济关系中人的存在，是一种脱离了人的依赖的"物的依赖关系"，即人有了一定的独立性，但是无法摆脱商品货币关系的束缚，缺乏真正的个性独立。于是市场关系中的实用性、经济效益、功利性价值成为衡量个人成功、国家进步乃至整个社会发展与否的重要指标。教育也不可避免地被"市场化""商品化""产业化""功利化"。这里面包括受教育的机会、受教育的权利、教育资源的配置甚至教育政策的制定等都无一例外地与"经济效益""市场价格"挂钩。现阶段的教育已经偏离了它原本的培养人、教育人的精神内涵，更多地倾向于追求功利性、实用性价值和对主体的利益。与此观念相适应，20世纪90年代之后，教育领域有了"产业化"的需求：在教育经费严重不足的情况下，教育系统和各级学校使用市场机制和手段，大规模经营创收、扩大教育资源的制度化活动。② 教育产业化的特点就是对教育资源的"宏观垄断，微观搞活"，于是出现了基础教育领域中的从公办学校到私立学校的"转制"学校，高等教育阶段的"独立学院"等政策。教育产业化及其相应制度的出现，解决了教育经费不足的问题，扩大了教育资源，使得一部分学校的教育培养能力有所提高，提高了教育效率，并形成了教育服务、教育消费的一些新观念。但是也出现了高收费、乱收费等社会问题，滋生了教育腐败问题，影响了教育品质、教育质量和社会声誉，尤其是淡化、模糊了政府在教育发展中的特定作用、政府教育投资的决定性作用。在义务教育阶段，在一定程度上混淆了政府与市场、公办教育与民办教育的不同功能，掩盖了教育投入不足和政府职责之间的关系问题。

当前，特别需要强调和恢复教育的公共性、公益性。作为教育的一种性质，教育的公益性即它所提供的产品或服务只能由人们共同地占有和享用。从利益上看，这种利益具有公共性、社会性、整体性；利益主体是公众、社会、国家、民族乃至于整个人类，而绝不限于社会成员的某一个体。教育公益性所蕴含的这种公共教育利益，具有十分丰富的内容。一般说来，包括社会层次上的经济利益、政治利益、文化利益等；个人层次上

---

① 参见孙正聿、李璐玮《现代教养》，吉林教育出版社1996年版，第55页。
② 参见杨东平《中国教育公平》，北京大学出版社2006年版，第106页。

的物质利益、精神利益等。从本质上讲，这种公共教育利益是一种文化知识利益，即利益主体从教育过程中获得的文化知识，以及由此带来的各种好处。① 政府是促进和维护教育公平的社会主体，义务教育首先是政府的义务，政府在减少教育差距、促进义务教育均衡化、促进教育公平上负有主要责任。

学前教育是基础教育中的基础，但是我国学前教育一直被排斥在义务教育之外，国家和政府在学前教育中的职能发挥明显不足。"入园难""入园贵"问题与政府在保障学前公益性上的责任缺失有直接关系。具体表现在：一是公办园比例极低。目前只占不到40%，在欠发达地区不足20%，这一比例远远不能满足社会需求，说明政府未充分承担办园责任。这也就意味着60%以上的家长要独自承担子女的学前教育费用。所以"入园难""入园贵"问题必然会出现。二是政府经费投入严重不足。近十多年来我国学前教育投入平均仅占GDP的0.06%，尤其是学前教育投入占教育总投入的比例非常小，多年来一直处于1.2%—1.4%之间，而欧洲19国平均为0.5%，美国为0.4%，日本和韩国为0.2%，墨西哥为0.8%，我国与其差距非常明显。三是学前教育投入严重失衡。优质公办学前教育资源短缺，家长抢占优质资源，多年来学前教育的财政投入主要面对公办园，在公办园中教育部门办园更具有明显优势，民办园几乎得不到任何财政投入。根据2009年的统计，教育部门办园仅占20%的比例，说明学前教育投入主要投向了少数园所，投入严重失衡。学前教育投入不足和投入失衡的问题突出，成为导致幼儿园高收费和家长负担过重的根源，并且加剧了学前教育的不公平。

在基础教育阶段，公益性是基础教育的本质属性。国家、政府是承办、管理基础教育最重要的责任主体，甚至在大多数时候成为"垄断性主体"，而广大社会民众则是这一制度的权利主体，这是一个国家、政府对基础教育体系最根本的制度性安排。从这个角度说，公益性同时也是基础教育本身的责任与目标。随着市场经济的迅速发展，当前又现实地产生了两种类型的基础教育机构：私立的非营利性基础教育机构与私立的营利性基础教育机构。前者是因私人基金会、非营利性的民间组织、慈善机构等的发展而逐步形成的；而私立的营利性基础教育机构，则是民间资本进

---

① 参见邢永富《教育公益性原则略论》，《北京师范大学学报》2001年第2期。

入传统公立教育系统后的直接结果。这对满足人民的教育需求而言是有利的，但是由于管理监督不到位，也引发很多社会问题，例如，乱收费的问题，教育质量无法保证，无视教育教学规律，管理方法手段经济化甚至极端化，等等。引入市场机制的有效方面来发展教育没错，但是如何才能使其合法、合道德才是值得我们进一步思考的问题。

在高等教育中，公益性成为现代教育区别于以往教育的基本前提。传统高等教育是为了某个群体或集团的利益，而现代高等教育更具有产品的公共性、投资主体的国家性、受益群体整体性的公共产品特点，现代高等教育的发展更要符合社会公众整体利益，而不是某个集团或少数群体的利益。基于此，我国高等教育法明确规定"教育活动必须符合国家和社会的公共利益"。伴随经济体制的改革，高等教育在1999年以后的连续扩招使其贴近市场的改革，扩招的直接动因是政府希望借此来刺激消费，扩大内需，拉动经济增长。为了筹措扩招所需要的教学基本建设费，政府鼓励高等学校向金融机构借贷，大学也通过转让后勤经营权和部分专业股份制办学的方式从社会筹集资金。大学为了扩招投入了5000亿元左右的资金，其中政府财政投入仅为500亿元左右，其余的4500亿元均来自银行的信贷。为了高等教育的发展，由于资金不足导致庞大的银行借贷，使得本来不具有营利性的高校陷入财政危机，这对学校今后的发展又造成多大的压力。为了提高办学效率，高等教育适当引入市场机制无可厚非，但市场机制的介入，并不意味着政府可以就此缺位。相反地，在教育这类最能体现公平、公正、公益原则的领域，政府更应有所作为，实现对纯粹市场化的超越，从而最大限度地增进社会福祉。

（三）公平与效率——教育的价值追求

教育公平是社会公平的基石。随着经济社会的发展，人民群众的教育需求也日益增长，受教育程度逐渐成为影响个人职业、收入水平乃至社会地位的重要因素，教育作为一种重要的家庭"投资"的观念深入人心，人们对子女接受教育的关注度空前提高。再加上独生子女普遍化，人们都希望孩子接受高质量的教育。这必然造成对优质教育资源的需求不断增长与供给短缺的矛盾凸显，使教育公平问题日益突出。现阶段人们反映强烈的教育不公问题，主要体现在接受优质教育的机会、接受教育的程度和质量等方面，存在很大差异。最近几年，让家长们头疼的基础教育阶段

"择校热",学前适龄儿童的"入园难",不同地区考生接受高等教育机会的不公平,进城务工人员子女上学难等问题,都反映出地区之间、城乡之间、校际之间以及不同社会群体之间的不平衡性。

美国著名哲学、伦理学家罗尔斯在《正义论》中提出了关于正义的二原则,一是"平等自由原则",即平等地对待所有人,是从横向对公民应该享有的政治权利提出的;二是"差别原则"和"机会公平原则",是从纵向对社会现实中的不公平,尤其是针对处境不利者提供机会或利益"补偿性"的原则。罗尔斯虽然分析的是政治问题,但是他提出的正义原则,对我们分析教育公平问题具有借鉴意义。导致我国社会教育不公平的因素比较复杂:既有微观领域个体自身能力、社会地位、文化资本等方面的原因,又有宏观领域经济社会发展不平衡、文化差距的原因,还有教育内部教育经费投入不足、政策制度不完善的原因。其中最值得重视的是影响教育公平的制度性因素,主要表现在教育机会、教育资源的公正配置方面。如果,政府在制定教育政策时能注意到针对大多数公民的"平等原则"和满足少数弱势群体的"补偿性"原则,那影响教育公平的政策性因素就能得到缓解。教育公平是政治、经济领域中的公平价值观念在教育领域中的延伸和体现。

在教育机会方面。从相关法律及理论来看,《中华人民共和国教育法》规定:公民不分民族、种族、性别、职业、财产状况、宗教信仰等,依法享受平等的受教育机会。教育机会均等的问题,既是公民基本政治权利的体现,也是教育自身独立价值的体现。对教育而言,除了功利性价值之外,更应该有其独立性超越于功利和经济效益的社会价值。教育机会均等的一般含义是:"各族群接受学校教育的学生,在总学时数中所占的比例,应与各族群在同一年龄人口中所占的比例相等。"法律及理论在涉及公民教育机会问题时,都是针对现实中由于自然的、经济的、社会的、文化的不平衡发展,使得一些弱势阶层、群体教育权得不到保障,应给予必要的补偿和关怀。从现实看,改革开放以来,随着国家对教育事业的支持与发展,从城市到乡村九年义务教育的普及,农村扫除文盲工作的展开,教育立法健全,教育体制的改革等具体工作,都使得我国民众受教育的机会不断得到提升。同时我们也看到仍然存在教育机会不公等问题,例如,农村贫困地区基础教育滞后于城市同阶段教育,城市中的优势阶层与弱势群体受教育机会不均等问题,特殊阶层(农民工)子女教育问题,女性教育受歧视的现象依然存在。这些不均等的问题，在教育起点、教育过程、教育结果这几方面都有体现。因此，教育政策的制定如果能考虑到弱势群体的利益需求，特别是相关补偿政策的落实，对缓解由于经济、社会、文化等差距所引起的教育不公问题，是一个很好的解决途径。

在教育资源的公平配置方面。教育资源的水平决定教育质量，教育资源的质量在一定程度上受社会经济发展水平的制约，教育资源可分为两大类：有形的教育资源和无形的教育资源。前者如校舍、图书、教学仪器、实验器材等物质性的教育教学用品；后者如教师的质量、素养、教学内容、学校文化氛围等。资源配置本是一个经济学概念，指经济中的人力、物力、财力等在各种不同的使用方向之间的分配。教育资源配置，通常是指在教育资源数量一定的情况下，如何将有限的人力、物力、财力等在教育系统内部各组成部分或在不同子系统之间进行分配，以期投入教育的资源得到充分有效的利用，尽量满足社会各方面对教育的需求，以求教育持续、协调、健康发展。① 从现有的理论和实践发展来看，关于教育资源有效配置的评判标准主要有三个：适应、公平和效率。首先，适应是指在考虑到人们的实际投资意愿与投资能力的情况下教育资源配置要尽量满足国家、社会及个人家庭的教育需求，适应社会经济发展和个人潜能发展的需要。其次，教育资源有效配置要求教育资源分配公平合理。宏观上国家给予的教育投入在整个国民经济分配中要有合理的比例，教育内部在分配教育资源时，各级各类学校教育投资比重要合理，地区间投资水平要趋于公平。最后，教育效率是指教育过程中教育资源投入与教育成果输出之比，简称教育投入与产出之比，也称教育内部效益。在一定教育投入条件下取得最大的产出效益或一定的教育产出效益使用了最低投入都表明教育资源得以有效配置。② 目前我国教育资源配置中存在的突出问题是，在基础教育中一直倾向于城市，使得城乡之间的教育在义务教育阶段就拉开了距离，到了高中非义务阶段差距进一步拉大成为必然事实。此外，现在社会上愈演愈烈的"择校热"问题，实际是家长与学生对优质教育资源的一种选择。但是优质教育资源相对于人民的需求而言是短缺的，甚至是稀缺

---

① 范先佐《论教育资源的合理配置与教育体制改革的关系》，《教育与经济》1997年第3期。

② 参见马晓燕《教育资源配置与教育供求关系初探》，《教育与经济》2000年专辑。

的。市场经济体制的建立以及市场机制在社会生活各个领域的应用，使得教育资源的配置遭遇了两难境地——按市场机制配置教育资源，不可避免地会出现教育资源优化配置的倾向，结果就是，更多的教育资源挤入办学条件好、师资雄厚、经济比较发达地区的学校；按照教育公平理念进行资源配置，对人口少、办学规模小的贫困落后地区而言，是比较有利，但是相对于国家有限的教育资源而言，利用率实在是太有限。而义务教育作为政府提供的基本公共服务，具有强制性、免费性和普及性特点，本是最应该体现教育公平的领域。事实上我国义务教育现在却存在突出问题：城乡之间、区域之间发展差距较大，区域内各校际之间资源配置不均衡，优质教育资源短缺、辐射面窄等问题比较突出。为了更好地建立教育公平的有效机制，在教育资源的配置方面，只有坚持以人为本的理念，尊重人的个性发展和价值的多元化，将人对教育资源的公平合理分配的需求作为一切教育工作的出发点和落脚点。坚持公平正义的原则，使教育资源在各个区域、各个阶段教育事业的发展中更加平衡，这也是实现社会和谐，特别是人与人、人与教育资源和谐的目标追求。

二 科技事业中的伦理问题

科学，包括自然科学、社会科学、人文科学以及哲学的研究活动及其成果，这都是构成文化的重要内容。因此，文化发展包括了科学发展，科学发展是文化发展的组成部分。各门科学的发展，都要遵循一定的伦理道德规范，这是确保科学造福于社会和人民的必然要求。科学道德虽不能代替科学本身的发展和功能，但它能为科学的发展和应用提供善的价值导向，使科学的发展沿着有益于人类的方向前进。因此，作为当代文化伦理一部分的科学伦理，正在引起越来越多的人们的关注。

科技伦理，又叫科学技术伦理。科学是通过人的认识成果来反映客观世界的事实及其规律的知识体系。技术是为某一目的共同协作组成的各种工具和规则体系。如果说科学回答"是什么"和"为什么"，那么技术就是回答"做什么"和"怎么做"。科学与技术既有区别，又紧密联系在一起。可以说，技术是科学的延伸，科学是技术的升华。在应用伦理学中，科学技术伦理学是一个门类，而不是两个门类。20世纪以来的科学技术大发展，提出了许多事关人类生存、发展和尊严的重大伦理道德问题，于是，与之相关的各种伦理学说应运而生，并成为 20 世纪末的一大热点。不少人有意无意地认为，科学技术伦理学问题的凸显，仅仅是为了避免或减少科技滥用给人类带来的负面作用，因而要为人们特别是为科学、技术工作者制定一套类似于职业道德的行为规则。这种理解不能说不对，但仅仅局限于这样的理解还很不够。实际上，科技伦理既涉及科技人员的职业道德问题，也涉及一般群众如何对待科技研究和科技成果的道德观念问题。在对青少年和全民的科技知识教育中，理应有科技伦理的配套教育。因此，科技伦理学研究既要解决全社会成员对待科技发展的价值观念问题，又要解决科技活动的伦理规范做科技人员的伦理素质问题。对此，科技伦理学已有很多研究。①

下面仅就科技发展的伦理评价和科技活动的伦理规范做些简要论述。

（一）科技发展的伦理评价

1. 科技发展对社会发展和道德进步的作用。老子认为自然人性的沦丧是从社会文明的产生开始的，虽然文明观念各不相同，但对自然人性的伤害则是共同的。因此，老子主张人应当抛弃文明的桎梏，回归人的自然本性。18 世纪英国哲学家培根以乐观态度充分肯定了科学技术的社会价值以后，在法国启蒙运动的代表人物之间，就曾发生过卢梭和伏尔泰的歧见。卢梭对科学技术的社会作用持抨击和否定态度，认为科学和文明的进步，导致了人类的不平等，给社会带来了罪恶和祸害。伏尔泰则反对卢梭的观点，把科学技术看做人类支配自然的手段，认为知识的积累和理性的增长是人类文明的标志，对科学和文明持功利主义的肯定态度。

马克思主义认为，科学技术在知识形态上，是一种潜在的生产力。一旦并入生产过程，这种知识形态的生产力就会转化为现实的、直接的生产力。恩格斯在马克思墓前的演讲中说："在马克思看来，科学是一种在历史上起推动作用的、革命的力量。任何一门理论科学中的每一个新发现，即使它的实际应用甚至还无法预见，都使马克思感到衷心喜悦，但是当有了立即会对工业、对一般历史发展产生革命影响的发现的时候，他的喜悦就完全不同了。"② 这表明，马克思是最尊重科学、热爱科学的。中国共

---

① 参见孔润年《伦理学基本问题新探》，陕西人民出版社 2008 年版，第 530—531 页。
② 《马克思恩格斯全集》第 19 卷，人民出版社 1974 年版，第 375 页。

产党的三代主要领导人，也都很重视科学技术的进步作用。1988年9月12日，邓小平在一次会议上说："马克思讲过科学技术是生产力，这是非常正确的，现在看来这样说可能不够，恐怕是第一生产力。"科学技术的迅速发展不仅为人类提供了创造物质财富的能力，而且对人类道德的进步起着有力的促进作用。这主要表现为：科技发展决定人类道德进步的基本趋势，直接改变着人们的传统道德观念、道德习惯和社会的道德舆论，促进新的社会道德规范和人们新的道德价值观念的形成。

2. 科学和道德是人类观念文化的两种不同形式。科学作为人类反映客观世界发展规律性的知识体系，以真为目标追求，具有认识功能；道德作为调整人与人、人与社会乃至人与自然之间的关系的行为规范，以善为目标追求，具有规范功能。科学与道德是有区别的，但确认这种区别，并不意味着否认科学与道德的关联性。实际上，在科学与道德之间，存在着内在一致性与融通性，科学有其价值意义和道德意蕴，道德则对于科学的研究和应用起着控御规约的作用。首先，科学作为关于自然界、人类社会和人类思维之本质和规律性的知识体系，是人类认识世界和改造世界的强有力的工具，这种工具蕴涵着有利于人的生存与发展的内在本性，这种内在本性也就是善的价值。其次，科学作为一种观念或精神的文化除了具有工具性意义之外，还有其精神性的和目的性的价值，对科学知识的追求和执着，本身就是人的精神生活和道德品质的一部分，就是人的存在方式之一。文明时代的人类之所以不同于蒙昧时代的人类，其重要原因就在于理性精神的增强和科学技术的昌明。社会发展到了今天，崇尚理性、追求科学成为人类生活的重要内容，是否具有清醒的理性精神和较高的科学文化水平，已经是衡量人的素质高低和发展程度的一个重要标志。人的求真、求知能力的实现程度，也成为判定人的自我完善程度、全面发展程度以及内心精神生活的丰富程度的重要尺度。由此可见，科学价值本身已成了一种善的标准和美的标准。换言之，人们的道德观和审美观已日趋科学化。最后，科学作为探求未知、追求真理的创造性活动，在其长期的历史演进过程中，形成了一种理性化的人格气质——科学精神，即追求真理，坚持真理，为真理而献身的精神。这种科学精神具体表现为：探索求知、进取创新的精神；谦虚诚实、实事求是的精神；怀疑批判、自我超越的精神；坚韧不拔、奋斗献身的精神。这些科学精神所内蕴的道德含量，影响着科学工作者的内心世界，孕育着科学家特有的崇高品质。科学家的崇高品质也以榜样示范的形式，影响着整个社会和人类的道德风貌。科学理性和真理性认识既能够对以往道德的合理性作出新的审视，又能为道德的发展和丰富增添新的内涵。不仅科学的重大发现能够改变和更新人们的道德观念，科学技术的普及、推广和运用也克服着人们的愚昧、迷信和盲从，使人们深刻认识到科学技术的巨大力量，形成尊重科学、尊重知识的良好社会风尚，克服与愚昧、迷信和盲从相关联的不道德观念与行为，提高社会个体乃至整个社会的道德水平。总之，科学的社会功能和社会作用中，都深刻而广泛地蕴涵着有利于人类生存和发展的善的价值，这是任何人、任何时候都不能否认的。

除了认识科学对道德的促进作用，还要看到道德对科学的积极作用。

首先，道德对于科学研究对象的选择起着定向作用。作为研究主体的科学家，面对纷繁复杂的大千世界和越来越多的研究领域，如果不作出自己的选择，一切认识和研究便都不可能。而作出选择所遵循的原则，无论是内在尺度还是外在尺度，都必然是一种价值尺度。科学进步的深刻根源是由于它能够使人类获得新知；能够在其应用中创造出巨大财富；能够改善人类的生存境况；能够满足人类的物质或精神需要。特别是当今时代，科学的社会功能日益强大和明显，人们总是根据社会需要确定认识对象和研究领域，制订研究计划，组织科研队伍，筹措科研经费。脱离社会需要和积极社会功能的所谓科学研究，只能是经险式的空谈之论。

其次，道德对科学成果的应用起控御作用。科学作为人类认识和改造世界的一种伟大工具，在影响和改变我们的社会生活方式方面发挥着越来越大的作用。承认了科学的社会功能，也就必然要承认利用科学的道德问题。事实上，科学技术既可以用于建设性的促进人类和平与幸福的目的，也会被用于破坏性的危害人类的企图。在道德与非道德以及反道德之间，科学家必须作出自己的明确选择。科学家不能没有社会责任感，不能对自己工作成果究竟对人类有益还是有害漠不关心。不然，他不是在犯罪，就是在玩世不恭。科学的巨大吸引力就在于它不是价值中立的，而是永远向善的。

最后，道德对科学的评价起坐标作用。一般说来，对于科学的评价应遵循两个尺度，即理性的、真理的尺度和历史的、价值的尺度。就前一个尺度来说，主要是解决主体的认识是否与客体的本质与规律相符合，是否把握了客体的规律系统，是否达到了理论具体而获得了全面性认识的问题。就后一个尺度来说，主要是解决合目的性的问题，即从动机与效果的统一上判定科学的研究和应用是否有助于社会历史的进步，是否有利于作为一个整体的人类的生存和发展。科学的研究和应用只有将人类暂时与长远、局部与整体、个人与他人、当代与后代之利益统一起来，才是合乎道德的。若科学的研究与应用以损害人类为目的，则应受到道德的谴责。①

3. 科技发展的负面作用和伦理问题。20世纪50年代以来，西方科技哲学家提出的许多伦理问题，也是值得我们重视的。（1）科技异化问题。有人认为，异化是由于技术的发展而产生和增多的。异化的另一极是自由。异化越多，自由越少。伦理道德的责任就在于要增加自由，减少异化。技术异化论者认为，异化主要表现为人性异化、人与自然关系的异化和国家权力的异化。人性的异化表现为自由的丧失、精神的空虚、人格的分裂、本能的压制。科技发展把人变成没有思想、没有感情的一种工具、一种机器上的零件，个人的自由与创造性完全丧失，同时个人在心理上和意识上也受到压抑。人与自然关系的异化主要表现为科技革命带来人口增长、环境污染、能源短缺、资源枯竭、粮食危机等全球问题。社会方面的异化是指国家政权掌握了科学技术的管理权和使用权，使技术具有了统治职能，具有了政治力量，出现了技术统治、技术官僚、技术专制、技术命令、技术殖民等异化现象。（2）科技发展引起战争形态的变化。西方技术哲学家把技术与战争的关系视为一个伦理问题。他们以对人的好与坏、善与恶为尺度来研究技术与战争的关系。科学技术使战争方式、战争形态、战争手段、战争目的等发生了一系列变化。他们把战争产生的原因、战争带来的灾难及恐惧情绪等，都归咎于科技发展，提出技术应用的道德责任。（3）科技革命的道德评价问题。新科技革命产生了许多为传统的道德规范、道德观念所不能接受的新技术，而从技术进步的角度看又是有重要意义的。如试管婴儿、器官移植、避孕技术、克隆技术等。随着科技发展，诸如此类的现象还会出现。处理这些问题，就需要更新伦理观念。（4）技术的社会价值问题。以美国赫德森研究所为代表的乐观主义技术决定论者认为，科学技术的不断发展能够解决当前西方社会出现的一切弊端。新科技革命能使人类社会所有地方经济繁荣、人人生活富裕，并能驾驭周围环境，造福于人类，使人类进入一个奇妙的新世界。以罗马俱乐部

---

① 参见杨信礼《科学的道德意蕴与道德规约》，载《山东大学学报》1998年第3期。

为代表的悲观主义技术决定论者认为，发达国家出现的种种社会问题，如失业、战争、经济危机、精神颓废、道德沦丧等，以及全球问题，如人口膨胀、粮食短缺、资源枯竭、能源危机、环境污染等，都是由新科技革命造成的，科学技术是万恶之源，如果不停止科技发展，人类将面临一场灾难，世界末日就会到来。

另外，西方还有技术自主论、技术中性论、技术人性论等观点。技术自主论者认为，当代技术已日益成为一个完全自主的、独立于人之外、不受任何因素制约的一种支配力量。它能够瓦解一切、吞没一切、决定一切。人在技术面前变得孤立无援，只能消极被动，无所作为，受它控制，任其宰割，人根本无法解决技术发展中出现的问题。以雅斯贝尔斯等人为代表的技术中性论者认为，技术从本性上说，是人制造并供人使用的一种工具。它可以服务于任何目的，无所谓好与坏、善与恶之分。从技术发展对于实现社会目标来说，它标志人改造自然能力的提高，表明人与自然关系的变化，这也说明技术是中性的。以舒马赫等人为代表的技术人性论者认为，技术应当是具有人性的技术、人道的技术、温和的技术、适用的技术。因为任何技术都是为人服务的，符合人性的技术才是人需要的技术。因此，技术的发展必须与人性的发展相一致，技术进步中的消极现象，都是非人性的，应当加以反对。① 我们认为，科学技术是双刃剑，在对社会发展和道德进步起积极作用的同时，也有一定的消极作用，但整体上是利大于弊，即积极作用大于消极作用。其中的一些负面作用，有些是由于科技进步本身难以避免的，有些是由于不恰当或不正义的滥用技术而产生的。因此，人类一方面要积极支持科学技术的发展，另一方面要增强科技伦理意识和社会规范意识，让科学技术在科技伦理价值导向下健康发展，以造福于人类。同时，新科技革命的出现，也需要进步道德观念的支持，需要道德革命。这就是我们的基本观点。

（二）科技活动的伦理规范

1. 科学与道德的内在联系。科学概念，通常在三个层次上理解和使用。一是把它作为知识体系的科学；二是把它作为研究活动的科学；三是

---

① 参见徐浩之《简论新科技革命时代西方技术哲学的伦理问题》，《道德与文明》1995年第5期。

作为社会建制的科学。这三个层次的科学都与道德相关。作为知识体系的科学,要求科学家执着地追求真理,正确地认识自然界的现象及其运动规律。科学家必须对自己的研究结果具有高度责任感。作为研究活动的科学,要求科学家遵守科学共同体的行为准则,不断协调其内部的各种关系,承担对科学共同体的义务。作为社会建制的科学,要求科学家注重科学与社会的协调发展,积极发挥科学的社会功能,防止科学成果的滥用给社会造成危害。① 古代科学活动是小规模的,主要是少数科学家和先哲的个人活动。现代科学已成为社会和国家的事业,专门从事科技活动的社会成员也空前增加。科学立法、科研管理部门、国立研究机构、研究教学型大学、科学基金会、企业研究开发部门、科学学会、国际性科学组织等形式不断发展,已发展成为一种完整的社会建制。这一建制树立了自己的科学目标、科学精神、科学价值观、科学道德规范、科学活动的方式和方法。它构成了当代社会建制的一个重要部分,并与政治建制、经济建制、文化和教育建制等相互影响,紧密联系,共同作用,决定着国家、民族和人类的文明进程。② 科学社会学的创始人默顿,运用结构功能理论,研究了科学建制内部的规范结构,认为普遍性、公有性、诚实性、竞争性和有条理的怀疑主义等作为惯例的规则构成了现代科学的精神气质。这些精神气质决定了科学建制内的理想型规范结构。由于它们能有效地服务于科学活动的目标,因而成为科学建制内合法的自律规范,同时也是科学建制对外捍卫其自主权的出发点。如同所有的道德规范一样,科学的道德规范是一种"应然"对"实然"的统摄。除了要诉诸科技人员的道德自律以外,还必须有外在的体制性、政策性、法规性规范。只有普遍而公正的奖惩机制作保证,才能使遵守规则者获得心态平衡。③

2. 科技人员的职业道德。科学作为一种社会分工所形成的职业,其不可推卸的社会职责应是正确有效地行使继承、创造和传播实证科学知识,回馈社会的支持和信任。这一职责的行使,不可避免地涉及职业伦理规范问题。对认知目标负责,可引出科学活动的客观公正性原则;对社会、雇主和公众负责,可引出公众利益优先性原则。这是科学活动的两条

---

① 参见樊洪业《关于科学道德规范》,《新华文摘》1993年第5期。
② 参见路甬祥《科学的历史与未来》,《光明日报》1998年3月31日第5版。
③ 参见刘大椿《现代科技的伦理反思》,《光明日报》2001年1月2日第4版。

基本伦理原则。客观公正性原则强调：科学活动应排除偏见，避免不公正，这既是认知进步的需要，也是人道主义的要求。它要求公平合理分担科研活动的风险，审慎发布传播和推广应用研究结果。科学家是科学知识的"生产者"，他们必须维护科学实验的真实性和科学命题的真理性，就是要"只问是非，不计利害"（竺可桢语）。科学家的这种态度是他们的良心、义务和节操之所在。失掉了它，就失掉了科学家的资格。它贯穿在科学家活动的每一个环节上，成为他们进行自我约束和相互评价的首要原则，也是他们取得同行和全社会信任、尊重的首要标准。同尊重科学的事实依据和真理性认识相联系，在科学交流活动中尊重科学发现的优先权及其荣誉，也是科学工作者必须具有的品格。公众利益优先性原则是科学活动的另一项基本原则。这个原则的出发点是，科学应该是一项增进人类公共福利和生存环境的可持续的事业。一切严重危害当代人和后代人的公共福利，有损环境的可持续性的科学活动都是不道德的。根据这条原则，可以对某项研究发出暂时或永久的"禁令"，并为设置某些"禁区"提供合理性依据。

3. 科技工作者的崇高追求。为人类造福、为祖国效力和为人道事业而工作，应该是科技工作者的道德理想和价值追求。2000年8月，江泽民主席在北戴河会见6位国际著名科学家时指出：在21世纪，科技伦理的问题将越来越突出。核心问题是，科学技术进步应服务于全人类，服务于世界和平、发展与进步的崇高事业，而不能危害人类自身。[①] 为人类造福作为科技活动的最终目的，是绝大部分科学家的共识。为人类造福也是评价和选择科技活动的最高标准。它要求科技活动的主体，不仅要有为人类谋福利的动机，还要有促进人类利益的实际效果，在从事科学技术研究、推广和应用时一定要十分谨慎，要对它可能产生的后果进行全面的、科学的估计，衡量利弊，正确取舍，而不能盲目、冲动、急于求成、急功近利。科技作为推动社会发展的动力，承载着社会责任和道德责任，核心是不损害人类的生存条件和生命健康，保障人类的切身利益，促进人类社会的可持续发展。有些科技活动特别是现代高新技术活动，尽管暂时还没有看到什么明显的负效应，但存在着潜在的风险，也需要伦理规范，以预防不良后果或灾难发生。如克隆人问题、基因工程、基因诊断和基因武器

[①] 参见方福德《科技与伦理》，《光明日报》2000年9月18日"科技周刊"。

等问题。科技伦理能赋予科技专家理智和冷静,它与法律和规章一起,保证科技专家的科技活动始终沿着造福于人类的正确方向前进。科学技术是没有国界的,但科技工作者是有国籍的。当祖国和其他国家都需要自己的知识和技能时,每个科技工作者都毫无疑问应当首先为自己的祖国效力,这是起码的道德感情和道德义务。在自己的祖国还很贫穷,科学技术还很落后的情况下,作为一个科技工作者为了个人利益,忘记祖国养育、教育之恩,到其他发达国家去工作,肯定是得不到民族伦理和科技伦理的支持的。以科学技术没有国界,科技工作者应该发挥国际主义精神为借口的自我辩护,也是缺乏说服力的。国际主义要求科技先进的国家援助科技落后的国家,而不是相反。科技工作者在为本国效力时,也不能从事以危害别国利益为目的之工作,尤其不能参与和支持本国的霸权主义行动。今天的中国虽然比一些发达国家要落后,但也有不少方面处在世界的领先地位。中国作为国际社会中一个负责任的成员,是促进世界和平的重要力量。中国的科学、技术工作者,应当为祖国的日益富强而自豪并效力,没有任何理由不在国际交往中维护自己国家和民族的尊严。科技工作者只有超越个人利益的考虑,以国家、民族利益为重,时刻心系祖国,将自己的事业融合在祖国的事业中,其个人才能才会得到充分施展,其科技事业就会更有价值。我国老一代科学技术专家也有为振兴中华而英勇奋斗的光荣传统,这是值得年轻一代科技工作者认真学习的。[①] 为人道事业而工作。科技工作者还要继承和发扬人道主义精神,在进行科学技术的研究和应用中,要尊重、维护人的健康和生命,尊重人的意志和尊严,不能从事危及、损害人的健康和生命的研究和应用。要利用自己掌握的专业知识和技能帮助人,增进人的幸福。人的健康、生命、意志和尊严在整个人类福利中占有最高的价值地位,也是人生存和发展的基础。因此,一切科技研究和应用,尤其是直接研究人和应用于人的科技活动,都必须符合人道主义原则。在现实生活中,不人道的科技研究和应用现象还十分常见,如制造核子武器、生化武器等,严重威胁着人的健康和生命。有的以科技手段进行危害人们健康、生命、意志和尊严的活动,违犯了社会的道德和法律。因此,有必要在科技人员及其后备者中,广泛开展人道主义的宣传、教育活动,使科技工作者在人道主义原则的指导下从事自己的工作。对人道主义

---

① 参见张海山、张建如编著《伦理学引论》,高等教育出版社1999年版,第285—286页。

原则的实施不能孤立看待，还要同为人类谋福利的原则相协调，要考虑挽救生命的条件和代价问题，即一定条件下的死刑、自我牺牲和安乐死，也是不违背人道主义原则的，甚至还是它的要求。

4. 科技工作者的道德素质和科学良心。作为社会意识形态范畴的科技伦理，对科学家个体来说具有外在他律性。它只有通过一定条件和途径转化为科学家内在道德素质时才能真正发挥积极作用。这就要求我们还要研究科技人员的道德素质，特别是科学良心问题。马克思主义伦理学认为，良心不是神秘莫测的，而是客观的道德关系的反映。科学良心是社会的科技伦理原则、规范内化为科学家自我意识的集中表现，也是科学家进行科研活动选择的内在根据。在科技领域，良心具体表现为科学家执着的迷恋感、深深的义务感和强烈的责任感。科学家的执着迷恋感来自对宇宙和社会规律的理性崇尚。凡是有成就的科学家，无一不是对自己的工作表现出如痴如狂的迷恋状态。这种对科学的迷恋之情正是科学良心的首要内容，也是推动科学家艰苦探索的伟大精神动力。科学工作者由于对其使命高度自觉而表现出深沉的义务感。这种义务感表现为对科学家个人与社会、民族、祖国和集体的道德关系的清楚认识；也表现为科学家对个人物质利益看得比较淡泊。科学工作还应该对科学活动抱有强烈的责任感。这种责任感出于对科学功能的清醒认识，也来自社会生活、科学实践活动的直接经验。具有科学良心的人，才能有正确的科学荣誉观和科学幸福观，才能正确处理个人荣誉与集体荣誉，物质的、感性的幸福与精神的、理性的幸福的关系。科学良心也是科学家知、情、意的统一，是科学家特殊心理、情操的表现。科学家依据外在的科学道德原则和内在的科学良心，去建构自己的人生理想和人生价值观，从而使人科学化同时也使科学人化。

5. 当代中国科技工作者的中心任务、努力方向和奋斗目标。（1）要充分发挥科技工作者在经济、政治、文化和构建和谐社会中的积极作用。一要在增强自主创新能力、促进国民经济又好又快发展中发挥重要作用。增强自主创新能力、建设创新型国家，离不开广大科技工作者的广泛参与，离不开广大科技工作者的艰苦劳动和创造性实践。这就需要造就世界一流科学家和科技领军人才，注重培养一线的创新人才，使全社会创新智慧竞相迸发、各方面创新人才大量涌现，激荡自主创新的源头活水，为推动创新型国家建设多作贡献。二要在推动决策科学化民主化、发展社会主义民主政治中发挥关键作用。广大科技工作者要积极投身中国特色社会主义民主政治建设，参与决策咨询，积极建言献策，促进决策科学化民主化。三要在培育创新文化、促进社会主义文化大发展大繁荣中发挥先锋作用。科技工作者是先进生产力的开拓者和先进文化的传播者，也是创新文化的主要培育者。建设社会主义核心价值体系，建设和谐文化，培育创新文化，弘扬中华文化，离不开全民科学素质的总体提升，更离不开科技工作者作用的充分发挥。四要在着力改善民生、加快和谐社会建设中发挥模范作用。科技界作为一个具有较高科学文化素养的社会群体，在社会生活中发挥着重要的表率示范作用，一言一行、一举一动，都会对社会和谐产生直接间接的影响。这就要求广大科技工作者努力把发展为了人民、发展依靠人民、发展成果由人民共享落到实处，用科技界的和谐促进社会和谐。(2) 要遵照"政府推动、社会参与、提升素质、促进和谐"的指导方针，动员和组织广大科技工作者充分发挥专业优势，正确履行社会责任，积极投身全民科学素质建设，参与科学教育与培训工程、科普资源开发与共享工程、大众传媒科技传播能力建设工程和科普基础设施工程，努力把科协系统建设成科普资源的开发中心、集散中心和服务中心，让广大群众共享科普资源和科普服务。坚持以未成年人、农民、城镇劳动人口、领导干部和公务员为重点，开展不同形式的教育、培训和科普活动，努力提高全民科学素质，提高劳动者的学习能力、就业能力和创业能力，促进实现科学技术教育、传播与普及等公共服务的公平普惠，为加快推进以改善民生为重点的社会建设作贡献。围绕"节约能源资源、保护生态环境、保障安全健康"主题，举办全国科普日等主题科普活动，开展各种形式的科教进社区活动和科技拥军活动，推动提高公民科学素质，激发全社会的创造活力。(3) 要充分发挥科协作为"科技工作者之家"的作用，以加强基层组织建设为抓手，切实履行好党和政府联系科技工作者的桥梁纽带职责。要坚持把加强党和政府同科技工作者的联系作为基本职责，把竭诚为科技工作者服务作为根本任务，把科技工作者是否满意作为衡量工作成效的主要标准，认真做好科技工作者状况调查、决策咨询和建言献策、继续教育、人才培养、宣传表彰、维护权益工作，及时反映广大科技工作者的意见、建议和呼声，推动解决他们在学习、工作和生活中遇到的实际困难，以提供服务促和谐，以维护权益促和谐，以科技界的和谐促进社会和谐。要按照哪里有科技工作者，科协工作就要做到哪里；哪里科技工作者密集，科协组织就要建到哪里的总要求，切实做好企业科协、社区科协、高校科协、乡镇科协、开发区科协等基层科协组织建设，让每一个基层组织都成为名副其实的"科技工作者之家"，让每一个科技工作者都能切身感受到"家"的温暖。要根据形势发展的需要，不断丰富"建家"内容，提升"建家"水平，赋予"家"以更多的实质内涵，把"建家"工作落到实处。总之，要引导和推动广大科技工作者认清形势、找准位置，明确方向、突出重点、深入基层、讲求实效，在全社会进一步弘扬科学精神，普及科学知识，树立科学观念，提倡科学方法，提高公民科学素质，为推动科学发展、促进社会和谐，不断开创中国特色社会主义事业新局面作出新的更大的贡献。[①] 习近平在中国科学技术协会第八次全国代表大会讲话中说："希望广大科技工作者更加自觉、更加积极地加强品格修养，努力在促进科学道德建设和学风建设方面奋发有为。我国许多卓有成就的老一辈科学家既是重大科研成果的创造者，又是崇高思想品格的践行者。他们的实践表明，在科技领域取得成就，不仅需要丰富的科技知识、创新的思维能力，还要具有高尚的思想品格、顽强的拼搏精神。广大科技工作者要践行社会主义核心价值体系，坚定中国特色社会主义共同理想，自觉用社会主义荣辱观引领社会风尚。要把自身事业追求和人生价值同国家富强、社会进步、人民幸福紧密联系起来，坚持科技为经济社会发展服务、为人民服务，坚持以人民利益为最高利益，以报效祖国为最高荣耀，在创造一流的科技业绩中书写人生辉煌。要坚持献身、创新、求实、协作的科学态度，积极探索新知，经得起挫折，耐得住寂寞，潜下心来做学问、搞科研。要自觉加强道德自律，鼓励开展健康的学术批评，坚决遏制科学研究中的浮躁风气和学术不端行为，推动建立和完善科学研究诚信监督机制，在全社会树立科技界崇尚真理、求真务实，坚持说真话、办实事、求实效的良好形象。"[②]

三　文艺事业中的伦理问题

文艺，即文学和艺术的简称，是社会主义文化的重要内容。优秀的文

[①] 参见邓楠《不断开创科技工作者工作新局面》，《光明日报》2007年12月10日第10版。

[②] 习近平：《科技工作者要为加快建设创新型国家多作贡献——在中国科协第八次全国代表大会上的祝词》，《光明日报》2011年5月28日第1版。

艺作品能以潜移默化、润物无声的形式净化人们的心灵，升华人们的理想，提高人们的思想道德和文化水平，培养健康、积极、进取的民族性格。优秀的文艺作品，还可以使人振奋精神，激励人们以更大的热情投身于现代化建设。因此，繁荣文学艺术，首要任务是多出优秀作品。优秀作品是一个国家、一个时代精神文化水平的集中反映，对精神产品生产具有重要的示范、影响作用。小说、戏剧、诗歌、散文、电影、电视、音乐、美术的传世之作，都是一个时代最优秀的文艺作品。在改革开放和社会主义现代化建设进程中，我国文艺事业生机勃勃、硕果累累，文学、戏剧、电影、电视、音乐、舞蹈、美术、摄影、书法、曲艺、杂技以及民间文艺、群众文艺等繁花似锦、姹紫嫣红。广大文艺工作者坚持与时代同进步、与人民共命运，为人民奉献了大量思想内涵丰富、艺术品质上乘的精神食粮，对满足人民精神需求、丰富人民精神世界、增强人民精神力量、促进人的全面发展发挥着不可替代的作用。

（一）文艺与道德的关系

从古到今，文艺与道德的关系始终是各种文艺理论关注的重要命题。对此，历来就有着截然不同甚至相反的看法。柏拉图和卢梭认为文学只能败坏道德，而亚里士多德和狄德罗则说文学是有效移风易俗的手段。我国古代也有"文以载道"和"作文害道"两种不同的主张。19世纪俄国的车尔尼雪夫斯基认为艺术是"人的一种道德活动"，而当时的"为艺术而艺术"论者则认为艺术越远离道德越好。人类对文艺与道德，特别是文学与道德关系的认识有个发展变化的过程。文学的道德因素来自文学作品所反映的社会生活内容本身，编讲神话故事的人没有自觉的道德教育目的，文学的道德教育作用是自发产生的。随着人类社会的发展，文学的道德教育作用逐渐被人们所认识，一些个人、集团或阶级开始自觉地利用文学来宣传自己的道德观念。在文学实践的基础上形成了"劝善惩恶"、"文以载道"等一套文学理论。这样，文学最初那种无意识的道德教育作用被有意识的道德教育作用所代替，文学与道德的关系开始进入自觉阶段。这种变化造成两方面的后果，一方面通过人为的力量加强了文学与道德的联系，另一方面却使这两者的关系失去了"清水出芙蓉"的自然与朴素，带上了许多人工斧凿的痕迹。在现阶段，我们不仅要提倡美与善的结合，而且要追求真善美的统一，把文艺作品的道德价值和审美价值建立在现实性基础之上。文艺的道德教育作用绝不应该是简单枯燥的说教，而应该是让生活的逻辑来证明的对与错，使人们从中得到启发，受到教育，从而提高道德水平。

文学与道德相关，文学具有道德教育作用，这是很早就被人们注意到的事实。早在春秋时期，孔子就非常重视文学的道德批评，"思无邪"就是从道德的高度对"诗三百"作出的最高评价。孔子还说："诗可以兴，可以观，可以群，可以怨"（《论语·阳货》），明显是从道德和政治的角度认识文学的道德教育作用。荀子讲得更明确："夫声乐之入人也深，其化人也速"，"乐者，圣人之所乐也，而可以善民心，其感人深，其移风易俗易，故先王导之以礼乐而民和睦"。这里的"声乐"，包括演唱的歌词，因此可以说荀子已经认识到文学以情感人的特点和文学的道德教育作用。《毛诗序》中又进一步指出文学是统治者用来教化下民的工具，"先王以是经夫妇，成孝敬，厚人伦，美教化，移风俗"。汉代的《诗大序》发展了这种道德批评："故正得失、动天地、感鬼神莫近于诗，先王以是经夫妇、成孝敬、厚人伦、美教化、移风俗。"思想独特的王充《论衡·佚文篇》中也把文学当作劝善惩恶的工具："天文人文，文岂徒调墨弄笔，为美丽之观哉？载人之行，传人之名也。善人愿载，思勉为善；邪人恶载，力自禁裁。然则文人之笔，劝善惩恶也。"魏晋之后，韩愈拉起"道统"的大旗，倡言"文以载道"，从而载道说盛行文坛两千年。唯有魏晋六朝因朝纲松弛，儒家经学思统稍懈，因而文坛上呈现百花齐放之局面，既有刘勰的"原道""征圣""宗经"，又有陆机的"诗缘情而绮靡"，一时间出现诸多颇具原创性的文艺观点与论著，闪现出艺术"几乎要走上独立自主的路"之新气象。这两千多年仅有的闪光的一瞬，恰恰成为后世韩愈等载道派口诛笔伐之对象。当然"文以载道"既有流弊，因滥用而浅薄，又不无某种文化含义——实用与道德乃中国文学安身立命之本钱，因此也带来了利弊兼包的特点。文学与政治、法律、宗教、哲学、科学之间的关系，主要是相互影响的外在关系。文学与道德的关系和文学与政治、法律、宗教、哲学、科学之间关系的不同之处，就在这里。所以，我们在研究文学与道德的关系时，不应当把这种关系仅仅看成两种不同社会意识之间的互相影响关系，更重要的是应看到这种关系乃是文学的一种内在本质属性。在整个文学发展的历史长河中，体现文学与道德外在关系的道德说教作品是支流，并不占主要位置。可是在封建社会后期，由于统治阶级的提倡鼓励,这种作品一度曾泛滥成灾。道德说教作品在群众中引起了强烈的反感,这种反感情绪把一些文学批评家引向了另一个极端,主张文学摆脱道德,认为文学与道德无关。福楼拜曾说过,"宣扬美德的书是枯燥和虚伪的"。这可以看成是作家的愤激之谈,但也说明他并没有弄清文学与道德关系的实质,而是像许多人把次品当成正品、废品当成真品来评价一样,把文学与道德关系歪曲、变态的外在形式当成了这种关系的合理表现,将道德说教作品的恶果归于文学与道德的关系本身,这当然是错误的。如果我们认识到文学与道德的内在关系,就会明白,让文学完全摆脱道德根本办不到。赞扬美德的文学作品只要做到真、善、美的有机统一,就既不枯燥,也不虚伪。枯燥和虚伪的只是那些"蒙着故事情节的面纱的道德和政治教本"。

中国自古就有重视诗教和乐教的传统,不仅四书五经,而且幼学启蒙的书籍,本身就是道德教本。《史记·孔子世家》记载:"孔子以《诗》、《书》、礼、乐教,弟子盖三千焉,身通六艺者七十有二人。"孔子不仅删定六经,而且就德、艺关系进行了深刻阐述,进而奠定了中国几千年来正统的文艺伦理观。孔子提出君子为学,当"志于道,据于德,依于仁,游于艺"(《论语·述而》),特别重视《诗》、礼、乐在君子修养中的重要作用。楚简《孔子诗论》中有"诗亡隐志,乐亡隐情,文亡隐言"的说法,教育要"兴于诗,立于礼,成于乐"(《论语·泰伯》),其教育的终点和起点都是艺术,并将"成于乐"作为君子修养的最高境界。孔子之所以将德、艺并举,并且高度重视,是因为他认为道德和艺术是相通的,都是本于人的性情。《礼记·乐记》对此有比较集中的概括:"凡音之起,由人心生也。人心之动,物使之然也。感于物而动,故形于声。声相应,故生变。变成方,谓之音。比音而乐之,及干戚羽旄,谓之乐","金石丝竹,乐之器也。诗,言其志也;歌,咏其声也;舞,动其容也。三者本于心,然后乐器从之"。这里不仅指出音乐是包括"乐器"、诗、歌、舞等多种方式的广义的艺术形态,实际上后来儒家的文艺伦理思想也是广泛渗透于绘画、建筑等各个艺术领域,而且也指出了艺术是表达人心性情的重要手段。文艺是根源于人的本心,但是又不仅仅局限于人的感情之上的愉悦之感,儒家更注重强调的是建立在艺术审美之上而又超越艺术审美的政治、伦理乃至宇宙论层次上的"乐",有严格的政治、道德和艺术标准。所以《史记·乐书》指出:"夫上古明王举乐者,非以娱心自乐、快意恣欲，将欲为治也。正教者皆始于音，音正而行正。"孔子并没有要以善来消融、取代美的意思，而是追求一种"尽善尽美"的状态，所以《论语·雍也》上说："质胜文则野，文胜质则史，文质彬彬，然后君子"，高度重视形式上的审美，明确提出文质不可相胜，只有朴质和文采并重，然后才算得上是个君子。历代志士贤能，鲜有不懂音乐、诗歌、书法、绘画等艺术的，或者其一，或者具有多方面的艺术修养。这也使得我国的艺术教育大不同于西方的文艺美学，而是一个多层次的复杂的和合的教育系统，广泛渗入到哲学、宗教、政治、伦理以及人格修养等各个方面。正如潘天寿所说："有至大、至刚、至中、至正之气，蕴蓄于胸中，为学必能尽其极，为事必得其全，旁及艺事，不求工而自能登峰造极。"[①]其实就是论述了艺术必须见性方为上乘的道理。潘天寿说："画事须有天资、功力、学养、品德四者兼备，不可有高低先后此妙果，既非得于形象之上，又非得于技法之中，而得之于画家心灵深处之创获。是妙也，为东方画事之最高境界。"[②] 天资、功力、学养、品德四者相结合就是神妙，这就是文艺和伦理在最高境界的统一。在儒家看来，外在的规范必须通过内在的认同才能产生更好的效果。儒家提倡乐教，乃是因为"德音之谓乐"（《乐记·魏文侯》），"乐者，通伦理者也"。在上古时代，国家的治理是真正实行内圣外王之道。君主实行禅让制，从个人修身到治国平天下，一以贯之，都是追求尽善尽美。在儒家看来，中和是天地万物的"大德"，"天命之未发谓之中，发而皆中节谓之和，中也者，天下之大本也；和也者，天下之达道也"（《礼记·中庸》）。圣人体会了天命的中和之性，才能制定出雅和正的礼、乐来，才能产生高雅的艺术。儒家文艺伦理思想的终极追求就是中和之道。儒家的圣域就是人领悟了中和之道的深层次的生命状态。而至高的道德和艺术都是由此而来，都是这种深层次的生命意识的自然流露，就是个人本性的本真状态。而进入这种境界的主要方法就是"教"，就是"六艺"，就是艺术和道德的修养。

西方文论也很重视文学净化感情、劝善惩恶的作用，和中国古代文论不同的是，一些西方美学家试图弄清文学与道德关系的本质，从思辨哲学的角度探讨美与善的内在联系。古希腊的苏格拉底就提出美和善相一致的

[①] 《潘天寿画语》，上海人民美术出版社1997年版，第20页。
[②] 同上书，第8页。

观点，"因为任何一件东西如果它能很好地实现它在功用方面的目的，它就同时是善的又是美的，否则它就同时是恶的又是丑的"。柏拉图认为美的根源在于心灵的善，他说："美，节奏好，和谐，都由于心灵的聪慧和善良。"柏拉图认为诗是对虚幻的感官世界之模仿，与真理隔了三层，故诗人是说谎者，引人相信谎言远离真理，此其一也；诗和其他艺术易使人放纵感情丢开理智，远离善人终成情感之奴隶，此其二也。至于荷马则罪加一等，因为他将神写得像人一样无恶不作，把英雄写得像平常人一样喜怒无常。这样势必破坏国家之信仰，危害国家之安全，"长此以往，国将不国"，故将诗人驱逐出他那乌托邦的理想共和国，斥诗与其他艺术为"不道德"。亚里士多德也把美和善联系在一起，他说："美是一种善，之所以引起快感正因为它是善。"他从艺术的自主与情感的解放等方面来为诗辩护，与其师针锋相对，据理力争。如果说柏氏为文艺上的卫道者，那么亚氏则为文艺上的自主者。罗马的普洛丁认为真善美的最终本源是神。就美与善的关系来说，他认为"美也就是善；从这善里理性直接得到它的美"。"美是理式所在的地方，善在美的后面，是美的本源。"18 世纪，康德提出了"美是道德的象征"的命题。19 世纪，法国的库申认为"物质的美就是心灵美的符号，心灵美就是精神的美与道德的美"，"物质美是智性美与道德美的外壳"。库申也把物质美、智性美、道德美的根源归结为上帝。托尔斯泰和前人不同，他极力否定美和善的联系。但他并不是以此来否定文学与道德的关系，相反，他是用抑美扬善的办法，把善抬高到独尊的地位，从而把文学的目的完全归结为道德教育。他认为艺术的目的不是追求美，而是用善良的感情代替低级的、不善良的感情。他所说的善良感情就是"从人与上帝之间的父子般的关系和人与人之间的兄弟般的情谊这样的意识中流露出的感情"。总之，按托尔斯泰的主张，文学只能作为宣传基督教道德的工具。尼采则主张以艺术的眼光看待人生与宇宙，取代道德的眼光，化悲为喜，化悲惨之哀号为悲剧之观赏，这为 20 世纪的文艺与理论带来轩然大波。说文艺与道德应分开的人们，不但不了解道德，也并没有了解文艺。这是朱光潜排解纷纭、折中调和之后得出的结论。文艺上的载道派与自主派、卫道士与自主者之所以各执一词，千年聚讼，是因为各自态度的武断与方法的机械。任何事物都是有机的和谐整体，这就促使我们看待事物要树立全面的整体的态度与观点。认识不到这一点，片面看，孤立看，静止看，必然似盲人摸象，各说各理，难以统一。若作面面观，周详妥帖，必然会避免陷入机械的、生硬的教条主义之泥潭。[①]

文以载道，以文化人。文学是现实生活的反映，作家在文学作品中表现的道德观念或道德理想，都来源于生活中的道德现象和道德行为，但反过来又会对人们的道德行为产生影响。当今社会，物质文明和科技的进步并没有把人们带入道德理想的天堂。相反，资本的逻辑和物欲的放纵却使人们陷入更多的迷茫和困境。上帝被解构了，宗教变成了迷信，科学变成了技术，伦理变成了纪律，艺术也变成了娱乐，不再有崇高的追求，人们开始"玩艺术"，连人类自身也变成了谋取利润和效率的工具，后现代甚至把"人"也解构成了一个个碎片，人们没有了理想，没有了精神的追求。在这种情况下，伦理学的处境也是很艰难的，口号越是喊得响就越显现出现代社会的精神危机。随着科学技术的发展，人在巨大的流水生产线上逐渐异化为机器上的一个个零件。人类建造了物质的海洋，也迷失在这海洋之中，人们越来越离不开自己双手创造的物质，人们开始投入到"物质颂"的歌唱中，精神触角被逐渐钝化，精神生活也逐渐简化。他们不再相信上帝，不再敬畏生命，对自然进行疯狂地破坏；社会的分工也使得人再也不能全面发展自己，他们成了"单向度的人"，科技造成的社会层次结构使得人们只能服从自己造就的机器的逻辑，而不得发展自己道德上的自由意志；商业经济使得人与人之间变得唯利是图，科学技术虽然缩小了人与人之间的时空距离，但是却使得人与人之间的关系变得越来越功利化、经济化、冷漠化、商品化，不仅社会公德很淡漠，个人也变得玩世不恭起来，大多数人沉迷而不思考，享受而不体悟，追逐时尚而不反省，甚至于也不爱护自己的生命。如果说科学技术的进步带来的负面效应是间接原因的话，那么教育观念和教育方式的不足，则是造成道德困境的直接原因。当前的教育制度来自于西方的学科分离的体制，来自于西方主客分离的二元思维模式，将各个专业分得很细。分工越细，培养的人才就越专业，很多人尽管不喜欢自己的专业，也得忍耐着干一辈子。现代教育侧重专业性与技术性而忽略了教育的丰富性和立体性，注重知识而不注重德性，忽略了人的感情培养，忽略了人的内心的道德感受，忽略了个人的人

---

① 参见郭世轩《美善相得不即不离——朱光潜论文艺与道德》，《阜阳师范学院学报》2002 年第 6 期，第 50 页。

文视野、人文素质和人文关怀,把理性和知识当作解决一切问题的万能钥匙。但是人的理性既不能透析人的情感世界,也不能代替人的道德培养。通过理性主义的整饬,道德的追问变成了一个个原则,一条条评判标准,一种种死的教条,变成了一种概念的拜物教,与自我道德主体的自由、情感、生命、意识的体验毫不相干,人们的道德冷漠就油然而生。[①] 在当今这样一个世俗化、物质化、欲望化的时代里,所谓的下半身写作甚嚣尘上,违反人类基本伦理道德准则,诲淫诲盗的文学作品就更是多如牛毛。在一些所谓的现代派、后现代派以及各种形形色色的以新潮流派自诩的小说、剧本中,充斥着对于种种丑恶、龌龊、堕落、凶残事物的刻意的、赤裸裸的描写,作品中的人物对自己反道德、反伦理、无耻堕落的行为非但丝毫不加掩饰,反而津津乐道,沾沾自喜,仿佛无上光荣似的,而作者对那些丑恶、龌龊、堕落、凶残事物的欣赏与迷恋之情往往发自内心而溢于言表。读者固然无法从此类作品中获得任何道德上的愉悦与启迪,想要从中获得艺术的享受也同样是缘木求鱼。此类作品的唯一价值,就是能满足那些趣味低下的读者低级的偷窥欲。当然,由于我们所处的是一个文化大众化的时代,趣味低下的读者在整个读者群体中所占的比例越来越大,人数越来越多,因此迎合他们的低级趣味,不失为某些作者一举成名的捷径,就像一脱成名是某些女影星的成名捷径一样。我们生活在这个红尘滚滚、欲望滔滔的世界里,心灵难免会沾染各种污垢。而一旦污垢填塞了人们的心灵,那么他们就会置人类千百年传承下来的基本道德准则于不顾,不知不觉地顺着自己原始的动物性本能向禽兽看齐,于是他们之间的相互欺诈、争夺、杀戮也就不可避免了,事实不就是如此吗?因此需要有一股清泉来荡涤人们心灵中的污垢,使之尽量恢复纯净,也需要有一缕阳光来照彻人们心灵中的黑暗角落,让他们意识到在这个世界上除了眼前那一点蜗角虚名蝇头小利以外,其实还有更多更纯净更美好也更值得追求的东西,比如春花秋月,比如人间真爱等等。而文学无疑就是荡涤人类心灵之污垢的一股清泉,也无疑是照彻人类心灵之黑暗的一缕阳光。但文学只能通过艺术化的形式,通过对假丑恶以及不道德行径的鞭挞,通过对真善美以及道德行为的讴歌,来荡涤人类心灵的污垢,将其净化,并将读者带入

---

① 参见杨华祥《儒家文艺伦理思想探析》,《湖北大学学报》2007年第1期,第79—81页。

更高远更纯洁的精神境界。在人类文学史中，确有不少此类的作品，如《离骚》《红楼梦》《忏悔录》《安娜·卡列尼娜》，等等。只有这样的文学作品，才是真正具有永恒价值的。毫无疑问，此类作品只有人生境界和艺术修养都达到极高境界的作家才有可能创造出来，普通的文学作者虽心向往之，却只能高山仰止。古往今来的文学作品虽然浩如烟海，但其中真正具有很高艺术价值和道德价值，因而能成为传世经典的，不过是凤毛麟角而已。当然，文学也非常忌讳直接的道德说教，板着面孔的道德说教也是文学的一大败笔。只有那种通过艺术形象的感染，将读者的心灵净化，并将读者带入更高远更纯净的道德境界的文学作品，才真正有可能成为旷世杰作。可惜古往今来的许多文学作品似乎都犯了这一毛病。比如明代的白话小说集《三言》就是如此。本来《三言》是一部十分优秀的白话小说集，其中充满了人文精神，但不知为什么，其中总是有一些游离于作品之艺术必要性之外的直接的道德说教。作者的本意无非是惩恶劝善，但他自己也许觉察不到，这些道德说教不但降低了作品的艺术价值，其实也难以达到提升读者道德境界的目的。高尔基说，美学是未来的伦理学。在改善人心、唤醒人的道德感、促进人主动进行道德选择完成道德建设等方面，没有哪种伦理学比文艺伦理学更能胜任的了。文艺伦理学从文艺的角度切入道德，又从道德的角度思考文艺。在那里，艺术是生命的舞蹈，既追求美又不止于美。在那里，教育、审美不再是分离的，人的精神也不再是分裂的，艺术的作用是感动，是启蒙，是呼唤，是将我们内在的品格和美德开启出来。文艺伦理学立足于生命，回归于自由，它在一个个、一次次的感动和领悟中为自己的道德立法，让人在自己的良知下生活，使人成为他自己。几千年来，体现了中和之道的文学和艺术对于中国人民来说都是一种精神上的慰藉和享受，它鼓励人与大自然和社会亲近并倾听来自自己内部生命的声音，使人在平静中领悟到自然的真谛，领悟到自己是大自然中最平常的一部分，人因为这种天人合一的领悟而能感知自然的伟大，而能产生伟大的艺术。中国的文艺要求发乎情，止于理，要求体验自己内心最真实的感受，要求艺术作品从人的本性的心底自然流出，使得真正的欣赏者也能由此进入一种至善至美的境界，能深切感受到人生存的意义。真正的文学艺术家是觉悟的人，是思想家，是哲人，他们在创造自己，他们用自己的良心与智慧来影响社会。①

(二) 文艺工作者的职业道德

文艺工作者在职业活动中所应遵循的道德规范和应具备的道德素质,就是文艺工作者的职业道德。在中国历史上,许多进步作家和艺术家都主张道德和艺术兼优。这一优良传统被近代、现代的许多作家、艺术家所继承和发展。

1. 文艺工作者的职业道德规范。一名文艺工作者应该具有怎样的精神气节和价值取向,又应具备怎样的道德操守和职业追求?文艺工作者素有人类灵魂工程师的美誉,承担着提高人民精神境界、培育社会文明风尚的光荣使命。正人必先正己。要做到这一点,文艺工作者首先要努力塑造自己的崇高灵魂,始终追求德艺双馨。德,就是个人品德、职业道德、家庭美德、社会公德、职业精神、价值取向、社会信誉,以及理想信念、思想境界、精神追求等,是中华民族优秀传统文化和社会主义先进文化的集中体现,是文艺工作者立身处世之根、人格魅力之本。艺,就是艺术才华、艺术能力、艺术思想、艺术风格、艺术境界等,是艺术造诣的集中展现,是文艺工作者成就事业之基、艺术魅力之源。德与艺相辅相成、辩证统一,德是艺的灵魂,决定着艺的发展方向;艺为德提供支撑,是德发挥作用的基础。所以,立艺先要立德,人品决定艺品。古人讲"才者,德之资也;德者,才之帅也",说的正是这个道理。在艺术实践中,有德而少艺,对群众不能形成强烈的艺术感召力和影响力,德就难以彰显;有艺而缺德,在群众中没有良好的形象和口碑,艺就难以真正被社会认可甚至还会成为反面典型;唯有德艺双馨,才能使高尚的人品和高超的艺品相得益彰、行之久远,受到群众发自内心的欢迎和喜爱。古往今来,凡是那些流芳百世、脍炙人口的经典名篇,无不以美的内涵和形式激浊扬清、陶冶情操;凡是那些受人尊敬、广为赞誉的名家大师,无不以精湛的艺术魅力和高尚的人格魅力为人师表、昭示后人。仅从近现代的文坛和艺术界来看,这样的例子就比比皆是。鲁迅以"横眉冷对千夫指,俯首甘为孺子牛"的精神,用匕首和投枪一样的笔锋铸造了"民族魂";梅兰芳面对日寇的威逼利诱,毅然蓄须明志、息影舞台,表现出一代艺术大师的铮铮铁

---

① 参见杨华祥《儒家文艺伦理思想探析》,《湖北大学学报》2007年第1期,第79页。

骨；抗美援朝期间，常香玉带领剧社走遍大半个中国，通过义演为前方将士捐献了一架战斗机，展示出高尚的爱国情怀；吴冠中一生不尚奢华、生活俭朴，却把精心挑选的几百幅画作以及多次作品拍卖所得，全部无偿捐赠……这些崇德尚艺的名家大师，以高尚的道德追求和高超的艺术造诣，诠释了德艺双馨的丰富内涵，树立了德艺双馨的光辉典范。他们的艺术历程和社会影响充分说明，德艺双馨是文艺家自己用人格品德、艺术实践铺就的人生轨迹，是历史和人民的客观评价，是文艺工作者追求的最高境界。①

2012年3月2日，中国文联向社会发布了《文艺界核心价值观》和《中国文艺工作者职业道德公约》，它提炼了文艺工作者的基本职业道德，引起了文艺界人士的热议，同时也留下了《公约》发布后如何践行的思考。大家认为：倡导文艺界核心价值观刻不容缓。演员吸毒、歌手酒驾、明星家暴，作品创作抄袭、粗制滥造，"欲望"文艺、"下半身写作"的畸形宣扬……近期这些吸引不少眼球的文娱新闻充斥着网络，使得文艺行业自律成为当前社会关注的热点。同时由于明星传播的公众效应，这些文艺界的非主流现象也不同程度地影响着民众对文艺界、对社会的认识。优秀艺术家的道德情操会影响喜爱他们的观众，优秀的文艺作品能够提升人的道德水准。反之，道德沦丧的艺人和有意无意放弃道德承担的作品，则对社会的道德生活起到破坏和瓦解的作用。比如价值观扭曲的问题，潜规则的问题，裙带关系和承包转包的问题，都需要好好清理。这些问题不是一年两年积累起来的问题，是人过于物化，追求物质生活，包括以金钱为标准衡量成功，如果现在不采取全方位的办法重塑社会主义核心价值体系，如果再晚的话，可能会扭曲下一代的成长环境。科学求真，人文求善，艺术求美，对于真、善、美的艺术追求，观众呼唤，艺人呼唤，社会呼唤，倡导文艺界核心价值观刻不容缓。

"文艺界核心价值观"和《中国文艺工作者职业道德公约》很有针对性。如针对分裂祖国、破坏民族团结和损害人民利益的言行，提出坚持爱国为民；针对在文艺创作中歪曲历史、亵渎崇高、宣扬色情暴力和封建迷信提出要弘扬先进文化；针对粗制滥造、弄虚作假、急功近利、拜金主义

---

① 参见永春《"德艺双馨"浅议》，《人民日报》2011年12月27日。

和极端个人主义等低俗之风，提出要追求德艺双馨；针对门户之见、文人相轻提出倡导宽容和谐；针对损人利己、见利忘义等现象提出应模范遵纪守法。倡导宽容和谐，这是很切合文艺界实际、切合艺术门类特色的。构建文艺界核心价值体系重在践行。评判一个人不能只看他怎么说，关键还是要看他怎么做。在《公约》践行的过程中，尤其要警惕说一套、做一套的"两面派"。明星艺人作为公众人物有没有以身作则，是不是实事求是，大家都会看在眼里。也就是说践行的关键还是要从文艺工作者本身出发。除了文艺工作者本身的自律，良好艺术风气的形成还需要全社会的共同监督。一方面要提倡自觉，另一方面还要接受社会监督。

2. 文艺工作者的"三切近"原则。一切优秀的文化创造，一切传世的精品力作，都是时代的产物。广大文艺工作者要认清时代和人民赋予的神圣使命，坚持为人民服务、为社会主义服务，坚持百花齐放、百家争鸣，坚持贴近实际、贴近生活、贴近群众，高擎民族精神火炬，吹响时代前进号角，创作生产更多无愧于历史、无愧于时代、无愧于人民的优秀作品，奋力开创文艺发展新局面，为推动社会主义文化大发展大繁荣、建设社会主义文化强国贡献智慧和力量。具体来说：一要坚持正确方向，更加自觉、更加主动地承担起用社会主义先进文化引领社会进步的历史责任。广大文艺工作者要大力弘扬中国特色社会主义共同理想，发扬以爱国主义为核心的民族精神和以改革创新为核心的时代精神，礼赞高尚道德情操，鼓励一切有利于国家统一、民族团结、经济发展、社会进步的思想道德，推动建设中华民族共有精神家园。要以充沛的激情、生动的笔触、优美的旋律、感人的形象，反映国家发展、社会进步、人民创造，奏响时代主旋律。要增强社会责任感，始终把社会效益放在首位，提倡文以载道、以文化人，弘扬真善美，贬斥假恶丑，更好发挥文化引领风尚、教育人民、服务社会、推动发展的作用。二要坚持以人为本，更加自觉、更加主动地承担起为人民抒写、为人民放歌的历史责任。广大文艺工作者要把人民满意作为最高标准，把服务群众作为基点和归宿，站稳群众立场，增进群众感情，立志做人民喜爱的作家、艺术家，不断创作生产出思想性艺术性观赏性的相统一、人民喜闻乐见的优秀文艺作品，把更好更多的精神食粮奉献给人民。要把人民作为文艺的表现主体，着力歌颂人民生动实践、展示人民精神风貌，走到生活深处，走进人民心中，把艺术才干的增长、艺术表现能力的增强深深植根于生活、植根于人民，用人民创造历史的奋发精神哺育自己，从社会生活中汲取营养、挖掘素材、提炼主题，在人民的创造性实践中进行艺术创造、实现艺术进步。三要坚持锐意创新，更加自觉、更加主动地承担起推进文化创造的历史责任。广大文艺工作者要适应时代变化和人民精神文化生活发展的要求，坚持古为今用、推陈出新，立足中华文化丰沃土壤，从源远流长的传统文化、激昂奋进的革命文化、争奇斗妍的民族民间文化中汲取养分，努力为中华文化书写新的篇章。要积极借鉴和吸收世界各国文化优长，坚持海纳百川、融会贯通，开创中国文艺新风貌新气象。要打开想象空间，鼓励文艺原创，激发创作活力，提倡体裁、题材、形式、手段充分发展，推动观念、内容、风格、流派积极创新，着力增强艺术的表现力、吸引力、感染力，推出更多具有中国特色、中国风格、中国气派的精品力作。要解放思想、转变观念，增强改革创新意识，支持和参与文化体制改革，推动文化体制机制创新，为文艺繁荣发展提供强大动力。四要坚持德艺双馨，更加自觉、更加主动地承担起弘扬文明道德风尚的历史责任。广大文艺工作者要加强思想道德修养，树立正确的世界观、人生观、价值观，弘扬老一辈作家艺术家的优良传统，始终忠于祖国、热爱人民、奉献社会，秉持崇德尚艺的优良传统，追求真理、反对谬误，崇尚科学、反对愚昧，把实现个人艺术追求和促进社会进步有机结合作为毕生信念。要坚守艺术理想，笃定志向、坚定信念，勤于汲取、善于积累，关注现实、潜心创作，开阔创作视野，提高洞察社会和适应时代能力，增强对艺术的感悟和表现能力，更好传播先进文化、弘扬人间正气、塑造美好心灵。要珍惜人民给予的荣誉，弘扬职业精神，恪守职业道德，认真对待和积极追求作品社会效果，自觉抵制低俗之风，用人格力量赢得社会尊重、赢得人民赞誉。实践证明，我国广大文艺工作者对祖国和人民有真情挚爱，对国家和民族有担当奉献，对艺术和事业有坚守追求，是一支可亲可敬、大有作为的队伍，是一支党和人民完全可以信赖的队伍。

与一般社会道德相比，文艺工作者的职业道德具有主体的特定性、职业的特殊性、内容的宽泛性和作用的有限性等特征。主体的特定性，是指文艺工作者职业道德所规范的人群是专门从事戏剧、音乐、舞蹈、舞美、摄影等文艺工作职业人员。职业的特殊性，是指文艺工作者具有鲜明的职业和行业特点，行业性是职业道德最为显著的特征。其特殊性包括：文艺工作职业的政治与经济的双重属性；职业成果常常是文化产品；具有鲜明的文化艺术行业特征；文艺工作者都应该具备一定的文艺素质与专业技能条件。内容的宽泛性，是指文艺工作者职业道德内容涉及戏剧、音乐、舞蹈、舞美、摄影、服装、灯光、文学等领域，而且工作内容成果也涉及社会不同部门，包括行政、生产、流通、消费。作用的有限性，是指文艺工作者职业道德并不是普遍的标准或规范，而是在一定范围内适用的。文艺工作者职业道德的调节对象是因文艺工作形成的各种社会关系，调节这类关系必定要反映出该职业的特点和个性，反映社会对该职业活动特定的要求。因此，文艺工作者职业道德的作用不是普遍的，而是特殊的、具体的，只是在特定的职业范围内才有效。

文艺工作职业道德具有调节、导向、教育、激励等功能。调节功能是指文艺工作者职业道德具有约束人们文艺行为和指导文艺实践活动的功能。我国的文艺工作领域分为不同的行业，如戏剧、音乐、舞蹈等，如果没有文艺工作者职业道德的调节，仅仅通过颁布一两个规范与标准，是不能完全调整文艺实践活动的。导向功能是指文艺工作者职业道德具有利用社会舆论和道德规范指导和协调文艺活动行为的功能。在整个文艺领域，必然存在着各种竞争与矛盾，导向功能就能正确处理好这些矛盾，引领文艺界形成崇德尚艺的良好风气，加强文艺队伍建设。教育功能是指文艺工作者职业道德具有通过造成社会舆论、形成职业道德风尚、树立职业道德榜样等形式来影响人们的职业道德观念和职业道德行为，培养人们的文艺工作职业道德习惯和文艺工作职业道德品质的功能。它能启迪人们的文艺工作职业道德觉悟，培养人们践行道德行为的自觉性和主动性。激励功能是指文艺工作者职业道德具有促进文艺工作者自身的道德荣誉感和道德意识的功能。文艺工作者通过参与社会活动，把自己的道德观念转化为行动和职业荣誉感，体现出良好的精神境界和思想觉悟，受到社会公众的好评，进而推动文艺工作职业道德的建设。

（三）民间文艺的审美、保护和创新

受过学校正规教育的人们，习惯从自身的欣赏趣味出发去评价民间文艺，这不可能不带偏见。对民间文艺创造者和享用者的普通大众来讲，他们热爱自己的艺术，以为民间文艺有一种勾魂夺魄的审美价值。民间文艺的创作和审美活动，既有无意识的一面，也有自觉的一面。民间创作活动，常常是伴随着物质生产或生活一道进行的。民间文艺审美活动又是物

质生产活动的附属品，具有较为突出的非自觉性，一般也不是独立进行的。但是，事情不可一概而论，民众欣赏曲艺、地方小戏就不能再看作一种非自觉的、不具独立性的艺术审美。民众欣赏曲艺或小戏往往是在农闲时节，一般不再伴随其他生产活动，人们有时为听书或看一场戏，要跑十几里地。同时，民间艺人的审美自觉性也表现得非常明显。因此，那种完全把民间艺术审美活动看作非自觉行为的观点也是片面的。民间文艺的创造者和享用者主要是普通劳动者，他们与受过学校正规教育的文化精英有着诸多的不同，譬如，他们一般不识字或识字甚少；他们主要从事体力劳动，生产物质资料；他们社会地位低下，一般而言，生活相当艰苦。人民大众与文化精英们不同的人生经历与生活境遇决定了民众的审美理想和审美情趣有自己的特点。民间文艺是人民群众的集体创作，它往往是群体意识的历史沉淀物，它往往表现的是下层普通大众共同的理想、愿望，共同的审美情趣。一般而言，审美的满足来自于审美对象对审美主体生活中匮乏精神的补偿。因此，民间文艺中也就时常出现美丽、富有同情心，一心要嫁穷汉的狐女、龙女、仙女。这些在民间创作中代代传承的艺术形象在作家作品中是不常见的。除了艺术形象上的不同之外，民间文艺在艺术形式上也表现出与作家文学不同的审美趣味。上层文化具个性化和独创性，作家们在艺术形式（包括文学语言）方面，追新求异，努力形成个人的、不同于他人的艺术风格，以达到读者在文学接受过程中能产生陌生故事的效果。民俗文化则是靠集体创造、流传，加之流传中的不断扩展和变异，不易形成一个个性的符号系统。民间创作在艺术形式方面，更是经常表现为类型化、模式化，经常出现一些传统的手法和格式。传统的手法如比兴、夸张、拟人、双关等；较为固定的格式如故事里较为常用的开头、结尾和某些套语，三段体、连环体等结构方式等。由于类型化、模式化的特点，在一些人看来，民间文艺似乎是千人一面，千篇一律。但是，在民间人们却感到常讲常新，百听不厌。每一次讲述，讲者都兴致勃勃，听者都津津有味。这充分说明，民间文艺的类型化模式化特点是与人民大众在长期的生活实践、艺术实践中形成的审美理想相契合的。这种审美心理显然与精英审美心理有着不同。另外，民间文艺的语言是一种自然、质朴、不假雕饰、浑然天成的口头语言，这明显有别于作家文学精心雕琢、千锤百炼的书面语言。但是，民间文艺同作家文艺也有相似相仿之处，如它们都是口头或书面的语言艺术，都要通过塑造形象，讲述故事，反映现实，表达人们对社会生活的认识和评价，并最终实现其审美功能。正是基于这一点，我们才有了将二者拿来比较的可能。

民众的审美心理与他们的日常生活密切相关。许多民间创作中所反映的社会内容，就取材于他们的日常生活。他们从审美对象身上发现了自己，发现了自身生活中的诗意。当然，他们也可能从这些反映自身生活的作品中发现自身的缺点，从而获得教训或教育，或通过这些反映自身生活的作品，品味生活的甘苦，咀嚼人生的艰辛。民间创作中的艺术形象对民众还有心理补偿作用。正如恩格斯所说："民间故事书能使农民在繁重的劳动之余，产生美妙的幻想：把他们简陋的阁楼想象成富丽堂皇的宫殿，把他们粗壮的情人想象成美丽的公主……"① 凡是人民群众在日常生活中所渴望的，所无法实现的，在民间作品中都毫无例外地得到了补偿，这就使民间文艺成为人民大众的梦幻和理想。民间文艺还有着宣泄功能。在日常生活中，普通大众处于社会最底层，受尽剥削和压迫，同时还要遭受封建礼教的绳捆索绑。在民间文艺作品中，财主乡绅、皇帝官宦，无不得到了应有的诅咒；束缚人性的封建礼教也受到了奚落和嘲讽。民众的艺术审美活动与民众的日常生活密切相关，除与人们的生产活动相伴外，还往往与民间人生礼仪、岁时节日相随，也体现了大众求吉利，喜热闹、红火的民俗审美心理。

民间文艺是对特定社会历史条件下普通群众生产、生活的审美性反映。这些文艺作品的审美价值和实践功能也会随着时代变迁而变化。因此，对民间文艺的价值评价和保护，也要与时俱进，不断创新。笔者到一个地方城市的民俗博物馆去参观，看到里面按照婚俗、节俗、礼俗等版块作了展示，大部分展品属于民间文艺的范畴，也有一部分属于生产、生活、交往等的历史记忆。给人总的印象是将历史淘汰了的一些民俗作了收集保存，美其名曰"非物质文化遗产保护"，最大的遗憾是没有展示出民俗文化的历史背景，没有动态地展示民俗文化的发展和创新。比如，我们已经进入工业化、城镇化、信息化、现代化的社会，而民俗文化的展示仍完全停留在农业社会，甚至是落后的农村和宗法社会。而且只有农民、农业和农村的民俗文化展示，而看不到城镇的民俗展示。只看到局限于一个

---

① 《马克思恩格斯全集》第41卷，人民出版社1982年版，第14—23页。

地域的单一、狭隘的民俗文化，而看不到开放性、多元性交流和发展的民俗文化。之所以会成这个样子，笔者认为布展者对民俗文化和民间文艺缺乏必要的理论知识，是一个重要原因。对从事民俗文化和民间文艺工作的人员来说，之所以缺乏必要的理论知识，可能既有思想认识不到位的原因，也有力不从心的原因。

"民间文艺"包括现在的和历代的民间口头文学和民俗艺术，其核心部分是民间文学。中国的民间文学，源远流长，十分丰富，加之我国是个多民族国家，多元一体是我国文化的一个很重要的特点。20世纪中叶以前，中国民间文学没有被系统全面地搜集过，因而我们所拥有的民间文学文本资料和音像资料是相当贫乏的，且由于文人墨客受儒家思想影响很深，对民间文学资料的记录相当随意，缺乏严格的科学性，甚至多有歪曲。鉴于此种情况，从五四新文化运动爆发前夕的1918年起，有识之士就不断提出对中国的民间文学进行全面的收集，以便把自生自灭的民间文学资料保存下来、传递下去，同时在翔实可靠的资料的基础上开展研究工作，以探究中国下层老百姓的世界观、生存状况、文化传统、风俗习惯、道德礼仪等，从而更好地继承和发扬中国的民间文化遗产和传统。"文化大革命"之后，我国进入改革开放的新时期，几代人的这一理想和愿望，终于有了付诸实践的可能。这就是1984年制定的中国民间文学三套集成的编辑计划，以及围绕着这一计划开展的全国民间文学普查工作。这一计划和普查工作是中国民间文学史甚至是中国文化史上的一项宏伟工程。[①]三套集成大量工作的完成，意味着全国民间文学界已经进入了一个"后集成时期"。当然，也有些民间文学搜集者在集成基本结束之后，依然继续深入到农村，进行着调查、发掘、采录工作，也有的适时地从搜集转向研究，在研究中进行搜集，而且做出了令人称羡的成绩。民间文学作为人文学科中的一门新兴边缘学科，在中国，从20世纪初开始，经过几代学者的拓荒、垦殖，已经初步建立起了包括若干分支学科的学科体系。在社会转型期，在市场经济条件下，在改革开放的步伐中，社会结构在发生着剧烈的变化，新的民间文学适应着时代的要求，每时每刻都在普通老百姓中间被创作出来。因此，除了旧时代传承下来的口头文学应予继续搜集研究而外，民间文学工作者还应抓住时机，采摘下新时代的"国风"。古代

---

① 参见钟敬文《中国民间文艺学的新时代》，敦煌文艺出版社1991年版，第355—362页。

有"十五国风"留给我们,我们也应把当代的"国风"留给后人。如果我们忽略了或放弃了这方面的工作,当代民间文学将成为新的空白。民间文学的搜集和理论研究,方法的变革是一场学术的革命。实证原则、多学科、多角度的参与和比较研究等,不仅使民间文学的研究变得脚踏实地和丰富多彩,而且能够帮助学者们揭示出包含或隐藏在民间作品中的深层文化内涵。儒家思想影响下的上层文化,两千年来固然达到了相当的高度,但也有严重的阶级局限和思想局限,下层文化固然掺杂着许多不健康的杂质,但它却饱含着劳动者的智慧和有着比儒家思想更为久远的原始文化的传统。二者共同构成源远流长、多元一体的中华文化。从下层文化中,我们可以更直接地观察到下层民众的世界观、生活史、风俗史、礼法史,可以从中研究导致中国历代社会稳定和发展的多种因素,从而为中国的现代化服务。搜集、研究、继承、发扬民间文学及其传统,建设和完善民间文学学科,仍然任重而道远。[①]

近半个世纪以来,中国文化生态的变迁已使民间文艺陷于无所适从的濒危状态。其具体表现是:民间文艺的观众越来越少;从事和传承民间文艺的人也越来越少;民间文艺展示的现实空间和舞台空间越来越窄。新中国成立之后,许多民间文艺在"文化大革命"的破"四旧"的运动中遭到了很大打击,不仅其自身元气大伤,而且其正常的承续进程遭到了暂时的中断。现在人们获取娱乐的方式越来越多样化。在家有电视,有网络游戏,有 DVD、卡拉 OK,在外有电影院、歌厅等娱乐方式。在这种娱乐多样化与现代化的冲击下,古老的民间文艺被当作"老土"的东西看待,吸引力急剧下降,年轻人对之尤其不感兴趣。现在的年轻人外出进城打工越来越多,而未到打工年龄的孩子则忙着上学,应付沉重的学业,两者都无暇顾及民间文艺,只剩下老年人以及少数留守的中年妇女成为它们的忠实者,这与过去形成了鲜明的对比。以前人们插秧、挑担、赶马车,为了消除疲劳和驱散劳作的单调寂寞,往往会独自哼唱民歌,或对唱民歌;剥玉米的时候,也会边干活边讲故事;青年人谈恋爱,要唱情歌;而放牛娃在山野互相逗乐则唱"仗歌"。民间文艺总是与人们的生活与劳作紧密相随。但自从分田到户,农村青壮劳力大量外出,以及农村机械化程度的提

---

① 参见刘锡诚《关于当前民间文艺的几点思考》,《东南大学学报》2001 年第 4 期,第 79—82 页。

高和交通的日渐发达，民间文艺越来越难以出现在人们的劳作与生活中了。久而久之，大多数人对之也就生疏了起来，而民间文艺也就在这种生疏中衰落了下来。加之市场经济和商品经济使人们的价值观发生了变化，挣钱成了现在人们生活的中心目标，而民间文艺被认为是个不挣钱的东西，自然也就使人们对待它的热情大减。文化生态因素的变化，使民间文艺的生存空间和舞台空间也日渐缩小，一些民间文艺几乎到了无立锥之地的地步。不过，当代的文化生态在造成民间文艺的生存危机的同时，也给它留出了一条生路。这条生路就是当代文化生态中的仪式活动需要民间文艺。这种需要，可以说给奄奄一息的民间文艺注入了一股活力。随着文化政策的宽松，一些传统的仪式也逐渐恢复和活跃了起来，而濒临绝境的民间文艺也随之而获得一定程度的恢复。于是，在乡村和城市的各种传统仪式，如丧葬仪式、节日仪式、落成仪式、结婚仪式、开业仪式以及政府新创设和组织的各种节庆仪式上，我们又频频地看到了民间文艺的身影。这一情况表明，民间文艺通过仪式又找到了自己在当代文化生态条件下存在和发展的方式，并将成为一种新的发展趋势。在当下民间文艺仪式化也出现了新的趋向特征：第一，民间文艺的从业人员逐渐专业化、职业化。从前，民间文艺从事者的专业化特征和职业化特征都不很明显。但是随着改革开放的进一步深入发展，工业化、城镇化进程的加快，生产与生活方式的改变，这种情况发生了改变。许多年轻人不再像祖、父辈那样蜗居于农村，而是涌到城里去打工，而未成年的学生则在学校里忙着学习，他们对民间文艺都无暇顾及，也不感兴趣。久而久之，建立在农耕文化生态基础上的民间文艺的传承体系就遭到严重地削弱，导致熟知民间文艺的人是越来越少。也正是由于熟知的人少了，那些还会民间文艺的少数人就逐渐地变成了民间文艺的专业人士和主要的传承人。而且现在一些人一旦遇到红白喜事和节日庆典，就会请这些熟知民间文艺的人去表演，并给他们相应的报酬。这样，他们也就随之由专业的转变为职业的了。第二，民间文艺越来越具有商业化的特征。过去，民间文艺的商业化特征不是很明显。但现在已兴盛给钱和要钱了，如果给钱少的话，这些民间艺人们还不太愿意去。这就使得民间文艺带上了浓厚的商业色彩。有的民间艺人更是主动出击，到城里的茶楼酒肆里靠表演打工挣钱。第三，民间文艺越来越多地加入了现代的艺术元素。当今，出现于各种仪式上的民间文艺，能做到原汁原味的已经不多了，特别是在一些官方主办的仪式上出现的民间文艺,被加入的现代艺术成分就更多了,因为艺术家有意地用世界通行的、易被现在听众接受的艺术手段和当下元素对之进行了包装,加上现代舞台灯光、音响等技术的运用,都使得民间文艺具有了一些现代色彩。

附录一:

中国文艺工作者职业道德公约

(2012年3月1日中国文学艺术界联合会第九届全国委员会第二次全体会议审议通过)

为大力加强职业道德建设,进一步规范职业行为,弘扬高尚的职业精神,积极践行"爱国、为民、崇德、尚艺"的文艺界核心价值观,争做德艺双馨的文艺工作者,更加自觉主动地推动社会主义文化大发展大繁荣,特制定本公约。

一、坚持爱国为民。忠于祖国,忠于人民,拥护中国共产党的领导,为人民服务、为社会主义服务,用优秀的文艺作品奉献人民、回报社会。坚决抵制一切分裂祖国、破坏民族团结和损害人民利益的言行。

二、弘扬先进文化。继承和发扬中华民族优秀文化传统,吸收人类文明成果,自觉运用社会主义核心价值体系指导文艺实践,唱响主旋律,讴歌真善美,贬斥假恶丑,把社会效益放在首位。反对在文艺创作中歪曲历史、亵渎崇高、宣扬色情暴力和封建迷信。

三、追求德艺双馨。坚守艺术理想和艺术良知,追求高尚的道德情操。诚实守信、勤奋敬业,深入生活、刻苦学习,锐意创新、精益求精,不断锤炼艺术品格,勇攀艺术高峰。反对粗制滥造、弄虚作假、急功近利,反对拜金主义和极端个人主义,自觉抵制低俗之风。

四、倡导宽容和谐。坚持百花齐放、百家争鸣,尊重艺术规律,发扬艺术民主,开展积极健康的文艺批评。提倡相互切磋、取长补短、共同进步,积极营造团结和谐的氛围。反对门户之见、文人相轻。

五、模范遵纪守法。勇担社会责任,弘扬社会正义,引领文明风尚。

自尊自重、遵纪守法，热心公益、乐于奉献。反对损人利己、见利忘义，自觉抵制"黄、赌、毒、黑"。

各级文学艺术界联合会及文艺家协会要积极宣传和推动本公约的执行。全国文艺工作者要自觉遵守本公约，自觉接受社会监督。

附录二：
文艺界核心价值观

文艺界核心价值观是：爱国、为民、崇德、尚艺。

一 爱国

爱国，是文艺工作者的精神气节。祖国是我们的共同家园。每一位文艺工作者都应该自觉地热爱祖国、忠于祖国，满腔热情地讴歌祖国、讴歌时代，大力弘扬以爱国主义为核心的民族精神，努力促进祖国统一，维护国家利益和民族团结。

二 为民

为民，是文艺工作者的价值取向。人民是文艺工作者的母亲。每一位文艺工作者都应该自觉地植根人民、感恩人民、服务人民，始终坚持以人民为中心的创作导向，把满足人民群众的精神文化需求作为根本的出发点和落脚点。

三 崇德

崇德，是文艺工作者的基本操守。德，是文艺工作者立身处世之根。每一位文艺工作者都应该自觉地追求高尚的道德情操，树立良好的社会公德、职业道德、家庭美德、个人品德，认真履行人类灵魂工程师的神圣职责，大力弘扬真善美、鞭挞假恶丑，自觉承担起弘扬先进文化和引领社会文明风尚的历史责任。

四 尚艺

尚艺，是文艺工作者的职业追求。艺，是文艺工作者成就事业之本。

每一位文艺工作者都应该自觉地树立高远的艺术理想，坚守勇于创新、精益求精的艺术精神，锤炼潜心创造、追求卓越的艺术品格，展现富有个性、多姿多彩的艺术魅力，用真诚的艺术态度，努力为人民创作更好更多的精品力作。

（来源：中国广播网 2012-03-03）

第十四章

人的文化自觉、文化自信和文化发展

人的解放是社会进步的标志,也是社会进步的目的。马克思主义的全部理论归结到一点,就是要实现社会进步与人的解放和发展的统一,即通过不断推动社会进步来促进人的全面解放和全面发展。人的全面解放是实现人的自由和全面发展的前提条件。人和人类尚未实现自由全面发展的根本原因,就是在经济、政治、文化等方面还承受着有形或无形的压力。马克思主义本身就是一种文化,而且是全新的、进步的和有利于人的全面解放和自由发展的文化。然而,传统意义上理解的马克思主义的重点却不是人的文化解放,而是人的经济解放和政治解放。正是在这样的马克思主义指导和中国共产党的领导下,经过近百年来的革命、建设和改革开放奋斗历程,中国人民的经济解放和政治解放取得了巨大成绩,与此同时,文化解放和文化发展的成绩也不能否定。但是,与经济和政治层面的发展进步相比较,我们在文化层面的发展进步还相对滞后,还有很大的差距尚待追赶。这就要求我们更加关注马克思主义关于人的文化解放的思想。只有在经济、政治、文化等方面都实现解放,才有利于人的全面解放和自由发展。

人的文化解放与文化发展是一个问题的两个方面,即文化解放是文化发展的前提,文化发展也是文化解放的标志和结果。相对于经济和政治而言的文化,其内核是精神形态的东西。它作为一个母系统的基本内容应该包括科学知识、思想观念和心灵素质三个子系统。科学知识,是指自然科学、社会科学和人文科学的知识。人缺乏科学知识就会陷入蒙昧。思想观念是指世界观、人生观、价值观和思维方法。没有正确的思维方式和思想观念作指导,人就会陷入迷茫。心灵素质是心理素质的别称。没有良好的心理素质,人就会陷入变态或病态。归结起来,人的文化解放和文化发展，就是指人在科学知识、思想观念和心灵素质方面的解放和发展。社会的全面进步应该包括经济、政治、文化等的进步，与此相统一，人的全面解放也应该包括经济、政治、文化等的解放。如果只有经济和政治上的解放和发展，而没有文化上的解放和发展，人的解放和发展就是不全面的。因此，把人的文化解放和文化发展作为一个崇高目标提出来，对于当代中国的文化建设具有非常重要的意义。也只有把实现人的文化解放和文化发展作为崇高目标的文化建设，才是真正做到了以人为本的文化建设。

一 文化压抑与人的文化自觉

人对文化之压迫或压抑的觉醒也是一种文化自觉。文化自觉也是反抗文化压迫和实现文化解放的先导，更是开展文化建设和人的文化发展的前提。传统社会，文化被少数人所垄断，大多数无文化的人不得不受文化和文化人的压迫，所谓"劳心者治人，劳力者治于人"，"唯上智与下愚不移"，说的就是这种现象。近代中国，不仅深受帝国主义的军事侵略和政治压迫，也深受其文化侵略和压迫。当前，国际范围内经济、文化发达的国家，也凭借其文化、科技、教育的优势，对发展中国家进行压迫或渗透。随着社会发展和科学文化知识的普及，大部分人已经摆脱了文化上完全受压迫的境况，但是，人们在受教育的权利和程度、掌握科学文化知识的多少、在文化关系中的地位方面，还存在着事实上的不平等。因此，克服文化压抑和实现文化解放、文化发展还任重道远。在此，笔者仅想谈三个问题。

（一）马克思的现代性视野

以工业文明为其先导的世界现代化历史进程，是近代以来人类文化发展最具深远意义的事件，这也是当代文化哲学研究较为关注的历史课题，诸如作为现代化内在精神的现代性问题、民族传统与现代化问题、现代化进程与全球意识问题等，都是走向现代化的国家和民族需要认真面对并着力解决的问题。

所谓现代性，就是现代化的内在本质精神，即包含了求新、求变、求快的生活态度。马克思所生活的时代，正是西方现代化发展的上升时期，相关的社会历史矛盾并没有充分展开，因而，人们对于现代性问题的关注并没有成为西方社会生活的主流话语。但是，马克思基于对资本主义文明的历史反思，全面系统地解读了资本主义工业文明的本质，从而表达了其现代性思想的基本视野。马克思的现代性思想，集中体现在他对"世界历史"的论述和对资本主义文明的历史分析两方面。而这两方面都与西方近代现代化的发展历史息息相关。总体来看，马克思对现代性的考察既坚持对人类价值理想的终极关切，又正视历史发展的现实过程，并特别强调现代化实践既是理性与价值冲突的不断生成过程，同时又是这种冲突的不断消解过程，从而在理性与价值的双重审视中达到对社会历史发展规律的把握。马克思运用"世界历史"的理论范式，很好地诠释了自己的现代性立场。他以理性的历史主义态度，对现代化所开启的"世界历史"新时代给予了鲜明的肯定，认为它体现了一个向未来敞开的时代的到来，这是一个为未来而生存的时代，因此体现了不同于以往历史的现代性取向。"世界历史"所呈现的现代性开启了人类普遍交往的时代，带来了人们社会生活的巨大变革，并以其特定的方式打破了从前的一切秩序，每个人都在亲身经历并感受着与世界历史的直接联系。马克思对资本主义文明的历史分析集中表达了他的现代性价值诉求。

19世纪中期，当资本主义生产方式掀起经济全球化的第一次浪潮时，马克思就站在历史发展的高度，从哲学本体论上批判性地反思和审察了资本主义文明在物质实践、人的本质和社会存在等诸方面所引发的历史性变革及其发展走势。在马克思看来，资本主义文明开启了现代文明的新纪元，也集中体现了现代性的复杂特点——善恶并举的二重本质，对这种复杂特点的准确把握必须诉诸理性尺度与价值尺度相统一的历史分析。可以这样说，马克思把理性与价值的背反与冲突看做破解资本主义现代性的基本方法，而对理性与价值关系的分析又可以转换为对于历史与道德关系的省察。马克思从理性主义视野肯定了资本主义现代性对于社会历史的巨大推动作用。他指出，资本主义在全球化的历史进程中，起着推动的作用，具有非常革命的性质。资产阶级"创造了完全不同于埃及金字塔、罗马水道和哥特式教堂的奇迹；它完成了完全不同于民族大迁徙和十字军征讨的远征"。"资产阶级，由于一切生产工具的迅速改进，由于交通的极其便利，把一切民族甚至最野蛮的民族都卷到文明中来了。……一句话，它按照自己的面貌为自己创造出一个世界。……正像它让农村属于城市一样，它使未开化和半开化的国家从属于文明国家，使农民的民族从属于资产阶级的民族，使东方从属于西方。"① 透过这些话我们看到，马克思对资本主义在全球化过程中所起的积极作用，作了十分客观而又中肯的论述。他认为，资本主义使现在的社会成为实质意义上的"人类"社会。在此之前，许多孤立发展的人们并不具有现实的"人类性"，世界一体化则使每个人的行为都成为人类社会体系上的一环，使每个民族、国家的发展都汇入到了人类发展历史的洪流中来，彼此不可分割，于是每个民族甚至每个人的发展、发明都会迅速传遍全球，避免了封闭状态下人们所走的历史弯路，加速了世界文明的发展。马克思更多的是从人文价值视野对资本主义的现代性进行了批判。特别是马克思把19世纪德国浪漫主义的那种美学批判转变为意识形态批判和政治经济学批判，这集中体现在马克思对资本主义和殖民主义在全球化过程中不断扩展的论述上。马克思认为贪婪是资本主义的本性，"资本来到世间，从头到脚，每个毛孔都滴着血和肮脏的东西"②。马克思看到了资本主义虽然在其殖民地摧毁了旧的社会结构，带来一定程度的现代化，但也给殖民地人民带来深重的灾难，世界上少数人的发展是以牺牲绝大多数人的发展为代价的，因此资本主义的殖民统治是一种"海盗式的侵略"，其中充满着血腥与残酷。在《不列颠在印度统治的未来结果》一文中，马克思清醒地指出："在印度人自己还没有强大到能够完全摆脱英国的枷锁以前，印度人是不会收获到不列颠资产阶级在他们中间播下的新的社会因素所结的果实的。"③ 被压迫民族的人民要享受到现代化的果实，必须摆脱殖民主义枷锁，实现民族独立。另外，马克思强调资本主义在全球一体化的推进过程中，客观上造成了世界呈现出"中心—外围"结构体系。这个庞大的体系是以西方发达国家为中心，以东方和其他落后地区为边缘；以现代化城市为中心，以自然形成的城市和乡村为边缘；以大多数资本家为中心，以广大的工人和劳动人民为边缘的。结果是：一方面，处于中心的社会和国家控制着世界市场，敛取绝大部分的产品附加值，掠夺巨大的财富；另一方面，处于外围或更边缘的国家则深受中心国家的剥削和控制，不但分享不到世界一体化所带来的好处，反而日益贫困，导致其地位更加边缘化。通过以上论述我们看

---

① 《马克思恩格斯选集》第1卷，人民出版社1995年版，第275、276—277页。
② 《资本论》第1卷，人民出版社1975年版，第829页。
③ 《马克思恩格斯选集》第1卷，人民出版社1995年版，第771—772页。

到，马克思的现代性视野体现了理性与价值（即事实描述与价值评价）的辩证统一。

作为一个彻底的辩证唯物主义者，马克思在历史地肯定了现代性为世界历史的展开、为人的本质的自由而全面的发展创造了条件的同时，也指出了它所造成的罪恶的殖民统治以及人的本质力量的异化。历史的发展往往就是这样，"自我异化的扬弃同自我异化走的是一条道路"①。只有在理性与价值之间保持必要的张力才能达到对现代性的合理理解。在马克思看来，随着现代性的深入发展，就像资本主义击败封建主义一样，一种更新的、更高级的社会形态同样要战胜资本主义，并最终将其埋没。从而，由一种自发的奴役人类自身的全球一体化转变为人类自觉控制的为全人类服务的全球化；完成这个伟大转变的条件就是共产主义最终在全球范围内取得胜利。马克思预言共产主义社会将是人类社会发展的最终归属，这是不可逆转的历史规律。很显然，马克思的现代性视野对于研究当代全球一体化的发展现实仍具有十分重要的价值。它深刻地论述了全球一体化形成的客观过程，并且揭示了其中的矛盾性，为我们正确认识当今世界一体化趋势、切实解决中国现代化进程中所出现的矛盾与问题提供了重要的方法论启示。②

（二）现代化建设与人文精神

人本是自然之子，由于创造了文化，才把自己从动物界区分出来，并使人从一种自在的状态逐步走向一个自为的状态。对于民族，文化是灵魂和旗帜；对于国家，文化是形象和软实力，对于一个地区或单位，文化是品牌和资源。所有这一切，归根到底是文化与人的关系。研究当代的中国文化，其实，就是为了更好地认识我们自己。改革开放 30 年来，中国最伟大、最深刻的变化，不是雨后春笋般出现的高楼大厦，不是四通八达的高速公路，不是商店里琳琅满目的商品，也不是统计表上那些惊人的数字，而是中国人内心世界的变化，是中国人对自身、对世界看法的变化。中国人思想、观念、情感、愿望、思维方式的变化，即文化上的变化，才

---

① 马克思：《1844 年经济学—哲学手稿》，人民出版社 2000 年版，第 78 页。
② 参见邹广文《马克思文化哲学思想的展开逻辑》，《求是学刊》2010 年第 1 期，第 34—35 页。

是最深刻、最具有深远意义的伟大变化。当代中国人以自信的心态对待自己，以博大的情怀面对世界，眼光更加开阔，胸怀更加博大。他们热爱自己的国家，同时，也热爱这个世界。他们满怀信心、意气风发地建设新生活，同时，把自己的安宁和幸福与世界的和平、发展紧紧相连。思想的解放、观念的转变、精神的振作、文化的升华，使中国人民的面貌焕然一新。历史悠久、饱经沧桑的中国，正如一个生气勃勃的少年站立在世界的面前。思想文化的变化既是国家整体发展进步的体现，也是国家未来发展的文化基础和精神动力。我们正处在一个特殊的时代，这个时代气象万千，充满着各种希望和可能，也存在太多的诱惑和陷阱。它让我们看到了前所未有的辉煌和成就，也使我们面临前所未有的矛盾和问题。世界上一些国家的发展历史表明，人均3000美元至5000美元阶段，是一个国家经济发展的重要机遇期，也是各种矛盾、问题比较集中和频发的时期。一位哲学家说过："人在饥饿时，只有一个烦恼；一旦吃饱饭，就会生出无穷的烦恼。"一个烦恼是生存的烦恼，无穷的烦恼是发展的烦恼。解决一个烦恼的问题，主要靠物质；解决无数个烦恼，则更多地需要借助文化的力量。

现代化、全球化毫不理会人们的感受，以不可逆转之势迅猛地发展着。这一"现代性"趋势深刻地影响着人们的生活，在给人们带来种种便利的同时，也给人们带来诸多的困扰。经济在快速发展，生活在不断改善，然而，人们活得好像并不那么自在。内心深处，让我们眷恋、产生归属感的某些东西正在悄悄地远去；血液之中，让我们感到温馨和踏实的某些元素仿佛正在慢慢地流失。新奇的事物应接不暇，恍惚不安的情绪总是挥之不去，人们在眼花缭乱中感受到单调，在热闹和喧嚣中品尝寂寞。我们究竟追求一种怎样的生活？我们究竟期待一个怎样的世界？这个古老而永恒的话题再次萦绕在人们的心头，成为了世界各种文化论坛的热门话题。为什么中国关于以人为本的科学发展观，以及对内构建和谐社会、对外追求和谐世界的主张一经提出，便引起热烈反响，不仅在国内，而且在国际社会受到广泛的认同和好评，原因正在于此。每当历史处于发展、转折或变革时期，文化的人文关怀作用就显得尤为重要。钱学森曾大声疾呼科学与艺术的结合。因为艺术不仅能赋予科技以想象力和创造力，而且能赋予科学以善良的情感和人性。科学与艺术的结合，是理性与情感的融合，这不仅有利于经济的发展、社会的进步，而且能对人自身的完善和民族整体素质的提高产生深刻影响。比如文艺界的作品当然要通过市场影响受众，也需要通过市场获得经济效益，但我们必须牢牢铭记，文化作品的根本价值在于对人们精神层面的影响。

一个民族，只有保持着生生不息的思想活力和历久弥新的文化传统，才能自立于世界民族之林。文化对于人生的影响全面而深刻，从精神层面来说，人生的过程其实就是一个文化过程。文化具有激励人心、宣传鼓动的巨大力量，这一点在革命和战争年代尤其明显。但是，总体来看，文化门类众多，性能各异，渗透在社会生活的各个方面，文化的教育、启迪、陶冶、审美、愉悦的功能和作用，更多是体现于间接或深远，常常是发生在潜移默化之中。从这个意义上说，文化如水，滋润万物，悄然无声。文化不是少数人的事业，文化属于大众。每个人都生活在文化之中，都自觉不自觉地创造或代表着某种文化。从商也好、从文也好、从政也好，方方面面的工作，都与文化有关。无论从事何种职业，凡是能够取得卓越成就者，除了专业知识、能力之外，必定在思想和人格上有其过人之处，必定在文化上有其独到的见解。他们奉献给社会的，除了具体的产品和作品外，同时，还有从业过程中体现的思想、风范、睿智与激情。我们这个时代充满着机遇和挑战，它为人们成就事业，奉献社会，同时，也为实现自己精彩的、有价值的人生，提供了条件和可能。中国优秀传统文化的坚守与传承、当代中国新文化的开拓与创新，乃至中华民族的进步与复兴，都需要智慧和热情、坚贞和勇气、责任和担当。

现在是信息爆炸的时代。信息技术的发展，给经济发展和社会进步注入了强劲的生机和活力，同时，也打破了传统社会文化结构和文化心理的平衡，从而为新时期文化的发展更新，创造了必要和可能。信息、知识层面是文化对社会生活最直接的反映，它对文化的发展乃至性质的影响广泛而深远。随着对外开放的扩大和信息化时代的到来，信息、知识呈现出爆炸性增长的状态，这极大拓宽了人们的认知领域，对社会生产力的解放产生积极影响，同时，也强烈地冲击着人们的情感世界和伦理观念。信息技术不仅创造了强大的传输系统，也催生出某些全新的文化样式。由于国际国内政治、经济的多种因素，原本混乱的信息传播变得更加复杂。目前，社会以及人们的内心世界出现的种种变化和问题，与我国信息社会的初始状态密切相关。信息是人认识世界的基础和首要环节。但是，信息不等于知识，知识不等于智慧，智慧也不等于能力。信息，只有通过有效的接收、辨识、整合才有可能成为知识，从而真正进入文化过程。知识可以传授，智慧和能力则需要通过人的实践和总结、历练和体验、学习和领悟获得。人在知识积累的过程中，逐步培养起善良真挚的情感，逐步学会处理自我与他人、自我与社会等伦理关系，在此基础上，他才有可能进一步去探求人生的终极追求，这便涉及信仰、价值观的问题。

市场经济、激烈竞争的环境下，对于情感培养的忽视，是文化建设，包括学校、家庭、社会教育中，特别值得注意的问题。真诚善良的情感是伦理道德、信仰价值观的基础。这就是古人所说的"道始于情"。薄情必然寡义，通情方可达理。我们媒体上宣传的社会主义道德模范和先进人物，他们崇高的品质和坚定信仰，无不源自他们对国家、对民族、对人民爱得真诚、深厚和热烈。缺乏真诚善良的情感，一切文明礼貌往往会流于形式，甚至堕入虚伪和做作，信仰云云也只是虚话和空言。我们热衷于艺术，因为真正的艺术是一种真挚的人文关怀，是一种深层的情感滋养。艺术的高尚之处在于它是一种深蕴着慈悲情怀的审美活动。

艺术与情感关系的奇妙，令人难以想象。在我们现实生活中，感动中国、感动世界的人和事不胜枚举。近些年也确实出了不少感人的作品，但整体上看，文艺作品表现乏力，撼人心魄的优秀作品太少。有些不错的作品，恰恰到了应该淋漓尽致推向高潮的时候，却上不去了，关键时刻，暴露其思想的苍白、情感的单薄和作者功力的不足。情感并非凭空而来，生活的体验和文学艺术的熏陶是情感形成的基本要素。作为文学艺术作品，它在多大程度上表达了人民大众的情感，并给予这种情感以关怀、抚慰、滋养和激励，是衡量文艺作品价值的根本尺度。文学艺术工作者只有深入生活、深入群众、深入实际，感受时代脉搏，体察民意人心，才能真正成为社会的良知，才有可能创作出感人的作品，给奋斗着的人民以情感上、精神上的滋养、鼓舞和慰藉。我们重看《梁祝》等经典，仍然会深受感动。《梁祝》本是悲剧，但最后以"化蝶"结束，不仅升华了梁祝的爱情，也让深陷悲痛的观众，得到一丝暖暖的慰藉。再比如《六月雪》，即《窦娥冤》，是一出悲惨的冤狱戏，关汉卿让窦娥发下的誓愿"若果有一腔怨气喷如火，定要感的六出冰花滚似锦"、"不要半星热血红尘洒，都只在八尺旗枪素练悬"，还有楚州大旱三年，均一一实现：六月里漫天飘下鹅毛大雪，行刑时，窦娥一腔热血全部喷射在高悬的白绫上，这些神来之笔，不仅强化了窦娥奇冤的悲剧色彩，又给几乎被撕裂的观众的心以些许安抚。捧读经典，那厚重的人文关怀，以及神奇瑰丽的想象力，真的令我们惊叹不已并深感惭愧。

（三）伦理建设与社会和谐

在中国传统文化中，伦理文化最为发达。传统的伦理思想和道德观念通过对复杂社会关系的梳理、归纳，形成了一系列行为规范和礼仪制度。同时，也通过文艺的载体，以大众喜闻乐见的形式，普及、渗透、代代传承。重视伦理道德价值是中国传统文化的显著特色。中国传统的哲学、文学、史学、法学、政治学等等，无不渗透着浓厚的伦理道德色彩。中国的封建社会秩序，也是建立在伦理秩序之上的。正如《周礼》所概括："有天地然后有万物，有万物然后有男女，有男女然后有夫妇，有夫妇然后有父子，有父子然后有君臣，有君臣然后有上下，有上下然后礼仪有所措。"宋元明清是中国传统道德文化走向成熟的时期，也是走向衰落的开始。特别是近现代以来，在西方文化和马克思主义思潮冲击下，中国社会的道德理论及规范体系走向危机乃至崩溃，这还不算最严重，因为它还是可以被建设的，最严重的问题是人们内心深处道德价值信仰的失落和崩溃。它集中表现为视伟圣为神话，视经典为糟粕，视法度为桎酷，视礼教为迂腐，视道德为虚伪，视无耻为真实，视自私为人性。削平价值、拒绝崇高，以钱为本、与狼共舞，无中心、无原则、无权威，成为时尚。这些现象才是最深刻、最难医治的病患，也是无形而广泛的破坏性力量，一切无耻、腐败、犯罪、屠杀、战乱，都可能由此而生。

我们就是在传统的道德被摧毁，而新的道德又没有确立的情况下，进入了市场经济的环境。毒大米、瘦肉精等食品安全问题，表面看是法律及管理的疏漏，其深层的问题是诚信缺失、道德沦丧的问题。我们要有忧患意识，情感淡漠、道德沦丧是最值得忧虑的事了。近些年来，精神文明得到重视，思想道德观念适应时代发展在不断进步，但伦理道德层面的文化失根、传统断层现象依然严重，中国特色社会主义道德体系的建设任重道远。伦理是一个群体的行为规范，它的实质是对人与人、人与社会、人与自然关系的约束和调节。这种约束和调节主要通过法律和道德来实现。孟德斯鸠说，法律是基本的道德，道德是最高的法律。改革开放以来，关于道德教育的研讨一直是个热门话题。当代道德教育效果不甚理想，原因固然复杂，其中忽视传承、忽视情感基础、教育形式单一，以及频繁变动的

"要求"太多，持之以恒的"规范"太少，不能不说是重要原因。中国传统的伦理道德是在长期的封建社会中形成的，是一个复杂的精华与糟粕并存的文化体系，它既反映了封建统治阶级的利益与意志，同时也蕴涵着中华民族特有的善良、正义及表达方式。对于封建主义的糟粕应予坚决地抛弃和剔除，而对于其优秀的内涵和形式则应很好地珍惜。实践证明，中华民族的优良传统可以随着时代的发展而富有新意。传统犹如血脉，应该更新，但不可以割断。当代中国的思想道德建设要与社会主义市场经济相适应，与社会主义法制相协调，与中华民族传统美德相承接。近年来，中央颁布了全民道德建设纲要，思想道德教育普遍加强，在全国开展的评选道德模范的活动受到广泛热烈的欢迎，模范人物的事迹感人至深。此项工作，关乎民族未来，绝非权宜之计，任重道远，需要持之以恒的努力。

一个人的伦理文化自觉，是由低到高、不断积累升华的结果，首先要有知识，有善良的、纯真的情感，懂得怎么样效忠国家，怎么样孝敬父母师长，怎么样要求自己，怎么样自立社会，然后才懂得人生最高追求，从而确立科学的理想和价值观。老百姓的许多基本道德观点，是从民间说书、戏曲中来的。说古皆是忠孝节义，道今全为播善扬真。中国戏曲对于民族文化的延续和民族精神的弘扬，发挥了无可比拟的重要作用。中国是宗教信仰自由的国家，但没有哪一种宗教可以在中国成为主流，成为共同信仰。只有一样东西，就是优秀的传统文化。中华民族之所以两千多年可以维系下来，就是中国文化的作用。中国人的文化信仰，随着时代发展而不断更新，它超越宗教，甚至于超越政治，成为中华民族团结统一的重要基础。文化作用的发挥不是自然发生的，它需要辩证的思考、理性的能动，需要宏观的引领和脚踏实地的建设。文化建设的核心是促进人的全面发展，提高全民族的素质。这尚是一个需要深入研究的重大而复杂的课题。

追求和谐，作为中华民族的一种思维方式和善良期盼，已经成为渗透在整个民族肌体、贯穿民族历史的一种文化思想和传统。同时，和谐思想也是人类共同的良知和追求。和谐不是文化的分类，而是渗透在文化当中的一种思想、一种精神，它以崇尚和谐、追求和谐为价值取向。比如，故宫的核心建筑是三大殿，第一是太和殿，第二是中和殿，第三是保和殿。太和，是天地之和，人与自然的和谐；中和，是中庸之道，人际关系的和谐；保和，是通过个人的修身养性来达到身心的和谐。可以说，崇尚追求和谐是中国传统文化的精髓之一。外国人说，现在世界危机四伏，恐怖主义肆行，能够挽救世界的，正是中国这种古老的和谐文化精神。当然，今天讲建设和谐社会、和谐世界并不是对过去革命斗争的否定。民族的解放、国家的独立、人民的自由，是实现社会和谐不可或缺的前提。如果没有这个前提，中国人就没有资格谈和谐问题。为了这个前提，中国人前赴后继，进行了一百多年的英勇斗争，许多人为之付出了生命和鲜血。和谐是以事物的矛盾和差异为其前提的。和谐是一个相对的、发展中的概念。和谐是运动中的平衡，差异中的协调，纷繁中的有序，多样性中的统一。当代历史的背景下，中国人看到了古人智慧的闪光，但是，我们现在提出的构建和谐社会，追求和谐世界，不是简单地重复古人，而是有着新的时代内涵，胡锦涛同志概括为：民主法制、公平正义、诚信友爱、充满活力、安定有序、人与自然和谐相处。构建和谐社会，经济是基础，政治是保障，文化是灵魂。现在，综合国力的竞争越演越激烈。虽然和平发展仍是主流，但强权政治、霸权主义横行，世界很不安宁。总之，世界复杂，问题甚多。但是不管怎么样，中国对内构建和谐社会、对外倡导和谐世界，这种愿望和努力得到了全世界人民的赞赏，可以说，顺乎时代潮流，合乎世界人心。只要理解了目标的正确和崇高，就不会畏惧道路的艰辛和漫长。

　　一个国家、一个民族在取得巨大成功和进步之后，还需永远保持对于世界的好奇心，保持如饥似渴了解世界的激情，学习、吸收、借鉴世界一切国家和民族的优秀文化来不断丰富发展自己。这是一个民族、一个国家，防止发达以后的自我封闭，不断发展进步的最重要的条件和保障。改革开放就是要大家睁开眼睛看世界，发现和正视中国与世界的差距，激起我们奋起直追的热情和决心。30多年过去了，我们国家取得了翻天覆地的变化，取得了举世瞩目的成就，但是我们需要常常提醒自己，我们内心那种如饥如渴地了解世界、学习借鉴他人的兴趣是否已经开始下降了呢？取得举世公认巨大成就的中国，特别需要保持清醒和虚心，特别需要更加热情友善、虚怀若谷。中国人特有的那种博大谦和、如饥似渴向世界学习的态度，不仅是我们民族的优秀品质，而且是我们国家不断发展进步的优势所在。我们已经取得了伟大的成就，但实现中华民族的伟大复兴，还有很长的路要走，更加宏伟的目标还在前方。穷不自卑，富不骄横。我们需要积极进取，开拓创新，同时，也需要从容和淡定。不急躁、不懈怠、不张扬、不折腾,坚定不移,脚踏实地,从容不迫向前走。对于国家,这符合科学发展观的要求;对于个人,也是真正的一个大国国民应有的风范和气度。这些善于学习,不断创新、不懈奋斗的精神气质,也是人摆脱文化压迫、走向文化自觉和文化解放的组成部分。

二 文化纠结与人的文化自信

(一)存在于"文化自信"背后的"文化纠结"

我们提倡和追求的东西,往往正是需要却缺少的东西。今天,我们提倡文化自信的背后正是文化纠结的存在。存在纠结,自信何来?文化纠结,既指人们在多种文化和价值体系的矛盾冲突中进行艰难选择的心理状态,又指人们对某一种文化的价值评价和信仰选择中存在的矛盾状态。在当代中国的文化建设中,始终存在着如何对待中、西、马文化的纠结。

1. 对中国传统文化的纠结。从理论逻辑上说,文化应该与时代相适应,新时代需要新文化。在这个意义上,传统文化、传统道德都不值得重视,甚至需要自觉的超越和创新。但是,问题并不是这样简单。回顾鸦片战争以来的中国历史,特别是辛亥革命和五四新文化运动以来的历史,围绕中国传统文化的争论始终就没有停止过,肯定与否定的争论高潮迭起,至今未断。倒是调和持中、辩证分析、批判继承的观点贯穿始终,越来越经得起历史和实践的考验,也显得能立于不败之地。因为,中国传统文化内涵丰富,包括宗教信仰、哲学智慧、伦理道德、文学艺术、科技医药、民俗文化等;也包括政治、法律、经济、教育等制度;还包括农业、商业、手工业、军事、文物、建筑、饮食、服饰、审美等方面的物质或精神成果。很显然,对传统文化中每一个具体内容的价值评价都不能一概而论,而必须具体问题具体对待,有些有时代性、民族性甚至地域性、阶层性,但也有很多具有超越时代和民族的普世价值、永恒价值。这是从传统文化本身来看的。

实际上,影响传统文化价值评价的因素很多。对传统文化特别是道德的争论最多,主要还是受现实社会需要和外来文化冲击所致。中国近现代以来,尤其是20世纪以来,社会转型不断深化,经济、政治、文化都在发生深刻变化,虽然马克思主义文化逐步居于统治地位,但是西方资本主义文化的影响也无孔不入,特别是改革开放以来,西方文化通过多种途径大量传入中国，不但改变着中国人的生活方式和价值观念，而且在很大程度上左右了治国理念、政策取向和施政方略，比如，科教兴国、依法治国、民主政治、市场经济、全球视野、国际惯例、企业文化、创意文化等等，无不与西方文化的影响有深刻联系。在与现实需要和外来文化的比较中，人们也越来越自觉认识到民族传统文化的缺点。同时，在世界多元文化的竞争中，人们在对待本民族传统文化上，也有维护民族尊严、民族感情和国家利益的考虑，尽管认识到了自己民族文化的一些缺点，但要完全放弃也很难接受。加之，很多群众并不能从整体上辩证地、理性地认识中国传统文化的优点和缺点，而往往是从局部的眼界、功利的目的甚至个别的事例出发，推而广之，不顾其余，或者对传统文化全盘肯定，盲目推崇，或者对传统文化全盘否定，一概抛弃。由于受民族主义与自由主义的双重夹击，也受马克思主义文化的排挤，传统文化特别是传统道德的现实地位和价值始终成为一个悬而未决的问题，由此使人们产生了对待传统文化的心理纠结。

2. 对西方文化的纠结。人们在使用"西方文化"的概念时，实际上有广义和狭义两种情况。广义的西方文化，应该包括自古希腊罗马时期、中世纪时期、文艺复兴时期、资产阶级革命时期的西方文化，以及19世纪、20世纪特别是第二次世界大战以后发达资本主义国家的文化。其中也包括经典马克思列宁主义文化。狭义的西方文化，主要是特指启蒙运动以来的资产阶级文化，特别是第二次世界大战以后发达资本主义国家的文化。对待西方文化的纠结，主要表现在对待狭义的西方文化上。因为启蒙运动以来的资产阶级文化，特别是第二次世界大战以后发达资本主义国家的文化中，既有进步、科学、文明的成分，又有狭隘、偏见、自私、腐朽、反动的成分。要是人们都能用辩证分析、理性科学的态度对待外来文化也就好了，问题是有的人或出于认识片面，或出于利益考虑，或出于情绪偏激，不是全盘肯定西方文化，就是全盘排斥西方文化。对待西方文化的态度往往与对待中国传统文化的态度是相互影响的，推崇中国传统文化的人与推崇西方文化的人，互不相让，彼此对立。当然，也有很多人保持调和折中的态度。

中国和西方文化的矛盾也是导致文化纠结的重要原因。当代的中国已经不再是一个对世界封闭的国家，而是面向世界，以主动的姿态融入了全球化的浪潮。学术界新一代研究者越来越多地参与到国际性的理论争鸣中，发出越来越强有力的声音。在这样一个民族和语言疆界模糊的时代，超越民族主义的文学和文化理论建构已成为大势所趋。这也导致中国当代的文化不仅保持了中华民族自身的，而且包容了世界的，其中主要是西方的。于是我们看到两种情形，一方面是儒家文化的复兴，如读经、尊孔和办国学院，另一方面则是基督教文化和现代西方自由、民主、法制、人权等文化观念的引进。在一定范围内，西方文化比中国文化更具强势。这是因为中国文化以农牧业社会和集权政治为背景，西方文化以工商业社会和民主政治为背景。中国文化强调的是整体主义和义务本位的价值观；而西方文化则强调的是个体主义和权利本位的价值观。表现在生活方式和节庆文化方面，面对西方情人节的玫瑰、烛光、美酒和咖啡，中国富有浪漫、想象和诗意的七夕却被人遗忘，而且即使被冠以中国情人节的美名，也激不起痴男爱女的向往。

对西方文化的纠结更主要产生于意识形态的冲突。"从冷战时期开始，西方国家对社会主义国家的文化渗透就包含双重战略目标：一重目标是向中国等社会主义国家传播西方资本主义生活方式和自由主义价值观，破坏这些国家人民的政治信仰和他们对本国文化的忠诚，并尽可能造成这些国家的文化危机，以达到其政治目的；另一重目标则是培养社会主义国家人民对西方文化观和价值观的认同，企图以其文化观和价值观'重塑'整个世界。"[①]

3. 对马克思主义文化的纠结。文化纠结，不仅存在于对待非主流的传统文化和西方文化，也存在于对待主流的马克思主义和社会主义文化。我们现在提倡中国特色社会主义的道路自信、理论自信和制度自信，本身就说明还有人不自信。为什么不自信，就是因为有困惑、有纠结。困惑何在？纠结何来？值得深究。从"名"与"实"的关系来看，改革开放之前，我们走了"以名求实"的路线，所以，注重原创，回归文本，结果犯了教条主义和脱离国情的错误。改革开放之后，我们走了"以实循名"的路线，也可以说是"抽象继承"和"旧瓶装新酒"的方法，开辟了马克思主义中国化、现代化的道路，形成了中国特色社会主义的道路、理论和制度。然而，并不是所有的人都能从全局的、积极的角度看问题，更多的人可能是从自己所接触、所熟悉的局部现象甚至是消极现象看问题，比

[①] 惠鸣：《文化强国：理念与实践》，社会科学文献出版社2013年6月版，第74页。

如,从非公经济、民营经济快速发展的角度看问题;从外国资本大举入侵的角度看问题;从贫富差距不断扩大的角度看问题;从自然环境遭到严重破坏的角度看问题;从腐败丛生的角度看问题,从道德危机的角度看问题,从上学难、就业难、买房难、结婚难、就医难的角度看问题,等等。把这些问题集中到一起,人们就会对"马克思主义""社会主义"等旗帜性概念的真实性产生疑问。加之,我们在推进马克思主义中国化、现代化的过程中,确实自觉不自觉地淡化或放弃了马克思、恩格斯、列宁、毛泽东等马克思主义经典著作家们曾经提出的一些重要思想观点,比如,阶级分析和阶级斗争的思想观点;坚持群众路线、依靠群众运动和相信群众力量的思想观点;关于公有制和计划经济的思想观点;甚至连我们曾坚定信仰的爱国主义、集体主义和共产主义思想也很少有人讲了。即使有人敢讲出来,也会被指责为狭隘民族主义、极左思想或假大空宣传,这些现象的存在,无疑加深了人们对意识形态领域"名"与"实",或理论与实践是不是一致、应不应一致的疑问,进而对要不要继续坚持"马克思主义文化"的主导地位以及要不要继续使用"社会主义文化"的名称等重大问题产生纠结。

(二)伴随"文化纠结"的文化虚无、文化盲从和文化创新

文化纠结已经不是少数人的文化心理现象,也不是发生在局部地方,而是具有全局性和现代性的特点。与文化纠结相伴随的是文化虚无、文化盲从和文化创新现象的并存。

1. 文化虚无。文化虚无主义主要表现为否定或拒斥人类创造的一切文明和文化的价值,否认人生和世界的意义。在当代中国文化中,传统的价值也就是儒家所主张的价值已经不再具有规定性,它至多只是一个文化遗产和遗迹。如传统的春节不仅是家人的团圆,而且也是对于天地的膜拜和对于祖宗的追思,但现在的春节却完全改变了其本性。在饥饿的岁月里,它是饱餐的时机,但在温饱的年代里,它几乎只是一个例行公事。人们不敬畏天地,也未必就崇拜上帝。既不是天地,也不是上帝,而是各种体育和娱乐明星成为了我们时代的偶像。他们并不代表某种最高的原则,只是因为他们在某个领域里第一,是名人。最具时代特征的是各种类型的造星运动,它将一个非英雄变成英雄,如芙蓉姐姐。这些人物几乎没有任何意义,甚至可以说,他们就是虚无主义的明星。当代各种文化只要试图

进入市场，就必须借助于技术，最主要是传媒技术、信息技术。例如广告就是极端情形。当代文化不同于传统文化的突出特征是它的虚拟化，即假的如同真的。因此人们生活在虚拟的世界里如同生活在现实世界里一样。现在已经成为一个严重社会问题的网络依赖症就是如此。正如人们依赖酒精和毒品所制造的麻醉和幻觉一样，网络依赖症就是对于虚拟世界的依赖。人被技术所制造的虚拟世界所控制了。当文化成为产品的时候，它就要提供给人消费。所谓消费就是满足人的欲望。人有各种欲望，有身体的，有社会的，还有精神的。但身体感官欲望的满足，亦即享乐，成为了消费最直接的形态。因此一些文化产品便直接或间接地将享乐主义作为自己的原则。于是不仅所谓的娱乐文化，而且一般的文化也奉行这样的口号：娱乐至上，娱乐至死。更有甚者，有的文化产品为了刺激人们的欲望，诲淫诲盗，宣传色情和暴力。这种文化就不是一般的享乐主义了，而是假丑恶，引导人走向非理性、非道德，甚至引导人走向犯罪。

2. 文化盲从。改革开放以来，中国文化受益于全球化，但应注意避免盲目的西方化和狭隘的中国化。过去我们曾崇拜过苏联文化，后来我们又开始崇拜西方文化，发展到今天，社会对待文化不加判断和思考，或以西为新，或以旧为新，或为新而新。以中国文学理论为例，在当下就患上了严重的"失语症"，这很大程度上是中国文论在现代转型时盲目遵从西方话语范式的产物，中国文论的自我思考能力被低估。将西方理论体系及其范畴命题直接移用到我们文化语境中的做法，不仅割裂了中国文学内容与形式本身的有机和谐，而且加深了中西文化固有的鸿沟。在20世纪后半叶以来的文化反思中，又出现了过分抬高中国文化的倾向，甚至形成了以中国文化拯救世界的理论幻想，这就又走向了另一个极端。文化盲从不仅表现为对西方文化或中国传统文化的片面推崇，还表现为文化建设对大众需求的盲目迎合。所谓媚俗、低俗、庸俗的文化作品的泛滥，也是文化盲从的一种表现。人类文化发展到今天，追求和建构我们心灵的家园已经成为了任何一种文化形态的根本追求，我们应该知道，文化建设的目的是提升大众而不是盲从大众。即使在发展大众文化的口号下，也不能允许低俗文化的泛滥。寻找既符合21世纪的多元文化语境，又突出中国文化的民族性格和审美情趣，走中华文化复兴之路，仍然任重而道远。

3. 文化创新。事物的发展总是辩证的。穷则思变，坏事也能变成好事。文化纠结在导致了消极的文化虚无和文化盲从现象的同时，也激发出人们积极进取的文化创新热情。以文化改革为动力，以发展公益性文化事业和经营性文化产业为内容，以推动社会主义文化大发展、大繁荣和实现文化强国为目标的文化建设高潮正在全国蓬勃兴起。文化发展的实质，就在于文化创新。创新，是一个民族进步的灵魂，是一个国家兴旺发达的不竭动力，也是一种文化永葆生机的源泉。所谓"创新"，就是在求异的前提下，发现前所未闻的规律，发明前所未用的技术，实施前所未有的举措，创造前所未见的事物。就是通过对实际生活及社会实践本身的深度观察与缜密思考，发前人之所未发之感慨，说前人之所未说之话语，论前人之所未论之论题。文化在交流的过程中传播，在继承的基础上发展，都包含着文化创新的意义。文化自身的继承与发展，是一个新陈代谢、不断创新的过程。文化创新的源泉是实践。人类在改造自然和社会的实践中，创造出自己特有的文化。一方面，社会实践不断出现新情况，提出新问题，需要文化不断创新，以适应新情况，回答新问题；另一方面，社会实践的发展，为文化创新提供了更为丰富的资源，准备了更加充足的条件。所以，社会实践是文化创新的动力和基础。文化创新可以推动社会实践的发展。文化源于社会实践，又引导、制约着社会实践的发展。推动社会实践的发展，促进人的全面发展，是文化创新的根本目的，也是检验文化创新的标准所在。

着眼于文化的继承，"取其精华，去其糟粕"，"推陈出新，革故鼎新"，是文化创新必然要经历的过程。一方面，不能离开文化传统，空谈文化创新，对于一个民族和国家来说，如果漠视对传统文化的批判性继承，其民族文化的创新，就会失去根基；另一方面，不同民族文化之间的交流、借鉴与融合，也是文化创新必然要经历的过程。实现文化创新，需要博采众长。文化的交流、借鉴和融合，是学习和吸收各民族优秀文化成果，以发展本民族文化的过程；是不同民族文化之间相互借鉴，以"取长补短"的过程；是在文化交流和文化借鉴的基础上，推出融会各种文化特质的新文化的过程。由此可见，文化多样性是世界的基本特征，也是文化创新的重要基础。在文化交流、借鉴与融合的过程中，必须以世界优秀文化为营养，充分吸收外国文化的有益成果，同时要以我为主、为我所用。

对于文化创新，要把握好当代文化与传统文化、民族文化与外来文化的关系。克服固守本民族的传统文化，拒绝接受新文化和任何外来文化的

"守旧主义"和"封闭主义";克服一味推崇外来文化,根本否定传统文化的"民族虚无主义"和"历史虚无主义"。我们要立足于发展中国特色社会主义的实践,着眼于人民群众不断增长的精神文化需求,在历史与现实、东方与西方的文化交汇点上,发扬中华民族优秀文化传统,汲取世界各民族文化的长处,在内容和形式上积极创新,努力铸造中华文化的新辉煌。

(三)"文化自信"包括道路自信、理论自信和制度自信

党的十八大报告提出要坚定中国特色社会主义的道路自信、理论自信、制度自信,这也是"文化自信"的应有之义。大致说来,道路是实践,理论是观念,制度是规范,这三者都属于广义文化的内涵。自信意味着自我肯定和自我坚持,但自信又不同于墨守成规、故步自封的自傲。因此,坚持道路、理论、制度"三个自信"与改革创新并不矛盾。应该说,对中国特色社会主义的道路自信、理论自信、制度自信,只是对建党90多年,改革开放30多年所取得成就的肯定和坚持,而不是对我们进一步改革、创新和发展的限制。是对我们理想信念之大框架、大方向、大目标的规划、肯定和坚持,而不一定是对每个细节的肯定和坚持。因此,不能因为强调文化自信而墨守成规、裹足不前,而要善于发现我们的不足和问题,并在积极主动地改革和创新中继续前进。同时,也要按照党的十八大精神,深刻理解坚持道路自信、理论自信和制度自信的丰富内涵。

坚持道路自信,就是要在中国共产党领导下坚定不移走中国特色社会主义道路,就是要立足基本国情,建设社会主义市场经济、社会主义民主政治、社会主义先进文化、社会主义和谐社会、社会主义生态文明,促进人的全面发展,逐步实现全体人民共同富裕,建设富强民主文明和谐的社会主义现代化国家。建设中国特色社会主义,总依据是社会主义初级阶段,总布局是经济、政治、文化、社会、生态"五位一体",总任务是实现社会主义现代化和中华民族伟大复兴。

坚持理论自信,就要坚持中国特色社会主义理论体系。包括邓小平理论、"三个代表"重要思想、科学发展观在内的科学理论体系,是对马克思列宁主义、毛泽东思想的坚持和发展。当前,尤其是要把科学发展观贯彻到我国现代化建设全过程、体现到党的建设的各方面,更加积极有力地推动科学发展的实践。我们要增强责任感和忧患意识,全面把握机遇,沉着应对挑战，牢牢把握发展的主动权。要加快完善社会主义市场经济体制，加快转变经济发展方式。要不失时机深化重要领域改革，坚决破除一切妨碍科学发展的思想观念和体制机制弊端，处理好政府和市场的关系，实施更加积极主动的开放战略，增强发展的动力与活力。要在创新驱动中加快产业优化升级，促进工业化、信息化、城镇化、农业现代化同步发展，不断提高发展的质量和效益，促进经济持续健康发展。同时，切实加强以保障和改善民生为重点的社会建设，深入实施重大民生工程，构筑保障基本民生的安全网，推动社会和谐与经济发展互促共进。理论要指导和引领实践，就要在实践中不断丰富和发展。

坚持制度自信，就是要坚持人民代表大会制度，中国共产党领导的多党合作和政治协商制度、民族区域自治制度以及基层群众自治制度等基本政治制度，中国特色社会主义法律体系，公有制为主体、多种所有制经济共同发展的基本经济制度，以及建立在这些制度基础上的经济体制、政治体制、文化体制、社会体制等各项具体制度。具体说来：就是要支持人大及其常委会充分发挥国家权力机关作用，依法行使立法、监督、决定、任免等职权，加强立法工作组织协调，加强对政府全口径预算决算的审查和监督。要通过国家政权机关、政协组织、党派团体等渠道，就经济社会发展重大问题和涉及群众切身利益的实际问题广泛协商，广纳群言、广集民智，增进共识、增强合力。推进政治协商、民主监督、参政议政制度建设，更好协调关系、汇聚力量、建言献策、服务大局。深入进行专题协商、对口协商、界别协商、提案办理协商。要完善基层民主制度。健全基层党组织领导的充满活力的基层群众自治机制，以扩大有序参与、推进信息公开、加强议事协商、强化权力监督为重点，拓宽范围和途径，丰富内容和形式，保障人民享有更多更切实的民主权利。要全面推进依法治国。推进科学立法、严格执法、公正司法、全民守法，坚持法律面前人人平等，保证有法必依、执法必严、违法必究。完善中国特色社会主义法律体系，加强重点领域立法，拓展人民有序参与立法途径。推进依法行政，做到严格规范公正文明执法。要深化行政体制改革。深入推进政企分开、政资分开、政事分开、政社分开，建设职能科学、结构优化、廉洁高效、人民满意的服务型政府。深化行政审批制度改革，继续简政放权，推动政府职能向创造良好发展环境、提供优质公共服务、维护社会公平正义转变。创新行政管理方式，提高政府公信力和执行力。推进事业单位分类改革。

要建立健全权力运行制约和监督体系。坚持用制度管权管事管人，保障人民知情权、参与权、表达权、监督权。坚持科学决策、民主决策、依法决策，健全决策机制和程序，建立决策问责和纠错制度。凡是涉及群众切身利益的决策都要充分听取群众意见，凡是损害群众利益的做法都要坚决防止和纠正。推进权力运行公开化、规范化，完善党务公开、政务公开、司法公开和各领域办事公开制度，健全质询、问责、经济责任审计、引咎辞职、罢免等制度，加强党内监督、民主监督、法律监督、舆论监督，让人民监督权力，让权力在阳光下运行。要巩固和发展最广泛的爱国统一战线。高举爱国主义、社会主义旗帜，巩固统一战线的思想政治基础。坚持长期共存、互相监督、肝胆相照、荣辱与共的方针，加强同民主党派和无党派人士团结合作，加强党外代表人士队伍建设，选拔和推荐更多优秀党外人士担任各级国家机关领导职务。全面正确贯彻落实党的民族政策，坚持和完善民族区域自治制度，深入开展民族团结进步教育，加快民族地区发展，促进各民族和睦相处、和衷共济、和谐发展。全面贯彻党的宗教工作基本方针，发挥宗教界人士和信教群众在促进经济社会发展中的积极作用。鼓励和引导新的社会阶层人士为中国特色社会主义事业作出更大贡献。

（四）马克思主义的现代化、中国化和大众化

1. 原始马克思主义包括哲学、政治经济学和科学社会主义。哲学，历来有狭义和广义之分。狭义哲学就是指哲学原理，包括本体论、认识论和价值论。这是关于世界观和方法论的基础哲学、狭义哲学，属于广义哲学的二级学科。广义的哲学属于一级学科，通常包括哲学原理、哲学史、价值哲学、应用（实践）哲学等若干二级学科。由此可见，所谓广义哲学，不仅包括作为世界观和方法论的基础哲学，而且包括了作为经济、政治、文化、社会、生态等建设和人的发展之指导思想的应用哲学。原始马克思主义包括哲学、政治经济学和科学社会主义，这是从习惯上来说的，也是从狭义哲学上来说的。如果从广义哲学上说，马克思主义的全部内容都可以说是哲学。因为政治经济学和科学社会主义，也是应用哲学或哲学的应用，里面渗透着马克思主义狭义哲学，即本体论、认识论、价值论的内涵。政治经济学是用哲学方法分析资本主义社会的生产关系，是政治哲学和经济哲学的统一。马克思主义哲学的价值论部分，主要是伦理思想。

也就是说，马克思不仅用思辨哲学的方法分析资本主义生产关系，也用伦理道德的价值观评价资本主义的生产关系。这在《资本论》中得到了最经典的体现。科学社会主义主要论述社会主义和共产主义社会理想及其实现途径。这也是对空想社会主义思想的继承和发展。恩格斯在《社会主义从空想到科学》一文中作了经典论述。人们通常把马克思主义哲学区分为辩证唯物主义和历史唯物主义两个部分。其中辩证唯物主义主要是讲世界观和方法论的；历史唯物主义主要是讲生产力与生产关系、经济基础与上层建筑的运动规律的。这一部分与政治经济学和科学社会主义的联系是很紧密的，也可以说，政治经济学和科学社会主义学说就是对历史唯物主义的应用和展开。也正是在这个意义上说，原始马克思主义的全部内容都可以归于广义的哲学。马克思主义是世界历史的产物，反映了自然、社会和思维的最一般的规律，是无产阶级和革命人民认识世界和改造世界的科学世界观、方法论和价值观，具有普遍的意义。马克思主义也是不断发展的思想理论体系，是"源"和"流"的统一。原始马克思主义的经典著作就是《马克思恩格斯全集》，这是我们学习、信仰、坚持和发展马克思主义的根本基础和理论源泉。在此基础上形成了列宁主义、毛泽东思想以及包括邓小平理论、"三个代表"思想、科学发展观和其他重要领导人的思想和著作在内的中国特色社会主义理论。我们在重视马克思主义之"流"的同时，绝不能丢掉马克思主义之"源"。无源之水，无根之木，都是难以存在的。因此，任何时候都不能丢掉马克思主义的"老祖宗"。

2. 马克思主义的现代化优先于民族化和大众化。我国理论界早已提出了马克思主义中国化、现代化和大众化的课题。在这三个课题中，我们认为，马克思主义现代化应该优先于中国化和大众化。因为，马克思主义是具有世界历史意义的思想理论，其视野、对象、问题、价值都是超越于具体国家和民族之上的，同时又是能与具体国家、民族的社会实践相结合的。但是，马克思恩格斯是根据他们那个时代的情况及认识水平创立马克思主义理论的，从1848年的《共产党宣言》算起，距今已经160多年，在这期间，国际政治和经济形势都发生了天翻地覆的变化，科学技术也发生了十多次革命性的变化，人们的知识、思想、观念也都发生了巨大变化。现在的世界一日千里地发展，与古老社会不同，是一个开放的时代、科学技术突飞猛进的时代。要认清时代特点，大踏步赶上时代前进的步伐。在这种情况下，要坚持马克思主义就必须发展马克思主义，将其现代化。也就是要吸收全人类哲学社会科学和自然科学发展的最新成果，要反映20世纪以来人类社会的新情况和新问题。要能够指导21世纪人类社会发展的新实践和新方向。实际上，从列宁、斯大林、毛泽东、邓小平，到中国特色社会主义理论的其他贡献者，都一直在以科学态度坚持和发展马克思主义。

在20世纪80年代末国际形势发生重大变化、国际共产主义运动面临重大危机的关头，邓小平郑重地提出和阐述了一个重要问题：怎样做才能算是一个真正的马克思主义者？他认为，一个马克思主义者要有坚定的信念，同时还要有对待马克思主义的科学态度。他说："马克思去世以后一百多年，究竟发生了什么变化，在变化的条件下，如何认识和发展马克思主义，没有搞清楚。绝不能要求马克思为解决他去世之后上百年、几百年所产生的问题提供现成答案。列宁同样也不能承担为他去世以后五十年、一百年所产生的问题提供现成答案的任务。真正的马克思列宁主义者必须根据现在的情况，认识、继承和发展马克思列宁主义。""列宁之所以是一个真正的伟大的马克思主义者，就在于他不是从书本里，而是从实际、逻辑、哲学思想、共产主义理想上找到革命道路，在一个落后的国家干成了十月社会主义革命。中国伟大的马克思列宁主义者毛泽东，并不是在马克思、列宁的书本里寻求在落后的中国夺取新民主主义革命胜利的途径。""不以新的思想、观点去继承、发展马克思主义，不是真正的马克思主义者。"邓小平说："我是个马克思主义者。我一直遵循马克思主义的基本原则。""马列主义、毛泽东思想的基本原则，我们任何时候都不能违背，这是毫无疑义的。但是，一定要和实际相结合，要分析研究实际情况，解决实际问题。""主要的是要用马克思主义的立场、观点、方法来分析问题，解决问题。马克思主义的活的灵魂，就是具体地分析具体情况。""实事求是是毛泽东思想的出发点、根本点"，"毛泽东思想的基本点就是实事求是"，"毛泽东思想的精髓就是这四个字"，"我们讲了一辈子马克思主义，其实马克思主义并不玄奥。马克思主义是很朴实的东西，很朴实的道理"。"实事求是是马克思主义的精髓。要提倡这个，不要提倡本本。我们改革开放的成功，不是靠本本，而是靠实践，靠实事求是。""我读的书并不多，就是一条，相信毛主席讲的实事求是。过去我们打仗靠这个,现在搞建设、搞改革也靠这个。"[①] 今天,我们党的事业已经大大向前发展了,继邓小平理论之后,我们党又把"三个代表"重要思想和科学发展观写在自己的旗帜上。党的十八大以来,习近平同志发表了一系列重要讲话,提出了许多富有创见的新思想新观点新论断新要求,为中国特色社会主义注入新的丰富内涵,指导党和国家事业继续前进。

马克思主义只有在现代化的基础上,才能进一步实现民族化和大众化。世界各国、各民族都可以将马克思主义民族化,也就是与本国的具体实践相结合。从这个意义上说,马克思主义中国化就是马克思主义民族化的一种类型。至于马克思主义大众化,实际上就是指要将现代化、民族化了的马克思主义通俗化、普及化、应用化。马克思主义之所以要现代化、中国化和大众化,不仅是因为马克思主义产生以来的世界经济、政治、文化、科技、军事等形势发生了巨大变化,还因为以马克思主义为理论武装和指导思想的中国共产党,已经由过去的革命党变成了执政党。作为革命党,主要领导无产阶级革命运动和革命战争;作为执政党,主要领导拥有十三亿人口的中国开展改革开放和社会主义现代化建设。这些变化非常巨大,也非常深刻,这就必然要求马克思主义现代化、中国化和大众化。马克思主义只有现代化、中国化,才能更好地大众化。马克思主义也只有与人民大众相结合,才能变成推动社会进步的巨大力量。

3. 马克思主义中国化的两个层面:与社会实践和传统文化相结合。"马克思主义民族化"的课题,这是站在全人类的高度提出来的。将这个课题具体到中华民族,也就转化成了"马克思主义中国化"的课题。所谓马克思主义中国化,有两层含义:一是指将马克思主义的普遍真理与中国的革命、建设和改革开放的实践相结合;二是指将马克思主义文化与中国传统文化相结合。在这两个层面的结合中,虽然前者是基础,但后者也十分重要,不可或缺。

马克思主义中国化是由毛泽东在民主革命时期为了反对主观主义即教条主义和经验主义而提出来的。他在《改造我们的学习》一文中说:我们"要有目的地去研究马克思列宁主义的理论,要使马克思列宁主义的

---

① 转引自冷溶《邓小平开创中国特色社会主义道路的伟大贡献》,《人民日报》2014 年 8 月 20 日。

理论和中国革命的实际运动结合起来,是为着解决中国革命的理论问题和策略问题而去从它找立场,找观点,找方法的。这种态度,就是有的放矢的态度。'的'就是中国革命,'矢'就是马克思列宁主义。我们中国共产党人所以要找到这根'矢',就是为了要射中国革命和东方革命这个'的'的。这种态度,就是实事求是的态度"[1]。毛泽东思想就是马克思主义中国化的成果。不过,在民主革命时期,马克思主义中国化还只能是中国马克思主义者或中国共产党人的理论范式,即与主观主义相对立的"马克思列宁主义的态度"。只有在马克思主义占据主导地位、成为全社会的指导思想的条件下,马克思主义中国化才有可能成为整个中国的理论范式。

邓小平是将马克思主义中国化推向前进的一代伟人。他指出,我们搞改革开放绝不是要抛弃我们的理想,"仍然要坚持社会主义道路,坚持共产主义的远大理想,年轻一代尤其要懂得这一点。但问题是什么是社会主义,如何建设社会主义。我们的经验教训有许多条,最重要的一条,就是要搞清楚这个问题"。在党的十二大上,他明确指出:"把马克思主义的普遍真理同我国的具体实际结合起来,走自己的道路,建设有中国特色的社会主义,这就是我们总结长期历史经验得出的基本结论。"这就是强调要一切从中国的实际出发,通过"相结合"来回答和解决什么是社会主义、怎样建设社会主义的问题。

关于社会主义本质。这最能反映邓小平对社会主义的认识和理解。他认为,我们为什么不搞资本主义而非要搞社会主义呢?就因为社会主义比资本主义优越。如果不优越,搞社会主义干什么?这是他思考"什么是社会主义"问题的逻辑起点。那么,社会主义的优越表现在哪里呢?主要是两个方面,一个是生产力比资本主义发展得更快一些、更高一些;另一个是生产力发展的成果要落到人民生活水平的提高上,逐步实现共同富裕。到南方谈话时就有了对社会主义本质的概括,即"社会主义的本质,是解放生产力,发展生产力,消灭剥削,消除两极分化,最终达到共同富裕。"这段话强调了两个意思,一是解放和发展生产力,二是共同富裕。显然,他认为这两条是社会主义最重要的东西,是相互联系、缺一不可的,是逐步推进的历史过程。他一再强调,贫穷不是社会主义,两极分化

---

[1] 《毛泽东选集》第3卷,人民出版社1991年版,第801页。

也不是社会主义。"社会主义最大的优越性就是共同富裕,这是体现社会主义本质的一个东西。"对社会主义本质的概括,对于指导改革开放沿着正确方向发展具有非常重要的意义。

关于社会主义初级阶段。现实中的社会主义与马克思当初设想的较高发展阶段的社会主义不同。对于这一点,我们过去认识得不是很清醒,超越阶段是过去犯错误的主要原因。邓小平总结历史经验教训,结合改革和现代化建设实际,明确提出并深刻阐述了社会主义初级阶段的理论。他指出:"不要离开现实和超越阶段采取一些'左'的办法,这样是搞不成社会主义的。""社会主义本身是共产主义的初级阶段,而我们中国又处在社会主义的初级阶段,就是不发达的阶段。一切都要从这个实际出发,根据这个实际来制订规划。"邓小平要求一切从初级阶段的实际出发,同时强调不能忘记远大理想。他说:"我们干的是社会主义事业,最终目的是实现共产主义。这一点,我希望宣传方面任何时候都不要忽略。"

关于社会主义也可以搞市场经济。究竟社会主义能不能搞市场经济?这是当时长期争论不休、阻碍改革推进的大问题。邓小平没有回避这个问题。他指出,计划和市场都是发展生产力的手段、方法,"它为社会主义服务,就是社会主义的;为资本主义服务,就是资本主义的"。我们搞的是"社会主义的市场经济"。在南方谈话中,他更加明确地指出:"计划经济不等于社会主义,资本主义也有计划;市场经济不等于资本主义,社会主义也有市场。"这就从根本上解除了把计划经济和市场经济看做属于社会基本制度范畴的思想束缚。这是邓小平在社会主义问题上的重大理论贡献。

上述这些重大理论观点,既坚持科学社会主义的基本原则、继承前人,又根据改革开放新的实践、创新发展,是把马克思主义同中国实际相结合的重要成果。我们说邓小平开拓了马克思主义新境界、把对社会主义的认识提高到新的科学水平,很重要的就是指这些方面。[①]

近代先进的中国人向西方学习,几乎搬来了西方的全部思想库,但其结果不是化作过眼云烟转瞬即逝,就是成为少数知识精英的精神奢侈品仅供鉴赏,唯独马克思主义一枝独秀,不但成功地实现了中国化,而且最终

[①] 参见冷溶《邓小平开创中国特色社会主义道路的伟大贡献》,《人民日报》2014年8月20日。

取代了统治中国两千多年的儒家意识形态跃居为中国社会的指导思想，其中的奥秘何在？

第一，马克思主义的中国化，首先在于它适应了中国革命实践的需要。实践证明，照搬马克思主义的条文和外国经验并不适合中国国情，这迫使中国共产党人找到了一条把马克思主义的普遍原理与中国具体革命实际相结合的道路，进而克服了党内教条主义和"全盘俄化"的错误趋向，终于指引中国革命取得了胜利。新中国成立后又经过艰难曲折的探索，创造性地走出了一条中国特色社会主义道路。实践也证明，马克思主义只有实现了中国化才能成功地促进中国共产党由革命党转变为执政党，也只有中国化的马克思主义，才能促成中国特色社会主义道路、制度和理论的制定，从而使中国社会永不偏离正确的前进方向。

第二，马克思主义的中国化，还在于它适应了中国近代主流文化转型的需要。相对于经过文艺复兴、启蒙运动和工业革命洗礼的西欧社会，中国从16世纪起就落后了。与此同时，以儒学为核心价值观的主流文化或意识形态日益捉襟见肘，已不可能成为中国社会变革的指导思想。盘踞中国指导思想地位两千多年的儒家哲学是一种代表着农业社会的意识形态，随着资本主义生产关系的生长，这种农业社会的观念文化越来越表现出与现代性不相协调的特征，其历史性的跌落不可避免，寻求一种新型的、能适应社会发展的指导思想或核心价值势在必行。五四新文化运动无疑是一次伟大的思想解放和启蒙运动，在这场运动中，中西碰撞、新旧杂糅导致了中国主流文化的重新洗牌，马克思主义后来居上成为中国人的不二抉择，因为只有马克思主义才能完成中国传统哲学与"西学"所不能完成的神圣使命。马克思说过："理论在一个国家的实现程度，总是决定于理论满足这个国家的需要的程度。"

第三，马克思主义的中国化，也受益于它与中国传统文化之间的天然亲和力。马克思主义代表着近代人类社会最先进的思想文化，其与中国传统哲学相比，无疑有着本质上的不同：源出的文化背景不同，反映的时代精神不同，立基的生产力和经济发展水平不同，蕴涵的阶级属性不同，因而执行的社会与文化功能也不同。然而，马克思主义与以儒学为标识的中国传统哲学之间无疑也包含许多共同之点。（1）两者在反对宗教神学世界观方面具有相通之处，即都具有无神论的共同特征。（2）两者在实践观上具有相通之处。实践的观点是马克思主义哲学之首要的观点，然而重视实践、拒斥玄虚之学也是中国传统哲学的重要特征。不同的是：儒家更多地强调道德实践，而马克思主义哲学则主张"革命的实践"。(3) 两者在辩证思维方式上具有相通之处。中国哲学经典《易经》和汉译本的佛经早已明确表达了深刻的辩证法思想。相对中国哲学的"阴阳辩证法"来说，德国唯心主义哲学中的"概念辩证法"经过马克思的颠倒而为"唯物辩证法"，从"阴阳辩证法"到"概念辩证法"再到"唯物辩证法"，这是一个否定之否定的过程。(4) 二者在历史观上具有相容之处。中国传统哲学非常重视从现实的物质生活根源去寻找历史发展的动因，认为人的道德和政治活动乃至国家的治乱兴衰与人的直接的物质利益和生活状况息息相关，历史的发展在于"势"（必然性），而不在于"圣人意志"（绝对精神）。(5) 两者在道德观上具有相似之处。马克思主义与中国传统哲学一方面承认人的自然属性及其表现形式的合理性，另一方面又认为只有用人的社会属性来规范自然属性才能达到人性的完善，并且强调群体利益高于个人利益。马克思主义主张在改变客观世界的同时改造人的主观世界，共产主义革命旨在树立集体主义的价值观。(6) 两者在精神信仰和社会理想上具有相通之处。马克思主义与中国传统哲学虽然都反对超验的宗教信仰，但认为理想境界就是理想社会和理想人格的完美统一，只有通过现实人的世代努力才能最终实现"人间天堂"。不同的是：儒家的大同理想是一种"乌托邦"，而马克思主义的共产主义理想是社会科学和社会行动。由上而知，中国人之所以选择马克思主义作为指导思想并使之本土化、民族化，在很大程度上，正是得力于两者之间的那些共同之处所产生的亲和力。正像马克思主义的发展离不开全人类的文化资源一样，马克思主义的中国化也离不开几千年中国文明丰厚的思想资源。当代的中国马克思主义，实际上就是马克思主义在与中国优秀传统文化相互影响和互动中形成的中国新文化的主流。[①]

长期以来，我们只讲马列一个"老祖宗"，不讲在马列之外还有中国自己的"老祖宗"。今天，我们应明确地认识到，除了马列"老祖宗"外，还有自己民族的"老祖宗"，要下苦功夫研究自己民族的历史文化，继承和弘扬自己民族的优秀传统。倘若丢掉了中国自己的"老祖宗"，就等于中断了中国历史和中华文明，同样要亡党亡国。中国共产党始终把马

[①] 参见张允熠《马克思主义与中国传统文化》，《光明日报》2014年7月16日第16版。

克思主义作为自己指导思想的理论基础,强调马列"老祖宗"不能丢,丢了就会亡党亡国。这是我们观察和讨论一切中国重要问题(包括中国文化发展问题)的基本原则,否则就会迷失方向,走上邪路。这是大道理,必须反复讲,经常讲,使之深入人心。中国马克思主义者除了马列"老祖宗"外还有没有中国自己的"老祖宗"?答案无疑是肯定的。因为,中国马克思主义者首先是中华民族的一分子,而且是优秀的一分子,身体里流淌着中华民族的血液,思想文化上受惠于数千年中华民族历史文化的滋养。倘若不承认有中国自己的"老祖宗",那他就是中华民族的不肖子孙,也就不是真正的中国马克思主义者。从更深一层的学理层面讲,产生于西方的马克思主义到了中国,要在中国发生作用,生根、开花、结果,就必须中国化,使之与中华民族融为一体。

我国理论和学术界大多数人都已承认马克思主义与中国传统文化相结合的必要性,但在如何结合上还有不同的见解和做法。这里的核心和本质问题是以"谁"为主导的"结合"。也就是说,要用马克思主义"化"中国传统文化,而不是要用中国传统文化"化"马克思主义。说得更直白一点,就是要将儒家文化马克思主义化,还是要将马克思主义儒家化。马克思主义中国化绝不是让马克思主义去迎合中国传统文化,用中国传统文化"化"马克思主义的结果只能使马克思主义"空心化",成为所谓的"儒学马克思主义",马克思主义中国化也绝不是范畴的简单转换,把物质变为气、矛盾变为阴阳、规律变为理、共产主义社会变成大同社会。从根本上说,马克思主义中国化就是使马克思主义与中国面临的实际问题相结合,使现实的问题上升为理论的问题,给予马克思主义的解答,并在这个过程中用中国式的问题及其科学解答丰富和发展马克思主义;同时,在这个过程中用马克思主义来分析、批判中国传统文化,吸取其精粹,并对之进行创造性转换,使之融入到马克思主义理论体系之中,使马克思主义"取得民族形式","带着必须有的中国的特性"。马克思主义不通过结合中国传统文化的精华就难以中国化,而固守传统文化,以之去"化"马克思主义也不可能使中国文化现代化。马克思主义的中国化同时就是中国文化的现代化,这是同一个过程的两个方面。马克思主义是现代工业文明的产物,中国传统文化则是古代农业文明的产物,这是两种截然不同的文化形态。马克思主义中国化不是用中国传统文化去"化"马克思主义,构建所谓的"儒学马克思主义",更不是尊孔读经的文化复古。马克思主义中国化的实质，是用马克思主义分析和解决中国面临的实际问题，并在这个过程中清理、改造、吸收中国传统文化中具有现代价值的因素，从而使马克思主义具有"中国特性""中国作风"与"中国气派"。

中国传统文化的核心是以儒家学说为主要内容的道德原则和伦理秩序，重在调整人们之间的关系。马克思主义中国化应当也必然包含着对传统文化以及儒家学说的继承。但是，儒家学说毕竟是封建社会的官方哲学，在从先秦经两汉再到宋明的演变过程中，它始终是代表封建统治者的主流意识形态。我们必须明白，不是儒家学说、传统文化挽救了近代中国，而是中国革命的胜利使儒家学说、传统文化免于同近代中国社会一道走向没落；不是儒家学说、传统文化把一个满目疮痍、贫穷落后的近代中国推向世界，而是当代中国的改革开放和中华民族的伟大复兴把儒家学说、传统文化推向世界，并使中国传统文化重振雄风成为可能。每个民族、国家在不同的时代都有自己所要面对的现实，都有自己特殊的社会问题。我们不可能仅仅依靠传统文化来解决当代中国改革开放和现代化建设所面临的人口、资源和环境，以及义与利、个人与集体的关系问题。真正解决这些问题需要马克思主义。因此，马克思主义中国化必须立足当代实际，而不是立足中国传统文化。当代中国的最大实际就是改革开放和现代化建设。只有立足这一实际，才能真正理解马克思主义的现代性，真正知道中国传统文化的现代价值所在，找到马克思主义的现代性与中国传统文化的现代价值在某种程度上的契合性，从而用马克思主义分析、批判中国传统文化，对之进行创造性转换；同时，用经过分析、批判的中国传统文化创造性地理解、阐释马克思主义，使其具有"民族形式"。这是同一个过程的两个方面。这个过程就是马克思主义中国化的过程。[①] 马克思主义与中国传统文化相结合的旨意应是：立足当代中国和世界的现实，运用马克思主义的方法对中国的传统文化进行科学总结和概括，用其中的珍贵遗产和精华内容丰富和发展马克思主义，培育中华民族精神和支撑社会主义核心价值观。中华民族传统文化蕴藏着无数的珍宝，有待我们以新的方法和新的视野去发掘、梳理和提炼，对其中的概念、范畴、原理和思想加以批判吸取，赋予其新的内涵。文化是一个多层次、多方面的复合体。民族精神是民族文化的最深层次，是民族的命脉和灵魂。马克思主义的中国

[①] 参见杨耕《马克思主义中国化：问题与实质》，《光明日报》2008年12月16日。

化,从根本上讲就是把马克思主义的基本精神与中华民族的民族精神融为一体,使前者内化成为中华民族的灵魂,从而给原有的民族精神以新的内容和新的活力。比如,中国共产党人将中国特有的"修身论"改造为共产党员的"修养论",十分重视纠正党内的非无产阶级思想,十分强调党性修养,从而保证以农民为主要成分的中国共产党的无产阶级先锋队性质。中国共产党的党性修养理论和实践为马克思主义的党建学说增添了全新的内容。今天,"修养论"对党的思想建设,乃至整个中华民族的道德建设仍有重要的意义。类似的结合应该甚多。这就要求我们解放思想,突破现有的哲学体系,从中国传统哲学的丰富宝藏中发掘和提炼出更多特有的珍贵品,补充和发展马克思主义哲学,为人类哲学思想作出贡献。[①] 应以马克思主义中国化作为当代中国各门人文社会科学学科的研究范式:一是当代中国各门人文社会科学的学术研究都应该以马克思主义中国化为理论目标,即应该自觉地服务于马克思主义中国化的最新实践即中国特色社会主义现代化建设,努力为中国现代化建设提供思想资源和智力支持。二是当代中国各门人文社会科学的学术研究都应该以马克思主义中国化为方法论原则,即都应该运用马克思主义的立场和观点研究中国的具体实际,包括中国的历史文化传统和中国的当前现实,特别是当代中国现代化建设所面临的各种问题。即使是研究世界上其他国家、民族的人文社会问题或那些人类共同面临的文化价值问题,也应该坚持马克思主义的立场和观点并考虑这种研究对于理解中国的历史文化传统、解决中国当前现实中的问题有何借鉴意义和促进作用。三是当代中国各门人文社会科学的学术研究都应该以马克思主义中国化为评价标准。根据这个总体的、根本的标准,当代中国各门人文社会科学的学术研究的选题和成果是否有意义或价值以及有多大的意义或价值,关键要看它是否能够在多大的程度上促进以马克思主义为指导的当代中国人文社会科学理论的建构和发展,是否能够以及在多大程度上促进马克思主义中国化的最新实践即中国特色社会主义现代化建设。[②]

每种文化都有现实性与理想性两个层面。前者是关于人们现实生存的

---

① 参见许全兴《马克思主义与中国传统文化相结合二题》,《光明日报》2014年7月16日第16版。

② 参见汪信砚《马克思主义中国化:当代中国的理论范式》,《光明日报》2008年12月16日。

文化，指导人们如何"做事"，后者则是通过指向某种理想境界而赋予现实生活以超越性意义的文化，指导人们如何"做人"。"做人"与"做事"的指向各不相同。"做事"要讲究成效，因而就不能不以指向事功的现实性为原则，不能不讲究"做事"的方法论。而"做人"，无论其主体是个体还是群体，讲究的则是某种价值理想的实现，故其追求的是某种人生境界。而境界总是一种非现实的理想，因而也就自然地以指向非现实之境界的理想性为原则，以价值理想、人生境界或人生观为导向。在人们生活中现实性与理想性这两个层面的文化是不可或缺的。当人们的现实生存发生危机之时，自然的会突出现实性生活原则，方法论问题会被人们所特别重视；而当现实问题被基本解决，人们的信念由于生活世界的变迁而发生危机之时，理想性生活原则就会被突出，价值理想、人生观问题会成为一个被大力强调的主题。在当代马克思主义中国化进程中，中国式的理想境界终于被明确地提了出来，这就是"以人为本"，构建"和谐社会"乃至"和谐世界"。党的十八大以后，习近平总书记提出了"中国梦"的价值理想。这在很大程度上是马克思主义理想社会的中国化。这样一种马克思主义的中国化，同时便是中华民族精神家园的建设。[①]

三　文化建设与人的文化发展

（一）文化人的身份自觉与使命担当

所谓"文化人"，不仅指受过文化教育和具有文化修养的人，还指从事文化事业、文化产业和文化管理职业，或者是以文化知识为资本或手段服务于社会的人。例如，在教育、科研、文学、艺术、宗教、卫生、体育、新闻、出版、广电、网络、旅游等部门工作的人员，都可以统称为"文化人"。

"道"是中国传统文化人的精神家园和共同理想。中国古代杰出文化人的人格和价值，大致是在"学道、悟道、传道、行道或造道"的生命历程中形成的。对"道"的学、悟、传、行、造的理解，对当代文化人之独立人格和生命价值的形成也很有启发意义。按照道家一派的解释，中华道统，来自黄帝、老子之学。其内圣外王，横亘千载，一以贯之。间有

[①] 参见王南湜《马克思主义中国化与民族精神家园》，《光明日报》2008年12月16日。

尧、舜、周、孔，诸子迭出，至战国秦汉，黄老之学整合百家，蔚为大观。凡诸子百家，莫不宗之。故司马迁称申子、韩非之学皆"本于黄老"，慎到、田骈、接子、环渊之徒"学黄老道德之术"；而杂家《淮南子》、《吕氏春秋》亦以黄老为归依。东汉初年，王充（公元27—95年）作《论衡》，仍坚持道统，如司马迁写《史记》一样，"论大道则先黄老而后六经"（《汉书·司马迁传》）。王充更明确地指出，当儒家学说与黄老学说发生矛盾时，当遵从黄老之道，而非儒家之说。他写道："说合于人事，不入于道意。从道不随事，虽违儒家之说，合黄老之义也。"（《论衡·自然篇》）自唐代韩愈《原道》篇出，儒家反佛、道，轻名、法——中华五千年道统内圣之心法被架空，外王之名法被忽视，其所谓道，已非以黄老为主轴的内圣外王之道——大道沉沦，实自韩愈始。韩愈亦不讳言。在《原道》中，他论自己所弘之"道"说："曰：斯道也，何道也？曰：斯吾所谓道也，非向所谓老与佛之道也。尧以是传之舜，舜以是传之汤，汤以是传之文、武、周公，文、武、周公以是传之孔子，孔子以是传之孟轲，轲之死不得其传焉。"此一道统可图示为：帝尧—帝舜—商汤—文王—武王—周公—孔子—孟子。五千年道统中抽去了黄帝与老子之学，使中华大道徒具空壳，内不足以安身立命，外不足以治国平天下。一个失去灵魂的民族是极其危险的，宋以后的中国历史不幸成为这一论断的最好注脚——外族入侵成为家常便饭，斯文扫地直到今日！那么，韩愈是如何将中华道统的黄老核心剥离的呢？一言以蔽之，是通过对道家与佛家的误读。本来，孟子以后，儒家心法几绝，章句之学大兴。道家、佛家正好补儒家心法的不足。宋儒阴采佛、道，也是基于此。但在韩愈那里，道家和佛家却成了道德仁义的反对者——这简直是颠倒黑白！"道"既是古今文化人整合其思想学说的理论旗帜，又是其用以抗衡经济、政治之实力者的精神武器。如果丢掉了"道"，也就丢掉了文化人的理想和灵魂，丢掉了文化人所赖以在社会中立足的根基，他们也将不再是有自由思想的知识分子。从这个意义上说，"道"就是文化人的理想、价值、武器和生命。

学以"求道"是孔子教育的根本宗旨。他将其贯穿于一生的教学实践，以"朝闻道，夕死可矣"（《论语·里仁》）为终生诉求。他提出了一个"志于道，据于德，依于仁，游于艺"（《论语·述而》）的为学纲领。孔子一生，孜孜不倦，教育学生，只有一个目的，就是为了"求道"

"行道"。孔子说："笃信好学，守死善道，危邦不入，乱邦不居。天下有道则见，无道则隐"；"富与贵，是人之所欲也；不以其道得之，不处也。贫与贱，是人之所恶也，不以其道得之，不去也"。不仅儒家的孔子大谈其道，道家的老子也大谈其"道"。他说："道可道，非常道；名可名，非常名"；"人法地，地法天，天法道，道法自然"；"道生之，德畜之，物形之，势成之。是以万物莫不尊道而贵德"。虽然先秦儒道两家都谈"道"，但他们对"道"的理解却存在差异，其思路也不完全一样：道家更注重对"道"的本原性和超越性的描述，儒家更注重对"道"的俗世性和实践性的阐释。尽管他们的思想有入世与出世的差别，但他们对"道"的尊崇却是一致的，以"道"来阐述各自的政治观点的方法也是一致的。正因为"道"对知识分子如此重要，孟子才说："天下有道，以道殉身；天下无道，以身殉道。未闻以道殉乎人者也。"

"道"也是中国古代知识分子用以树立文化优势和精神权威的一面旗帜。由此也形成了政治权威与文化权威的分野。战国时期的"道""势"之争正是这种分野及矛盾冲突的反映。首先揭示"道""势"矛盾的是孟子，他说："古之贤王好善而忘势，古之贤士何独不然？乐其道而忘人之势，故王公不致敬尽礼，则不得亟见之。"孟子提出"道"与"势"的关系，他是把"道"放在"势"之上，要求贤士"乐其道而忘人之势"。孟子认为真正的知识分子应该做到"乐道忘势"，这也是对春秋以来知识分子处世态度的一种总结。"乐道忘势""士志于道"，既是中国早期知识分子比较普遍的一种文化精神，也反映了他们对自己历史使命和社会承担的一种自觉。孔子说："君子谋道不谋食"，"君子忧道不忧贫"。可见，"道"是君子即中国早期知识分子最基本的文化理念，也是他们的价值目标，因此，"君子谋道"便成为他们的主体意识。先秦知识分子所形成的这种卫道立场和原道精神，对秦汉以后中国知识分子的文化心理和文化性格产生了异常深刻的影响，也形成了文学领域根深蒂固的"文以载道"的思想传统。[①]

总体说来，是儒道融合的传统文化造就了中国士人的文化特征。儒家与道家在人格理想上是不同的：儒家重入世，道家重出世；儒家重于居庙

[①] 参考王齐洲《"君子谋道"：中国古代文学观念的主体意识——兼论中国早期知识分子的来历和特点》，《中山大学学报》2009年第1期。

堂之高,在庙堂上实现生命价值,道家重于处江湖之远,在江湖中追求精神超越;儒家重推崇"刚健有为""自强不息",道家主张"柔静"、"无为"。但是他们两家的主张又有调和的空间。孔孟开辟的儒家道统,成为"士"的精神凭借,但同时也为参与或拒绝政治生活留下了空间。孔子曾说:"天下有道则见,无道则隐。"孟子则说:"穷则独善其身,达则兼善天下。"在历史上,当文人们对政治绝望,甚至走向山水田园的时候,老庄之学总是焕发出极强的魅力。因此,儒家刚健有为的君子型人格与道家适己无为的隐逸型人格,共同构建了中国士人的文化心理。从先秦诸子、汉唐学人和宋明清的理学家们,无不具有强烈的历史使命感。创立关学和横渠书院的北宋大儒张载,提出"为天地立心,为生民立命,为往圣继绝学,为万世开太平"的"四为"句,就表达了文化人崇高的历史使命感,至今仍有很强的感染力。"陈寅恪先生断言,中国文化源源不断、薪火相传的重要缘由是一代代具有道义和较为纯粹的清流知识分子孜孜不倦地传承的结果。唐君毅先生指出:'知识分子应以研究学问探求真理为其本分,他们的收获在于精神上的满足和社会地位的崇高','教育和学术工作者应该努力纠正错误的观念和腐化的人心','如果连我们都舍弃所负的责任,只问利益报酬的话,那么这个社会的前景就绝不乐观了。'胡秋原先生认为中国历史上之知识分子纵使主张各有不同,但一贯的传统,一贯的趋势,是以强大责任的自尊心、自信心为生民为天下尽其心力,为平民、为知识及知识分子之尊严而奋斗的。"[①]

2012年6月11日,胡锦涛总书记《在中国科学院第十六次院士大会、中国工程院第十一次院士大会上的讲话》中,对包括两院院士在内的广大科技工作者提了六点希望,这正是对当代中国科技界"文化人"历史使命的精辟概括。

第一,希望坚持勇于创新,积极引领科技加快发展。着力提高自主创新能力,不断取得基础性、战略性、原创性的重大成果。要加快推进国家重大科技专项,深入实施知识创新和技术创新工程,增强原始创新、集成创新和引进消化吸收再创新能力。要加强战略高技术创新,发展空天战略高技术,保证我国有效进出与和平利用空间;发展海洋战略高技术,提高

[①] 吴毅、朱世广、刘治立:《中华人文精神论纲》后记,人民出版社2011年版,第462页。

我国海洋经济水平，保护海洋航运安全，开发深海资源；发展生物安全应对技术，有效防控对人民生活和生态环境的生物威胁；发展信息网络战略高技术，建设基于网络信息的社会态势预警、分析、监控、应急体系，维护信息基础设施和网络安全。要加强基础研究和原始科学创新，在生命科学、空间海洋、地球科学、纳米科技等领域力争取得到原创性突破。要加强先导技术研究，在关系长远发展的信息技术、生物技术、能源技术等关键领域力争取得到重大创新成果。

第二，希望坚持服务发展，积极推动科技与经济紧密结合。要牢固树立服务发展意识，更加积极地投入经济社会发展主战场。要面向重点产业转型升级，加强系统集成创新，推进信息化与工业化融合，实现关键工艺技术、高端产品研发重大突破，从根本上扭转重点产业关键核心技术严重依赖国外的局面。要面向培育发展高技术产业和新兴产业，加快科技成果转移转化，促进高技术产业向技术创新引领型转变，从产业链低端向产业链高端延伸，力争在战略性新兴产业若干方面引领世界技术和产业发展方向。要面向推进农业现代化，推动农业发展方式转变，发展高产、优质、高效、绿色农业，满足对农产品总量、质量、安全和多功能需求，延伸农业产业链，提高农业综合生产力。要面向建设可持续能源资源体系，加快科技创新和成果应用，促进能源结构调整，加强传统化石能源高效清洁安全利用，加快新能源产业化，提高油气资源、重要矿产资源、水资源的勘探、开发、综合利用能力。

第三，希望坚持创新为民，积极促进科技成果造福人民。实现创新驱动发展，必须坚持把以人为本贯穿科技工作始终，让广大人民群众共享科技创新成果，让广大人民生活得更健康、更舒适、更安全、更幸福。要面向民生重大需求，加强关系人民衣食住行的科技创新，努力解决人民群众高度关注的食品安全、饮水安全、空气质量的科技问题，努力解决多发病、常见病、急性传染病诊断和治疗药物问题，发展早期监测、早期干预技术，努力攻克对人民群众有严重危害的重大慢性疾病医疗技术，发展应对人口老龄化的科学技术。要面向生态环境保护重大需求，发展城乡环境保护、治理、修复技术，着力解决环境污染、垃圾处理等突出问题，开展示范和推广应用，促进城镇化健康发展和新农村建设，提高自然灾害监测预报和防灾减灾能力。要自觉弘扬科学精神、传播科学知识，努力提高全民科学素质和全社会创新意识，激发全社会创造力。要运用先进科学技术手段，创新文化载体，促进现代文化产业发展，满足人民群众多样化文化需求。

第四，希望坚持锐意改革，积极推动科技发展体制机制创新。要以促进科技与经济社会紧密结合、支撑引领可持续发展为核心，着力解决制约科技创新的突出问题，加强科学研究与高等教育有机结合，建设国家创新体系，强化基础性、前沿性技术和共性技术研究平台建设，加强军民科技资源集成融合，推进各具特色的区域创新体系建设，鼓励发展科技中介服务，深化科研经费管理制度改革，完善科技成果评价奖励制度。大家工作在科技创新第一线，对科技工作的特点和规律比较了解，对科技体制存在的问题有切身感受。希望两院院士站在全局高度，积极探索符合规律的新机制新模式，正确处理好个人和集体、局部和整体、当前和长远的关系，积极支持和投身科技体制改革。

第五，希望坚持甘为人梯，积极培养和提携优秀青年才俊。要善于发现青年人才，不拘一格，慧眼识才，坚持科学标准，客观公正评价人才，热情关心和支持有科学潜质的优秀青年人才。要积极培养青年人才，身体力行，言传身教，坚持科学研究和人才培养紧密结合，遵循创新型人才成长规律，积极探索培养创新型人才新思路新方法。要大力提携青年人才，虚怀若谷，举贤荐能，着力营造包容兼蓄、和谐有序的人才成长环境，真诚尊重人、细致关心人、充分信任人，发扬学术民主，提倡不同学术观点的平等讨论，鼓励青年人才敢于发表和坚持自己的学术见解、敢于质疑和超越老师的学术思想、敢于开辟新的研究方向，营造多出成果、多出人才的学术环境。要建设好学术梯队，放手使用优秀青年人才，以更加开放的心态广揽英才，为他们奋勇创新提供舞台，为他们加快成才铺路搭桥，促进优秀人才脱颖而出、在实践中茁壮成长。

第六，希望坚持建言献策，积极发挥决策咨询重要作用。要发挥国家科学技术思想库作用，紧紧围绕应对全球性重大挑战、突破我国现代化进程中的发展瓶颈、破解科学技术发展中的重大问题，深入开展咨询研究，客观独立发表意见，坦率真诚提出建议。要积极构建有利于发挥专家咨询作用的体制和程序。要前瞻新科技革命方向，善于从我国经济社会发展的战略需求中提炼重大科学技术问题，引导我国科技工作提升创新起点、优化学科布局、凝练前沿方向。要牢固树立追求真理、造福人类、服务国家的理念，继承中华民族"先天下之忧而忧，后天下之乐而乐"的传统美德，传承老一代科学家爱国奉献、淡泊名利的优良品质，以身作则，严格自律，模范遵循学术规范和科学伦理，自觉抵制学术不端行为和不正之风，加强科研诚信建设，团结带领全国科技界为加快建设国家创新体系、建设创新型国家而努力奋斗！

（二）文化人的使命意识与书院教育

中国古代的文化人往往借助高等教育制度——书院制度的演变，将人才培养、学术研究、文化传播和服务社会结合起来，从而实现自己对历史使命的理解和抱负。儒家文化的一个重要特点，就是强调道的信仰必须建立在知识追求的基础之上，这就把求道与求学统一了起来。书院正是古代文化人求学问道和探讨高深学问的地方。以阐释人的意义、社会的和谐、天下的治理为核心的经、史、子、集之学是古代书院的基本教材。这样，书院就成为中国古代文化人学习和研究高深学问的地方，也成为聚集和塑造名实相符之文化人的重要机构。

从教育制度的演变史来看，书院是中国古代教育制度中与"官学"教育机构并行发展的"私学"教育机构，因而具有自主办学的特点。在古代社会中，那些执着于以道为志的文化人常常表现出一种独立学术、自由讲学的要求，故而他们创造了一种有利于自己精神追求的组织制度。从孔子创立的私学到诸子百家的争鸣，从汉儒的精舍到魏晋名士的清淡，无不表现出这种私学教育制度的优长。从唐中叶开始至晚清教育改制，书院作为一种主要的文化教学组织延续了一千多年，成为中国教育史上最具特色、最有地位的教育机构。在长期办学的历程中，书院形成了一套独具特色的教育体制、管理制度和教学方法，并且受到社会各界的广泛赞誉与支持。宋代书院的出现，就是中国传统私学制度发展的结果。书院作为一种官学系统之外的教育组织，它不依靠朝廷的正式诏令而建立，其主持者、管理者或教职人员都没有纳入朝廷的官学教职之中，故而在聘任山长、选择学生方面有着独立自主权，可以完全依据书院自身的标准；主持书院者往往是一些名师大儒，在学术界、教育界的声望很高，能够制定一整套体现出合乎书院精神的教学方法与制度，在历史上产生了深远的影响；书院实行"讲学明道"的办学理念，可以邀请不同书院和学派的学术大师前来讲学、考察和交流；书院生徒也能较为自由地流动，往往是择师而从、来去自由，使独立的学术追求更为便利与频繁。主张"道统"高于"政统"，反对学习官场的潜规则，以培养独立、健全、自由之人格为目标；实行研修制和讲习制，即研学经典，修身养性，在课堂讲授的同时，注重实习、实践；生徒可以平等参与学术讨论，学生在参与中得到启发与影响，有可能因此而走上学术研究和文化传播之路；在教学管理方面，实行弹性学制，可长可短；以精英教育为目标，允许学生在不同书院和导师之间进行自由选择和流动；认真制定和实施书院学规。北宋中后期，新儒学家因为无法利用官方的机构研究和传播其学说，于是，民间色彩浓厚、具有相对独立性的书院成为他们的首要选择。新儒学和书院的结合不仅使新儒学获得发展依托，而且也使书院获得了新的发展空间，书院随之转型为新儒学的研究和传播基地，创新和传播高深学问是书院作为中国古代大学的最典型标志之一。

古代书院创造了求"学"与求"道"相结合，价值关怀与知识追求相统一的书院精神。一方面，书院求道的价值关怀体现出对人格理想和社会理想的追求，但这种人文关怀是建立在知识理性的基础之上；另一方面，书院的知识追求不是为知识而知识，学术创新总是以探求儒家之道的价值关怀为目的。书院制度下的师生，既是为了求学，更是为了求道。书院教育强调生徒的自我道德完善和治国平天下的能力统一，培养了不少德才兼备的人才。书院师生对"道"的追求分为两个相互关联的层面：其一，是以"道"修身，完善自我人格，即所谓"格物、致知、正心、诚意、修身"；其二，是以"道"治世，完善社会秩序，即所谓的"齐家、治国、平天下"。书院学者往往将这种自我道德完善的人文追求与经邦济世的社会关切结合在一起。书院学者还强调对道的信仰必须建立在对知识追求的基础上。这就要求学生把求学与求道紧密结合，刻苦学习经、史、子、集中的传统文化，成为德才兼备的人才。古代书院崇尚学术创新，很多学术流派的形成与发展都与书院息息相关，是在书院研究和传播的。张载创立的横渠书院，就是研究和传播"关学"的基地。书院的学术创新精神是以宽松自由的办学环境为基础，学术大师云集书院讲学，师生相互答疑问难、相互激荡获得新的观点、思想而形成的。书院的老师一方面在"求道"中研究和创新；另一方面，也将自己的研究成果及时应用于教学，让"求学"的弟子们分享。

书院既是儒家文化的传播基地，也是儒家士人的精神家园。作为儒家文化创造、积累、传播的中心及人才培养的基地，书院对不同地区的文化教育事业的发展及地域间文化交流产生了巨大的促进作用。书院通过人才培养，提高了地方士人的文化水平，在地方造就了一批文化精英，从而为地方文化的进一步发展提供了源源不断的推动力量。各地书院还举办各种面向当地社会的会讲、讲学、祭祀活动，发挥书院的社会教化功能，使儒家的伦常价值观念得以渗透到不同阶层的社会成员，对地方民众的思想观念、社会风习产生影响。一个地区的书院藏书、刻书事业的发展，增加了该地区文化积累总量，是当地文化发展的重要表征。书院刊刻地方文献之举，是书院直接服务于社会、在地方文化传播与文化积累过程中发挥作用的重要方式。书院往往成为地域间文化、学术交流的重要平台。首先，书院的自由讲学传统使书院讲坛具有开放性，来自不同地域的学术大师得以登坛讲学，与书院师生共同质疑问难，探讨学问。这些学术大师将具有不同地域特色的学术思想、理论思维方式、学术体系建构路径带到了书院，为当地文化的发展提供了可资借鉴的资源。同时，很多担任日常教学工作的书院山长、教师也来自不同地域，深受原地域文化的影响、熏染。他们来到书院从事教学、学术研究活动，实际上就是一种跨地域的文化交流传播。这种交流传播无疑会通过书院的辐射作用，对当地文化产生一定影响。其次，书院实行自由择师的原则，对生徒来源的地域限制较少，来自不同地域的士人学者均可聚集书院，朝夕相处，共同求学问道，书院成为不同地域文化相互激荡、融合的场所。在一些偏僻荒蛮的边远地区，文化基本上处于主流文化的影响辐射范围之外，书院在这些地区的建立就相当于儒家文明的引入，意味着"文"与"野"界线的改变。当地的文化地理格局因此发生变化，文化地位得以提高。

　　历代各地均有众多士绅或出于弘扬儒道、讲明正学的文化理想，或出于施行社会教化、改善地方风俗的现实关怀，或直接出面创设书院，或积极参与由官方主持的创设、修复书院的活动，为书院捐赠学田、钱物、书籍等，在书院的建设、发展过程中扮演了重要角色。此外，历代有不少商人或者希望为子弟舍商而士、科举入仕创造条件，或者出于将经济资本转换为文化、政治资本的考虑，致力于书院的建设、发展。他们捐资兴建、修复书院，或者捐助书院的日常运行经费、书籍等，凭借其雄厚的经济实力推动着书院的发展。学术研究是书院的重要功能之一。在不同的地域中，儒家学者往往选择书院作为进行儒学研究与创造活动的中心。无论是宋明时期的理学研究，还是清代的考据学研究，都与书院存在着一种相互依存、相互促进的关系。一些地域性儒学学派甚至已经与地域文化之间形成一种同构关系。①

中国书院制度可以为现代大学所借鉴，特别是书院精神和书院制度结合的教育体系。今日中国之大学教育，溯其源流，实自西方移植而来。这种大学教育制度以分学科、分年级和重视科学技术教育等为特点，对社会进步和经济发展产生了巨大影响，但也存在着一些弊端，如：重科技知识传授、轻人文价值观培养；重统一性标准，轻差异性评价；教育机制和教学方法不够灵活；等等。现在看来，书院是中国传统教育的精华，对书院千余年发展历程中所积淀的文化精神和制度建设进行梳理，积极探索书院教育模式与大学教育模式相结合的创新路径，在将书院教育嵌入大学教育的同时，也将大学职能转换成书院职能，这是在新的历史条件下从事高等教育研究的重要课题，也是将近代大学教育制度之优点与古代书院教育制度之优点进行整合的理论和实践之探索。

（三）文化人的精神追求与职业操守

在人类历史上，大凡社会转型、矛盾加剧，必然激发人们新的创造力与想象力，催生新的文化体系与人格精神。战国时期，如孟子所说："圣王不作，诸侯放恣，处士横议。"就是在这样的时代，庄子提出了以道为本、无为适己、逍遥自由的人格理想，以求得精神世界的舒展与张扬，也为广大知识分子奠定了"诗意性"的观念基础和人格榜样。庄子认为，要求得精神自由，一方面，人要培养隔离的智慧，使精神从现实的种种束缚下提升出来；另一方面，要培养一个开放的心灵，使人从封闭的心灵中提拔出来。庄子所谓游心，乃是对宇宙事物做一种根源性的把握，从而达到一种和谐、恬淡、无限及自然的境界。这其实就是过体"道"的生活，即体悟、体现"道"之自由性、无限性及整体性。庄子以"游"和"逍遥"所确立的独特的"精神自由"、"精神乐园"和"精神故乡"，极具诱惑力，不仅为中国知识分子提供了精神营养，而且也塑造了其"自由"性格。这再次让我们想到儒道两家对中国知识分子所产生的不同影响。如果孔子儒家满足了中国知识分子功名的、人事的、严肃的和在乎的需要，那么，庄子道家则满足了中国知识分子浪漫的、从容不迫和悠闲适意的要

---

① 参见肖永明《书院与地方社会的互动》，《大学教育科学》2011年第4期。

求。儒家把中国知识分子带进秩序之中，使他们满腔热情经世致用、立功立名，一旦他们受到挫折和打击，道家就把他们从秩序中接过来，消除他们的郁闷和创伤，使他们的心灵得到安慰。不能只是消极的把庄子道家看成是失意知识分子心灵的麻醉剂，更应该说他是知识分子自我迷失的清心剂和兴奋剂。在魏晋名士中，我们可以看到知识分子对"逍遥"的无限向往和执着追求。在"名教"与"自然"之间，在"功名"与"性情"之间，许多知识分子选择了"自然"，选择了"性情"，"名教"和"功名"被抛到九霄云外。他们不只"游酒"、"游仙"、"游山水"，还像庄子那样"游玄"。对魏晋名士来说，"畅游山水"，是在自然风景的赏心悦目之中，发现自我，体现自我，回归自我。自然之游把人与尘世隔离开来，使人在一个"非人化"的世界中寻找心灵的宁静和闲适，清除尘世的纷扰和纠缠，诗意地存在和栖居，虽然这种方式有时也伴随着悲剧性的故事。魏晋之后，道家奠基的"逍遥"和"漫游"精神仍为不少知识分子所钟情。我们再以李白和苏辙为例看一看。从小就受过道家思想熏陶的李白，曾经说过："十五游神仙，仙游未曾歇。"但是，儒家的"经世之志"，也曾影响过李白，使他关心政治、积极参与，从他的诗句"天生我材必有用"可以看出他对投入政治的自信。最终的结果也许出乎李白的意外，他在政治上很快就"失意"了。"失意"的原因之一，就是他所具有的道家情怀。也就是说，本来具有道家情怀的李白，很难适应与复杂人事相关的政治生活。政治上的"失意"，使李白潜意识中的道家情怀激发出来。在经历仕途"失意"的体验之后，李白开始重新发现自我："我本楚狂人，凤歌笑孔丘。"李白自称他有三十年的学道历史："学道三十春，自言羲和人。轩盖宛若梦，云松长相亲。"李白的道家情怀，就是自由的"漫游"，——"游玄""游仙""游山水""游酒"。作为"饮中八仙"之一的他，用杜甫的描述就是："李白一斗诗百篇，长安市上酒家眠。天子呼来不上船，自称臣是酒中仙。"像李白《将进酒》中所说的"人生得意须尽欢，莫使金樽空对月。……古来圣贤皆寂寞，唯有吟者留其名"，《行路难》中所说的"且乐生前一杯酒，何须身后千载名"等，就是李白的"游酒"之境。正是在这些"漫游"中，李白回到了"自我"。与李白类似，尽管苏轼早年对道家庄子就有心心相印之感，但他也同样受到了儒家文化的影响。特别是在以儒家价值为基础的科举体制之下，苏轼也选择了正统的功名道路，并得意地进入到了仕途，一时充满了"致君尧舜"

的政治理想。但是，在政治上的屡次挫败使他积极入世的热心开始降温，并最终冷淡了下来甚至"死心"："心似已灰之木，身如不系之舟。问汝平生功业，黄州惠州儋州。"对社会政治理想的冷漠，伴随着"个人"和"自我"抬头，伴随着向心性世界的回归，伴随着早年庄子之道的复苏以及对此更强烈的皈依。《送文与可出守陵州》诗曰："清诗健笔何足数，逍遥齐物追庄周。"从这种意义上说，苏辙的"失意"似乎像李白那样也是注定的。苏辙的心灵与尘世拉开了距离，直奔"超然"而"游"："余之无往而不乐者，盖游于物之外也。"

以庄子为代表的中国知识分子类型，他们不愿或无法改变"社会现实"，于是就以不合作、以洁身自好的方式，对现实表示抗议和不满；同时，他们又在"尘世"之中建立了一个不受约束的"自由"翱翔的"精神世界"，他们漫游于客观的自然山水中，梦游神仙，沉醉于酒的海洋，通过摆脱世俗的一切诱惑和束缚，达到超越和解放。蒙培元先生在"第三届庄子国际学术研讨会"上的发言中讲道：庄子哲学好似一幅恢宏浩渺的画卷，给人们留下了丰富的想象空间：在无限的宇宙自然界自由翱翔，以"万物齐一"的眼光俯视大地，以此解除人类的"桎梏""倒悬"，以此实现心灵的超越。人们都说，庄子哲学是美学的、审美的，从庄子哲学中发展出中国的美学，这是很有道理的。但是，庄子哲学中的美，并不是讲纯粹的自然美或艺术美，而是讲人与自然合一的精神愉悦，这在很大程度上是表现人的自由人格的，是表现人的心灵境界的。不计利害、不求"荣华"而向自然界完全敞开，空灵而有光明。这样的情感世界是庄子所提倡的最真实的心灵世界。道就是生命之光，道的境界就是生命的自由。这同儒家也从情感出发而实现仁的境界是同源而异趣的。儒家强调的是人类的同情心、不忍之心，庄子强调的是个人的无待之心、无心之心，即心灵自由，但二者都出于"真情"则是一致的。庄子哲学没有"实用价值"，他本人不主张道有任何"实用价值"，但是，庄子哲学对于提高精神境界、培养人与大自然融为一体的生活乐趣、实现人的心灵自由，则具有极重要的价值。

从古至今，中国文化人的人格向来是高傲而不可侵犯的。当然，牺牲自己人格而换来前途的文化人不是没有，但这类人已失去了文化人的特征，阿谀奉承，向来不是中国文人的性格。李白虽然在朝当官，但最终却不得不因"使我不得开心颜"而继续四处流浪。韩愈算是比较本分的，但仍不失"文起八代之衰"的勇气。中国文人倔强，不管别人怎么说，还是坚持走自己的路。历代都有大儒，从孔子、孟子到朱熹，程颐，这些大儒虽然说不上有多风光，但日子过得还算比较舒坦。而中国近代的一位大儒王国维，命运则是悲惨得多。在人格上，他不能背离传统文化，可现实中却隐约觉得新文化的确胜于传统文化。于是，在两种文化之间，他选择了沉默，以此把自己的文化人格保留到最后。于是，中国传统文化最后一位大儒的文化人格，永远留在了平静的湖底，而湖面上，一场以鲁迅为代表的文化人格的转变，轰轰烈烈地展开了。这就是中国文人的文化人格，到了必要的时候，要以生命来捍卫！正如司马迁所说：盖文王拘而演《周易》；仲尼厄而作《春秋》；屈原放逐，乃赋《离骚》；左丘失明，厥有《国语》；孙子膑脚，《兵法》修列；不韦迁蜀，世传《吕览》；韩非囚秦，《说难》《孤愤》；《诗》三百篇；大概圣贤发愤之所为作也。圣贤尚困苦，何况是普通的文人了。又如余秋雨所云："这些文人贬官失了宠，摔了跤，孤零零的，悲剧意识也就爬上了心头；贬到外头，这里走走，那里看看，只好与山水亲热。这一来，文章有了，诗词也有了，而且往往写得不坏。"(《洞庭一角》)范仲淹实是这种文人的典型。他因倡导变法被贬，却触景生情写下脍炙人口的著名的《岳阳楼记》。范仲淹正是在痛定思痛之后，发出"先天下之忧而忧，后天下之乐而乐"的豪迈之语。苏轼说过"江山明月本无常主，闲者即是主人"。范仲淹使文化和自然互相交融，于是成了自然的主人，尽管困惑，尽管困苦，范仲淹依然乐得其所，所谓"痛并快乐着"。入仕途遭贬的文人中，还有如柳宗元一样干出了一点"政事"，这些事都按着一个正直文人的心意去做，而不是朝廷棋盘上的一枚无生命的棋子。"三尺微命，一介书生"也因此有了几分傲气，几分自信。他留下了不朽的诗文，并营造了自己独立的文化人格。余秋雨在《文化之旅》中还阐述了一种不入仕途的文化人格，这些人都是才子型、浪子型的艺术家。比之于陶渊明，江南第一才子唐伯虎更有几分洒脱之处："也不干什么正事，也看不起大小官员，风流落拓，高高傲傲，只知写诗作画。"(《白发苏州》)作者对于这种人赋予了极大的同情："人品、艺品的平衡木实在让人走得太累，他有权利躲在桃花丛中做一个真正的艺术家。"(《白发苏州》)事实上，这些人就是为艺术而艺术，他们把艺术当作生命。这也是一种对生命的探索。余秋雨曾说过："当哪一天，世界上的一切都能明确解释了，这个世界也变得十分无聊，人生就会成为一种简单的轨迹,一种沉闷的重复。"(《洞庭一角》)生命在于探索,探索之终极又会使这个世界变得十分无聊。难道人生的价值是在于追求无聊吗?不是的,生命的真正意义在于探索中的乐趣。

对当代社会的文化人来说,对文明意识和君子品格的追求,应表现为对职业道德的忠实遵守。所谓职业道德,就是人们在职业活动中所应具有的道德素质、所应遵循的道德规范和所应树立的道德价值观念的总和。由于从事某种特定职业的人们,有着共同的劳动方式,经受共同的职业训练,因此,往往具有共同的职业兴趣、爱好、习惯和心理传统,结成某些特殊关系,形成特殊的行为规范、道德品性和价值观念。作为一个有特定含义和集合概念的"文化人",主要是指在文化领域就职的人。自从人类历史上出现体力劳动与脑力劳动的分工,文化人就作为一个阶层或特殊群体而存在了。文化人的职业良心、职业素养和职业道德规范,也就是在社会分工和职业实践的基础上形成的。像教育、医疗、艺术、科技等领域的职业道德古代就产生了。进入近现代社会之后,随着科学技术和生产力的发展,社会分工和生产内部的分工继续进行,新闻、出版、广播、电视、网络、旅游等新型文化部门大量出现,文化人的规模也随之壮大了。由于队伍壮大而鱼龙混杂的现象也出现了,这就使文化人的职业良心、职业操守和职业道德,成为一个越来越重要的问题。

对从职人员来说,职业道德的规范要求是外在的,而职业道德的素质修养才是内在的。当然,外在的规范要求和内在的素质修养在一定条件下也是可以互相转化的。能反映职业道德素质的范畴主要有八个。(1)职业理想。它主张各行各业的从职者,都要放眼全局和整个社会,努力做好本职工作,全心全意为人民服务。也就是说,在通过职业活动维持生活、发展个性和承担社会义务这三个方面中,承担社会义务应摆在职业理想的首位。只有这样的职业理想才有道德意义。西方社会许多人信仰上帝,所以对他们来说,工作就是天职,要在工作中彰显上帝的形象和属性,所以要以虔敬、勤奋、忠诚、主动、追求卓越等高尚的精神来对待工作,而那些懒惰、疏忽、萎靡不振、不履行道德操守的工作表现,都会受到谴责和管教。德国工人的工作态度,就来自于马丁·路德所首倡的天职观。那些在宝马、奔驰公司车间里工作的工人,都自视为神的仆人,而非普通的打工仔、打工妹。他们在车间里,却感到自己是在教堂中,他们工作时拧螺丝、组装配件,感觉到上帝就在身边一样。他们不是为老板也不是为车间总管而工作，而是为上帝而工作。他们因着对上帝的爱和敬仰，因着拥有天职观，故在工作上严谨认真、一丝不苟。在中国，宗教信仰并非主流，不存在精神层面的约束。我们应该以怎样的精神面貌来应对我们自己的人生和工作呢？让我们从理想和使命两个方面来理解：理想是自由的，每个人可以自由地提出此理想或彼理想，而且不同的时间段会有不同的理想。使命是理想的，同时也是现实的；它是我们此时此地即在执行，即须执行的；它是客观赋予的，也是国家给予的，时代给予的。如果每个人都能尽力地去完成工作目标，那使命就一定会达成。按照马斯洛的需求层次理论分析，大部分人在追求"爱和归属感、得到尊重和自尊以及自我价值实现"。我们发现，十分在意领导和周边评价的人，往往是工作中比较成功的人。因为他们心里有强烈的被尊重、被认可和实现自己价值的需求，这也是个人成长的内在激励要素。每个人都有足够的自觉能力，激发出来就能很好地履行自己的工作使命。如果我们真的想清楚自己的理想，认清当下自己的使命，那就算在职业化的精神修炼上真正迈出了坚实的一步。（2）职业态度。对待职业的态度也就是工作或劳动的态度。人们工作态度的积极与消极、先进与落后，是在各种主、客观因素的作用下形成的。因此，工作态度既反映生产关系的状况，也反映人的思想道德和主体性状况。（3）职业责任。责任是义务的内化或别称。职业责任包括职业集团的责任和从业者个体的责任。在责、权、利的关系中，责是主导方面。因此，能把责、权、利结合起来的管理制度，被称为责任制。这种制度的作用就在于能把人们的职业义务转化为自觉的职业责任感。（4）职业技能。无论从事什么职业的劳动者，都有一定的业务技能要求。良好的职业技能具有深刻的职业道德意义。只有干好工作的愿望而无干好工作的业务能力，是不可能真正把工作干好的。因此，在业务技能上刻苦努力、精益求精，是职业道德的必然要求。（5）职业纪律。纪律是执行任务的保证。社会主义职业纪律是在广大劳动者利益、信念、目标一致基础上所形成的高度自觉的新型纪律。它虽然也有强制性的一面，但主要是靠纪律教育和人们的自觉性来维持的。因此，遵守纪律的自觉性是职业道德素质的一个方面。（6）职业良心。劳动者对职业责任的自觉意识构成了职业良心。职业良心的强弱，对做好本职工作的意义很大。职业良心能对从业者的行为动机进行检查、对行为过程进行监督、对行为效果进行评价，而且这都是在人的内心自觉进行的。只有培养出正确的职业良心，才能形成干好本职工作的自律机制。(7) 职业荣誉。这是通过社会和自我的价值评价体现出来的。从客观方面说，职业荣誉是社会对一个人履行义务的德行和贡献的赞赏和评价，是职业行为的价值体现或价值尺度。从主观方面说，职业荣誉是职业良心中的知耻心、自尊心、自爱心的表现，也是社会道德评价向自我道德评价转化的结果。珍惜职业荣誉、维护职业尊严，是有职业责任感的表现。(8) 职业作风。这是较长期从事某种职业中形成的习惯性态度表现。职业作风有优劣之别。一个职业集团有了优良职业作风，就可以形成具有教育影响作用的风气，使好思想、好品质、好行为发扬起来，使坏思想、坏品质、坏行为受到抵制。为了扬正气、树新风，自觉抵制各种违背职业道德要求的现象，树立良好的行业风气，使社会的职业秩序呈现良性循环，我们就必须加强职业道德的宣传教育，培养积极进取、奋发向上的职业精神。

参考资料

一 文献资料

《马克思恩格斯选集》，人民出版社1995年版。

《资本论》，人民出版社1975年版。

马克思：《1844年经济学—哲学手稿》，人民出版社2000年版。

《毛泽东选集》1—4卷，人民出版社1991年版。

《毛泽东选集》第5卷，人民出版社1977年版。

胡锦涛：《坚定不移沿着中国特色社会主义道路前进为全面建成小康社会而奋斗——在中国共产党第十八次全国代表大会上的报告》（2012年11月8日）。

《中共中央关于全面深化改革若干重大问题的决定》（2013年11月12日），中共十八届三中全会通过。

《中共中央关于深化文化体制改革，推动社会主义文化大发展大繁荣若干重大问题的决定》（2011年10月），中共十七届六中全会通过。

《中共中央关于加强社会主义精神文明建设若干重要问题的决议》（1996年10月），中共十四届六中全会通过。

中宣部宣传教育局编：《〈公民道德建设实施纲要〉学习读本》，学习出版社2001年版。

国务院办公厅：《关于推动我国动漫产业发展的若干意见》，国办发〔2006〕32号，2006年4月25日。

胡锦涛：《在省部级主要领导干部提高构建社会主义和谐社会能力专题研讨班上的讲话》，新华网2005年2月19日。

习近平：《科技工作者要为加快建设创新型国家多作贡献——在中国科协第八次全国代表大会上的祝词》，《光明日报》2011年5月28日。

李长春：《正确认识和处理文化建设发展中的若干重大关系，努力探索中国特色社会主义文化发展道路》，《求是》2010年第12期。

李长春：《保护发展文化遗产，建设共有精神家园》，《人民日报》2010年6月12日。

二　图书资料

《马克思恩格斯论道德》，王磊选编，人民出版社2011年版。

罗国杰主编：《伦理学》，人民出版社1989年出版。

魏英敏主编：《新伦理学教程》，北京大学出版社1993年出版。

唐凯麟编著：《伦理学》，湖南人民出版社2001年出版。

周中之主编：《伦理学》，人民出版社2004年版。

王海明：《新伦理学》，商务印书馆2001年版。

张海山、张建如：《伦理学引论》，高等教育出版社1999年版。

孔润年：《应用伦理学纲要》，三秦出版社2001年版。

孔润年：《社会转型期的伦理探索》，陕西人民出版社2005年版。

孔润年：《伦理学基本问题新探》，陕西人民出版社2008年版。

孔润年：《伦理文化的人格透视》，中国社会科学出版社2010年版。

江畅：《德性论》，人民出版社2011年版。

高力：《民族伦理学引论》，新疆人民出版社1998年版。

陈瑛主编：《中国古代道德生活史》，中国社会科学出版社2012年版。

夏伟东：《道德的历史与现实》，教育科学出版社2000年版。

焦国成：《传统伦理及其现代价值》，教育科学出版社2000年版。

吴毅、朱世广、刘治立：《中华人文精神论纲》，人民出版社2011年版。

何怀宏：《良心论：传统良心的社会转化》，上海三联书店1991年出版。

徐复观：《中国思想史论集》，上海书店2004年版。

杨伯峻：《孟子译注》，中华书局2008年版。

康学伟：《先秦孝道研究》，台湾文津出版社1992年出版。

李宝库：《一颗闪耀人伦之光的璀璨明珠》，世界知识出版社2010年版。

张硕平、王延安：《中国孝文化》，陕西人民教育出版社2007年版。

严协和：《孝经白话注释》，三秦出版社1989年版。

肖群忠：《孝与中国文化》，人民出版社2001年版。

肖群忠：《君德论：〈贞观政要〉研究》，甘肃人民出版社1995年版。

王美凤：《先秦儒家伦理思想概要》，陕西师范大学出版社 2010 年版。
邓晓芒：《儒家伦理新批判》，重庆大学出版社 2010 年版。
罗浩波：《社会文明学导论》，浙江大学出版社 2008 年版。
唐凯麟、王泽应：《20 世纪中国伦理思潮问题》，湖南教育出版社 1998 年版。
王泽应：《义利并重与义利统一——社会主义义利观研究》，湖南人民出版社 2001 年版。
李培超：《自然与人文的和解》，湖南人民出版社 2001 版。
刘湘溶：《生态伦理学》，湖南师范大学出版社 1992 年版。
温克勤主编：《管理伦理学》，天津人民出版社 1988 年版。
张怀承：《中国的家庭与伦理》，中国人民大学出版社 1992 年版。
厉以宁：《经济学的伦理问题》，生活·读书·新知三联书店 1995 年版。
罗能生：《现代经济伦理学概论》，中南工业大学出版社 1997 年版。
安云凤主编：《性伦理学》，首都师范大学出版社 1996 年版。
邱仁宗：《生命伦理学》，上海人民出版社 1987 年版。
王正平主编：《教育伦理学》，上海人民出版社 1988 年版。
石毓彬、杨远：《二十世纪西方伦理学》，湖北人民出版社 1986 年版。
李莉：《当代西方伦理学流派》，辽宁人民出版社 1988 年版。
万俊人：《萨特伦理思想研究》，北京大学出版社 1988 年版。
万俊人：《寻求普世伦理》，商务印书馆 2001 年版。
李德顺：《价值论》，中国人民大学出版社 1995 年出版。
王玉樑：《21 世纪价值哲学：从自发到自觉》，人民出版社 2006 年版。
陈瑛等：《中国伦理思想史》，贵州人民出版社 1985 年版。
朱贻庭等：《中国传统伦理思想史》，华东师范大学出版社 1989 年版。
李鹏程：《当代文化哲学沉思》，人民出版社 1994 年版。
朱伯崑：《先秦伦理思想概论》，北京大学出版社 1984 年版。
樊浩：《中国伦理精神的历史构建》，江苏人民出版社 1997 年版。
唐凯麟等：《王船山伦理思想研究》，湖南出版社 1992 年版。
王泽应：《现代新儒家伦理思想研究》，湖南师范大学出版社 1997 年。
罗国杰、宋希仁：《西方伦理思想史》，中国人民大学出版社 1998 年版。
周辅成主编：《西方伦理学名著选辑》（上、下卷），商务印书馆 1987 年版。

周辅成主编:《西方著名伦理学家评传》,上海人民出版社 1987 年版。
苗力田主编:《亚里士多德全集》(第八卷),中国人民大学出版社 1994 年版。
[苏] 季塔连科主编:《马克思主义伦理学》,上海泽文出版社 1981 年版。
[荷兰] 斯宾诺莎:《伦理学》,商务印书馆 1963 年版。
[英] 休谟:《人性论》上下册,商务印书馆 1994 年版。
[英] 培根:《培根论人生》,上海人民出版社 1983 年版。
[英] 亚当·斯密:《道德情操论》,山西经济出版社 2010 年版。
[英] 帕特兰·罗素:《伦理学和政治学中的人类社会》,中国社会科学出版社 1992 年版。
[英] 安东尼·吉登斯:《现代性——吉登斯访谈录》,新华出版社 2001 年版。
[英] 玛丽·沃洛克:《1990 年以来的伦理学》,商务印书馆 1987 年版。
[英] 亨利·西季威克:《伦理学方法》,中国社会科学出版社 1993 年版。
[英] 摩尔:《伦理学原理》,商务印书馆 1983 年版。
[英] 葛德文:《政治正义论》,商务印书馆 1980 年版。
[英] 摩尔:《伦理学原理》,商务印书馆 1983 年版。
[法] 让-波德里亚:《消费社会》,南京大学出版社 2006 年版。
[法] 卢梭:《论人类不平等的起源和基础》,商务印书馆 1982 年版。
[法] 让·保罗·萨特:《存在与虚无》,生活·读书·新知三联书店 2007 年版。
[法] 萨特:《存在主义是一种人道主义》,上海泽文出版社 1988 年版。
[法] 托克维尔:《论美国的民主》,商务印书馆 1989 年版。
[德] 斯宾格勒:《西方的没落》,生活·读书·新知三联书店 2006 年版。
[德] 康德:《实践理性批判》,人民出版社 2004 年版。
[德] 康德:《道德形而上学原理》,上海人民出版社 1988 年版。
[德] 黑格尔:《法哲学原理》,商务印书馆 1979 年版。
[德] 叔本华:《作为意志和表象的世界》,商务印书馆 1982 年版。
[德] 马丁·海德格尔:《存在与时间》,生活·读书·新知三联书店 2006 年版。
[德] 马克斯·韦伯:《新教伦理与资本主义精神》,生活·读书·新知三联书店 1987 年版。

［德］包尔生：《伦理学体系》，中国人民大学出版社 1988 年版。
［德］恩斯特·卡西尔：《人论》，上海译文出版社 1985 年版。
［德］恩斯特·卡西尔：《语言与神话》，生活·读书·新知三联书店 1988 年版。
［美］罗尔斯：《正义论》，中国社会科学出版社 1988 年版。
［美］麦金太尔：《德性之后》，中国社会科学出版社 1995 年出版。
［美］丹尼尔·贝尔：《资本主义文化矛盾》，生活·读书·新知三联书店 1989 年版。
［美］塞缪尔·亨廷顿：《文明的冲突与世界秩序的重建》，新华出版社 2010 年版。
［美］塞缪尔·亨廷顿：《文化的重要作用：价值观如何影响人类进步》，新华出版社 2010 年版。
［美］宾克莱：《理想的冲突》，商务印书馆 1986 年版。
［美］约瑟夫·弗莱彻：《境遇伦理学》，中国社会科学出版社 1989 年版。
［美］罗伯特·诺齐克：《无政府、国家与乌托邦》，中国社会科学出版社 1992 年版。
［美］弗兰克·梯利：《伦理学概论》，中国人民大学出版社 1987 年版。
［美］弗洛姆：《爱的艺术》，商务印书馆 1987 年版。
［美］路德·宾克莱：《理想的冲突》，商务印书馆 1986 年版。
［美］路德·宾克莱：《二十世纪伦理学》，河北人民出版社 1988 年版。
［美］马尔库塞：《爱欲与文明》，上海译文出版社 1987 年版。
［美］弗兰克纳：《伦理学》，生活·读书·新知三联书店 1985 年版。
［美］蒂洛：《伦理学——理论与实践》，北京大学出版社 1985 年版。
［美］史蒂文森：《伦理与语言》，中国社会科学出版社 1988 年版。
［美］马斯洛：《人的潜能与价值》，华夏出版社 1987 年版。
［美］芬德莱：《价值论伦理学》，中国人民大学出版社 1989 年版。
［美］成中英：《文化、伦理与管理》，贵州人民出版社 1991 年版。
钱焕琦：《教育伦理学》，南京师范大学出版社 2008 年版。
赵司空：《中国大学理念的文化哲学审视》，高等教育出版社 2010 年版。
王志刚：《地方高校发展访谈录》，陕西人民出版社 2014 年版。
叶陈刚主编：《企业伦理与文化》，清华大学出版社 2013 年版。
杨文丰：《科学伦理与文化沉思》，上海教育出版社 2007 年版。

杨东平：《中国教育公平》，北京大学出版社 2006 年版。

邢永富：《教育公益性原则略论》，《北京师范大学学报》2001 年第 2 期。

胡惠林：《文化经济学》，上海文艺出版社 2003 年版。

邴正：《马克思主义文化哲学》，吉林人民出版社 2007 年版。

陈胜云：《文化哲学的当代发展》，江西人民出版社 2007 年版。

司马云杰：《文化价值哲学三部曲：价值实现论》，安徽教育出版社 2011 年版。

孙伟平、张明仓：《人化与化人：现代视野中的新文化》，黑龙江教育出版社 2010 年版。

张春华等主编：《文化建设 24 题：社会学视角下的文化建设》，中共中央党校出版社 2012 年版。

任仲文主编：《觉醒·使命·担当：文化自觉十八讲》，人民日报出版社 2011 年版。

任仲文主编：《传承·开放·超越：文化自信十八讲》，人民日报出版社 2011 年版。

李丽娜：《全球化背景下的文化焦虑与探寻》，社会科学文献出版社 2013 年版。

沈卫星：《受众视野中的文化多样性》，北京师范大学出版社 2010 年版。

桂翔：《文化交往论》，人民出版社 2011 年版。

王宏宇：《文化哲学：实践哲学的当代形态》，黑龙江大学出版社 2013 年版。

胡惠林：《文化产业概论》，云南大学出版社 2005 年版。

钟阳胜：《深化体制改革，发展文化产业，壮大文化事业》，广东人民出版社 2003 年版。

孙英春：《跨文化传播学导论》，北京大学出版社 2008 年版。

惠鸣：《文化强国：理念与实践》，社会科学文献出版社 2013 年版。

钟敬文：《中国民间文艺学的新时代》，敦煌文艺出版社 1991 年版。

林兵：《行政文化与伦理研究》，中国社会科学出版社 2011 年版。

马云驰编：《互联网的文化与伦理价值》，中国民主法制出版社 2011 年版。

祝成生：《和谐文化与伦理秩序的当代重建》，群众出版社 2008 年版。

章金萍主编：《商业文化伦理》，中国人民大学出版社 2013 年版。

章金萍：《艺术品投资与市场营销》，河北美术出版社 2013 年版。
曹飞：《"以人为本"社会主义核心价值体系探索》，人民出版社 2012 年版。
吕振宇：《论社会主义核心价值体系》，山东人民出版社 2009 年版。

三　论文资料

王玉樑：《关于价值本质的几个问题》，《学术研究》2008 年第 8 期。
韩震：《中国文化上自强必须有引领世界潮流的先进的核心价值观——再论社会主义核心价值观念的内涵》，《道德与文明》2011 年第 3 期。
李德顺：《表述社会主义核心价值观的几点思考》，《决策与信息》2011 年第 12 期。
杨信礼：《哲学价值论研究与当代价值观的建构》，《中国党政干部论坛》2008 年第 6 期。
邹广文：《马克思文化哲学思想的展开逻辑》，《求是学刊》2010 年第 1 期。
邹广文：《在文化世界中延展哲学之思：卡西尔〈语言与神话〉阅读札记》，《学海》2010 年第 4 期。
罗国杰：《论中华民族传统道德的"精华"与"糟粕"》，《道德与文明》2012 年第 1 期。
蒙培元：《儒学现代发展的几个问题》，《北京大学学报》2012 年第 1 期。
汤一介：《儒学的现代意义》，《江汉论坛》2007 年第 1 期。
王健、胡娟：《试论走出文化相对主义——一种生成整体主义的尝试》，《前沿》2010 年第 1 期。
王泽应：《论义利问题之为伦理学的基本问题》，《华中科技大学学报》2011 年第 4 期。
孔润年：《开辟文化伦理学的研究方向》，《伦理学研究》2011 年第 5 期。
段素革：《"文化'三自'与社会主义核心价值体系"理论研讨会综述》，《哲学动态》2011 年第 9 期。
许嘉璐：《文化的多元和中华文化特质》，《社会科学战线》2013 年第 7 期。
周和风：《从科学发展观的确立看马克思主义中国化的机制》，《中共四川省委党校学报》2006 年第 4 期。

李兰芬：《论中国社会转型中的道德修养》，《道德与文明》2009 年第 1 期。

季庆阳：《近十年中国大陆孝文化研究综述》，《社会科学评论》2009 年第 3 期。

田寿永：《把孝感建成中华孝文化名城》，《学习月刊》2008 年第 1 期。

查昌国：《西周"孝"义试探》，《中国史研究》1993 年第 1 期。

魏慧：《〈周易〉女性伦理的阴柔内涵》，《道德与文明》2012 年第 2 期。

张雪红、景天时：《〈孟子〉文本中的女性伦理思想》，《宁夏社会科学》2011 年第 1 期。

吴全兰：《论刘向〈列女传〉中的女性伦理思想》，《广西师范大学学报》2009 年第 1 期。

张怀承：《唐代婚姻道德生活的概况》，《伦理学研究》2012 年第 3 期。

乌尼日、张艳：《中国女性道德观的演变》，《学术论坛》2006 年第 4 期。

李桂梅、黄爱英：《辛亥革命时期中国女性伦理的嬗变》，《伦理学研究》2011 年第 5 期。

张力红：《毛泽东与中国传统女性伦理的历史性变革》，《河北学刊》2010 年第 1 期。

刘文文：《隋唐时期的女性伦理状况及其现代反思》，《学术交流》2010 年第 4 期。

田秀云：《角色伦理的理论维度和实践基础》，《道德与文明》2012 年第 4 期。

张钦：《先秦儒家角色伦理架构分析》，《道德与文明》2012 年第 4 期。

刘云林：《全国第一次经济伦理学术研讨会综述》，《高校理论战线》（京）2000 年第 7 期。

安云凤：《中国传统商德及现代社会价值》，《江苏社会科学》2002 年第 5 期。

管宁：《当代大众传媒与大众文艺》，《江汉论坛》2003 年第 12 期。

胡正梁：《加快发展文化产业》，《山东经济战略研究》2006 年第 4 期。

王恩祥：《大力发展文化产业》，《新长江》2005 年第 1 期。

欧阳坚：《开启文化产业发展新纪元》，《求是》2009 年第 24 期。

李德顺：《论文化生产与消费的良性互动》，《中国出版》2005 年第 1 期。

周和平：《以"三个代表"重要思想为指导，大力推进我国图书馆现代化建设》，《中国图书馆学报》2002年第1期。

田武军：《我国公共图书馆总分馆服务体系建设模式分析》，《当代图书馆》2012年第4期。

孔润年：《用"五大建设"支撑"一大服务"》，《当代图书馆》2007年第2期。

王国洪、李琳、刘立新：《文化产业与经济发展关系之探讨——以衡水市为例》，《衡水学院学报》2010年第6期。

张凌云：《国际上流行的旅游定义和概念综述》，《旅游学刊》2008年第1期。

汪洋：《我国文化产业发展与投融资支持——陕西文化产业现状调查引发的思考》，《中国党政干部论坛》2010年第1期。

胡敏中：《消费文化与文化消费》，《北京师范大学学报》2011年第1期。

官建文：《中国媒体业态的困境及格局变化》，《新闻》2012年第2期。

张楚廷：《教育就是教育》，《高等教育研究》2009年第11期。

马晓燕：《教育资源配置与教育供求关系初探》，《教育与经济》2000年专辑。

肖永明：《书院与地方社会的互动》，《大学教育科学》2011年第4期。

杨信礼：《科学的道德意蕴与道德规约》，《山东大学学报》1998年第3期。

樊洪业：《关于科学道德规范》，《新华文摘》1993年第5期。

徐浩之：《简论新科技革命时代西方技术哲学的伦理问题》，《道德与文明》1995年第5期。

郭世轩：《美善相得不即不离——朱光潜论文艺与道德》，《阜阳师范学院学报》2002年第6期。

杨华祥：《儒家文艺伦理思想探析》，《湖北大学学报》2007年第1期。

刘锡诚：《关于当前民间文艺的几点思考》，《东南大学学报》2001年第4期。

王齐洲：《"君子谋道"：中国古代文学观念的主体意识——兼论中国早期知识分子的来历和特点》，《中山大学学报》2009年第1期。

深圳市社会科学院课题组：《2003年深圳文化发展蓝皮书总报告》，《南方论丛》2003年第1期。

刘长乐：《文化交融与文明对话中包容的智慧》，《凤凰卫视》2012年10月5日。

冷溶：《邓小平开创中国特色社会主义道路的伟大贡献》，《人民日报》2014年8月20日。

卫兴华：《文化产业市场化及文化与经济的关系》，《人民日报》2005年2月25日。

永春：《"德艺双馨"浅议》，《人民日报》2011年12月27日。

杨耕：《马克思主义中国化：问题与实质》，《光明日报》2008年12月16日。

张允熠：《马克思主义与中国传统文化》，《光明日报》2014年7月16日。

许全兴：《马克思主义与中国传统文化相结合二题》，《光明日报》2014年7月16日。

汪信砚：《马克思主义中国化：当代中国的理论范式》，《光明日报》2008年12月16日。

王南湜：《马克思主义中国化与民族精神家园》，《光明日报》2008年12月16日。

路甬祥：《科学的历史与未来》，《光明日报》1998年3月31日。

刘大椿：《现代科技的伦理反思》，《光明日报》2001年1月2日。

方福德：《科技与伦理》，《光明日报》2000年9月18日。

邓楠：《不断开创科技工作者工作新局面》，《光明日报》2007年12月10日。

李忠杰：《论建设和谐文化》，《光明日报》2006年10月9日。

孔润年：《伦理学基本问题新探》，《光明日报》2007年1月9日。

赵玙：《警惕低俗恐怖片的不良影响》，《光明日报》2012年9月26日。

周玉清、王少安：《论抵制低俗文化之风》，《光明日报》2012年3月22日。

黄会林：《中国文化应成世界文化"第三极"》，《光明日报》2011年12月16日。

王彤玲、吴强：《文化创意产业集群的分层与分布》，《光明日报》2011年3月25日。

涂成林：《扩张和渗透：美国文化安全战略的本质》，《光明日报》2013

年11月20日。
刘晓玲：《从"风光游"到"文化游"》，《光明日报》2012年4月12日。
张玉蓉：《旅游要凝炼创意内核》，《光明日报》2012年4月12日。
王平：《文化生产的三部曲》，《财经日报》2008年2月22日。
黄小希：《"十二五"向出版强国出发——未来5年我国新闻出版业发展展望》，《光明日报》2011年4月22日。
陈芳、任忆：《迎接"文化消费"时代》，《浙江日报》2004年2月24日。
吴玉韶：《养老责任不能全靠政府》，《新京报》2012年8月25日。

四　媒体资料

《习近平"避免陷入'修昔底德陷阱'意义重大"》，香港《文汇报》2014年1月24日。同日，环球网以《中国崛起应避免陷修昔底德陷阱》为题摘要转发。
《2006年：中央作出构建社会主义和谐社会重大决定》，人民网2008年9月25日。
《中国3300万失能老人身处窘境多数养老院不愿接收》，《经济参考报》2012年7月25日。
《80岁以上老人已超1900万 14省建立高龄津贴制度》，《法制晚报》2011年9月12日。
《"新二十四孝"标准出炉》，《天府早报》2012年8月16日。
《传延迟退休纳政府议事日程，养老金供给压力加剧》，新华网2012年8月5日。
《文化共享工程十年服务逾12亿人次》，《光明日报》2012年12月18日。
《北京推动9800家事业单位改革不再新增事业编制》，《新京报》2011年8月19日。
《山东：公益性文化事业服务者需要"忧民之忧"》，《光明日报》2011年9月6日。
《青岛文化事业建设06创新高》，《青岛财经日报》2007年1月5日。
《把公益性文化事业建设提上重要日程》，《云南日报》2006年2月9日。
陈贻泽：《岑溪市创新发展文化事业提升城乡百姓幸福感》，广西新闻网

2011年10月8日。

《陕西将建一批标志文化设施提高城市文化品位》，新华网2012年1月28日。

梁娟、董璐：《西安改建"八水九湖"扮靓"水韵长安"》，新华网2012年1月27日。

《"文化济南"：让文化古城济南充满魅力》，《中国日报》山东记者站网2011年5月9日。

付瑞利：《曝五百万豪华婚礼毛阿敏献唱设分会场直播》，《现代快报》2011年8月7日。

《复旦校长称：大学精神虚脱才子加流氓将贻害社会》，《中国青年报》2010年6月22日。

《湖南拟投2千亿打造大湘西旅游圈主打民俗生态》，《京华时报》2012年1月27日。

《商丘：文化软实力变"硬支撑"》，《光明日报》2012年12月2日。

刘振：《南门区域今年换新颜"五一"护城河上可泛舟》，《西安晚报》（微博）2014年2月12日。

《官方叫停黄山游客扮鬼子抢"花姑娘"旅游项目》，《广州日报》2011年8月4日。

《游客扮鬼子进村是恶俗营销历史》，《重庆晨报》2011年8月4日。

邵琪伟：《在2012年全国旅游工作会议上的讲话》，国家旅游局网站2012年1月16日。

彭利国：《三十古城上演重建风，"名城"称号骑虎难下（3）》，南方网2012年11月21日。

周玮、曲志红：《春潮涌动——我国文化体制改革不断推进成效显著》，新华网2006年3月27日。

《天津推出40个文化重点项目提升软实力》，中国新闻网2010年8月10日。

冯志伟、戴勇、龙佳：《"以国际文化名城建设"提升城市竞争软实力》，《中国日报》湖南记者站网2010年12月15日。

《承德：文化软实力硬起来了》，《光明日报》2011年7月7日。

《努力打造拉萨的文化"软实力"》，《西藏日报》2011年5月9日。

王茜：《中国文化产业占世界文化市场比重不足4%》，新华网2011年2

月 18 日。

浦树柔、唐春辉：《文化发展史三个里程碑与发展"文化生产力"》，新华网 2009 年 10 月 29 日。

关世杰：《中国跨文化传播研究十年回顾与反思》，人民网 2008 年 4 月 23 日。

吕萌、王晶晶：《困扰跨文化传播的几个问题》，人民网 2011 年 8 月 17 日。

后　　记

本书是孔润年教授主持的国家社科基金西部项目《文化建设中的伦理问题研究》（批准号：11XZX011）的结题成果。自 2011 年批准立项后，经过课题组成员共同努力，四年艰苦调研写作，吸取国家社科规划办专家组匿名初评和复评的意见，反复修改完善，最终形成了现有成果，并于 2015 年 1 月正式批准结项。全书结构为：一个总论和十四章分论。其中总论旨在概述本课题的研究背景和主要理论观点。分论的第 1—4 章探讨文化建设的方法论和价值观问题；第 5—6 章探讨弘扬中国优秀传统文化和继承优良道德传统的问题；第 7—11 章探讨发展文化事业、文化产业，以及深化文化体制改革的伦理问题；第 12—14 章探讨科技、教育、文艺领域和文化生产、传播、消费环节中的伦理问题，以及文化建设与人的发展问题。

本书撰写分工情况：宝鸡文理学院孔润年教授负责课题申报、设计、统稿、反复修改、撰写结题报告、出版等环节大量工作，同时撰写了全书的总论和分论的第一章之第一、三、四节以及第二、三、四、五、六、七、八、十一、十四章，以及参考资料汇列；宝鸡职业技术学院吴雪会副教授撰写了第一章之第二节和第九章、第十二章；长安大学范婷副教授撰写了第十章之第三节、第十三章之第三节；上海师范大学郭飒飒讲师撰写了第十章之第一、二节；宝鸡文理学院黄亚娟讲师撰写了第十三章之第一、二节。宝鸡文理学院讲师郑运平、王丽娜参与了课题申报，但在研究阶段因故退出。

在本书调研、撰稿、评审和出版过程中，参考了学界同仁的很多研究成果，国家社科规划办、陕西省社科规划办、宝鸡文理学院领导及科技处、财务处的领导和相关人员，中国社会科学出版社的领导和责任编辑孔继萍，以及印刷单位的相关人员，也都付出了辛勤劳动，在此一并表示衷心感谢！由于作者水平有限，书中缺点错误在所难免，敬请读者批评指正。

作　者

2015 年 5 月

作者简介

孔润年，陕西凤翔人，宝鸡文理学院教授。从事价值哲学、伦理学和中国传统文化研究。主持及参与完成国家级、省政府级、省厅级、校级资助科研项目十余个。出版著作15部，其中专著6部，合著9部。主要著作有《应用伦理学纲要》《中国传统道德论史纲》《社会转型期的伦理探索》《伦理学基本问题新探》《伦理文化的人格透视》《周秦伦理文化概论》《陕西地域文化》《宝鸡地域的中华文化》等。在《光明日报》《北京大学学报》《道德与文明》《伦理学研究》《人文杂志》《陕西师范大学学报》《西北大学学报》等刊物发表论文110篇。获陕西省政府、省教育厅、省社科联、宝鸡市委、市政府、本学校，以及各级学术团体奖励60余项。现任陕西省价值哲学学会副会长、省伦理学研究会副会长、省社科院宝鸡分院研究员、宝鸡炎帝与周秦文化研究会副会长、宝鸡市传统文化促进会副会长、宝鸡市书香读书协会副主席。曾任宝鸡文理学院图书馆馆长、陕西省高校图工委副主任、宝鸡市图书馆学会副理事长。

封面设计：

文化建设的伦理审视

WENHUA JIANSHE DE LUNLI SHENSHI

ISBN 978-7-5161-6491-4

定价：118.00元